U0454828

农村正规金融与
非正规金融发展研究

——理论基础、运行机理及发展效应

刘亦文　胡宗义　著

Research on the
Development of Rural Formal Finance and
Informal Finance

湖南大学出版社·长沙

内 容 简 介

通过对已有农村正规金融与非正规金融发展理论与实证研究的梳理和总结，将农村正规金融与非正规金融纳入规范经济学框架中，基于二元经济理论和现代农村金融理论，立足于农村正规金融与非正规金融的动态演变机制，以农村经济发展、农民收入增长及农村贫困缓减为导向，从微观与宏观相结合的角度，对现代金融体系下农村正规金融与非正规金融发展的理论基础、运行机理及其发展效应进行深入、全面和系统的研究。

图书在版编目（CIP）数据

农村正规金融与非正规金融发展研究：理论基础、运行机理及发展效应/刘亦文，胡宗义著．—长沙：湖南大学出版社，2022.8
（中国普惠金融研究丛书）
ISBN 978-7-5667-1946-1

Ⅰ.①农… Ⅱ.①刘… ②胡… Ⅲ.①农村金融—研究—中国
Ⅳ.①F832.35

中国版本图书馆 CIP 数据核字（2020）第 017144 号

农村正规金融与非正规金融发展研究——理论基础、运行机理及发展效应
NONGCUN ZHENGGUI JINRONG YU FEIZHENGGUI JINRONG FAZHAN YANJIU
——LILUN JICHU, YUNXING JILI JI FAZHAN XIAOYING

著　　者：	刘亦文　胡宗义				
责任编辑：	陈建华	**责任校对：** 全　健		**责任印制：** 陈　燕	
印　　装：	广东虎彩云印刷有限公司				
开　　本：	710 mm×1000 mm　1/16		**印　张：** 28.75	**字　数：** 547 千字	
版　　次：	2022 年 8 月第 1 版		**印　次：** 2022 年 8 月第 1 次印刷		
书　　号：	ISBN 978-7-5667-1946-1				
定　　价：	109.00 元				

出 版 人： 李文邦
出版发行： 湖南大学出版社

社　　址：	湖南·长沙·岳麓山		**邮　编：** 410082	
电　　话：	0731-88822559（营销部），88821327（编辑室），88821006（出版部）			
传　　真：	0731-88822264（总编室）			
网　　址：	http://www.hnupress.com			
电子邮箱：	presschenjh@hnu.edu.cn			

序

　　著名经济学家西奥多·舒尔茨在其 1979 年诺贝尔经济学奖获奖演说中说："世界上大多数人是贫穷的，所以如果懂得穷人的经济学，我们也就懂得了许多真正重要的经济学原理；世界上大多数穷人以农业为主，因而如果我们懂得农业经济学，我们也就懂得许多穷人的经济学。"

　　农业、农村、农民问题是个世界性难题，只是各个国家的表现形式不同。相比较而言，发展中国家和地区的矛盾最为突出。解决"三农"问题在中华民族走向伟大复兴的新的历史征程中处于极其重要的位置，发挥着不可或缺的基础和保障作用。习近平总书记明确要求：坚持把解决好"三农"问题作为全党工作重中之重，举全党全社会之力推动乡村振兴，促进农业高质高效、乡村宜居宜业、农民富裕富足。

　　作为支撑农村实体经济的重要组成部分，农村金融为农村的可持续发展提供金融动员和金融资源配置，成为促进我国农村经济繁荣兴旺的重要保证。中国的改革首先是从农村开始的，标志着中国货币化进程开始的农村制度变迁，使得农村贸易条件大为改善，农业产出迅速增长，农民收入大幅提高，农村金融剩余以较快的速度增加；农村经济结构和农业组织形式的演变，对农村金融体制又提出了更高的要求。

　　改革开放以来，党中央、国务院高度重视农村金融改革发展，制定了一系列方针、政策，把农村金融的改革探索始终贯穿于农村经济社会发展进程中，农村金融的发展与创新对落实国家支农惠农政策和保持农村经济社会稳定发挥了重要作用。2004 年至 2021 年，党和国家连续 18 年发布以"三农"为主题的一号文件都强调要加快农村金融体制改革和创新，提高农村金融服务质量和水平。党的十七届三中全会通过的《中共中央关于推进农村改革发展若干重大问题的决定》明确提出：建立现代农村金融制度，要创新农村金融体制，放宽农村金融准入政策，加快推动商业性金融、合作性金融、政策性金融的结合，构建资本充足、功能健全、服务完善、运行安全的新型农村金融体系。党的十八届三中全会通过的《中共中央关于全面深化改革若干重大问题的决定》明确

1

指出：发展普惠金融，鼓励金融创新，丰富金融市场层次和产品。这是在党的纲领性文件中第一次提出普惠金融的概念，是对普惠金融理念、行动上的一次质的飞跃，为今后惠及更多客户的金融改革指明了方向。党的十九届五中全会通过的《中共中央关于制定国民经济和社会发展第十四个五年规划和二〇三五年远景目标的建议》更加重视"三农"问题，提出"全面实施乡村振兴战略"，并明确通过"健全农村金融服务体系"，打通金融服务乡村振兴的"最后一公里"，为金融更好服务乡村振兴战略、促进农业农村现代化指明了方向。

普惠金融是联合国在"2005年国际小额信贷年"提出的概念，是指一个能有效地、全方位地为社会所有阶层和群体——尤其是贫困、低收入人口提供服务的金融体系，这既是一种理念，也是具体的实践活动。普惠金融是经济金融发展到一定阶段的必然产物。一般来讲，在经济金融欠发达阶段，金融服务基本停留在为少数有融资需求的企业和个人的服务层面上，多数人因为手持货币量较少或交易量很小而无求于金融。但是，随着经济金融的不断发展，城乡居民的资金实力不断扩大，大多数人的手持货币量和市场交易量迅速增加，对金融服务（主要是信贷）的需求开始增大，这就从客观上要求金融服务扩大覆盖范围，增强各群体、各阶层金融服务的可获得性。改革开放四十多年来，我国农村金融体系屡经改革，但是仍不能满足农业和农村发展对金融的需要。化解农村信贷服务困境，是一个系统工程，需要多角度、全方位构建农村普惠金融服务体系。因此，普惠金融的发展对"三农"问题的解决有着重大的现实意义。

中国农村经济和农村金融发展实践积累了很多经验和教训，同时产生了很多值得研究的重大问题，这是中国农业经济学理论研究的一个"金矿"，需要我们扎扎实实耐下心来去研究。基于以上情况，以胡宗义教授为首的学术团队自2007年以来一直高度关注中国农村经济和农村金融发展的现实问题，致力于中国农村金融改革和发展的相关研究，取得了一批具有一定前瞻性、创新性的研究成果。

在湖南大学出版社总编室主任陈建华老师的提议下，我们决定用3～5年时间，在湖南大学金融与统计学院这个良好的研究平台上，运用前沿理论分析工具和计量方法，对中国普惠金融发展体系进行全方位研究，形成对农村金融改革和发展取向的正确定位和有效政策建议，并以"中国普惠金融研究丛书"之名系列出版。但由于受自身研究能力和客观条件限制，我们的研究成果仅仅是阶段性的探索，很多方面还有待进一步深化和完善，我们真诚欢迎同行专家和广大读者批评指正。

赫伯特·西蒙说过："很多研究工作的动力所在，无非是热切希望理解大自然,寻找那种隐匿在复杂性当中的秩序之美。"我国伟大的改革开放历程为经济学理论创新提供了丰沃的土壤。我们必须不断深入理解中国经济的实际情况,借鉴已有的理论和实践经验,积极思考和研究从中提炼出来的理论问题。只有这样不断地积累,中国经济学的理论根基才能更加扎实牢靠,中国经济学的理论成果才能逐渐达到世界先进水平,中国经济学的理论体系才能渐趋完善。衷心希望本研究丛书的出版能对中国农村金融改革和发展起到积极的推动作用。

胡宗义　刘亦文

2021 年 3 月

前　言

　　人类社会发展史就是一部人类为追求美好生活而不懈努力的探索史、奋斗史。经济发展有效夯实了美好生活的物质基础和前进动力，是实现美好生活需要的基础和关键。自改革开放以来，中国经济持续快速增长，人民生活水平发生了巨大变化，创造了"人类经济史上从未有过的奇迹"。学者们将中国经济发展取得的历史性成就归因于生产要素投入、技术进步和制度的创新等。

　　在影响经济增长的诸多因素中，金融发展与经济发展的互动关系是金融发展领域的核心命题，也是发展经济学理论的热点问题。金融是"货币资金的融通"的缩略语。金，指的是黄金；融，最早指熔化变成液体。所以，金融就是将黄金熔化分开交易流通，即价洽通达，是市场主体利用金融工具将资金从资金盈余方流向资金稀缺方的经济活动。货币资金盈余者提供满足社会实体经济发展所需资金，为有成长潜力或至少有偿债能力的实体提供资金需求，助其杠杆化经营，伴随其成长或衰落，分享其成长红利或至少偿债过程中的一部分收益。有息贷款的历史甚至早至圣经·旧约年代，楔形文字的泥版曾记载借贷行为，古希腊、古罗马的神庙已介入金融活动，中世纪宗教对金融的禁锢，文艺复兴时期意大利的银行复兴，从金匠发展为现代银行……历经无数次金融危机，波澜起伏，风云激荡，但金融业老而益壮，历久弥新。这是因为金融业所承载的社会功能在持续演化，不断完善发展。特别是机器大工业的出现，大规模集中生产的工厂制度得以确立，使得单个自有资本的积累远远不能满足生产需要。因此，现代金融活动既是社会化大生产的产物，也是市场经济关系深化的体现，为商品经济的持续发展和社会扩大再生产提供内生动力。金融之于经济发展和人类社会进步的价值主要体现在提高经济活动效率。在现代社会，金融虽然不像空气和水那样不可或缺，但是毫无疑问，金融是经济和社会高效运转的润滑剂，金融活动可以通过资源的合理配置，帮助社会最大效率地创造社会财富，实现经济的发展。因此，无论是个人、企业还是政府，都离不开金融。习近平总书记在2019年2月22日中共中央政治局第十三次集体学习会上就明确指出：金融活，经济活；金融稳，经济稳。经济兴，金融兴；经济强，金融强。

第二次世界大战结束后，一批新独立的国家在追求本国经济发展的过程中，不同程度地都受到储蓄不足和资金短缺的制约，而金融发展滞后和金融体系运行的低效是抑制经济发展的深层次原因。20世纪60年代末至70年代初，一些西方经济学家开始从事金融与经济发展关系方面的研究工作，以雷蒙德·W. 戈德史密斯、约翰·格利、爱德华·肖、罗纳德·麦金农等为代表的一批经济学家先后出版了以研究经济发展与金融发展为主要内容的专著，创立了第一代金融发展理论。此后，国内外越来越多的学者开始在第一代金融发展理论基础上，试图通过借鉴或吸收其他理论流派（如内生增长理论及新制度经济学理论等）的基本观点或研究方法，或在大量的实证分析基础上，从不同层面或不同视角对第一代金融发展理论进行修正、补充或完善，由此便产生了第二代及第三代金融发展理论。第一代金融发展理论强调的是"自由化或市场化"，第二代金融发展理论强调的是"内生增长"或金融的"功能"，第三代金融发展理论则强调"制度因素"在金融发展中的作用，而21世纪以来金融发展理论的一些新进展实际上将"金融发展如何更好地造福人类"作为研究主题，明确金融追求的目标并不仅仅是效益最大化，还有最大限度地为社会创造价值，为人类幸福赋能，为实体经济服务，让更广泛的人群以负担得起的成本享受质量更优、效率更高的金融服务，并能实质性控制风险。诺贝尔经济学奖获得者 Robert J. Shiller 在其 2012 年出版的专著 *Finance and the Good Society* 中，将"追金逐银"的金融活动与好社会联系起来，将金融提升到一个道德的高度。好金融应该是帮助实现好社会的金融，能促进社会和谐发展。因此，在好的金融中，金融服务能公平地惠及所有有权利（有资质）的个人与企业，不存在有能力但不能获得金融服务的被排斥群体，对于所有有能力的群体和个人，金融服务的资源是公平的，不存在金融歧视。经过社会各界共同努力，普惠金融理念在全球形成广泛发展的潮流，金融实践实现从金融排斥向金融包容转型，金融发展理论的研究思路和实践基础又向前推进了一步。

金融为重新构建人际关系提供了异常丰富的途径，扩大了跨时期交易的范围。金融能够集中经济力量，使其在不同的地域间迅速移动。金融有效地架起了资金盈余者和资金赤字者货币资金融通的桥梁，实现了货币资金的跨时间和空间转移和再配置，极大地推动了社会扩大再生产和商品经济发展。由于资金盈余者和资金赤字者在货币资金融通过程中，受到的金融监管不同，学术界将金融体系分为两大类：一是由政府监管部门批准成立并受严格监管和法律约束的正规金融机构；二是不受政府监管部门对于资本金、储备金和流动性、存贷利率限制、强制性信贷目标以及审计等要求约束的非正规金融。在统一的金融体系中，正规金融和非正规金融作为金融生态系统的两大金融主体，是长期共生和互补关系，它们的运行状况、经营特点、发展方向以及与金融生态环境诸要素之间的协调关系，直接反映了一个地区金融生态环境的发育状况。由于非正规金融具有隐蔽性，相应数据往往很难获取，这也导致相关研究难以获得重大突破。同时，正是由于非正规金融游离于政府监管之外，人们更多地戴着有色眼镜区别看待，将非正规金融视为地下金融、非法金融。金融深化理论淡化了非正规金融"非理性"的色彩，认为非正规金融是金融制度发展不完善、金融管制的结果，随着金融制度的深化发展，非正规金融会逐渐消失，被正规金融取代。但行为经济学和实验经济学的兴起，为非正规金融研究提供了崭新的思路，即非正规金融是交易者行为选择的集合，是非正规金融交易者在信息、制度、政策以及自然环境等各方面条件共同约束下的一种均衡的制度安排，是人类自发的机智的创造性行为。非正规金融正发挥着正规金融不可替代的作用，极大地提高了中小微企业和低收入人群等群体金融可得性。

中国金融体系存在着两个严重的二元结构：一个是因城乡差别产生的城乡二元金融结构，另一个则是因监管制度产生的正规金融与民间金融（非正规金融）并存的二元金融市场。这种二元结构造成了正规金融资源分配的不公平，产生了对农村和弱势社会群体的金融排斥，已经成为制约做好"三农"工作和推动乡村振兴的痛点、难点。作为诱致性制度变迁的结果，农村非正规金融是由中国农村金融制度安排所固有的缺陷造成的，其主要诱因是高收益导向的供给和巨大的融资需求。中国农村非正规金融是伴随着农村经济的发展不断发展壮大的，各种不同形式的非正规金融满足了农村金融需求主体在特定约束条件下的金融需求，弥补了由国家完全控制的正规金融安排的不足，对农村经济高质量发展起了重要的推动作用。通过对已有农村正规金融与非正规金融发展理论与实证研究的梳理和总结，发现现有研究没有很好地将两者整合成一个统一框架，从而未能有效拓展和完善我国农村正规金融与非正规金融发展的理论体系，未能详细诠释农村正规金融与非正规金融协调发展的共生机制和运行机理，未能有效评估农村正规金融与非正规金融的发展效应，未能提出完整的农村正规金融与非正规金融协同发展的可行路径。鉴于此，本书将农村正规金融与非正规金融纳入规范经济学框架中，基于二元经济理论和现代农村金融理论，立足于农村正规金融与非正规金融的动态演变机制，以农村经济发展、农民收入增长及农村贫困缓减为导向，从微观与宏观相结合的角度，对现代金融体系下农村正规金融与非正规金融发展的理论基础、运行机理及其发展效应进行深入、全面和系统的研究，诠释中国农村金融发展理论体系的基本框架及实践路径。

作为全世界最大的发展中国家和世界上最大的转型国家，中国的金融发展与转型成为有史以来最大规模的金融试验，无论从深度还是广度上来说，这次试验给发展金融领域带来的影响都是空前的。中国农村金融理论与实践还处在检验和发展阶段，作为一项庞大的系统工程，本书首次系统地将农村正规金融与非正规金融发展纳入整体研究框架，从理论基础、运行机理及发展效应等方面展开了全面研究，在农村金融发展及其效应一系列重要问题的研究上取得了一些突破性进展，填补了中国农村正规金融与非正规金融协同发展问题研究的空白。

提高金融可得性和金融服务强度，消除金融排斥，延伸金融广度与宽度，破解中小微企业和低收入人群等群体难以获得金融资源的问题，对推动好的金融服务中国经济高质量发展具有重要的理论价值和现实意义。金融的本性并没有好坏善恶之分，在新发展阶段，要有效推进正规金融与非正规金融协同发展，搭建金融沟通桥梁，让金融带来的利益惠及社会中的每一个成员——无论他贫穷或富有，助力高质量发展和共同富裕。特别是当前我国正全面推进乡村振兴加快农业农村现代化，金融服务农业现代化是金融服务实体经济的重要领域，推动金融资源更多向"三农"倾斜，才能为实现农业农村优先发展提供更多保障。立足新发展阶段，金融实务部门和理论研究者需充分认识金融在农村经济发展和社会生活中的重要地位和作用，在推动乡村振兴的进程中用好用足金融的力量，强化农业农村优先发展资金投入保障，筑牢农村居民参与乡村振兴的内生动力和自我发展能力。

由于作者的理论和学术水平有限，本书的理论与结构体系难免存在疏漏和需要完善之处，诸多工作亟须更深层次研究，但愿我们的工作能为深入研究中国农村金融理论与实践起到一个抛砖引玉的作用。我们深知，对于中国这样一个发展中的大国，有待深入探讨的研究课题还有很多，书中的错误和不足，敬请学术界的同行和读者不吝赐教。

刘亦文　胡宗义

2020 年 12 月

目　次

第1章 绪 论

1.1 研究背景及问题

金融作为现代经济的核心，是社会主义市场体系的重要组成部分。经济决定金融，经济的发展水平决定金融的发展水平；同时，金融的发展又反作用于经济。支持经济增长的主要资源是资金、土地和劳动力。目前，中国劳动力、土地等生产要素投入均不同程度地面临瓶颈，经济高质量发展的重心转向提高资源配置效率，通过加快制度改革和市场建设释放各要素活力。与其他领域的改革相比，金融改革更易于从全局和总量层面进行突破，例如利率市场化改革等。同时，改革开放以来在金融改革领域积累的经验也对重点突破金融改革形成了支持，而且金融改革的突破对于带动整个经济转型也会有积极的作用。

作为支撑农村实体经济的重要组成部分，农村金融为农村的可持续发展提供金融动员和金融资源配置，成为促进我国农村经济繁荣兴旺的重要保证。农村金融体系作为一种金融制度安排，是连接农村经济发展中资金供给与需求的重要渠道，同样对农村经济增长具有巨大的推动作用。

改革开放以来，党中央、国务院高度重视农村金融改革发展，制定了一系列方针、政策，把农村金融的改革探索始终贯穿于农村经济社会发展进程中，农村金融的发展创新对落实国家支农惠农政策和保持农村经济社会稳定发挥了重要作用。《中共中央关于推进农村改革发展若干重大问题的决定》提出：建立现代农村金融制度，要创新农村金融体制，放宽农村金融准入政策，加快推动商业性金融、合作性金融、政策性金融的结合，构建资本充足、功能健全、服务完善、运行安全的新型农村金融体系。党的十九届六中全会全面总结了党的百年奋斗重大成就和历史经验，强调要"健全农村金融服务体系"。以创新驱动农村金融发展，不断健全农村金融服务体系，需要大力推进金融制度创新、金融产品和服务方式创新，大力推进普惠金融、绿色金融与科技金融，构建可持续助力乡村全面振兴的普惠金融服务体系和绿色金融服务体系，才能最终形成长效服务机制，助力巩固拓展脱贫攻坚成果，同乡村振兴有效衔接，推进乡村全面振兴。2003 年以来，在党中央、国务院的正确领导和各有关部门的合力推动下，以农村信用社改革试点启动为标志，新一轮农村金融改革创新稳步推进。农村信用社改革取得阶段性成果，历史包袱逐步得到有效化解，运行机制不断完善，"三农"服务主力军地位进一步巩固。中国农业银行、中国农业发展银行和中国邮政储蓄银行等涉农金融机构改革不断推进，涉农业务逐步拓展。农村金融产品和服务方式创新有序推进，各地根据农村经济特点和农户实际需求，创新试点了多种符合"三农"实际特点的信贷产品和金融服务。农村金融基础设施逐步健全，农村支付体系和信用体系建设不断完善，农村金融生态环境逐步改善。2007 年全国金融工作会议后，国务院明确把推进农村金融改革发展作为金融工作的重点，组织成立由 17 家单位参加的工作小组，专题研究解决农村金融领域的重点难点问题。各有关部门认真贯彻落实党中央、国务院有关部署，加强协作配合，创造性地开展工作，农村金融工作取得长足发展，初步形成了多层次、较完善的农村金融服务体系，覆盖面不断扩大，服务水平不断提高。同时，在广西田东、安徽金寨等地探索开展农村金融改革试点，积累了宝贵经验。特别是党的十八大以来，以习近平同志为核心的党中央围绕农村金融领域重大改革、农村金融创新服务乡村振兴、金融精准扶贫助力打赢脱贫攻坚战作出一系列重大的决策部署，党和国家坚定面向"三农"，持续为农业农村发展输送"金融活水"，积极顺应农业适度规模经营、城乡一体化发展等新情况新趋势新要求，进一步提升农村金融服务的能力和水平，实现农村金融与"三农"的共赢发展，2014 年 4 月 20 日，国务院办公厅下发了《关于金融服务"三农"发展的若干意见》（国办发〔2014〕17 号），意见包括深化农村金融体制机制改革、大力发展农村普惠金融、引导加大涉农资金投放、创新农村金融产品和服务方式、加大对重点领域的金融支持、稳步培育发展农村资本市场等。意见提出开展涉农资产证券化试点，对符合"三农"金融服务要求的县域农村商业银行和农村合作银行，适当降低存款准备金率。意见还要求大力发展农村直接融资，支持符合条件的涉农企业在多层次资本市场上进行融资，鼓励发行企业债、公司债和中小企业私募债；逐步扩大涉农企业发行中小企业集合票据、短期融资券等非金融企业债务融资工具的规模；支持符合条件的农村金融机构发行优先股和二级资本工具。2019 年 1 月，中国人民银行会同银保监会、证监会、财政部和农业农村部联合印发《关于金融服务乡村振兴的指导意见》（银发〔2019〕11 号）。提出了金融服务乡村振兴的短期和中长期目标，明确了各类机构服务乡村振兴的差别化定位，要求银行业金融机构深化金融产品和服务创新，引导更多金融资源回流农村，同时建立健全多渠道资金供给体系，拓宽乡村振兴资金来源，促进农业农村优先发展。党的十八大以来，在一系列政策措施的推动下，我国农村金融改革取得了积极进展，金融机构组织体系不断健全，支农能力和服务水平显著提升，金融产品和服务持续创新。截至 2020 年底，我国乡镇银行业金融机构覆盖率达到97.13%，全国行政村基础金融服务覆盖率达到 99.97%（中国人民银行农村金融服务研究小组，2021）。总体来看，我国农村金融改革创新有力地支持了农业产业化发展，推动了传统农业向现代农业转变；支持了社会主义新农村建设，促进了城乡协调发展；支持了农业增产和农民增收，提高了农村金融服务水平。

　　然而，作为一个农业大国、人口大国，中国还是一个区际、省际，甚至省内发展都极不平衡的大国。在农村金融发展取得丰硕成果的同时，我们也应清楚地看到现阶段农村金融发展中存在的缺陷。一是农村金融服务体系单一化。现阶段农村金融服务的提供大都来自农村信用社，服务形式单一，金融体系缺乏竞争机制，进而导致金融服务效率低下，金融服务体系难以满足当前农村经济发展的需要。二是农村金融深度过浅、金融广度过窄。当前，农村经济发展所需要的资金支持难以到位，金融市场规模不大，金融供给不足；金融市场中金融产品不仅单一而且稀少，金融产品主要以银行类信用贷款为主，保险、证券发展非常落后，农村金融支持力度远远不足。三是金融运行环境相对较差。现阶段，农村经济系统中缺乏资产评估、担保公司、征信登记等金融中介机构，金融教育发展滞后，金融知识陈旧甚至空白。四是金融法规发展落后。当前，我国缺乏专门规范农村金融运行的法律法规，农村金融法规的缺失使农村金融活动的规范性无法得到保证，这增加了农村金融运行的风险，阻碍了农村金融改革的步伐。

　　党的十七届三中全会明确提出，为促进城乡统筹发展，应建立现代农村金融体系，提出要放宽农村金融市场准入政策，大力发展小额信贷，规范和引导民间借贷健康发展。国家首次从政策上允许农村小型金融组织从金融机构融入资金，允许有条件的农民专业合作社开展信用合作。十八届三中全会通过的《中共中央关于全面深化改革若干重大问题的决定》（以下简称《决定》）在农村问题和金融问题上都有若干重大突破。无论是对承包地赋予用益权、流转权和抵押、担保权等金融功能，还是对宅基地赋予住房财产权和抵押、担保、转让等金融功能，以及增加农民财产性收入，都体现了对农民个人以土地为核心的金融权利的赋予。同时，还鼓励农村发展合作经济，扶持发展规模化、专业化、现代化经营，推进城乡要素平等交换和公共资源均衡配置，保障农民公平

3

分享土地增值收益，保障金融机构农村存款主要用于农村农业。在城乡二元结构严重制约城乡一体化发展的当下，《决定》又一次体现了1978年十一届三中全会"从农村寻求突破"的改革主线。《决定》的一个重要思想就是"让发展成果更多更公平惠及全体人民"，这一思想体现在完善金融市场方面，就是"发展普惠金融，鼓励金融创新，丰富金融市场层次和产品"。2014—2022年间，中国政府连续十九年在中央一号文件聚焦"三农"，部署农业现代化、农村金融服务等重要工作。对非正规金融的重新审视反衬了正规金融发展的滞后，在现行经济快速增长的大背景下，正规金融机构在农村金融供给中的制度性和功能性缺失，已不能完全适应农村经济发展的现实需要，农村非正规金融也正是基于此而广泛存在并逐步引起国家和社会的关注。比之正规金融，非正规金融具有独特的非正式制度优势和信息优势，不需要大量的交易成本和繁琐的交易手续，因而更符合以农户经济为基础的农村经济发展实际需要（林毅夫，2005）。在大部分农村地区非正规金融已经发挥着重要作用，甚至成为促进农村经济增长和农民增收的主要因素。来自国际农业发展基金（IFAD，2001）的研究报告指出，中国农民从非正规金融市场取得的贷款额大约为正规金融市场的4倍；全国农村固定观察点跟踪调查资料显示，1985—2003年每年农户借贷资金中的70%以上来自农村非正规金融；陈锡文（2004）统计发现，我国2.4亿个农民家庭中，85%左右的农户要获得贷款基本上都是通过民间借贷来解决。

随着农村经济的发展，农民收入大幅提高，但农村内部收入差距也在不断扩大。影响农村内部收入的因素众多而且复杂，金融因素的作用尤为突出。在农村金融排斥不可避免的状况下，农村非正规金融必将在农村资金融通方面发挥积极的作用，那么农村非正规金融如何规范运作，信用如何保障，风险如何规避以及农村非正规金融对农村经济、农民收入有多大影响和作用，其影响程度有多深，都值得我们做深入的研究。本书将农村正规金融与非正规金融的研究纳入规范的经济学分析框架中，在现有的经济理论研究成果基础上进一步探讨农村正规金融与非正规金融，完善我国农村金融体系的理论条件，从而在研究方法上更接近现代经济学研究的路径；运用中国农村正规金融与非正规金融的经验与实证分析，一方面可以验证现有的经济理论正确与否，另一方面还可以修正现有的理论模型，将中国的转型经验提升到理论高度，从而进一步丰富和发展转型经济学的理论研究。

1.2 研究意义

中国的改革首先是从农村开始的，标志着中国货币化进程开始的农村制度变迁，使得农村贸易条件大为改善，农业产出迅速增长，农民收入大幅提高，农村金融剩余以较快的速度增加；随着农村经济结构和农业组织形式的演变，农村金融体制也出现了变动。从总体上讲，一方面在我国经济的发展过程中，农村的这种不断变化的金融体制安排起到一定的作用；另一方面，随着我国经济转型和经济形势出现的新的变化，对农村金融体制又提出了更高的要求。这是由于从我国现在农村经济形势看，我国的农业、农民、农村问题，即所谓的"三农"问题，形象的说法是农民收入太低、农业发展太慢、农村生活太苦，从根本上影响我国的社会与经济稳定发展，影响我国的现代化进程。

农业、农村、农民问题在中华民族走向伟大复兴的新的历史征程中处于极其重要的位置，发挥着不可或缺的基础和保障作用。从某种意义上来说，中国的社会主义现代化强国建设成功与否取决于农业、农村、农民问题的解决与否，解决"三农"问题是中国现代化强国建设的重要工作任务。只有解决好"三农"问题，才能使改革开放和社会主义现代化强国建设继续深化下去，才能全面建设社会主义现代化国家。从解决途径看，解决"三农"问题的核心是要不断增加农民收入，解决资源配置问题是解决"三农"问题的关键，农村金融制度作为农村经济发展中最为重要的资本要素配置制度，无疑将成为农村经济改革中的一个焦点。

农村金融是我国金融体系的重要组成部分，是支持服务"三农"发展的重要力量。农村金融能较好地调整资源分配，实现各要素的充分利用，从而达到经济效益最大化。同时，"三农"问题与农村金融之间又存在着相互制约的关系，表现在"三农"的发展直接或间接地依赖农村金融的发展和支持，农村金融的改革、完善与健康运行是农村经济持续发展的基础和前提。因此，大力推动农村金融改革和发展有利于"三农"问题的解决和突破。

改革开放以来，我国农村金融取得长足发展，初步形成了多层次、较完善的农村金融体系，服务覆盖面不断扩大，服务水平不断提高。但从总体上看，农村金融仍是整个金融体系中最为薄弱的环节，农村金融制度安排的绩效仍令人担忧，即农村二元金融结构现象并没有消亡，反而呈现强化的趋势，农村"贷款难"的困境至今未得到根本性的彻底转变，农村农民专业合作社等新兴经济组织仍不能得到必要的信贷支持，农村金融改革还有待深层次"破冰"。

所有这些表明，我国农村正规金融制度安排滞后于农村经济的发展，在其制度设计上可能存在着天然的不足，而内生于经济发展的农村非正规金融却得到快速发展，并在一定程度上弥补了农村正规金融的不足。在广大农村地区，非正规金融与正规金融并存的现象十分普遍，农民对资金的需求相当一部分需要通过非正规金融获得满足。但长期以来，由于先验的价值判断，我国学术界的理论研究一直回避非正规金融的作用和地位问题。但是，如果撇开先验的价值判断，从理论和实践说明二元金融结构在农村存在和运行所具有的合理性，那么，这种研究将具有重要的理论和实践意义。

就研究的理论意义而言，现实中的农村非正规金融由于得不到政府的正式认可，因而这些非正规金融活动相对于正规金融活动长期被定义为非法的、"地下金融"或者"黑色金融"，对于非正规金融缺乏完整的统计资料和典型调查，也没有系统的理论研究。有关非正规金融的资料大多以反面的典型见诸报刊，这对研究我国农村金融市场的诱导性政策变迁因素不利。本书将论证农村金融市场上非正规金融存在的微观基础和运行机理，证明二元金融结构存在的理论基础，揭示二元金融结构有助于促进农村的总投资，提高农村金融中介的效率，这将从理论上重新论证非正规金融的地位和作用，丰富我国学术界在这方面的研究。因此，本书的研究对于丰富和完善农村金融体系建设的相关理论，具有重要的理论意义和价值。

本书研究的实践意义主要体现在，如果政府对非正规金融持基本否定态度，那么研究非正规金融的问题，可以从另一个方面发现正规金融的问题和不足，揭示正规金融提供的金融服务所存在的缺陷，从而为深化我国农村金融改革提出政策建议。如果政府对非正规金融持不完全否定态度，那么研究非正规金融的生成机理及运行机制，对于政府规范农村金融市场，推进普惠金融体系发展制定相关的政策具有参考意义。

从中央防范化解重大风险攻坚战来看，发生金融系统性风险的一个主要原因是金融业急功近利，大量资金浮游于经济体表面，不能有效支持实体经济的发展，导致生产力增长与 GDP 增长发生严重偏离，使经济发展不可持续。为此，2014 年 4 月 16 日，国务院总理李克强主持召开国务院常务会议，确定金融服务"三农"发展的六项措施：一要丰富农村金融服务主体；二要加大涉农资金投放；三要发展农村普惠金融；四要加大对发展现代农业重点领域的信贷支持；五要培育农村金融市场；六要加大政策支持。会议还提出，所有涉农金融机构都要努力往下"沉"，做到不脱农、多惠农。在 2017 年全国金融工作会议上，习近平总书记和李克强总理更是同时强调"加强对'三农'的金融服务"，要求"要建设普惠金融体系，加强对小微企业、'三农'和偏远地区的金融服务，推进金融精准扶贫"，"一定要让更多金融活水流向'三农'和小微企业，切实支持实体经济发展"。农村金融一直是中国金融发展的"软肋"，面对经济潜在增速下行、新冠疫情与中美博弈加剧的内外冲击，特别需要统筹拉动农村金融的发展。因此，积极推进农村金融制度创新、政策创新和工作创新，努力解决组织体系"脱农化"和服务"三农"产品少、农民"贷款难"等问题，推进现代农村金融服务实践和农村金融体制改革，这对于我国农村地区经济崛起、逐步缩小城乡居民收入差距，全面建设社会主义现代化国家是有所助益的，具有重要的实践意义。同时，这也是我国经济和社会发展面临的一个重大理论问题，更是迫切需要解决的现实问题。

研究中国农村金融改革与发展问题同样具有广泛的国际借鉴意义。中国是发展中的农业大国，中国的国情、农情及其历史、文化背景，决定了其现代化道路的特殊性。因此，探讨中国农村非正规金融与正规金融发展问题，既可以指导中国正在推进的经济改革和金融改革，又可以为发展中国家协调工业化进程中的工农关系、城乡关系以及有效解决发展实践中的传统农业改造、二元结构调整、人口城市化等问题提供借鉴。

1.3　国内外相关研究综述

1.3.1　早期农村金融研究

20 世纪以前，在经济学理论体系中，货币中性论的观点占据主导地位。货币中性论认为，货币数量只影响物价水平而对经济没有实质性作用。

较早地认识到货币金融对实际经济活动有实质性影响的是克努特·维克塞尔（1898）。他在《利息与价格》一书中，在货币具有价值贮藏功能的前提下，从货币对资本积累的促进作用出发，论证了货币对经济增长的重要性。作为瑞典学派的先驱，他在将货币发挥作用的领域拓展向生产领域的累积过程中，分析了货币的价值尺度、贮藏手段、支付手段和交易媒介等诸项职能，并分析了诸项职能在经济活动中的作用，将货币理论与经济理论联系起来，建立起统一的货币经济理论，结束了长期统治西方经济学的"二分法"局面。他在肯定货币数量论的基础上，指出货币不仅在流通中起作用，还在生产、储蓄、投资等活动中起作用。现实经济作为货币经济，是不能通过割裂货币而进行研究的。维克塞尔通过对利率和物价及经济变动的关系的研究，提出了著名的累积过程理论。他分析了货币利息率同自然利息率的背离与均衡变动，通过储蓄投资的影响，决定价格的变动，提出"利率是价格的调节者"的观点。货币利率低于或高于自然利率时，会引起经济发生向上或向下的累积性波动，只有货币利率等于自然利率时，货币才是中性的。但在现实生活中，货币利率很少等于自然利率，这说明货币非中性才是现实经济生活的常态，因此货币金融对实际经济活动具有实质性影响。继维克塞尔之后，凯恩斯等人也在各自的理论中分析了货币金融与经济活动的关系。

熊彼特在 1912 年出版的《经济发展理论》一书中，对金融体系与经济增长关系进行了较为系统的研究。他指出，银行体系在经济增长过程中起着非常关键的作用，因为他们能选择哪些企业家有资格使用社会储蓄。熊彼特认为"企业家"是资本主义的"灵魂"，是"创新"、生产要素"新组合"以及"经济发展"的主要组织者和推动者。创新需要资本投入，资本的主要来源是银行信贷（这里所指的信贷并非银行吸收的储蓄和抵押贷款，而是一种信用创造），它是一个运行良好的金融体系所应具有的基本职能。按照这个观点，银行体系对经济增长的影响在于改变储蓄资源的配置，因此，熊彼特主义者的金融发展和经济增长的观点集中在银行对生产力和技术进步的影响上。

20 世纪五六十年代是现代金融发展理论的形成阶段。约翰·G. 格利（John G. Gurley）、爱德华·肖（Edward Shaw）、H. T. 帕特里克（H. T. Patrick）和雷蒙德·W. 戈德史密斯（Ray-mond W. Goldsmith）等奠定了现代金融发展理论的基础。1958 年，格利和肖在《美国经济评论》上发表的《经济发展中的金融方面》最早专门阐述了金融与经济发展之间的关系，第一次从金融角度探讨了金融在经济发展中的作用，首次尝试着建立一个以研究多种金融资产、多样化的金融机构和完整的金融政策为基本内容的货币金融理论。1960 年，格利和肖在《金融理论中的货币》一书中提出，货币金融理论应该研究包括货币在内的多样化的金融资产，各个经济单位或部门之间储蓄和投资的差额是金融制度存在的前提，金融制度是整个储蓄—投资过程中把资金从储蓄者转移到投资者的必要条件，充分发展的金融制度由多种金融机构、多样化金融工具和金融市场组成，货币和银行只是众多金融资产和金融机构中比较重要的组成部分而非全部。在一定程度上，一国经济能否最有效地运用其资源取决于其金融制度的效率。

美国耶鲁大学的经济学家帕特里克于 1966 年在《欠发达国家的金融发展与经济增长》一文中先后提出了供给引导（supply-leading）与需求追随（de-mand-following）假说，以及金融发展的阶段论假说，这些假说最早涉及了金融发展与经济增长的因果关系问题。供给引导假说认为，金融发展先于对金融服务的需求，因而对经济增长有着更为积极的影响，金融体系对动员那些阻滞在传统部门的资源，使之转移到能够促进经济增长的现代部门，并确保投资于最有活力的项目方面起基础性作用。由需求拉动的金融发展是实物经济部门发展的结果，这就意味着经济的发展需要更有效地分散风险和更好地控制交易成本，因此金融发展在经济增长过程中起了一个重要的推动作用。与这两个竞争性假说不同，金融发展阶段假说认为，在实践中需求追随现象和供给领先现象往往交织在一起，二者之间存在着一个最优顺序问题，而且最优顺序问题也可能在部门内和部门间存在。供给引导型金融发展出现在经济增长的早期阶段，因为金融体系能促进实物资本的积累，金融创新（新的金融工具和服务）为投资者和储蓄者提供了新的渠道，金融发展最终会导致自我积累型持续的经济增长。随着金融发展和经济增长的进行，供给引导型模式的特征逐步消失并最终让位于需求拉动型金融发展。金融体系对资本存量的影响主要体现在三个方面：一是可以提高既定数量的有形财富或资本的配置效率，二是可以提高新资本的配置效率，三是可以加快资本积累的速度，因为金融中介促使人们更加愿意储蓄、投资和工作。帕特里克在研究金融发展对国民财富的构成及使用的影响基础上，提出了落后国家应采取金融优先发展的货币供给带动政策。

对现代金融发展理论作出开创性贡献的是雷蒙德·W. 戈德史密斯（1969）。他综合运用定性分析和定量分析的优点，采取比较分析方法，通过对多个国家的统计数据进行研究，提出了多个衡量金融结构和金融发展的指标，并对金融发展与经济增长之间的关系作出了初步的实证分析。

戈德史密斯在《金融结构与金融发展》一书中，首次提出金融结构和金融发展的定义。一国现存的金融工具和金融机构之和构成该国的金融结构。它包括各种金融工具和金融机构的相对规模、经营特征和经营方式，各种金融中介机构的集中程度。戈德史密斯在此基础上提出了衡量一国金融结构的系列指标，并将现实世界的金融结构划分成三类。提出这些指标的目的，不仅仅在于描述一国在某一时点上金融结构现状和金融结构变迁，而且还在于将这些指标结合起来以区分不同类型的金融结构，进一步揭示出金融结构在经济增长过程中的状态。金融结构的变化就是金融发展。戈德史密斯通过大量的研究找出了金融发展的一条共同道路，即金融相关比率、金融机构在金融资产总额中的比重、银行系统的地位变化具有一定的规律性。

依据 35 个国家 1860—1963 年的数据，戈德史密斯发现经济增长与金融发展大致平行。然而，这种研究仅仅是表明了一种相关性，很难判断是促进经济增长加速还是金融发展仅仅是经济增长的反应，经济增长的主要原因应该到别的地方去寻找。

从某种意义上讲，对于金融影响经济增长的具体机制问题，戈德史密斯是一个不可知论者，但是他依然认为，金融机构通过将社会资金配置到最有效率的部门，加速了经济增长，改善了经济增长的质量，金融结构与金融发展对经济增长的影响，如果不是金融领域唯一的最重要问题，也是最主要的问题之一。在现代金融体系诞生约 200 年之后，金融发展作为一个相对独立的领域，被戈德史密斯引入经济学家的视野。他奠定了金融发展领域的基本研究框架，成为后续深入研究的坚实基础。

1.3.2 农村金融研究的着眼点

纵观农村金融问题研究，国内外学术界比较多的研究主要集中在农村金融市场融资、农村金融体制改革、金融政策调整等方面。

（1）农村金融市场分类。对正规与非正规金融市场概念的理解有不同的观点。张军（1997）认为非正规部门是指相对于官方的正规金融制度和银行组织而言自发形成的民间的信用部门。谈儒勇（2001）从监管的角度进行区分，认为正式的、被登记、被管制和被记录的部分，称为正规金融；非正式、未被登记的、未被监管和未被记录的部分，称为非正规金融。姜旭朝、丁昌锋（2004）认为非正规金融是一种过渡金融体制。在对农村金融市场的具体划分上主要存在两种倾向：一种倾向把农村金融市场分为正规与非正规两个市场；另一种倾向把农村金融市场分为正规、非正规与半正规三个市场。总的来看差异不大，主要区别表现在对农村小额信贷组织与非政府组织（NGO）的归类上。对于正规与非正规金融市场的概念界定，一种观点是从金融组织是否归属官方来界定，与资金产权主体及资金使用主体有关；另一种观点是从监管与登记角度来划分。

（2）非正规金融市场作用。尽管对正规金融市场与非正规金融市场是替代关系还是互补关系的争论仍没有定论，但对非正规金融市场发展对农户融资、对农村经济发展的正向作用在以下几个方面达成共识：一是非正规金融市场的发展有利于金融资源有效配置，是一种帕累托效率改进；二是非正规金融市场扩大了农村金融市场供给，为无法得到正规金融市场贷款的农户与非农企业开启了一条融资通道，在缺乏抵押或法规操作机制的情况下，非正规金融市场承担了一系列激励和信息服务职能，较高利率是风险的正常反映；三是非正规金融市场的发展有利于正规金融市场运行效率的提高。在中国，越来越多的学者指出非正规金融市场发展的合理性及其对中国农村经济发展的重要性（麦金农，1988；肖，1988；张军，2004；温铁军，2001；世界银行，2001；张震宇，2004；王晓毅，2004）。

（3）农村融资渠道。研究的主要观点包括以下几个方面：一是农户主要从正规与非正规两个渠道融资，在有些国家，非正规金融市场成为农户尤其是贫困农户融资的主渠道（Besley，2001；Khandker，2003；McKernan 等，2005；温铁军等，2001）。二是发展中国家正规金融市场供给存在约束，无法满足农户与非农企业发展的需求；正规金融制度运行效率低下（何广文，2001；荣艺华，2001；Gonzalez-Vega，2003）。三是小额信贷已经成为农户融资的主要创新模式（世界银行，1997；OECD Paris Conference Paper，2003；华盛顿会议，2003）。四是农村金融机构应该减少补贴依赖，实行可持续发展，强调农户融资商业运作（雅荣等，1998）。农户融资渠道研究，大多侧重调查与案例分析。正规金融市场融资可以利用官方提供的数据进行实证；但非正规金融市场发展比较隐蔽，政府很难进行监管，数据的获得主要通过调查得到，全面而系统分析农村非正规金融市场存在困难。但不同角度的研究揭示了存在的许多共性问题，这些共性问题为政策制定提供了有效参考，一些流行于非正规金融市场的信贷模式成为政府推广模式。

（4）转轨经济国家农村金融市场深化路径。Davis 和 Hare（1997）认为转轨经济国家金融机构与市场经济国家金融机构在管理支付体系、集中储蓄和有效配置资源、履行对企业的金融约束、监管并确保资金按合同运行等方面大相径庭。转轨经济国家在金融体制改革方面遭遇到许多困难：难以建立对国有企业硬预算约束、银行自身缺乏与市场机制相配套的功能、存在大量不良资产、缺乏有效的治理结构和竞争机制。不少学者针对上述问题开出了药方：放松管制、利率市场化、政府逐步退出，金融机构产权制度改革。

（5）农村小额信贷市场发展。小额信贷组织作为农村金融市场发展的创新模式，在 20 世纪 90 年代以后受到发展中国家的青睐。例如，Grameen 银行模式已经延伸到 100 多个国家，1997 年华盛顿峰会所制定的 2005 年目标是 1 亿家庭能够得到贷款。对农村小额信贷机构的研究主要包括两个方面：可持续性与覆盖面。农村小额信贷在信贷模式、利率定价、监管体系、风险管理、考核指标等方面与银行存在显著差别，符合农户尤其是贫困农户的金融需求。无补贴的小额信贷是农村金融市场的重要部分，但面向贫困阶层的补贴性小额信贷也能获得潜在的经济收益；在以新的形式向贫困农户的贷款中，早期的农业补贴带来的问题仍然值得借鉴（Zeller and Lapenu，2001；ARD，2003；Dickie，2003；世界银行研究报告，2001）。

从农村金融市场发展理论的变迁可以看出，农村金融问题的研究核心主要围绕政府在农村金融市场中扮演何种角色展开。农业补贴论与发展中国家独立后实现的工业化发展战略有关，由政府通过强制性替代政策可以实现金融资源集中支持工业化建设；农村金融市场论认为政府干预导致了金融抑制，应该通过市场机制配置金融资源，消除农村金融市场的低效率；不完全市场竞争论认为发展中国家的金融自由化没有达到理想的预期目标，金融市场失灵必须由政府干预纠正。在实践中，上述理论存在各自的缺陷与不足。

1.3.3 农村金融发展的经济增长效应研究

金融与经济的关系一直是宏观经济领域中的一个热点。自 20 世纪 50 年代以来，大批经济学家对金融与经济的关系进行了广泛研究。金融是现代经济增长的"第一推动力"的观点似乎已经深入人心，然而从严格的学术视角来看，金融成长与经济发展的关系却并非如此直观。虽然围绕二者关系展开讨论的文献已浩如烟海，却始终未能从根本上对二者的关系给出明晰的解释和准确的解读。正如 King 和 Levine（2003）所指出的，"既有的理论文献表明，金融不是简单地追随产业的发展，但是也没有足够的理由认为产业追随金融的发展，我们需要对经济与金融的共同发展进行深层次的思考"。从根本上讲，分析这一命题首先需要处理两个重要的问题：金融成长和经济发展的因果性问题，即二者孰因孰果？如果金融的确是经济增长的"第一推动力"，内部的作用机理如何？

简单地从理论层面上分析，二者的因果关系模式可能呈现出以下五种情况：（1）金融发展是经济增长的一个决定因素和必要条件。这种观点强调金融发展对经济增长有着比较重要的积极作用。从古典的经济学理论开始，多数的经济学家都认同这一观点。熊彼特认为金融中介所提供的服务对于技术创新和经济增长有着至关重要的作用，希克斯认为技术革命就其本身而言并不足以推动 18 世纪英国的长期持续的增长，金融创新的作用在工业革命中与技术进步同等重要；其他在金融理论史上重要的经济学家如麦金农、肖、卡普、加尔比斯、弗莱在理论上均认为金融发展对于经济增长有着重要的作用，它们之间存在一定的因果关系。也有部分发展经济学家对金融持怀疑和漠视态度，他们认为金融发展对经济增长并无任何因果关系。罗宾逊指出：金融跟随工业的发展而发展。库兹列兹证明在经济发展到中期时，金融市场发展开始起步，到经济发展处于成熟阶段时金融发展开始加速。而卢卡斯（Robert Lucas）说过：经济发展中金融的作用被过分有害地强调了。查德瓦卡（Anand Chandavarkar）在他的专著中写道：在所有发展经济学家的著述中没有人将金融发展列为经济增长的要素之一。部分经济学家认为金融发展与经济增长之间应有一种互动的关系。并有一些经济学家建立了内生的经济增长模型来说明它们之间的这种关系。持这一观点的经济学家包括刘易斯、帕特里克、格林伍德等。(2) 经济增长拉动金融发展，如 Patrick 的"需求跟进"理论。Patrick（1966）将金融发展和经济增长的关系归纳为两种模式：供给引导型（supply-leading）和需求跟进型（demand-following）。即在经济发展的早期阶段①，供给引导型的金融体系的发展能促进创新型投资的发展；随着经济水平的提高，供给型金融驱动的作用开始居于次要地位，并随着金融的发展和经济的增长而逐步消失，并最终让位于需求跟进型的金融发展，实现两种模式的转换。Patrick 认为，日本在 19 世纪 70 年代和"一战"后分别是"供给引导"和"需求跟进"金融体系的鲜活案例。两种作用模式的形成同经济环境、制度规则设定以及经济主体的反应都密切相关。(3) 金融发展和经济增长之间不存在因果关系。即便二者可能存在统计意义上的因果关系，也可能是两者的变化都取决于第三个变量。多数新古典经济学家秉持上述观点。(4) 金融发展，特别是发展过程中的不稳定性造成了经济增长的障碍。(5) 金融发展和经济增长互为因果关系。大多数研究，特别是采用较长时间区间的实证研究倾向于支持这一观点。但是不同发展阶段的国家差别较大。King 和 Levine（1993）利用 IMF 提供的 80 个国家 1960—1989 年的数据，对金融中介与长期经济增长之间的关系进行了检验，得出结论：金融发展与经济增长、资本形成和经济效率之间具有强的正相关关系，并且金融中介效率的提高对经济增长的作用具有一阶滞后性；Jovanovic（1993）、Levine and Zervos（1996）的实证分析结果是股票市场发展对经济增长具有显著的正向影响，而金融中介增长对经济增长的作用不显著；Demetriades（1997）运用时间序列资料，结合 Johansen 协整检验，对德国和美国进行了比较研究，认为在德国以银行为主的金融中介增长对经济增长具有重要促进作用；在美国金融发展对经济增长的作用不显著。而真实 GDP 对银行体系的发展和股票市场的发展具有显著的促进作用。Darrat（1999）、Efthymios G. Tsionas（2004）等再次实证分析了金融发展与经济发展的关系，其结论是：金融发展与经济发展在短期内没有因果关系，而在长期内有金融发展促进经济发展的单向因果关系。对上述文献进行分析比较发现，金融发展与经济增长关系存在不一致的主要原因可能在于实证样本国的选择上。由此我们推测：当经济、金融体制等存在区域差异时，金融发展与经济增长的关系也可能表现出区域差异。当前大量的研究集中于对二者的因果关系进行实证研究，采用的技术方法也在不断完善，包括大型的截面数据分析方法、跨国的面板数据分析、时间序列的 VAR 模型，以及更为复杂的非线性动态系统研究和数据模拟方法

---

① 如 18 世纪晚期和 19 世纪早期的英格兰的经济与金融的关系模式。

等。所有方法的创新只有一个共同的目的，即寻找金融发展和经济增长相互间的作用机制和内在规律。结果表明，金融发展和经济增长的关系是非线性的，存在着多重均衡的可能；而且二者均衡关系的实现需要有大量的约束条件。

自从戈德史密斯（1969）给出了经济增长和金融发展二者呈现正相关的结论之后，研究的视角和方法不断创新，当前已经成为宏观经济学研究的热点之一。总结金融发展对经济增长的作用可以从宏观和微观两个角度体现，这也是支持金融的"供给引导型"理论的论据。新古典增长理论认为，金融发展和高储蓄的形成与投资有效性存在很强的正相关性[1]，通过资金在盈余与赤字不同部门的流转促进资本的形成，刺激了工业的发展，特别是金融市场利用其特殊的"资金集聚功能"能够为成功开发创新性产品的企业提供资金支持，从而刺激技术变革，拉动经济增长。即便对于金融市场功能不够完全的发展中国家而言，金融自由化对增加储蓄和提高投资能力方面仍具有重要作用[2]。从宏观、微观层面归纳金融发展和经济增长的互动关系可以表示为图1.1。

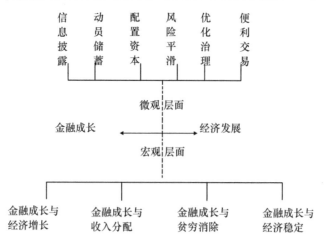

图 1.1 经济发展与金融发展的关系要素的分解

在理论研究的历史长河中，可以将金融发展和经济增长关系的相关研究分为三个标志性阶段：一是1973年以前，如亚当·斯密强调金融的媒介功能，熊彼特从金融的信用创造功能，格利和肖从金融的储蓄转化为投资的功能，帕特里克从金融的资源配置功能，而希克斯则强调金融在提供流动性以分散风险

---

[1] 尽管如此，以戈德史密斯为代表的这一流派的观点并没有明确地辨析出二者的因果关系，二者的关系仅仅限于统计意义上的显著性。

[2] Mckinnon；Shaw 等持有此观点。

方面的功能等不同视角来理解金融发展对经济增长的作用机制。其中具有划时代意义的研究当属戈德史密斯在 1969 年的研究，他利用 35 个国家 1860—1963 年的数据分析了不同的经济指标，尽管他未能确认金融发展和经济增长的因果关系，但发现了金融发展和经济增长之间存在着大致平行的关系，为后续的研究提供了有效的指标工具和研究基础。

二是 1973 年至 20 世纪 80 年代，麦金农和肖共同开创的金融发展理论的历史，并提出了发展中国家金融深化理论这一新的研究领域。后续的研究者，如斯蒂格利茨等将其发展为金融约束论等。无论在研究内容，还是研究方法上都较前者更为丰富和深刻。

三是 20 世纪 90 年代至今，金融发展理论充分借鉴信息经济学、新制度经济学和垄断竞争理论研究成果，分析金融中介体或金融市场的形成及演进对减轻市场摩擦、合理配置资源的影响；关注微观主体和金融发展的内生性问题，主要围绕三个问题进行，即"金融体系的内生性""金融作用于经济增长的内在传导机制"以及"金融发展与经济增长之间的因果关系"。

由于理论上的含混性、对金融发展和经济增长概念本身的界定和理论的演绎存在较大的差异等原因，理论和经验研究很难得出一致性的结论，所以解决这一理论之谜的最好方式是通过实证检验来判断二者关系，从而对纷繁复杂的理论进行分辨和确认。最近的研究主要集中于个别国家或者跨国的实证研究，为金融发展和经济增长之间的因果关系模式的论述提供有力的佐证。鲁索和瓦克思特（Rousseau and Wacthte）在 1998 年的研究，应用向量误差修正模型对美国、英国、加拿大、挪威和瑞典五国 1870—1929 年间的数据进行了时间序列分析，发现在金融强度指标和资本产出水平之间长期存在着重要的数量关系。而且格兰杰因果关系检验表明，金融中介体对实际经济活动起着重要的促进作用[1]。Shan 等人 2001 年的研究对 9 个 OECD 国家的检验证明，在总量水平上由金融发展到经济增长的因果关系虽然不太有说服力，但仍然有着很强的相关性。Thorsten Beck，Ross Levine（2002）利用 1976—1998 年间 40 多个国家的数据进行了实证分析，他们发现，在考虑了联立偏差、遗漏变量和国家特性后，股票市场、银行都与经济增长呈正相关关系[2]。

Young 在 1986 年的研究区分了发达国家（DC）和不发达国家（LDC）两类，认为不发达国家，金融发展促进经济增长；而在发达国家，经济增长带动金融发展。Morris 等在 2001 年也发现二者因果关系随国家不同而不同。

---

① 见李鹏飞等（2003）。

② 转引自牛凯龙（2005），南开大学博士论文《中国省域金融发展与经济增长》。

Demetiae 与 Husein 在 1996 年的研究和 Arests 与 Demetiae 同期的研究都发现二者呈现双向因果关系。但是也有研究，如 Murende 和 Eng 在 1994 年的研究，发现二者没有因果关系。从研究的方法上看，大都采用了时间序列的协整检验和格兰杰因果关系检验①。Ünalms 在 2002 年的研究中利用时间序列分析方法分析了 1970—2001 年间土耳其的数据，发现金融发展与经济增长密切相关：在短期内，金融发展促进经济增长，长期呈双向因果关系。Mohamed 等 2004 年的研究中分析了中东、北非国家 1960—2002 年间的数据，发现二者存在密切关系，支持了"需求跟进"观点，即经济增长带动金融发展。综合来看，现有研究基本支持了金融发展和经济增长的正向相关关系；并且，尽管结论在不同国家和同一国家的不同阶段呈现差异，即二者关系呈现一种"非线性"的变化趋势，但相关研究都支持功能良好的金融体系能够有效地支撑和促进经济增长的观点。

对中国经济和金融关系的研究起步较晚，世界银行（1989a，1989b）、亚洲开发银行（2000）、Lardy（1998，1999）等对中国金融和经济关系的研究，具有开创性的意义。随着研究金融发展问题的不断深入，如对中国金融资产结构的定量分析、中国区域间的资金配置和流动以及金融发展与企业改革问题的探讨，国内对于整体金融发展状况的研究已有大量成果。谢平（1992）、易纲（1996）、赵志君（2000）等对中国金融资产结构进行了定性与定量分析，推动了研究金融发展问题的深入。林毅夫（2003）对金融发展与农村经济发展的关系进行了研究。谈儒勇（1999）基于 1994—1998 年数据对中国金融发展与经济增长的相关关系作了实证研究，发现中国金融中介发展的规模与经济增长存在显著正相关关系，而金融发展对经济增长的促进作用主要通过金融资产的数量扩张来实现，而非通过金融资源配置效率来实现。冉光和（2004）对金融产业可持续发展问题进行了理论研究，提出金融与经济的可持续发展关系。唐旭（1995）和贝多广（1995）对于中国区域间的资金配置和流动进行了研究。张军洲（1995）和殷德生、肖顺喜（2000）对中国区域金融发展状况和发展战略进行了研究。刘仁伍（2003）对区域金融结构和金融发展进行了理论与实证研究。但在其实证分析中，不涉及区域金融与经济的发展关系问题。周立（2004）基于 1978—2000 年的数据对中国各地区金融发展与经济增长进行了实证研究。其研究只分析了金融对经济的作用，而没有研究经济对金融的作用，且没有区分长期关系与短期关系，因此其分析是不完全的。

而且，上述研究基本上还是将中国金融业当作一个整体来探讨，有待于深

---

① 更为详细的文献综述可以参见牛凯龙（2005）。

入到具体的地区，对中国金融发展和经济增长的实证分析少有涉及。关于中国各地区金融发展的问题，已有的研究在样本区间、衡量方法以及系统性方面，还存在某些欠缺。例如，对于中国区域间的资金配置和流动，唐旭（1995）和贝多广（1995）的研究较早，由于样本区间较短，使用的统计数据较为零散，没有形成统一的衡量指标，没能刻画出中国改革开放以来资金区域间配置的根本特征。谈儒勇（2000）对中国金融发展与经济增长的相关分析作出了实证研究，但样本期间也十分短，且没有深入到中国各地区的层面。张军洲（1995）和殷德生、肖顺喜（2000）都以"区域金融"分析与研究为题，用了较大的篇幅去探讨地区的金融发展状况和发展战略。但张军洲缺乏对中国各地区金融数据的计算与分析，殷德生等虽收集整理了一些地区金融发展的数据，但没有形成统一的指标和可信的衡量方法。可见，对中国各地区金融发展与经济增长的研究还有待深入。

中国是一个具有典型"二元经济"特征的地区发展差距较大的发展中国家。东、西部发展有巨大的差异，为进行金融发展与经济增长关系的区域差异研究提供了一个很好的样本。东、西部差距扩大的一个可能的重要原因是东、西部金融发展水平和服务水平上的差异。弄清东、西部区域金融与经济的现实发展关系及其差异所在，对于中国协调可持续发展战略的实施具有重要的现实意义。另一方面，基于中国地区之间发展显著的不均衡性，我们更应对中国区域金融发展和区域经济增长的关系进行研究。用定量方法实证研究中国东西部地区金融发展和经济增长的关系的差异。

综观国内外有关金融发展与经济增长的研究成果可以发现：当经济、金融体制等存在区域差异时，金融发展与经济增长的关系也表现出区域差异。而我国是一个区域发展差距较大的国家，研究金融发展与经济增长关系的区域差异有着极其重大的意义。

1.3.4 农村正规金融与非正规金融的收入效应研究

农民收入问题是三农问题的核心，提高农民收入水平不仅关系到农村的发展和稳定，更是全面建设小康社会的重要前提。农村金融作为农村经济发展的重要因素，对农村居民的收入影响越来越大。然而由于长期以来存在着较为严重的金融抑制，农村金融体系尚不健全。其中农村正规金融业务萎缩，信贷资金不足，不仅不能满足农村信贷的需要，反而成为农村资金流出的主要通道，这为农村非正规金融的迅速崛起提供了发展空间，农村正规金融体系在中介功能上正逐渐被非正规金融所代替（姚耀军，2006）。相较于农村正规金融，农村非正规金融不需要繁复的交易手续，交易成本较低，而且能够依靠地缘、亲缘、友缘等关系形成信任基础无须抵押，在交易期限上也更加自由，更加贴近农民的生活，更能满足城镇化进程中农村经济发展和农民增收的需求。2005年中央财经大学《中国地下金融调查》课题组对浙江省农村非正规金融规模的间接估计显示，通过私人性质的金融机构和企业间的拆借获取资金的比重之和为38%，这还不包括其他途径的非正规金融部分。国际农业发展基金的研究报告指出，2002—2006年间，中国农民来自非正规金融机构的贷款大约为来自正规金融机构的4倍，可见农村非正规金融的发展规模之大。因此将农村非正规金融从农村金融中分离出来分别研究农村正规金融和非正规金融对农村居民收入水平的影响，对于正确评价农村正规和非正规金融的发展现状，准确把握农村金融体制存在的问题，加快推进城镇化进程，实现全面小康社会具有重要的现实意义。

国外经济学家对金融发展与收入分配问题的研究始于20世纪90年代。关于金融发展对收入分配的影响，学术界并没达成共识。Lewis（1955）作为发展经济学的先驱之一提出了金融发展和经济增长之间的双向关系，金融市场的发展是经济增长的结果，而金融发展又能通过外援融资反过来促进经济的增长。从国内外的文献来看，金融发展与收入分配之间的关系尚无定论。总结前人的研究成果，金融发展与收入分配之间的关系可以分为四种：金融发展与收入分配的倒U形关系、金融发展降低了收入差距、金融发展扩大了收入差距以及金融发展与收入差距关系不显著。

第一，金融发展与收入分配的倒U形关系。金融发展与收入分配的倒U型关系是指在金融发展水平较低的情况下，金融发展会扩大收入差距；在金融发展程度较高的阶段，居民收入差距会随着金融发展而缩小。因此，伴随着金融的发展，收入差距会出现库兹涅茨曲线的形状。Greenwood 和 Jovanovic（1993）在《金融发展、经济增长与收入分配》一文中表明，建立金融中介需要支付固定成本，个人享受金融服务要求财富达到"门槛水平"。金融发展水平低下时，金融中介也不发达，只有少数人财富累积达到"门槛水平"而能够享受金融服务带来的高收益，因此金融中介不发达会造成收入差距的拉大。当金融中介较发达时，更多人通过财富积累达到"门槛水平"，从而通过金融机构提供的金融服务获取较高的收益率，从而缩减收入差距。Dong-Hyeon Kim，Shu-Chin Lin（2011）运用工具变量阈值回归方法进行分析，认为金融发展能否对收入分配产生影响主要取决于该国金融发展水平，如果低于临界值，金融发展可以缩减收入分配差距，反之，则会扩大收入分配差距。Aghion 和 Bolton（1997）通过建立经济增长和收入不平等的理论模型，得出结论：初始资本累计加剧不平等的效应，但是在后期逐渐减少不平等的效应。Matasuyama（2000）从利率和信贷市场均衡的角度研究了收入分配的演进。他认为，金融发展水平较低的经济中不平等现象将会长期存在，而金融发展水平较高的经济将收敛于完全平等的稳定状态。Townsend 和 Ueda（2006）在 GJ 模型的基础上，在动态模型中详细分析了金融深化对收入分配的影响极其路径演化，并进一步验证了 GJ 模型的结论。结果表明，伴随着金融深化的发展，收入不平等的现象加剧。Hossein Jalilian（2003）利用跨国面板数据研究了金融发展与收入不平等及贫困之间的关系。研究表明，随着金融发展，收入差距呈现出倒 U 形变化，并得出金融发展水平导致收入差距趋势变化的拐点是 40％这一结论。陈立泰和王明（2007）利用我国 1978—2005 年的相关数据进行协整分析，结果表明：农村金融低效率使得农村金融部门储蓄从农村流向城市，进而扩大了城乡收入差距。此外，李明贤和陈铯（2012）、姚耀军和黄林东（2013）认为金融资源在城乡的空间配置呈现阶段性变化，进而导致城乡收入发生变化。胡宗义、刘亦文（2010）运用非参数统计检验方法得出，金融发展与城乡差距之间呈现倒 U 形关系。吴越（2011）对广西金融发展与城乡居民收入差距之间的关系进行了实证研究，结果表明：广西城乡居民收入差距与金融发展规模、金融发展效率存在正相关的长期均衡关系，广西金融发展规模的扩大和金融效率的提高均不同程度拉大了城乡居民收入差距。假定金融发展与收入分配差距遵循库兹涅茨曲线，本节认为广西还处于库兹涅茨金融发展的低级阶段。冉光和、鲁钊阳（2011）利用"门槛回归"模型实证研究了 FDI 对城乡收入差距产生的影响，研究表明：FDI 通过金融发展的"双门槛效应"对城乡收入差距产生影响，金融发展会扩大城乡收入差距。

第二，金融发展降低了收入差距。Sylviane 和 Kangni Kpodar（2011）利用发展中国家 1966—2000 年的样本数据进行分析得出的结果显示：穷人受益于银行系统方便交易和提供储蓄机会（通过麦金农的"管道效应"）的能力，但在一定程度上未能受益于更高的可用性信贷。金融发展对穷人的好处大于其成本，金融发展有利于缩减城乡收入差距。Shankla 和 Tridip（2003）认为银行主导型金融体系有助于传统部门向现代部门转化，因此银行主导型金融体系有利于降低收入差距。Luca、Sushanta 和 Ricardo（2012）利用 1975—2005 年样本数据评估了金融改革对收入分配所造成的影响。研究表明，取消高存款准备金率和直接信贷政策以及提高证券市场有效性有助于缩减收入分配差距。刘纯彬、桑铁柱（2010）对我国农村金融深化与农村收入分配进行了研究，结果表明：农村金融规模扩大在长期将降低农村收入分配差距，而农村金融中介效率的提升将扩大农村收入分配差距。短期内的动态关系与长期基本保持一致，但影响并不显著。农村金融发展的两个指标与农村收入分配的因果关系存在差异。

第三，金融发展扩大了收入差距。Galor 和 Zeira（1993）认为，金融中介不发达时，利用金融中介的成本会比较高。穷人的初始财富积累未达到门槛水平而不能得到金融支持，富人便可以方便地取得融资而得到高收益率。因此，金融抑制强化了初始收入分配并阻碍了收入差距之间的不断改善。Mookherjee 和 Ray（2003）指出，当金融市场不完善时，初始的财富分配会影响稳态的收入分配。当初始的收入差距较大时，经济绩效较差，均衡的收入分配差距也会较大。Cagetti 和 De Nardi（2005）的分析表明，由于存在信贷约束，企业家的初始财富决定他的投资规模，这样，金融市场的不完善会扩大收入分配的不平等。Maurer 和 Haber（2003）认为，金融发展并未能为低收入者提供有效服务。金融服务，尤其是信贷服务仍然偏向于富人和具有政治关联的公司，为这些群体增加收入提供便利。金融深化以牺牲中低收入群体的利益为代价，隐性地为富人提供了福利。许崇正（2005）从历年的统计数据出发，通过对农民信贷投资、农民受教育程度、农户的就业结构等因素的分析，认为信贷投资对于农户人均收入的影响不显著，农村金融对于农民增收的支持不力。刘旦（2007）运用 1978—2004 年的农村统计数据实证发现，农村金融效率对农民收入增长具有显著的负效应；谭燕芝（2009）研究发现，农民增收促进了农村金融发展，但农村金融发展却不利于农民增收。钱水土（2011）对我国农村金融发展影响农民收入增长的机制进行了研究，他认为农村金融由于种种原因导致的配置效率低下是阻碍农民收入增长的主要因素。章奇（2004）首次以银行信贷占 GDP 的比重衡量金融发展水平，经过实证得出了金融发展会显著扩大城乡收入差距的结论，同时他发现金融中介发展对城乡收入差距的负面作用并不依赖于经济结构的特征。得到类似结论的还有张立军（2006）、刘旦（2007）、刘亦文（2010）等。薛薇（2010）通过 VAR 系统研究认为农村金融中介规模的扩大会加大城乡收入差距，但有助于缩小城乡居民生活质量差距，农村金融中介效率的提升会缩小城乡居民收入差距，但与城乡居民生活质量差距不存在因果关系。胡宗义等（2010）采用中国县级截面数据运用非参数方法研究金融深度对城乡收入差距的影响，认为在金融发展的初期阶段，金融深度与城乡收入正相关；在金融发展的中期阶段，金融深度水平与城乡收入差距的相关关系不显著；在金融发展的高级阶段，两者表现为负相关关系。楼裕胜（2008）、翟立宏等（2009）用实证方法证明了金融发展加剧了城乡收入差距。我国"城市导向型"金融偏向战略促使城乡金融效率差异加剧恶化，从而也扩大了城乡收入差距。章奇等（2003）发现控制其他因素后，以全部国有及国有控股银行信贷水平所衡量的金融中介发展显著拉大了城乡收入差距。温涛等（2005）认为我国金融发展对农民收入增长具有显著的负效应。喻晓平（2010）运用系统GMM 估计方法，实证分析了金融资源不平衡、金融效率与地区收入差距之间的关系，得出的结论是：金融资源分配的不平衡和金融效率水平的差异是导致我国城乡收入差距拉大的主要原因。张敬石、郭沛（2011）通过 VAR 模型和脉冲响应函数分析表明：农村金融规模扩大会加剧农村内部收入差距，而农村金融效率提高能够缓解农村内部收入不平等程度。

第四，金融发展对城乡收入差距的影响不明显。国内部分学者通过研究表明，金融发展对收入差距的影响可能是不显著的。陆铭、陈钊（2004）通过对金融发展与城乡收入差距进行实证分析表明，我国金融发展水平对城乡收入差距的影响并不显著。尹希果、陈刚等（2007）通过实证分析发现，我国各地区金融发展水平与城乡收入差距均为不同阶单整变量，从而表明二者不存在长期稳定的因果关系。

以上学者在考虑金融发展问题时，都是以正规金融为主，几乎没有考虑到在我国经济发展中起了很大作用的非正规金融。Jeaneney 和 Kpodar（2011）认为穷人从金融机构获取贷款的成本小于收益，也就是说金融发展在一定程度上能促进穷人增收。在正规金融和非正规金融的区分研究方面，大部分学者认为非正规金融在金融市场上占有的不小的份额，对经济增长和居民增收的贡献不容小觑。Jain（1999）认为正规金融虽然在存款调动方面较非正规金融更有优势，但非正规金融却具有信息优势。正规金融只能为部分融资项目发放贷款使得大部分不满足条件的借款人更多地依赖于非正规金融。Cole 和 Park（1983）通过对韩国的金融发展研究发现，即使是规模较大的企业在营运资本融资方面，也在很大程度上依赖于非正规金融部门。Biggs（1991）报告说，大部分台湾中小企业是通过非正规金融部门来融资的。Steel（1997）对四个非洲国家的非正规金融的市场定位进行研究发现，尽管在二元市场非正规代理行使垄断权力，但相较于正规金融，非正规金融在降低交易成本和违约风险方面更有效。我国是一个具有典型的"二元经济"特征的发展中国家，表现为现代化的大工业与落后的农业并存，所以我国农村金融市场表现出明显的二元金融结构。在我国农村地区，非正规金融一直处在一个很重要的位置，但是传统的中国金融发展和研究理论并没有给予农村非正规金融足够的重视。国内学者将农村非正规金融从农村金融中分离出来分析其收入效应的研究开始较晚，文献也较少。国内现有的研究普遍认为农村正规金融对农村居民收入水平的提高作用不明显甚至有阻碍作用，而农村非正规金融较之正规金融更能促进农村居民增收。李建勇（1988）在国内首次探讨了农村非正规金融深化问题，认为一个有助于促进农村商品经济发展的、能够高效率配置农村资金的农村金融体制的目标模式，是国家信用、合作信用、民间私人信用相结合，以国家信用为主导，合作信用为基础，民间私人信用为补充的多元复合型模式。李丹红（2000）研究了我国农村非正规金融发展现状、存在问题、现行政策及效果，认为要促进非正规金融发展和农村金融改革，才能使整个金融体系焕发生机与活力，促进农村经济的增长。林毅夫（2005）认为非正规金融在收集关于中小企业的"软信息"方面具有优势，非正规金融的存在能够改进整个信贷市场的资金配置效率。姚耀军（2005）、钱水土（2007）、刘海波（2009）等通过实证研究，认为农村非正规金融是有效率的，无论是正规金融还是非正规金融的发展，都能促进农户收入增长率的提高。张德强（2008）基于民间金融组织的角度，采用信息经济学、制度经济学及社会学的相关理论，论证了对民间金融实施监管的可行性。唐礼智（2009）、高艳（2007）等分别从短期和长期研究了农村金融的收入效应及其纵向差异。唐礼智以福建省泉州市为例，利用1980—2007年的数据探究了农村非正规金融对农民收入增长的影响，结果表明从长期来看农村非正规金融促进农民增收的效率比农村正规金融更高，从短期来看农村非正规金融对农民收入增长的促进作用比长期更为明显，而农村正规金融对农民收入增长则有轻微的阻碍作用。高艳通过理论和实证分析相结合的方法，从经济效应和制度效应两个方面分析了农村非正规金融的绩效。这与唐礼智的结论相一致。苏静等（2013）、杜金向等（2013）在农村金融的收入效应方面考虑了横向区域差异因素，分别从我国东、中、西部地区进行分析。苏静等利用全国1986—2010年的省级面板数据分别研究了我国东、中、西部农村非正规金融发展的收入效应，结果表明非正规金融在促进农村居民增收的效率上比农村正规金融更高，并且农村非正规金融的收入效应在不同地区和不同时间段存在差异，在一定程度上能够缩小农村收入差距。杜金向等基于1986—2009年的农村固定点调查面板数据分别研究了全国、东部、中部和西部地区的农村信贷投入与农户收入增长之间的关系，结果表明，农村正规和非正规信贷对东部地区的收入效应为正，对中、西部地区的收入效应均为负。刘海波等（2009）认为非正规金融的存在反而促进了融资效率的提高，同时通过实证得出非正规金融和国家预算资金对农村居民增收的影响是显著的，而国内贷款和外资则对农村居民收入水平的提高没有促进作用。苏喜军（2010）、蒋玲（2011）研究认为基于农村非正规金融的比较优势，提出应赋予非正规金融合法发展的法律基础，建立正规金融与非正规金融之间合作互补的联结机制，使其与正规金融一起共同服务于农村。胡宗义等（2012）通过建立农民收入增长模型和收入分配模型，研究农村非正规金融发展对农村内部收入差异的影响，结果表明，农村非正规金融规模的扩大和效率的提高有助于农民收入水平的提高，但是由于金融功能的限制，农村非正规金融的发展并不能够降低农村收入分配不均的情况。

1.3.5　农村正规金融与非正规金融的减贫效应研究

贫困问题一直是困扰社会发展的严峻挑战，我国是世界上最大的发展中国家，解决贫困问题是长期艰巨的历史任务（吕勇斌、赵培培，2014）。虽然自 1978 年以来，中国在扶贫事业上取得了巨大成就。截至 2020 年底，我国脱贫攻坚战取得了全面胜利，现行标准下 9899 万农村贫困人口全部脱贫，832 个贫困县全部摘帽，12.8 万个贫困村全部出列。区域性整体贫困得到解决，完成了消除绝对贫困的艰巨任务，创造了又一个彪炳史册的人间奇迹（习近平，2021）。在打赢脱贫攻坚战过程中，党和国家不断完善金融扶贫政策体系，通过加强宏观信贷政策指导，综合运用多种货币政策工具，调动金融系统力量集中攻坚，引导金融机构将更多资源投向贫困地区，为打赢脱贫攻坚战提供有力支撑。因此，"金融发展对贫困减缓的影响"的研究受政策和实证研究者密切关注。在金融发展领域，从 Goldsmith（1969）等人开创金融发展研究以来，实证研究者关注的焦点一直集中在金融发展与经济增长关系上，而贫困与减贫领域则集中在公共品、分配制度、财政与援助等减贫的研究。直到 20 世纪 90 年代，随着贫困问题日益成为世界各国普遍关心的重点，实践领域和学术界才开始关注金融发展对贫困减缓的作用（崔艳娟、孙刚，2012）。进入 21 世纪以来，我国经济社会发展已经取得了巨大成就，各个领域都有很大发展，但由于多年的"农村支持城市发展"导致农村大幅滞后发展，金融服务可获得性远不如城市，为此，党和国家已经在支持农村发展方面出台了一系列惠农的金融政策。如 2012 年《国家发展改革委关于印发全国农村经济发展"十二五"规划的通知》，明确要求加大对农村金融政策支持力度，拓宽农村融资渠道，加快建立商业性金融、合作性金融、政策性金融相结合，资本充足、功能健全、服务完善、运行安全的农村金融体系。2014 年中央一号文件指出"鼓励地方政府和民间出资设立融资性担保公司，为新型农业经营主体提供贷款担保服务"。农村贫困问题是制约我国经济发展和社会稳定的重大挑战，金融扶贫被普遍认为是有效的扶贫方式，农村金融作为一种为贫困农户提供资金要素的途径，其反贫困绩效已得到了较多人的肯定（吕勇斌，赵培培（2014）），但这并不表示所有急需用钱的农户都能从正规渠道融资，因此，类似于"高利贷"等非正规融资渠道仍存在，那么农村正规金融和非正规金融是否对农村存在贫困减缓效应呢？

20 世纪 80 年代后期，金融发展对贫困减少产生直接影响的研究几乎处于空白阶段。直到进入 21 世纪，随着贫困问题日益成为世界各国普遍关心的重点，实务界和学术界才对此给予了浓厚的兴趣（杨俊等，2008）。金融发展对贫困减少的影响主要在国外研究的较多，如 Greenwood 和 Jovanovic（1989）讨论了经济增长、金融发展和收入分配三者之间的关系，证明由于存在两个门槛财富水平，在经济和金融发展的早期，只有收入较高的小部分人愿意支付成本享受金融服务，收入分配差距因而扩大；在经济增长和金融发展的成熟期，越来越多的人会逐渐积累财富超过门槛财富水平获得充分的金融服务，获得投资收益，因而收入分配格局最终会稳定在平等水平，即金融发展与收入分配差距呈"倒 U"形关系。他们的研究在一定程度上得出了与库兹涅茨假说相似的结论。Galor 和 Zeira（1993），Bannerjer 和 Newman（1993）分别构造了一个两部门跨期模型和随机差分模型，研究认为金融市场越不完善，收入分配差距越大，随着金融市场日趋成熟，最终收入分配将收敛到一个稳定状态。Clarke，Xu，Zou（2003）运用全球 91 个国家 1960—1995 年的数据构建了一个回归模型对金融部门发展和收入差距之间的关系进行实证，得出了金融发展会显著降低一国收入分配差距的结论，但 Greenwood 和 Jovanovic（1989）关于金融发展与收入分配的"倒 U"形关系没有得到证实。Beck，Levine（2004）运用跨国数据分析金融发展与减轻贫困之间的关系，分析结果表明金融发展对低收入者有着重要意义，能显著降低贫困比例，因而能有效降低收入分配差距。Townsend 和 Ueda（2006）从金融发展的深度出发，研究认为金融发展意味着为高收入者提供更为周全的金融服务，显然有利于促进高收入者收入增长从而扩大了收入差距。Mookerjee 和 Kalipioni（2010）采用发达国家和欠发达国家的混合数据研究了金融服务可及性对收入的影响，研究结果显示金融服务可获得性对收入具有显著影响，可获得性的提高可以显著减少国家间收入差异，他们同时发现金融服务壁垒将会显著增加收入不平等性。Gimet，Lagoarde-Segot（2011）研究发现金融部门发展对收入分配具有显著影响，特别是银行部门对收入不平等影响最大，此外，金融部门对收入分配的影响与部门间特性相关，而与金融部门规模相关性不大。Akhter，Daly（2009）研究发现金融发展确实有利于贫困减少，但伴随金融水平的发展，其对穷人贫困减少的力度越来越小。Odhiambo（2009），Uddin 等（2014）也发现金融发展有利于贫困减少。Kim 和 Lin（2011）认为金融发展是否存在减贫效应与被研究对象所处的发展状态存在关系，当金融发展到一定程度时才会出现减贫效应，即金融发展与贫困减少存在非线性关系。

国内也有不少学者致力于探索中国农村金融发展与农民收入差异之间的关

系。目前得到的普遍结论是：（1）农村金融发展有利于农村贫困减缓。杨俊等（2008）研究发现，中国农村金融发展对农村贫困减少具有短期的促进作用，但效果不明显，从长期看，农村金融发展抑制了农村贫困减少，但这两者之间不存在 Granger 因果关系。在很短的时期内，中国城镇金融发展加深了城镇贫困人口的贫困程度，但从长期看，城镇金融发展有利于城镇贫困减少，而且金融发展是贫困深度和贫困强度变化的 Granger 原因。中国整体金融发展在短期内缓解了全国贫困状况并改善了贫困人口收入分配情况，但从长期看，它没有促进贫困减少。雷志敏（2013）研究了金融发展对于农民收入增加和农村贫困率减少的影响及其作用机制，研究发现金融发展显著促进了农民收入增加和农村贫困率的减少，金融体系改革对于金融发展的促进机制不仅具有显著的水平效应，而且具有显著的结构效应。苏基溶、廖进中（2009）研究发现中国的金融发展更有利于贫困家庭收入水平的提高，减少收入分配不平等。丁志国等（2011）检验了农村金融发展对减少农民贫困的作用。研究表明，我国农村金融发展对减少农民贫困的作用，既存在直接效应，也存在间接效应，而间接效应的作用明显高于直接效应。姚耀军、李明珠（2014）研究发现，从长期看，即使控制经济增长的涓流效应，农村贫困人口也可以从私营部门信贷增长及货币化进程中获益；从短期看，私营部门信贷对贫困发生率具有预测作用，中国农村贫困人口能够直接分享金融发展的红利。

（2）农村金融发展增加了农村贫困程度。米运生（2009）认为金融自由化通过经济增长、金融服务、金融发展和金融危机影响农民相对收入水平，且伴随金融自由化的推进，农民金融机会集合变窄，城乡收入差距快速扩大。许崇正（2005）从历年的统计数据出发，通过对农民信贷投资、农民受教育程度、农户的就业结构等因素的分析，认为信贷投资对于农户人均收入的影响不显著，农村金融对于农民增收的支持不力。刘旦（2007）运用 1978—2004 年的农村统计数据实证发现，农村金融效率对农民收入增长具有显著的负效应。谭燕芝（2009）研究发现，农民增收促进了农村金融发展，但农村金融发展却不利于农民增收。

（3）农村金融发展对农村贫困影响具有非线性。师荣蓉等（2013）从金融发展的规模、结构和效率三个方面，对金融减贫的门槛效应进行实证检验。结果表明，金融发展对贫困减缓表现出明显的门槛特征，当人均收入处于低水平均衡时，金融发展对贫困减缓具有隐性累积效应；当人均收入跳越"贫困陷阱"时，金融发展对贫困减缓具有显性加速效应；当人均收入处于高水平均衡时，金融发展对贫困减缓具有隐性减速效应。崔艳娟、孙刚（2012）研究发现金融发展可以通过经济增长、收入分配途径提高穷人的收入水平，但金融波动会抵消金融发展的减贫效果。同时由于金融服务成本等限制，金融发展减缓贫困的作用会出现先恶化后改善的效应。

（4）农村金融发展对农村贫困影响具有不确定性。吕勇斌、赵培培（2014）研究了我国农村金融发展对于缓解农村地区贫困的影响，结果表明，农村金融规模有利于减缓贫困，但农村金融效率对缓解贫困有负向影响，表明农村金融反贫困不仅要坚持市场规律，而且需要有良好的内外部环境的支持。张中锦（2011）研究发现，金融发展促进农村居民收入增长的降低贫困效应和收入分配效应处于次要地位。我国农村金融发展与农村居民收入增长弱负相关，却与城乡收入差距显著正相关。我国农村金融发展以负效应阻碍了农村居民的收入增长，却以正效应促进了城镇居民的收入增长，而城乡收入差距逐步加大。薛薇（2010）通过 VAR 系统研究认为农村金融中介规模的扩大会加大城乡收入差距，但有助于缩小城乡居民生活质量差距；农村金融中介效率的提升会缩小城乡居民收入差距，但与城乡居民生活质量差距不存在因果关系。

相比于金融发展（或农村金融发展、普惠金融）的减贫效应，研究农村非正规金融发展与贫困减少关系及其特征的经验文献还相当缺乏，由于中国"三农"问题比较特殊，所以该问题的研究基本只在中国出现，代表文献主要有黄建新（2008）探讨了农村非正规金融对于反贫困的作用机制，并提出了相应的制度安排；李丹红（2000）研究了我国农村非正规金融发展现状、存在问题、现行政策及效果，认为要促进非正规金融发展和农村金融改革，才能使整个金融体系焕发生机与活力，促进农村经济的增长；林毅夫（2005）认为非正规金融在收集关于中小企业的"软信息"方面具有优势，非正规金融的存在能够改进整个信贷市场的资金配置效率；姚耀军（2005）、刘海波（2009）等通过实证研究，认为农村非正规金融是有效率的，无论是正规金融还是非正规金融的发展，都能促进农户收入增长率的提高；张德强（2008）基于民间金融组织的角度，采用信息经济学、制度经济学及社会学的相关理论，论证了对民间金融实施监管的可行性；苏喜军（2010）、蒋玲（2011）研究认为基于农村非正规金融的比较优势，应提出赋予非正规金融合法发展的法律基础，建立正规金融与非正规金融之间合作互补的联结机制，使其与正规金融一起共同服务于农村，有着重要意义。胡宗义、李鹏（2013）运用空间计量方法对农村正规与非正规金融对城乡收入差距的影响进行了实证分析，首先，通过对 Moran'I 指数和散点图进行分析，发现城乡收入差距之间存在显著的空间自相关。其次，通过建立 SLM、SEM 和 SDM 三种空间计量模型检验了农村正规与非正规金融对城乡收入差距的影响。结果表明，农村正规金融与非正规金融都对缩减城乡收入差距具有积极的促进作用，但是农村非正规金融的影响更为显著；农村正规金融与非正规金融的空间变量对缩减城乡收入差距的影响显著。苏静、胡宗义等（2013）利用面板平滑转换模型（PSTR）研究中国农村非正规金融发展减贫效应的门槛特征与地区差异。研究结果表明，农村非正规金融发展对农村贫困发生率、贫困深度和贫困强度都存在非线性影响关系，在门槛水平前后，农村非正规金融发展对农村贫困发生率和贫困深度的影响由促进转变为抑制，并且抑制效应随着农村非正规金融发展水平的提升而逐渐增强。农村非正规金融发展对贫困强度的影响始终表现为抑制，跨过门槛值之后，其促进农村贫困强度降低的速度明显提升。农村非正规金融发展的减贫效应地区差异显著，在东部沿海和经济相对发达地区，农村非正规金融发展的减贫效应更加明显。

但上述研究大部分属于理论与政策的分析，对于农村非正规金融与农村贫困减少的较规范的实证研究文献还极其稀少，而将正规金融与非正规金融纳入统一框架研究两者的减贫效应的文献较少（苏静等，2013），他们研究发现相较于农村正规金融，农村非正规金融发展对农村贫困发生率、贫困深度和贫困强度都存在门槛效应且农村非正规金融发展的减贫效应地区差异显著，在东部沿海和经济相对发达地区，农村非正规金融发展的减贫效应更加明显。

1.4 研究的基本思路和方法

1.4.1 研究思路

本书遵循科学性、合理性、可能性等原则，按照"理论—模型—实证—对策"的思路进行研究，在研究中始终贯彻理论分析和实证分析相结合、研究结论的理论价值和政策价值相结合的精神，构成一个比较完整的中国农村正规金融与非正规金融发展研究体系。

本课题沿着从理论分析与比较分析到模拟分析与实证分析，再到综合分析的研究思路，着眼于中国农村金融体制的自身特点，对我国农村正规金融与非正规金融体制的历史变迁和未来发展进行实证分析，旨在给出适应我国农村现状的农村正规金融与非正规金融发展体制构建原则和适应我国农村经济发展的金融体制，以期为我国农村正规金融与非正规金融协调发展体制发展的目标模式、可行路径以及组织服务体系等提供实证参考和理论支持。

1.4.2 研究方法

（1）理论分析与比较分析：着眼于农村金融体制的自身特点，从理论上对

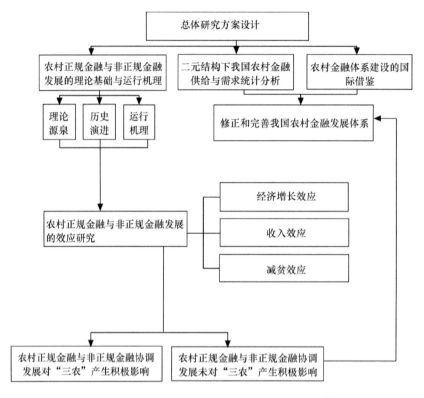

图 1.2　本书研究技术路线图

国内外农村正规金融与非正规金融市场发展中存在的问题进行比较、归纳和总结。通过对上述问题的国内外比较分析，抽象总结出我国农村金融体制所涉及的关键问题和关键量，为进行我国农村正规金融与非正规金融市场协调发展对农村经济可持续发展方面的复杂影响效应和相互协调分析奠定基础。

（2）模拟分析与实证分析：将农村金融置于宏观经济背景之下，将结构方法、功能方法和历史方法统一起来，将微观研究与宏观研究相结合，以中国农村正规金融与非正规金融市场运行机理研究为主，兼顾应用研究，注重多种学科交叉与互相渗透，全方位多层次高水平宽领域探讨了中国农村正规金融与非正规金融市场发展及其效应，为我国农村金融体制发展的目标模式、可行路径以及组织服务体系等提供实证依据。

（3）综合分析：综合上述实证、模拟分析结果和理论研究成果，立足于农村金融体制的本质特征，建立适应我国农村现状的农村金融体制构建原则，构建适应我国农村经济发展的农村金融体制，尤其是体制框架下的农村金融服务体系，包括宏观层次的农村金融监管体系和中观层次的农村金融组织机构体系。

1.5 主要研究内容

本书内容由三部分构成，在逻辑安排上属于理论归纳—统计分析与实证检验—逻辑阐述的架构。具体包括以下四方面的内容：

（1）在理论与实证上系统研究中国农村正规金融与非正规金融市场并行发展的运行机理及对中国农村经济可持续发展的关系与作用程度。本书对中国农村正规金融与非正规金融市场发展对中国农村经济可持续发展的作用机理进行了深入的理论探讨。对农村金融发展中农村正规金融与非正规金融市场相互之间关系及对农村经济发展的影响，农村正规金融与非正规金融市场发展对农村经济增长、农民收入分配及减贫的影响等角度对农村经济可持续发展的机理进行了分析。

（2）在新的研究方法视角下进一步探讨农村正规金融与非正规金融市场发展对农村经济增长、农村居民家庭收入及农村减贫的计量关系。

（3）农村正规金融与非正规金融市场发展的国际借鉴。在综合国际经验和当前我国农村金融政策局限性的基础上，充分借鉴国外农村正规金融与非正规金融市场发展的成功经验，并根据中国国情及党和国家提出的目标，进一步完善和修订我国农村金融政策体系，进而提出了建设我国农村正规金融与非正规金融市场发展的目标模式、可行路径以及组织服务体系等政策建议。

（4）中国农村正规金融与非正规金融市场发展的路径优化研究。本书根据中国农村正规金融与非正规金融市场发展对中国农村经济增长效应、收入效应和减贫效应的机理及实证研究结果，提出中国农村正规金融与非正规金融市场发展的政策框架，为相关部门制定农村金融政策体系提供科学的决策依据。

1.6 创新之处、应用价值以及社会影响和效益

（一）成果的学术创新

（1）本书将微观研究与宏观研究相结合，以中国农村正规金融与非正规金融市场发展机理研究为主，兼顾应用研究，注重多种学科交叉与互相渗透，全方位多层次高水平宽领域探讨了中国农村正规金融与非正规金融市场发展及其效应，形成了逻辑体系比较完整的理论框架，这对于推动该学科的学术研究、学科建设、研究方向等具有重大的理论意义和学术价值。

（2）系统分析了中国农村正规金融与非正规金融市场发展及其对中国经济可持续发展的机理。本书在分析我国金融与经济发展的现状的基础上，试图寻找金融对经济发展影响的非线性特征，最终认为金融对经济发展的影响呈现"倒 U"型的非线性特征。金融的发展推动着经济的可持续发展，但当金融发展到某一特定值时将会对经济的发展产生负效应，导致经济衰退。农村金融机构变化对农村经济增长有实质影响。农村金融机构的扩张对农村经济增长有显著的正向作用，且非常稳健，并且在加入农村贷款变量后，其对农村经济增长仍然呈现显著的正向作用。农村金融机构扩张，有助于改善金融服务，增加信贷渠道，降低融资成本，提高运行效率，从而逐步推动经济增长。我国农村正规金融对城乡收入差距的影响在短期内不明显，而在长期则能显著地缩减城乡收入差距。从长期来看，农村非正规金融规模的扩大、效率的提高能有效促进农民收入的增长，但不能有效缓解农民内部收入的不平等程度。从短期来看，农村非正规金融规模的扩大不能促进农民收入的增长，但在一定程度上能缓解农民内部收入分配差距。农村小额信贷与农村居民收入之间存在显著的非线性关系，这种非线性关系依农村经济规模变化而变化，当农村经济规模较小时，农村小额信贷给农民带来收入替代效应；当农村经济越过一定规模时，农村经济跟上来了，规模效应凸显，农户增收途径增加，此时小额信贷产生收入效应。农村正规金融发展存在一定的当期减贫效应，但没有持续减贫效应。具体表现为存在一定程度缓解农村贫困人口之间的不平等程度的效应，但并没有起到降低农村贫困人口的绝对数量和减小农村贫困人口的收入短缺程度作用。农村正规金融发展并未起到很好的减贫效应的原因在于农村信贷在设计和实施上欠佳、资金通过正规中介逃离了农村和农村正规金融发展与农业的基础性地位很不协调导致。相比于农村正规金融发展欠佳的减贫效应，农村非正规金融发展具有持续的减贫效应，且长期内也表现为减贫效应。农村非正规金融发展能够起到减贫效应主要是因为农户在正规金融面临困境时可以通过非正规金融市场融资，使得生产经营活动得以继续进行。同时农村非正规金融通过放松抵押担保制约、缓解信息不对称、降低客户交易成本等手段为贫困农户提供了平等地进入信贷市场的机会，这种贷款分配的平等为贫困农户收入增长提供了可能。

（3）构建了中国农村正规金融与非正规金融市场发展路径。在综合国际经验和当前我国农村金融政策局限性的基础上，提出了建设我国农村正规金融与非正规金融市场发展的目标模式、可行路径以及组织服务体系等政策建议。从国际实践看，有效率和持续发展能力的农村金融体系必然是多元化、市场化、综合性、民主性和普惠型的，任何强有力的国家控制即使能够在短期获得一定成效，从长期看也必然难以为继（如巴西和印度）。为了推动农村金融改革走上动态一致的最优路径，我国新型农村金融体系建设必须放弃国家强力主导的陈旧观念，以综合金融的视野统筹考虑，充分调动包括农民和民间资本在内的一切资本的积极性，变政府主导为政府引导、变严格管制为有效监管、变国有控制为多元竞争，充分依靠市场机制，创造商业金融、合作金融、政策金融、国有资本以及民营资本充分竞争的政策环境，改变政府主导农村金融体系改革发展的单一模式，探索自上而下引导、自下而上主导的普惠型金融发展道路。

（二）应用价值

自 2007 年全球金融危机以来，全球经济衰退使我国出口贸易受到波及，贸易额持续收窄。近年来，我国经济增长速度放缓，城乡居民消费不足、地方债务负担较重、经济结构调整推进缓慢、中美博弈加剧等问题受到高度重视。在此背景下，农村势必成为当下中国经济的瓶颈和突破口。因此，从推动农村金融体制改革，促进农村正规金融与非正规金融市场发展，有效增强"三农"金融服务能力等问题入手的农村金融配套改革完全可能成为中国经济进一步改革的破题点。本书以系统的、长期的视角，对我国农村正规金融与非正规金融市场发展问题进行深入和科学的研究，特别是呈现我国农村正规金融与非正规金融市场发展对经济可持续发展方面的复杂影响效应和相互协调的可能途径，不仅有助于提高相关政策决策的科学性，而且还有助于提升我国农村金融政策理论与研究水平，因此这些研究工作具有极强的实用价值。

本研究是在新时代金融供给侧改革不断深化，普惠金融创新加速，农村金融生态持续向好的背景下，就中国农村金融体系改革问题展开深入研究。本研究认为农村金融体系在正规金融与非正规金融市场两个方面为经济体系提供发展所需要的能量，金融体系吸取企业与个人的闲置资金，又将这些资金分配给需要资金的企业和个人，实现为企业和个人提供金融服务，推动企业和个人的生产生活，进而实现经济的高速发展。良好的金融体系能够高效地运用闲置的资金，同时防范金融风险，降低经济运行的成本，实现经济的可持续发展。但在金融发展过程中，往往出现金融各个维度之间发展的不平衡，这将导致金融与经济发展节奏的不均衡，使得虚拟经济发展过快，脱离了实体经济的支撑，金融的过度发展导致虚拟经济进一步脱离实体经济，经济体系中金融风险增大，金融秩序趋于混乱，最终引发经济危机，经济的发展到达拐点，实体经济开始走向衰退阶段。可见，为保持经济可持续发展必须保证金融的平稳发展，实现金融各个维度的均衡发展，降低金融风险。本研究认为，当前阶段要加强改善农村正规金融与非正规金融服务支持实体经济发展，这也与当前国内金融改革的指导思想是一致的。

第 2 章　农村金融市场成长的理论源泉

2.1　金融发展理论的演变与趋势

　　不论是研究中国金融发展战略还是探讨中国金融与世界的融合问题，抑或是探索对世界金融制度的改造，都离不开理论的指导。而这些理论，其实都是基于对不断演化的货币金融的新认识，寻找如何处理其和经济关系的答案。农村金融体制改革是一项涉及广泛的系统工程，尤其需要从理论方面加以推进和突破。

　　20 世纪 70 年代以来，金融发展理论研究的重点问题已经历三次重大的转换，相应的每一次转换可称作一代金融发展理论。麦金农（1973）和肖（1973）的金融抑制理论和金融深化理论以及戈德史密斯（1969）的金融结构理论的出现标志着金融发展理论的正式形成，他们的理论对发展中国家的金融改革和金融自由化产生了重要影响。美国经济学家麦金农和肖于 1973 年先后出版了《金融深化与经济发展》和《货币、资本与经济增长》两部专著，提出"金融深化理论"，从而创立了第一代金融发展理论。第一代金融发展理论研究的主要内容是发展中国家金融深化、金融自由化（麦金农，1973；肖，1973等）以及对麦金农-肖模型的扩展（Kapur，1976；Mathieson，1980；Galbis，1977；Fry，1978，1980a，1980b 等），他们研究重点是发展中国家如何消除金融抑制，通过金融深化促进经济增长，相继提出了一些改进的金融发展模型，对麦金农-肖的理论进行了扩展，形成了金融发展理论的麦金农-肖范式（M-S 范式）。

　　第一代金融发展理论突出了金融因素在实际经济中的重要作用，认为金融抑制阻碍经济增长，而金融发展（或金融深化）促进经济增长。在第一代金融发展理论的影响下，全球范围内的许多国家，特别是发展中国家及经济转轨国家掀起了一波又一波的金融改革浪潮，并向市场经济转型，从而推动全球经济格局发生了重大变化。从现实来看，这些国家所采取的金融改革措施确实推动了这些国家的金融发展及经济增长，但也随之产生了许多问题，如经济及金融的动荡甚至金融危机，这些问题的产生对以强调金融自由化改革为核心的第一代金融发展理论形成了挑战。在这种背景下，国外越来越多的学者开始在第一代金融发展理论基础上，试图通过借鉴或吸收其他理论流派的基本观点或研究方法，或在大量的实证分析基础上，从不同层面或不同角度对第一代金融发展理论进行修正、补充或完善。

20 世纪 80 年代兴起的内生增长理论（又称新增长理论）为金融发展理论提供了进一步发展的空间，为金融理论和经济发展理论注入了新的活力。到了20 世纪 90 年代，一些金融发展理论家（Levine 和 King，1993；Rajan 和 Zingales，1998；Beck，Levine 和 Loayza，2000 等）不再满足于对麦金农-肖框架的修修补补，他们明显地意识到金融抑制模型的诸多缺陷（如效用函数的缺失、对总量生产函数形式的限定和假设条件的过于严峻等）以及根据这些模型提出的政策主张的过于激进（如对发展中经济或转型经济来说，金融自由化并不可取，金融约束是适宜的政策选择）。鉴于此，他们在汲取内生增长理论的最新成果的基础上，对金融发展理论做了进一步发展。学术界把经过进一步发展的并且融合了内生增长理论中的一些积极因素的金融发展理论称为第二代金融发展理论。第二代金融发展理论通过借鉴或吸收"内生增长理论"的基本观点及研究方法，不再将金融视为决定经济增长的外生变量，而将金融活动内生化，将金融发展置于"内生增长模型"中，研究金融中介和金融市场是如何"内生"地形成和发展的，以及内生的金融体系是如何通过作用于技术进步及生产率，并进而推动经济的长期可持续增长，从而形成自成体系的"内生金融增长理论"。此时的金融发展理论研究的对象不仅是发展中国家的金融发展与经济增长的问题，也包括发达国家的金融发展与经济增长的关系。第一代和第二代金融发展理论从理论和实证上解释了金融发展与经济增长之间的关系。

金融发展对经济增长的作用如此重要，这引发了第三代金融发展理论的研究：如何促进金融体系自身的发展？

第三代金融发展理论的研究始于 La Porta，Lopez-de-Silanes，Shleifer 和 Vishny（简称 LLSV，1988）的文章《法律与金融》。第三代金融发展理论通过借鉴或吸收新制度经济学的基本观点及研究方法，从制度（包括法律制度、产权制度、政治制度，以及文化传统等非正式制度等）的角度研究金融发展问题，从而得出了"良好的制度（包括法律制度、产权制度及政治制度等）是实现金融发展的关键"这一基本结论。

不难发现，第一代金融发展理论强调的是"自由化或市场化"，第二代金融发展理论强调的是"内生增长"或金融的"功能",第三代金融发展理论则强调"制度因素"在金融发展中的作用。金融发展理论的发展变化反映了人们对发展中国家及经济转轨国家金融自由化改革的现实及客观问题的认识在不断深化,也为一国如何更有效地推进金融改革及实现金融发展提供了更多的思路。

进入 21 世纪以来,"金融发展如何更好地造福人类"成为金融发展理论的研究主题。世界各国的经济发展史告诉我们金融在经济的发展中起着中流砥柱的作用。经济的发展推动着金融的进步,金融又是经济平稳高速发展的基本动力之一,不论在哪个国度,不论是在发达的城市还是落后的农村,金融对经济的发展都起着关键的作用。然而,金融在现实的发展中却有意无意地将一部分个人、集体或者企业排斥在金融体系之外,使他们不能享受到正常的金融服务。这部分经济主体包括个人、某些群体、组织、行业以及地区等,可能是由于自身缺陷或者制度因素,或缺乏抵押品、信贷记录和"关系",以及金融市场上的信息不对称和高交易成本等因素而无法通过合适的渠道获得金融产品或者无法获得低成本、公平、安全的金融产品。特别是,相对于发达国家,发展中国家金融制度不完善、体制不健全,因此更容易造成金融服务对象的范围尺度偏窄。此外,对于发展中国家,城乡二元经济结构是其经济发展的主要特征,与此同时,金融二元结构也同样困扰着城乡经济之间的协调发展。相比于发达的城市,广大的农村拥有的金融服务机构更加稀少,金融知识在农村里的散播极为有限,农村各个经济体享受的现代金融服务远远落后于城市。城市居民在储蓄、基金、保险、贷款等方面存在着严重的金融受排斥状况,即他们不能以恰当合理的方式获得这些金融服务。金融在服务企业发展中,由于中小企业效率较低、信用不足、抗风险能力弱等原因,各国的金融机构从成本、风险、收益等考虑,都更偏向于给大型企业融资,导致中小企业融资不足。因此,提高金融服务质量和水平、扩大金融服务对象的范围尺度是包容性金融发展的题中应有之义。

2.2 农村金融发展理论

2.2.1 农村金融抑制论

金融抑制、金融深化与金融约束理论是政府与市场角色争论在金融市场中的延伸。1973 年,麦金农与肖先后出版了两部代表性的著作:《经济发展中的货币与资本》和《经济发展中的金融深化》，对发展中国家的货币金融理论、货币金融政策与货币金融制度进行了深入探讨。麦金农认为正规金融机构在向农村地区小额借贷者服务上不成功，银行成为大公司、国有企业、跨国公司的附属物，成为政府融资的工具，经济中的其他部门的融资，必须由放债人、当铺老板和合作社等非正规金融机构的其他资金来满足。麦金农把这种现象称为"金融抑制"。肖认为金融抑制是经济发展战略的一个典型特征，在被抑制经济中，政策策略就是干预主义。他列举了金融抑制的表现：高估本币、通货膨胀、信贷配给等，政府的经济政策对所有市场进行价格控制，在金融市场上的政府控制达到了顶峰。低利率甚至负利率政策，强化了中介机构躲避风险的倾向和保持流动性的偏好，政府不得不以昂贵的代价设立银行，补贴贷款政策导致低效率（麦金农，1988；爱德华·肖，1988）。

Kapur（1976）、Mathieson（1980）、Galbis（1977）、Fry（1982，1988）等学者修整和深化了"麦金农-肖理论"。Kapur（1976）、Mathieson（1980）通过放松"麦金农-肖理论"假定，用新古典增长模型证明了金融抑制对经济增长的阻碍。Galbis（1977）通过构建一个两部门模型，证明金融在资源配置中起着非常重要的作用，其前提是实际存款利率要足够高，使得实际资源从低效率部门向高效率部门转移，加速经济增长和发展，这修整了"麦金农-肖理论"提出的货币-资本积累-经济增长范式，认为货币是通过从低效率部门向高效率部门转移来促进经济增长的。Fry（1982，1988）扩展了 Kapur-Mathieson 模型，认为决定一国经济增长的因素是投资的规模和效率；由于发展中国家资本短缺，无法利用有效的投资机会，制约了投资规模的扩大；实际利率过低不能提高投资效率。通过实证分析证明，在一个金融抑制经济中，长期通货膨胀率与经济增长率负相关。

他们归纳了发展中国家在金融抑制体系下的金融市场的特征：一是发展中国家呈现为"分割经济"特征，金融市场表现为"二元化"特征。发展中国家的企业与居民面对土地、劳动力、资本和产品有着不同的实际价格，难以获得同等水平的生产技术，价格不能在资源配置中起信号作用，政府干预导致了资源配置效率低下。在金融市场上，一方面表现为城市金融与农村金融的分割，另一方面表现为正规金融市场与非正规金融市场的并存。二是货币深化程度很低。市场分割导致农村自给自足的非货币交易的存在，以货币为媒介的交易受到限制。三是金融市场低利率过低。低利率与高通货膨胀率使得名义利率不能够真实反映资金的稀缺程度，实际存款利率往往为负数。负利率一方面导致储蓄下降，另一方面使投资不受利率成本的约束，导致信贷市场低效率。四是金融市场机构单一，呈现垄断的市场结构。在正规金融市场上，银行属于国有，即使少数私有银行也受政府的严厉监管，非正规金融市场长期被排除在外。

金融抑制论认为，发展中国家在加速工业化的目标下，企图人为地以低成本来利用国内和国外金融资源，从而人为地压低存贷款利率和高估本币汇率，由此造成金融市场调节资金供给和需求的能力丧失。低利率一方面限制了金融体系动员国内储蓄的能力，造成资金供给不足；另一方面刺激了资金的过度需求。于是金融市场供求失衡，这又迫使政府进一步加强干预，即通过信贷配给，抑制过度的资金需求，强制实现资金供求平衡，从而使有限的资金大多低效率地使用。在其他条件不变的情况下，低效率地使用资金，束缚了发展中国家的实际经济增长和国民收入的增加，这又反过来降低了发展中国家的国内储蓄。

金融抑制论的政策含义非常明显。发展中国家要解除金融抑制，必须实现金融深化：采取正的存款利率政策；通过提高银行的贷款效率扩大货币体系实际规模和缓和金融抑制；货币深化；金融机构多样化。金融深化理论的核心强调政府管制的放松，实现金融自由化，并提出了发展中国家农村金融市场改革与发展的路径。

2.2.2　农村金融深化论

金融深化是政府放弃对金融的过分干预，使利率和汇率充分反映供求状况，并有效控制通货膨胀。多数经济学家认为货币与物质资本的关系是替代关系，即保有的货币余额多些，物质资本数量就会少些；反之，若在一定的收入水准下增加物质资本的数量，就应相应减少人们保有的货币余额。麦金农认为，这种替代关系的假说并不适用于经济相对落后的发展中国家。因为发展中国家的经济大都是"分割"经济，即企业、政府机构和居民等经济单位相互隔绝，因而，各部门既无法获得统一的土地、劳动力、资本和产品及一般商品价格，也难以获得同等水平的生产技术。由于资本市场极为落后，间接金融的机能也比较软弱，因此，众多的小企业要进行投资和技术改革，只有通过内源融资即依靠自身积累货币的办法来解决。在投资不可细分的情况下，投资者在投资前必须积累很大一部分货币资金，计划投资规模越大，所需积累的物质货币余额就越多，因此，他认为，在发展中国家货币与实质资本的关系是同步增减的互补关系，并用一个简单的图形（图2.1）加以表述。

麦金农-肖的金融深化论的核心是反对实行低利率（低于均衡利率水平）或负利率政策。他们曾于1973年建立了一个经济模型，认为金融自由化可以加速经济增长。同时批判了金融压制的危害，其中包括利率限制、高储备率、

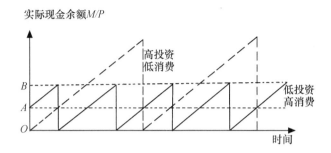

图 2.1　发展中国家货币与物质资本的关系

信贷管制以及各种对金融中介歧视性负担。麦金农、肖指出利率管制对经济有
扭曲作用：（1）低利率鼓励提前消费，从而减少储蓄，使之降到社会最佳水平
之下。（2）因贷款管制、贷款利率较低，因而贷款人可能将钱投向直接投资而
不愿通过银行间接融资。（3）银行借款人可以低利率获得借款，更愿将借款投
向资本密集型企业，减少投入劳动密集型企业，不利于就业。（4）借款人中常
常包括一些愿投向低收益项目的企业家，他们只愿借入低于出清市场的利率借
款，不利于形成出清市场的利率水平。此外，在信贷管制下，往往要求银行以
官定低利率向国家重点项目提供贷款，而这些项目往往效益不佳，无法还款，
形成银行大量呆账，导致银行系统的脆弱性。提高实际利率可以增加储蓄和投
资，同时企业从事低于均衡利率的低收益投资也会受到抑制。投资平均收益提
高，经济增长加速。因此，麦金农、肖的政策建议是提高利率，降低通货膨
胀，取消利率和信贷管制，这样会增加投资效益，提高经济增长率。但他们认
为成功的金融自由化必先严格财政纪律，控制赤字。因为政府弥补财政赤字的
方式主要依靠上述强加于金融体系的歧视性税赋。大量财政赤字与金融自由化
是有矛盾的。

　　麦金农对实际利率如何影响储蓄、投资和经济增长的分析是建立在两个假
设上：（1）所有经济单位都限于自我融资；（2）投资金额不可细分，投资者在
投资前必须先积累较大量资金。所以实际利率愈高，投资动机愈大。故对货币
的需求愈大，投资在总支出中所占比例愈大。麦金农认为货币与物质资本是互
补性的，特别适用于半工业化的发展中国家。

　　肖舍弃了麦金农的自我融资假设，从债务中介观点来解释金融自由化的效
果。他认为发达国家和发展中国家的金融体系大不相同，发达国家拥有精微
的、复杂的、多样化的金融机构，可以便利地将储蓄转化为投资。金融中介的
作用在于改善资源分配与决定人均收入水平。因此人均收入水平与金融机构的
完善和成熟精微程度有着正相关关系。

肖建立的货币模型认为，货币关联着对私人部门的生产性投资。因而货币量与经济活动水平关系密切，通过银行中介的储蓄与投资的范围亦随之扩大。肖认为金融自由化和金融发展会增加储蓄与投资的动机，其结果会提高金融中介在促进储蓄向投资转化的作用，同时提高投资的平均效益。金融中介一方面可以提高储蓄者的实际收益，另一方面又可以降低投资者的实际成本。

如果利率被官方定得低于均衡水平，金融中介作用就受到压制，不能充分发挥作用。如果允许利率探寻其均衡水平，金融中介就可利用其专长有效地分配大量的投资资金，资金就会源源而来。肖认为成功的金融自由化，其先决条件应该是银行的同业竞争与自由准入。

肖认为包括货币在内的各种形式的财富的实际收益都对储蓄比例有正面作用。投资者不限于自我融资，所以麦金农论述的互补作用在这里不起作用。如果官方机构信贷不足，可以求助于场外金融市场。麦金农强调自我融资，货币与物质资本具有互补性，而肖认为借贷融资无互补性。但人们认为二者之论并非不可调和的矛盾。因为大多数项目的资金来源既有内部积累资金，又有借贷资金。

总而言之，麦金农、肖的基本观点是，各种金融压制，包括利率信贷管制、高储备率以及其引发的通货膨胀，会减少持有货币等金融资产动机，从而减少可贷资金，不利于投资及经济增长。另一方面金融压制降低投资的质与量，而金融自由化可以增加投资的总量和效率，可以增进经济增长。

肖认为，金融深化能获得收入效应、储蓄效应、投资效应、就业效应和分配效应，而这些效应有助于一个国家摆脱贫困。（1）提高储蓄水平的储蓄效应。包括：提高国内私人储蓄占收入的比率、政府储蓄和增加外国储蓄。金融自由化使得进入一国资本市场比较容易，这将扭转资本外逃。金融深化纠正了扭曲了的金融价格，使储蓄者对收入发生变化，从而会鼓励其减少当前消费，增加储蓄，最终提高一国私人储蓄对收入的比率，使金融机构有能力给投资者提供更多借款机会，即增加一国利用外源储蓄的机会。（2）投资效应。金融自由化开辟了优化储蓄分配的道路，一国边际投入－产出比例将上升。金融深化使有限的资金能够在竞争中进行最有效的分配，真正起到奖优罚劣的作用，从而取得较好的投资效益。（3）就业效应。利率的上升将使投资者的资金成本上升。在劳动力同资本发生替代之处，资本价格的上升，诱使投资者增加劳动密集型的投资，从而会扩大就业水平。金融深化有利于信贷超分配和稳定通货，从而有利于为经济发展创造良好的经济环境，有利于劳动密集型产业的发展。（4）收入分配效应。金融深化将导致整个国民产业水平的稳定增长。从分配方面看，金融深化还使少数大企业大公司的信贷资金特权分配受限制，阻止腐败的发展，有利于促进收入的公平分配和政治稳定。

肖强调，金融抑制的特征是国家干预主义，而金融深化的特征则是用市场去代替官僚机构。当然并不是只有金融自由化才重要，相反，金融自由化应与金融部门以外的其他补充手段有机地联系在一起。麦金农认为，经济发展的优先策略是直接放松国内金融和对外贸易，即推行金融自由化和贸易自由化，而不是依赖外资来消除长期的"瓶颈"。他还强调，生产要素市场的扭曲，削弱了发展中国家国内企业的增长，这又使其过度使用外国金融资源。为了促进本国经济的均衡发展，发展中国家自身应该减少对 FDI（包括资金、现代技术和技能流入）的依赖。

金融深化论认为，为了消除金融抑制，必须推行金融自由化政策，充分发挥金融市场在动员和分配国内储蓄和国外储蓄方面的功能。金融自由化的核心是放开金融资产价格，尤其是利率与汇率，使金融资产价格真实地反映供求关系，从而恢复金融市场调节资金供求的能力。

麦金农和肖的金融深化理论，把金融发展和金融自由化等量齐观，认为金融发展实质上就是金融自由化，消除金融抑制的灵丹妙药只能是金融自由化。

在金融深化理论影响下，20 世纪七八十年代，在发展中国家掀起了一场影响深远的金融自由化运动，拉美、东南亚国家和地区是这场运动的先驱。这些国家和地区实施金融深化的措施主要包括：利率机制改革、货币市场和货币控制措施改革、审慎监管体系改革、金融监管重组与发展、加强银行间竞争的措施；选择性信贷条例的改革、发展长期资本市场、立法改革等方面。由于拉美国家金融深化中出现的金融危机，一些经济学家在对金融深化理论与实践效应的检验与批评中，试图寻找一条促进金融深化的新通道。

许多发展中国家的经验证明了麦金农和肖的金融深化理论的正确性。如东南亚部分国家经济 20 世纪 80 年代末期以来的发展，金融深化是重要因素，一度被称为"亚洲奇迹"。当然，其风险也是很大的，1997 年金融危机就是这种发展模式的风险体现。发展中国家金融改革的最终目标是促进资金（资源）的市场优化配置，这一目标不仅仅是国内金融市场配置资金功能的发挥，同时还是资金在更大范围的分配与流动，即金融领域的国际化和一体化。这是本国金融业与金融市场的发展服务于不断开放的经济环境和不断走向国际市场的民族经济的必由之路。不过，发展中国家对外开放本国金融市场的步伐和节奏应该得到有效控制，以避免因过早地开放国内金融市场可能导致的资金流动对国内经济和金融的冲击。而完全摆脱政府宏观调节的金融自由化将会贻害无穷，拉美国家的经验充分显示了这一点。

2.2.3　农村金融约束论

一个国家经济发展状况在很大程度上受该国金融业发展状况的影响，而金融业的发展又受制于政府经济管理政策的选择，因此，政府可以通过对金融业的管理来间接影响经济发展。但是，政府对金融业的管理并不一定就能够对经济发展起到正面的促进作用，不恰当的金融管理政策甚至可能会阻碍经济的健康发展。对于一国政府的金融管理活动与该国经济增长之间的关系，不同的理论从不同角度给出了差异很大的结论。如金融抑制论认为，政府对金融市场价格和数量的控制扭曲了资源配置，阻碍了经济增长。尽管从重视市场机制在经济发展中的基础调节作用的传统经济学理论的观点来看，金融抑制论毫无疑问应该是正确的，但在现实中许多国家在经济发展的实践中所走出的道路并不能够为这一理论提供更多的佐证，反而从另一个方面对其科学性提出了疑问。二战后到现在，东亚经济得到了飞速的发展，东南亚的泰国、印尼和马来西亚等国家，以及中国的经济都得到了巨大的发展，而这些国家多多少少都存在着金融抑制现象，按照金融抑制论的观点，这些国家由于存在严重的金融抑制问题，经济不应该有飞速的发展，但是事实却恰恰相反。

在这一背景下，以托马斯·赫尔曼、凯文·穆尔多克和约瑟夫·斯蒂格利茨为代表的经济学家于 20 世纪 90 年代末针对发展中国家的国情提出了"金融约束论"。他们认为，政府通过实施限制存贷款利率、控制银行业进入等一整套的约束性金融政策，在银行业创造租金，从而可以带来相对于自由放任政策和金融压抑政策下更有效率的信贷配置和金融业深化，对发展中国家维护金融机构的安全经营、保证金融体系的稳定、推动金融业发展的进程极为重要。金融约束的主要政策有利率控制和资产替代等，其中利率控制是核心。金融约束的本质是：政府通过一系列的金融政策在民间部门创造租金机会，即取得超过竞争性市场所能产生的收益的机会，这种租金能够促进市场更好地为经济发展服务。"金融约束论"的核心观点是：提供宏观经济环境稳定、通货膨胀率较低并且可以预测的前提，由存款监管、市场准入限制等组成的一整套金融约束政策可以促进经济增长。

以斯蒂格利茨等为代表的经济学家，主张发展中国家应在物价稳定的前提下实施金融约束，实行比自由竞争的市场机制确定的均衡利率要低的人为利率体制。斯蒂格利茨列举了低利率政策能够提高经济增长的大量方法。他认为低利率政策是一种把资源从家庭转向合作部门的机制，如果合作部门的边际储蓄倾向比家庭高，存款总量将会上升；低利率可以通过减少不利选择和激励问题来提高借款人预期的质量，政府的适度干预可以放大这种效应；有监督的信贷政策是对低利率产生过剩需求的一种激励体制。C. H. Lee（1992）从内部资本市场假说中推导出金融抑制是有好处的。他以东南亚国家金融市场发展的例子，指出国家控制的、以信贷为基础的体制与内部资本市场体制运行相似，国家与贷款公司之间培养了一种长期合作关系，信任与合作对监督更为有效。

在东南亚国家和地区的发展中，普遍存在政府干预程度不同的金融抑制，但这些国家和地区的经济增长速度很高，这在世界银行（1993）报告中得到了肯定。世界银行报告审慎认为东亚模式中政府对金融体系的积极干预、设立大量的政策性金融机构以实施体现政府意图的资金分配对其他国家未必适用，但日本、韩国和中国台湾对金融体系的积极干预对经济的高速增长做出了贡献。在对东南亚金融体系的研究中提出的"金融约束论"，其核心思想是在稳定的宏观经济环境下，通过实施低通货膨胀、正的但低于均衡利率的实际利率、存款监管、市场准入限制等金融抑制政策仍有助于经济增长。

总体上看，金融约束论与金融深化论对低利率与通货膨胀有不同的认识，其区别在于低利率产生的租金流向不同。根据 Giovanni（1985）的研究，在一个由企业、金融机构与居民构成的三部门经济中，金融约束产生的低利率租金在企业与金融机构之间流动，金融机构的安全性抵补了居民低利率收益的损失。在金融约束条件下，租金在企业与金融机构之间的转移有利于银行贷款监督、信贷政策有利于企业追求利益最大化，通过租金效应和激励机制来规避金融市场的逆向选择与道德风险。这是一种政府干预下的金融深化路径。

金融约束论对政府的金融管理政策在金融业和经济发展中所起的作用做出了分析，从而丰富了经济发展理论。但是，由于种种制约因素的存在，这一理论对现实的解释及指导作用并不是很大，主要原因有以下几个方面：

（一）"金融约束论"的严格假设限制了该理论的现实意义

虽然对理论的科学性进行评价时不能仅仅局限在理论的假设上，因为有许多理论的假设尽管十分严格，却并不影响其科学性，但我们也不能因此而放弃对金融约束论理论假设的分析。不同于其他一些只是单纯的逻辑推论而不涉及政策选择的理论，金融约束论的目的更多的是给政府选择金融管理政策时提供帮助，而这些政策是否真正有效，很大程度上就取决于它们究竟是否适应现实需要，因此，我们必须对金融约束论的理论假设进行仔细推敲。正如上文所述，金融约束论成立的条件主要有限制市场准入、限制直接融资和宏观经济稳定、通货膨胀率较低且可以预测。在这些条件中，限制市场准入和限制直接融资可以通过严格的管理来实现，但是要保持宏观经济稳定和较低的通货膨胀率就比较困难了，因为宏观经济的稳定不仅受政府经济政策的影响，也受微观经济主体行为的制约，同时在经济全球化的今天还受国际经济环境的影响，单靠政府的力量很难保持一贯的经济稳定和较低的通货膨胀率。还有，正如有些学者所讲的，对市场准入和直接融资的限制是与经济发展规律相悖的，竞争和开放才是经济发展的大势所趋。此外，姑且不论这些限制政策的正面意义究竟有多大，单单这些限制政策后面所隐含的权力就会导致严重的寻租行为，紧接着是政府部门的腐败和政治法律环境的恶化，而最后必然是经济发展受挫。由此可见，金融约束论的理论假设过于严格，不太容易实现，更加严重的是一旦完全实现了这些假设条件，又会给经济运行带来更大的阻力，这就极大地限制了其现实意义。

（二）金融约束政策的选择和实施存在困难

按照金融约束论的分析，金融约束政策主要有利率控制和资产替代等，其中利率控制是核心。在市场经济条件下，利率是货币资金的价格，是引导资源合理配置最为重要的市场信号。一个国家的利率形成机制和运行状况的好坏直接影响该国经济增长质量。但利率要想对资源配置和经济运行发挥正面作用必须有一个前提条件，即引导资源配置的利率必须是市场利率，这也是目前许多国家都在积极推进利率市场化的原因之一。要想通过金融约束政策来促进经济的发展，就必须对利率进行控制。而在政府控制之下的利率本质上与市场运行规律相悖。与市场利率相背离的官定利率势必不能很好发挥引导资源合理有效配置的作用。同样，强制的资产替代实施起来也不是太容易，一旦真正有效地实施起来，则又可能会阻碍一国金融市场的平衡发展，给经济的可持续发展带来不利影响。由此可见，金融约束政策的选择和实施都存在困难。

（三）租金对金融业发展及经济增长的作用究竟有多大

赫尔曼等人认为，金融约束的本质是政府通过实施一系列的金融政策在民间部门创造租金机会。这种租金是指超过竞争性市场所能产生的收益，它能减少与信息相关的、妨碍完全竞争市场方面的问题。为银行创造"特许权价值"，还可以促使银行开展一些在完全竞争市场条件下不利的业务，还能够诱导民间部门当事人增加在纯粹竞争市场中可能供给不足的商品和服务。事实上，金融约束论所说的租金本质上是政府为银行人为地创造一种特权，其关键在于政府通过一系列有利于银行业的金融管理政策来推动金融业尤其是银行业的发展，进而通过金融业的发展来推动整体经济的发展。

当然，金融业的发展在经济发展过程中发挥着至关重要的作用。但是发挥积极作用的前提是金融业的发展状况必须是健康的，不健康的金融业只会阻碍而不会促进经济的发展。这里所说的租金在金融业的发展中究竟能够起到多大作用，至今仍是个疑问。必须看到，一个国家的金融业发展与否并不是只与政府行为相关，它需要很多其他的主客观条件。金融业本质上也是竞争性产业，如果金融业可以通过实施金融约束政策来创造所谓的租金从而促进其快速发展，岂不是说任何一个竞争性产业都能通过政府的特殊照顾而得到快速发展，因为金融业所体现的经济运行规律与别的产业并没有本质区别。西方发达国家在金融业发展的过程中并没有推行金融约束政策，但他们的金融业十分发达，而许多发展中国家大量推行金融管制政策，却没能推动其金融业快速发展。况且金融约束论是一些经济学家在 20 世纪 90 年代根据一些发展中国家的经济发展经验所总结出来的，这些经济取得巨大进步的国家均采取了一些所谓的"金融约束"政策，但没有任何证据表明这些政策在经济起飞和快速发展过程中发挥了关键作用。因此，金融约束论的理论逻辑未必就正确，租金对金融业及经济发展的作用并不明确。

金融约束政策必须要在一系列苛刻的假定条件下才有可能成立，在现实中不具有可操作性。金融约束政策想要达到金融深化的目的，实际上却更加限制了金融深化的进程，因此，金融约束论在我国是行不通的，它并不能保证实现经济改革的目标。有步骤地实行利率市场化，构建多方位、多层次的金融体系，完善金融功能，健全金融体制才是金融深化的可行路径。

金融约束论的结论就是政府通过实施一系列金融约束政策可以促进金融业更快地发展，从而推动经济快速增长，其隐含的前提是政府可以有效地管理金融业，或者说政府可以解决市场失灵问题。事实上，政府并不比民间部门拥有更多的信息和更强的经济管理能力。在管理经济过程中，政府失灵问题同样严重，历史已经一次次证明政府过多参与经济管理的最终结果往往是阻碍而不是促进经济的发展。市场运行有其内在的规律，不是任何主观力量都可以替代和改变的。因此，金融约束论所提出政策的现实意义就很有限。但是，我们也不能因此就完全否定金融约束论，特定条件下金融约束政策对金融业发展和经济增长的确能够起到积极推动作用。虽然政府不能代替市场，但是并不是说政府的力量在市场运行中就丝毫不能发挥作用，主要是把握好一个度。可有一点是明确的，金融约束政策仅仅是市场的补充而不能取代市场，这一政策的实施也不是长期的，只是一个过渡，是特定时期的特殊政策，最终还是要由市场来解决问题。

2.2.4　农村金融生态论

金融生态作为仿生概念，是在借鉴生态或其他类似领域相关理论基础上引入的。金融生态是在借鉴英国生态学家坦斯利（A. G. Tansley，1935）的生态系统（eco-system）基础上提出的，由于金融体系具有内在逻辑安排、发展规律等群体生态学（synecology）特征，其逐渐在经济活动中形成鲜明结构特征和功能特点的"秩序结构"，这种"秩序结构"便称为金融生态。金融生态是指对金融的生态特征和规律的系统性抽象，本质反映金融内外部各因素之间相互依存、相互制约的有机的价值关系。金融生态理论提出的主要诱因是当前我国金融生态环境恶化，金融生态系统失衡。这一状态如果不果断地加以改变，将威胁金融业的稳定，对经济发展造成巨大的损失。金融生态理论与实践还存在一些问题和不足，主要表现为：①金融生态的概念和内涵把握不准。众说纷纭的金融生态的概念迷失了金融生态理论的方向性和金融生态实践的准确性，使宏观部门无从着手，微观部门无所适从；②金融生态的基本原理不清。很多人对金融生态、金融环境、金融机制、金融规律在运用中相互串用，导致金融生态的目标不清，渠道不明，容易变成一个大杂烩。③保护金融生态的工作机制和模式不清，对金融生态的状态评价没有标准，使具体调研和考察依据不明。④由于对金融生态的科学性和前瞻性缺少认识和理解，很多人对金融生态理论与实践的重要意义的认识不够，甚至有人认为是一种炒作和赶潮流。本书针对这四个方面的问题展开分析，以期推动金融生态理论的发展和统一。

周小川（2004）[①] 率先对影响金融生态的若干问题进行分析，指出应通过完善法律制度等改进金融生态环境的途径来促进整个金融系统的改革和发展，这对金融生态及金融生态环境的系列研究产生了积极的推动作用。他认为，金融生态即微观层面的金融环境，包括法律、社会信用体系、会计与审计准则、市场体系、中介服务体系、企业改革的进展及银企关系等方面的内容。其中，法律制度环境是金融生态的主要构成要素。此外，由于银行不良贷款的产生程度与贷款客户的资信密切相关，企业改革也是改善金融生态的重要方面。他认为金融体制改革是一项系统工程，包括四方面内容：一是金融机构自身的改革；二是金融生态环境的改善，其中包括两个层面，即全局与宏观层面的生态环境以及地方层面上的生态环境；三是监管要到位，主要是完善监管体制、改进监管方法、加大监管工作力度；四是宏观金融政策环境，如利率政策、汇率政策和市场定价的灵活性等方面。这也基本符合我国各地金融生态环境差异较大的实际情况。

徐诺金（2005）规范地阐述了金融生态的理论含义和实践范畴。他指出，金融生态是金融与其环境之间相互关系的总和，是各种金融组织为了生存和发

---

① 周小川本人多次强调自己并不是提出金融生态第一人，但至少在他提出后，引起我国学术界对金融生态建设的广泛重视。

展，与其生存环境之间及其内部金融组织相互之间在长期的密切联系和相互作用过程中，通过分工、合作所形成的具有一定结构特征，执行一定功能作用的动态平衡系统。他认为，应从金融生态环境、金融生态主体、金融生态调节这三个主要方面展开相关研究，金融生态系统的有效性体现为这三方面符合生态系统特征的体制性；至于金融生态环境，他指出，金融生态的外部环境严重危害金融生态的平衡和优化，并从法律制度、诚信环境、企业破产问题、行政制度问题等方面分析了我国目前金融生态环境存在的系列问题。

李扬等（2005）认为金融体系绝非是独立创造金融产品和金融服务的系统，它的运行不仅涉及其赖以活动之区域的政治、经济、文化、法制等基本环境要素，还涉及这种环境的具体构成及变化，以及由此导致的主体行为异化对整个金融生态系统所产生的影响。他还认为，金融生态环境因素可能是影响我国金融资产质量（金融生态现实状态）的最主要因素。基于此判定，他们创建了城市金融生态数据库（李扬等，2005），通过经济基础、企业诚信、地方金融发展、法治环境、诚信文化、社会保障程度、金融部门独立性等因素综合指数的设计，运用数据包络分析（DEA）模型，对我国的城市金融生态环境进行了定性、定量分析及相关评价，强调应从转换地方政府职能、完善金融业发展法治环境以及推进社会诚信文化建设三个角度来优化金融生态。

另外，基于上述理论，其他学者也有相关的跟进研究：

（1）金融生态理论研究方面。

杨子强（2005）从广义与狭义两个层面阐述了金融生态环境的概念，他认为，广义上的金融生态环境是指与金融业生存、发展具有互动关系的社会、自然因素的总和，包括政治、经济、文化等一切与金融业相互影响、相互作用的方面，是金融业生存、发展的基础；狭义而言，则是指微观层面的金融环境，包括法律、社会信用体系、会计与审计准则、中介服务体系、企业改革及银企关系等方面的内容。同时，他强调金融生态环境中各因素相互联结、相互依赖、相互作用，共同构成一个有机整体（金融生态链）。此外，他还主张商业银行应当重视对金融生态环境的研究和利用，深刻把握金融生态主体与环境之间的密切关系。

唐旭（2005）认为金融生态中的法律问题始终是金融领域所关注的焦点。他认为，不完备的担保法律会导致银行提高贷款利率以弥补借贷风险，减少借贷，从而导致信贷市场萎缩；反之则会有助于减少不良贷款、防范金融风险、降低贷款利率、提高信贷服务并深化金融市场。他主张通过完善担保物权制度来实现融资畅通、保护银行和工商企业等信贷人权利，从而优化金融生态，促进金融发展和经济增长。

林廷生在《政府主导优化金融生态环境，促进经济金融良性互动发展》（林廷生，2005）中指出，金融发展取决于金融生态状况，改善金融生态是新时期政府抓好金融工作的切入点。他认为政府应在加强金融生态规划、构建部门联动机制，提高社会诚信意识、夯实金融生态基础，加快市场经济发展、健全金融生态内部机制，调整优化产业结构、打牢金融生态经济基础中发挥主导作用。

苏宁（2005）认为，金融生态作为一种拟生比喻，不是指金融业内部的运作，而是借用生态学概念来比喻金融业运行的外部环境；同时他强调，良好的金融生态环境由稳定的经济环境、完善的法制环境、良好的信用环境、协调的市场环境以及规范的制度环境构成。穆怀鹏（2005）也认为，对金融市场而言，金融生态就是指影响金融市场运行的外部环境和基础条件，它包括了法律制度环境、公众风险意识、中介服务体系、市场信用体系、行政管理体制等内容。良好的金融生态，对于推动金融市场充分发挥资源配置功能、降低金融交易成本、促进经济健康发展具有重要的作用。

清华大学宋逢明（2005）指出，良好的金融生态环境能够促进金融业的健康发展，反之金融业的健康发展，能够有力地支持、促进经济发展和社会进步。他进一步强调，良好的信用环境有两个标志，其一为公司治理的完善，其二为政府对于商业银行信贷活动不再采取强烈干预，外部金融生态环境的改变不能靠银行来进行，金融生态环境的改善需要政府和整个社会来推进。他建议创新机制，使得制度有效运行，而这就需要良好的外部环境支撑，外部金融生态环境的改善，才有利于我国银行巩固核心竞争优势。

（2）金融生态实证研究方面。

徐小林（2005）运用实证分析方法对金融生态环境的改善问题进行了研究。他通过金融生态环境评价指标体系的设计，围绕经济资本回报率、银行部门贷款平均收益率、加权风险度等核心指标，对山东三地市金融生态环境状况进行了分析。他认为，不同区域经济发展模式、发展水平和发展阶段存在梯度性差别，加之司法、执法环境、信用环境等不同，会引发区域间金融生态系统效能差异化，发展到一定程度，就会引起"累积性因果循环"，进而导致区域间发展差距拉大。

周志平等（2005）基于金融生态的层次结构和资源配置角度，通过对欠发达地区市、县域和乡村三层金融生态的结构性比较研究，并结合个案得出了有关金融生态系统调整的重要结论。他认为，市域层次的产业结构和政府投资冲动是影响金融生态的主要变量；县域层次金融机构自身的不作为和信用脆弱造成了金融生态与金融发展的恶性循环；在镇以下乡村，经济基础薄弱和农村金融供求失衡是金融运行的主要问题。他得出结论，三层次结构性金融生态差异是金融资源非均衡配置的重要解释变量，应按层次有侧重地对金融生态系统进行优化。

程亚男等（2006）以金融生态环境为研究对象，从评价指标体系构建层面阐述了一种健康金融生态环境的理想状态模式。他分析得出，金融生态环境评价指标体系应包含定量指标和定性指标两个体系。定量指标设计包括经济发展水平、金融资源水平、社会信用和法制环境 3 个目标层、14 个准则层。定性评价包括金融法律法规的完善程度和执行状况等四项标准。从可操作层面为央行、政府及相关部门决策、构建和谐金融生态环境提供了诸多有益的参考和借鉴。

谢庆健等（2006）通过研究安徽、江西、河南等六省 1995—2004 年间县域金融生态状况，从经济、法律、行政等方面对其辖属的县级人民银行、金融机构及政府经济部门进行了针对性分析。在解决县域金融生态所存在的问题上，他建议，应根据县域发展多层次需求，构建政策性金融、商业金融、社区互助金融相结合的金融体系；要完善地方政府、金融管理部门和金融机构三位一体共同推进的县域金融生态调节机制；应深入开展以保护债权为中心的金融生态环境改良活动。

另外，皮天雷等（2006）从新制度经济学角度分析了金融生态的法律制度要素。他认为，在金融生态建设中，完善法律制度是改进金融生态的核心步骤。他指出，我国金融生态环境法制缺陷的深层次原因，是没有真正实现从"人治""权治"到"法治"的根本转变，以及非正式约束与市场经济还存在诸多矛盾。我国金融生态建设应以完善金融产权为核心，以强化信用秩序为重点，改善金融主体法律制度。

我国学术界虽然对金融生态的研究取得了大量的研究成果，但是对我国金融业中最薄弱的农村金融生态环境的研究成果却较少。

刘伦（2006）指出，农村金融生态建设是一项系统工程。他运用能量守恒定理与金融垄断模型诠释了我国农村金融生态的优化机理，认为农村金融生态应注重金融理念、金融意识、金融管理之间综合协调。黄福宁（2005）则对当前我国农村金融生态的缺陷进行了分析，并提出了要从法制、农村信用工程、农村征信体系、内控机制、信贷保险制度、金融市场完善、金融监管和农村经济体等八个方面加快农村金融生态建设。谢伟（2005）则透析了农村金融生态建设的现实困境，并探索了农村金融生态建设的路径。林永军（2005）则基于系统论对农村金融生态建设进行了解析，分析了金融生态圈内各子系统之间的相互关系以及决定中国金融生态系统的各种深层要素，指出当务之急是要树立金融生态建设的系统论观念，完善金融法律环境，努力实现行政金融向市场金融、管制金融向生态金融的转变，提高金融生态主体免疫力和市场竞争力。而吴志远、李才平（2006）从微观金融机构产权制度规范及其内部管理的完善，中观金融产业组织体系的结构完整和功能互补，宏观金融体系的环境优化三个层面对我国农村金融生态问题进行了深入剖析。在实证方面，周志平等（2005）基于金融生态的层次结构和资源配置角度，对欠发达地区市、县域和乡村三层金融生态进行结构性比较研究。认为在镇以下乡村，经济基础薄弱和农村金融供求失衡是金融运行的主要问题，从而得出应按层次有侧重地对金融生态系统进行优化的结论。张高军（2006）以广西天峨县为例，剖析了我国欠发达地区改善金融生态环境难题，并提出了改善县域金融生态环境，促进农村经济发展的政策建议。谢庆健等（2006）通过研究安徽、江西、河南等六省1995—2004年间县域金融生态状况，他建议应根据县域发展多层次需求，构建政策性金融、商业金融、社区互助金融相结合的金融体系；要完善地方政府、金融管理部门和金融机构三位一体共同推进的县域金融生态调节机制；应深入开展以保护债权为中心的金融生态环境改良活动。张瑞环（2006）则运用BP人工神经网络模型对湖南86个县域样本的金融生态环境进行了综合分析及评价，为制定改善农村金融生态环境的政策措施提供了可鉴依据。此外，通过分析西南民族地区农村金融环境和非金融环境，中国人民银行成都分行课题组（2006）认为，农村金融生态是金融环境和非金融环境相互依存、相互制约的区域性金融生态圈，而金融生态圈的运行过程实际上是金融主体在金融环境和非金融环境约束条件下追求其目标价值函数的最大化过程。

2.2.5　农村金融效率论

效率是经济活动所追求的重要目标。金融作为现代经济的核心，在相当的程度上决定着经济的发展速度，当然离不开对其效率问题的研究。中国是一个农业大国，"三农"问题在根本上影响着中国的发展，农村金融在推动农业现代化与农村经济发展中扮演着重要角色，其效率成为影响现代农业发展的重要因素。但实践表明，近年来出台的金融支农政策在相当多的农村地区的实施效果不够理想。主要原因是，我国区域之间的金融发展不均衡使得我国统一的宏观经济政策的作用机制遭遇到区域性结构矛盾，进而产生不同的区域效应，不同区域金融供给主体的作用边界与效果是存在差异的。但在实践中由于没有根据当地实际的农村金融环境而制定与区域经济相匹配的金融发展模式，使得农村金融效率低下。因此，有必要在考虑农村经济发展的区域差异的基础上，对各地区农村金融效率做科学的评估，为提高农村金融效率提供借鉴。在中国不同地区根据当地实际情况建立差异性的农村金融发展模式，提高金融与经济的匹配性，就显得十分重要与必要。

在新古典经济学中，效率（efficiency）包含两个方面的意思：一是从资源分配的角度讲，效率是社会资源配置的"帕累托有效"的最优状态；二是从生产的角度讲，效率是投入与产出之比，即社会利用现有的可利用的资源，在现有的技术条件下进行生产所能提供的效用的满足程度，樊纲（1995）把这种效率定义为"资源的利用效率"。

国内外学者对于金融效率概念进行阐述的文献较多。Roland I. Robinson 与 Dwayne Whiteman（1980）认为金融效率表现在"操作效率"与"配置效率"两个方面。操作效率是指在金融发生过程中的成本与效益之比，而配置效率是指引导储蓄资金流向生产性用途的有效性。其中配置效率可以衡量市场的有效性。A. D. Bain（1992）认为金融效率应该包括微观效率与宏观效率，其中宏观效率包括储蓄与投资水平、市场稳定性、结构稳定性以及对宏观经济稳定性的贡献；而微观效率包括金融工具创造与使用的范围、弹性与选择、规模与风险、证券价格、市场利率、价格管制、税收与补贴、运行效率、动态效率。

区域金融效率的概念也有人提及。刘飞（2008）把区域金融效率定义为，区域金融业运行过程中的投入与产出的对比关系，具体指一个地区内的金融业通过雇用员工、发放贷款等行为，在多大程度上促进自身的发展及地方经济的增长。

王广谦（1997）认为金融效率包括金融机构效率、金融市场效率与宏观金融效率三方面。叶望春（1998）认为金融效率包括金融市场效率、商业银行效率、非银行金融机构效率、企业融资效率、金融宏观作用效率与中央银行对货币的宏观调控效率等。杨德勇（1999）认为金融效率包括宏观效率、微观效率与金融效率三方面。王振山（2000）认为金融效率包括微观金融效率与宏观金融效率两方面。其中微观金融效率是指各经济主体所支配的金融资源的配置状态；宏观金融效率是指整个社会全部可以利用的社会金融资源实现帕累托最优的分配状态。周升业（2002）把金融效率划分为三个层次：金融功能效率、金融配置效率与金融管理效率。汪永奇、程希骏（2002）也认为金融效率包括微观金融效率与宏观金融效率两方面。但是他们认为宏观金融效率是包括货币政策的效率、金融资源的配置效率、储蓄转为投资的效率；微观金融效率包括商业银行的盈利能力、国有商业银行的资本充足率与国有商业银行的经营管理水平。

Adams 等（1984），Braverman 和 Huppi（1991），Gulli（1998）指出：信贷补贴政策导致信贷机构活力衰退，缺少可持续发展的能力。东南亚金融危机使人们认识到市场机制也存在严重的缺陷。因此，Stiglitz（1981，1989）从市场竞争的角度出发，提出不完全竞争市场论，指出有必要采取政府适当介入等非市场要素与手段。Leyshon 和 Hrift（1997）认为金融排斥的存在，最终导致经济的非平衡发展。Chant Link（2005）进一步指出：金融排斥不仅适用于家庭，也适用于社区、企业组织和区域。Patrick（1966）认为，需求追随模式与供给领先模式应与经济发展的不同阶段农村区域相适应。Myrdal（1957）发现，市场力作用倾向于扩大区域差距，发达区域会利用获得累积竞争优势，遏制欠发达区域的经济发展。Hirschman（1958）认为要缩小区域差距，必须加强对欠发达区域的援助和扶持。Williamson（1975，1979）指出：市场和政府在农村经济发展支持机制方面有不同的作用范围和效率边界，其作用机理和效果不同。Chaves 和 Sanchez（1995）指出：支持农村经济的发展，是以区域为概念的发展。Imperial College Wye（2002）发现，在经济不发达的农村地区，金融供给明显不足。Gurenko 和 Mahul（2004）提出了用市场性融资手段来帮助富有生产能力的农民。Strochlic 和 Shelley（2004）通过建立 CSA 机制，确保农户金融支持到位。

金融效率问题在国内也一直受到许多学者的高度关注。王广谦（1997）认为金融效率是金融运作能力的体现，分别从金融机构、金融市场，与宏观金融三个方面考虑金融效率。其中，金融机构效率从金融机构的经营与发展两方面来衡量，金融市场效率体现在金融市场的运作能力与其对经济发展的作用方面，宏观金融效率体现在金融机构与金融市场对国民经济的影响。认为在经济体制转轨的过程中，中国的金融机构有了较大的发展，但是整个金融产业的产业结构、市场结构与融资结构的不健全仍然阻碍着金融业发展的效率。并指出提高直接融资比重、发展多元化金融机构体系与建立风险投资机制是提高金融效率的重点。杨德勇（1999）把金融作为一个整体来研究，认为金融效率是金融整体对国民经济的效率，把金融要素的投入作为投入部分、国民经济运行作为产出部分而得到金融效率。但他认为金融效率应该包括宏观、微观与市场效率三个方面。其中，宏观金融效率包括货币政策效率、货币量与经济成果的比例关系、金融市场化程度几个方面。微观效率指金融机构的金融效率。金融市场效率指的是货币市场效率与证券市场效率。胡慧敏（2006）把金融效率定义为一种金融资源的配置状态，即金融资源的投入对金融产业以及整个国民经济运行结果的影响。他把金融效率分为微观金融效率与宏观金融效率两方面，其中微观金融效率是指金融产业本身的投入产出效率，宏观效率是指金融资源的配置效率，其衡量标准表现在金融资源能否顺利地通过金融中介机构或金融市场投放到极大促进实体经济增长的部门中。在实际的金融运行中，微观金融效率的提高有助于提高宏观金融效率，而宏观金融效率的改善也会带动金融产业的发展，进而促进微观金融效率的提高。白钦先（2001）认为金融资源是金融可持续发展的基础，金融效率是金融资源在经济系统与金融系统的内部子系统之间配置的协调度。该定义包括三个层次：一是金融效率是质性发展与量性发展的协调统一；二是从静态角度讲金融资源配置效率不仅应该关注金融各子系统的协调，还应该关注金融与经济系统间的协调；三是从动态角度讲，金融效率不仅应考察单个时点的金融经济协调，还应关注一时段到另一时段金融经济的协调。金融效率是质性发展与量性发展的统一、静态效率与动态效率的统一、微观效率与宏观效率的统一。王振山（2000）认为金融效率是指以尽可能低的成本将优先的金融资源进行最优配置以实现其最有效利用，其中成本包括机会成本与交易成本，金融资源包括货币与货币资本。他运用一般均衡理论来衡量金融效率，并提出了衡量金融效率的帕累托最优标准。国内对金融效率的定性研究也有很多文献。刘飞（2007）运用 DEA 模型对中国 30 个省份以及东、中、西部三大区域的金融效率进行了测量，并对三大区域的金融效率的指标进行了比较。结果显示东部地区的金融效率均值最高且最平衡，中部地区的金融效率最低，西部地区的金融效率水平最不平衡，但规模较中部与东部适中。陈建南（2008）以 2004 年江西省 11 个地区为样本，应用 DEA 模型分析各地区金融机构及银行业的金融效率，结果表明江西省各地区金融业对经济发展的影响与发展不足，需要不断深化金融及经济体制改革，大力发展金融市场与金融服务，理顺金融传导机制来提高金融效率。

通过以上文献综述可知：国内外对于农村金融效率、区域金融效率的文献较多，但是结合农村经济发展的区域差异性、农村金融效率的区域差异性（运用数据包络分析方法），对区域农村金融效率及影响因素进行研究的文献还相对较少。谷慎（2006）通过对中国农村金融资源配置效率做实证分析，认为造成中国农村金融资源配置效率低下的原因主要是农村金融制度的有效供给不足，进而使得农村金融资源配置的帕累托条件得不到满足，最后指出提高农村金融资源配置效率的关键在于创新农村金融制度。曾另琼（2009）以金融发展理论、农村金融理论为基础，采用因子分析法与多元回归分析，对湖北省农村金融效率进行了实证分析，最后探求了湖北省农村金融效率的制约因素，并提出了培育竞争性的农村金融市场、改善农村金融生态环境等措施来提高湖北农村金融效率。但是他们只是将农村金融作为一个整体为研究对象做了实证研究，由于中国城乡发展不均衡、区域发展不均衡、产业发展不均衡，使得对农村金融效率的研究应该分区域分别讨论。且已有文献表明，农村金融效率的实证研究除了构建科学的指标体系外，区域发展的不均衡是影响农村金融效率的主要因素。

2.3 农村金融三维均衡发展理论

金融发展是指金融功能的全面演进，可以分解为三个维度：深度、宽度与广度。金融深度是指金融资产数量的增加。金融宽度是指金融机构能够将居民储蓄投入到国民经济各个方面的渠道宽度（伍旭川，2005）。李猛（2008）对金融宽度的定义为人们在经济活动中能够使用更便捷的金融服务，即金融服务的可得性（access to finance）。对金融宽度的这两个定义都较为广泛，其外延涵盖了两个层次，即金融服务方式的宽度和金融服务范围的宽度。因为金融服务方式的增加并不意味着更多的人群可以享受金融服务。以客户理财服务为例，一个经济体的金融创新使得金融衍生工具和理财产品层出不穷，但很有可能是向原来的客户提供了更多的保值增值服务，而理财服务的范围并没有扩大，中低收入人群却严重缺乏理财产品以规避通货膨胀风险。为区分这两个层次，我们引入金融广度的概念，以考察金融服务对象的范围尺度（胡宗义等，2013）。

Greenwood 和 Jovanovic（1990）建立一模型反应金融发展、收入不平等以及经济发展的非线性关系，隐含了三个维度的相互关系。在经济发展的每一个阶段，金融发展提高资本的配置效率，促进经济整体增长，并帮助穷人。但是，金融发展的配置效果跟经济规模有关，因此对穷人的净影响依赖于经济发展水平。在发展的早期阶段，只有富人有金融服务的支付能力，并直接从更完善的金融市场获得利润。在更高的发展阶段，更多的人可获得金融服务，使得金融发展惠及更多的人群。

如果将金融服务向经济领域中的渗透比喻为往一个容具中倒水，容具的体积一定的条件下，容具的底面积决定了盛水的高度。金融宽度与金融广度共同决定了金融容具的基础面积，经济规模一定的前提下，基础面积越小，金融深度越大。金融深度、宽度和广度共同决定了金融因素向经济领域的渗透容积，即为广义的金融发展水平（如图 2.2 中的长方体 A 和 B）。从信贷服务上来看，一般金融深度指标采用对私营部门的国内信贷（D）与 GDP 的比率（D/GDP），体现信贷服务对经济增长的贡献程度。私营部门的信贷规模（D）占其总融资规模（T）的比重，则在一定程度上可以反映信贷服务的融资渠道宽度，即为金融宽度指标（D/T）。金融广度则指私营部门（N）中可获得贷款的企业和个人（N'）所占的百分比（N'/N）。信贷服务对整个经济体的渗透容积就等于金融深度指标、金融宽度指标与金融广度指标的乘积。用公式表示为：$v = depth \times width \times coverage = \dfrac{D}{GDP} \times \dfrac{D}{T} \times \dfrac{N'}{N}$。如图 2.2，控制了经济规模和金融发展水平之后，三类指标相互制约。在同一金融广度水平下，较低的金融宽度伴随着较高的金融深度水平；在同一金融宽度水平下，较低的金融广度对应着较高的金融深度。金融服务方式和范围限制了金融服务占经济体的发展规模或者金融深度扩张的速度。

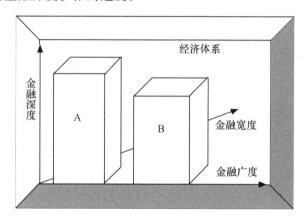

图 2.2　金融发展水平三维示意图

国内外大多数的实证研究表明经济发展与金融发展是线性正相关的。而 Greenwood 和 Jovanovic（1990）对两者的非线性关系进行考察后，认为金融发展对经济增长的边际贡献率是递减的。深入分析在金融发展的每一个维度上，经济发展对金融发展的弹性也是递减的。用公式可以表示为：$dv = \dfrac{\partial\,depth}{\partial\,GDP} \times \dfrac{\partial\,width}{\partial\,GDP} \times \dfrac{\partial\,coverage}{\partial\,GDP}$，$\dfrac{\partial\,depth}{\partial\,GDP}$，$\dfrac{\partial\,width}{\partial\,GDP}$，$\dfrac{\partial\,coverage}{\partial\,GDP} < 0$。笔者认为，边际弹性甚至可能为负，金融体系的任一维度过度发展会使虚拟经济与实体经济过分脱离，而引发金融危机和经济危机。如图 2.3，在阶段 A，金融深度的发展减少了市场经济中信息不对称、降低了交易费用、促进了资源的有效配置和经济的发展。当金融深度对经济增长的边际贡献为零时，即到达 B 点，经济发展水平不再提高，这时，虚拟经济开始脱离实体经济的制约，具备相对独立的价格形成机制，形成自循环系统。金融创新加速了金融体系主导的虚拟经济自我膨胀，最终以激烈的方式危害到经济的正常发展，甚至使经济发生倒退，如阶段 C。在这一过程，金融发展在三个维度延伸，但速度和水平不

一定同步。

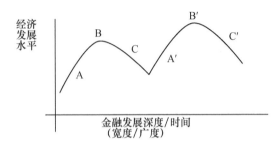

图 2.3 经济发展与金融发展的关系

在发达国家，金融服务的覆盖面很广，金融管制放松运动加速了金融创新的步伐，金融服务产品种类规模空前。因而发达国家的金融发展在三个维度匀速延伸，金融功能全面演进，成为自由市场经济发展的"助推器"和"加速器"。金融宽度、金融广度和金融深度的逐步延伸，金融行业得到巨大发展，到20世纪末，将近90%的居民可以自由享受金融服务（Honohan，2006），金融产品琳琅满目，信用规模、资本市场规模开始超过实际经济规模，三个维度同时达到了 B 点。20 世纪 30 年代的金融危机以及 2007 年的美国次级债务危机可以说是金融行业三个维度过度扩张的结果。金融市场越完善，自我修复的功能越强，经济走出危机就会越迅速，下一个循环周期（A′−B′−C′）的时间跨度应当更长。

而在发展中国家，金融服务往往只被少数人享有，大多数公民被排斥在正规金融服务之外。Honohan（2006）的实证研究表明，在发展中国家，低收入人群可获得的私人银行业务非常有限，不足四分之一的家庭才可以享受到基础金融服务。对于发展中国家来说，金融发展的难题不是金融深度不够，而是金融宽度和金融广度不足。低水平的金融广度和金融宽度成为金融发展的"短板"，与快速发展的经济增长规模伴生的是高的金融深度。特别是低的金融广度意味着金融服务可得性的不平等性，享受金融服务的少数人组成的利益集团同时拥有更大的政治影响力，更容易俘获金融监管当局。被俘获的金融监管当局放松对金融创新的管制，金融深度和金融宽度相应增加，衍生了更多的金融风险。但是中低收入人群等仍被排除在金融体系之外，低的金融广度得到固化，金融风险更加集中。

农村金融发展是深度、宽度与广度这三个维度的有机统一。因此，提高农村金融服务质量和水平是农村金融发展的题中应有之义。

2.4　二元经济结构下农村金融市场的兴起

2.4.1　农村金融市场的内涵界定

关于农村金融市场（rural finance market），从逻辑上来看，我们既可以把它看作是"金融市场"向"农村领域"的延伸，也可以把它看作是"农村金融"向"市场化"发展的自然结果。因此，关于农村金融市场的内涵界定，就有了两种不同的研究思路。

2.4.1.1　农村金融与农村金融市场

农村是相对于城市的称谓，是指以土地为主要生产资料，以农业为主导产业，发展水平不高，社会化程度、人口密度较低，生产方式、生活形态较落后，人们之间的协作和经济联系不是很紧密的聚集区域。农村经济是指以农户、农村个体民营组织、农村中小企业和各类农业合作组织等为主体，以农业生产经营为主导，社会化和协作化水平不高的经济形态。与城市中以社会大生产为主要特征的经济形态相比，农村经济的特点是农民占大多数，社会化生产和工业生产虽然有一定的发展，但无论其规模、技术水平，还是影响力都仍处于较低水平，但是农村经济的发展仍然是至关重要的，因为这关系到和谐社会的建设和小康社会发展目标的完全实现。农村金融是用来满足农村经济社会发展的一系列的市场组织、体制、产品、主体等构成的一个体系，是以信用手段筹集、分配和管理农村货币资金的活动（梁邦海，2009）。农村金融对于农村经济的建设发展来说，起着关键性的决定作用，通过金融支持，可以为农村经济的快速发展和产业升级，进而为体制机制性的变革提供强有力的资金和信贷支持（王军，2012）。也就是说，农村金融可以为农村经济主体提供满足其多样化需求的金融产品和服务。但是同时，农村金融的存在和发展必须依赖于国家的大力支持，包括资金和优惠政策的支持，以及规范其具体业务行为的监管措施政策的出台，确保其能健康发展。而农村金融市场就是一个金融体系，在农村金融市场中，农村金融主体可以通过一定的机制将农村金融资源提供给农村经济主体，为农村经济发展提供金融资源的支持。

2.4.1.2　金融市场与农村金融市场

早期经济学家们把市场定义为商品交换的场所，这样的定义既忽视了与交易相关的其他经济活动，也没有体现出隐藏在交易背后的制度因素（周业安，2005）。换言之，这种定义只刻画了市场的表面现象，并没有揭示其本质。根据早期经济学家们对市场的定义，金融市场就仅仅是资金供求双方进行金融交易的场所，其作用也只体现为资金媒介的作用。这是不完整的。后来，许多经济学家们进一步拓展了市场的内涵。Mises（1949）指出，"市场是生产工具私有制条件下的劳动分工的社会体系……市场不是一个场所、一件物品或一个集合体。市场是一个过程，它是由分工合作的当事人之间相互作用的行为驱动的"。Dosi（1988）和霍奇逊（1993）则更明确地指出，"市场本身是一种制度，它涉及社会规范、习惯、制度化的交易关系，以及信息网络（有时是有意组织的），这些本身是要被解释"。的确，从现实来看，市场总是包括异常丰富的活动，除了在有形或无形的场所定价、运输及联络客户等具体交易活动外，还包括信息收集、处理、传递、交流等活动和围绕产权让渡所引起的一系列契约订立、磋商、执行等活动。所以，市场不仅为交易场所，更反映了各种交换关系的相互交织。而作为市场的一个重要组成部分，金融市场也不只是资金供求双方进行金融交易的场所，更是指从事金融活动的当事人之间关系契约的网络。或者说，金融市场是以金融资产为交易对象而形成的供求关系及其机制的总和（张亦春，2004）。沿袭金融市场的内涵界定，农村金融市场的内涵界定便可以迎刃而解。因为农村金融市场是整个金融市场的重要组成部分，尤其在二元经济结构十分突出的国家（例如中国），金融市场被制度分割为差异十分明显的"农村"与"城市"金融市场。已有的文献认为，农村金融市场是农村信用活动、信贷资金运动和货币流通三者相互联系的统一的经济范畴（冉光和，1995），是农村市场体系的重要组成部分（潘朝顺，2005），是农村最为重要的要素市场（朱守银等，2003）。

显然，出于不同的研究视角，各个学者对农村金融市场的界定都有所区别。综合考虑农村金融市场的内涵和各学者的观点，我们认为，农村金融市场就是指农村金融供需主体之间进行信用交易的场所及其与此相关的制度安排与交易关系的总和。也就是说，农村金融市场从现象上看是一种"交易场所"，从本质上看是一种"制度安排"，体现了"信用交易"的复杂关系。另外，为了加深理解，我们可以将农村金融市场的内涵划分为两个层次：第一，农村金融市场是农村金融供需主体之间货币与信用交易的场所，这是低级的农村金融市场概念，指的是农村金融市场的硬件设施，这相对比较容易建设。第二，农村金融市场的交易涉及信用环境、法律法规和交易规则等制度安排，是市场的软环境，是高级的农村金融市场概念，其建设是一个较漫长的过程和复杂的系统工程。初级阶段的农村金融市场的建设重在农村金融交易场所和设施的建设；高级阶段的农村金融市场的建设重在健全农村金融市场交易制度、体制、机制的软环境建设。由此可见，农村金融市场是一个具有成长递进性和层次性的经济范畴。

2.4.2　二元经济结构下农村金融市场

本节将以中国为例，具体阐述二元经济结构的内涵及其形成，以及二元经济结构是怎么决定二元金融结构，从而形成农村金融市场和城市金融市场的，最后还强调了在二元经济结构下发展农村金融市场的必要性。

2.4.2.1　二元经济结构及其形成

所谓二元经济结构就是指在社会经济的发展过程中，随着城市现代化的迅速发展，城市经济与农村经济发展差距日益拉大，城市经济逐渐形成了以现代化工业生产为主的经济增长模式，而农村却依然保持着落后的传统农业的生产方式，这两种差异巨大的经济模式长期并存即形成了社会经济的二元结构。

在很多的发展中国家（例如中国），由于长期受到战乱等其他因素的影响，其经济一直都比较落后，为了能使经济得到迅猛发展，一般都会选择以追求经济高速增长为主要目标的重工业优先发展战略，从而加快了城市经济的发展，而农村经济却仍然比较落后，因而就出现了二元经济结构。所以一般都认为二元经济结构是开始于工业化时期的。

通过对我国工业化时期经济的研究分析，认为主要有以下三个因素对二元经济结构的形成起着不可忽略的影响：一是经济内生的驱动。工业化革命带来的最大影响就是技术的进步，因而出现了大量的工业品，与农业相比，工业就产生了相对优势，进而促成分工，使得农业资本发生裂变：一部分资金进入城市，成为工商资本，带动了劳动力要素在城市的集聚，带来了就业和居住的扩大，城市为农村提供生产资料，形成城市经济形态；另一部分资金则保留在农村，成为农业资本，维持原有的农村就业和居住，农村为城市提供生活资料，构成农村经济形态。这样就形成了二元经济结构的雏形。二是外部的制度冲击。首先是土地制度。我国的土地制度实行的就是二元土地结构：一方面，城市的土地归国家所有，土地使用权财产化就是说是可以进行转让增值的，这就使得城市的土地具有了多用性，其增值空间也就更大、竞争者也就更多、收益率也就更高，从而也就活跃了城市的经济；而另一方面，农村的土地是归集体所有，土地使用权非财产化就是说是不能在非农用途之间进行流转的，因而也就没有了增值空间，自然的，其收益率也就变得低下，农村的经济也就不可能因为土地的流转而得到迅速的发展。其次，就是户籍制度。我国现阶段的户籍制度把户口划分为城镇户口和农村户口，自然地，劳动力也分为城市劳动力和农村劳动力，很明显，户籍制度也存在着二元性：其中，城镇户口具有就业、医疗、养老和住房等多方面的保障；而农村户口的保障就只有土地。而且，农村户口很难转变为城市户口，这也就限定了农村劳动力只能服务于农村发展而城市劳动力也就只能服务于城市发展，也就是说农村的劳动力资源支援不了城市的发展；同时，由于无法分得土地的原因，城镇户口也很难转变为农村户口，这也就阻断了城市资源向农村流动的途径。这就导致城市 GDP 与农村GDP 的差距越来越大。再次，就是社保制度。城镇居民拥有就业、医疗、养老、住房等比较完善的保障，相反的，农民只有土地作为保障，这就导致了城市劳动力要素的生产积极性远远高于农村劳动力要素的生产积极性，因此这也就解释了为什么城市的产出水平高且增长速度快，而农村的产出水平低下且增长速度很慢，所以我们可以认为社保制度也加剧了二元经济结构的形成。接着是住房制度。住房既可以作为消费品，为劳动力的生产与再生产提供条件，同时也可以作为投资品，为产权所有人带来财富增加值以形成财产性收入。从我国具体情况来看，城市住房既是消费品又是投资品，而农村住房不能作为投资品，因此，农村经济的发展就没有了住房增值这个重要的推动因素，从而也推动了二元经济结构的形成。最后就是生产组织制度的差异。城市的生产组织化程度高，生产治理一般采用公司制，管理要素先进，产出效率高；而农村生产组织化程度低，生产治理一般采用小农制，管理要素落后，产出效率低。从而使得农村经济和城市经济的差距越来越大，导致二元经济结构的形成。三是国家政策的战略助推。在经历战乱之后，为了能够迅速摆脱贫困，我国采取的是以经济高速增长的目标的重工业化优先发展战略。在此背景下，我国出台了两大政策：一是农业支援工业，即由政府统一调配资源，通过工农业产品价格的"剪刀差"，从农业中提取工业化所需的成本，这就导致大部分先进的生产要素都向城市聚集，国家工业化目标才得以实现；二是农村支持城市，农村大部分劳动力都流向城市工业，促进城市工业的迅速增长，而只有小部分生产要素留在农村，这是为了确保农业在国民经济中的基础地位不动摇。

2.4.2.2　二元经济结构决定二元金融结构

经济结构决定金融结构，经济发展水平决定金融发展水平。从上文分析可知，在工业化时期，我国已形成了明显的二元经济结构，国民经济也分化成了较为发达的城市经济和较为落后的农村经济。此时，在城市地区，由于经济得到迅速增长，城市居民收入、储蓄和资本积累水平也都随之提高，不断积累的城市金融资源，刺激了城市金融供需的增长，从而也促进了城市金融市场的快速发展。而在农村地区，由于农村经济发展迟缓，随之带来的是农民收入增长缓慢，农村储蓄和资本积累率的降低，从而引致农村金融供需增长的缓慢，最终带来了发展速度缓慢、水平低下的农村金融市场。这就形成了所谓的"二元金融结构"：一方面是存在于城市的由发达的现代银行（包括国有商业银行、其他商业银行、外资银行）分支网络以及证券、保险组成的一个基本上服务于城市经济主体的金融市场，另一方面是存在于农村的由规模较小的农村商业银行和农村信用社构成的基本上服务农村经济主体的金融市场。从上述分析可见，农村金融市场的缘起就是二元经济结构。

2.4.2.3　二元经济下农村金融市场发展的需要

在工业化时期，二元经济结构的形成的确对工业化进程以及国家经济起到了积极的作用，因为它不仅克服了许多发展中国家在工业化初期资本积累率低和有效需求不足的两大难题，而且还在较低的国民收入水平下实现了较高的工业化水平，充分发挥了其资金积累功能、工业化优先发展功能和社会稳定功能（刘仁伍，2006）。然而，随着社会的发展，我们发现，二元经济结构其实存在着很多弊端：一是造成传统农业部门的长期落后，使农业的生产规模、技术水平、资金积累和农业收入持续低下，阻滞了农业的现代化。而且农业劳动者在利益的驱动下，会过度地流向收入水平较高的城市中去，因而造成了农业的萎缩。二是制约了现代部门的发展，特别是城市现代工业的发展。落后的传统农业，会限制农业为工业发展提供粮食、原料、副产品、市场等作用的发挥，从而不利于现代经济的发展。而且农村劳动力过度流向城市，会导致城市难以承受而产生各种城市弊端，如公用设施不足、住房紧张、就业困难、社会秩序不安定等。三是导致城乡差别、工农差别的拉大，对社会的安定团结构成严重的威胁，从而不利于整个国民经济持续、协调、稳定发展。

正因为如此，当前已有不少国家开始反思二元经济结构的弊端，并且极力采取工业反哺农业、城市支持农村的城乡协调发展战略和废除导致二元经济结构的体制制度，逐步引导国民经济从二元经济结构向一元经济结构进行转型，最终实现城乡经济高度一体化发展。但是，由于在转型过程中，涉及体制、制度的修改以及利益格局的重新调整，需要对土地制度、户籍制度、社保制度、住房制度和生产组织制度进行一系列的改革，因而这一转型过程必然是一个漫长的过程。但是，在此过程中，我们应该清楚地认识到金融结构对经济结构的反作用。金融之所以能成为现代经济的核心，是因为它在社会再生产的过程中发挥出来的先导性作用。如果没有金融资金发挥"第一"和"持续"的推动作用（金融推动力包括"第一推动力"和"持续推动力"。马克思指出：资本主义的商品生产——无论是社会地考察还是个别地考察——要求货币形式的资本作为每一个新开办的企业的第一推动力和持续推动力。社会再生产过程就无法顺利进行。因此，金融供给结构的形成和演化，必然对金融需求结构的变化产生制约作用，金融产品的丰富程度和金融交易成本的高低也将直接影响到金融需求的满足率，进而对经济总量和经济结构产生影响。城乡二元金融结构的形成将会通过有差别的城乡金融供给，满足城乡金融需求，从而使城乡金融需求满足率存在显著差异，进而会影响城乡经济结构。如果城乡金融需求满足率差异小，城乡经济发展差距就可能会缩小，城乡二元经济结构就会弱化。因此，调整和优化金融结构，是优化经济结构，消除城乡二元经济结构的必然要求和重要条件。而我国现阶段的城市金融市场已基本进入良性循环，所以调整和优化金融结构的关键就在于发展农村金融市场。于是，培育和发展农村金融市场，促进农村金融持续健康发展，进而推动农村金融走出恶性循环的怪圈，最终进入良性互动的发展状态已成为实现城乡经济一体化发展的必经之路。

2.4.3 农村金融市场的结构特征

农村金融市场是一个复杂的有机系统，它是由围绕农村金融商品和服务的交易而形成的供给主体、需求主体、监管主体构成的有机的统一体。其中，我国农村金融市场的供给结构呈现明显的二元特征；需求结构呈现多层次性特征；监督结构存在多头监管的特征；金融商品呈现供求失衡的特征。

2.4.3.1 农村金融市场的供给结构特征

在我国的农村金融市场中，供给结构呈现明显的二元特征，分为正规金融机构和非正规金融机构两大类。其中，正规金融机构包括商业性金融机构、合作性金融机构和政策性金融机构。非正规金融机构形式主要包括民间自由借贷、私人钱庄、合会、民间集资等。

1. 农村商业性金融机构

我国农村商业性金融机构主要包括中国农业银行、地方性农村商业银行、中国邮政储蓄银行、村镇银行。中国农业银行作为一家国有独资的商业银行，自 1979 年恢复设立以来，一直担负着为农业和农村经济发展提供金融服务的重任，尤其在其他商业银行都大规模撤出农村地区之后，中国农业银行的作用就显得更为重要。农村商业银行是在近几年农村信用社改革实践中出现的新事物。20 世纪 90 年代末，关于农村信用社改革方向的认识发生了重大转变，国务院和中国人民银行鼓励因地制宜、多元化探索农村信用社改革模式，同意在发达地区将农村信用社率先改组成股份制农村商业银行。中国邮政储蓄银行是在改革邮政储蓄管理体制的基础上组建的商业银行，于 2007 年 3 月 20 日正式挂牌成立。中国邮政储蓄银行以零售业务和中间业务为主，充分发挥其网络优势，为农村地区发展提供必要的金融支持。村镇银行是指经中国银行保险业监督管理委员会依据有关法律、法规批准，由境内外金融机构、境内非金融机构企业法人、境内自然人出资，在农村地区设立的主要为当地农民、农业和农村经济发展提供金融服务的银行业金融机构。与其他银行一样，村镇银行属一级法人机构，所不同的是村镇银行的规模和经营范围有限。除上述机构外，农村商业性金融机构还包括部分保险公司、信托投资公司及新推出的小额贷款公司等非银行金融机构。

2. 农村合作性金融机构

我国农村合作性金融机构包括农村信用社、农村合作银行和农村资金互助社三种形式。新中国成立后，为配合土改运动，恢复农村生产，国家于1951年试办并推广了农村信用社。在半个多世纪的发展与变革中，农村信用社先后下放给人民公社、生产大队、中国农业银行和地方政府进行管理，农村信用社在发展农村经济中发挥过巨大的作用，但是目前仍然存在着产权制度、公司治理、资产质量等诸多方面的问题。农村信用社目前已经成为中国农村金融机构体系中最重要的组成部分，部分学者认为中国农村金融改革其实就是农村信用社改革，解决好农村信用社问题，就可以解决好中国农村金融发展问题。这种观点尽管有些过激，但是解决农村信用社问题对于我国整个农村金融体系的贡献无疑将具有重大意义。农村合作银行是由辖内农民、农村工商户、企业法人和其他经济组织入股，在合作制的基础上，吸收股份制运作机制，为辖内农民、农村经济提供金融服务的合作金融机构。农村合作银行与农村商业银行一样，是国家在农村信用社改革实践中总结并确立的新的金融机构形式。与农村商业银行不同的是，农村合作银行更多地体现着合作组织的宗旨，同时吸收了股份制度的优点。农村资金互助社也是我国农村新型金融机构之一，其基本运行模式是：以农户入股方式发起成立合作社机构，实行成员大会制度，推选理事会负责日常决策与管理，推选监事会进行日常监督；理事会与监事会实行一人一票表决制度。农村资金互助社鼓励社员短期借款，社员十日内借款免息只收手续费，一年内的借款费用略低于当地信用社贷款利息，超过一年的贷款利息要高于当地信用社的贷款利息。资金互助社根源于民间金融，在2007年原银监会发布关于新型农村金融机构的管理规定后，各地民间的资金互助社正不断地向正规化发展，并逐渐成为农村金融领域的新生力量。

3. 农村政策性金融机构

我国农村政策性金融机构主要指中国农业发展银行。中国农业发展银行成立于1994年4月，目的是全面承担并运营原有商业银行的支农政策性业务。成立之初，中国农业发展银行在农产品收购加工、扶贫、开发和农村基本建设等各个环节均发挥作用，而1998年改革之后，将其原来承担的农业综合开发、扶贫、粮棉企业贷款等项目划归国有商业银行，中国农业发展银行专职粮棉油收购资金封闭管理工作。通过十多年的发展实践，中国农业发展银行在支持农业和农村发展、保护农民利益、促进粮棉流通体制改革等领域发挥了不可替代的作用。

4. 民间自由借贷

民间自由借贷是指借贷双方之间自发的直接借贷，是一种最古老的农村民间金融组织形式。按借贷物的不同，民间自由借贷可分为实物借贷和货币借贷。早期的民间借贷主要以实物借贷为主，一般都是借物还物，如西周时期农奴之间的"有无相贷"以及农奴在灾荒年间向领主借粮以维持生计。后来随着农村商品经济的发展，货币借贷发展起来，人民用借来的货币购买生活用品或用于商品生产。改革开放以来，民间自由借贷在其发展过程中，形式也越发多样化。按利息高低的不同，民间自由借贷可分为无息借贷、低息借贷和高利贷。由于民间自由借贷多发生于亲戚朋友和熟人之间，因而碍于情面，很多都是无息借贷。不过有息借贷的形式也相当普遍，在民间金融产生初期的周朝，领主阶级就以偿还更多粟粮为条件向农奴放贷了，农奴必须额外偿还的这一部分粮食就有利息的性质。高利贷的形式在民间借贷中也比较常见。尤其在中国古近代历史时期，奴隶主、封建主、官僚、富商等大多数以高利贷的形式剥削借贷者。目前在中国，高利贷是被作为严厉打击的对象。我国最高人民法院在1991年颁布的《关于人民法院审理借贷案件的若干意见》中规定：民间借贷的利率可以适当高于银行的利率，但是不能超过银行同类贷款利率的四倍。

5. 私人钱庄

私人钱庄一般是一些机构化或半机构化的私人中介组织，一般为家族企业，具有一定的管理模式，以自有资金作为担保，利用自己对特定区域内资金信息的掌握将资金低息借入高息贷出。也有一些是以协会或者基金会的名义存在，主要是由一些合作性的机构演化而来。之前在我国温州等地的农村地区盛行的"老太太银行"就是一种比较典型也比较简单的私人钱庄形式。这种组织形式的私人钱庄一般由一些文化水平不高的老人及中年妇女作为资金信息的搜索者，附近地区的资金余缺者都到此处"登记"，然后由这些公认的资金中介人按搜集的资金供求信息以低进高出的方式进行贷放，从中赚取利差。

6. 合会

合会是一种在我国农村地区比较流行的古老的金融合作组织，它是一种基于血缘、地缘关系的自发性群众融资形式，具有互助合作的性质。合会一般泛指一种自发的、松散的资金互助组织，其形成比较复杂，称谓不一。有称为集会、做会、请会、打会、约会、成会、算会的；也有按集资用途称为年会、房会的，习惯上统称为合会。按照确定会脚得会顺序的不同方式，合会又可分为轮会、标会、摇会、拔会和抬会。轮会是指由会脚预先确定得会次序的合会，又称改会或做会，得会顺序可以根据会脚需要用款的缓急程度来确定，也可以通过会脚协商、拈阄或摇骰子等方式来确定。标会是指以投标方式决定会脚得会顺序的合会。会首依然享有最先取得会金的权利，其后由会脚投标确定得会次序，由愿意接受会金折扣金额最大者取得会金，实际上即为由愿意为获取会金支付利息最多者最先得会。摇会是指以摇骰子的方式决定得会的一种合会。摇会一般由会首邀集会脚若干人，议定会金、摇会次数、得会方式及会期等。会期多为一个月一次，也有三个月一次的。每人多少会金由会首组会时决定。每次交纳的会金，除第一次会金为会首取得外，以后各期的得会者以摇骰方式决定，以点数最多者得会，直至各会员均得会后始告完结。会首往往有义务在每次会期时办筵席以供会友聚餐。拔会又称独角会、鳌头会。这种合会由会首聚集亲朋好友的资金建会，会脚根据自己的经济状况和同会首亲属关系的不同缴纳数额不等的会金。会金由会首一人独得，此后不再有其他人得会。会首取得资金后逐期偿付本金，偿付的顺序通过抽签或摇骰子的方法确定。抬会是指先以类似存款的方式将缴纳人会金交于会主支配，以后定期取得相当利息数额的会金。抬会的组织结构类似金字塔，大会主处于顶端的支配地位，其下有小会主、中会主，处于最下层者是为数众多的会脚。抬会一般都允诺会员较高的利息，从而源源不断地招入新会员。抬会募集的资金也往往投资于高风险的项目以支付高额利息，如若会主不能再按时付息或新会员越来越少，那么抬会就会轰然崩塌。

7. 民间集资

民间集资是指资金需求者通过一定的手段直接从民间募集资金的金融活动。民间集资在我国 20 世纪 80 年代较为盛行，发起者有个人也有政府，融资用途有些是为了生产经营，有些是用于公益福利。民间集资形式多样，如适应农村剩余劳动力较多的情况而发展起来的"以老带资"；股份制企业通过发行股票、债券向农民和中小企业融资的"入股集资"；在股份制尚未发展起来时出现在企业之间或企业与个体入股联营、保息分红的"联营集资"；在经营承包制中承包人向发包人缴纳的风险抵押金；乡村政府组织的行政性集资等。民间集资为筹集到所需的资金，一般向出资者承诺较高的利息，但是一般的生产经营所得收益往往难以满足利息偿还需求。

农村正规金融组织和非正规金融组织并存，正是我国农村金融市场具有二元结构特征的具体体现。中国经过多年的农村金融体制改革，迄今为止已形成了包括商业性金融、政策性金融、合作性金融在内的，以正规金融机构为主导，以农村信用社为核心，以民间借贷为补充的农村金融供给体系。

2.4.3.2 农村金融市场的需求结构特征

在我国，农村金融市场的需求结构特征呈现明显的多层次性，主要是由于我国农村金融市场的需求主体存在多样性。一般有以下四类：农户、农村企业、乡镇政府和村级组织。其中最主要的是农户和农村企业。因此，本节就集中关注这两类主体的金融需求。

1. 农户的金融需求

由于农户收入水平和经济活动内容不同，其金融需求呈现出多层次性，本文参照何广文等（2005）的做法，将农户划分为贫困型农户、维持型农户和富裕型农户。

（1）贫困型农户的金融需求

贫困型农户特指那些领取农村最低生活保障的登记在册的农户，主要分布在经济欠发达的中、西部地区。贫困型农户的金融需求一般是生活开支、小规模种养生产贷款需求。但由于他们的收入稳定性差，可抵押物少且价值低，信用水平低，往往被排斥在正规金融机构的贷款供给范围之外。所以，贫困型农户的资金需求，一般只能通过政策性金融优惠贷款资金、政府财政性扶贫救济资金予以满足。

（2）维持型农户的金融需求

维持型农户是指处于从自然经济、小商品经济向市场经济过渡阶段的农户，其收支可以基本保持平衡。维持型农户的金融需求类型同贫困型农户，只是规模上会大于贫困型农户。但由于维持型农户具有传统的负债观念和意识，一般都比较讲求信誉，所以金融机构对其发放小额信贷也较为安全，贷款回收率一般在90%左右（何安耐等，2000）。因而，正规金融机构一般都会愿意对其发放小额信贷，从而满足其信贷需求。此外，民间借贷也是维持型农户融资的一个重要渠道。

（3）富裕型农户的金融需求

富裕型农户是指那些已经基本融入现代市场经济的农户，主要分布在东部沿海的经济发达地区。富裕型农户的生产及其活动是以市场为导向的专业化技能型生产，其信贷资金需求量大，还款能力也较强，属于正规金融机构贷款的对象。但是一般情况下，农村正规机构不能满足其全部的信贷需求，他们一般还会通过非正规金融途径来满足自身的信贷需求。

2. 农村企业的金融需求

农村企业包括农村集体创办的乡镇企业、部分农民联营的合作企业、农村个体企业以及私营企业等。在本书中，依据企业规模和对地区经济影响力的大小，将农村企业分为领军企业和中小企业两大类。

（1）领军企业的金融需求

在经济较为发达的东部沿海地区，出现了许多规模化经营的现代农业企业，该类企业对于农户增收和农村经济发展的作用极其特殊，产业联动效应显著，是我国农业产业化发展公认的主体力量。按照发展阶段，领军企业可以分为处于发育期的领军企业和处于成熟、稳定期的领军企业。不同阶段的领军企业，对于资金的需求也不一样，因此有必要进行分类讨论。

对于处于发育期、正在成长中的领军企业，会产生大量的流动性资金需求和扩大再生产的基础投资需求。对于这类农村企业，由于市场前景依然不明朗，并且难以达到金融机构要求的抵押、担保要求，因此很难获得金融机构的信贷支持。因此，资金的短缺是制约该类农村领军企业发展壮大最主要的因素。

对于处于发展成熟、稳定期的领军企业，流动性资金需求是最主要的。这类企业资金实力雄厚，经营状况良好，发展已经步入正轨，具有稳定的销售渠道，因此具备了良好的发展前景预期和企业盈利预期。该类企业通常公司治理结构完善，是风险较小的承贷主体，同时，由于发展壮大的农村领军企业一般会受到当地政府的扶持，因此该类企业的资金需求一般可以通过农村金融机构的信用贷款或者商业抵押、担保贷款来满足。

（2）中小企业的金融需求

乡村地区的中小企业以乡镇企业为代表，一般立足于当地资源，生产面向市场的资源型产品是其发展主线，启动市场的前期投入和后期扩大经营规模的长期投资构成了这类企业的主要资金需求。一般来说，这类农村企业产权归属不清，企业信息不透明，企业主总体素质不高，并且融资制度安排、信用担保和抵押制度存在缺陷，难以符合农村金融机构的信贷发放标准，所以很难获得正规金融机构的信贷支持。因此，该类农村中小企业的金融需求主要通过非正规金融渠道来满足，同时辅以自有资金，导致该类企业的融资成本较高。

2.4.3.3　农村金融市场的监管结构特征

目前我国农村金融市场上的监督结构呈现多头监管的特征。例如对农村发展银行的监管，国家发改委、银保监会、中国人民银行、财政部、审计署以及地方金融监督管理局等部门分别从不同的角度对政策性金融机构进行指导或监管，但其中缺乏相应的协调机制。如银保监会依法对农业发展银行进行行业监管；中国人民银行从货币总量和信贷总量上进行平衡；如何完成粮油贷款等支农任务，发改委、农业农村部也有发言权；而作为"真正出资人"的财政部，显然有监管责任，拥有最终的裁定权；地方金融监督管理局负责贯彻落实中央关于金融工作的方针政策和地方党委政府的决策部署，履行地方金融监督管理职责，推动地方金融改革发展。而当前这种多头监管的模式未能形成有效的监管协调机制。因此，为保障农村金融体制改革的有序推进，加强"三农"支持力度，设立专门的农村金融监管机构对推动农村金融机构稳步健康发展是非常必要的。尤其在进一步研究完善农村金融机构市场准入标准，细化小额贷款评级，完善农业保险机制，防范农村金融风险，确定政策资金扶持力度，界定金融机构的农村市场定位等方面进行全局定位更有利于促进农村金融的发展。

2.4.3.4 农村金融商品的供求失衡

农村市场主体的多样性对农村金融提出了多样性的需求，如何选择合理的信贷策略，创新金融产品，不断增加有效信贷投入，以满足多层次持续加大的信贷资金需求，是当前农村金融面临的重大课题。

1. 需求量扩大与供给缩小之间的矛盾

与城市金融业务不断拓展相比，农村金融发展相对趋缓，不仅表现为金融业务品种少、服务深度和广度不够、服务质量不高，还表现为金融机构规模、职能和市场的萎缩。一是信贷总量投入不足，对农业发展的实际支持力度较低。二是农村金融机构职能萎缩。作为直接为"三农"服务的农村信用社、农业银行和农业发展银行，由于经营策略、方针的变化和政策性金融功能残缺等实际问题，导致开拓新的服务项目积极性不高。三是农村金融机构的支农信贷市场份额萎缩。本地金融机构信贷投入停滞不前，异地信贷投入本地力度加大并都转向收益高、见效快的工业项目，实际的支农信贷市场份额已经下降。

2. 需求多元化与信贷投向单一化之间的矛盾

一是供给主体单一。随着国有银行改革的推进，中国农业银行逐渐淡出和远离了农村金融市场。随着市场经济的逐步发展以及粮食流通体制改革的深化，农业发展银行的业务已经大幅萎缩，对农村经济发展的促进作用也在弱化。邮政储蓄的信贷业务尚处于起步阶段，存贷比不足。而作为支农主力军的农村信用社信贷资产质量较差，自营资金很少，仅仅依靠自身力量来满足群众需求显得力不从心。二是贷款投向主体单一。目前的金融机构的农业贷款主要投向农村企业，而农户的资金需求得不到有效满足。三是对传统农业的信贷支持不足。农业贷款主要投向农村工商业和农村经济组织，农林牧渔业贷款量长期在低位徘徊。四是普通农企无法得到有效的信贷支持。银行信贷倾向于支持特色经营和农业龙头企业，而不愿介入其他农企。普通农企资金注入不及时，无法形成规模效应。

3. 需求品种多样性与金融产品单一性之间的矛盾

一是金融产品周期与农业生产周期不尽匹配。农业生产具有很强的周期性，而金融机构从风险控制的角度出发，贷款期限通常不超过一年，贷款期限与农业生产周期不匹配，进一步加剧了农村金融供需的矛盾。二是农户资金需求量差异性较大，金融产品无法满足不同类型的贷款。普通农户的资金需求主要是生产性和应急性需求,所需额度一般不超过 5 万元。而随着我国农村个体经济的发展,个体规模化种植、集约化经营已发展到相当规模,资金需求额也明显增加,但目前银行针对农户的贷款大部分不超过 5 万元。三是贷款门槛较高,手续较烦琐。目前金融机构对农户和农企的贷款均为非信用贷款,非信用贷款需要抵押或担保,但农户普遍缺乏合规的抵押品和担保人,从银行获取资金支持的难度很大。

2.4.4　农村金融市场的功能定位

改革与完善我国农村金融市场的关键,是对农村金融机构的功能进行准确定位。也就是说,对农村金融机构进行改革,对其功能进行准确定位,对农村金融及农村经济的发展是至关重要的。在现代经济学中,关于金融机构的改革,主要有以下两种思路:一是基于金融机构的"机构观",也称"机构范式"(institutional paradigm)。"机构范式"是指在已有的金融机构框架下,对不同的金融结构赋予其各自的功能,并通过其行为绩效来判断其功能实现的效应,遵循的是"结构—功能—行为绩效"思路。二是基于金融体系基本功能的"功能观",也称"功能范式"(functional paradigm)。"功能范式"认为,竞争使金融机构及其组织形式具有多变性,但金融体系的基本功能是相对稳定的。所以"功能观"是根据外部环境对金融功能的需求,来探究通过何种载体来承担和实现其功能。它遵循的是"外部环境—功能—结构"的思路。

20 世纪 80 年代以来,中国的农村经济结构和农业组织形式都发生了巨大的变化,与之相适应的,农村金融市场也进行了多次变革。中国农村金融市场的运行和变革,走的是一条"机构路径",长期以来只注重农村金融机构的存在形态,而忽视了农村经济对金融资源多层次、多元化的需求和农村金融市场整体功能的发挥,从而导致这些变革不但没有从根本上解决农村金融服务与农村经济发展之间的矛盾,反而使我国的农村金融机构出现了明显的功能性缺陷,严重地制约了社会主义新农村建设的进程。所以,应该基于金融"功能观"对农村金融机构的功能进行重新定位。用"功能观"的思路来创新中国农村金融市场,这并不是说不考虑金融机构,也不是说不要调整金融机构,说到底,金融机构在农村金融市场中是很重要的,关键在于如何发挥现有金融机构的功能。

2.4.4.1　农村政策性金融:引导功能

农村政策性金融机构是以社会效益和社会合理性为效率目标,提供优惠利率或补贴贷款,不以追逐盈利为目的农村金融机构。对于发展中国家的高风险、弱质性的农业和农村经济来说,农村政策性金融是必不可少的金融支持渠道,它能有效地解决农村金融市场失灵、资源配置主体和配置目标错位与失衡引起的矛盾。我国农村政策性金融机构的代表是农业发展银行。农业发展银行的主要职责是以国家信用为基础，筹集农业政策性信贷资金，承担国家规定的农村政策性金融业务，代理财政支农资金的拨付，为农业和农村经济发展服务。其业务范围主要包括：办理粮、棉、油、糖、猪肉等主要农副产品的国家专项储备和收购贷款，扶贫贷款和农业综合开发贷款，以及国家确定的小型农、林、牧、水利基本建设和技术改造贷款等。后来，随着世界各国政策性金融机构"商业化"的浪潮，中国农业发展银行也有了"商业化"的经营倾向，农业发展银行获准扩大农业产业化龙头企业贷款范围和开办农业科技贷款业务，以及农村基础设施建设、农业综合开发、农业生产资料贷款业务。从金融功能观的角度出发，笔者认为，农业发展银行应该定位于在保证国家粮食安全、主要农产品供应和生态安全的前提下，弥补农村金融市场的不足。通过放宽信贷条件，接受特殊的抵押担保方式，抑或是设立风险准备基金，来尽力帮助那些难以获得商业贷款的农业企业和农村经济组织，向他们提供农村政策性贷款，增加我国大农业的信贷资本投入，从而促进农业增产、农民增收和农村发展。

2.4.4.2 农村商业性金融：支持功能

农村商业性金融机构的经营目标是以经济利益最大化为核心的经济有效性，其特有的功能是信用创造和支付中介功能，其发展运作的机制是商业化的市场竞争。我国农村商业性金融机构是指以中国农业银行为代表的国有商业银行、邮政储蓄银行、农村商业银行以及村镇银行等。其中，农业银行是农村金融市场上最大的国有商业银行，其功能定位是发挥国有大型商业银行的全方位金融支持功能，坚持"商业运作"原则，以农村经济发展的金融需求为核心，通过其强大的功能网络服务"三农"，给农村金融带来普惠效应，成为"三农"金融支持的强大力量。其中，根据国务院的要求，农业银行应重点满足新农村建设的县域经济金融需求和现代农业产业化龙头企业及农民专业合作组织的批发、零售金融需求，以及为广大农民群体提供包括银行卡等系列综合金融服务，支持我国六大农业促进体系[①]。此外，邮政储蓄银行在农村金融市场上也发挥着重要的作用。在邮政储蓄银行成立以前，农民存在邮政储蓄的钱会转存到中国人民银行，再由人民银行统筹安排，这样就不可避免地导致农村资金大量外流，使得邮政储蓄在无形中成了农村地区资金的"抽水机"。后来，在改革邮政储蓄管理体制的基础上国家组建了邮政储蓄银行，监管当局将邮政储蓄银行的市

---

① 我国已基本形成了包括农业设施装备和生产资料生产流通体系；农产品流通体系；农业科技创新与应用体系；农村基础设施体系；农村金融体系；农村公共服务体系。

场功能定位为充分依托和发挥网络优势，完善城乡金融服务功能，以零售业务和中间业务为主，为城市社区和广大农村地区居民提供基础金融服务，与其他商业银行形成互补关系，支持社会主义新农村建设。这种基于金融功能观的定位在一定程度上促进了农村资金的回流。另外，农村商业银行和村镇银行也在不断发展。综上，说明我国农村商业性金融体系已经形成并发挥作用，但仍需要通过金融创新来突破农村信贷服务规模上的"有限性"和服务范围上的"有选择性"，提高其经营管理绩效水平，缓解"信贷配给"才能实现其金融支持功能。

2.4.4.3　农村合作性金融：主导功能

农村合作性金融机构无论在发达国家还是发展中国家，对农业、农村经济的发展都有决定性的促进作用，是推动农村金融和经济发展的重要力量。我国的农村合作性金融机构的代表是农村信用社，其是基于合作社自愿互利、民主管理的基本原则，由合作金融发育而成的特殊金融组织体系，是我国最大、最完善的乡村银行体系，其功能定位是：在立足、服务"三农"的基础上，积极拓展服务领域，发挥其主导性功能。但是，随着社会的发展，农村信用社已渐渐远离了合作金融的功能属性。在其合作制、股份制或股份合作制改革过程中，确立了两种新的金融组织形式——农村合作银行与农村商业银行。农村信用社的这一发展历程体现了我国农村合作金融制度异化、性质异化和功能异化的过程。在农村信用社的改革过程中，虽然已远离合作金融的功能属性，但只有坚持其商业化的改革，完全可以根据农村经济发展程度的不同选择经营模式以及产权制度的变革，从而参与到农村金融市场的竞争。但是基于金融功能观，其功能定位还是要以服务"三农"为己任，在支持农业和农村经济发展，帮助农民增加收入中发挥重要作用。同时，为了能够给农村信用社提供一个良好的经营环境，政府还要考虑在税收、利率等方面给予它们政策扶持。

2.4.4.4　农村非正规金融：辅助功能

经过几十年的发展，我国农村仍然是以传统农业为主导，农户之间的信用关系也仍是以血缘、亲缘、业缘和地缘为纽带，缺乏现代信用的制度。由于缺乏在农村金融市场运作所需的信息，正规金融越来越不能满足农村对金融服务的需求，具有信息优势的非正规金融形式应运而生。因而说，非正规金融并非农村金融市场上的最优选择，它不过是在经济发展和制度变迁过程中的一种次级制度安排。次级制度安排的产生主要是因为基础性制度不能满足人们的总体需求，一旦需求得以满足，次级制度安排就会自然消亡；但如果矛盾持续存在，那么次级制度安排也将随之存在，即使受到政府的压制也不会消失，仍然以更隐蔽的方式出现。关于农村非正规金融的功能定位，笔者是这么理解的：从效率的角度来讲，非正规金融的存在对正规金融施加了一定的压力，有利于打破国有金融机构对农村金融市场的垄断局面，迫使正规金融机构改善金融服务。正规金融机构的服务水平和经营效率提高后，又有助于降低非正规金融的融资价格。借助于正规金融在规模经济、范围经济及存款保险方面的优势，结合非正规金融在克服信息不对称方面的特长，可以动员更多的资源为农村经济发展服务。可见，非正规金融与正规金融的这种良性互动关系对我国农村金融市场的发育和金融深化是至关重要的。

2.4.4.5 农业保险：催化功能

缺乏多层次完善的农业保险体系是导致我国农村贷款难、担保难的重要原因之一。这就需要积极探索适应新农村建设需要的农业保险体系，建立政策性保险和商业性保险相结合的机制，充分发挥保险在分散和转移农业风险中的作用。农业保险和农村信贷互动可以达到相互促进发展的作用，通过共享信息和资源，农业保险可以发挥在农村金融市场的催化功能，提高农村金融体系的运作效率，同时也可以降低农业保险的交易成本。农业生产本身决定了农业的高风险，高风险造成农业信贷高不良率、少信贷机构和低信贷份额并存的局面。对农村的信贷机构来说，如果遭遇灾害，就很难收回贷款。此外，农民的信用风险也是阻滞农业信贷发展的重要因素。化解农业风险最有效的手段之一就是提供农业生产风险保障，既能提高农业生产者的禀赋，又能增强农村信贷机构对农业信贷的偏好，从而实现农业信贷资源配置的帕累托改进。农业保险可在一定程度上替代农业信贷抵押品。农业保险和抵押物一样，可以提高贷款人的预期收益，把潜在的借款人转化为实际借款人或提高现有借款人的贷款规模，从而扩大农业信贷市场。虽然保险也是农民收入的一项成本，但当自然灾害发生使产量降低到保障水平以下时，保险赔付可以提高农户的收入，起到收入稳定器的作用。这有利于稳定农民收入，提高其信贷清偿力。因此，农业保险不仅为农村金融创造了良好的外部环境，还可以发挥自身催化功能，配合农村金融机构服务"三农"。

第3章　农村正规金融与非正规金融的历史演进

3.1　当前中国农村金融组织体系构架

伴随着改革开放 40 多年来农村金融体制改革的不断深入，目前我国已经初步形成了服务"三农"的比较全面的农村金融组织体系，具体如图 3.1 所示。

整个农村金融组织体系呈现出"二元结构"：一是正规金融，即由政府批准成立、受金融监管当局监管和金融法规约束的金融组织及其活动；二是非正规金融，即由市场主体自发成立，游离于国家监管当局有效监管之外，不受金融法律法规约束和保护的金融组织及其活动。

正规金融可以分成两类：一是传统的银行类金融机构，包括政策性金融机构（包括中国农业发展银行、国家开发银行等）、商业性金融机构（包括中国农业银行、邮政储蓄银行等）、合作性金融机构（包括农村商业银行、农村信用社、农村合作银行等）和新型农村金融机构（包括村镇银行、贷款公司、农村资金互助社、小额贷款公司等）；另一类是非银行金融机构，以贷款公司、农业保险机构、农村信用合作社和农业信托投资经营机构为主，另外还有少量证券、期货、信托等公司。

非正规金融则主要指存在于农村中的自由借贷、银背和私人钱庄、合会、典当业信用、民间集资、民间贴现和其他民间借贷等组织形式（沈小玲，2006）。其中具有合作性质的组织形式包括小额贷款、合会、资金互助社以及民间集资和互联性信贷交易等。

特别值得注意的是，党的十八大以来，以习近平同志为核心的党中央高度重视我国金融监管体制改革，形成了新的金融监管框架，提高企业监管主体间的政策协调程度，实现不同类型金融机构监管规则的一致。2017 年底，国务

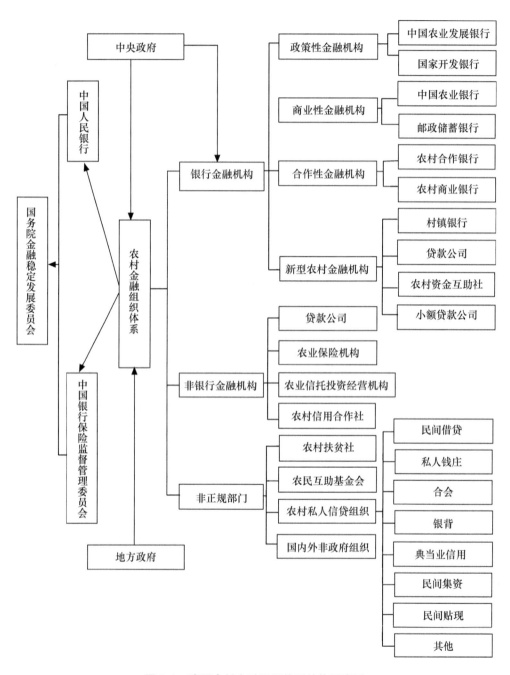

图 3.1　我国农村金融组织体系结构示意图

院金融稳定发展委员会成立；2018 年"两会"通过了国务院机构改革方案，银监会与保监会整合为银保监会。"一委一行两会"的监管新框架有效地解决了中国金融企业监管体制导致的缺乏协同、沟通效率低下的问题，有效地推动了各项金融改革和金融业的健康发展。因此，在本书中，在探寻中国农村金融监管过程中所涉及的银监会和保监会均特指 2018 年国务院机构改革前中国金融监管行政序列。

3.2　中国农村正规金融的发展历程

3.2.1　中国农村金融制度变迁

城乡二元结构的矛盾越来越突出，这个矛盾不仅影响中国城乡经济的协调发展，而且已经严重影响到中国的经济和社会的稳定。而城乡二元结构问题，很大程度上是金融二元结构问题，农村金融抑制现象十分严重。主要表现在：县级金融机构大量撤并导致县域金融体系严重萎缩，未撤的县级银行的贷款权也大多被上收，无法对县域经济发展提供足够的金融支持；农村的信贷资金投放较少，而农村资金大量倒流城市所形成的"非农化"现象十分突出，加剧了农村资金供求关系的紧张状况；县级及县以下中小企业的资金可得性很低，实行宏观调控以来这种情况有加剧之势，以致其为了维持正常运营不得不求助于民间高利借贷；农业经营项目的回报本来就很低，而大幅度上浮的贷款利率提高了农民的经营成本，影响了农民的收益；农村保险业发展缓慢，严重滞后于农民对风险控制的需求和农村经济的发展；资本市场的触角没有延伸到农村，农民基本上没有条件参与证券投资，农村中数量众多的中小企业要进入资本市场筹资也只能是一种奢望。当然，农村经济发展水平不高，经济、金融的市场化程度较低，是导致农业经营项目和农民难以获得有力的商业性金融支持的重要因素，但政策上缺乏必要的引导与支持，没有合理、有效的制度安排，也是重要的原因。

改革开放以来，伴随着农村经济的发展和金融形势的变化，中国的农村金融政策历经了三次重大的变迁，农村金融体系也在此过程中经历了一个矛盾性、争议性、反复性的改革过程。40 多年来，农村金融体制改革的内容主要是围绕农村信用社、农业银行、农业发展银行等正规金融机构的改革与发展，以及农村非正规金融的存在问题而展开的，包括：1978 年至 1992 年，以"建立起服务农村经济的农村金融安排"为主题的第一轮改革；1993 年至 2002

年，旨在构建"合作性金融、商业性金融、政策性金融"三位一体的农村金融体系的第二轮改革；2003 年开始的以"深化农信社改革试点"为主要内容的第三轮改革。现阶段，国家正在大举实施社会主义新农村建设、统筹城乡经济社会发展的重大战略措施，为了更好地支持农村经济的进一步发展，农村金融体制改革也进入了一个新的阶段。

一、1978—1992 年：初步建立起服务农村经济的金融安排

计划经济时期，国家对于农村的金融安排，只是扮演动员农村储蓄、支持城镇工业化发展的角色，并没有建立起单独的为农业生产、农民生活和农村发展服务的真正的农村金融制度和机构。为配合这一特定的社会经济和政治制度，农村信用社在历经了由穷苦农民、地主阶级、中央银行管理几次大的权属变迁后，最终被下放到人民公社（孔祥智，2008）。此时，人民公社作为农村地区唯一的投资主体，掌控了农村地区全部的金融资源和唯一的资金渠道，农村信用社最初合作性质的组织管理模式被单一体制的人民公社管理所取代，计划色彩越来越浓重，结果是其原有的经营秩序和规章制度遭到破坏、正常的信用关系被打乱、大量的资金被挪用，业务一度出现停顿。计划经济时期对农村生产效率的压抑和对农业剩余的过度剥夺，在 1978 年后有所松动。农村作为国民经济的薄弱环节，在巨大的生存危机下，成为改革先锋。伴随着以家庭联产承包责任制为标志的农村经济改革在全国范围内推开，2 亿多农户从人民公社和生产大队的体制下逐步解放出来，重新成为农村经济主体，农村金融的交易对象一下子由原来的 2.6 万个人民公社突然变成了 2 亿多个农户；农民的金融需求内容也由以往的治病、解决生活困难等，添加了日益丰富的、多样化的生产经营性需求。原有的城乡合一的动员储蓄与发放信贷的金融管理体制、管理方式显然无法适应这种变化，这使得单独设立为农村服务的金融机构成为必要。于是，第一轮农村金融体制改革拉开帷幕。

此轮改革延续多年，其主要内容涉及以下五个方面：

（1）恢复中国农业银行

1979 年 2 月，国务院发出《关于恢复中国农业银行的通知》（国发〔1979〕56 号），对农业银行的性质、任务、业务范围、资金来源、机构设置等做了具体规定，指出其主要任务是"统一管理支农资金，集中办理农村信贷，领导农村信用合作社，发展农村金融事业"。自此，农业银行改变了传统的运作目标，配合农村经济体制改革的逐步推开，大力支持农村经济恢复和发展，提高信贷资金使用效益。具体地，一是积极支持家庭联产承包责任制的推行，其农业信贷对象从以社队为主转变为以承包户、专业户和联合体为重点；二是支持农林牧副渔和农村商业发展，发挥信贷的经济杠杆作用，促进农业内部的结构调整；三是支持搞活农产品流通，实现多成分、多渠道、少环节的农村商业流通体制。

（2）恢复农村信用社的"三性"

随着人民公社体制的瓦解，农村信用社也从政社合一的体制下解放出来。此时期，国家对农村信用社的改革目标是恢复和加强其"组织上的群众性、管理上的民主性、业务经营上的灵活性，把农村信用社真正办成群众性的合作金融组织"。权属管理上，按照既不能放松农业银行对信用社的领导，又要维护信用社的自主经营权的原则，改革农业银行对信用社的传统领导和管理方法，实现政策上领导、业务上知道、日常工作上放权。具体地，农业银行不再给信用社下达指令性业务指标，不规定转存款任务，通过组建县联社来实现信用社的自主管理。

（3）推动农村金融组织体系的多元化

国家先后成立了国家农业投资公司、国家林业投资公司、中国农村发展信托投资公司（简称"中农信"）、中国经济开发信托投资公司（简称"中经开"），部分省市也成立了类似公司。同时，邮政储蓄也迅速发展，网络遍布城乡。

（4）放开对民间金融的管制

这一阶段，国家放开了对民间金融的管制，允许多种融资方式并存，允许民间自由借贷，允许成立民间合作金融组织。中共中央在 1984 年"一号文件"中提到"允许农民和集体的资金自由地或有组织地流动"，率先为农村社区内部的融资活动得以存在提供了政策依据。就在这一年，第一家农村合作基金会在河北省康保县芦家营乡正式成立。到了 1986 年末，黑龙江、辽宁、湖北、浙江、广东、四川、江苏等地农村地区内部融资活动都有了不同程度的发展，农村合作基金会的雏形基本形成。随后的几年中，中央陆续在多份重要文件中肯定了农村合作基金会的作用，并给予相关的政策支持。这一时期中，允许成立的还有一些农业企业的财务公司，企业集资异常活跃。

（5）发展多种信用方式

除存款、贷款等基本信用方式外，债券、股票、基金、票据贴现、信托、租赁等纷纷面世，信用手段进一步多元化。

这次农村金融体制改革初步适应了农村经济发展的要求，呈现出农村金融与农村经济的比较良好的互动关系。若以 1980 年为基期，1980—1993 年间，农行和农信社存款增加了 18.7 倍，年平均增幅达 25.7%；贷款增加了 15.6 倍，年平均增幅 24.1%。农村社会总产值增加了 12.3 倍，年平均增幅 22.1%。农村合作基金会自 1984 年在少数地区开始试办以来，在农村地区快速发展，至 1992 年，全国建立的以农村合作基金会为主要形式的农村合作金融组织在乡镇一级达 1.74 万个，在村一级达 11.25 万个，分别占乡镇总数和村总数的 36.7％和 15.4％，年末共筹集资金 164.9 亿元。农村经济的发展为农村金融业发展提供了良好的环境，而农村金融机构通过筹措与运用资金，支持了农村经济发展。

此轮改革后，农业银行的业务范围由过去单纯办理农贷业务转变为综合办理包括农村工商业贷款在内的各项存贷款业务及农村的结算业务，统一管理各项支农资金，调节农村货币流通，领导农村信用社，在支持农村商品经济发展和农业现代化方面发挥了重要作用。但是，也存在一些与经济体制改革不相适应的问题：一是农业银行既要办成真正的金融企业，又要负责领导农信社，经营职能和行政职能不分；二是农业银行既要承办政策性业务，又要开展经营性业务，两业不分。

农村信用社在改革后虽然在恢复"三性"上取得了一定的成绩，但也存在搞"形式主义""走过场"的问题。农信社在农业银行直接或间接管理下，没有独立的发展空间，恢复"三性"很难有实质性成果。

此轮改革中出现了新的农村金融组织即农村合作基金会，其建立和发展在改善和加强集体资金管理，增加农业生产的资金投入，缓解农民生产、生活资金短缺的困难等方面都发挥了积极的作用。但在一部分地区也存在一些问题，突出表现在：一是管理、监督部门不够明确，不合理的行政干预较多；二是跨社区设置机构、违规经营金融业务、高息吸收资金；三是内部监督管理制度不健全，风险很大；此外，一些单位还打着农村合作基金会的牌子，从事着与农村合作基金会的性质、宗旨、基本任务完全不相符的活动。

此轮改革虽然初步改变了传统农村金融机构只是动员储蓄、为支持国家工业化服务的职能，使其转向为推动农村经济发展服务，然而，由于体制上没有理顺，机制上尚不健全，迫切需要从构建一个完善的农村金融体系出发，更好地发挥金融对经济的支撑作用。

二、1993—2002 年：构建"三位一体"的农村金融体系

在前一轮改革中，农业银行既要按照商业化原则去运作，又要执行国家的政策性业务，"两业不分"造成其资金运行机制混乱，不能适应农村经济发展的需要。而此时，农业生产力的大幅度提高，使得农产品供给量大大超过了农副产品收购资金所能购得量，农产品收购资金短缺，"打白条"、压级压价和限收拒收现象严重，严重挫伤了农民的生产积极性，也加大了各级财政的负担，迫切需要成立专门的政策性金融机构来服务农业。

在 20 世纪 90 年代初期，随着农业产业结构和农村经济结构的调整，促进了乡镇企业和农村第二、第三产业的迅猛发展，非农产业成为农村经济新的增长点。但是，原有农村金融机构的贷款规模和管理方式远不能适应新出现的需求，因此，除农村合作基金会外，如乡镇企业基金会、农民储金会等大量农村非正规金融机构应运而生，民间借贷也日益活跃，高利贷现象严重，农村金融市场一度陷入混乱。特别是 1992 年以后，各地逐步兴起"开发热"，搞不切实际的"政绩工程"，使得地方政府纷纷介入农村金融市场，大行高息吸储、行政指令型贷款等，进一步加剧了农村金融市场的混乱局面，市场秩序亟待治理和规范。

宏观经济方面，1988 年中国出现了严重的通货膨胀，中共中央提出"治理整顿、深化改革"的方针，国家财政、信贷实行"双紧"，使通货膨胀得到控制。但到了 1992 年，全国上下兴起了新一轮的投资热潮，又导致金融秩序混乱，引发了较为严重的通货膨胀。在此宏观背景下，国家对农村金融机构的管理也更加重视规范和整顿。

1993 年 11 月 14 日，中国共产党第十四届中央委员会第三次全体会议通过《中共中央关于建立社会主义市场经济体制若干问题的决定》，建立政策性银行、发展商业银行、组建合作银行的农村金融体系"三位一体"模式已初步显现。1993 年 12 月，国务院发布《关于金融体制改革的决定》，意味着农村金融体制的新一轮改革要求已经提出。在此基础上，《国务院关于农村金融体制改革的决定》明确提出，农村金融体制改革的指导思想是"建立和完善以合作性金融为基础，商业性金融、政策性金融分工协作的农村金融体系"。具体地，此轮改革出台的主要措施有以下五点：

（1）成立中国农业发展银行。1994 年 4 月 19 日，国务院下发《关于组建中国农业发展银行的通知》，批准了中国农业发展银行组建方案和章程，并对农发行的性质、任务、资金来源、组织机构、业务范围、经营管理等作了明文规定，试图通过该银行的建立将政策性金融业务从中国农业银行和农村信用合作社业务中剥离出来。

（2）加快了中国农业银行商业化的步伐。中国农业银行将政策性业务划出之后，转变为国有商业银行，按照现代商业银行经营机制运行，贯彻执行自主经营、自担风险、自负盈亏、自我约束的经营原则。

（3）进行行社"脱钩"，按合作制原则对农村信用社进行规范。1993 年，《国务院关于农村金融体制改革的决定》提出"在农村信用合作社联社的基础上，有步骤地组建农村合作银行""要制定《农村合作银行条例》，并先将农村信用社联社从中国农业银行中独立出来，办成基层信用社的联合组织"。随后，从 1994 年开始，中国农业银行开始具体着手行社"脱钩"工作。1996 年，国务院发布《关于农村金融体制改革的决定》，指出，农村信用社管理体制改革"核心是把农村信用社逐步改为由农民入股、由社员民主管理、主要为入股社员服务的合作性金融组织""改革的步骤是：农村信用社与中国农业银行脱离行政隶属关系，对其业务管理和金融监管分别由农村信用社县联社和中国人民银行承担，然后按合作制原则加以规范"。1997年，人民银行重新发布了《农村信用合作社管理规定》，对农村信用社的股权设置、组织机构、业务管理、财务管理等进行规范。

（4）清理整顿农村合作基金会。农村合作基金会自试办以来，对于增加农业投入，缓解农民生产资金短缺发挥了一定的作用。但是，也存在相当一部分农村合作基金会以招股名义高息吸收存款，入股人不参加基金会管理，不承担亏损；基金会将筹集资金用于发放贷款，违反金融法规经营金融业务，隐藏着很大的风险。因此，在《国务院关于农村金融体制改革的决定》中提出"要按国家的有关规定对农村合作基金会进行清理整顿""凡农村合作基金会实际上已经营金融业务，存、贷款业务量比较大的，经整顿后可并入现有的农村信用社，也可另设农村信用社。不愿并入现有农村信用社或另设农村信用社的，必须立即停止以招股名义吸收存款，停止办理贷款业务"。1997年11月，国家为了集中资金支持国有企业改革，以及防范金融风险、维护国家金融的垄断地位，决定全面整顿农村合作基金会。尤其是经历了亚洲金融危机和1997年开始的通货紧缩后，1999年1月国务院发布3号文件，正式宣布全国统一取缔农村合作基金会。

（5）收缩国有专业银行战线。1997年中央金融工作会议确定了"各国有商业银行收缩县（及以下）机构，发展中小金融机构，支持地方经济发展"的基本策略，包括中国农业银行在内的国有商业银行开始日渐收缩县及县以下机构。

此轮改革的主要目标是建立起"合作性金融、商业性金融、政策性金融"三位一体的农村金融体系，具体包括主要为农户服务的合作性金融机构（农村信用合作社），以工商企业为主要服务对象的商业性金融机构（中国农业银行），支持整个农业开发和农业技术进步、保证国家农副产品收购以及体现并实施其他国家政策的政策性金融机构（中国农业发展银行）。但是，实践证明，这种政府推动下的制度供给往往由于未做到真正从问题着手、从需求出发而最终产生与政策设计意图大相径庭的效果，农村资金供求矛盾反而日益突出。农民的消费性金融需求几乎不可能再从正规金融体系中获得满足，农业生产性金融需求也有了十分苛刻的贷款条件，农村基础设施与公共服务建设的发展性金融需求也缺乏来自大银行的资金保证。

对于农村信用社来说，自行社"脱钩"后，其内部管理逐步规范，资产质量及经营状况有所好转，支农投入明显增加，截至2020年12月末，全国农村信用社农业贷款余额49 187亿元，占全部金融机构农业贷款总额的12.6%，农业贷款中农户贷款余额10 198亿元，特别是近年来推广农户小额信用贷款和联保贷款，有效缓解了农民贷款难问题。不良贷款比例由1999年的51.23%下降到2020年的8.9%，2020年全国农村信用合作社涉农不良贷款1 515亿元，同比下降12.3%。但是，由于多方面原因，当前农村信用社还存在一些突出问题需要解决，主要是：产权不明晰，法人治理结构不完善；管理体制不顺，管理职权和责任不明确；历史包袱沉重，资产质量差，潜在风险仍然很大；服务方式、融资渠道和服务手段等方面还不适应农民和农村经济发展的需要。由于农村信用社存在问题的多重性和复杂性，此轮改革在涉及管理体制、产权制度等一些根本问题上，尚没有取得实质性突破。

中国农业银行在此过程中确立了向商业银行转变的目标，在经营管理模式、信贷资金管理、信贷业务范围等方面进行了一系列变革。由于商业银行以盈利最大化为其经营目标，按照营利性、流动性、安全性原则从事经营管理，基于这一改革取向，本着追求利润的需要，农业银行倾向于将贷款发放给优质客户，同时，考虑到农村设置分支机构所需的成本远大于所能产生的收益，其营业网点也逐步向城市收缩。农业银行在农村实际上只剩下了吸储的功能，把大量的农村资金转向了城市。在20世纪90年代初以来一片"减员增效"的呼声中，农业银行设置在乡镇及其以下的分支机构被大量撤并。仅2002年，农行就减少支行及其以下机构5 043个，减少12.43%。

农业发展银行自1994年成立以来，每年都发放了2 000亿的农产品收购贷款，远远高于农行和农信社对农村的贷款，这笔钱直接或间接地转化为农民收入，对农村经济发展和社会稳定起到了很大作用。以2000年为例，该年累计发放农副产品贷款5 829.47亿元，年底余额达7 303.96亿元，其中保护价粮食收购贷款余额为2 307.47亿元。但是，除了代理财政发放粮食收购贷款外，农发行在农业基本建设、农业综合开发方面的业务却进展缓慢，离实现政策设立的初衷尚有很大距离，粮棉购销体制市场化改革逐步展开后，其存在的合理性都受到了怀疑。同时，农发行还存在着资金来源渠道单一、监管不力使大量资金被挪用、人浮于事、资产闲置等诸多问题。

农村合作基金会是农村经济体制改革的产物，对农村商品经济的发展起到了不可低估的作用。一方面，它弥补了农村国有金融机构与信用社的不足，另一方面又抑制了刚刚抬头的高利贷，曾一度是农村金融中举足轻重的力量。但与此同时，由于它是地方政府和农业行政管理部门制度创新的产物，从一开始就留下了严重的行政依附和缺乏农民自主参与的致命隐患，随着在全国农村的遍及发展，暴露出诸多问题，形成巨大风险，最终走上了无可挽回的消亡之路。

1997年，中央金融工作会议确定了"各国有商业银行收缩县（及以下）机构，发展中小金融机构，支持地方经济发展"的基本策略以后，包括农业银行在内的国有商业银行日渐收缩县及县以下机构。1998年至今，四大国有商业银行共撤并3.1万个县及县以下机构，且撤并还在继续。并且，国有商业银行留存的县及县以下机构，贷款权限小，仅发挥吸储功能，每年以吸储方式从农村抽出资金约达3 000亿元。

综上来看，此轮改革最终没能形成中国农业银行、农业发展银行、农村信用社"三驾马车"并驾齐驱支撑农村金融体系的政策目标，而民间金融也一度处于被打压的境地，农村各层次、各主体的信贷需求不能得到有效满足，广大农村仅剩下农村信用社还继续发挥着金融供给者的作用。

三、2003年至今：深化农信社改革试点

第二轮农村金融体制改革搭建了一个"三位一体"的农村金融体系框架，初衷良好，但是，这种政府推动下的制度供给往往由于未做到真正从问题着手、从需求出发，最终产生与政策设计意图背道而驰的效果。随着国有商业银行的战略调整，农业发展银行的职能由综合性向单一性的转变、农村信用社体制改革的反复，使农村金融体系的整体功能受到削弱，已不适应农业和农村经济发展的需要。从总体上看，农村金融体系对农村经济的信贷支持力度不但没有加强，反而有所下降。与此同时，在克服农村融资难题上具有优势的非正规金融却因与正规金融安排动员储蓄目的的冲突而长期处于被政策打压的境地，再加上近年来邮政储蓄在农村存款市场份额的逐步扩大，使资金本来就短缺的农村经济发展雪上加霜。在广大农村地区，实际上仅剩农村信用社还在发挥着金融供给者的作用。农村信用社自然而然地摆脱了前两轮改革中的配角角色，成为新一轮改革的主角。然而，由于种种原因，农村信用社在发展过程中面临着诸多问题，举步维艰。一方面，被要求向合作制方向发展的农村信用社面临着多重角色冲突，合作性、政策性，还是商业性，农信社改革不知路在何方；另一方面，由于地方行政干预、体制改革、合作基金会清理以及自身经营不善所形成的历史包袱沉重，许多信用社长期亏损甚至资不抵债。农村信用社连自身生存问题都难以解决，如何发挥"农村金融主力军和联系农民的金融纽带"的作用呢？

在此背景下，国家从1996年开始就对农村信用社进行了多方面的改革，并于1998年决定在江苏省率先进行农村信用社试点改革，目标是"通过3—5

年的努力，力争实现：一是将大部分农村信用社改革为具有'自主经营、自我约束、自我发展'能力、能够适应农民和农村经济发展需要的合作金融组织；二是建立起农村信用社自我管理、联社行业管理和中国人民银行依法监管的管理体制；三是农村信用社的经营管理水平得到明显提高，亏损社实现扭亏为盈；四是农村信用社长期以来聚集的风险得到有效控制和化解，基本消除资不抵债的信用社；五是农村信用社业务全面发展，服务质量明显提高，农村贷款难问题得到基本解决"。为推动改革试点工作，国家也专门出台了财政金融配套政策，如安排无息专项再贷款。经过近三年的改革，江苏省农村信用社取得了较为突出的成效，但改革中也暴露出了一些问题，为信用社试点改革的推广提供了经验教训。

2003 年，中国人民银行在总结过去三年江苏省改革经验及教训的同时，向国务院提出扩大农村金融试点改革范围和改革农村信用社管理体制的建议，将改革试点扩大到浙江、山东、江西、贵州、吉林、重庆、陕西和江苏 8 个省市。2003 年 6 月，国务院发布《关于印发深化农村信用社改革试点方案的通知》，这标志着深化农村信用社改革试点工作已进入全面实施阶段。2004 年 8 月，国务院又出台《关于进一步深化农村信用社改革试点的意见》，批准了北京、天津、河北、山西、内蒙古、辽宁、黑龙江、上海、安徽、福建、河南、湖北、湖南、广东、广西、四川、云南、甘肃、宁夏、青海、新疆等 21 个省（区、市）作为第二批深化农村信用社改革的试点地区。

新一轮农村信用社改革的主要内容：一是以法人为单位，改革信用社产权制度，明晰产权关系，完善法人治理结构，区别各类情况，确定不同的产权形式；二是改革信用社管理体制，将信用社的管理交由地方政府负责。具体包括：

（1）明晰信用社现有产权，区别对待，妥善处理历史积累和包袱。对资产大于负债的信用社，在提足股金分红、应付未付利息、各类保险基金的基础上，按资产风险程度提取风险准备金，剩余部分可按比例对原有股金予以增值。对资不抵债但目前还难以撤销的信用社，可通过采取转换机制、加强管理、政策扶持等多种措施逐步消化。

（2）按照股权结构多样化、投资主体多元化原则，根据不同地区情况，分别进行不同产权形式的试点。有条件的地区可以进行股份制改造；暂不具备条件的地区，可以比照股份制的原则和做法，实行股份合作制；股份制改造有困难而又适合搞合作制的，也可以进一步完善合作制。

（3）在产权制度改革的同时，因地制宜确定信用社的组织形式。一是在经济比较发达、城乡一体化程度较高、信用社资产规模较大且已商业化经营的少数地区,可以组建股份制银行机构。二是在人口相对稠密或粮棉商品基地县(市),可以以县(市)为单位将信用社和县(市)联社各为法人改为统一法人。三是其他地区,可在完善合作制的基础上,继续实行乡镇信用社、县(市)联社各为法人的体制。四是加大对高风险信用社兼并和重组的步伐,对少数严重资不抵债、机构设置在城区或城郊、支农服务需求较少的信用社,可予以撤销。

(4)银监会和地方政府各司其职,分别负责对农村信用社进行金融监管和行业管理。试点地区可成立省级联社或其他形式的省级管理机构,在省级人民政府领导下,具体承担对辖内信用社的管理、指导、协调和服务职能,但不得干预信用社的具体业务和经营活动,不把对信用社的管理权下放给地(市)和县、乡政府。

(5)国家对试点地区的信用社给予政策扶持。一是对亏损信用社因执行国家宏观政策开办保值储蓄而多支付保值贴补息给予补贴。二是对西部地区和其他地区信用社分别实行暂免或减半征收企业所得税,对所有试点地区信用社按3%的税率征收营业税。三是采取专项再贷款或发行专项中央银行票据方式对试点地区信用社给予适当资金支持。四是在民间借贷比较活跃的地方,实行灵活的利率政策。允许信用社贷款利率灵活浮动,贷款利率可在基准贷款利率的1.0至2.0倍范围内浮动。对农户小额信用贷款利率不上浮,个别风险较大的可小幅(不超过1.2倍)上浮,对受灾地区的农户贷款还可适当下浮。

深化农村信用社改革试点自2003年6月正式启动以来,取得了重要进展和阶段性成果。

(1)历史包袱有效化解,资产质量明显改善。2003年8月,农村信用合作社开始改制,先后出现了农村商业银行(农商行)、农村合作银行、省级农村信用社联合社(省联社)三种主要模式,国家还重点鼓励符合条件的地区将农村信用社改造为股份制商业银行。其中,农商行模式已经成为农村合作金融机构发展的主要方向。2010年,银监会提出,不再组建新的农村合作银行,现有农村合作银行要全部改制为农村商业银行。截至2018年末,农村金融机构法人数量发展到2 269家,占中国银行业金融机构数量的49%。其中农商行1 427家,同比增加165家,占农合机构法人数量63%,农村合作银行和农村信用社分别由2017年的33家、965家减少到2018年的30家、812家。预计2020年农信社改制基本完成后,我国农商银行数量将超过2 200家左右,占全国银行业金融机构数接近50%。随着农商行的迅速发展,农村合作银行和农信社法人数量的减少,以农商行为主体的农合金融体系已经形成。随着农村金融机构逐步提高风险管理水平和丰富风控手段,不断加大不良资产处置力度,不良贷款快速增加的态势得到一定遏制，资产质量得到有效控制和优化。2018
年末农商银行不良贷款率虽然较 2017 年同期增加 0.80 个百分点，达到
3.96%，但比 2018 年 6 月最高点 4.29% 下降了 0.33 个百分点。从表 3.1 看
出，除江阴农商行外，其他大型农商行和上市农商行不良率均优于全国商业银
行 1.83% 的平均水平，其中北京农商银行不良贷款率最低，为 0.36%，农商
行资产质量稳定趋好的格局逐步形成。同时，农商行拨备水平也有提高趋势，
从 2018 年 6 月最低点 122.25% 上升到年底 132.54%，提高 10.29 个百分点，
风险抵御能力逐步增强。

表 3.1　国内规模较大农村商业银行及上市农村商业银行发展情况

机构名称	资产规模/亿元 （同比变化）	不良率（同比变化 百分比/%）	净利润同比 增速/%	上市时间	上市地点
重庆农商银行	9 506 (4.96)	1.29 (0.31)	1.73	2010.12	香港
北京农商银行	8 811 (7.99)	0.36 (−0.2)	12.98		
上海农商银行	8 337 (3.95)	1.13 (−0.17)	7.96	申请中	上海
广州农商银行	7 632 (3.74)	1.27 (−0.24)	14.32	2017.6	香港
江阴农商银行	1 148 (4.9)	2.15 (−0.24)	6.05	2016.9	深圳
无锡农商银行	1 543 (12.59)	1.24 (−0.14)	10.11	2016.9	上海
常熟农商银行	1 667 (14.3)	0.99 (−0.15)	17.53	2016.9	上海
吴江农商银行 （苏农银行）	1 167 (22.6)	1.31 (−0.33)	10.48	2016.11	上海
张家港农商银行	1 135 (10.0)	1.47 (−0.31)	9.44	2017.1	深圳
九台农商银行	1 642 (−12.2)	1.75 (0.02)	−27.8	2017.1	香港
紫金农商银行	1 931 (13)	1.69 (−0.15)	10.2	2019.1	上海
青岛农商银行	3 176 (3.72)	1.68 (−0.01)	7.34	2019.3	深圳

（2）支农资金实力明显增强，支农信贷投放快速增长。截至 2018 年底，
农村金融机构（含农商银行、农合行、农信社和新型农村金融机构）的总资产
规模达到 34.57 万亿元，同比增长 5.36%，占全国银行业资产的 12.89%，总
负债 31.88 万亿元，同比增长 4.89%，占银行业金融机构 12.93%。在农商银
行的发展中，资产规模居于国内农商行前四位的分别为重庆农商银行、北京农
商银行、上海农商银行、广州农商银行，2018 年末资产规模分别达到 9 506 亿
元、8 811 亿元、8 337 亿元、7 632 亿元（见表 3.1）。从表 3.1 看出，小规模

农商银行的发展速度普遍高于大型农商银行，其中吴江农商银行（苏农银行）资产规模增速高达 22.6%。由于农村金融机构深耕地方经济，重点服务当地风险较大的三农和小微企业，按照风险收益匹配原则，整体净息差保持较高水平。在各类商业银行中，民营银行净息差最高，达到 4.34%，农商银行的净息差水平排第二位，为 3.02%。同时，农村金融机构净利润也保持较快增长。2018 年全国商业银行净利润同比增速为 4.72%，大部分农商银行净利润增长较快，高于全国银行业平均水平，甚至有几家农商行出现两位数的高速增长，其中常熟农商银行净利润增速最高，达到 17.53%。农村金融机构按照乡村振兴战略部署，优化金融资源配置，提供多样化的金融产品和个性化的金融服务，有效增加了农村金融供给。截至 2018 年末，农村金融机构涉农贷款余额 9.6 万亿元，发放农户小额信用贷款 8 595 亿元，同比增长 7.3%，普惠型涉农贷款余额约占银行业全部普惠型涉农贷款余额的 70% 以上。农村金融机构扶贫小额信贷余额 1 660 亿元，同比增长 18.7%，总体实现了总量增长、结构优化的目标，为建设农业强、农村美、农民富的美丽乡村做出了重要的贡献。

（3）产权制度改革稳步推进，新的管理体制基本建立。产权制度改革是农信社改革的核心。2003 年国务院印发的《深化农村信用社改革试点方案》对农信社改革进行分类指导，抓住了以改革产权制度服务"三农"的根本。农村信用社产权改革是按照"成熟一家、组建一家"的原则推进的，鼓励各类社会投资者特别是优质涉农企业参与投资入股，促进增强资本实力，健全公司治理机制。原银监会要求从 2011 年开始用五年左右的时间全面完成股份制改革。截至 2017 年末，全国共组建农村商业银行 1 262 家，除四个直辖市农商银行以外，只有湖北、安徽、江苏、山东、江西等 5 个省份全面完成了市县级农商银行改制组建工作。截至 2017 年底，全国仍有 33 家农合行和 965 家农信社等待改制，农信社改制的压力依然很大，历史包袱和不良资产的化解困难重重。农信社改制为农村商业银行是农信社成为现代农村金融机构的一项重要措施，通过改制，使农信社转变为具有现代银行制度的农村金融机构，机构的整体实力和社会地位得到了显著的提升，服务"三农"的能力提高了，经营管理水平和风险防控能力改善了。通过吸收民间资本，清晰了产权，完善了治理，社区银行的功能得以发挥。

本轮改革较前两轮改革而言无论在深度和广度上都有了很大的增强，改革的成效也十分显著。但是，由于本轮改革的目标不是解决农村融资问题，而是解决农信社生存和发展问题，所以在解决农村融资问题上，没有实质性的进展，农民贷款难还是农村金融体制改革的一个顽疾。可见，将在历经了三轮改革之后，如何解决面向农户贷款的严重信息不对称、缺乏可抵押物、特殊性成

本与风险、非生产性借贷为主等问题（王颂吉、白永秀，2011），终于被摆到
政策制定者的眼前，成为今后改革将着力解决的问题。

近年来，党中央、国务院高度重视"三农"工作和农村金融改革，银行业
金融机构加大对"三农"的金融服务力度，为促进农业增产、农民增收和农村
经济发展发挥了积极作用。2007 年全国金融工作会议后，国务院明确把推进
农村金融改革发展作为金融工作的重点，组织成立由 17 家单位参加的工作小
组，专题研究解决农村金融领域的重点难点问题。各有关部门认真贯彻落实党
中央、国务院有关部署，加强协作配合，创造性地开展工作，农村金融取得长
足发展，初步形成了多层次、较完善的农村金融服务体系，覆盖面不断扩大，
服务水平不断提高。但必须清醒地认识到，由于多种原因，相对于城市金融而
言，农村金融改革启动迟、进展慢，还存在一些深层次矛盾和问题，农村金融
服务还不适应社会主义新农村建设和构建和谐社会的需要。允许设立村镇银行
等金融机构，是从根本上解决农村地区银行业金融机构网点覆盖率低、金融供
给不足、竞争不充分等问题的创新之举，是切实提高农村金融服务充分性的具
体行动。监管部门将按照商业可持续原则，适度调整和放宽农村地区银行业金
融机构准入政策，降低门槛，强化监管约束，加大政策支持，促进农村地区形
成投资多元、种类多样、覆盖全面、治理灵活、服务高效的银行业金融服务体
系，以更好地改进和加强农村金融服务，支持社会主义新农村建设。这是深化
中国农村金融机构改革的一项创新之举，标志着中国银行业特别是农村地区银
行业金融机构发展将迈入一个新的阶段。

3.2.2　中国农村正规金融的构成

改革开放以来，我国基本上建立了以合作金融为主体，商业金融、政策金
融分工协作，民间借贷为补充的农村金融体系，初步改变了农村金融功能混
淆、利益冲突、机构单一的局面。我国农村正规金融机构主要由四部分构成，
分别是中国农业银行、中国农业发展银行、农村信用合作社和邮政储蓄银行四
大体系。

1. 中国农业银行

中国农业银行的建立可以追溯到建国以前，1949 年北平解放时，在接管
国民党政府的中国农民银行和中央合作金库的基础上，成立了农业合作银行，
不久并入中国人民银行，这可以看作是中国农业银行的前身。

1951 年 8 月，为加强农村金融工作，成立农村合作银行，但在其业务尚
未开展、机构尚未建立时，1952 年在精简机构中就被撤销。1955 年 3 月，为

支援农业合作化运动，由国务院批准，再次成立中国农业银行，由于在县以下的业务活动中，中国人民银行和中国农业银行的工作很难分清，且中国农业银行县级支行尚未建立，业务难以展开，1957年4月，中国农业银行再次被撤销。1963年11月9日，在贯彻国民经济"调整、巩固、充实、提高"的方针中，为强化农村资金管理，全国人大批准建立中国农业银行，其机构设立从中央到省、地、县，一直到基层营业所，但是在1965年机构精简过程中，中国农业银行再次被并入中国人民银行。1979年2月，国务院下达《关于恢复中国农业银行的通知》，要求中国农业银行自上而下地建立各级机构，同时将农村营业所和信用社一律划归中国农业银行领导，中国农业银行于1979年3月13日正式恢复。中国农业银行恢复后，对于支持农村商品经济的发展，促进农村经济结构的调整和加快农村经济体制改革，都发挥了十分显著的作用。1993年12月，国务院明确做出"中国农业银行转变为国有商业银行"的决定，中国农业银行开始向国有商业银行转轨。1994年，为适应中国经济和金融体制改革的新形势，中国农业银行剥离了政策性金融业务，1994年4月，中国农业银行向新组建的中国农业发展银行划转了绝大部分政策性业务。1996年8月，根据国务院《关于农村金融体制改革的决定》，中国农业银行不再领导管理农村信用社，与农村信用社脱离行政隶属关系加快了有国有专业银行向国有商业银行转化的步伐，并采取了新的发展战略，即收缩乡镇、巩固县城、拓展城区。2007年1月，第三次全国金融工作会议明确提出中国农业银行"面向'三农'、整体改制、商业运作、择机上市"的改革总原则，中国农业银行进入股份制改革新阶段。2007年9月，农行选择吉林、安徽、福建、湖南、广西、四川、甘肃、重庆等8个省（区、市）开展面向"三农"金融服务试点。2008年3月，农行开始推动在6个省11个二级分行开始"三农"金融事业部改革试点；同年8月，农行总行设立"三农"金融事业部，全面推动全行"三农"金融事业部制改革；同年10月，国务院常务会议审议并原则通过《中国农业银行股份制改革总体实施方案》，中国农业银行股份制改革进入实质性推进阶段；同年11月，中央汇金投资有限责任公司向中国农业银行注资，与财政部并列成为中国农业银行第一大股东。2009年1月15日，中国农业银行股份有限公司成立。2010年4月，中国农业银行启动IPO。2010年7月，中国农业银行A＋H股于15日、16日分别在上海、香港挂牌上市，实现全球最大规模IPO。

作为中国主要的综合性金融服务提供商之一，中国农业银行致力于建设面向"三农"、城乡联动、融入国际、服务多元的一流现代商业银行。中国农业银行凭借全面的业务组合、庞大的分销网络和领先的技术平台，向最广大客户提供各种公司银行和零售银行产品和服务，同时开展自营及代客资金业务，业务范围还涵盖投资银行、基金管理、金融租赁、人寿保险等领域。根据中国农业银行2018年年度报告信息显示，截至2018年年末，中国农业银行总资产226 094.71亿元，各项存款173 462.90亿元，各项贷款和垫款119 406.85亿元，资本充足率15.12%，全年实现净利润2 026.31亿元。

截至2018年年末，中国农业银行境内分支机构共计23 381个，包括总行本部、总行营业部、3个总行专营机构、4个培训学校、37个一级（直属）分行、386个二级分行（含省区分行营业部）、3 455个一级支行（含直辖市、直属分行营业部和二级分行营业部）、19 442个基层营业机构以及52个其他机构；境外分支机构包括13家境外分行和4家境外代表处。中国农业银行拥有15家主要控股子公司，其中境内10家，境外5家。

2018年，在美国《财富》杂志全球银行500强排名中，中国农业银行位列第44位；在英国《银行家》杂志全球银行1 000强排名中，以一级资本排名计，中国农业银行位列第4位。2018年，中国农业银行标准普尔发行人信用评级为A/A-1，穆迪银行存款评级为A1/P-1，惠誉长/短期发行人违约评级为A/F1，以上评级前景展望均为"稳定"。

2. 中国农业发展银行

1993年12月，国务院下发了《国务院关于金融体制改革的决定》，提出了金融改革的目标是："建立在国务院领导下，独立执行货币政策的中央银行宏观调控体系；建立政策性金融与商业性金融分离，以国有商业银行为主体、多种金融机构并存的金融组织体系；建立统一开放、有序竞争、严格管理的金融市场体系。"中国农业发展银行是根据中华人民共和国国务院1994年4月19日发出的《关于组建中国农业发展银行的通知》（国发办〔1994〕25号）成立的国有农业政策性银行，其主要业务是：按照国家的法律、法规和方针、政策，以国家信用为基础，收集农业政策性信贷资金，承担国家规定的农业政策性金融业务，代理财政支农资金的拨付，为农业和农村经济发展服务。同年6月30日正式接受中国农业银行、中国工商银行划转的农业政策性信贷业务，共接受各项贷款2 592亿元。1995年4月底，中国农业发展银行完成了省级分行的组建工作。1996年8月至1997年3月，按照国务院《关于农村金融体制改革的决定》增设了省以下分支机构，形成了比较健全的机构体系。1998年3月，国务院决定将中国农业发展银行承办的农村扶贫、农业综合开发、粮棉企业附营业务等项贷款业务划转到有关国有商业银行，中国农业发展银行主要集中精力加强粮棉油收购资金封闭管理。2004年以来，中国农业发展银行业务范围逐步拓展。一是根据国务院粮食市场化改革的意见，将传统贷款业务的支持对象由国有粮棉油购销企业扩大到各种所有制的粮棉油购销企业。二是2004年9月，银监会批准农发行开办粮棉油产业化龙头企业和加工企业贷款业务。三是2006年7月，银监会批准农发行扩大产业化龙头企业贷款业务范围和开办农业科技贷款业务。四是2007年1月，银监会批准农发行开办农村基础设施建设贷款、农业综合开发贷款和农业生产资料贷款业务。至2010年，中国农业发展银行已形成了以粮棉油收购信贷为主体，以农业产业化信贷为一翼，以农业和农村中长期信贷为另一翼的"一体两翼"业务发展格局。

2018年，中国农业发展银行累放支农贷款1.8万亿元，年末贷款余额5.14万亿元，增长9.7%，年末不良贷款余额406亿元，不良贷款率0.80%，中农行拨备覆盖率已达426%。出台支持粮食市场化改革"三十条"措施，累放市场化收购贷款1 642亿元，同比增加8%。坚持以脱贫攻要统揽业务发展全局，2018年累放精准扶贫贷款3 893亿元，贷款余额1.35亿元，累放额和余额均居金融同业首位，政策性金融扶贫再上新台阶。突出产业扶贫，累放产业扶贫贷款1 467.5亿元，带动381.6万贫困人口增收，围绕乡村振兴战略重点任务，加大基础设施补短板力度，2018年累放基础设施贷款7 874亿元，基础设施贷款余额2.6万亿元。

3. 农村信用合作社

农村信用合作社是中国金融体系的重要组成部分，也是目前主要的合作金融组织形式。农村信用合作社又称农村信用社、农信社，指经中国人民银行批准设立、由社员入股组成、实行民主管理、主要为社员提供金融服务的农村合作金融机构。农村信用社是独立的企业法人，以其全部资产对农村信用社债务承担责任，依法享有民事权利。其财产、合法权益和依法开展的业务活动受国家法律保护。其主要任务是筹集农村闲散资金，为农业、农民和农村经济发展提供金融服务。依照国家法律和金融政策规定，组织和调节农村基金，支持农业生产和农村综合发展，支持各种形式的合作经济和社员家庭经济，限制和打击高利贷。农信社分为农信社合作社、农信社国际金融部门、政通农信社培训学校、农信社信贷部门等，是由银保监会和国务院双重领导的部门。

农村信用合作社是银行类金融机构，所谓银行类金融机构又叫作存款机构和存款货币银行，其共同特征是以吸收存款为主要负债，以发放贷款为主要资产，以办理转账结算为主要中间业务，直接参与存款货币的创造过程。农村信用合作社又是信用合作机构，所谓信用合作机构是由个人集资联合组成的以互助为主要宗旨的合作金融机构，简称"信用社"，以互助、自助为目的，在社员中开展存款、放款业务。信用社的建立与自然经济、小商品经济发展直接相关。由于农业生产者和小商品生产者对资金需要存在季节性、零散、小数额、小规模的特点，使得小生产者和农民很难得到银行贷款的支持，但客观上生产和流通的发展又必须解决资本不足的困难，于是就出现了这种以缴纳股金和存款方式建立的互助、自助的信用组织。农村信用合作社是由农民入股组成，实行入股社员民主管理，主要为入股社员服务的合作金融组织，是经中国人民银行依法批准设立的合法金融机构。农村信用社是中国金融体系的重要组成部分，其主要任务是筹集农村闲散资金，为农业、农民和农村经济发展提供金融服务。同时，组织和调节农村基金，支持农业生产和农村综合发展，支持各种形式的合作经济和社员家庭经济，限制和打击高利贷。

现代合作金融的实践，始于 19 世纪中叶的德国，历经 100 多年在西方国家的广泛发展，逐步形成商业性金融、政策性金融和合作性金融并立的现代金融制度格局。在中国，合作性金融的实践，据史料记载，最早是由"中国华洋义赈救灾总会"于 1923 年 6 月在河北省香河县成立了第一个农村信用合作社。1927 年 2 月，中国共产党在湖北省黄冈县建立了第一个农民协会信用合作社。新中国成立以后，信用合作事业有了很大发展。以对农村信用社发展具有重大影响的历史事件或改革措施为标志，我国农村合作金融的发展可以划分为以下几个阶段：

——新中国成立初期到 1958 年"大跃进"前，是新中国农村信用社普遍建立和发展的时期。20 世纪 50 年代，人民银行在农村的网点就改为了农村信用社。从 1951 年开始，农村信用社在全国各地普遍开展试点，到 1953 年底，全国各地的合作金融组织达到 20 067 个，随着农业合作化运动的全面推进，全国展开了普建信用社的工作，到 1955 年，全国已按乡建立信用社 15 万多个，1956 年经过整顿后合并为 10.3 万个，入社农户近 1 亿，发放贷款近 10 亿元，农村基本实现了信用合作社，全国绝大部分地区实现了"一乡一社"。1958 年前，信用社业务由国家银行指导，1958 年人民公社化后，信用社业务和管理被下放给公社和生产大队，成为其附属机构。这段时期，中央政府为了尽快把农民和农村经济引向社会主义道路，在农村推行合作化运动，生产合作社、供销合作社和信用合作社都得到了迅速发展。

——从 1958 年"大跃进"开始到 1978 年党的十一届三中全会前，是农村信用社历经波折的时期。"文化大革命"期间，信用社发展起伏不定，管理也比较混乱，1977 年，银行营业所与信用社合并为一个机构，信用社完全成了国家银行的基层机构，走上官办道路。

——从十一届三中全会到 1984 年，是农村信用社恢复和发展的时期。1979 年 3 月，中国农业银行恢复以后，农村信用社被划归中国农业银行领导，成为中国农业银行管理的基层机构。在农业银行的领导和管理下，农村信用社重新得到恢复和发展，但离合作金融组织的特性越来越远。

——从 1984 年提出对农村信用社进行重大改革到 1996 年国务院提出农村信用社与农业银行脱钩，是信用社向合作制道路迈进的初步改革时期。1984 年，国务院 105 号文件转发了《中国农业银行关于改革农村信用社管理体制的报告》，提出要把农村信用社办成真正的合作金融组织，恢复其合作性质，即恢复信用社组织上的群众性、管理上的民主性和经营上的灵活性。这一时期，农村信用社体制改革不断深化，各项业务得到了迅速发展。

——从 1996 年国务院决定农村信用社与农业银行脱钩开始，农村信用社开始真正走向合作办社的道路。1996 年 8 月国务院下发了《国务院关于农村金融体制改革的决定》，强调指出改革的重点是改革农村信用社管理体制，把农村信用社改造成真正的合作金融组织，农村信用合作社与中国农业银行脱钩，改革的目标是将农村信用社逐步改为由农民入股、社员民主管理、主要为入股社员服务的合作金融组织。经国务院批准，2000 年 7 月开始，人民银行和江苏省人民政府组织开展的江苏省农村信用社改革试点，在以县（市）为单位统一法人、试办农村商业银行以及省级联社等方面进行了有益探索。1999 年到 2000 年间，全国还试点组建了 65 家市（地）联社、6 家省级联社和 5 家省级信用合作协会。自 2000 年开始，农村信用社改革进行了三种模式的试点：一是在原有农村信用社框架内的重组模式，即以县为单位统一法人、组建省联社为标志的江苏模式；二是在信用社基础上改组成立的常熟、张家港、江阴三市农村商业银行的股份制模式；三是在农村信用社基础上改组的浙江鄞州农村合作银行试点模式。

——2003 年 6 月，国务院下发《国务院关于印发深化农村信用社改革试点方案的通知》。文件指出："深化农村信用社改革，改进农村金融服务，关系到农村信用社的稳定健康发展，事关农业发展、农民增收、农村稳定的大局。各级人民政府和国务院有关部门要从战略高度充分认识深化农村信用社改革试点工作的重要性和紧迫性，坚持以邓小平理论和'三个代表'重要思想为指导，按照'明晰产权关系、强化约束机制、增强服务功能、国家适当支持、地方政府负责'的总体要求，加快农村信用社管理体制和产权制度改革，把农村信用社逐步办成由农民、农村工商户和各类经济组织入股，为农民、农业和农村经济发展服务的社区性地方金融机构，充分发挥农村信用社农村金融主力军和联系农民的金融纽带作用，更好地支持农村经济结构调整，促进城乡经济协调发展。"2003 年 8 月 18 日，国务院召开深化农村信用社改革试点省（市）负责同志座谈会。同日，中国银行业监督管理委员会、中国人民银行联合召开了深化农村信用社改革试点工作会议。浙江、山东、江西、贵州、吉林、重庆、陕西、江苏 8 个试点省（市）的深化农村信用社改革工作迅速展开。

2003 年以来深化农村信用社改革的总体部署和具体措施是符合农村经济金融发展规律的，也契合农村信用社自身发展要求，取得了重大进展和阶段成果。但是，由于多方面因素的影响和制约，农村信用社一些深层次的体制机制问题还没有根本解决，改革发展逐渐步入"深水期"。按照中央十七届三中全会和全国金融工作会议的战略部署，银监会明确提出，从 2011 年开始，要通过五年左右时间的努力达到以下目标，即高风险机构全面处置，历史亏损挂账全面消化，股份制改革全面完成，现代农村银行制度基本建立，主要监管指标达到并持续符合审慎监管要求，农村金融服务功能与核心竞争力显著提升。为实现上述目标，银监会将重点做好以下几个方面的工作：一是继续推进产权制度和管理体制改革。全面取消资格股，鼓励符合条件的农村信用社改制组建为农村商业银行。不再组建新的农村合作银行，现有农村合作银行要全部改制为农村商业银行。要在保持县（市）法人地位总体稳定前提下，稳步推进省联社改革，逐步构建以产权为纽带、以股权为连接、以规制来约束的省联社与基层法人社之间的新型关系，真正形成省联社与基层法人社的利益共同体。二是打造现代农村银行制度。指导农村信用社优化人力资源结构，着力构建符合小法人特点的公司治理机制，加强流程银行建设，建立全面风险管理体系和符合现代农村金融企业要求的经营机制。三是持续加强支农服务能力建设。指导农村信用社在经济欠发达的农村地区，特别是金融机构空白乡镇增设网点，延伸提供服务。引导优化信贷投向和结构，持续增加涉农信贷投放，切实增加农村资金供给。鼓励和支持在有效防范风险前提下加大金融服务创新力度，提高服务质量，不断提高农村金融服务的可得性、透明度和便捷性。四是健全分类监管体系。制定符合农村信用社机构和业务特点的差异化监管政策，强化实施分类监管和差别指导。深入开展主要监管指标达标升级，进一步改善经营状况和风险管控能力。建立针对服务"三农"的特殊业务领域的贷款风险容忍度、弹性存贷比监管方法、特殊尽职免责办法，以及适度放松市场准入政策，支持提升金融服务能力。五是完善政策扶持体系。积极协调有关部门，出台协调性和配套性强、长期激励导向明确的农村金融扶持政策。根据现代农业功能区建设规划和不同机构服务贡献度，在政策力度上有所倾斜和侧重，支持发展现代农业，更好地帮助广大农民致富奔小康。

在农村信用合作社艰难探索中，受农村经济制度、农村经济社会发展水平以及农村信用社历史发展路径影响，农村信用社早已不是合作制。无论是要实现这类机构的重生再造，还是推进创新农村金融体系，都要求必须按照股份制原则重建农村信用社的产权制度。为此，从 2010 年起，银监会（现为银保监会）陆续制定实施相关制度办法，推动资格股向投资股转化，支持组建农村商业银行或股份制的农村信用社，同时指导农村信用社引进新的优质合格股东，优化产权结构，改善公司治理。2018 年，有 32 家农村商业银行进入英国《银行家》杂志评选的 2018 年全球银行业 1 000 强，占我国入榜商业银行的 20%；重庆农村商业银行成功在香港上市。通过改革，农村信用社治理模式已经发生了根本性变化，长期存在的内部人控制问题得到有效解决，机构自身已经形成了深入推进深层次体制机制改革的内生动力。

历史包袱的重压是改革前农村信用社举步维艰的另一个重要原因。特别是受中西部农村经济发展滞后和前些年体制性因素导致经营不审慎的影响，全国因历史包袱过重形成的监管评级 6 级及以下的机构还有 100 多家。针对这个问题，我们的工作思路是，统筹发挥政府和市场两方面作用，大力消化存量，严格控制增量。一方面，积极协调各有关部门落实财政、税收、货币政策等各项扶持政策，指导各级地方政府拿出"真金白银"置换农村信用社不良资产，对农村信用社清收盘活不良贷款给予支持帮助。同时，鼓励引导各地农村信用社实施股份制改革和增资扩股，通过股东购买方式化解不良资产，有效利用市场力量，加快历史包袱的化解进度。对于高风险农村信用社以及经营管理水平较差的机构，鼓励支持银行业金融机构和优质企业对其实施兼并重组，允许民间资本阶段性控股。另一方面，切实强化金融监管，督促加强和改进贷款管理，着力推进全面风险管理机制建设，试点实施巴塞尔新资本协议，强化监管窗口指导和风险提示，加大对违法违规问题的查处力度，促使农村信用社风险管控能力大幅提升，增量风险保持在较低水平。通过各方面共同努力，农村信用社目前整体经营状况平稳健康，已经步入了良性发展的轨道。与改革前相比，农村信用社资产负债和存贷款规模均增加了 5 倍以上，2004 年实现统算盈利后，连续 7 年利润保持大幅增长；资本充足率、不良贷款率等主要监管指标持续改善，系统性风险高的局面彻底扭转。从市场表现看，各类社会投资者对农村信用社的经营状况是充分认可与肯定的。目前农村信用社增资改制时都得到高倍数的超额认购，吸引了包括国内外先进银行等大量战略投资者。大多数投资者在以面值购买股权的同时，都自愿支付 50% 或以上比例的对价帮助消化存量包袱。

4. 邮政储蓄银行

邮政储蓄自 1986 年 4 月 1 日恢复开办以来，已成为我国金融领域的一支重要力量，为支持国家经济建设、服务城乡居民生活做出了重大贡献。根据国务院金融体制改革的总体安排，在改革原有邮政储蓄管理体制基础上，2007年 3 月中国邮政储蓄银行有限责任公司正式成立。2012 年 1 月 21 日，经国务院同意并经中国银行业监督管理委员会批准，中国邮政储蓄银行有限责任公司依法整体变更为中国邮政储蓄银行股份有限公司。邮储银行坚持服务"三农"、服务社区和服务中小企业的市场定位，天生就具有发展普惠金融的基因和优势。自成立以来，邮储银行积极填补金融服务空白、扶持弱势群体发展，逐步建成了网点最多、覆盖面最广、离"三农"和社区最近的大型零售商业银行，为城乡居民提供了全方位、多层次的金融服务，有效缓解了农村地区金融服务不足的问题，成为普惠金融服务的中流砥柱。

截至 2021 年底，邮储银行资产规模已达到 12.59 万亿元，位列中国银行业第五位；各项存款达 11.35 万亿元，位列中国银行业第五位，其中，储蓄存款居中国银行业第四位。资本利润率、利润增长率、不良贷款率、拨备覆盖率和经济利润率等关键指标已达到同行业优良水平，大型知名评级机构对邮储银行的主体信用评级和债券信用评级均为 AAA 级。

3.3　中国农村非正规金融的发展历程

3.3.1　非正规金融形成的根源

在整个资本十分稀缺的计划经济时期，中国力图在城市优先发展资本密集型重工业，以期赶超发达国家。而在当时的农村，中国采用的是大一统的集体所有制模式，农户基本没有自主权，亦没有强烈的资金需求，也对金融交易的成本较为敏感。因此，整个国家金融体系的设计，从金融机构的设置到金融资源的分配均体现了城市偏向行为（林毅夫，2000）。农村金融机构主要起动员储蓄功能，为城市工业化提供资金。农村金融资源不断从农村流向城市。

20 世纪 80 年代以来，中国农村改革和中国城镇化的进程彻底地改变了中国农村的面貌，家庭联产承包制的推行，由此引发的生产积极性的提高；农村工业化的兴起，使得乡镇经济快速发展；整个中国农村，尤其是东部发达地区，农民收入不断提高，农村产业结构不断发生调整。一方面，从整体来看，农户手中闲余和间隙性资金增多，农户及乡镇企业扩大再生产、流动资金及改善生活资金所需增多；另一方面，农村收入差距越来越大，两极分化严重，这些均造成农村资金供求调剂的金融需求强烈。随着农民收入的提高，农户此时已经可以承担金融交易发生的各种成本和费用。

中国改革取得了巨大的成功，计划时期发展起来的金融体制亦有所改善，但中国金融改革一直滞后于经济改革。部分学者甚至认为，长久以来，在城市金融深化的同时，政府事实上是对农村实行了金融抑制政策（周立，2004）。中国政府主导的改革的重心在 20 世纪 80 年代中期就转向了城市和工业，于是，各级政府力图通过金融发展向低效率的国有企业注入改革和发展所需的资金。20 世纪 90 年代中后期，为了化解国有金融长期积累的金融风险，国有金融进行了以市场化、企业化、商业化、股份化为导向的改革。市场化后的国有金融机构也呈现了规模经济和嫌贫爱富的特性，出于经营成本和收益目标的考虑，于 20 世纪 90 年代后期大规模撤出农村，不断撤并农村网点，收缩贷款权限。商业性银行集中的、大额的服务方式在分散的、小额的市场遇到了瓶颈。虽然在形式上，保留并形成了包括农业银行、农业发展银行、信用合作社、邮政储蓄部门、农村保险部门等在类的各种农村正规金融机构，但是，这些正规金融机构都在逐渐远离农业。以农业银行为例，在 21 世纪初农业贷款余额和比重都在不断下降，2021 年末，中国农业银行发放各项贷款垫款达到 17.18 万亿元，其中涉农贷款余额为 4.76 万亿元，农业贷款余额为 7 643 亿元，农业贷款余额比重从 2000 年的 54.8% 下降到 2021 年的 4.45%。同时，这些正规金融机构更多是服务于一些农业企业和机构，并偏好大型企业和国有企业或者是效益较好的乡镇企业；它们均与农户发生联系较少，支农服务范围有限。总体来看，在中国改革的关键时期，中国农民依旧像计划经济时期那样以净贷款人的身份为中国其他经济部分贡献了金融剩余（麦金龙，1993），农村金融资源仍然不断从农村流向城市，仍然停留在 80% 的金融资源服务 20% 群体需求的非普惠金融状态（杜晓山，2014）。

总之，在农村经济不断发展，农村金融需求不断扩张的同时，却伴随着正规金融机构在农村市场的撤出和农村金融剩余的不断外流，使得农村经济的发展开始受到资本缺乏的限制，农村资本缺口已成为农村经济发展的瓶颈（许晓东，2004）。于是，在农村金融需求状况与政府推行的城市化的金融发展模式产生严重错位，正规金融机构垄断金融资源，使得农村金融需求不能得到满足的情况下，非正规金融正是农户和民营中小型企业基于自身的金融需求产生的市场诱致性变革（王国红，2008）。

改革开放后的金融政策或许是非正规金融发展的主要原因之一，非正规金融在中国农村其实由来已久，有着千年的历史，这亦是因为它对中国农村环境较好适应的反映。具体而言，非正规金融对中国农村社会文化有很强的嵌入性，并且与农村社会秩序有很好的匹配性。（王国红，2008）农户以个体劳动为基本劳作方式，以血缘关系为纽带，拥有相同的习惯、风俗、价值观和行为规范，有着村庄集体的认同，形成特有的文化关联。在这个社会里，人们更加方便和紧密的沟通与互动提供了非正规金融特有的信息优势和信任机制。农村非正规金融能充分了解其服务对象的各种情况，更容易克服因为信息不完全而导致交易成本较高的障碍。农村特有的亲缘和地缘的纽带不但减低了非正规金融的借贷风险还为非正规金融提供了灵活的担保机制。同样，农村相同的价值观和行为规范使得人们在社会生活中产生一般预期和采取一致行动，非正规金融的违约将更受到人们的一致谴责，甚至导致更加激进的对待如暴力行动等。所以，事实上，非正规金融虽然远没有正规金融规范，有时候甚至只有口头协议，但是许多学者验证其履约率却高于农村正规金融。特有的环境决定了，在农村这个特有社会里非正规金融相对正规金融的各种优势如：运营成本更低、经营方式灵活简便、担保要求不高、利率灵活等将发挥得更加淋漓尽致。

不仅在中国，农村非正规金融在广大发展中国家也是普遍存在的，也引起了学术界的关注。国外学者关于农村非正规金融的起源则主要有内生说和外生说两种解释。内生说认为非正规金融起源于金融市场的信息不对称和不完全；外生说则认为外在的制度扭曲造成了非正规金融的产生，政府主动或被动地实行了金融抑制政策，并对利率进行管控，使得在整体区域或各个子区域范围内的信贷资金的供给小于资金的需求，作为正规金融的一种替代或补充，农村非正规金融应时而生。部分学者支持并验证了内生说的正确性（Stiglitz 和 Weiss，1981），但另外一些学者更加相信金融抑制假说与市场分割线假说（McKinnon，1973），认为非正规金融起源于外生。目前国外关于内生说与外生说的争论还没有定论，在中国农村，考察非正规金融起源发展的长久历史，再分析改革开放后的金融抑制政策，看中国农村非正规金融的起起伏伏，我们或许可以认为中国农村非正规金融生于"内生"，长于"外生"。

3.3.1.1　农村非正规金融发展的宏观分析

农村资本缺口已成为农村经济发展的瓶颈，与此同时，农村金融剩余却在不断外流。因此农村正规金融企业主动或被动地实施信贷配给，给大部分乡镇企业和广大的农户带来了融资的困境。在这种情况下，作为正规金融补充者和竞争者的农村非正规金融成为部分农村经济的救世主。

所谓的信贷配给，是指在固定利率条件下，面对超额的资金需求，银行因无法或不愿提高利率，而采取一些非利率的贷款条件，使部分资金需求者退出银行借款市场，以消除超额需求而达到平衡的过程。一般来说，利率是银行优化决策的变量，也是市场价格的体现，均衡的利率应由供给和需求共同决定。理想化的农村借贷市场应该是分割性的市场，即按照借贷者的不同的风险，借贷市场被分割成多个细分市场，每个市场按照不同的需求和供给形成该细分市场的均衡利率，风险越高的市场，其均衡利率越高。但是，由于国家政策的要求，正规金融机构的利率一般是管制的。另外，农村正规金融机构均为国有商业银行，在缺乏独立的资信、项目评估机构情况下，对广大农村客户信息了解不足，难以区分风险大小。因此，用利率进行市场调节是难以进行的。部分学者（如顾海峰、蔡四平，2012）认为利率 i 与商业银行的收益之间不完全成正比，在 i 小于 i^*（均衡利率）时，i 与收益成正比，即直接收益大于风险效应；而在 i 大于 i^*（均衡利率）时，i 与收益成反比，即直接收益小于风险效应。i^* 为最优利率，如图 3.2 所示。因此，银行即便在资金充裕的情况下，也宁愿在相对较低的利率水平下，拒绝一部分贷

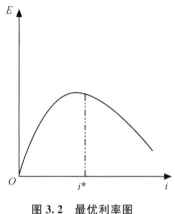

图 3.2　最优利率图

款要求，而不愿意按高风险的均衡利率借贷给部分借款者，这就形成了信贷配给。乡镇企业和广大的农户最低意向融资数量和所得到的贷款数量的差距即融资需求的缺口即为农村非正规金融运行的空间。

和正规金融体系一样，非正规金融体系的主要功能也是资金的配置。其是否能够合理配置资金是衡量其效率、运行是否合理及顺畅的主要指标。综上所述，农村正规金融机构不能完全按市场由利率调节需求出现了信贷配给，即如图 3.3 所示，农村正规金融总需求曲线 D 由于需求弹性较低，为一条较平的需求曲线，其均衡利率和均衡规模（信贷规模）均较低和较小，这是一种"被约束的帕累托效率"，其配置效率较低。非正规金融因为利率更加灵活、信息更加完全、担保机制更加灵活以及运营成本更低，表现得更为市场化，利率调

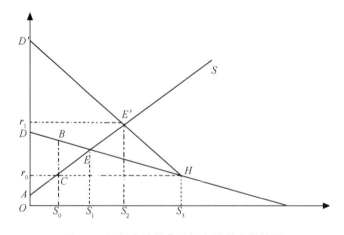

图 3.3　正规金融及非正规金融需求供给图

节更加起决定性作用，故所体现的总需求曲线 D' 的利率弹性更高，更为陡峭，为一条位于 D 右上方的曲线。在相同的供给曲线下，其均衡总体信贷规模更大，从而减少了资金缺口；亦有利于资本的形成，能促进储蓄向投资的转化，因而，可以说农村非正规金融运行更加顺畅，其资金配置效率更高。另外，我们比较正规金融和非正规金融的生产者剩余，发现正规金融需求及供求曲线所形成的消费者剩余（金融机构和服务对象的剩余之和也就是总福利），因为利率管制和信贷配给，小于非正规金融的消费者剩余。得出结论，非正规金融的运行还能增加人民的总福利，更能提高效率。

3.3.1.2　农村非正规金融发展的微观分析

对一个简单模型（丁晨，2010）略加改进并用之分析农户或乡镇企业进行投资或经济活动行为如下。

假设支付的利息率为 i，i_i 为非正规金融利率，i_f 为正规金融利率，支付的成本率为 C，C_i 为非正规金融成本率，C_f 为正规金融成本率，成本率包括各种显性或隐性成本如交通费、中介费甚至腐败成本等。生产活动的收益表示为 $Q(k, L, S)$，Q 为生产函数，k 为资本，L 为劳动力，S 为科学技术，简化为 $Q(k)$，$Q'(k) > 0$，$Q''(k) < 0$，即资本与收益成正比，但具有边际下降趋势，p 为取得贷款的概率且 $0 < p < 1$。由于 $K'(p) > 0$，则 $Q(k)$ 简化为 $Q(p)$，同样有 $Q'(p) > 0$，$Q''(p) < 0$。

农户或乡镇企业从非正规金融机构借贷的收益为 $profit_i = Q(p_i) - i_i - C_i$；

从正规金融机构借贷的收益为 $profit_f = Q(p_f) - i_f - C_f$。

如果非正规金融借贷收益大于正规金融收益，则有：

$$(Q(p_i) - i_i - C_i) - (Q(p_f) - i_f - C_f) > 0。$$

根据拉格朗日中值定理 $Q(p_i) - Q(p_f)$ 必然等于 $Q'(p_a)(p_i - p_f)$。其中 $p_i > p_a > p_f$，则必有 $Q'(p_a)(p_i - p_f) > (i_i - i_f) + (C_i - C_f)$。

根据该不等式进行相关分析，如果上述不等式成立即农户或乡镇企业选择非正规金融的条件有：

①$Q'(p_a)$ 应该足够大，也就是说，在一定的资本下，投资或进行经济活动的成功率越高。一般来说，经济发达地区由于创业环境和相关人员的素质的影响，则该值略高，即经济发达地区非正规金融活动比较频繁。同样，在经济形势较好，经济需求扩张时，投资或进行经济活动的成功率也越高，故此时非正规金融活动更加盛行。另外，对于那些创业致富能手来说，他们投资或进行经济活动的成功率是较高的，他们在获得正规金融青睐的同时，也获得了非正规金融的青睐。

②农户或乡镇企业确定是选择非正规金融还是正规金融的原因之一是（p_i

$-p_f$)。由于非正规金融一般较容易获取，即取决于正规金融多大程度容易被获取。如果国家政策扶持，正规金融机构愿意向服务对象提供服务，则此时选择正规金融的可能性较大。当地正规金融的设置也对此产生影响，如果当地正规金融机构不足，或权限有限，取得正规金融服务较难，则朝向非正规金融可能性较大。正规金融对抵押的要求也对此有所影响，如抵押要求较严，则朝向抵押灵活的非正规金融可能性较大。

③（i_i-i_f）即非正规金融和正规金融的利率差。正规金融的利率受国家控制，变化不大，则变化的主要是非正规金融的利率，该利率较为灵活，可随时进行调整。由于非正规金融的信息比较完全，利率可充分反映其贷款风险。当借贷者和放贷者有较为紧密的关系时，如地缘、血缘关系时，甚至可能出现无息借贷。

④（C_i-C_f）即非正规金融和正规金融的其他成本差。一般说来，非正规金融信息较为完全，其运营成本较低，而正规金融由于场所、人员等运营成本转嫁也较高。但更主要的还是，正规金融内部人员的寻租行为。因为正规金融一般利率较低，为稀缺资源，其内部人员则拥有分配资源的权力。寻租行为越多，中介成本越高，则农户更可能朝向非正规金融。另外，其他的一些成本因素，如担保的成本、中介机构的评估甚至金融机构的距离远近等也将有所影响。

3.3.2　非正规金融发展的历史溯源

非正规金融主要是指正规金融体系之外的金融，是正规金融中介机构的触角不能也不愿意触及而只能允许其他的金融组织和形式的存在，以弥补正规金融中介的不足。非正规金融的存在可以说是一个世界性的现象，而在发展中国家和转轨经济中表现得更为明显。如在发展中国家，广大的农村地区存在的职业放债人、土地典当商、轮流储蓄与信贷协会（RSCA，Rotating Savings and Credit Associations）。在发达国家，由于城市人口占绝大比重，农业普遍实行大规模的耕作，所以城乡差别不大，发展中国家农村地区的这些金融组织形式，在发达国家已经很微弱，而发达国家近年来兴起的风险投资，是非正规金融的另一种表现形式。

事实上，非正规金融作为金融系统中较为原始和低层次的形态，在我国自2 000多年前的夏商时期就开始存在。中国农村私人借贷具有悠久的历史，在原始社会末期随着剩余价值和私有财产的产生而出现。在原始社会末期，有了私有财产，社会向两极分化，贫穷的氏族向富裕的氏族借贷，只不过那时候由于没有货币，其借贷形式以实物形式为主。随着货币的产生，借贷范围从实物借贷随之扩大到货币借贷。我国周朝以前借贷情况记载资料很少，虽然有零星的记载，但难考其详。现有资料记载的借贷情况是从周朝开始的。史籍中关于借贷记载最早的是《周礼》泉府赊贷。传说周郝王借债无力偿还，便躲到高台上逃避债主的追寻，便有了"债台高筑"的典故。西周时期，随着井田制对游耕制度的取代，奴隶向农奴的转变。农奴有了自己耕种的土地、生产工具和归自己处分的物品，就有了借贷的要求和还贷的条件，于是就出现了农奴间的初级融通活动。那时的私人借贷基本上是信用放贷，没有抵押，也没有什么凭证。东汉末三国时期民间借贷更加普遍，《三国志·魏书·武帝纪》记载："有国有家者，不患寡而患不均，不患贫而患不安。袁氏之治也，使豪强擅恣，亲戚兼并；下民贫弱，代出租赋（代与贷通假相用），衒鬻家财，不足应命。"说明在当时的下层社会通过借贷甚至变卖家产来缴纳租赋已经是普遍现象。在此后的 4 000 余年中，我国的非正规金融历经变革和演进，显示了强大的生命力。自非正规金融产生到唐代之前，非正规金融基本一直以简单的自由借贷形式存在，尚未出现非正规金融组织（杨农、匡桦，2012）。自唐朝以来，当铺、钱庄、账局和票号逐渐成为最主要的非正规金融机构。

唐朝时期，随着手工业的发展，典当业也迅速兴盛起来。当铺的名称叫法也日益增加，有质库、解库、典库、解当铺、印子铺等名称。其名称真实反映了当铺质物贷钱的金融运作实质。1607 年，仅河南省就有当铺 230 家。天启年间，全国典当业资本约为 200 万两。唐朝是世界上最早发行纸币的国家，飞钱是世界上最早的纸币。这是世界上最早的纸币雏形，也是近代世界各国学者所公认和认可的最早纸币，两百年后的宋代，交子作为一种地方货币才在四川"正式"发行及流通。唐代大城市中出现了柜坊和飞钱。柜坊经营钱物寄付，在柜坊存钱的客户可以凭书贴（类似于支票）寄付钱财。这些都说明了商业在唐朝中期的繁荣。随着社会经济的繁荣，唐朝非正规金融得到了飞跃式发展，出现了东亚地区最早的合会（姜旭朝、丁昌峰，2004），还产生了当铺的前身"质库"。

钱庄是中国银行业的源头，但最初的形成却是以民间金融示人。钱庄最早始于宋代的四川，是与世界上第一种纸质货币"交子"同时诞生的产物，称"兑换铺""交引铺"。进入明代后称为"钱铺"（或钱肆）。清代乾隆年间江浙、福建开始以"钱庄"称呼。明英宗正统年间（1436—1449 年），大明宝钞贬值，政府放松用银禁令，银钱公开流通。此后几代，由于私钱庞杂，铜钱轻重不一，成色各异，制钱、私钱、白钱三者之间的比价差异大、变动多，兑换业更为发达。如嘉靖时大开铸炉，钱币名类繁多，单是制钱就有金背、旋边等几十种名目。在此情况下，贩卖铜钱和私铸私熔更多，出现了若干专营铜钱兑换的金融组织，称为钱店，又叫钱铺、钱庄、兑店、钱肆、钱桌或钱摊。嘉靖八年（1529 年），私贩铜钱猖獗，朝廷下令禁止贩卖铜钱。导致经营货币兑换业务的钱桌、钱铺等"私相结约，各闭钱市，以致物价翔踊"。明万历五年（1577 年），庞尚鹏奏准设立钱铺，是为钱铺法定之始，以市镇中殷实户充任，随其资金多寡，向官府买进制钱，以通交易。从钱铺发展到钱庄，开始的时候，许多钱庄并非单纯做银钱兑换，往往兼营其他行业。如上海钱庄的鼻祖为"浙江绍兴人"，传说"乾隆年间他在南市老城厢开设炭栈兼做银钱兑换生意"；宁波钱业鼻祖称"方七"者，原是个鞋匠。又如南京、九江钱庄有"兼做彩票"者；乐平地方有"布店兼营者"；在南昌、上海有些钱庄因兼营米业又称"钱米店"。明末，钱庄已成为一种独立经营的金融组织，不仅经营兑换，还办放款，供给签发帖子取款的便利，原来在两地联号汇兑的会票，也成为钱庄发行有钞票性质的信用流通工具。此外，若干小规模的兑钱铺、钱米铺等，在农村相当活跃。随着钱庄的发展、家数增多，到清朝各地先后出现了钱庄的行会组织。官方文献最早出现"钱庄"一词是在清乾隆十年（1747 年），福建巡抚周学健奏称："但铺户奸良不一，应救各州县查明，该处钱庄若干，钱铺若干，造册。"而最早创办的"票号"是 1823—1828 年开业的日升昌。

　　明代建成的钱庄，延续到清及民国继续发展。清以银两为主，兼用制钱，晚期加上银元、铜元和纸币，延伸到民国沿用，更为复杂多变。这五大类货币之间及其本身就有多种成色、版别、折价、鉴定、公估、兑换行情及地区差价等等的计算行用。因此，清初四朝时钱庄业务愈加活跃，除包揽兑换外，还大做存放汇和保管保证等业务，并发行钱票和其他票券，成为该期的主要金融机构，操纵兑换和银行大权。嘉道年间，清廷内忧外患接踵而至，财政困难，市面不景气。有些钱庄投机倒把，多有倒闭。咸丰年间，京沪等地钱庄出现倒闭风潮，如咸丰三年二月十五日这天，北京就因挤兑风潮，倒闭钱庄二百多家。清末及民初，在洋行和外国银行扶植下又兴盛起来，趋向买办化，成为外商银行势力进入内地的工具。19 世纪 20 年代，在沿海地区，特别在五口通商地，钱庄、外国银行、本国银行一度成三足鼎立之势：随着钱庄地位渐次被银行所取代。1933 年实行废两改元后，钱庄在银两、银元和兑换业务上的好处所剩无几；加上金融垄断资本挤压，钱庄经营更加困难，到抗战时期已经奄奄一息。1945 年抗战胜利后，钱业又重燃起发展希望。1947 年 10 月 16 日，上海、南京两地钱业发起在南京介寿堂举行"民国钱商业同业公会联合会"成立大会，但不久，随着内战的爆发，钱庄每况愈下，除在中小城市和农村还有信用活动外，在大城市仅能苟延残喘。上海解放后，钱业于 1952 年底并入公私合营银行（傅为群，2007）。

账局和票号是产生于清朝的重要非正规金融机构。账局亦名账庄，是为工商铺户服务的。它通过办理存款和放款业务，集中和分配资本，在借者与贷者之间起着信用中介的作用。账局也对清朝官吏放款，官吏借款分月选新官赴任花费借款和在职官吏借款两种。对官吏放款，利息率高，是账局"利之十倍"的业务。特别对月选新官放债不仅利息高，还要讲扣头。选好借债者后，要先讲扣头，如九扣，就是发放贷款的 90%，并且贷款的利息是以复利计算，滚利得算，借款官吏往往要承受巨额的债务。票号是清代以经营汇兑业务为主的信用机构，也称票庄、汇票庄或汇兑庄。明末清初汇票作为汇兑的工具，已有流行。乾隆、嘉庆以后，由于埠际贸易扩展，汇兑业务发展迅速，专营汇兑的票号应时产生。道光初年山西平遥县日升昌颜料庄改组为日升昌票庄是最早的一家。其后，平遥、祁县、太谷三县商人继起，将原来由商号兼营的汇兑业务划出或重新集资设立票号。票号的产生标志着近代金融业三大基本业务（存款、贷款、汇兑）已成为中国金融机构全部具备（黄鉴晖，2002）。

当铺、钱庄、账局和票号在业务上既有一定的重叠，也保留了各自的侧重——它们都经营信用放款和存款业务，但当铺的业务以抵押放款为重，钱庄在货币兑换方面更为专业，账局的存贷款功能更为重要，而票号则更加侧重于汇兑业务。

鸦片战争造成白银大量外流，银贵钱贱的局面使中国封建社会货币制度发生了根本的动摇，银两制度继续发展，形形色色的纸币流通，中国币制更加纷乱复杂。随着银行业的兴起，外商银行在华势力不断扩张，控制了中国的财政和金融。北洋政府时期，外商银行进一步加强了对中国金融和财政的垄断，在中国设立了各种合办银行。外商银行在中国的设立和发展，激发了中国人自办银行的思想。清末以来自办的银行包括国家银行、商业银行（包括储蓄银行），以及地方银行（见表 3.2）。辛亥革命之后，中国的商业银行有了很大发展，1912 年设立银行 14 家，至 1927 年共设立银行 155 家（叶世昌、潘连贵，2001）。内战时期，中国银行业得到了空前的发展，新设了很多地方银行。1929 年 6 月国民党政府提倡成立农村合作社，并于 1934 年颁布《合作社法》。非正规金融开始失去自身优势，无法同大银行竞争，规模逐渐萎缩。清末几次金融风潮之后（见表 3.3），钱庄、票号、典当等非正规金融纷纷倒闭，农村非正规金融随着城市非正规金融的衰落也逐渐萎缩。

表 3. 2　清朝末年成立的主要银行

名称	年份	资本额	类型
中国通商银行	光绪二十三年	500 万两	国家银行
国家银行	光绪三十一年	400 万两	国家银行
濬川源银行	光绪三十一年	50 万两	地方银行（四川）
上海信成银行	光绪三十二年	50 万两	地方银行（上海）
浙江兴业银行	光绪三十三年	100 万两	地方银行（杭州）
交通银行	光绪三十三年	500 万两	商业银行
四明银行	光绪三十四年	150 万两	商业银行
殖业银行	宣统三年	72.04 万两	商业银行

资料来源：叶世昌，潘连贵. 中国古近代金融史 ［M］. 上海：复旦大学出版社，2001.

表 3. 3　鸦片战争后几次金融风潮

金融风潮	年份	发生原因
北京钱铺倒闭	1879	胡光墉阜康银行倒闭引发挤兑
倒账风波	1882	上海平准股票公司股价暴跌
贴票风波	1897	钱庄贴票无法付现
橡皮股票风波	1910	蓝格志股票虚长骗局致使钱庄倒闭

资料来源：叶世昌，潘连贵. 中国古近代金融史 ［M］. 上海：复旦大学出版社，2001.

新中国成立之后，由于计划经济体制的推行，私营经济受到禁止，非正规金融不仅由此失去了市场，也经受着国家政策打压，逐渐退出信贷市场。农村信用合作社是仅存的非正规金融形式，但由于产权关系的模糊和政府的过度参与，并不能将其视为真正的非正规金融组织。

1978 年改革开放以来，我国的正规金融市场得到了迅速发展，由货币市场、信贷市场、股票市场、债券市场等共同组成的正规金融市场日益成熟。但与此同时，民营经济逐渐在我国成长，民间资本积累快速增长，我国的非正规金融也在迅速发展，中国金融体制呈现出正规与非正规双轨运行的二元金融格局。整体来看，我国非正规金融的发展大致经历了以下三个时期（王劲松，2004）：

（1）20 世纪 70 年代末 80 年代初的重新产生时期。这一时期非正规金融开始出现，但规模、范围都还很小，当时的主要形式是一些企业的内部集资，信用工具主要是所谓的股票（保本付息、退股自由）。

（2）20 世纪 80 年代中期至 90 年代中期的兴盛时期。1985 年中共中央发布的一号文件提出要"适当发展民间信用"，因而这时民间非正规金融在广度和深度上都显著提高。从广度来看，一是非正规金融的形式越来越多，各种组织化和规范化程度不同的形式都纷纷"登台亮相"；二是范围越来越广，从经济发达地区逐步延伸至次发达地区及至落后地区；三是非正规金融工具越来越繁杂。从深度来看，一是这些非正规金融形式本身不断完善和成熟；二是非正规金融对社会经济金融生活的影响越来越大；三是规模越来越大、参与者越来越多。这一时期，非正规金融活动大多处于政策的灰色地带，一方面，它们处于央行的规范和监管范围之外；另一方面，它们的活动往往又得到地方政府的默许甚至支持。

（3）20 世纪 90 年代中后期以来的调整时期。一方面，由于前一阶段暴露出非正规金融的种种问题，致使国家加强了对这一领域的监管，尤其是 1997 年东亚金融危机以后，国务院和中国人民银行加强了对我国金融秩序的整顿，各种非正规金融活动被定性为非法活动而受到治理整顿。同时，非正规金融中频繁出现的信用危机使越来越多的投资者对参与非正规金融持谨慎态度，加上这一时期我国的资本市场有了较快发展，民间可支配资金越来越大，一部分流向了股票及国债市场。另一方面，20 世纪 90 年代中后期以来，我国正规银行系统开始从县域经济中逐渐撤出，县域经济发展出现了更严重的金融供给不足，这为非正规金融的发展提供了更多的需求，在政府加强治理和打击力度的情况下，这一时期的很多非正规金融转入地下，成为真正的地下金融。

2005 年 2 月，国务院颁布了《关于鼓励支持和引导个体私营等非公有制经济发展的若干意见》（以下简称《意见》）。该《意见》分放宽非公有制经济市场准入、加大对非公有制经济的财税金融支持、完善对非公有制经济的社会服务、维护非公有制企业和职工的合法权益、引导非公有制企业提高自身素质、改进政府对非公有制企业的监管、加强对发展非公有制经济的指导和政策协调 7 部分 36 条。这是改革开放以来第一个以中央政府名义促进非公经济发展的系统性政策文件，也被称为"非公经济 36 条"。《意见》明确了促进非公有制经济发展的总体要求，强调指出，要消除影响非公有制经济发展的体制性障碍，进一步完善相关法律法规和政策，进一步加强和改进政府监督管理和服务，进一步引导非公有制企业不断提高自身素质等。2006 年 12 月 22 日，中国银行业监督管理委员会下发《关于调整放宽农村地区银行业金融机构准入政策更好支持社会主义新农村建设的若干意见》，决定在四川、青海、甘肃、内蒙古、吉林、湖北 6 省（区）的农村地区开展试点村镇银行、农村资金互助社、贷款公司三类新型农村金融机构。2007 年 1 月 22 日和 2008 年 4 月 24 日，中国人民银行和中国银行业监督管理委员会相继下发了《中国银行业监督管理委员会关于印发村镇银行管理暂行规定》（银监发〔2007〕5 号）、《中国银行业监督管理委员会关于印发村镇银行组建审批工作指引》（银监发〔2007〕8 号）、《中国银行业监督管理委员会、中国人民银行关于小额贷款公司试点的指导意见》(银监发〔2008〕23 号)、《中国人民银行、中国银行业监督管理委员会关于村镇银行、贷款公司、农村资金互助社、小额贷款公司有关政策的通知》(银监发〔2008〕137 号),标志着非正规金融重新浮出水面。2010 年为了应对金融危机,国务院于当年 5 月 7 日又颁布了《国务院关于鼓励和引导民间投资健康发展的若干意见》,被称为新 36 条。2012 年 4 月 13 日,交通运输部出台了《关于鼓励和引导民间资本投资公路水路交通运输领域的实施意见》,正式拉开出台新 36 条实施细则的大幕。紧随其后,同年 5 月 16 日,铁道部发布《关于鼓励和引导民间资本投资铁路的实施意见》。这意味着我国非正规金融进入了一个全新的发展阶段。

中国农村非正规金融具有 1 500 多年的历史,因回应了农户内生性的资金需求,适应了农户资金需求规模小、地域分布分散、农业生产季节性的特点,对解决农户资金短缺起到了融通作用,并随着中国农村经济体制改革逐渐演变、壮大起来。

中国农村非正规金融经历了中华人民共和国成立前的自然演化到政策干预的发展历程,政府压制、打压都没能够使之消亡。2007 年全国金融工作会议后,国务院明确把推进农村金融改革发展作为金融工作的重点,组织成立由17 家单位参加的工作小组,专题研究解决农村金融领域的重点难点问题。2014 年 4 月 16 日的国务院常务会议确定了金融服务"三农"发展的措施,对符合要求的县域农村商业银行和合作银行适当降低存款准备金率。会议确定,一要丰富农村金融服务主体。分类推进农村信用社等金融机构改革,培育发展村镇银行,提高民营资本持股比例,鼓励建立农业产业投资基金,整合放大服务"三农"能力。二要加大涉农资金投放。对符合要求的县域农村商业银行和合作银行适当降低存款准备金率。落实县域银行业法人机构一定比例存款投放当地的政策。三要发展农村普惠金融。完善扶贫贴息贷款政策。推动偏远乡镇基础金融服务全覆盖。四要加大对发展现代农业重点领域的信贷支持。完善农业保险保费补贴政策,建立大灾风险分散机制。五要培育农村金融市场。开展农村金融租赁服务,创新抵(质)押担保方式,发展农村产权交易市场。六要加大政策支持。完善涉农贷款财政奖励、农户小额贷款税收优惠和农村信贷损失补偿等政策,切实防范金融风险。会议要求,所有涉农金融机构都要努力往下"沉",做到不脱农、多惠农。农村非正规金融弥补了农村金融市场上正规金融供给不足,向不能获得正规金融机构资金融通的乡镇企业和贫困农户提供资金,成为正规金融的有益补充。

3.3.3　当前我国农村非正规金融的构成

从非正规金融市场的参与主体来看，当前我国农村非正规金融的构成可以分为两类：一类是以个人为主体的民间借贷；另一类是以组织为主体的民间借贷。其中，以个人为主体的民间借贷行为根据借贷目的的不同又可分为三类：一是以互助为目的的一次性借贷行为，这是我国目前以及多数国家最常见的；二是高利贷，这类人以赚取高额利息为目的；三是中间人或担保人，即在借款人和贷款人中间充当中间人或担保人的角色。以组织为主体的非正规金融组织也同样分为三类：第一类是以互助为目的的金融组织，如各种会；第二类是以公司、商行等名号注册却从事借贷业务以赚取高额利息为目的的地下钱庄；第三类是以集资为手段筹集资金用于生产目的的各类公司（张元红等，2012）。当前我国农村非正规金融的主要形式与构成如表 3.4 所示。

表 3.4　当前我国农村非正规金融的主要形式与分类

主要形式	分　类
以个人为主体	互助性的借贷
	高利贷者
	中间人或担保人（如银背）
以组织为主体	各种互助会（如合会、农村合作基金会等）
	地下钱庄（包括典当、寄卖等）
	集资公司

表 3.5　不同时期农村非正规金融主要构成

20 世纪 80 年代	20 世纪 90 年代	2000 年至今
民间自由借贷	民间自由借贷	民间自由借贷
合会（生活需求为主）	合会（需求多样化）	合会（需求多样化）
银背（个别地区）	银背（区域性）	银背（区域性）
民间集资（形式多样）	民间集资（现金为主）	企业集资（借贷企业内部）
农村合作基金会（个别地区）	农村合作基金会（普遍存在）	—
典当行（少量）	典当行（较普遍）	典当行（少量）
私人钱庄（一时性）	私人钱庄	私人钱庄（个别非法）
	民间票据贴现	民间票据贴现
		小额贷款公司

资料来源：杨兆廷，马彦丽 . 农村金融供给与需求协调研究 ［M］. 北京：中国金融出版社，2013.

3.4 农村正规金融与非正规金融发展现状的统计考察

3.4.1 我国农村正规金融发展情况的现状分析

农村正规金融是我国金融体系的重要组成部分，是支持和服务"三农"的重要力量。农村金融的改革探索始终贯穿于农村经济社会发展进程中，农村金融的发展创新对落实国家支农惠农政策和保持农村经济社会稳定发挥着重要作用。改革开放以来，特别是 2003 年以来，以农村信用社改革试点启动为标志，新一轮农村金融改革创新稳步推进。农村信用社改革取得阶段性成果，历史包袱逐步得到有效化解，运行机制不断完善，"三农"服务主力军地位进一步巩固。中国农业银行、中国农业发展银行和中国邮政储蓄银行等涉农金融机构改革不断推进，涉农业务逐步拓展。农村金融产品和服务方式创新有序推进，各地根据农村经济特点和农户实际需求，创新试点了多种符合"三农"实际特点的信贷产品和金融服务。农村金融基础设施逐步健全，农村支付体系和信用体系建设不断完善，农村金融生态环境逐步改善。

总体来看，近年来的农村金融改革创新，有力地支持了农业产业化发展，推动了传统农业向现代农业转变；支持了社会主义新农村建设，促进了城乡协调发展；支持了农业增产和农民增收，提高了农村金融服务水平。但是，由于我国各地区农村经济发展与农村金融发展状况不一致，也出现了一系列新的矛盾和问题，特别是农村信贷资金的流出呈现出多渠道、加速化趋势，金融机构资源配置效率低下。从总量上来看，农村金融机构普遍"存多贷少"，对"三农"的信贷投入增量减少；从资金流向结构来看，农村金融机构向城市集中的趋势明显，加剧了金融资源城乡配置不合理。同时，农村信贷资金外流还可从地域流向和产业流向划分。从产业流动来看，农村金融资源从农业向其他产业流动加剧了农业在产业资源竞争中的弱势地位；从空间流动划分，金融资源从落后地区向发达地区流动进一步恶化了落后地区的金融资源的稀缺程度。

3.4.1.1 农村金融资源外流加剧

近年来，我国农村经济建设和结构调整产生了大量金融需求，其中有部分农村金融需求具有较强政策性，而当前的政策性金融服务还不能满足其需求，各商业性农村金融机构发挥着主力军的作用。截至 2011 年底，银行业金融机构涉农贷款余额 14.6 万亿元，占全部贷款的 25.7%，同比增长 24.9%，高于各项贷款平均增速 8.8 个百分点。从图 3.4 可知，从 1995 到 2010 年我国农业金融相关率呈现逐年上升的态势，农业金融相关率从 1995 年的 12.73％上升到 2010 年的 62.45％，以平均每年 3.22％的速度增长。而非农产业的金融相关率在 1.15 上下波动，2010 年非农产业的金融相关率达到 1.25 左右，几乎可以达到农业金融相关率的两倍。因此，虽然农村信贷量呈现出逐年增长的态势，但是相对于其他非农产业的信贷量，农业信贷总量仍然远远不够。农村金融在支持农业发展，推动缩减城乡收入差距等方面仍然有很大不足。

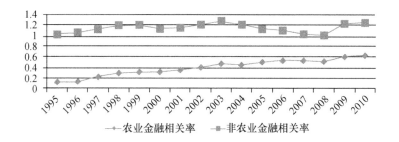

图 3.4　1995—2010 年我国农业与非农产业金融相关率

数据来源：历年《中国统计年鉴》和《中国乡镇企业年鉴》.

　　目前，我国已经进入"以工促农，以城带乡"的重要调整阶段，政府要求将更多信贷资源投向"三农"，优先支持"三农"发展的重点领域和薄弱环节，向县域和中西部农村配置更多金融资源；加快改革创新，提升农村金融服务的质量和水平。管理部门出台多项政策引导银行业金融机构调整区域信贷投向，经济落后地区与发达地区之间信贷资源分配失衡情况有所改善，中西部地区的贷款增幅均排在全国前列。截至 2011 年底，中西部地区贷款余额同比增速较东部地区高 4.5 个百分点，各省（市、区）贷款增速前 10 名分别为西藏（35.5％）、海南（27.3％）、新疆（26.7％）、甘肃（25.3％）、内蒙古（23.5％）、青海（22.2％）、安徽（21.2％）、宁夏（20.1％）、黑龙江（20.1％）、重庆（20.0％）。

　　但是，从总体来看，我国农村金融资源外流率反而呈现出上升趋势，农村贷款增长率仍然低于农村存款增长率。为了较为准确地评估农村金融资源外流率，本节将农业存款与农户储蓄之和定义为农村存款，将农业贷款与乡镇企业贷款之和定义为农村贷款，而农村存款和农村贷款之差与农村存款之比定义为农村金融溢出率。农村金融溢出率代表农村金融资源流失部分占农村金融总量的比重。由图 3.5 可知，我国农村金融溢出率总体上呈现出逐年上升的趋势，农村金融溢出率由 1995 年的 21.56％上升到 2010 年的 51.75％，年均增幅为1.89％。截至 2010 年，有超过一半的农村金融资源流出农村，而且有继续增加的趋势。农村金融资源的大量外流与农业和农村经济在国民经济中的重要地位以及社会对"三农"问题的关注形成反差，金融资源在城乡之间的不合理配置与国家要求统筹城乡协调发展形成反差，"三农"对金融资源的巨大需求与农村金融资源大量外流形成反差。按照统筹城乡发展的要求，在我国进入"以工促农，以城带乡"的新阶段的背景下，应该大力推进农村金融制度改革，提高农村金融机构对金融资源配置效率，使得农村金融资源更好地为"三农"服务。

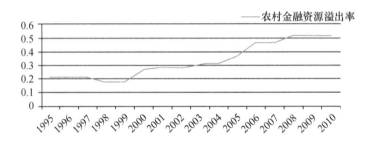

图 3.5　1995—2010 年农村金融资源溢出率
数据来源：历年《中国统计年鉴》和《中国乡镇企业年鉴》.

　　从各省市的具体情况来看，如图 3.6 所示，在 2010 年，除了内蒙古的农村金融溢出率为负以外，其他地区农村金融溢出率均为正值。其中，西藏的农村金融资源流出比重最大，高达 74.36%，山西、北京、黑龙江和广东均高于40%，其余大部分省市的农村金融资源溢出率也均达到 20% 以上，这表明这些地区农村金融流失率较高，农村金融机构将农业存款转换为农业贷款的能力较差。农村金融发展没有缓解农村地区金融资源短缺状况，反而加剧了地区之间金融资源不合理配置状态。

3.4.1.2　农村金融机构地区分布不均衡

　　由于区域之间农村金融发展水平差距较大，金融机构主要分布在经济发达地区，而经济较落后地区金融机构分布相对较少。为了解决落后地区农民群众对金融资源的需求，国家有关部门采取了诸多措施，包括设立基层银行网点、建立新型农村金融机构等。截至 2011 年底，全国金融机构空白乡镇从启动时（2009 年 10 月）的 2 945 个减少到 1 696 个，其中 2011 年减少 616 个金融机构空白乡镇；实现乡镇金融机构和乡镇基础金融服务双覆盖的省份（含计划单列市）从 2009 年 10 月的 9 个增加到 24 个。与此同时，我国农村金融机构数量和结构也发生了较大变化。由表 3.6 可知，截至 2011 年年末，我国农村金融机构的法人机构共有 3 359 个，农村信用社为 2 265 个，占比 67.43%；农村

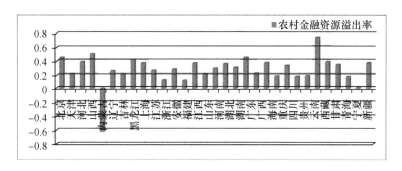

图 3.6　2010 年 31 省市农村金融资源溢出率

数据来源：《中国银行业农村金融服务分布图集》.

商业银行、农村合作银行也迅速发展，逐渐成为解决贫困地区农村金融需求的重要力量。

表 3.6　2011 年年末主要农村金融机构法人机构和从业人员情况表

机构名称	法人机构数/个	从业人员数/人
农村金融机构合计	3 359	937 446
农村信用社	2 265	533 999
农村商业银行	212	155 476
农村合作银行	190	70 115
新型农村金融机构和邮政储蓄银行	692	177 856

数据来源：《2011 年中国银监会年报》.

　　同时，新型农村机构快速发展。由表 3.7 可知，截至 2011 年底，全国 242 家银行业金融机构共发起设立 786 家新型农村金融机构，其中村镇银行 726 家（已开业 635 家），贷款公司 10 家，农村资金互助社 50 家（已开业 46 家）；473 家分布在中西部地区，占 60.2%，313 家分布在东部地区，占 39.8%。新型农村金融机构累计吸引各类资本 369 亿元，各项贷款余额 1 316 亿元，其中小企业贷款余额 620 亿元，农户贷款余额 432 亿元，两者合计占各项贷款余额的 80%。

表 3.7　2011 年年末新型农村金融机构地区分布

（单位：%）

	东部	中部	西部	东北	全国
村镇银行	30.4	23.8	31.1	14.7	100
贷款公司	22.2	22.2	44.4	11.1	100
农村资金互助社	29.5	15.9	36.4	18.2	100
小额贷款公司	26.7	25.3	31.7	16.2	100

数据来源：《2011 年中国区域金融运行报告》。

从银监会年报可知，2011 年，村镇银行、贷款公司、农村资金互助社、小额贷款公司等新型农村机构继续加快发展，县域和农村金融服务进一步加强。各地区小额贷款公司、村镇银行增长迅速，西部地区新型农村机构占比最高。广西村镇银行新设家数同比增长 1.3 倍，贵州村镇银行资产总额增长 2.1倍，重庆、江西小额贷款公司在县域实现全覆盖，山东村镇银行业务规模增长2 倍以上。农村金融产品与服务方式创新工作向纵深发展。福建农业银行创新开展"银村共建"，与 579 个村建立共建关系，累计发放贷款 60.4 亿元。江西实施"创新一百种农村金融新产品、培育一百个金融支持示范主体、打造一百项特色金融服务"模式的"三百工程"，切实满足"三农"多元化金融服务需求。山东金融机构加大对农田水利支持力度，创新 6 种信贷产品，新增贷款152.9 亿元，支持山东实现粮食总产量"九连增"。辽宁创新农业贷款模式，其中朝阳市创新发放设施农业贷款 41.5 亿元，助力"百万亩设施农业"建设。云南在全国首创"一创两建"（即农村金融产品和服务方式创新、农村支付环境建设、农村信用体系建设）工作模式，全面提升农村金融服务水平。河南积极推广订单农业贷款等 8 种涉农信贷产品，全年新增涉农贷款占全部新增贷款的 53.3%，较好地支持了"三农"及国家粮食核心区建设。甘肃围绕农业特色产业发展，积极开展农村金融服务创新综合实验县创建工作，推出农村信贷创新产品和服务方式 20 个。

虽然经过多年的发展，农村信贷资金总量与农村金融机构数量有了较大增长，但是，地区之间的农村金融发展不均衡的状况并未得到根本好转。从图3.7 可知，截至 2010 年年底，各地区农村万人拥有银行网点数相差悬殊。上海、北京和天津的农村万人拥有银行网点数超过 10 个，浙江、辽宁和广东农村万人拥有网点数超过 5 个，而广西、贵州和云南等西部地区农村万人拥有银行网点数则低于 2 个。因此，农村金融机构区域不均衡分布的状况仍然有待进一步改善。

3.4.1.3　农业保险地位缺失

农业保险是防范农业生产风险、化解农业灾害损失、创造良好农业生产环

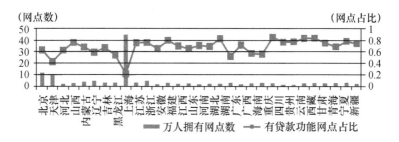

图 3.7　2010 年各地区农村万人拥有银行网点数以及有贷款功能网点占比

数据来源：中国银监会《中国银行业农村金融服务分布图集》.

境的一项制度创新，也是改善农户信用环境，建立健全农村金融体系的重要环节。但我国农业保险发展缓慢，保险机构对"三农"保险的积极性不高。其原因在于农业是弱势产业，抗风险能力差，保险机构的涉农保险业务要比对其他行业的保险面临更多的风险。为了化解难题，政府不断加大投入力度，综合采取多种措施，尽可能地减少农业损失和加大灾害救助，如推行紧急恢复计划，对遭受损失的农户给予紧急贷款或财政补助；安排专项资金直接支持抗旱设施建设等方式在抵御农业风险方面发挥着积极作用，但是也存在一定制度限制。而农业保险作为一种有偿的风险管理手段，通过投保人缴纳保费、保险人提供风险保障这种契约行为，能够较大地提高投保人及保险机构防范风险的意识，起到较好的作用。

历经多年缓慢发展，我国农业保险占财产保险中的比重仍然较低，农业保险深度和农业保险密度也仍然较低，远低于欧美等发达国家。由保监会统计数据可知，2010 年，全国农业保险保费收入 135.68 亿元，较 2009 年同期增长 1.89 亿元。其中种植业保险（不含森林保险）保费收入 107.92 亿元，同比增长 10%，占比 79.54%；森林保险保费收入 3.31 亿元，同比增长 76%，占比 2.44%；养殖业保险保费收入 24.45 亿元，同比减少 27.85%，占比 18.02%。全年农业保险支付赔款 100.69 亿元，其中，种植业保险赔款 68.5 亿元，森林保险赔款 1.8 亿元，养殖业保险赔款 30.4 亿元；农业保险覆盖农户 1.4 亿户次，共有约 2 100 万户次的受灾农户得到保险补偿。由表 3.9 可知，截至 2011 年年底，农业保险占财产保险的比重为 3.6%，农业保险深度和农业保险密度分别为 0.366% 和 26.5%，与其他行业和国家相比仍然处于低位，有待更大发展。

表 3.8　2000—2011 年我国农业保险发展情况

	2000	2001	2002	2003	2004	2005	2006	2007	2008	2009	2010	2011
农业保险保费	4	3	5	5	4	7	8.5	53.3	110.7	133.9	135.9	174
农业保险赔付	4	3	4	3	3	6	5.9	29.8	64.1	95.2	96	81.8
农业保险赔付率	1	1	80	60	75	85.71	69.41	55.91	57.90	71.10	70.64	47.01
财产保险保费	608	685	780	869	1 125	1 283	1 579.1	2 086.5	2 446.3	2 992.9	4 026.9	4 779.1
财产保险赔款	308	333	403	476	579	691	824.5	1 063.8	1 475.5	1 638.2	1 815.2	2 249.2
财产保险赔付率	50.66	48.61	51.67	54.78	51.47	53.86	52.21	50.98	60.32	54.74	45.08	47.06
农业保险深度	0.027	0.019	0.030	0.029	0.019	0.031	0.035	0.186	0.328	0.380	0.335	0.366
农业保险密度	0.494 8	0.377 1	0.639 1	0.650 6	0.528 4	0.939 0	1.161 8	7.455 0	15.724 7	19.423 2	20.249 4	26.501 8
农业保费占比	0.658	0.438	0.641	0.575	0.356	0.546	0.538	2.555	4.525	4.474	3.375	3.641

　　注：农业保险保费、农业保险赔付、财产保险保费、财产保险赔款单位为亿元；农业保险赔付率、财产保险赔付率、农业保险深度、农业保费占比单位为％；农业保险密度单位为元/人。

　　数据来源：历年《中国保险年鉴》.

　　从各地区农业保险发展状况来看，上海、北京和内蒙古的农业保险密度均高于 150 元/人，而河南、山西等中西部地区保险密度则低于 10 元/人，贵州的农业保险密度最低，为 0.94 元/人。从农业保险密度来看，上海、北京、内蒙古和新疆等农业金融发达地区的农业保险密度处在全国前列，陕西、河南和贵州等中西部地区农业保险密度最低。由此可知，区域之间农村保险业发展状况相差较大，农业保险发展缓慢，进一步恶化了农村金融匮乏的状况。由于农业保险赔付率高，且缺乏必要的政策和法律支持，加之保险机构在商业化经营后对经济效益的追求，农业保险业务整体比较低迷。农业保险发展停滞不前，不仅加剧了农村金融供给紧张的状况，使农村金融系统面临更大的困境，而且也严重制约着农业现代化和农村经济增长进程。

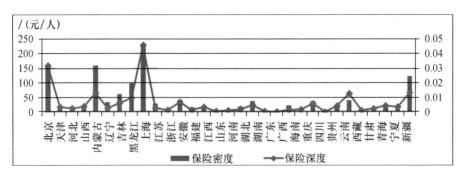

图 3.8　2011 年我国各地区农业保险深度和保险密度

数据来源：《2012 年中国保险年鉴》和《2012 年中国统计年鉴》.

3.4.2　我国农村非正规金融发展情况的现状分析

新中国成立后，为了迅速恢复农业生产，解决农民所需的资金问题，政府除了加强国家信贷和发展农村信用合作社之外，还提倡"群众间相互借贷"，那段时间被认为是农村民间借贷发展的"黄金时期"。但是到了人民公社时期，非正规金融开始受到压抑，在农村金融市场除了生活互济性质的亲友间借贷外，有获利性质的民间借贷基本上都消失了。改革开放之后，随着农村经济体制的全面改革，农村金融市场的资金需求规模急剧扩大，但正规金融机构的信贷几乎全部投向了城市，农民只能从非正规金融市场上得到融资，从而使得非正规金融又活跃起来。现阶段，非正规金融在人们的社会生活中仍然是普遍存在的。根据李建军（2006）的调查研究发现，我国农户通过非正规金融渠道获取的信贷规模占到总信贷规模的 56.78%，另外，中小企业也有 1/3 以上的融资来自非正规金融途径。

由于非正规金融当前并不被官方机构所承认，因而不能在官方统计年鉴以及其他相关的金融报告中找到关于非正规金融的数据，只能通过一定的方法对农村非正规金融进行推算。当前有关非正规金融发展规模的估算方法主要有推算法（固定资产资金来源推算法、正规金融满足率推算法）、供求轧差法及投入产出核算法。

1. 固定资产来源推算法

有学者提出使用的固定资产来源推算法推算我国农村非正规金融的数据，其中农村非正规金融的发展水平＝农村非农户投资中和农户投资中的自筹资金和其他资金之和/第一产业增加值，相关数据自《中国固定资产统计年鉴》获取（冉光和、汤芳桦，2012；胡宗义等，2013）。这种方法的缺陷在于：第一，从农村非正规金融的来源来分析，该方法以农村固定投资规模作为农村非正规金融的规模指标，而农村资金并非完全用于固定投资，存在不具代表性的不足；第二，农村非农户投资中和农户投资中的自筹资金和其他资金只是农村资金运用的一部分，存在不具全面性的不足；第三，由于数据的缺失，按照此种方法计算的农村非正规金融的数据仅能更新到 2010 年，故而无法分析 2011 年至今农村非正规金融的发展状况，存在不具时效性的不足。

2. 正规金融满足率推算法

还有学者提出可用正规金融满足率推算法计算出农村非正规金融规模，引入正规金融机构贷款对 GDP 的支持程度、农户单位创造的 GDP 等概念，首先计算出正规金融满足率，再由正规金融满足率推导出农村非正规金融的测算公式（李建军，2010；易远宏，2013），其计算步骤如下：

第 1，假定正规金融机构为正规金融机构贷款对 GDP 的支持程度 $S_{gdpf}=$ 金融机构未偿还短期贷款 / 农业产值，农户单位创造的 $GDPS_{gdprf}=$ 未偿还的农户贷款 / 农业产值；

第 2，计算正规金融满足率 $S_{rf}=S_{gdprf}/S_{gdpf}$；

第 3，按照推导公式计算农村非正规金融 $=(S_{gdpf}\times Y_r\times(1-S_{rf}))/t$，其中 Y_r 为农业产值，t 为金融机构的人民币境内短期贷款占全部贷款的比重。

该方法通过正规金融满足率来推算出农村非正规金融规模，可以计算出各个省份的农村非正规金融数据，便于研究微观问题。

3. 供求轧差法

郭沛（2004）运用供求轧差法计算出农村非正规金融的规模[20]，首先需要计算出个私企业年度固定资产投资总额与个私企业来自正规金融机构的贷款总额的差额，这一差额通常要靠内源融资和非正规外源融资所弥补；其次，根据两种较为科学权威的比例分别估算窄、宽口径的个私企业非正规外源融资数额，这两种比例分别是来自国际金融公司（Gregory 和 Tenev，2001）和林汉川等（2003）所做的大样本调查；再次，假定农村个私企业占全国个私企业的70%，将上一步计算出来的窄、宽口径的个私企业非正规外源融资数额乘以70%，得到的结果便是农村个私企业的非正规外源融资估计值；最后，将获取的农村非正规融资规模加上计算出的农村个私企业的非正规外源融资估计值可得到农村非正规金融规模数据。

这种评估农村非正规金融规模的方法结合了众多学者的研究经验与调查数据，具有一定的综合性，但其存在的缺陷也很明显：第一，该计算方法建立在农村非正规金融的主体是农村个私企业和农户、个私企业投资以固定投资为主、农村个私企业非正规外源融资比例各年度之间保持不变等六个前提假设，这些前提假设虽然减少了计算的难度，也同时削弱了计算的准确性；第二，郭沛（2004）一文中之所以选择两种关于窄口径与宽口径的度量比例，是因为他所选取的国际金融公司（Gregory 和 Tenev，2001）和林汉川等（2003）所做的大样本调查数据相差较大，这说明宽窄口径的度量比例受样本数量、抽样方法等因素影响，导致两种大样本调查结果有着较大的出入，而当前并未有权威科学的宽窄口径的度量比例数据。总而言之，这种计算方法计算过程复杂，计算结果容易受所选取的数据影响，不具有普适性。

4. 投入产出核算法

还有学者从信贷需求角度出发，引入单位 GDP 贷款系数、单位农业产值贷款系数、农户民间借贷满足率等概念，构建了农户民间借贷规模测算的估计模型（李建军，2010；马鑫媛，2018）。其计算过程如下：

第一，设定单位 GDP 贷款系数 KY ＝全社会未偿还贷款余额/GDP、单位农业产值的贷款系数为 KA ＝农业贷款/农业产值；

第二，根据《中国统计年鉴》推算出单位农业产值必要贷款系数的参数区间为 81%—85%，据此计算出单位农业产值必要贷款系数的上下限：下限 $KA_X = KY \times 81\%$，上限 $KA_S = KY \times 85\%$；

第三，推导得出农户民间借贷规模＝农业产值×（单位农业产值必要贷款系数－单位农业产值必要贷款系数），以此估算农村民间金融的可能规模区间。

该测算方法站在借款人的角度上，根据国民核算投入产出消耗来进行计算，具有一定的科学性。但这种计算方法只能计算全国范围的农村非正规金融的规模，未对不同省份、不同行业进行区分，无法据此研究农村非正规金融微观层面的问题。

5. 测算方法的比较与选择

表 3.9 对固定资产来源推算法、正规金融满足率推算法、供求轧差法及投入产出核算法等四种方法进行比较，分析其各自的优缺点。从数据获取难易程度、推算方法的合理性等角度分析，再加上本书研究的是省级农村非正规金融问题，故本书将选取正规金融满足率推算法来计算本书所需的各省农村非正规金融数据。

表 3.9　四种测算方法的优缺点比较

方法	优点	缺点	数据获取
固定资产来源推算法	数据获取较为容易，计算过程简单	选取用于计算的数据不具有代表性与全面性，并且由于数据的缺失，按照此法只能计算到 2010 年，无法研究后续农村非正规金融发展状况	《中国固定资产投资统计年鉴》
正规金融满足率推算法	计算数据获取较为简单，通过正规金融满足率来推算出农村非正规金融规模，可以计算出各个省份的农村非正规金融数据，便于研究微观问题	是一种间接测算，计算出的结果只是大致的估计值	《中国金融年鉴》《中国农村金融服务报告》《金融机构贷款投向统计报告》国家统计局数据库

续表

方法	优点	缺点	数据获取
供求轧差法	相较于固定资产来源推算法更严谨，引入较为权威的大样本调查中窄、宽口径进行计算	数据获取较为困难；假设前提较多降低了准确性；并未有绝对权威的窄、宽口径度量比例；计算过程复杂，计算结果不具有普适性	《中国金融年鉴》民营企业调查、小企业问卷调查、"不同地区农户借贷行为及借贷资金来源结构研究"课题
投入产出核算法	根据国民核算投入产出消耗原理来进行测算具有一定的合理性，能计算全国范围的农村非正规金融规模	只能计算全国范围的农村非正规金融规模，不能计算出各个省份的农村非正规金融规模，从而无法研究省级微观问题	《中国统计年鉴》《中国金融年鉴》

本节通过对我国东、中、西部地区的非正规金融的发展规模，以及农户与非农户对非正规金融的依赖程度来分析我国农村非正规金融的现状。

本节按照固定资产来源推算法计算我国农村非正规金融发展规模，将农村农户固定资产投资来源中的国内贷款以及农村非农户固定资产投资来源中的国家预算内资金、国内贷款和利用外资归为农村正规金融范畴，将农村农户固定资产投资和农村非农户固定资产投资来源中的自筹资金和其他资金归为农村非正规金融范畴。由于《中国固定资产投资统计年鉴》中农村农户固定资产投资和农村非农户固定资产投资来源中的自筹资金和其他资金只公布到 2010 年，本书对于我国农村非正规金融发展规模的测度只计算到 2010 年。为了匹配农村非正规金融发展规模数据，本书其他数据全部统一至 2010 年。选取的是 2003 年至 2010 年全国 30 个省市的数据（不包括西藏）。另外，农村正规与非正规金融均要用以 2003 年为基期的农村 CPI 进行平减处理，以此剔除价格因素的影响。

从图 3.9 可以看出，在 2003 年至 2010 年期间，我国农村非正规金融的发展规模持续扩大，从 2003 年的 8 229 亿元增长到了 2010 年的 26 540 亿元，增长到了三点多倍。而农村正规金融的发展规模一直维持在 2 247 亿元左右，几乎没有波动，且 2010 年的发展规模仅有非正规金融的 10% 左右。由此可见，在农村金融市场上，农村非正规金融的发展规模要远远大于农村正规金融的发展规模。

不同地区的农村非正规金融的发展规模也存在差别。其中，东部最大，中

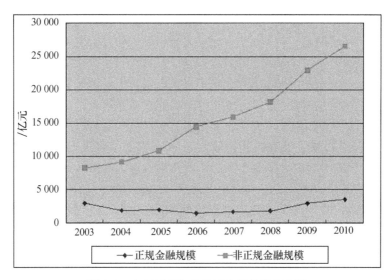

图 3.9　农村正规与非正规金融的发展规模

部次之，西部最少。以 2010 年为例，东部 11 省市的农村非正规金融的平均规模
达到 1 902 亿元；中部 8 省市为 953 亿元，是东部的 1/2 左右；西部 11 省市为
446 亿元，为东部的 1/4 左右。可见经济越发达的区域，其非正规金融的规模也
就越大。但是，非正规金融的依赖程度并不和经济发展水平成正比。从图 3.10
中可以看出，中部地区对非正规金融的依赖程度最大，东部次之，西部最低。而
且近几年我国各地区的农村非正规金融的依赖程度都呈下降趋势，其中西部地区

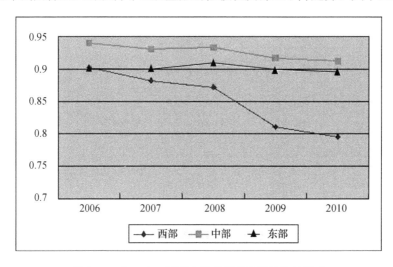

图 3.10　东、中、西部农村非正规金融的依赖程度

的降低效果最明显，从 2006 年的 90.47％减少到 79.88％，说明近些年政府对农村金融体制的改革取得了一定成效。但是考虑到我国农村需求主体包括农户和非农户（农村各种登记注册类型的企业、事业、行政单位）两大类，那究竟是哪类需求主体对非正规金融的依赖程度的降低才致使总体上的降低呢？下面将具体分析农村经济主体中的农户与非农户对非正规金融的依赖程度。

从图 3.11 中可以看出，从 2003 年到 2010 年，我国东、中、西部农户从非正规金融渠道获取的借款数额持续高于 90％以上，可见对非正规金融的依赖程度极高，但总体波动幅度不大，并没有在 2006 年出现明显的下降趋势。另外，非农户在非正规金融市场的融资比例相对就少一点，对非正规融资的依赖程度一般都在 90％以下，位于农户依赖程度曲线下方。但其存在明显的波动情况：东、中、西部三个地区的非农户的非正规金融依赖程度均在 2006 年时达到最大；在 2006 年之前，东部地区呈稳定上升趋势，中西部地区呈显著上升趋势；在 2006 年以后，三个地区非农户的依赖程度均有不同程度的下浮。因此可以判断，2006 年之后各地区出现的农村非正规金融依赖程度的下降主要是因为非农户对非正规金融的依赖程度的下浮。

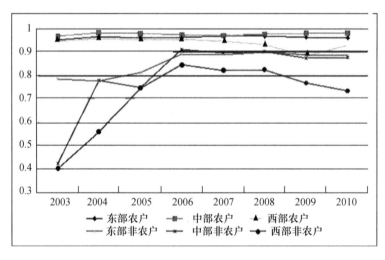

图 3.11　各地区农户与非农户的非正规金融依赖程度

究其原因，主要有以下几个：第一，2006 年以来，政府拓宽了农村金融市场的准入门槛，调低了注册资本限制，设立了三类新型金融机构（农村资金互助社、村镇银行和贷款公司），加大了金融市场的供给，为农村各类企业的贷款提供了便利。另外，邮政储蓄银行开展的定期存单小额质押贷款业务，农业银行面向三农的股份制改革，农业发展银行拓宽的业务范围和资金来源，以及对农村信用社的加强监管,无不为农村正规金融的发展注入活力。同时也表明了政府的意图:构建完善的多层次、广覆盖、可持续的现代农村金融体系,真正为三农提供服务。第二,在这一时期,各地涉农金融机构在农村金融产品创新方面进行了探索,不仅大力发展小额信贷,并且针对不同的农村金融需求开发了多种新型信贷产品。农村金融机构产品和业务创新按服务对象大致可分为以下几类:第一,针对农村贫困人口和低收入群体的政策扶持性金融产品,如扶贫贴息贷款、农户小额贷款等;第二,针对传统种植业农户的抵押担保金融产品,如农户联保贷款、农机贷款和兴农贷款等;第三,针对农村个体经营和农民创业的金融产品,如农户助业贷款、农村青年创业贷款和失地农民创业贷款等;第四,针对农村金融企业的服务可分为微型企业贷款、农业产业化龙头企业贷款。从贷款服务对象的覆盖层次看,初步体现了农村金融产品服务"三农"的目标和原则。

3.5　农村正规金融与非正规金融发展收敛性分析

经济学家普遍认为经济发展存在着某一种稳态,经济在发展过程中总是沿着某一路径趋向于这种稳态,这就是经济发展的收敛性。随着人们对金融发展研究的展开,这种收敛性的研究被引入到金融的发展上,然而这种金融发展收敛性的研究对象大都定义在区域总量金融的研究上,鲜有对农村金融发展收敛性的研究。农村金融是区域金融发展不可分割的一部分,随着农村经济的不断发展,加强对农村金融研究的必要性越来越大,农村金融的发展也越来越受到更多人的关注。农村金融发展收敛性的研究目的是考察农村金融在现阶段发展中是否存在着某种金融发展稳态,农村金融是否会沿着发展路径趋向于这种均衡,这对农村经济的可持续发展有着重要的意义。本节在前人研究的基础上,对我国农村正规金融与非正规金融发展的收敛性进行专项研究,同时试图寻找出农村金融发展的收敛路径,探讨我国农村正规金融与非正规金融发展收敛性的决定因素。

收敛性是指对于不同的国家或地区,初期的静态指标(人均产出、人均收入等)与其现阶段的增长率呈现负相关的现象,即落后地区有着比发达地区更高的经济增长率,这是新古典经济增长理论的重要推论。新古典经济增长理论是美国著名经济学家 Robert M. Solow 和英国著名经济学家 Trevor W. Swan 于 20 世纪中叶提出的,他们将经济增长的源泉定义为资本、劳动和技术进步。一方面,他们认为人均实际 GDP 的增长是由于技术变革引起人均资本的增加,如果技术进步停止，则增长就会结束，经济增长便会收敛于某一水平；另一方面，生产要素的边际报酬是递减的，任何一个经济体在长期内都会逐渐达到一个稳定的均衡路径。因此，他们认为任何经济体的经济在增长过程中都会收敛于某一稳态的水平，这就是经济增长的收敛性。20 世纪后半叶，经济学家大都致力于证明这种经济收敛性的存在与否，他们把经济增长率与初始水平呈负相关的关系称为 β 收敛，并将其分为绝对收敛与条件收敛。其中，绝对收敛是指不论经济的初始条件如何，长期内不同经济中的人均收入水平都收敛；条件收敛是指如果不同经济中的市场和体制具有类似的特征，则不论经济的初始条件如何，长期内所比较的经济中人均收入是收敛的。Barro 和 Sala-I-Martin（1992）通过类似于索罗经济增长模型的线性对数模型来分析经济的 β 收敛性，其中模型描述如下：

$$\ln y(t) = e^{-\beta t}(\ln y(0) - \ln y^*) + \ln y^* \tag{3.1}$$

式中，y^* 为稳态时的经济状态，正参数 β 描述了经济调整到均衡的速度，亦是经济收敛的 β 系数。但是这种 β 收敛并没有得到所有学者的认同，Friedman（1992）指出真正的收敛性检验应当是各个考察对象之间的方差趋于降低，即认为不同经济系统间人均收入的离差随时间的推移而趋于下降，这就是所谓的 β 收敛。随着研究的深入，Durlauf 和 Johnson（1995），Quah（1996）等一些学者进一步深化收敛性的理解，提出了"俱乐部收敛"的概念。Galor（1996）指出初期经济发展水平相近的经济体各自内部的不同经济系统之间，在具有相似的结构特征的前提下趋于俱乐部收敛，而这些经济体之间不存在收敛性，即较穷的国家和较富的国家各自内部存在着条件收敛，而两个国家之间却没有收敛的迹象，这就是"俱乐部收敛"。

收敛性的思想起源于经济发展的研究，但后来这种思想被应用到一系列的问题研究中，其中就包括金融市场的收敛性。国外学者 Goldsmith 首次对多个国家的金融结构和金融发展作了横向和纵向比较，认为代表一国金融发展水平的金融相关比率变动的趋势是上升的，该比率处于 1—1.5 之间时将趋于稳定，即认为区域金融发展水平存在收敛性或趋同性，但他并没有解释这种收敛或趋同的机制是什么。由于数据缺乏问题的存在，实际上多数学者都是尝试性地回答金融发展收敛性问题（如：Japelli，Pagano；Rajanand，Zingales；Stulz，Williamson；Allen 等；Djankov 等），他们多是列举影响金融发展收敛性的因素（如：制度结构、文化背景、经济环境等），实证检验收敛性的文献却是很少（Antzoulatos，A. A.，E. Panopoulou）。Magda Bianco 等（1997）通过对英法美德日意六个发达国家的金融发展历程以及金融账户所体现出来的特性进行比较研究，发现不同金融体系之间的收敛性是有限的，不同的金融制度安排

代表不同的均衡结果，这些结果对经济的非金融特征起着补充的作用。Allen
和 Santomero（2001）也同样认为金融发展的收敛性是有限的。然而，
Murinde 等（2004）对 1972—1996 年欧盟七个成员国的金融发展趋势进行了
实证分析，研究认为欧盟七个成员国金融发展存在条件收敛；Hölzl 研究了欧
洲国家金融发展水平的收敛性，研究认为样本国家金融结构的发展与制度变迁
息息相关，具有明显的路径依赖特征；Giacinto 和 Esposito 发现金融发展存在
收敛性，而金融产品则不存在收敛性；Bruno 和 De Bonis 通过对 1980—2005
年 OECD 九个国家的家庭金融资产对总的可支配收入的比例的研究，发现总
的金融资产、股票和其他股权以及保险产品之间存在 β 收敛性，金融全球化、
资本市场的发展等因素能够解释这种收敛性；但存款和债务证券则只存在弱的
收敛性，他们认为其原因可能是从银行提款进行证券投资、债务证券持有比例
以及国债权重等存在差异，此外他们还将样本扩展到了 OECD23 个国家进行
稳健性分析。Angelos A. Antzoulatos 等（2011）运用面板数据方法考察了一
些发展中国家的金融系统收敛性情况，发现不论在整个金融系统上还是在一些
主要金融部门都不存在所谓的收敛性，而不同国家之间的金融差异不但没有缩
小反而仍然存在，甚至差异不断扩大。对于前面各个学者的不同研究结论，
Antzoulatos 等（2008）指出一维线性的考察方法是不能够捕捉到复杂的金融
系统的内在本质的。因此，许多学者提倡使用多个指标考察金融发展的特性，
或者将整个金融系统划分为不同的部门分别进行考察。

　　金融发展量化的难度性以及金融收敛存在的不显著性都阻碍了我们对其收
敛性的研究，尤其是在发展中国家，金融秩序不健全，金融发展随意性很大，
这些都阻碍了我们对金融收敛性研究的步伐。张杰（1994）对"新古典均衡假
说""循环积累因果原理"以及"一国的经济发展与区域差异之间存在威廉姆
森倒 U 形相关"做了比较分析，认为不同地域经济结构的差异必将引起金融
制度安排与金融结构的区域差异，进而影响金融发展路径。陆文喜等（2004）
指出区域金融发展与区域经济发展密切相关，他们采用 β-收敛法检验了 1985
年以来我国各地区金融发展的收敛问题。结果表明，我国各地区金融发展存在
着阶段性和区域性的收敛特征，而且这种特征与金融发展政策有关。赵伟等
（2006）同样考察了我国区域金融收敛性特征，认为 1978 至 2002 年间，我国
的区域金融发展不存在着收敛，但存在 β 绝对收敛，同时区域金融发展还表现
出了一定的"俱乐部收敛"特征。李敬等（2007）研究了中国区域金融发展的
收敛机制与区域金融发展差异变动的路径特征，研究认为区域金融发展差异的
变动路径可能呈现"草帽"型特征，并且在 1992—2004 年，中国省际间金融
发展差异呈现加速扩张的态势。陈恩和黄桂良（2010）对广东区域金融发展的

收敛性进行了实证分析，认为1978—2008年广东区域金融发展总体上不存在 σ 收敛和绝对 β 收敛格局，但存在条件 β 收敛趋势，而且各地市内部具有俱乐部收敛的特征。龙超等（2010）基于面板单位根检验及验证分析方法，分析了我国区域金融发展的随机收敛性，认为我国区域金融存在全局性的随机发散，不存在俱乐部式随机收敛。这说明我国各省市金融发展与全国金融发展存在不同步性，各省市金融发展的差异较大。受农村金融数据可得性的限制，现阶段关于农村金融收敛性的研究并不多，石盛林（2010）从县域角度研究了我国金融发展的收敛性，认为我国金融发展呈现出 β 收敛的特征，同时区域金融发展之间还存在着俱乐部收敛的特性。谭力铭等（2011）研究了1998—2008年的农村金融发展数据，发现我国农村金融区域发展不存在 σ 收敛，但存在 β 绝对收敛。黄文胜等（2011）对中国农村金融排除收敛性进行分析，中国各个县（市）金融排除总体存在 β 收敛和 β 绝对收敛特征，而东、中、西三大区域不存在俱乐部收敛效应。邓向平等（2012）利用参数和非参数模型对金融开放背景下我国区域金融发展的收敛性与差异进行了分析，认为金融开放对我国区域金融发展差距有显著影响，该影响的作用程度是逐渐释放的，在东中西三大区域的表现也有所不同。

3.5.1 农村正规金融发展水平收敛性研究

3.5.1.1 模型探讨与数据来源

（1）金融发展水平指标

在衡量金融发展的指标上，本节采用戈德史密斯提出的"金融相关比率（FIR）"指标，它的定义是全部金融资产价值与全部实物资产（即国民财富）价值之比，这是衡量金融上层结构相对规模的最广义指标。金融相关比率反映的是金融上层结构与经济基础结构之间在规模上的变化关系，因为在一定的国民财富或国民总收入的基础上，金融体系越发达，金融相关系数也越高，所以在经济发展的过程中，金融相关比率必然会逐步提高，而且可以根据金融相关比率来衡量金融发展达到何种水平。从我国农村金融现有数据出发，本节采用农村金融机构的存贷款之和与农村国内生产总值之比计算。

（2）金融发展水平的收敛性模型

以 Solow 和 Swan（1956）为代表的新古典经济学指出，由于资本的边际产出呈现递减趋势，经济的发展最终将趋于稳定状态，即所谓的收敛性特征。Mankiw（1992）进一步研究指出经济的收敛往往是有条件的。Galor（1996）又在条件收敛的基础上提出了俱乐部收敛的概念。学者们研究发现，经济意义上的收敛在金融领域同样适用。金融体系的收敛性可以分为：σ 收敛（σ-con-vergence）、β 收敛（β-convergence）和"俱乐部收敛"（club-convergence）。σ 收敛即一般意义上的收敛。σ 通常是指研究对象的标准差，σ 收敛简单的理解就是研究对象的标准差随时间变小。假设本节用金融相关比率（FIR）来衡量经济体的金融发展水平，σ 收敛则指各经济体的 FIR 对数值的标准差随着时间的变化下降，即 σ 收敛的检验方程为：

$$\sigma_t = \sqrt{\frac{1}{n}\sum_{i=1}^{n}\left(\log FIR_{i,t} - \frac{1}{n}\sum_{i=1}^{n}\log FIR_{i,t}\right)^2} \tag{3.2}$$

其中，i 代表经济体，一共为 n 个，t 表示期初，$t+T$ 表示期末；σ_t 为时间 t 时各经济体 FIR 对数值的标准差。

β 收敛是指金融发展初始水平较低的经济体比初始水平较高的经济体有更高的增长率。β 收敛又可以分为 β 绝对收敛和 β 条件收敛。β 绝对收敛不考虑不同经济体之间结构上的差异，认为随着时间的推移，所有经济体的金融发展将收敛于相同的水平。β 条件收敛放弃了各个经济体结构相同的假设，认为各个经济体的增长速度会受到其制度和结构因素的影响。β 条件收敛意味着各个经济体收敛于各自的稳态，而各个经济体的稳态是不一样的，即使从长期来看，如果经济体的制度和结构因素不变，这种差距就不会消失。

检验 β 条件收敛采用的方程为（Sala-I-Martin，1996）：

$$\gamma_{i,t,t+T} = \alpha - \beta\log FIR_{i,t} + \psi X_{i,t} + \varepsilon_{i,t} \tag{3.3}$$

其中，$\gamma_{i,t,t+T}$ 为单位时间 $\log FIR$ 的增长率，α 为常数项，ψ 是系数矩阵，$X_{i,t}$ 为影响收敛的其他变量矩阵，$\varepsilon_{i,t}$ 为误差项。

检验 β 绝对收敛一般采用下述方程（Sala-I-Martin，1996）：

$$\gamma_{i,t,t+T} = \alpha - \beta\log FIR_{i,t} + \varepsilon_{i,t} \tag{3.4}$$

"俱乐部收敛"指的是初期经济集团内部经济体之间的金融发展水平接近，且在具有相似的制度和结构特征的情况下趋于收敛，即金融发展水平较低的经济体集团和金融发展水平较高的经济体集团各自内部存在着条件收敛，而集团之间却没有收敛的现象。整体来看，目前检验金融俱乐部收敛性比较通行的方法是将大的经济体划分为具有类似制度和结构特征的经济集团，然后在集团内部和集团之间分别用 β 绝对收敛的检验方法进行检验。比如将中国划分为东、中、西部，如果三大地区内部收敛明显，而三大地区之间却不存在收敛现象，则认为存在"俱乐部收敛"。

（3）数据来源

本节选取 1985 至 2009 年全国 29 个省市自治区为研究对象，其中西藏和重庆因为难以统计其数据而被剔除。研究数据主要是各个地区的金融相关比率

（FIR），金融相关比率能够较好地衡量地区金融发展水平，它是通过各地区农村金融机构存贷款余额之和与农村国内生产总值相比得到，其中农村金融机构存贷款余额采用各地区农村信用社的存贷款余额①，农村国内生产总值用各地区农林牧渔业总产值表示。本节数据来源于 1986—2010 年各地区统计年鉴以及金融统计年鉴，其中北京和上海部分数据来源于农村商业银行官网及财经网站。

3.5.1.2　实证分析

（1）农村金融发展水平的统计描述

随着我国整体经济实力的上升，农村发展问题逐渐成为国家关注的重点。农村金融作为经济发展的助推器必然受到党和国家的高度重视，经过长期不懈的改革与发展，我国初步形成了多层次、广覆盖的农村金融体系，金融机构可持续发展能力不断增强，农村存贷款持续增加，金融服务已覆盖了绝大部分农村地区。同时，农村金融体系在服务"三农"的基本宗旨上，不断探索农村金融改革与创新的道路，使得近年来农村金融基础设施逐步健全，农村支付体系和信用体系建设不断完善，农村金融生态环境逐步改善。截至 2010 年末，全部金融机构涉农贷款余额达到 11.77 万亿元，比 2007 年末增加 5.65 万亿元，其中，农林牧渔业贷款余额为 2.3 万亿元，比 2007 年末增加约 8 000 亿元。可见，我国政府高度重视农村金融的发展状况，农村金融也在改革中不断取得新的成果，各地区农村金融发展水平也有了较大的提高。

下面我们从金融相关比率（FIR）上考察我国 25 年间农村金融的发展状况。表 3.10 给出了 1985 年至 2009 年之间以金融相关比率衡量的全国农村金融发展情况。从表中可以清晰地看到，1985 年我国农村金融相关比率仅有 0.322 496，可以看出农村金融发展状况非常糟糕，在 2000 年之前，除了 1993 年其他年份的农村金融相关比率均在 1.00 之下，农村金融服务供给非常稀缺，农村金融发展远低于其经济发展对国内生产总值的贡献。2000 年之后，随着农村金融服务机构的改革，以及国家政策对农村金融发展的支持，农村金融得到了较好的发展，2009 年我国农村金融发展相关比率最终达到 1.338 9 的水平，相比于 1985 年，金融发展状况提高了 315.17%，年均发展速度达到了 6.61%。可见在改革开放之后，我国农村金融逐渐得到国家的重视，发展状况逐渐趋于良好，金融支农力度逐渐增大。

---

① 2005 年之后，北京和上海农村信用社改制成农村商业银行，因此，2005 年之后北京和上海的农村金融机构存贷款余额采用其农村商业银行的存贷款余额。

表 3.10　1985—2009 年全国农村金融相关比率（FIR）

时间	1985	1986	1987	1988	1989	1990	1991	1992	1993
FIR	0.322 496	0.396 402	0.444 71	0.411 896	0.441 903	0.476 333	0.567 044	0.672 098	2.210 879
时间	1994	1995	1996	1997	1998	1999	2000	2001	2002
FIR	0.660 176	0.649 832	0.699 42	0.775 769	0.865 052	0.931 792	1.041 516	1.134 598	1.253 768
时间	2003	2004	2005	2006	2007	2008	2009		
FIR	1.400 254	1.312 457	1.203 661	1.258 131	1.229 35	1.212 866	1.338 898		

　　图 3.12 给出了 1985 年至 2009 年我国农村金融相关比率的柱状图。从图中可以看到，剔除 1993 年的异常值之后，2003 年我国农村金融相关比率达到最高水平，1985 年至 1994 年之间，农村金融发展水平增速不大，1994 年之后农村金融相关比率以较快的速度增加，直到 2003 年达到最高水平；2003 年之后农村金融的发展水平相对萎缩，基本保持着同一水平稳定发展。1993 年之前，我国农村金融发展水平较低，国家一直在寻找促进其发展的突破口，直到 1993 年，中国社会科学院在河北易县发起设立"扶贫经济合作社"，把孟加拉国乡村银行模式引入中国，致力于"普惠性金融体系"的建设，开始了小额信贷在中国的探索之路。从此，我国农村金融发展速度有了很大的提高，农村金融发展水平突飞猛进。

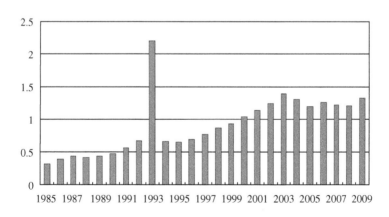

图 3.12　1985—2009 年全国农村金融相关比率（FIR）柱状图

　　从全国各地区农村金融相关比率走势图（图 3.13）上看，考察的全国 29 个省市自治区的农村金融水平都是逐年逐渐提高的，各地区农村金融改革成果显著，相比于金融发展初期，如今各地区农村金融发展状况均有着较大的改善。但是，我们从图 3.13 中还可以看出我国各地区农村金融发展的不均衡性，地区之间农村金融发展的差异性较大，其中处于较高水平的地区有北京、上海、山西、天津、广东、浙江等地，而处于较低水平的有江西、吉林、福建、广西、安徽、湖北、黑龙江、内蒙古、海南、新疆等地。剔除部分地区的异常值之后，从图中我们还可以看出 1993 年全国各地区的农村金融发展水平都有着较大的提高，这说明 1993 年的农村金融政策显现出了暂时的显著效果，这种效果也同时推动了之后几年间农村金融发展水平的迅速提高。

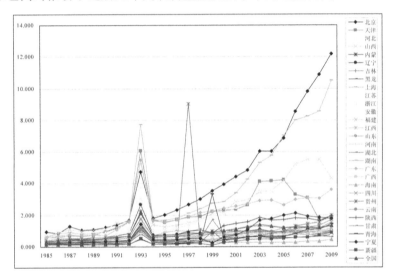

图 3.13　我国各地区农村金融相关比率（FIR）发展走势图

（2）农村金融发展水平的 σ 收敛性分析

农村金融发展水平的 σ 收敛是指各经济体的金融相关比率（FIR）对数值的标准差随着时间发展而逐渐降低的现象。下面我们具体分析我国各地区农村金融发展水平是否具有这种 σ 收敛性。

表 3.11 给出了 1985 年至 2009 年我国农村金融发展的 σ 值，从表 3.11 中可以看出我国农村金融发展的 σ 值最大的年份是 1999 年，这说明在 1999 年附近时我国农村金融的离散最大。图 3.14 给出了我国农村金融发展 σ 值的走势图，从图中可以看出，我国农村金融发展的收敛性基本呈现"倒 U"型特征。具体来说，1985 年至 1993 年 σ 值一直处于上升趋势，这表明此时我国农村金融发展不具有收敛性；1993 年之后，随着农村金融的迅速发展，其收敛性也逐渐显现，但是这种收敛只是一种跌宕式不稳定的收敛，尤其是在 1997 至 1999 年间，农村金融的离散程度达到最大；但在 2004 年之后的这几年，我们可以看出我国农村金融发展出现了明显的 σ 收敛趋势，这说明我国各地区农村

金融的发展状况趋于良好，党和国家的农村金融扶持政策逐渐惠及全国各个省市自治区，区域农村金融发展的差异性将会降低，各地区农村经济发展状况将会趋于均衡。

表 3. 11　我国农村金融发展水平的 σ 值

时间	1985	1986	1987	1988	1989	1990	1991	1992	1993
σ_t	0. 222 889	0. 232 801	0. 248 207	0. 250 855	0. 263 402	0. 274 217	0. 286 586	0. 295 366	0. 316 911
时间	1994	1995	1996	1997	1998	1999	2000	2001	2002
σ_t	0. 301 951	0. 293 906	0. 309 143	0. 362 21	0. 308 643	0. 377 974	0. 305 116	0. 305 189	0. 303 671
时间	2003	2004	2005	2006	2007	2008	2009		
σ_t	0. 323 586	0. 332 819	0. 329 146	0. 328 232	0. 329 214	0. 322 901	0. 316 045		

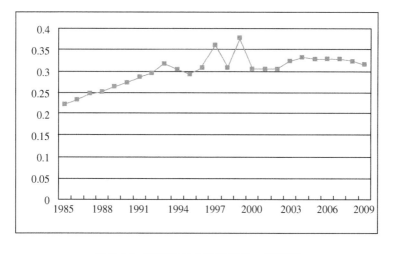

图 3. 14　我国农村金融发展的 σ 走势图

（3）农村金融发展水平的 β 收敛性分析

β 收敛是指金融发展初始水平较低的经济体比初始水平较高的经济体有更高的增长率。β 收敛又可以分为 β 绝对收敛和 β 条件收敛。其中，β 绝对收敛不考虑不同经济体之间结构上的差异，认为随着时间的推移，所有经济体的金融发展将收敛于相同的水平。β 条件收敛放弃了各个经济体结构相同的假设，认为各个经济体的增长速度会受到其制度和结构因素的影响，这意味着各个经济体收敛于各自的稳态，而各个经济体的稳态是不一样的，即使从长期来看，如果经济体的制度和结构因素不变，这种差距就不会消失。

我们同时考察我国农村金融发展的 β 绝对收敛与 β 条件收敛性。本节假设地区农村经济增长率会影响金融相关比率对数的增长率。

构造 β 绝对收敛模型如下：

$$\gamma_{i,\,t,\,t+T} = \alpha - \beta \log FIR_{i,\,t} + \psi Y_{i,\,t} + \varepsilon_{i,\,t} \qquad (3.5)$$

构造 β 条件收敛模型如下：

$$\gamma_{i,\,t,\,t+T} = \alpha - \beta \log FIR_{i,\,t} + \varepsilon_{i,\,t} \qquad (3.6)$$

其中，$\gamma_{i,t,t+T}$ 为单位时间 $\log FIR$ 的增长率，α 为常数项，ψ 是系数矩阵，$Y_{i,t}$ 为影响收敛的农村经济增长率，用农村国内生产总值增长率表示，$\varepsilon_{i,t}$ 为误差项。

本节通过统计软件 stata10.0 得到估计结果如下：

$$\gamma_{i,\,t,\,t+T} = 0.083 - 0.11 \log FIR_{i,\,t} - 3.66 Y_{i,\,t} \qquad (3.7)$$
$$(0.07)(-0.09) \qquad\qquad (-0.39)$$

$$\gamma_{i,\,t,\,t+T} = -0.37 + 0.11 \log FIR_{i,\,t} \qquad (3.8)$$
$$(-0.46)(0.07)$$

上式小括号里的数字为估计值所对应的 t 统计量，从估计结果可以看出式 (3.8) 中 β 约等于 0.11，为一正值，这说明我国农村金融发展存在 β 绝对收敛性。而式 (3.8) 中 β 约等于 -0.11，为一负值，可见我国农村金融发展并不存在 β 条件收敛。β 绝对收敛的存在说明我国农村金融基础薄弱地区的金融发展速度要高于金融基础雄厚的地区，同时，随着时间的推移，各个地区的农村金融发展将会逐渐趋于相同的水平。然而，从估计结果的 t 统计量上看，所有估计值的显著性不大，可见，我国农村金融的这种 β 绝对收敛性表现得也不会十分明显，或者它只是一种理论的发展趋势，而在现实中很难满足收敛的条件。

（4）农村金融发展水平的"俱乐部"收敛性分析

"俱乐部"收敛是指经济体在各个集团内部存在收敛性，而在集团之间不存在收敛性的现象。我们将样本中的 29 个省市自治区分为东中西和东北地区[①]四个集团，来考察我国农村金融发展的"俱乐部"收敛性。

东部地区 β 绝对收敛的估计结果如下：

$$\gamma_{i,\,t,\,t+T} = -1.68 - 0.71 \log FIR_{i,\,t} + 7.28 Y_{i,\,t} \qquad (3.9)$$
$$(-1.17)(-0.51) \qquad\qquad (0.09)$$

---

① 自 2005 年起，统计上东中西和东北地区的分组方法是：东部地区包括北京、天津、河北、上海、江苏、浙江、福建、山东、广东、海南 10 个省市；中部地区包括山西、安徽、江西、河南、湖北、湖南 6 省；西部地区包括四川、贵州、云南、陕西、甘肃、青海、宁夏、新疆、内蒙古、广西 10 省区市；东北地区包括辽宁、吉林、黑龙江 3 省。其中本文剔除的重庆和西藏属于西部地区。

中部地区 β 绝对收敛的估计结果如下：

$$\gamma_{i,\,t,\,t+T} = 1.903 + 7.50\log FIR_{i,\,t} - 10.72Y_{i,\,t} \tag{3.10}$$
$$(0.48)\quad(1.27)\qquad\qquad(-0.40)$$

西部地区 β 绝对收敛的估计结果如下：

$$\gamma_{i,\,t,\,t+T} = 0.27 - 1.57\log FIR_{i,\,t} - 4.52Y_{i,\,t} \tag{3.11}$$
$$(0.39)(-1.54)\qquad\qquad(-1.02)$$

东北地区 β 绝对收敛的估计结果如下：

$$\gamma_{i,\,t,\,t+T} = 1.242 + 2.41\log FIR_{i,\,t} - 2.64Y_{i,\,t} \tag{3.12}$$
$$(3.26)\quad(2.24)\qquad\qquad(-0.93)$$

从分地区的 β 绝对收敛的估计结果来看，东部和西部地区是存在 β 绝对收敛的，而中部和东北地区并不存在 β 绝对收敛。可见，我国各区域农村金融发展并不存在所谓的"俱乐部"收敛。

农村金融发展一直是我国经济研究的弱点，尤其是一些数理计量方面的研究，其原因多在于相关数据收集的困难上。关于我国农村金融发展的收敛性的研究也受到了数据收集的限制，同时农村金融发展的衡量指标的选择也困扰着农村金融的研究，这也导致国内鲜有的几篇农村金融收敛性研究论文的结论大相径庭。

本节使用衡量金融发展水平的金融相关比率来考察我国农村金融的发展状况，从研究结论来看，我国农村金融发展总体状况趋于良好。在 σ 收敛的考察上，我国农村金融的整体趋势是趋于发散的，农村金融发展差异逐渐扩大。但就某些年份来说，我国农村金融发展是存在 σ 收敛的，例如 1993 年之后，出现明显的收敛特性，尤其是从 2004 年至今，我国农村金融发展的收敛趋势更加明显，这也显示了近年来我国区域农村金融发展状况良好，地区差异逐渐降低。

在 β 收敛的考察上，我国农村金融发展存在 β 绝对收敛，而不是 β 条件收敛。这说明我国农村金融发展存在金融基础薄弱地区的发展速度高于金融基础雄厚地区的特征，同时全国各地区农村金融存在同样的稳态，并且各地区金融发展均收敛于这一稳态。

而在"俱乐部"收敛的考察上，本节发现只有东部和西部地区存在 β 绝对收敛，而中部和东北地区并不存在 β 绝对收敛，可见我国农村金融发展不存在"俱乐部"收敛特征。

3.5.2　农村非正规金融发展水平收敛性研究

学术界备受关注的农村非正规金融发展水平收敛性的实证研究还处于空白

状态。事实上，在我国农村借贷市场上处于主要地位、占据绝大优势的非正规金融，对我国农村经济发展的作用是不言而喻的。在研究方法的选取上，基本以静态分析为主，鲜有采用动态分析工具，这将在一定程度上影响结论的完整性和可靠性。为弥补以上研究的不足，本节以收敛理论为基础，利用我国农村2004—2010 年 30 个省市的相关统计数据①，从静态和动态两个方面分别考察金融"新政"实施以来我国农村非正规金融发展水平的收敛性，以期为农村非正规金融发展和农村金融发展战略及相关政策制定提供理论参考依据。

3.5.2.1 模型、方法、数据

为了更客观地分析农村非正规金融发展差距的静态和动态变化特征，本节分别选取参数面板数据模型和非参数核密度估计模型对 2004 年金融"新政"实施以来农村非正规金融发展收敛性进行分析。

（1）参数静态面板数据模型

参数面板数据模型通过 β 收敛检验方程进行。β 收敛又分为 β 绝对收敛和 β 条件收敛，β 绝对收敛不考虑各经济体结构上的差异，意味着所有经济体的金融发展水平都收敛于相同的稳态；β 条件收敛则认为各经济体的金融发展水平不仅取决于初期金融发展状况，还会受到资源、制度以及产业结构等其他因素的影响，意味着各个经济体收敛于各自不同的稳态。

本节借鉴由鲍莫尔（Baumol，1986）提出的 β 收敛理论，构建如下模型检验农村非正规金融发展的 β 绝对收敛：

$$\frac{1}{T}\ln\left(\frac{NF_{i,\,t+T}}{NF_{i,\,t}}\right)=\alpha+\beta\ln\left(NF_{i,\,t}\right)+\varepsilon_{i,\,t} \tag{3.13}$$

式（3.13）中，如果 β 的估计值为负，则说明存在绝对收敛。β 绝对收敛说明落后地区在低于它的稳定增长路径时，其金融发展速度要快于发达地区的金融发展速度，并逐渐赶上发达地区的金融发展水平。$NF_{i,t+T}$、$NF_{i,t}$ 表示 i 地区期末、期初的农村非正规金融发展水平，由于数据获取的局限性，用《中国固定资产投资统计年鉴》中农村农户和非农户投资资金来源中的自筹资金和其他资金近似替代。

由于绝对收敛理论依托的假设是：所有地区具有相同的稳定增长路径。但不同地区不可避免地存在经济、技术、资本或制度上的差异将导致上述严格假设难以得到满足，因此研究者们引入条件收敛的概念。通常在式（3.13）中引

---

① 由于部分年份统计年鉴中西藏的数据缺失，故暂不包含西藏。本书区域的划分采用国家统计局的统计口径，东部地区包括北京、天津、河北、辽宁、上海、江苏、浙江、福建、山东、广东和海南；中部地区包括湖北、湖南、吉林、安徽、黑龙江、江西、河南和山西；西部地区包括重庆、四川、贵州、云南、甘肃、广西、青海、新疆、宁夏、陕西、内蒙古。

入刻画不同地区差异的关键变量来描述条件收敛：

$$\frac{1}{T}\ln\left(\frac{NF_{i,\,t+T}}{NF_{i,\,t}}\right)=\alpha+\beta\ln NF_{i,\,t}+\sum\alpha_j\ln COV_{j,\,t}+\varepsilon_{i,\,t} \qquad (3.14)$$

式（3.14）中，如果参数 β 的估计值为负，则说明存在条件收敛。在已知 β 估计值的情况下，收敛速度 λ 由式（3.14）计算得到：

$$\beta=-\frac{(1-\mathrm{e}^{-\lambda\tau})}{\tau} \qquad (3.15)$$

本节刻画不同地区性质差异的关键变量用 COV 表示。包括：

①农业 GDP（GDP），控制各地区农村经济发展水平差异的影响，用经过调整的各省市农林牧渔业生产总值来衡量，数据来源于《中国农村统计年鉴》。

②农村正规金融发展水平（IF），控制各地区农村正规金融发展水平差异的影响，用经过调整的各省市农村农户和非农户投资资金来源中国内贷款金额表示。数据来自《中国固定资产投资统计年鉴》。

（2）非参数估计动态模型

本节采用核密度估计来分析农村非正规金融发展水平的动态变化特征。核密度估计是解决统计问题中样本分布密度函数拟合的一种非参数统计方法，其基本思想是将考察变量的分布视为某种概率分布，进而考察其在截面维度上的动态变化特征。对于数据集 $\{x_1,\ x_2,\ \cdots,\ x_n\}$，固定带宽的核密度估计函数基本形式为：

$$f_h(x)=\frac{1}{nh}\sum_{i=1}^{n}K\left|\frac{x_i-x}{h}\right| \qquad (3.16)$$

其中，h 为带宽，由于密度函数对带宽的选择非常敏感，因此选择合适的带宽 h 是正确进行核函数估计的关键。一般来说，最优带宽的选择是利用估计密度与真实密度之间误差最小原则来选择的。比较理想的办法就是分布比较稠密的区域使用较窄的带宽，分布比较稀疏的区域使用较宽的带宽（詹金斯（Jenkins，1995）），通常通过采用适应性核密度估计而实现。即通过估计密度的局部平滑而提高全局估计的效果。估计采用两阶段法：第一阶段得到一个基于固定带宽的试验性密度估计 $f_n(x)$，其中初始的固定带宽 h_n 基于上述"最优"原则计算得到；第二阶段是计算带宽的权重因子 λ_i，其中 $\lambda_i=\left[\frac{\eta}{f_n(x)}\right]^{\frac{1}{2}}$，$\eta$ 为标准化因子，且 $\ln\eta=\frac{1}{n}\sum_{j=1}^{n}w_j\log f_n(x_j)$。因此，点 x 处的适应性核密度估计形式为：

$$f_n(x)=\frac{1}{n}\sum_{i=1}^{n}\frac{1}{h_n}\frac{1}{\lambda_i}\omega_i\times K\left(\frac{x_i-x}{h_n\lambda_i}\right) \qquad (3.17)$$

其中，K （·）是核函数，且满足 $K(x) \geqslant 0$，$K(x) = K(-x)$ 和 $\int_{-\infty}^{+\infty} K(x)\mathrm{d}x = 1$ 等条件。核函数是一种加权函数或平滑函数，主要包括高斯核、指数核、三角核和四次核等四种类型。本节选取高斯核对农村非正规金融发展的分布进行估计，其函数形式为：

$$f(x) = \frac{1}{\sqrt{2\pi}} \exp\left(-\frac{x^2}{2}\right) \tag{3.18}$$

函数估计出来之后，就可以通过密度函数波峰的位置、数量、宽度、偏度等特征来判断考察变量的动态变化特征。如果观察到波峰高度变矮，或宽度变宽，或数量变多，或位置左移，或波峰向右偏移，均表示差距变大；反之，如果观察到波峰高度变高，或宽度变窄，或数量变少，或位置右移，或波峰向左偏移，则均表示差距变小。

3.5.2.2 实证研究与结果分析

（1）面板数据模型结果分析

面板数据模型包括混合 OLS、固定效应（Fe）和随机效应（Re）3 种类型，因此首先要选择最合适的面板数据模型。本节模型（3.13）和模型（3.14）F 检验结果和 Hausman 检验结果表明，应采用固定效应模型进行估计。在此基础上，为了克服可能存在的异方差和自相关问题，采用固定效应稳健标准误（Fe_r）进行修正，得到的 β 绝对收敛和 β 条件收敛估计结果如表 3.12 所示。

表 3.12　β 收敛估计结果

	全国		东部地区		中部地区		西部地区	
	模型 (3.13)	模型 (3.14)	模型 (3.13)	模型 (3.14)	模型 (3.13)	模型 (3.14)	模型 (3.13)	模型 (3.14)
α	0.180*	0.130**	0.811	−2.255	0.418*	−2.379**	−0.075	−0.565
	(0.176)	(0.157)	(0.290)	(0.591)	(0.928)	(0.111)	(0.284)	(0.385)
β（$\ln NF$)	−0.021	−0.025	−0.105	−0.079***	−0.038**	−0.056***	0.059	−0.030*
	(0.041)	(0.099)	(0.048)	(0.095)	(1.040)	(0.098)	(0.060)	(0.223)
$\ln GDP$	—	0.731**	—	0.780**	—	0.720**	—	0.244**
		(0.153)		(0.246)		(0.219)		(0.330)
$\ln IF$	—	−0.101*	—	−0.377	—	−0.221*	—	−0.183*
		(0.081)		(0.209)		(0.125)		(0.247)
收敛速度 λ	—	0.028		0.125	0.045	0.073	—	0.034
N	210	210	77	77	56	56	77	77
Adj_R^2	0.001	0.227	0.437	0.310	0.313	0.523	0.008	0.071
F 值	0.407	1.708	4.849	10.690	4.889	16.171	0.961	7.606

注：* 表示 $p < 0.05$，** 表示 $p < 0.1$，*** 表示 $p < 0.15$，括号内为标准差。

由表 3.12 模型（3.13）的估计结果可知，2004—2010 年间，中部地区 ln NF 的系数 β 为负值且在 10% 的水平下显著（$p<0.1$），回归方程 F 检验统计量显著，说明中部地区农村非正规金融发展存在 β 绝对收敛性，但是收敛速度比较慢，只有 4.5%。而不论是全国整体范围还是东、西部地区，ln NF 的系数 β 均为负但都不显著，表明全国整体上和东、西部农村非正规金融发展差距均不存在 β 绝对收敛。

表 3.12 模型（3.14）显示了农村非正规金融发展 β 条件收敛的检验结果。从模型（3.14）的估计结果可知，各部分 ln NF 的系数 β 均为负值，但全国整体范围不显著，而东、中、西各地区分别显著，表明就全国整体而言，农村非正规金融发展不存在条件收敛性，而东、中、西部农村地区各自存在条件收敛性，即呈现"俱乐部条件收敛特征"。其中，东部地区收敛速度最快，达到 12.5%；中部次之，为 7.3%；西部最小，仅为 3.4%。主要原因在于各区域内部农村各地区之间经济发展比较平衡，农村非正规金融发展的基础与条件在一定程度上存在同质性，农村非正规金融资源配置比较均衡。2004 年农村金融"新政"实施以来，农村非正规金融发展尽管开始从饱受压抑中逐步释放，但是由于农村非正规金融特有的生存环境和抵押担保机制，使得农村非正规资源的流动不可能像正规金融资源那样自由，农村非正规金融还不具备形成具有辐射和吸纳作用的增长极的条件，区域内部农村非正规金融发展呈现累积递增趋势，从而形成各区域内部的条件稳态收敛。从条件收敛的控制变量可以看出，农村经济发展水平和农村正规金融发展水平都是影响我国农村非正规金融发展的重要因素。

综合以上分析，可以发现，我国农村非正规金融发展差距主要是由区域之间农村非正规金融发展差距引起的，而区域农村经济发展水平不均衡、农村正规金融发展水平差异过大都是导致全国整体农村非正规金融发展差距扩大的重要原因。

（2）核密度估计结果分析

为了进一步探索我国农村非正规金融发展差距动态分布演进的背后机制，本节在上述静态分析的基础上，选取 2004 年、2006 年、2008 年和 2010 年四年的截面数据作为考察对象，采用核密度估计模型来探究各区域农村非正规金融发展收敛性的动态变化特征。

图 3.15 是全国农村非正规金融发展差距的核密度估计动态变化图。从图 3.15 可以看出，分布曲线在 2004—2010 年变化明显：波峰高度大幅降低，峰值从 2004 年的 3.3 下降到 2010 年的 1.2；宽度明显变宽，左右两翼延年向两边扩展。上述特征说明整体上我国农村非正规金融发展呈现发散特征，且

2006 年以后的发散速度要大于 2006 年以前的发散速度。原因是发达地区农村非正规金融发展速度在加快，而贫困地区农村非正规金融发展速度在减慢。此外，波峰位置从 2004 年的 0.01 右移到了 2010 年的 0.04，这表明我国农村非正规金融发展平均水平有明显提高。

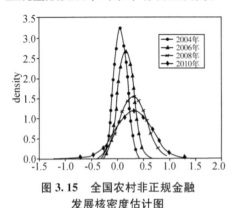
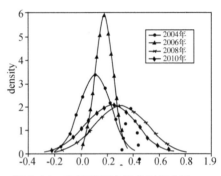

图 3.15　全国农村非正规金融发展核密度估计图　　　图 3.16　东部地区农村非正规金融发展核密度估计图

图 3.16 是东部地区农村非正规金融发展差距的核密度估计动态变化图。从图 3.16 可以看出，东部地区农村非正规金融发展整体上呈现先收敛后发散的特征。分布曲线在 2004—2006 年期间，波峰高度大幅增加，宽度明显变窄，左右两翼向中间大幅收缩，表明此期间呈现收敛态势；而 2006 年以后，波峰下降，宽度变宽，相比较于 2004 年，右翼向右边大幅度延长，表明此期间东部农村非正规金融发展发散特征明显。主要原因是东部区域内部发达地区农村非正规金融的发展速度加快。此外，曲线位置整体上右移，表明东部地区农村非正规金融发展平均水平整体上有所提高。

图 3.17 是中部地区农村非正规金融发展差距的核密度估计动态变化图。从图 3.17 可以看出，2004—2010 年分布曲线波峰高度上升，宽度变窄，与 2004 年比较而言，左翼向中间小幅收缩，表明中部地区农村非正规金融发展呈现收敛态势。主要原因是中部区域内部贫困地区农村非正规金融发展速度有了一定程度的提高，而发达地区农村非正规金融发展速度相对稳定。此外，波峰位置没有发生明显变化，说明此期间农村非正规金融发展平均水平基本稳定。

图 3.18 是西部地区农村非正规金融发展差距的核密度估计动态变化图。从图 3.18 可以看出，2004—2008 年，分布曲线波峰高度逐年小幅上升，宽度和左右两翼逐年小幅收缩，表明此期间呈现弱收敛态势；而 2008—2010 年，波峰高度迅速回落，左右两翼迅速向两边扩展，发散特征明显。与 2004 年比

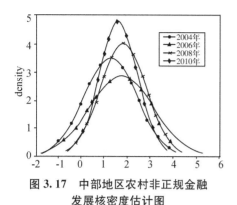

图 3.17 中部地区农村非正规金融
发展核密度估计图

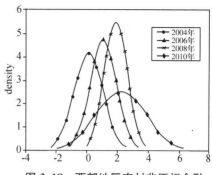

图 3.18 西部地区农村非正规金融
发展核密度估计图

较而言,右翼位置向右边大幅延长,曲线位置整体向右小幅移动,说明
2004—2010 年西部农村非正规金融发展平均水平整体上有所提高,主要原因
是发达地区农村非正规金融发展速度有明显提高。

综上所述,我国农村非正规金融发展差距的扩大主要是由发达地区农村非
正规金融发展速度加快引起的(如表 3.13 所示)。这既与我国区域间经济发展
水平、地理环境等先天因素有关,也与国家金融发展的战略布局及相应政策的
实施结果有关。我国中部地区多为农业大省,产业结构定位于农产品和原材料
基地,加之国家实施的"东部优先,西部大开发"非均衡发展战略,造成了中
部农村地区在金融资产存量和流量上落后于东部,在金融资源增量上落后于西
部的局面,同时由于城乡"二元结构"和金融抑制,导致中部农村地区正规金
融弱化现象严重[1],农村非正规金融对正规金融的替代性明显。由于农村非正
规金融资源本身是一种内生于农村的"草根金融",受外部政策驱动和利益驱
使的成分比较小,使得农村非正规金融资源流动中有利的"扩散效应"大于不
利的"回波效应",从而在区域内部出现良性累积因果性循环,使得贫困农村
地区的非正规金融发展速度加快,而相对富裕农村地区的非正规金融发展速度
相对稳定,最后整个中部地区农村非正规金融发展趋于平衡,呈现收敛态势。
而东、西部农村地区政府外生植入的正规金融资源比较雄厚,在农村金融监管
失范和制度缺失情况下,内生于农村的非正规金融机构同时被正规金融机构和
现代监管制度严重排异,非正规金融发展遇到的阻力相对于中部地区要更大,
而这些阻力本身因地域、经济、政策等因素的差异而具有不平衡特征,从而导

---

[1] 杨胜刚和朱红(2007)研究发现,中部地区正规金融相关率一直徘徊在 1.5—2 之间,处于全
国最低水平。

致东、西部农村地区非正规金融发展呈现不平衡特征。

表 3.13　2004—2010 年我国农村非正规金融发展的动态分布比较

地　区	平均水平	差距动态变化过程	地区分化	整体差距
全国	提高	逐年增大	贫困地区发展速度减慢，发达地区发展速度加快	扩大（发散）
东部地区	提高	先减小后增大	发达地区发展速度加快	扩大（发散）
中部地区	不变	逐年减小	贫困地区发展速度加快	减小（收敛）
西部地区	提高	先减小后增大	发达地区发展速度加快	扩大（发散）

由此可见，核密度动态估计结论与面板数据模型静态估计的结论具有一致性，因此，本节的结论是稳健的。

本节分别采用参数模型和非参数模型对 2004 年金融"新政"实施以来我国农村非正规金融发展水平收敛性进行实证分析。研究结论表明，就全国整体而言，我国农村非正规金融发展不存在 β 收敛性；东、西部地区农村非正规金融发展存在 β 条件收敛性；中部农村地区非正规金融发展既存在 β 绝对收敛性也存在 β 条件收敛性。区域农村经济发展水平不均衡和农村正规金融发展水平差距过大都是引起区域农村非正规金融发展不平衡的重要因素，而各区域发达地区农村非正规金融发展速度加快，是导致我国整体农村非正规金融发展差距扩大的重要原因。

鉴于以上结论，本研究认为，2004 年以来实施的农村金融"新政"，对我国农村非正规金融健康发展和农村金融体制改革进程整体推进具有重大而深远的战略意义，短期内所显示的农村非正规金融发展的非均衡性是客观的，也是必然的，并不能成为否定农村金融"新政"实施的依据。但是，在我国农村金融整体发展的同时，致力于缩小农村非正规金融发展差距是我国农村金融发展战略当前和今后相当长时期内需要解决的重要问题。因此应进一步推进区域农村非正规金融在适度差异中协调发展。具体而言，可以从以下三个方面入手：

第一，进一步放开农村金融"新政"中对农村非正规金融发展的约束成分，给予农村非正规金融发展更明晰的发展定位与政策支持，优化农村非正规金融机构的区域布局和产权结构，加快各区域农村非正规金融建设和发展步伐，促进区域农村非正规金融与农村正规金融和农村经济的协调发展。

第二，促进各区域农村正规金融机构的存量调整和增量改革，建立农村正规金融与非正规金融垂直合作的农村金融体系，让资金过剩的农村正规金融机构与始终处于资金饥渴状态的微小非正规金融机构形成有效的资金融通机制，打破农村非正规金融资源流动性不足的限制，进一步发挥农村非正规金融的"扩散效应"，引导农村非正规金融资源由资金密集区向资金匮乏区流动。

第三，放开农村非正规金融机构的监管羁绊，提供必要的制度安排，实现农村内生微小非正规金融机构的自我管理，使其交易成本和管理成本内部化，经营方式灵活化，使其安心扎根农村充当农村资金输送的"毛细血管"，积极主动服务"三农"。

3.5.3　农村非正规金融发展水平收敛性的空间差异

3.5.3.1　模型、方法与数据

（1）模型构建

收敛理论最早由 Baumol（1986）；Barro，Sala-I-Martin（1992，1995）和 Mankiw 等（1992）在研究收入 y 收敛时提出，并且该理论在大量的实证研究中得到了验证，最初的实证检验式为：

$$\frac{1}{T}\log\left(\frac{y_{i,\,t+T}}{y_{i,\,t}}\right) = \alpha + \beta\log(y_{i,\,t}) + \varepsilon_{i,\,t} \tag{3.19}$$

式（3.19）中，如果参数 β 的估计值为负，则说明存在绝对（或无条件）收敛。β 收敛说明贫穷国家在低于它的稳定增长路径时，往往表现为其增长速度快于富裕国家的增长速度，然后逐渐赶上发达国家的富裕水平。

绝对收敛理论依托假设：所有国家具有相同的稳定增长路径。但由于不同国家存在技术、储蓄率或人口增长率上的差异，实际上上述严格假设并不能够满足，因此研究者们开始引入条件收敛的概念（Bruno，De Bonis 等）。条件收敛是指不同国家之间的收敛依技术和制度等的差异而存在。通常在式（3.19）引入刻画不同国家性质的关键变量来描述条件收敛：

$$\frac{1}{T}\log\left(\frac{y_{i,\,t+T}}{y_{i,\,t}}\right) = \alpha + \beta\log(y_{i,\,t}) + \gamma.x_{i,\,t} + \varepsilon_{i,\,t} \tag{3.20}$$

其中，$x_{i,\,t}$ 为刻画不同国家性质差异的关键变量。如果参数 β 的估计值为负，则说明存在条件收敛。本节拟运行收敛理论研究金融发展的收敛性议题。

金融发展的收敛性主要指不同的国家或地区之间，其金融系统的增长速度与其初始期的静态指标之间存在负相关关系。金融发展收敛性分为 β 绝对收敛和 β 条件收敛。β 绝对收敛不考虑不同经济体之间结构上的差异，意味着所有经济体的金融发展水平都收敛于相同的稳态；β 条件收敛认为各个经济体的增长速度不仅取决于初期产出，还会不同程度地受到资源、政策以及产业结构等其他因素的影响，β 条件收敛意味着各个经济体依不同的路径收敛于各自不同

的稳态。本节将逐一验证农村非正规金融发展 β 绝对收敛和 β 条件收敛。

检验农村非正规金融发展 β 绝对收敛的典型方程为：

$$\frac{1}{T}\ln\left(\frac{NF_{i,\,t+T}}{NF_{i,\,t}}\right) = \alpha + \beta\ln NF_{i,\,t} + \varepsilon_{i,\,t} \tag{3.21}$$

检验农村非正规金融发展 β 条件收敛的典型方程为：

$$\frac{1}{T}\ln\left(\frac{NF_{i,\,t+T}}{NF_{i,\,t}}\right) = \alpha_0 + \beta\ln NF_{i,\,t} + \sum\alpha_j\ln COV_{j,\,t} + \varepsilon_{i,\,t} \tag{3.22}$$

其中，α_0 为截距项，ε 为随机误差项，β 用来衡量收敛性，即收敛系数，$\beta <$ 0 表示收敛，反之，表示发散。$NF_{i,\,t+1}$、$NF_{i,\,t}$ 表示 i 地区期末、期初的农村非正规金融发展水平。

式（3.22）虽然考虑了地区异质性的存在，但是并没有考虑区域数据的空间相关性，这可能导致实证结果的偏误。因此，除估计基本的面板数据模型外，本节还将引入空间相关性分析，把时间和空间因素纳入统一的模型框架，通过空间面板数据研究农村非正规金融发展的收敛性。

空间计量模型的基本思想是将地区或机构间的相互关系引入模型，根据模型设定时对"空间"的体现方法不同，空间计量模型分为空间滞后模型（SLM）和空间误差模型（SEM）。空间滞后模型主要是用于研究相邻机构或地区的行为对整个系统其他机构或地区的行为都有影响的情形。空间误差模型主要用于机构或地区之间的相互作用因所处的相对位置不同而存在差异的时候（熊灵，魏伟，杨勇，2012）。

对应于 β 收敛模型（3.21）和（3.22）的空间面板滞后模型（SLM）和空间面板误差模型（SEM）分别为：

SLM 模型：

绝对收敛：

$$\ln(NF_{i,\,t+1}/NF_{i,\,t}) = \alpha + \beta\ln NF_{i,\,t} + \rho\left[\sum W_{ir} \times \ln(NF_{i,\,t+1}/NF_{i,\,t})\right] + \varepsilon \tag{3.23}$$

条件收敛：

$$\ln(NF_{i,\,t+1}/NF_{i,\,t}) = \alpha + \beta\ln NF_{i,\,t} + \sum\alpha_j\ln COV_{j,\,t}$$
$$+ \rho\left[\sum W_{ir} \times \ln(NF_{i,\,t+1}/NF_{i,\,t})\right] + \varepsilon \tag{3.24}$$

SEM 模型：

绝对收敛：

$$\ln(NF_{i,\,t+1}/NF_{i,\,t}) = \alpha + \beta\ln NF_{i,\,t} + \varepsilon, \; \varepsilon = \sum W_{ir} \times \varepsilon_{ir} + \mu_{ir} \tag{3.25}$$

条件收敛：

$$\ln(NF_{i,\,t+1}/NF_{i,\,t}) = \alpha + \beta\ln NF_{i,\,t} + \sum \alpha_j \ln COV_{j,\,t} + \varepsilon,$$

$$\varepsilon = \lambda\left[\sum W_{ir} \times \varepsilon_{ir}\right] + \mu_{ir} \tag{3.26}$$

其中，ρ 和 λ 为空间滞后自回归系数和空间误差自相关系数，反映了样本观测值之间的空间依赖性，W 为二维空间权重矩阵，是地区间空间地理效应的体现，矩阵 W 的设定方式如下：主对角线上的元素为 0，如果 i 地区与 j 地区相邻，则 w_{ij} 为 1，否则为 0。并统一对矩阵 W 进行标准化处理。

（2）指标选择及数据来源

由于数据获取的有限性，农村非正规金融发展水平用历年《中国固定资产投资年鉴》中农户和非农户自筹资金和其他资金之和表示，单位为亿元。COV 表示反映地区差异和影响农村非正规金融发展水平的其他控制变量，包括：

①地区农村经济发展水平（GP），控制经济发展差异的影响，用初始期各省市农业 GDP 即农林牧渔业生产总值替代，并利用居民消费价格指数进行了相应调整，数据来源于历年《中国农村统计年鉴》，单位为亿元。

②农村正规金融发展水平（IF），控制农村正规金融发展水平差异的影响，用农村贷款金额表示，农村贷款＝农业贷款＋乡镇企业贷款，数据来源于《新中国 60 年统计资料汇编》、历年《中国金融年鉴》和《农村金融分布图集》。

③金融发展程度（Fc），指各省城市和农村金融发展整体水平，控制总体的金融发展程度差异的影响。参考李梅等（2012）的计算方法，金融发展程度（非国有部门贷款比重）＝总贷款/GDP×（1－国有经济固定资产投资总额/全社会固定资产投资总额），数据来源于国泰安数据库、《中国统计年鉴》和《中国金融统计年鉴》。

④农村固定资产投资（IV），数据来源于"国泰安数据库"，采用固定资产价格指数（上年＝100）进行了调整，单位为亿元。

⑤农村人口（PP），控制人口规模因素差异的影响，用初始期各省市乡村就业人口总量表示，单位为万人。

在进行空间面板模型估计之前，首先要判断空间相关的存在性，本节采用 LMerror、LMlag 及其稳健形式的空间相关性检验。若 LMerror、LMlag 检验统计量均不显著，则采用普通面板回归；LMlag（或 LMerror）统计量显著而 LMerror（或 LMlag）不显著，则采用 SLM（或 SEM）模型；若 LMlag 和 LMerror 统计量均显著，则比较 Rubost LMlag 和 Rubost LMerror；若 Rubost LMlag（或 Rubost LMerror）相对更显著，则采用 SLM（或 SEM）模型更合适。

3.5.3.2 实证结果分析

数据的描述性统计结果如表 3.14 所示。

表 3.14 变量的描述性统计

变量	均值	中位数	最大值	最小值	标准差
NF	519.4	251.3	3 887	11.74	683.6
GP	7 870	5 910	38 945	390.2	6 974
IF	24.23	11.33	279.2	0.085	38.64
IV	429.0	220.7	2 393	15.12	524.7
PP	4 316	3 818	10 034	531.5	2 600
Fc	0.729	0.612	3.207	0.137	0.435

表 3.14 显示，农村非正规金融具有较大的波动性，并且相对于农村正规金融而言，非正规金融的发展水平更高（单纯比较两个指标均值的差异就能够看出，非正规金融均值约是正规金融的 21 倍），这也从一个侧面反映了我国农村金融发展的严重滞后性，农户们大部分只能通过非正规渠道解决资金问题，其他变量指标之间也存在较大波动性，说明各地区存在异质性，绝对收敛的同质性假设可能并不会满足。

（1）空间相关性检验

表 3.15 *Lmerror* 与 *Lmlag* 及其稳健性检验

检验方法	绝对收敛		条件收敛	
	检验值	p 值	检验值	p 值
LMlag	17.536 0	0.000 0	23.840 0	0.000 0
LMerror	14.628 0	0.000 0	26.851 0	0.000 0
Rubost LMlag	10.791 0	0.001 0	25.041 0	0.003 0
Rubost LMerror	7.883 0	0.005 0	28.051 0	0.000 0

在 Matlab7.10 软件程序下，空间相关性检验结果如表 3.15 所示。LMerror、LMlag 统计量均在 1% 的显著水平下拒绝原假设，表明中国区域农村非正规金融发展存在显著的空间相关性。在绝对收敛性检验下，由于稳健形式的空间滞后项（Rubost LMlag）和稳健形式的空间误差项（Rubost LMerror）检验均在 1% 的水平上显著，且相比之下 Rubost LMerror 更显著，因此绝对收敛性估计更适合采用空间误差面板模型；在条件收敛性检验下，稳健形式的空间滞后项（Rubost LMlag）和稳健形式的空间误差项（Rubost LMerror）同样在 1% 的水平上显著，且相比之下 Rubost LMlag 更显著，因此

条件收敛估计更适合采用空间误差面板模型。故在绝对收敛性和条件收敛性估计中，分别选取空间误差面板模型估计结果和空间误差面板模型估计结果作为主要分析对象。

（2）空间面板模型估计

本节分别采用空间面板固定效应模型和普通面板固定效应模型进行回归，以检测估计结果的稳定性，绝对收敛和条件收敛实证结果分别如表 3.16、表 3.17 所示。

表 3.16　绝对收敛实证结果

	普通面板	空间误差面板
ln（NF）	−0.021	−0.198
	（−0.507）	（−0.369）
常数项	0.305	0.632**
	（1.370）	（−2.095）
spat. aut.		0.486***
		（−6.619）
R^2	0.166	0.192
Pesaran test	12.26***	
look-likelihood	40.905	52.026

注：括号内为 t 值，"***""**""*"分别表示在1%、5%和10%水平下显著。

表 3.16 为绝对收敛估计结果，分析表 3.16 中的结果不难发现，空间误差面板估计和普通面板估计结果中各变量的系数在符号、大小等方面基本一致，体现了模型设定的稳健性，但控制模型的空间相关性后，空间误差面板估计的解释力度变得更好，系数显著性有了进一步增强（检验普通面板数据模型截面相关性的 Pesaran 检验统计量表明截面之间存在显著的截面相关性，普通面板数据模型的参数估计存在偏误），这表明中国省域间的农村非正规金融发展确实存在明显的空间相关性。ln（NF）的系数为负但不显著，说明 2003—2010 年我国农村非正规金融发展不存在绝对收敛性，各地区存在异质性，绝对收敛的同质性假设并不满足，这个结论也促使我们进一步分析农村非正规金融发展是否存在条件收敛。空间误差项系数为 0.486，意味着我国各地区（省）2003—2010 年农村非正规金融发展过程中，一个农村地区的非正规金融增长与周围地区间及整个系统内的非正规金融增长情况正相关。

（3）条件收敛

为了进一步分析农村非正规金融发展是否存在 β 条件收敛，本节在回归方程中引入了反映地区差异的相关解释变量，包括地区农村经济发展水平

（GP）、农村正规金融发展水平（IF）、地区整体金融发展程度（Fc）、农村固定资产投资（IV）、农村人口（PP）。其结果见表 3.17。

表 3.17 模型估计结果

	普通面板	空间滞后面板①
ln（NF）	−0.616***	−0.567**
	(−2.930)	(−2.871)
ln（GP）	0.206**	0.144**
	(2.422)	(−2.811)
ln（FI）	0.019	0.019
	(0.645)	(−0.716)
ln（IV）	0.446**	0.377*
	(2.074)	(−1.872)
ln（Fc）	−0.174	−0.079*
	(−1.055)	(−1.512)
ln（PP）	−0.309**	−0.339**
	(−2.167)	(−2.535)
常数项	1.871	
	(1.389)	
W* dep. var		0.325***
		(−3.905)
R^2	0.09	0.236
Pesaran test	8.02***	
look-likelihood	56.706	50.6

注：括号内为 t 值，"***" "**" "*" 分别表示在 1%、5% 和 10% 水平下显著。

从表 3.17 可以看出，空间滞后面板估计和普通面板估计结果中各变量的系数在符号、大小等方面基本一致，但空间滞后面板估计显著性要明显强于普通面板估计（检验普通面板数据模型截面相关性的 Pesaran 检验统计量表明截面之间存在显著的截面相关性，普通面板数据模型的参数估计存在偏误），体现了模型设定的稳健性以及明显的空间相关性。具体而言，这种空间相关性表现为区域间的正向外部溢出（$\rho = 0.325$），即中国农村非正规金融发展的各影响因素会通过空间溢出来对相邻地区的变量产生作用，进而对相邻地区农村非正规金融发展产生影响，这种正向空间地理溢出效应，也是空间维度俱乐部收敛的重要形成机制。同时发现，不论是空间滞后面板估计还是普通面板估计，ln（NF）的系数均显著为负，说明 2003—2010 年间我国农村非正规金融发展

---

① 根据 LM 检验结果建立。

存在显著的 β 条件收敛性。从控制变量来看，$\ln(GP)$ 和 $\ln(IV)$ 的系数为正且分别在 10% 和 5% 的水平下显著，表明地区农村经济发展水平和固定资产投资水平的空间差异正是导致地区农村非正规金融发展空间差异的重要而显著因素。

由于农村非正规金融收敛的内在机制非常复杂，加之空间相关性的显著存在，各地区农村非正规金融发展与其他相邻地区农村非正规金融增长率的滞后项有关，地区间农村非正规金融增长滞后项对相邻地区的农村非正规金融增长有扩散效应。这也体现在收敛速度的变化上，由于收敛的速度 $r = \ln(\beta + 1)/T$，空间滞后模型 $\ln(NF)$ 的系数为 -0.567，对应的收敛速度为 0.064%，要低于 OLS 估计对应的收敛速度 0.109%。

本节采用空间计量模型实证研究了 2003—2010 年间我国农村非正规金融发展的收敛性，研究表明，我国农村非正规金融发展确实存在明显的空间相关性，但只存在 β 条件收敛趋势而不存在 β 绝对收敛趋势。空间相关性的存在没有改变农村非正规金融发展收敛的方向，只是在一定程度上降低了农村非正规金融的收敛速度。究其原因，主要有以下几个方面。首先，由于各地区地理环境、资源禀赋、政策规范以及经济发展现状不同，导致中国各地区农村非正规金融发展水平不平衡，农村非正规金融组织结构差距甚大，在农村的融资比例上，银行以及非银行等正规金融机构所占比重有限，而非正规渠道融资在融资结构中占据绝对性地位。而农村非正规金融的发展曾一直游走于政府政策和法规之外，从而初期农村非正规金融发达的地区非正规金融发展越快，落后地区非正规金融发展越慢——β 绝对收敛不存在也就成为必然。如果控制各地区农村非正规金融稳态的外生因素（包括地区农村经济发展水平、农村正规金融发展水平、地区整体金融发展程度、农村固定资产投资、农村人口等），农村非正规金融发展将呈现 β 条件收敛特征。因此可以说，β 条件收敛的控制变量正是导致我国农村非正规金融发展不平衡的重要原因。

第4章 农村正规金融与非正规金融的运行机理

4.1 农村二元金融结构运行特征

正规金融与非正规金融共存下的中国农村金融市场，在满足农村经济发展、解决农民资金来源方面仍存在很多问题，在业务经营、市场运行等方面表现出以下特征。

一、农村资金净流量呈现"内循环，外输出"的特征

收益性是影响资金及各种信用工具流动的主要原因，它们总是从收益率低的地方流向收益率高的地方。中国城乡经济存在的巨大差异和地区发展的不平衡性，使得城市资金投入的收益率远远高于农村，这样必然造成城乡间的资金流动。在地域上，中国农村资金的净流量沿着村—乡镇—县—市区运动，农村资金通过金融、财政、价格、投资等渠道大量外流，造成农村社会经济发展所需资金严重短缺，导致农村经济发展落后，城乡差距继续扩大，从而形成了"农村资金外流—城乡差别扩大—农村资金外流"的恶性循环。

表 4.1　我国农村存贷款情况

	人均存款水平/万元	人均贷款水平/万元	农村存款占比	农村贷款占比	农村存贷比	存款资源运用水平/%	贷款覆盖农户/%
北京	2.88	1.92	0.01	0	0.67	36.73	—
天津	2.69	1.41	0.04	0.02	0.52	35.46	16
河北	1.32	0.88	0.47	0.38	0.67	49.4	22
辽宁	1.46	1.23	0.17	0.14	0.84	63.67	48
上海	3.97	4.21	0.01	0.01	1.06	54.72	—
江苏	2.15	2.92	0.34	0.32	1.36	67.98	18

续表

	人均存款水平/万元	人均贷款水平/万元	农村存款占比	农村贷款占比	农村存贷比	存款资源运用水平/%	贷款覆盖农户/%
浙江	3.23	5.34	0.37	0.36	1.65	83.4	13
福建	1.5	1.69	0.34	0.28	1.13	71.91	35
山东	1.39	1.5	0.35	0.32	1.08	72.24	23
广东	1.64	1.23	0.28	0.25	0.75	48.99	14
海南	1.3	0.83	0.49	0.24	0.64	30.74	35
山西	1.59	0.93	0.36	0.28	0.58	38.73	49
黑龙江	0.96	0.75	0.24	0.25	0.78	58.6	59
吉林	1.14	0.98	0.3	0.23	0.86	60.15	66
安徽	0.75	0.53	0.33	0.22	0.71	47.82	38
江西	0.96	0.71	0.44	0.37	0.74	52.15	36
河南	0.64	0.45	0.3	0.23	0.70	53.88	33
湖北	0.82	0.52	0.26	0.17	0.63	41	33
湖南	0.84	0.54	0.38	0.26	0.64	47.12	46
四川	1.08	1.24	0.48	0.44	1.15	60.54	50
重庆	0.99	0.64	0.19	0.11	0.65	46.01	42
贵州	0.5	0.55	0.48	0.35	1.10	59.91	29
云南	0.76	0.84	0.41	0.31	1.11	61.84	63
西藏	0.39	0.33	0.28	0.3	0.85	27.78	73
内蒙古	1.01	1.24	0.27	0.11	1.23	69.24	60
陕西	1.11	0.74	0.27	0.19	0.67	43.12	68
广西	0.63	0.51	0.32	0.23	0.81	59.91	32
新疆	1.14	1	0.52	0.38	0.88	45.55	42
甘肃	0.64	0.53	0.3	0.24	0.83	51.29	97
青海	1.01	1.24	0.22	0.21	1.23	95.25	81
宁夏	0.82	0.84	0.37	0.21	1.02	46.46	54

资料来源：根据中国人民银行、中国银行保险监督管理委员会数据计算得到。时间截至 2010 年 12 月 31 日。

在农村产业结构上，农村资金受到经济环境和第二、第三产业不景气的影响，资金不仅得不到"反哺"，反而农村资金正日益流入城区的第二、第三产业。农村资金从农村流出是基于效应的自发性调整。农村资金流向城区第二、第三产业，源于农业投入效益低，资金集约投入的边际效益低，而这些又源于农产品需求弹性小、农业经营规模过于狭小。鉴于农村经济产业收益率低，农户等农村经济主体缺乏抵押担保品，一些地区的金融生态环境不够完善，相对来说，农村贷款交易成本高，风险大，因而农村资金外流现象严重。

（1）商业银行资金"农转非"。随着金融体系改革的不断深化，国有商业银行结构调整步伐加快，开始从县域经济中战略性撤退。近年来，国有商业银行贷款权限纷纷上收，总分行制度的实施必然使各银行总行倾向于将农村地区集中起来的资金运用到城市，结果造成农村信贷资金更加紧缺。2010 年末，全国农村信用社各项存、贷款余额分别为 8.8 万亿元、5.9 万亿元，比 2002 年末分别增长 3.4 倍、3.2 倍。2010 年末，农村信用社涉农贷款余额和农户贷款余额分别为 3.87 万亿元、2 万亿元，比 2007 年末分别增长 77% 和 68%。2017 年末，全国农村信用社各项存贷款余额分别为 27.2 万亿元和 15 万亿元，占同期全部金融机构各项存贷款余额的比例分别为 16.1% 和 11.9%，其中，涉农贷款余额和农户贷款余额分别为 9 万亿元和 4.4 万亿元，比上年末分别增长 9.5% 和 11.6%。按贷款五级分类口径统计，2017 年末，全国农村信用社不良贷款余额和比例分别为 6204.3 亿元和 4.2%，资本充足率为 11.7%；2017 年实现利润 2487.8 亿元，比 2016 年增加 146.7 亿元。截至 2018 年末，全部金融机构本外币农村（县及县以下）贷款余额 26.6 万亿元，同比增长 6.0%，占各项贷款余额的比重为 19.6%；农户贷款余额 92 万亿元，同比增长 13.9%，占各项贷款余额的比重为 6.8%；农林牧渔业贷款余额 3.94 万亿元，同比增长 1.8%，占各项贷款余额的比重为 2.9%；全口径涉农贷款余额 32.7 万亿元，同比增长 5.6%，占各项贷款余额的比重为 24.0%（详见表 4.2 至表 4.5，由于中国人民银行公布数据项目出现变化，故在本书中选用了 2010 年和 2018 年部分进行对比分析）。

表 4.2　全部金融机构涉农贷款（本外币）统计

	余额		当年新增额		同比增长/%
	本期/亿元	占各项贷款比重/%	本期/亿元	占各项贷款比重/%	
涉农贷款	326 806	24.0	22 286.7	15.6	5.6
一、按用途分类					
（一）农林牧渔业贷款	39 424	2.9	879.7	0.6	1.8
（二）农用物资和农副产品流通贷款	26 879	2.0	−1 508.7	−1.1	−5.1
（三）农村基础设施建设贷款	56 913	4.2	7 829.6	5.5	11.0
（四）农产品加工贷款	11 997	0.9	−526.9	−0.4	−3.7
（五）农业生产资料制造贷款	5 551	0.4	−419.5	−0.3	−7.3

续表

	余额		当年新增额		同比增长/%
	本期/亿元	占各项贷款比重/%	本期/亿元	占各项贷款比重/%	
（六）农田基本建设贷款	2 247	0.2	−184.5	−0.1	−10.4
（七）农业科技贷款	361	0.0	−17.4	0.0	−6.1
（八）其他	183 435	13.5	16 234.3	11.4	8.0
二、按城乡地域分类					
（一）农村（县及县以下）贷款	266 368	19.6	19 406.6	13.6	6.0
1. 农户贷款	92 322	6.8	11 308.7	7.9	13.9
其中：农户消费贷款	41 751	3.1	7 726.0	5.4	22.6
2. 农村（县及县以下）企业及各类组织贷款	174 045	12.8	8 097.9	5.7	2.2
（二）城市企业及各类组织涉农贷款	60 438	4.4	2 880.1	2.0	3.9
1. 城市企业及各类组织涉农贷款	58 000	4.3	2 721.9	1.9	3.8
2. 非农户个人农林牧渔业贷款	2 438	0.2	158.2	0.1	7.3
三、按受贷主体分类					
（一）个人涉农贷款	94 760	7.0	11 466.9	8.0	13.7
1. 农户贷款	92 322	6.8	11 308.7	7.9	13.9
2. 非农户个人农林牧渔业贷款	2 438	0.2	158.2	0.1	7.3
（二）企业涉农贷款	225 695	16.6	12 299.4	8.6	3.6
1. 农村（县及县以下）企业贷款	169 355	12.5	8 555.6	6.0	2.7
2. 城市企业涉农贷款	56 340	4.1	3 743.9	2.6	6.4
（三）各类非企业组织贷款	6 351	0.5	−1 479.6	−1.0	−23.8
1. 农村（县及县以下）各类组织贷款	4 691	0.3	−457.7	−0.3	−13.5
2. 城市各类组织涉农贷款	1 660	0.1	−1 021.9	−0.7	−42.9

资料来源：中国人民银行调查统计司。时间截至 2018 年 12 月 31 日。

表 4.3 金融机构本外币农户贷款统计表

	余额		当年新增额		同比增长/%
	本期/亿元	占各项贷款比重/%	本期/亿元	占各项贷款比重/%	
农户贷款	26 043.3	5.1	5 908.9	7.1	29.4
一、按用途分类					
1. 农户生产经营贷款	21 937.7	4.3	4 563.3	5.5	26.3
农户农林牧渔业贷款	13 102.6	2.6	2 259.7	2.7	20.8
农户其他生产经营贷款	8 835.1	1.7	2 303.7	2.8	35.3
2. 农户消费贷款	4 105.5	0.8	1 345.6	1.6	48.8
其中：助学贷款	93.9	0.0	−22.6	0.0	−19.4
二、按信用形式分类					
1. 信用贷款	4 762.9	0.9	535.9	0.6	12.7
其中：农户小额信用贷款	3 111.0	0.6	398.1	0.5	14.7
2. 保证贷款	12 687.5	2.5	2 812.5	3.4	28.5
其中：农户联保贷款	3 033.2	0.6	652.9	0.8	27.4
3. 抵押贷款	8 187.1	1.6	2 496.3	3.0	43.9
4. 质押贷款	405.7	0.1	64.1	0.1	18.8

资料来源：中国人民银行调查统计司。时间截至 2010 年 12 月 31 日。

表 4.4 各类金融机构涉农贷款及不良贷款

	涉农贷款		涉农不良贷款			
	余额/亿元	同比增长/%	余额		比率	
			本期/亿元	同比增长/%	本期	同比增减百分点
全部金融机构	117 657.54	28.85	4 812.79	−11.33	4.09	−1.85
中资全国性大型银行	48 481.08	30.43	840.76	−5.73	1.73	−0.67
中资中型银行	25 480.55	26.65	545.31	−9.28	2.14	−0.85
中资小型银行	16 968.20	56.46	355.11	−0.55	2.09	−1.20
城市信用合作社	16.23	−57.96	2.14	−52.04	13.18	1.63
农村信用合作社	26 616.93	15.30	3 069.46	−14.09	11.53	−3.95
中资财务公司	94.56	61.20	0.00	−100.00	0.00	−0.12

资料来源：中国人民银行调查统计司。时间截至 2010 年 12 月 31 日。

表 4.5　各地涉农贷款和"三农"贷款占比

	各项贷款余额/亿元	涉农贷款情况					
		余额/亿元	同比增长/%	占比/%			
				涉农贷款/各项贷款	农村贷款/各项贷款	农业贷款/各项贷款	农户贷款/各项贷款
全国		117 657.54	28.85	23.11	19.25	4.53	5.11
全部金融机构	20 744.63	516.40	7.49	2.49	0.45	0.10	0.00
北京	36 479.58	1 162.69	42.30	3.19	1.58	0.47	0.12
天津	13 774.11	1 138.09	59.37	8.26	3.33	0.88	0.65
河北	15 948.91	5 149.32	28.40	32.29	29.45	6.86	7.30
山西	9 728.68	3 283.56	35.50	33.75	29.98	7.29	7.96
内蒙古	7 992.59	2 414.49	57.73	30.21	23.87	9.33	6.28
辽宁	19 622.04	2 990.19	32.78	15.24	12.42	4.79	3.70
吉林	7 279.62	2 056.17	21.90	28.25	20.86	9.49	6.53
黑龙江	7 390.62	2 754.96	33.23	37.28	27.04	15.27	12.39
上海	34 154.17	936.93	15.21	2.74	0.82	0.22	0.14
江苏	44 180.21	14 939.60	29.27	33.82	31.48	2.02	4.27
浙江	46 938.54	17 851.39	26.38	38.03	36.12	1.46	7.65
安徽	11 736.53	3 093.29	33.67	26.36	20.03	6.54	7.62
福建	15 920.84	4 561.80	31.80	28.65	26.36	3.68	6.03
江西	7 843.28	2 696.97	24.07	34.39	28.58	11.04	10.89
山东	32 536.29	11 590.77	25.95	35.62	32.08	8.97	8.35
河南	16 006.98	5 997.08	27.61	37.47	31.82	13.30	10.63
湖北	14 609.66	2 985.11	33.10	20.43	14.31	4.92	3.49
湖南	11 521.67	3 109.96	19.88	26.99	22.92	8.92	9.30
广东	51 799.30	4 555.57	16.28	8.79	5.59	1.22	1.87
广西	8 979.87	2 556.02	33.98	28.46	20.05	9.82	9.34
海南	2 509.72	538.45	49.19	21.45	15.12	4.61	1.87
重庆	10 999.87	1 970.52	25.46	17.91	10.60	3.04	2.64
四川	19 485.74	5 799.89	30.52	29.76	24.33	5.99	6.34
贵州	5 771.74	2 088.14	41.03	36.18	27.64	6.30	10.20
云南	10 705.99	3 604.94	22.76	33.67	24.08	8.46	8.76
西藏	301.82	56.27	11.14	18.64	16.91	6.56	16.40
陕西	10 222.20	1 952.20	25.03	19.10	15.73	8.29	8.82
甘肃	4 576.68	1 648.00	38.95	36.01	29.34	12.95	13.26
青海	1 832.81	641.25	40.28	34.99	22.75	3.74	2.37
宁夏	2 419.89	738.89	25.63	30.53	26.77	6.61	9.76
新疆	5 211.38	2 278.59	41.55	43.72	38.33	12.83	7.25

资料来源：中国人民银行调查统计司。时间截至 2010 年 12 月 31 日。

（2）农村信用社存差持续扩大。从 2001 年到 2008 年全国农村信用社存差额由 5 292.28 亿元增加到 14 080.09 亿元，这部分存差主要被用于以下三个方面：一是上缴中央银行法定存款准备金，二是购买各种证券资产，三是同业拆出，包括存放商业银行和其他金融机构。农村信用社的对外投资和转存的这部分资金基本上是流向城市，形成农村资金的流失。除了由存差引起的资金流出外，农村信用社发放的贷款中还有一部分为"非农贷款"，这部分贷款没有用于农村和农业，因此也是资金外流的重要一项。

（3）邮政储蓄银行"虹吸"效应严重。从 1986 年邮政储蓄业务恢复到 2003 年 7 月，邮政储蓄存款一直转存人民银行。由于邮政储蓄只存不贷，通过遍布农村的邮政储蓄网点，吸收了大量农村存款，产生了严重的"虹吸"效应。2007 年 3 月，中国邮政储蓄银行正式挂牌成立，并推出小额信贷、质押贷款业务，国家对邮政储蓄存款实行新老划断，老转存款仍存放人民银行，新增资金自主运用的政策，使得邮政储蓄的"虹吸"效应有所减弱，农村资金通过邮政储蓄渠道的外流得到一定程度的缓解，但回流效果仍不明显。以安徽省为例，到 2007 年末，安徽邮政储蓄存款余额达到 674.84 亿元，通过小额质押贷款等形式，累计引导 90 多亿元邮政储蓄资金回流地方。

（4）非正规金融资金外流。一直以来，全国各地都活跃着多种形式的"地下金融"活动，其中以具有一定资金规模和组织化程度的地下钱庄居多。地下钱庄以高利率、高回报率等方式将农户手中的资金吸引过来，通过各种渠道流入企业或其他非农产业，从而加剧了农村资金的短缺。

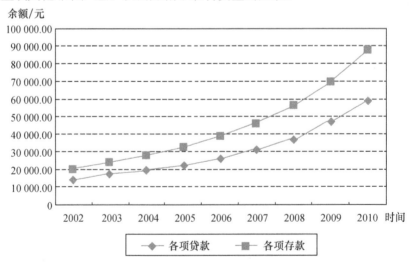

图 4.1　农村信用社改革以来存贷款变化情况

（5）农村金融产品和服务方式依然落后。农村金融市场及金融工具发展滞后，农村金融产品相当有限，现代化的有价证券交易系统根本不可能延伸到农村乡镇，农村居民能够参与交易的金融商品相当有限。农村金融供给形式以间接融资为主，直接融资严重滞后。现有的各类小额信贷机构资金来源有限，缺乏持续性。各类银行业金融机构都把担保抵押资产是否充足作为决定贷款的主要条件，使得大量缺乏抵押品又难以找到担保方的小型、微型企业和农户的资金需求问题得不到解决。农村支付结算渠道不畅，企业清算成本居高不下。现代支付系统在农村覆盖率低、稳定性差，涉农企业、个体工商户结算渠道不畅，资金清算耗费的人力、时间成本大。

二、农村金融市场形态低级，市场分割程度高

随着农业银行与农村信用社和农业发展银行的"一分一脱"，中国农村金融割据明显，农民对正规金融的依存度有所降低，资金周转主要通过亲戚朋友或农村民间信用市场进行筹资，整个资金市场的金融工具和交易对象单调，市场形态低级。通常情况下，农村居民与正规金融的关系，主要是"存钱"的关系，一般农户很难从正规金融部门获得贷款，手续繁、靠关系是他们不愿与正规金融发生借贷关系的原因。中国农村金融市场的需求潜力十分巨大，但规模小、分散化是目前农村金融市场需求的最重要特点。根据商业银行小客户的理论分析表明，在利率固定、实行配额的情况下，小客户将处于不利地位，因此农户的资金需求很难得到满足，农村金融脱媒现象频繁发生。农村金融脱媒是城乡金融发展二元性的又一个重要因素。农村金融市场有一个比较独特的现象，即在农村金融市场中，农村金融需求有很大部分通过非正规金融途径得到满足，这种现象就是脱离正规金融机构的金融脱媒。由于农村正规金融资金的大量外流，农村资金被严重抽血或掏空，农业发展以及农民生活所需的资金需求无法通过正规金融组织得到满足，因此，民间的非正规金融组织便得到发展，甚至成为农村资金的主要来源。

三、农村金融市场缺乏竞争主体和竞争机制

相比较农村金融需求的多样化和分散化，中国农村金融机构和金融供给却存在一定程度的垄断性，特别在乡镇以下的农村地区，金融机构和业务服务单一，金融市场缺乏竞争、激励和活力。

中国农村金融市场虽然存在着多种形式的金融组织，但这些金融组织之间并没有形成有效竞争机制。农业银行作为国有商业银行，市场定位发生重大变化，业务范围已与其他国有商业银行无异，竞争的视角也从农村转向城市，从农业转向工商业，各种形式的民间借贷属非正规金融部门，不受政府鼓励与保护，具有很高的制度风险和政策成本；农信社是农村金融市场上唯一的正规金

融组织，作为合作金融组织，农信社经营活动有着明显的地域限制，其经营绩效也主要取决于区位优势。在经济相对落后的地区，少有经营效益好的农信社；而在经济发达的地区，经营不善的农信社也可能有较大的盈利。这说明，在农村金融业务方面，其他金融组织没有对农信社产生威胁，农信社之间缺乏竞争。

四、非正规金融在农村地区的经营具有相对优势

由于非正规金融主要是借贷双方自愿达成的契约，是借贷双方追求各自利益最大化的产物，因此，它更多地体现了市场机制的特点。具体表现在以下五个方面：一是灵活方便。借贷双方直接见面，不受时间和地点的限制，一旦通过面谈达成协议，立即就可以完成借贷活动，且随借随还，不需要各种审查审批手续。二是自由。由于非正规金融是拥有独立财产权的借贷双方在平等、自愿的基础上产生的，因此，借贷数量、时间及方式都完全根据借贷双方的需求而定。三是业务及时。由于非正规金融的借贷双方是在互利互惠的基础上进行的，因此，作为贷方的非正规金融组织为了及时将自己所吸收的资金贷出去以获得利差收入，注重不断改善对借款客户的服务。四是利息率较高。由于非正规金融的借贷价格——利息率不受官方利率的限制，大多由市场供求决定。再加上政府对非正规金融活动的压制，故其活动具有较大的风险性，为防范因违反规定所冒的风险，放贷人一般要求借贷人支付较高的利息，以便除获取正常的利息收入外再加上补偿其所冒风险的保险费。另外，借贷人之所以愿意支付较高的利息，是因为其急需（因而效用较大）或用款所获利润较高。一般的非正规金融的利率水平主要取决于资金供求状况、借贷人之间的亲疏关系、期限长短、淡旺季节等因素，其档次拉得比较开。五是特殊的信用规则，违约率较低。由于非正规金融机构要独立承担经营风险或亏损责任，因此采取各种措施促使借贷人按期还本付息（一些非正规金融机构还通过订立违约罚则以制止违约行为）。此外，非正规金融机构的经营成本较低，信息不对称的程度较低。

五、非正规贷款合同通常没有法律约束力，利率水平高，风险溢价大

由于我国农村信用制度的缺乏，经济、金融的法律体系不完善，所以广泛发生在农村的非正规金融的借贷行为，一般缺乏规范的合同，通常采取口头或者简单的书面记录的方式进行。因此，非正规金融的借贷是没有法律保障的，反映到借贷行为就是风险溢价大，从而导致整体利率水平较高。

4.2　农村正规金融与非正规金融的内在特征

4.2.1　正规金融与非正规金融的内在联系

正规金融与非正规金融的关系主要体现在以下几个方面：

一是非正规金融是对正规金融的有力补充。非正规金融与正规金融不是简单的竞争关系，在某一种程度上二者互补。一个国家经济的发展离不开资本的投入，正规金融能够触及的领域比较有限，这时候就需要非正规金融进行补充。二者在促进经济发展的过程中具有同样重要的地位。在经济社会中，社会剩余资金的积累聚集，造成了资金的相对过剩，在市场经济条件下，资金也可以以商品的形式存在。随着民间经济形态的日益繁荣和多样化，经济发展对资本的依赖度及需求量都大大增加，各种现有的正规金融已经不能适应经济发展的实际需要。由此产生的资金供求的矛盾必然为非正规金融的生存留下巨大的空间。

二是正规金融的自身问题催生了非正规金融。由于正规金融下的很多约束以及它本身的一些缺陷，诱导了非正规金融的产生。如金融抑制假说，还如非正规金融具有正规金融在避免信息不对称方面不具有的优势，很好地规避了逆向选择与道德风险，因此非正规金融又能够得到很大的发展。长久以来，非正规金融行为在我国一直被视为"地下金融""灰色金融"，对其多是单一的整治居多。但非正规金融就是屡禁不止，常常是整治的风头一过，又迅速卷土重来"死灰复燃"，甚至势头更旺。这说明了非正规金融的存在有其客观性、合理性。因为我国正规金融体系自身存在的缺陷，正规金融的自身问题催生了非正规金融。

三是正规金融来源于非正规金融。不管以什么方式实现，金融抑制所导致的储蓄不足以及随之而来的信贷配给，融资主体无法从正规金融系统获得融资，而这些被正规金融系统所抛弃的部门只能依赖于自身的内部融资或者转而向非正规金融市场融资，再加上非正规金融的高利率所产生的对资金的吸取作用，使得非正规金融市场在供给和需求双重推动下得以迅速发展，从而使得整个体系呈现出典型的二元结构。Meir Kohn（1999）对英国工业革命前的金融制度进行了深入的研究，研究发现所谓的正规金融都是从非正规金融的形式逐渐演化形成的。当然并不是所有的非正规金融都会变成正规金融，但是无疑给我们提供了一个大胆的假说：非正规金融最终的命运就是要么终止，结束历史使命；要么就会以某种形式转化成正规金融。

因此，当前国内学术界普遍认同非正规金融与正规金融存在两种关系。第一种是平行关系（horizontal），即非正规金融是正规金融的竞争者和替代者。在存款业务上，例如，农户将钱存入正规金融机构利息是相当有限的，因此当其他农户和乡镇企业以较高利息吸引该农户资金时，该农户在仔细考量风险后，有可能将资金借贷至非正规金融市场，而正规金融机构则失去该笔存款业务。这种竞争和替代关系还体现在贷款业务上（姜旭朝，1995）。当农户因信用不足向正规金融申请贷款而遭到拒绝时，农户的贷款需求就外溢到非正规金融市场上（Belletal，1997；Kochar，1998），图4.2较好地诠释了该关系。

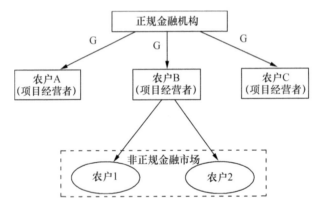

图 4.2　平行关系下正规金融和非正规金融关系

第二种关系是垂直关系（vertical），即非正规金融被看作是正规金融与借款农户的中介，两者之间有着千丝万缕的关系，并有着紧密的合作。王国红（2008）认为正规金融和非正规金融的联结（合作）可分为有意识的和间接的无意识的，主要指的是资金的流向是否出于正规金融机构的意愿。其实，正规金融机构更关心的是资金的归还的保障，对资金的去向是有所监管，但要实现完全监管难度较大。正规金融与非正规金融的合作可基本分为两类（当然两类垂直关系都可以用下图来表示）：一是正规金融机构直接放贷给非正规金融组织，非正规金融组织再进行转贷（Ghate，1992）。这其中包括专职放贷者从正规金融机构融资，再贷款给农户和乡镇企业，也包括一些有资格进入正规金融市场的大企业将筹集的资金（暂时闲置）投入非正规金融市场以获取收益。小组金融从正规金融获取贷款再分贷小组成员也属本类。二是信贷和商品（原材料）交易的互联，商品销售商或龙头农业企业从正规金融机构获取资金，然后以资金的形式或者直接以原材料等的形式提供给农户或中小企业，要求这些农户或中小企业以商品偿还贷款。湖南郴州农业龙头企业临武鸭的"公司＋农户""公司＋基地＋农户""公司＋协会＋农场"模式均属于此类。临武鸭的养殖户每养 1 羽临武鸭，临武鸭公司和当地信用社配套借贷饲料款 7 元，临武鸭养成后由临武鸭公司回购，这就是比较典型的该类合作。非正规金融和正规金融具有各自的比较优势：正规金融有较充足的资金来实现资金的规模经济效应；非正规金融具有信息较为充分、经营方式多变、担保灵活等优势。通过两者的合作，可以用非正规金融部门的信息优势降低正规金融部门高昂的信息搜寻成本和直接放贷的风险，并能利用正规金融机构的资金优势弥补非正规金融机构资金不足的缺陷，从而提高整个市场的金融交易水平。

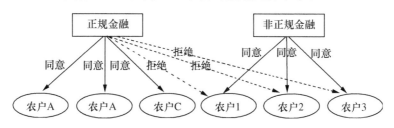

图 4.3　垂直关系下正规金融和非正规金融关系

正规金融机构的利率主要由国家根据宏观经济运行情况和产业政策进行调节，而非正规金融的利率较为灵活，从亲属之间的无息贷款到高利贷均不鲜见。传统观念认为非正规金融的利率跟正规金融利率是相关的。在平行关系下，非正规金融是正规金融的竞争者和替代者，非正规金融制定利率以正规金融作为参照，随着正规金融利率的涨跌而涨跌。在垂直关系下，非正规金融从正规金融获取资金，正规金融的利率为非正规金融的成本，当非正规金融相对服务对象更具有定价权的时候，非正规金融的利率亦随着正规金融利率的涨跌而涨跌。但是，某些学者通过一些实证研究却发现非正规金融的利率与正规金融的利率相关性事实上是比较低的（谢小蓉，2009）。一种可能的解释是：正规金融利率较低，且浮动幅度较小，主要由国家进行调节，而非正规金融的利率则可能受各种因素影响，如亲属之间无息贷款的比例、季节性因素、资金需求与供给比、正规金融的信贷规模等，相比正规金融的利率，这些因素更加起决定性的作用。

关于正规金融信贷规模与非正规金融信贷规模之间的关系，在平行关系和垂直关系下有着不同的解释。平行关系认为正规金融与非正规金融是竞争者和替代者，很多农户和乡镇企业因为正规金融拒绝才趋向非正规金融，当正规金融出现信贷扩张，更多的农户和乡镇企业将更有可能被正规金融接纳，从而趋向正规金融，因此作为替代者的非正规金融的规模将有所减少。而垂直关系下，该关系却正好相反，一般认为，正规金融获得更多资金，将考虑更有效地将之放贷于市场,而非正规金融一直与之合作,并作为正规金融与农户之间的中介,所以,在正规金融信贷扩张时,非正规金融作为其重要的一种渠道,不但有信息优势并能降低正规金融的风险,因此也将收到更多的资金。这时,更多非正规金融组织或个人受到吸引将进入该行业,造成非正规金融的规模随着正规金融规模一起扩大。

4.2.2　正规金融与非正规金融的内在差异

正规金融是指受国家法律法规保护和规范、处在金融当局监管约束的各种金融机构与金融市场以及这些金融机构与金融市场同企业、居民、农民等所从事的各种金融活动;非正规金融是指不受国家法律法规保护和规范、处在金融当局监管之外的各种金融机构与金融市场以及金融机构与金融市场同企业、居民、农民等所从事的各种金融活动。正规金融机构的资金雄厚,组织制度完善,经营管理人员的素质相对较高,业务进行有严格的控制程序,是建立在国家的正式制度的监管与规范的基础之上的。非正规金融是由民间自发推出的,是建立在"地缘"与"血缘"的基础之上的,也就是说它是建立在道德、社会关系、信任与名誉的基础之上的。正规金融与非正规金融的区别可见表 4.6。

表 4.6　正规金融与非正规金融的区别

	正规金融	非正规金融
主要特征	集中、规模大、规范、易监控、风险相对较小、借贷有正式的契约合同等。	分散、规模小、周期长、监控难、风险大、相对无序等。
形成机制	国家的强制性制度安排。	在获利机会诱导下自发形成的。
维持机制	国家的强制性制度、规范的经营、有效的监控。	"血缘""地缘"。道德、社会舆论、信任与名誉。
主要服务对象	国有企业、集体企业、城镇居民、农民、私营企业、社会公共事业等。	农民、个体工商户、私营企业等。
优点	规范、安全有序、利率较低、规模优势、组织制度完善、经营管理人员的素质相对较高等。	快捷、"地缘"与"血缘"关系的信息优势、手续简单、对担保要求较低或无担保要求、社会舆论监督、归还期限、利率、归还的方式等的创新等。
不足之处	贷款操作成本大、农户担保严格、手续烦琐、利率受国家监管、配给受限制、供不应求、归还期限、利率、归还的方式等缺乏创新等。	风险大、经营缺乏规范、规模不宜过大、没有规模优势、法律上的不利地位、存在一部分的高利贷等。

具体而言，作为非正规金融的民间金融与作为正规金融的银行或信用社之间存在以下十大方面的明显差异。

（1）产权差异

按照产权理论的界定，我国农村金融市场上的正规金融机构，如中国农业银行、中国农业发展银行等，应该属于共有产权。但同样作为正规金融机构的农村信用社的产权却十分不清晰，既不是共有产权，也不是私有产权。按照我国官方对农村信用社的定性，农村信用社应是合作性的经济组织，但真正的合作制是建立在私人产权上的私人自愿组织，是个人在自愿性选择的基础上形成的经济组织，在这种组织内通行的规则是一般性规则，从这个意义上说，农村信用社不是真正的合作组织。非正规金融组织中的合会具有股份合作的性质，在产权属性上，更接近合作产权。它的产权清晰，在合会到期解散时，各自的会金将十分清楚地归还给个人。对于那些完全属于私人之间的借贷，资金的产权性质属于私人，具有很强的排他性。

（2）地位差异

正规金融在整个农村金融体系内部的地位相对稳固、强势。由于得到了政府的批准和法律法规的保护，正规金融机构可以公开、稳定地开展活动，组织规模庞大且根系发达，富有控制力。除了村镇银行、贷款公司等新型农村金融机构之外，绝大多数的正规金融组织都在全国自上而下地设置总部及其分支机构，借助于上市在国内外融资，可以在全国乃至国际范围内配置资源、发展业务。非正规金融的地位相对弱势。非正规金融的活动因未经政府批准或未被纳入金融监管进行规制，被贬为"非正规金融"或"地下金融"，有"非法"的嫌疑。非正规金融在一个地区灵活发展，跨地区发展有很大的局限性，整体竞争力较低。过度发展还存在被政府打击、禁止的风险。

（3）需求满足度差异

非正规金融供给对农村金融需求的契合度要高于正规金融。正规金融的放贷模式、服务方式和产品结构与农户的资金需求相悖。目前，大多数农村正规金融机构以减少风险为由，只愿意向农村的成熟企业发放大额、集中、中长期的生产性贷款，回避日常性、季节性的小额信贷；服务手段落后，ATM、POS 机、网上银行、电话银行等优质、方便、快捷的现代化支付结算工具和服务方式，农民能享受的很少；业务品种仍然以传统的存贷业务为主，证券、基金、国债等金融产品较少，且存款利率较低，难以吸引农村中的闲置资金；贷款审批烦琐、效率低、抵押担保条件苛刻等，也让众多农户的贷款需求望而却步。非正规金融的产生本身就植根于被正规金融排斥的金融需求，因而备受欢迎。非正规金融以亲缘、地缘关系组建组织网络，基于互相信任建立借贷关系，能够及时、迅速地满足小额、应急性的、生活或生产资金需求，利率和还款期限灵活，符合农村的乡土人情。特别是在经济增长较快的地区，农民收入水平不断提升而相应的投资工具较少的情况下，由于收益型的非正规金融的利率普遍高于银行存款，迎合了农村中闲置资金的投资欲望，从而大大拓展了非正规金融的发展空间。

（4）经营机制差异

根据组织行为理论，作为正规金融的国有商业金融，应实行现代企业经营制度，即企业产权所有者和企业经营者具有明确分工并相互制约，企业的决策权、经营权应和其经营成果高度相关。但是，由于目前这些金融组织还不是完全意义上的经济组织，因此，其行为规则也不完全符合市场经济的要求，在很多方面仍然体现出行政组织的某些色彩。如作为正规金融的国有商业银行和农村信用社的行为目标政治化、管理体制官僚化等，这些行为方式造成了这些金融组织忽视了农村金融市场的需求，既没有体现所有者的利益，也没有很好地按照现代企业经营制度的运行要求来发展。非正规金融在经营制度上与正规金融有着明显的区别。非正规金融的经营制度有着多重色彩。有的非正规金融是以组织化程度很高的形态出现的，这类非正规金融组织，虽然在经营制度上离现代企业经营制度相去甚远，但在经营运作上，体现了权、责、利的高度统一，经营决策灵活，符合市场经济的运行要求。但是，也有一些非正规金融组织，或者个人之间的借贷活动，属于非营利性质，其经营采取了市场化或非市场化的手段。

（5）内部组织架构差异

正规金融与非正规金融组织在企业内部组织架构上的安排，以及由此而来的经营责任的区分上，也有明显的差异。首先，由企业规模导致的正规金融与非正规金融在企业内部组织架构上有十分明显的区别。受企业规模的影响，正规金融内部一般设有十分严密且功能多样的层级组织。企业的规模越大，层级组织的划分就越多。在正规金融内部，不仅设置了企业的董事会、监事会，有董事长和通过聘任形式聘用的职业经理人，而且根据金融业务发展的需要，还设置了各种层级的经营管理部门，以及接近客户的基层营业网点。非正规金融组织在内部组织架构上则缺少严密和完备的层级分工。这主要由非正规金融组织规模、经营规模和经营范围所决定。其次，正规金融与非正规金融在企业内部权力制衡上有着十分明显的差异。现代企业制度在企业管理上的一个重要和突出特征是经营决策权力的相互制衡。股东代表大会是企业最高的权力机构，董事会是由董事代表选举产生，董事长要对董事会负责，董事会要对股东代表大会负责。此外，股东代表大会下面设有监事会，监事会对总经理进行监督，同时对股东代表大会负责。总经理除了要对董事长和董事会负责外，还要接受监事会的监督，这样一来，在股东代表大会、董事会、董事长、总经理、监事会之间，形成了一个权力相互制衡的架构和机制。相比之下，在非正规金融组织内部不存在这样的架构与机制。非正规金融组织中，权利高度集中于少数人手中，尤其是发起人和领导人手中。组织内部也没有像正规金融组织那样设置完备的权力制衡架构，全部经营决策都由一个人做出，自己对自己做出的决策和经营结果负责，无须受制于他人。最后，正规金融与非正规金融在组织内部专业化分工上有着十分明显的区别。一般来说，正规金融组织内部，在经营上都有专门的分工，不同职能部门之间的分工不仅明确，而且职责划分十分清楚，体现了专业化分工的要求。但是，在非正规金融组织内部，不仅缺少十分清楚的工作与管理职能划分，而且多种职能集一身的现象十分普遍。例如，非正规金融组织的领导人既是经理，还可能是会计和信贷员。人员分工也采取一人身兼数职的形式，不存在专业化的分工合作关系。

（6）利率特征差异

正规金融机构的涉农贷款利率受政策约束，形式单调且浮动有限。正规金融机构的涉农贷款都以中央银行规定的基准利率为准，上下浮动区间由中央银行限定。贷款人根据法定贷款基准利率和中国人民银行规定的浮动范围，与借款人共同商定，并在借款合同中载明某一笔具体贷款的利率。农村信用社贷款利率的浮动范围比银行稍大些，农村信用社贷款利率浮动范围为 0.9%—2.0%，商业银行贷款利率浮动范围为 0.9%—1.7%。

不同性质的非正规金融，利率的本质与表现形式有所区别。互助性的非正规金融（如无息或低息的友情借贷、互助性的合会等），虽然向亲友借债表面上不一定要支付利息，但内在却含有隐性利息，即要支付面子和人情的代价。一般要通过送礼、无偿帮工或必要时提供无偿帮助等方式来偿还。从某种意义上讲，计算下来不一定比银行贷款利率低。这也恰恰是目前一些农户只要正规金融机构有合适的贷款品种，就宁愿申请有息贷款而放弃友情借贷的原因。而收益性的非正规金融（如标会、抬会、地下钱庄、典当行、民间票据贴现等）则完全是出于逐利目的，要求有高于银行利率的投资回报。

收益性非正规金融的利率更加市场化，影响因素复杂，浮动灵活，高息日益普遍。农村非正规金融的借贷利率不受任何的政府干预，由借贷双方自由决定，是在一定的地域内的市场化利率。利率水平主要取决于资金供求状况、借款人的经济实力以及资信状况、所在地区的经济发展水平、国家经济政策的变动等。当资金供给充分时，利率水平相对较低；借款人的经济实力越强，资信状况越好，与贷款人关系越近，借款利率就越低，反之就越高；地区经济越发达，非正规金融数量越多，竞争越激烈，利率通常越低，而经济贫困的地区，民间信用不发达，缺乏竞争，利率反而可能较高；当国家实施紧缩的货币政策时，一些个人或企业因正规金融机构信贷趋紧、成本提高，会转而求助于非正规金融，相应会推高利率。

（7）成本特征差异

金融业务的顺利开展，都需要投入一定的信息成本和运营成本。而正规金融与非正规金融在这两类成本上的差异，是导致各自走上不同发展路径的重要原因之一。

①非正规金融具有信息成本优势。正规金融因信息不对称产生的鉴别成本较高，直接制约了其向农村金融市场渗透的积极性。因为农户个人信息不公开，农村正规金融部门很难了解农户的经济实力、道德品行以及贷款的使用情况，并且搜集这些信息所需的成本很高。为了降低风险，正规金融宁可选择较为保守的方式——提高利率，或者将资本配给信用评价相对较容易的企业，甚至惜贷。虽然排斥了风险分散、数量众多的农户，而少量留存下来的企业却因客户集中、贷款额度大，风险依然较高，银行的总体收益仍然有限。因此在农村信贷市场存在的逆向选择，使正规金融倾向于收缩农村信贷供给。

非正规金融基于人缘、地缘优势，可以方便地以低成本（甚至零成本）获取农户和农村企业的信誉、资产经营状况、预期收入等信用状况，及时有效地观察到借贷资金的使用，甚至还可以通过亲缘和道德监督节约贷后监督成本。但是，非正规金融的信息优势受制于活动范围。非正规金融的借贷款活动只能针对少数的对象展开，许多非正规金融组织通常有其自己相对固定的客户，这造成了非正规金融市场的高度割裂。

②非正规金融节省了更多的运营成本。农村正规金融机构网点设置需要投入大量的软硬件成本，如营业场所、办公设备、人员工资等。每一笔涉农贷款业务大多要经过复杂的运作程序，操作难度比较大。这些都导致了正规金融机构的运行需要高昂的交易费用。另外，正规金融对于违约主要依靠法律的手段，需要支付一定的诉讼费用，违约的处罚成本也比较高。

而非正规金融机构不一定要配备固定的营业场所和设备，对参与者的素质要求也不是很高，运作程序简单，操作简便，降低了非正规金融机构的交易成本。而在违约处置方面，非正规金融机构主要借助于自身的力量直接对违约者实施惩罚，如暴力手段、舆论压力以及道德谴责等，不需要成本。因此从总体上看，非正规金融的运营成本很低。不过，如果非正规金融的活动范围要突破地域约束，会减弱信息优势，势必要求它具有更规范的管理手段和运行机制，同时还需要有更多的高素质管理者和员工，这就意味着运营成本会大大提高。

（8）组织管理差异

农村正规金融接受中国银保监会的监管和中国银行业协会的行业自律，组织机构、管理制度比较完善，人员素质相对较高，业务风险的防控相对到位，特别是对违约事件，可以依靠相关法律法规进行惩戒。

农村非正规金融缺少行业引导和监管约束，组织制度不规范，内部经营管理混乱，缺乏稳定性。许多农村非正规金融组织都没有建立规范的内控制度、财务管理及审计稽核制度，筹资、信息处理、风险承担等能力低下，操作人员素质较低。由于不提取存款准备金和呆账准备金，非正规金融机构经营风险极大。另外，非正规金融游离于政府监管之外，如果在实际操作中滋生了干扰金融秩序的违法行为，也会有被金融当局取缔的风险。

（9）经营空间与服务对象差异

美国经济地理学家施坚雅（G. William Skinner）在其所著的《中国农村的市场和社会结构》一书中，对发生在中国农村市场上的民间金融活动的空间和对象进行了较为深入的研究与分析。他指出，中国农村的市场体系是由以村庄为边界的基层市场、以几个村庄的基层市场组成的中间市场和以县城为核心的中心市场构成的。基层市场的职能首先是为了满足农民的需求而交换他们的产品。基层市场体系中还有一些审慎的金融活动。在集日，有些店铺老板或土地所有者把钱借给农民在镇上做交易。农民的互助会通常也在集日时在茶馆中组织金融活动，并因此而只限于本体系内的村民。中间市场也提供诸如放债的金融活动，所不同的是，中间市场提供的放债和投资的机会是基层市场上无法相比的。施坚雅在这里所说的能够在中间市场从事放债活动的金融组织，已经不是个人而应该是专门的民间金融组织。施坚雅对中国农村市场体系的研究，为活跃在中国农村市场体系中的民间金融划出了空间范围和服务的对象。也就是说，传统的个人对个人的民间借贷活动是以基层市场——村庄为边界；有组织的民间借贷活动主要发生在以若干村庄为边界的中间市场上。施坚雅关于农村市场和民间金融活动空间与对象的结论，与我们今天对中国农村民间金融活动调查得出的结论具有很高的相似性。例如，农村中的各种"合会"就是以村庄成员为基础，也是以村庄为活动空间边界。而一些钱庄或者有组织的金融机构，则主要是以乡镇为活动边界。

与民间金融经营的空间和服务对象不同，正规金融，比如中国银行、中国工商银行、中国建设银行等，在经营的空间范围上主要是以城市和县镇为主，个别的也有将经营网点延伸到农村中经济发展较快、实力较强的集镇。在服务对象上，以工商企业、城镇事业单位和个人为主，但也开展面向农村企事业单位和个人的信贷业务，尤其是储蓄业务。中国农业银行和农村信用合作社，主要是以农村为金融活动空间，并面向农村广大企事业单位和农村居民的正式金融组织。在活动空间和服务对象上，与农村民间金融基本一致。所不同的是，在活动空间和服务对象的细化上，存在较为明显的区别。在笔者所做的调查中，中国农业银行虽然向农村居民提供存款业务，但很少提供贷款业务。农村信用合作社则与民间金融在活动空间和服务对象上高度一致。

（10）金融产品差异

非正规金融无论是在金融产品种类的供给上，还是金融产品的供给规模上，都无法与正规金融相比，主要表现在以下三个方面：

第一，金融产品种类的区别。对民间金融来说，它的金融产品以存贷款为主。无论是对"合会"来说，还是对专门从事资金存贷的民间金融组织来说，其主要金融产品，就是吸收存款和发放贷款。除此之外，没有其他的金融产品可以提供。而且，就同一种金融产品的种类来说，也很单一，没有正规金融组织提供的那么丰富。正规金融不仅可以提供存贷款产品，还可以提供大量的金融中间业务产品。例如，可以代发个人的工资，代收居民的水电费等。对金融机构来说，金融中间业务是其不断发展和壮大的主要市场。

第二，金融产品供给规模和周期上的区别。一般来说，民间金融信贷资金的规模都比较小，尤其是"合会"的规模较小。个人之间的借贷规模更小。但是，也不排除个别案例中较大的资金规模。例如，民营企业家个人之间的借款规模就比较大，少的为几十万元，多的可以达到几百万元，甚至上千万元。在借款周期上，民间金融比较灵活，贷款使用期限根据资金需求者的要求，可长可短。正规金融机构的贷款项目虽然规模大，但在使用周期上的灵活性比民间金融差。短期贷款少，不能根据市场和客户的需要设立随意的贷款使用周期。

第三，金融产品信贷担保方式上的区别。在信贷担保方式上，民间金融的担保方式比较灵活，既有现代金融采用的抵押担保方式，也有传统的以血缘和社会习俗对借款人形成压力的担保方式。就物质抵押品来说，民间金融可用于抵押的物品种类较多，也比较灵活。正规金融以抵押担保为主要信贷担保方式，在抵押品的选择上，也有较为严格的规定。在民间金融借贷中可以作为抵押的物品，在正规金融中就不一定可以，比如农民的房产。

4.3　农村正规金融与非正规金融的运行机理分析

所谓运行机理，是指事物的运行规律以及构成事物各个要素之间相互制约、相互作用的关系。农村金融市场的运行机理是指农村金融市场的运行规律以及构成农村金融市场的需求主体、供给主体和监管主体在农村资金流通过程中的相互作用。在这一作用过程中，农村金融市场的运行机理主要表现为农村资金的供给、需求和利率形成。我国农村金融的供给方主要以农村信用社为主的农村正规金融机构和以民间借贷为主的农村非正规金融机构。农村金融市场的需求者主要有农户、乡镇企业和各级政府及一些事业单位。在本节中，为了简化讨论，仅考虑农户的需求行为。对于农户，根据其收入和其他特征不同，可划分为富裕型农户、维持型农户和贫困型农户三种类型。在正规金融机构和非正规金融机构向农户提供贷款的过程中，由于存在信息不对称的问题，往往会面临来自三类农户的逆向选择和道德风险。为了能够有效地克服这些问题，金融机构需要对农户借款者进行贷前筛选、贷中定价、贷后监督。由于正规金融和非正规金融机构拥有的优势不一样，其筛选、定价和监督的机制也不相同。因此，本节通过分析农村正规金融与非正规金融的筛选、定价和监督机制来分析农村金融市场的运行机理。

4.3.1　农村正规金融与非正规金融的筛选机制

由于借款人和贷款人之间的信息不对称，会导致贷款人面临来自借款人的逆向选择。为了有效地克服这个问题，贷款人在发放贷款前，一般都会先对借款人进行筛选。贷款人通常有两种类型的筛选机制：第一是直接筛选机制。贷款人通过积极地搜寻借款人的有关信息，决定选择与自身目标相容的借款人（Hoff 和 Stiglitz，1993）。第二是间接筛选机制。贷款人通过调整契约条款，如利率、贷款期限、分期付款的数量和抵押要求等，使得贷款契约对于高风险的借款人不具有吸引力。考虑到直接筛选机制和间接筛选机制的对贷款人产生的成本不一样，在实际应用中，贷款人一般都是在直接筛选机制和间接筛选机制之间进行权衡，以减少违约风险。

4.3.1.1　正规金融机构的筛选机制

对一般的正规金融机构而言，要从众多的借款人中选择出合适的借款人，就必须要有对借款人的借款项目和个人特征有充分的了解。借款项目的信息主要包括项目的风险收益特征、回收期等，这些信息可以通过专门的评估机构来获得，也可以由正规金融机构内设的评估部门来提供。借款人的个人特征信息包括其经营管理能力、信誉等，这些信息需要通过征信系统等途径获得。但是农村正规金融机构与农户通常相距较远，信息并不互通，农户的财务记录也比较残缺，再加上农村又没有征信系统，所以农村正规金融机构能够获得的农户的最直接的信息就只有农户在他们各自分支机构账户的信息，很难获得其个人特征的信息。所以，在考虑直接筛选机制运行低效的情况下，农村正规金融机构只能更多地依赖于间接筛选机制。在间接筛选机制中，农村正规金融机构比较常用的是抵押贷款。一方面，抵押品的提供能力是能够有效地反映借款人的收入状况和财富水平，而且收入状况和财富水平是衡量借款人经营管理能力的一个有用指标，因此，通过抵押可以实现对农户的自动筛选，使得贫困型农户和维持型农户因为缺少必要的有价值的抵押品而自动地退出贷款队伍，从而只留下农村正规金融机构的最佳选择——富裕型农户。另一方面，抵押品本身就可以减少借款人违约给金融机构带来的损失，在借款人因为某些不可控因素发生违约情况时，其抵押品就会归金融机构所有，因而能弥补借款人违约带来的一定损失。

考虑到维持型农户和贫困型农户因为缺少必要的有价值的抵押品而很难在农村正规金融机构得到贷款，作为农村正规金融机构的主力军，农村信用社借鉴了国内外已有的抵押品替代形式，为农户的借贷开展了"关系型融资"的担保替代机制。所谓关系型融资是指贷款人利用与借款人在地缘、人缘、亲缘等方面的相互关系，以及由此可获得更多信息的优势来取代抵押贷款而发生的融资。也就是说，关系型融资主要是基于贷款人对借款人信息的掌握以及借款人对其声誉的考虑而进行重复博弈的结果。其中主要有个人信用担保和小组联保两种机制。

（1）个人信用担保机制

所谓个人信用担保机制，就是指借款人要寻找愿意提供信用贷款保证的担保人，才能向农村信用社申请贷款。基于个人信用担保机制的农村信用社的贷款类型是农户保证贷款。农户保证贷款是指农村信用社向单一借款人发放的，由1—2名自然人提供担保，用于满足其农业生产经营或临时资金周转需要的贷款。农户保证贷款在法律上存在两个合同关系：借款人和农村信用社的借贷合同关系，以及担保人、借款人和农村信用社之间的保证合同关系。当借款人不履行债务时，担保人就要按照合同约定承担担保责任，代为履行债务，具体运行情况如图4.4所示。

（2）小组联保机制

所谓小组联保机制是孟加拉国乡村银行（GB）最为核心的贷款技术，也是小额信贷目前在全球范围内影响最广最重要的保证形式。基于小组联保机制的农村信用社的贷款类型是农户联保贷款。农户联保贷款是指农村信用社向农户发放的，用于支持农业生产，并由农户在自愿基础上组成联保小组（一般由不少于5户无直接亲属关系的成员组成），实行个人申请、多户联保、周转使用、责任连带、分期还款的管理办法的贷款。具体运行情况如图4.5所示。

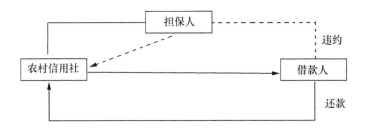

图 4.4　个人信用担保机制模式

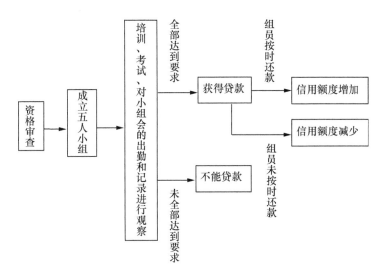

图 4.5　小组联保机制模式

当小组成员中有出现违约或因发生不可控因素而不能按约按时清偿债务时，其他小组成员就要代其履行还款责任，否则全体小组成员都将无法继续从农村信用社取得贷款。因此，借款人挑选组员时，会自动地把那些违约风险较高的潜在借款人（贫困型农户）排除在小组之外，选择那些互相之间比较了解且风险水平相近的借款人共同组成联保小组。这种信用发现功能的发挥，使相互之间更加了解的潜在客户群体变相地替农村信用社承担了风险识别的责任，实现了贷款人筛选借款人的效果，有利于帮助农村信用社克服信息不对称造成逆向选择的问题。

农村信用社提供的农户保证贷款和农户联保贷款在一定程度上解决了维持型农户在正规金融市场上"贷款难"的问题。但对于贫困型农户而言，由于其贫困因素，往往不会有人给他们做担保人或者愿意和他们组成小组，所以贫困型农户还是很难从农村正规金融市场上得到贷款。

另外，农村信用社还提供了农户小额信用贷款。农户小额信用贷款是农村信用社根据农户的信誉在核定的额度和期限内向农户发放的不需要抵押、担保的贷款。主要以处于金融需求较低层次的农户的小额信贷需求为服务对象，并且考虑到这类低收入农户基本没有能力提供抵押或担保，所以一般都采用信用贷款的模式。但事实上，农户小额信用贷款在发放贷款前需要进行信用评估，所以，对于贫困型农户而言的话，由于其资金再生产能力很弱，所以仍然很难得到贷款。农户小额信用贷款适用的人群是具有一定还款能力的维持型农户。

通过对农村正规金融机构筛选机制的分析，可以得到以下几点结论：第一，一般情况下，农村正规金融机构可以通过抵押贷款的方式分出低风险农户（富裕型农户）和高风险农户（维持型农户和贫困型农户），然后可以有选择地对具有较强实力能提供抵押品的富裕型农户提供融资。第二，为了农村社会经济的发展，农村信用社推出以"关系型融资"为担保替代形式的农户保证贷款和小组联保贷款来满足中低收入农户的融资需求。但其担保制度还是可以很明确地分出维持型农户与贫困型农户，从而给维持型农户的融资带来了一定的便利，但对于贫困型农户而言，仍然是无钱可借的尴尬境地。第三，为了满足处于金融需求较低层次的农户的小额信贷需求，农村信用社推出的农户小额信用贷款，但其信用评估机制仍然使贫困型农户的信贷需求无法在正规金融市场上得到满足。

4.3.1.2 非正规金融机构的筛选机制

相对于农村正规金融机构而言，农村非正规金融机构筛选借款人就来得比较简单。一方面，因为非正规贷款人与借款人的关系相对来说会比较亲近，对借款人的财产状况、经营管理能力和个人品质、信誉等都有充分的了解；另一方面，非正规贷款人对借款人的借款项目的可行性也比较容易验证，因为一般情况下，同一地区的农户通常经营的项目也都类似。因而，非正规贷款人可以依靠其信息优势，把筛选重点更多地放在借款人的特征上，而不是契约条款的调整上。也就是说，农村非正规贷款人在对借款人的筛选上可以更依赖于直接筛选机制，而不是间接筛选机制。而且在实际生活中，非正规贷款人一般都不对借款人要求抵押或担保，这也可以验证非正规贷款人更依赖于直接筛选机制的观点。

非正规金融机构通过筛选机制可以很容易地区分富裕型农户、维持型农户和贫困型农户。一般情况下，农村非正规金融机构会给富裕型农户和维持型农户提供贷款，但考虑到贫困型农户还款能力的低下，一般也不会对其提供贷款。

4.3.2　农村正规金融与非正规金融的定价机制

所谓定价机制，就是指农村金融市场上的农村金融商品被交易时的价格确定机制。一般都是指农村金融市场上借贷资金的利率。目前常用的贷款定价模型有三种：成本加成定价模型、基准利率加点模型和客户盈利分析模型。

成本加成定价模型是指任何一笔贷款的利率都应包括以下四部分：资金成本、贷款费用、风险补偿费、目标收益。资金成本指金融机构为筹集贷款资金所发生的成本，在实际操作时，主要考虑借入资金的成本。贷款费用又称"非资金性操作成本"，如对借款人进行信用调查和信用分析所支付的费用，抵押物的鉴别和估价费用，贷款资料、文件的工本费、整理保管费用，信贷人员的工资费用和津贴，专用器具和设备的折旧费用等。风险补偿费是借款人向金融机构支付，以弥补因贷款的对象、期限、种类、保障程度不同而导致的不同贷款之间的风险差异。一般来说，贷款定价中考虑的风险主要有违约风险和期限风险。目标收益指提供资本的银行股东要求达到的利润水平，它按照股东预期收益率计算。计算公式为：

预定利差水平＝［目标利差收益÷贷款总额－（贷款收入－借入资金成本）÷贷款数额］

成本加成定价模型属于"单笔贷款定价"模型，定价思路简捷。此外，成本加成定价模型也是"内向型"的，它主要考虑银行自身的成本、费用和承担的风险，银行的资金成本、贷款费用越高，贷款利率就越高。

基准利率加点模型是国际银行业广泛采用的贷款定价方法。其一般做法是：先对客户进行信用评级，根据贷款的不同风险度确定相应的风险溢价点数，有时还会为贷款利率设立上限和下限，使银行贷款利率控制在一定范围内。其具体操作程序是：选择某种基准利率为"基价"，为具有不同信用等级或风险程度的顾客确定不同水平的利差，一般的做法是在基准利率基础上"加点"，或乘上一个系数。计算公式为：

贷款利率＝基准利率＋风险加点

或贷款利率＝基准利率×（1＋系数）

基准利率加点模型主要考虑客户的违约风险和期限风险等来确定不同水平的利差。此种贷款定价模型是"外向型"的，它以市场一般价格水平为出发点，寻求适合本行的贷款价格。通过这种模型制定出的贷款价格更贴近市场，从而可能更具竞争力，而且它还重点考虑了不同贷款的违约成本。此外，该模型还可将特定的贷款品种、贷款规模纳入影响贷款定价的重要因素予以考虑，如在实际操作中，额度较小的零售业务（如消费信贷），贷款利率较高；而额度较大的批发业务，贷款利率则相应较低。

客户盈利分析模型要求银行在为每笔贷款定价时，应考虑客户与本行的整体关系，即应全面考虑客户与银行各种业务往来的成本和收益，因而可称为"以银行—客户整体关系为基础的贷款定价模型"。计算公式为：

贷款额×利率×期限×（1－营业税及附加率）＋其他服务收入×（1－营业税及附加率）≥为该客户提供服务发生的总成本＋银行的目标利润

客户盈利分析模型集中体现了银行以客户为中心的经营理念，并试图从金融机构和客户的全部往来关系中寻找最优的贷款价格，因而更有利于得出富有竞争力的利率水平。如果金融机构的某客户能够经常保有大量的存款余额，且大部分结余存在该行，则银行通过"客户盈利分析模型"，可能得出较低的贷款利率。

4.3.2.1 正规金融机构的定价机制

农村信用社作为农村正规金融市场上的主力机构，采用的基本定价模型是基准利率加点的模型。就是在央行给定的基准利率的情况下，为具有不同信用等级或风险程度的客户确定不同水平的利差，一般的做法是在基准利率基础上"加点"，或乘上一个系数。换言之，农村信用社的贷款利率定价是可以根据不同的客户种类来确定不同的定价标准。贷款利率定价的基本公式：贷款目标利率＝法定基准利率×（1＋浮动幅度）。一般来说，贷款利率最大下浮幅度必须要大于资金成本率、管理费用率和税负成本率三项数值之和，这其中就包含了成本加成定价模型的思想。目前，央行将贷款利率浮动区间的下限调整为基准利率的0.9倍，但随着息差收窄，经济下行压力增大，农村信用社可能不愿意向农户提供过低的贷款利率。而且在实际中，部分农信社贷款利率定价管理办法中对贷款利率下浮最大区间也没有更新。另外，农村信用社的定价模型还考虑到了基本目标利率＝贷款创造利息收入÷年度计划增长贷款平均余额，这体现了客户盈利分析模型的要求。由此可见，农村信用社的贷款定价机制并不单一由基准利率加点模型决定，而是以基准利率加点模型为主，同时融入了成本加成定价和客户盈利分析的思想，从而使利率的决定更加符合实际。

4.3.2.2 非正规金融机构的定价机制

在农村非正规金融市场上，民间借贷可分为无息借贷、有息借贷和高利贷。高利贷是国家严打的对象，无息借贷一般发生在亲戚朋友之间，因为碍于交情，一般都不会收取利息。本节主要讨论民间借贷中的有息借贷。有息借贷的利率是在自由放任无管制的条件下形成的，因此能比较真实地反映出资金的供求情况。民间借贷的利率一般要高于国家规定的官方利率，反映了在农村金融市场上对资金的供不应求。民间借贷利率的定价机制一般采用的是成本加成定价法。其中包括的成本主要有机会成本、管理成本、交易成本和风险溢价四种。

（1）机会成本

资金的机会成本是指资金被用于发放贷款以外的用途时所能产生的最大的收益，其可能是非正规贷款人将资金存在农村正规金融机构而获得的利息收入，或者是将资金用于投资实业或进行消费所能够带来的收益，还可能是一个地区特定时期内的资本平均利润率。但在实际生活中，农村非正规金融机构一般都是以农村正规金融机构的存款利率作为其机会成本。一般来说，机会成本与经济繁荣程度成正比。经济越繁荣，农村非正规金融机构在实业投资领域可能获得的回报率越高，因而贷给农村金融需求主体的机会成本就越大，从而要求的回报也就越高，贷款利率也就会更高。

（2）管理成本

管理成本是指农村非正规金融机构为了确保贷款能够顺利收回而发生的各项费用、时间及精力。其中，贷款管理成本的高低受贷款规模和期限的影响较大，在假定发放单笔贷款的管理成本固定的情况下，随着贷款规模的扩大和期限的延长，贷款人可能需要花费更多的时间和精力对借款人进行监督，因而管理成本也会增加。对此我们不能按照传统经济学的规模经理理论加以理解，贷款规模的增加和期限的延长并不意味着平均管理成本的降低。这一点也就能够帮我们更好地理解农村非正规金融市场上借贷利率与借贷规模呈同向变动的原因所在。

（3）交易成本

交易成本包括信息收集成本和监督成本。与农村正规金融机构相比，农村非正规金融机构具有信息方面的优势，拥有农村正规金融机构所不能拥有的私人信息。但是，这不是说农村非正规金融机构拥有的信息就是完全的，一般来说，这种私人信息往往是随着交易双方人际关系的亲疏而变化的，交易双方关系越密切，拥有对方的私人信息也就越多，相反，关系较疏远的，拥有的私人信息也就较少。因此，信息的收集成本就随着交易双方关系的亲疏而变化，关系越密切，拥有对方的信息也就越多，信息收集成本越少，借贷利率越低。监督成本是指贷款人为了款项的顺利收回而做出的在监督方面的努力。一般而言，农村非正规金融机构的监督成本会随着借款者类型的不同而跟着变化。同时，监督成本也受人情关系的影响，也就是说，借贷双方的人情关系越重要，违约可能给借款者造成的借贷之外的损失越大，因而借款者一般都不会违约，所以贷款者为了保证借款者还款所付出的监督成本也就可以少一点，从而借贷利率也就会降低。

（4）风险溢价

风险溢价就是考虑借款人可能因为某种不确定的因素，没能力或蓄意在未来不进行还款，从而给贷款人造成损失。贷款人需要将这种潜在的损失预先在贷款利率中得到补偿。农村非正规金融市场的风险主要由三部分组成，即制度风险、系统风险和非系统风险。制度风险的存在主要是因为农村非正规金融市场的很多交易行为都是法律所不允许的，一旦被发现，贷款者不但投入的资金得不到法律保障，而且还有可能受到法律的制裁。因而作为补偿，农村非正规金融机构往往会要求相应的制度风险溢价来作为补偿。系统风险主要是指整体经济形势变化所导致的借款者的还贷能力的变化。系统风险对利率的影响与机会成本刚好相反，因为经济越繁荣，借款者的现金流量就越充足，因而还贷能力就越强，所以系统风险就越小，贷款者要求的利率就越低。非系统风险是指那些借款者特有的风险。非系统风险的控制在很大程度上也依赖于交易双方的关系，一般来说，关系越亲密，拥有的私人信息越多，人情关系和其他关系往来对借款者的约束力就越强，主动和被动违约的非系统风险就越小，因此贷款者要求的风险溢价也就越小。

从上文对非正规金融机构的筛选机制的分析可知，农村非正规金融机构能够有效地区别不同的借款人，因而其可以根据不同的借款人的不同成本来确定不同的贷款利率。

4.3.3 农村正规金融与非正规金融的监督机制

当贷款发放后，借款人采取的行动变成了借款人私人信息，这时，道德风险出现。为了解决这种类型信息不对称，贷款人通常需要对贷款的使用进行监督，以确保借款人不会承担过高的风险。监督要起作用，不仅需要获得借款人行为的信息，而且要求贷款人拥有惩罚违约借款人的手段。惩罚机制可以采取多种形式：第一，贷款人可以选择将贷款分期发放，根据对契约的遵守程度来决定发放额外的贷款，如果借款人不遵守贷款契约或者借款人的项目表现不良，可以暂停发放额外的贷款；第二，限制未来信贷贷款人的数量；第三，信誉的损失，这种惩罚机制的有效性取决于信息流动的水平。

4.3.3.1 正规金融机构的监督机制

对一般的抵押贷款而言，农村正规金融机构的监督手段主要有两种：一是监测借款人银行账户资金的变动；二是定期走访借款人。但对于农户来说，如果自身有存款，就不会借债，农户在得到贷款后，并不会把贷款存到金融机构，因而金融机构就无法通过借款人账户资金的变动来监督。另外，一般来说，农户借款数额相对会比较小，从而显得定期走访借款人的成本就很高，如往返的交通成本和时间成本、支付的工资等。所以对正规金融机构而言，在发放贷款后，一般很少去借款人家里走访。而对于农户联保贷款而言，农村信用社可以不用投入很多的监督成本就可以得到很好的监督效果。主要是因为农户在借款合同签订后，小组成员会相互确认各成员是否进行安全投资和努力工作，以及是否履行还款的责任。小组成员通常为相互比较熟悉并具有人缘关系的人群，因此监督起来也比较方便。而且违约的借款人将招致其他小组成员乃至整个地区人们的巨大的社会舆论压力和反感，以至于今后遇到紧急情况都可能得不到社会帮助，而且他还会面临来自这将有利于降低贷款机构的道德风险。所以，综合来讲，对拖欠者来说不履行还款的成本是很高的。下面我们用重复博弈模型来具体分析一下。

假定单个农户的收益函数为 R，$R=R$（P_1，r_1，i，P_2，r_2，ε，γ，δ），由农户 A、B 组成的联保小组的博弈分析如图 4.6 所示。

P_1 是本次贷款的本金，假定 P_1 为 100；r_1 是获得的小额信贷投资后农户所获得的净收益，假定贷款经过投资后的净收益率为 30% 左右，推出 r_1 为 30；i 是贷款利息，假设 i 为 10；P_2 是第一次贷款偿还后再次获得贷款的本金，r_2 是再次获得贷款投资后的平均净收益，根据有关实证结果，当组员按时还款，再次获得的贷款数额可达到原贷款数额两倍到三倍，这里假定 P_2 为 200，那么 r_2 是 60；ε 是农户的声誉收益，它的值根据不同情况会有所变动；γ 是事件发生的概率；δ 是其他收益。

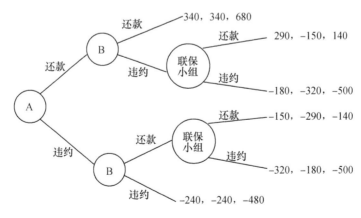

图 4.6　小组联保博弈分析

（1）当 A、B 都按时还款时：$r_1=30$，$P_2=200$，$r_2=60$，$\varepsilon=50$。推出每

个组员的收益 $R=30+200+60+50=340$，联保小组的总收益 $R'=680$。

（2）当 A、B 都违约时：$P_1=100$，$i=10$（因为违约，以上两项均不归还金融机构，视为收入），$r_1=30$，$P_2=-200$，$r_2=-60$（因为违约而不获得的机会成本，视为损失），$\varepsilon=-100$，推出每个组员的收益 $R=100+10+30-200-60-100=-220$，联保小组的总收益 $R'=-480$。

（3）当 A（或 B）违约，B（或 A）为了下次能获得更多的贷款，帮助违约一方偿还所欠的款项，致使小组最终还款。此时，违约组员遭到处罚的概率 $\gamma=1/2$，$\varepsilon=-50$。推出此战略下违约组员的收益 $R_1=30-200\times l/2-60\times l/2-50=-150$；假定还款组员因帮助违约组员要支付额外成本 $\delta=-50$，推出还款组员的收益 $R_2=340-50=290$；联保小组的总收益 $R'=140$。

（4）当 A（或 B）违约，另一方也不能帮助偿还所欠的款项，致使联保小组集体违约，小组组员均丧失再次获得贷款的机会，$P_2=-200$，$r_2=-60$。违约组员因违约行为连累了还款组员而遭到怨恨，要支付更大的"坏声誉"成本，即 $\varepsilon=-200$，推出违约组员的收益 $R_1=100+10+30-200-60-200=-320$；还款组员的声誉不受影响 $\varepsilon=50$，推出还款组员收益 $R_2=30-200-60+50=-180$；推出该联保小组的总收益 $R'=-500$。

通过上述的博弈分析，可见"还款"总是每个农户的最优战略，从而可以减轻农村信用社的监督压力。

4.3.3.2 非正规金融机构的监督机制

非正规贷款人几乎不需要明确地监督贷款，因为贷款人和借款人通常生活在相同的社区，在小范围内信息的流动是自由充分的（Udry，1994）。即通过日常的社会交往，非正规贷款人就可以拥有借款人行为的最新的详尽信息，所以，非正规贷款人对借款人的监督每时每刻都在进行，尽管并不是刻意的。另外，借款人会因为个人约束和社会约束而选择还款，这样的话就会减轻非正规金融机构的监督压力。

（1）自我约束

在非正规金融市场的运行过程中，首先发挥监督作用的是经济因素，这种经济因素使得借款者权衡还贷与不还贷的利弊得失后，督促自己尽量按时还款。具体来看，这种自我约束机制分为两方面：一方面，借款者出于对将来能否再次得到贷款的担心，会选择履约（Aryeetey，Udry，1995）。因为一旦违约，他们在社区里的声誉就会大打折扣，很可能失去将来贷款的机会。Basseer（1972）通过对伊朗 Bazaar 地区的研究发现，声誉在该地区非正规金融中起着重要作用。在中国社会中，自我约束在农村非正规金融市场的运行中同样起着非常重要的作用。高帆（2003）指出，由于借款活动往往在亲戚、朋友、邻居之间展开，在高度互识社会中的借贷活动几乎是无限次重复博弈的过程，因此农户一旦违约，其不守信用的形象会迅速在村落中传开，其违约行为会面临惩罚的扩大效应。因此，借款人在考虑到潜在违约成本后，一般不会恶意拖欠借款。另一方面，关联性交易、关联性合约也约束着借款人按时偿贷。贷款者和借款者发生信贷关系时，一般会将他们在商品市场、土地市场及其他市场上的交易情况纳入合约，这样便形成另一种形式的担保。这种担保有助于减少不确定行为给贷款人带来的风险，从而能有效地应对道德风险（Udry，1990）。Yotopoulos 和 Floro（1991）通过研究发现，在发展中国家，利用关联性合约提供贷款的现象非常普遍。他们对菲律宾关联性合约进行了深入研究，一共区分了五种关联性交易，包括提供与生产相关的中介服务、产品出售、农用机器出售或租借、土地用益权等。通过关联性交易，非正规贷款者能够更好地了解借款人还款能力大小，借款者也因其违约成本增加而尽力履行还贷义务。有些学者还发现，关联性交易的贷款利率相对无关联性交易的贷款利率要低很多，这是因为关联性交易能够降低不确定性带来的不良结果的原因（Steel，Aryeetey，Hettige 和 Nissanke，1997）。

（2）社会约束

在非正规金融市场的运行过程中，除了经济因素（自我约束力）发挥作用外，作为非经济因素的社会约束力也发挥着相当关键的作用。由于血缘、地缘关系形成的社区里的无形资源和社会资本约束借贷双方的行为，促使非正规金融交易有效进行。一方面，社会资本能够使借贷双方之间的信息流更加透明，从而减少正规金融市场上的逆向选择和道德风险（Olomola，2002）。另一方面，社会资本的存在，使得参与非正规金融的双方处在一定的社会联系中。一旦违约事件发生，这种社会联系的结束所造成的损失非常大。Steel 等（1997）指出，以群体为基础的组织中（尤其是在农村），来自社会的监督被认为是非常有效的。

通过对农村正规金融与非正规金融的筛选、定价和监督机制的分析，可知农村金融市场的运行机理：

农村正规金融机构一般会利用抵押机制来对借款人进行筛选，维持型农户和贫困型农户会因为无法提供抵押品而无法得到贷款。为此，农村信用社推出了以"关系型融资"的担保替代机制为模式的农户保证贷款和农户联保贷款，以及无须抵押和担保的农户小额信用贷款来满足中低收入农户的融资需求，有效地解决了维持型农户的"贷款难"的问题。但贫困型农户的融资问题仍然没有得到解决。我国农村正规金融机构现行的贷款定价机制一般是采用以基准利率加点模型为主，同时还融入了成本加成定价和客户盈利分析的思想。对于正规金融机构而言，其监督成本一般来说是很高的。但因为存在抵押品，所以监督也就变得不那么必要。那些农户联保贷款的成员也会实行相互监督，且其内在的博弈机制可以激励他们还款，从而农村信用社的监督压力就会变小。

农村非正规金融机构可以通过其信息优势很好地区分出富裕型、维持型和贫困型农户。一般情况下，农村非正规金融机构只会给富裕型农户和维持型农户提供贷款，考虑到贫困型农户还款能力的低下，一般不会对其提供贷款。农村非正规金融机构的贷款定价机制选用的是成本加成定价法，其中包括的成本主要有机会成本、管理成本、交易成本和风险溢价四种。关于对借款人的监督，非正规金融可以依靠其信息优势很容易且低成本地实现。另外，借款人本身也会因为自我约束和社会约束选择还款。所以，农村非正规金融机构根本无须投入很多精力，就可以收到很好的监督效果。

4.3.4 农村正规金融与非正规金融运行机理的数理分析

为了能够更加清晰地解释各类农户在农村金融市场上的信贷融资的运行机理，本节引入巴德汉（Bardhan，2002）的模型、张杰（2007）和王定祥（2011）的模型。模型是以农村贷款者收益最大化为目标函数，以保证借款者和贷款者的参与为约束条件的简单线性规划模型。通过对模型的分析来探讨农村金融市场交易达成的必要条件、不同变量对于交易达成的影响、借款者和贷款者在相关约束条件下的选择以及引入新的变量对于合同实施的影响。

基本模型和相关假设如下：

假设货币总量为 1 元，农村金融市场的利率为 i，贷款者的期望收益为 π，借款者的期望收益为 E。此外，对于贷款者而言，为了使款项能够顺利收回一般都需要对借款者进行必要的监督，设其付出的监督成本为 c，并将其单位化，使 $c \in (0, 1)$，而且如果贷款者不将资金贷给借款者，而选择进入其他无风险的资本市场投资，设其将获得的固定收益为 γ；对于借款者而言，假设借款者运用贷款从事农业投资将获得收益为 R，付出固定成本为 S，且借款者运用贷款从事投资和生产的机会成本为 w。另外，借款者是否会还款是个概率问题。还款概率 P 取决于 i 和 c，其中 $\frac{\partial \pi}{\partial i} < 0$，$\frac{\partial \pi}{\partial c} > 0$。在不同的情况下，借款人和贷款人的收益如图 4.7 所示。

贷款者的期望收益 π 为：

$$\pi = P(i, c)(i-c) + [1-P(i, c)](-c) = P(i, c)i - c \quad (4.1)$$

借款者的期望收益 E 为：

	借款人	贷款人
成功	$R-i-S$	$i-c$
失败	$-S$	$-c$

图 4.7　农村借款者和贷款者的收益矩阵

$$E=P(i,c)(R-i-S)+[1-P(i,c)](-S)=P(i,c)(R-i)-S$$
$$(4.2)$$

式（4.1）和式（4.2）中暗含了两个假设条件：一是假设当借款者项目失败时，贷款者将不能追回任何贷款，也就是说不存在贷款合约部分履行的可能性，而且只要借款者无法偿还全部贷款与利息，贷款者的收益就将为 0；二是不存在合约的实施问题，也就是说只要借款者的项目成功，贷款者便可以收回全部贷款和利息。此外，为了更方便分析，模型假定借款者和贷款者均是风险中立的，因此，如果说不确定情况下的期望收益要大于确定情况下的期望收益，那么不确定情况下的效用也将大于确定情况下的效用。

由于我国农村金融市场目前仍处于供不应求的卖方市场，所以本节将选择贷款者收益最大化来建立模型，而对于借款者，只要满足其基本约束条件即可。因此，基本的模型可以简化为：

$$\max_{i,c}[P(i,c)i-c]$$
$$\text{s.t.}\quad P(i,c)i-c>\gamma$$
$$P(i,c)(R-i)-S>w$$
$$(4.3)$$

4.3.4.1　农村正规金融市场的运行机理

农村正规金融市场涉及的放贷业务主要有传统的信贷业务和小额信贷业务两种类型，下面对这两种信贷交易分别加以考察。

1. 传统的信贷业务

用下标 f 来代表农村正规金融组织的传统的信贷业务，对于三类农户借款者，即富裕型农户、维持型农户和贫困型农户，其上标分别设为 h，l，p，并且有 $P^h(i,c)>P^l(i,c)>P^p(i,c)$。则式（4.3）的线性规划模型就可以转化为：

$$\max_{i_f,c_f}[P(i_f,c_f)i_f-c_f]$$
$$\text{s.t.}\quad P(i_f,c_f)i_f-c_f>\gamma$$
$$P(i_f,c_f)(R-i_f)-S>w$$
$$(4.4)$$

若存在均衡的 i_f^*，c_f^*，则必须满足：

$$i_f^* > \frac{c_f^* + \gamma}{P(i_f^*, c_f^*)}$$

$$i_f^* < \frac{RP(i_f^*, c_f^*) - S - w}{P(i_f^*, c_f^*)} \tag{4.5}$$

根据式（4.5）可推出：

$$\frac{c_f^* + \gamma}{P(i_f^*, c_f^*)} < \frac{RP(i_f^*, c_f^*) - S - w}{P(i_f^*, c_f^*)}$$

$$\Rightarrow c_f^* + \gamma < RP(i_f^*, c_f^*) - S - w$$

$$\Rightarrow c_f^* < RP(i_f^*, c_f^*) - S - w - \gamma \tag{4.6}$$

通过对式（4.5）和式（4.6）的分析，我们不难看出，想要两个公式都成立，那么贷款者的监督成本 c_f 和机会成本 γ 应该要小一点，借款者的机会成本 w 和付出的固定成本 S 也应该要小一点，而借款者得到的收益 R 和还款概率 P 应该要大一点。

在实际工作中，农村正规金融组织一般都希望可以根据不同类型的借款者来分别设计相应的贷款契约以用来优化其收益，但由于农村正规金融组织很难区分借款者的类型，他们往往通过贷款抵押的方法来区分。下面我们将具体分析农村正规金融组织的传统信贷业务的运行机理。

（1）对农户信息不了解的情况

由于农村人口居住相对比较分散，交通和信息设施也比较落后，再加上农业生产复杂的技术性和生产的长期性，以及市场价格的不确定性和收入的波动性，使得农村正规金融组织在搜集、整理和分析农户的有关信息方面要付出昂贵的成本。也就是说，农村正规金融组织往往很难以较低的成本来辨别借款者的类型，因此也就不得不以相同的利率水平向不同类型的借款人提供贷款。

①富裕型农户与维持型农户

如果借款者中同时存在富裕型农户和维持型农户，由于 $P^h(i_f, c_f)i_f - c_f > P^l(i_f, c_f)i_f - c_f$，所以正规金融组织对富裕型农户放款得到的期望收益要高于对维持型农户放贷得到的期望收益。但是由于 $P^h(i_f, c_f)(R^h - i_f) - S^h < P^l(i_f, c_f)(R^l - i_f) - S^l$，说明在给定利率的情况下，富裕型农户得到的效用要低于维持型农户得到的效用。根据式（4.5），我们可以推出富裕型农户可以接受的利率上限为 $\overline{i_f^h} = \frac{R^h P^h(i_f, c_f) - S^h - w^h}{P^h(i_f, c_f)}$，维持型农户可以接受的利率上限为 $\overline{i_f^l} = \frac{R^l P^l(i_f, c_f) - S^l - w^l}{P^l(i_f, c_f)}$，且 $\overline{i_f^h} < \overline{i_f^l}$，说明富裕型农户能接受的利率上限要低于维持型农户能接受的利率上限。假设农村正规金融组织提供

的传统信贷业务的贷款利率水平为 i_f，当 $i_f < i_f^1$ 时，所有借款者都会申请贷款；当 $i_f^h < i_f < i_f^1$ 时，只有维持型农户会申请贷款；当 $i_f > i_f^1$ 时，则没有借款者会申请贷款，此时，农村正规金融组织就与这两类农户之间都没有了传统信贷业务的交易。

若假设富裕型农户的比例为 α，那么维持型农户所占的比例就是 $1-\alpha$，那么农村正规金融组织提供贷款的条件就是：

$$[\alpha P^h(i_f, c_f)i_f + (1-\alpha)P^1(i_f, c_f)i_f] - c_f > \gamma \Rightarrow$$

$$i_f > \frac{\gamma + c_f}{\alpha P^h(i_f, c_f) + (1-\alpha)P^1(i_f, c_f)} \tag{4.7}$$

从上式中可以看出，若 α 过小或者是 $P^1(i_f, c_f)$ 过小，都将会导致均衡利率水平过高，从而导致富裕型农户提前退出交易，导致交易规模严重缩小，甚至是不存在任何交易。

②富裕型农户和贫困型农户

如果是借款者中同时存在富裕型农户和贫困型农户，那么其分析过程与富裕型农户和维持型农户的情况基本一致。但是由于贫困型农户的还贷能力比维持型农户的还贷能力更低，也就是说贫困型农户的还款概率 $P^p(i_f, c_f)$ 要比维持型农户的还款概率 $P^1(i_f, c_f)$ 更低，所以农村正规金融组织提供的均衡利率水平就会更高，这样就会导致富裕型农户更是早早地就退出了金融交易，从而导致形成的交易空间更小。

（2）要求贷款抵押时的情况

由上文的分析可知，当农村正规金融市场存在两类风险程度不同的借款者时，将会导致逆向选择问题的发生，由于贷款者往往无法有效地区分这两类借款者，从而导致自身的损失。另外，对于农村正规金融组织而言，即使可以通过设定一个较高的利率来区别低风险借款者（富裕型农户）和高风险借款者（维持型农户和贫困型农户），利率上限的存在也使其不能这么做，从而农村正规金融组织出于自身利益最大化的考虑，将不提供任何贷款。但是，农村正规金融组织可通过设计合约来消除这种逆向选择的问题。合约的条件之一就是要求贷款抵押，贷款抵押就相当于把风险转移给了借款者，贷款者的回报就不再取决于借款者不为人知的类型。

假设借款者能够提供的抵押品的价值为 z，当借款者项目失败而无法还款时，抵押物将全权归贷款者所有，此时的收益矩阵如图 4.8 所示。

此时，式（4.3）的最优线性规划问题可变为

	借款人	贷款人
成功	$R-i-S$	$i-c$
失败	$-S-z$	$z-c$

图 4.8　有贷款抵押时借贷双方的收益矩阵

$$\max_{i_f,\,c_f}\{P(i_f,c_f)i_f-c_f+[1-P(i_f,c_f)]z\}$$

$$\text{s.t.}\quad P(i_f,c_f)i_f-c_f+[1-P(i_f,c_f)]z>\gamma \tag{4.7}$$

$$P(i_f,c_f)(R-i_f)-S-[1-P(i_f,c_f)]z>w$$

若存在均衡的 i_f^*、c_f^*，则必须满足

$$i_f^*>\frac{c_f^*+\gamma-[1-P(i_f^*,c_f^*)]z}{P(i_f^*,c_f^*)}$$

$$i_f^*<\frac{RP(i_f^*,c_f^*)-S-w-[1-P(i_f^*,c_f^*)]z}{P(i_f^*,c_f^*)} \tag{4.8}$$

从式（4.8）可知，由于贷款抵押品的引入，将导致 $\dfrac{c_f^*+\gamma-[1-P(i_f^*,c_f^*)]z}{P(i_f^*,c_f^*)}$ 值降低，从而农村正规金融组织可接受的利率水平 i_f^* 也降低了，说明抵押品的引入可以部分缓解农村正规金融组织所面对的不确定性风险。同时，若进一步完善模型，将监督成本看作抵押品价值的增函数，那么其可接受的利率水平将会进一步下降。因此在相同的利率水平上，农村正规金融组织愿意提供的贷款数量也就增加了。所以可以认为，贷款抵押品的提供有利于扩大农村正规金融组织的贷款供给规模。

而且，从另一方面看，由于仅有富裕型农户能提供一定数量的抵押品，维持型农户仅能提供很少量且价值不高的抵押品，贫困型农户则根本无法提供任何抵押品，因此，后两者农户将自动退出正规金融组织贷款对象的队伍。但是，从式子 $i_f^*<\dfrac{RP(i_f^*,c_f^*)-S-w-[1-P(i_f^*,c_f^*)]z}{P(i_f^*,c_f^*)}$ 中可以看出，由于贷款抵押品的引入，农户所能接受的利率水平也相应地降低了，所以抵押品价值 z 必须要处于一个合理的范围内。如果 z 过高，那么即使是富裕型农户也无法提供正规金融组织要求的抵押品的数量，所以富裕型农户也将会被迫放弃借款。此时，农户与正规金融组织之间的金融交易将再次消失。总之，贷款抵押品的存在虽然扩大了农村正规金融组织的贷款规模，并使得维持型农户和贫困型农户自动离开贷款队伍，但是抵押品的价格必须要确定在一个合理的范围上，否则，正规金融组织与富裕型农户之间也将无法形成借贷交易。

（3）存在利率管制时的情况

自新中国成立以来，为配合重工业优先发展战略，我国长期存在利率管制的现象，政府通过人为的压低利率来为工业提供廉价的资金。虽然近年来，随着利率市场化改革的全面推进，农村金融机构贷款利率逐渐放开。自 2013 年 7 月 20 日起，我国对农村信用社贷款利率也不再设立上限。但是由于农村正规金融市场在利率管制下运行了很多年，对其的运行也造成了很大的影响，所以本节仍会分析存在利率管制时农村正规金融市场的运行机理。

假定由于政府利率管制等因素的影响，农村正规金融组织的传统信贷水平被固定为 $\overline{i_f}$。则此时借款者的还款概率 P 就仅由监督成本 c_f 决定，为 $P(c_f)$。则式（4.3）的最优线性规划问题可变为：

$$\max_{c_f}\left[P(c_f)\,\overline{i_f}-c_f\right]$$
$$\text{s.t.}\ P(c_f)\,\overline{i_f}-c_f>\gamma \tag{4.9}$$
$$P(c_f)\,(R-\overline{i_f})-S>w$$

在满足 $\dfrac{c_f^*+\gamma}{P(c_f^*)}<\overline{i_f}<\dfrac{RP(c_f^*)-S-w}{P(c_f^*)}$ 的情况下，农村正规金融组织的期望收益为：

$$\pi_{\max}=P(c_f)\,\overline{i_f}-c_f \tag{4.10}$$

对变量监督成本 c_f 求一阶导数，而且令 $\dfrac{\mathrm{d}\pi}{\mathrm{d}c_f}=P'(c_f)\,\overline{i_f}-1=0$，则有

$$P'(c_f)=\frac{1}{\overline{i_f}} \tag{4.11}$$

从上述的分析可以发现，农村正规金融组织的期望收益 $\pi_{\max}$ 的最优解被要求在均衡处，也就是说，当其边际监督成本等于利率水平的倒数时，农村正规金融组织的期望收益取到最大值。但是实际情况是，一般在管制的情形下，利率往往都比较低，农村正规金融组织也往往会因为信息的不对称，无法充分了解贷款人的情况，所以即使付出了很大的监督成本也收益甚少，也就是说 $P'(c_f)$ 也很可能不大，从而就会导致 $P'(c_f)<\dfrac{1}{\overline{i_f}}$，从而使得模型无法求出最优解。进一步讲，若想要 $P'(c_f)<\dfrac{1}{\overline{i_f}}$ 成立，则监督成本 c_f 就必须要非常大，但是这又会违背约束条件 $\overline{i_f}>\dfrac{c_f+\gamma}{P(c_f)}$。因此，综上所述，贷款者的理性选择

就是不提供贷款。而且这又恰好解释了为什么当存在利率上限时，农户几乎很难从农村正规金融部门取得贷款的现象。同时，我们若考虑利率下限的情况，很明显的可以看到，一个很高的利率下限将导致 $\overline{i_f} < \dfrac{RP(c_f) - S - w}{P(c_f)}$ 的不成立，从而农村居民的贷款收益将无法弥补利率成本，他们将会选择放弃贷款。

综上所述，当农村正规金融市场存在利率管制时，贷款合同达成的空间缩小；同时，当较低的利率管制和较高的监管成本并存时，农村正规金融组织将不提供任何贷款，三类农户都无法从农村正规金融组织的传统信贷业务中取得贷款。也就是说，农户与正规金融组织之间的借贷将再次消失，只是不同于抵押品的过高要求导致需求方退出，这是由于利率管制下的供给方退出。

通过对农村正规金融组织的传统信贷业务的运行模型的推导，我们最终可得到以下一些结论：第一，贷款给富裕型农户是农村正规金融组织的最佳选择，但是由于信息的不对称，农村正规金融组织将面临来自维持型农户和贫困型农户的逆向选择。第二，贷款抵押品的存在能够扩大农村正规金融组织的贷款供给规模，并使得维持型农户和贫困型农户自动离开贷款队伍。第三，贷款抵押品的定价必须要在一个合理的水平上，否则正规金融组织与富裕型农户之间也将无法形成借贷交易。第四，当农村正规金融市场存在利率管制时，贷款合约达成的空间将会缩小。第五，当较低的利率管制和较高的监督成本并存时，正规金融组织将不提供任何贷款，也就是说三类农户都无法从正规金融组织的传统信贷业务中取得贷款。

2. 小额信贷业务

农村正规金融组织的小额信贷业务是农村金融市场上正式制度安排（正规金融组织）与非正式制度安排（小额信贷方式）的契合，它体现了正式制度安排的农村金融供给主体对作为非正式信贷方式的小额信贷制度的创新与发展，有半官方和非官方的性质，在信息收集方面具有一定的优势。正规金融小额信贷主要以处于金融需求较低层次的农户的小额信贷需求为服务对象，并且考虑到这类低收入农户基本没有能力提供抵押品，所以一般都采用信用贷款的模式，但是由于采取的一般都是分期付款的方式，所以其利率一般会比较高。下文我们将具体分析农村正规金融组织的小额贷款业务针对不同类型农户的运行机理。这里令小额信贷业务的下标为 s。

（1）富裕型农户与维持型农户

通过前文的分析可知，富裕型农户的利率接受上限 $\overline{i_s^h} = \dfrac{R^h P^h(i_s, c_s) - S^h - w^h}{P^h(i_s, c_s)}$ 小于维持型农户的利率接受上限 $\overline{i_s^l} =$

$\dfrac{R^1P^1(i_s,\ c_s)-S^1-w^1}{P^1(i_s,\ c_s)}$，由于维持型农户更倾向于向小额信贷组织申请贷

款，所以只要小额信贷组织的利率 i_s 定于区间 $(\overline{i_s^h},\ i_s^l)$ 之内，就可以保证富裕型农户自动放弃向小额信贷组织借款，从而达到农村正规金融市场的小额信贷业务服务于中低收入农户的目的。

需要注意的是，虽然说当小额信贷组织的资金总量大于富裕型农户和维持型农户的需求之和时，以较低的利率向富裕型农户贷款是有利可图的，但由于现阶段大部分小额信贷组织还不能吸收存款，所以其规模一般都比较小，资金量也比较有限，所以难以满足上述条件，致使其只能以较高的利率集中资金向维持型农户提供贷款。同时，向中低收入的维持型农户提供贷款，除了经济收益外，还有很强的社会效益，因此对于急需获得政府认可的半官方和非官方的农村小额信贷组织来说，这一点很是重要。

（2）维持型农户与贫困型农户

虽然说小额信贷组织与一般的农村正规金融组织相比具有一定程度的信息优势，但其想要完全无成本地区别维持型农户和贫困型农户仍然是不可能的。这样就有两种情况摆在小额信贷组织面前选择：一是若对这两类借款者不加以区别，就会面临贫困型农户无法还款的威胁；二是若对这两类农户加以区分，则又可能产生很大的信息成本。关于具体选择哪个可以得到更大的收益，我们将从短期和长期两种情形加以讨论。

第一，短期情形

假设区分农户类型的信息成本为 d，维持型农户的比例为 β，那么贫困型农户的比例就是 $1-\beta$。若对维持型农户和贫困型农户进行辨别，那么小额信贷组织就会只对维持型农户提供贷款，其期望收益为 $\pi_1=P^1(i_s,\ c_s)i_s-c_s-d_s$；若不对维持型农户和贫困型农户进行区别，那么只能以相同的利率同时贷给这两类农户，小额信贷组织的收益为 $\pi_2=\beta P^1(i_s,\ c_s)i_s+(1-\beta)P^p(i_s,\ c_s)i_s-c_s$，但考虑到贫困型农户基本没有还款能力，所以这里假定 $P^p(i_s,\ c_s)=0$，则 $\pi_2=\beta P^1(i_s,\ c_s)i_s-c_s$。若小额信贷组织想要选择不对这两类农户进行甄别，那么就要保证不辨别的收益要大于辨别的收益，即 $\pi_2>\pi_1$，有

$$\beta P^1(i_s,\ c_s)i_s-c_s-P^1(i_s,\ c_s)i_s+c_s+d_s>0$$
$$\Rightarrow (\beta-1)P^1(c_s,\ i_s)i_s+d_s>0 \tag{4.12}$$

即要求维持型农户所占的比例 β 要比较大，或者是利率水平 i_s 要比较低，抑或是信息成本 d_s 要比较大，而且约束条件 $i_s^*>\dfrac{c_s^*+\gamma}{\beta P^1(i_s^*,\ c_s^*)}$ 和约束条件

$i_s^* < \dfrac{RP^1(i_s^*, \ c_s^*) - S - w}{P^1(i_s^*, \ c_s^*)}$ 都必须得到满足。而这也就要求在申请贷款的农户中，维持型农户必须占有很高的比例，这样他们支付的利息才足以抵偿贫困型农户违约带来的损失。反之，当维持型农户的比例较低而且信息成本又不是很大的时候，农村小额信贷组织应该选择对维持型和贫困型农户进行区分，然后贷款给维持型农户。

第二，长期情形

在长期中，贷款者的选择会有所不同，可以选择在第一期对借款者的类型进行辨别，并在以后各期中仅贷款给有还款能力的维持型农户；也可选择在第一期不进行辨别，而持续以相同的利率对维持型农户和贫困型农户进行贷款。其中我们设各个时期连续且贷款将永远持续，折现率为 r，连续复利。

如果在第一期就对维持型农户和贫困型农户进行了辨别，则有：

$$\pi_1 = P(i_s, \ c_s) i_s - c_s - d_s + \int_1^{+\infty} \left[P(i_s, \ c_s) i_s - c_s \right] t^{-rt} \mathrm{d}t$$

$$\Rightarrow \pi_1 = \left(1 - \frac{t^{-r}}{r} \right) \left[P(i_s, \ c_s) i_s - c_s \right] - d_s \tag{4.13}$$

如果在第一期不进行辨别，则有：

$$\pi_2 = \int_0^\infty \left[\beta P(i_s, \ c_s) i_s - c_s \right] t^{-rt} \mathrm{d}t = \frac{\beta P(i_s, \ c_s) i_s - c_s}{r} \tag{4.14}$$

若选择不对借款者的类型进行辨别，则必须满足不辨别的期望收益要大于辨别后的期望收益，即 $\pi_2 > \pi_1$，有

$$\frac{\beta P(i_s, \ c_s) i_s - c_s}{r} - \left(1 - \frac{t^{-r}}{r} \right) \left[P(i_s, \ c_s) i_s - c_s \right] + d_s > 0$$

$$\Rightarrow (\beta - r + t^{-r}) P(i_s, \ c_s) \frac{i_s}{r} - \frac{c_s}{r} + c_s - \frac{t^{-r}}{r} c_s + d_s > 0 \tag{4.15}$$

这就要求折现率 r 要比较小，也就是说贷款者更关注眼前利益；β 要比较大，说明维持型农户占比要大；d_s 要比较大，也就是说信息成本要比较大。但在我国广大农村地区，由于资金的使用成本比较高，使用的折现率 r 往往也比较高，而且维持型农户所占的比重不大，尤其在西部落后地区，大部分农户都属于贫困型农户，所以在考虑我国现实情况的基础上，如果不加辨别地对所有农户发放贷款将会给小额信贷组织造成很大的损失。因此，对于小额信贷组织尤其是贫困农村地区的小额信贷组织而言，仔细地对农户类型进行鉴别并准确定位放贷人群是十分重要的。

另外需要注意的是，如果鉴别成本 d_s 过高，贫困型农户占比 $1 - \beta$ 过大，

都将会导致约束条件 $i_s^* > \dfrac{c_s^* + \gamma}{\beta P(i_s^*,\ c_s^*)}$ 和 $i_s^* > \dfrac{c_s^* + \gamma + d_s}{P(i_s^*,\ c_s^*)}$ 得不到满足。此时，小额信贷组织的理性选择就是不对任何借款者提供贷款，小额信贷交易将无法达成。

通过对小额信贷组织的运行模型的推导，我们可以得到以下一些结论：第一，小额信贷组织的最优选择是具有还款能力的维持型农户。第二，通过设定合理的利率水平，小额信贷机组织可以有效地区分富裕型农户和维持型农户。第三，无论是短期还是长期，当两类借款对象（维持型和贫困型农户）中，维持型农户占有较大比重，且同时辨别这两类农户的信息成本过大时，小额信贷组织的最优选择是不区分的同时向这两类农户提供贷款。反之，小额信贷组织的最优选择是区分这两类农户而且仅向维持型农户提供贷款。第四，在贫困人口比例较高，贫困型农户占比较大的地区，而且同时信息成本又很高，那么小额信贷组织的理性选择是停止向农户提供贷款。

4.3.4.2　农村非正规金融市场的运行机理

（1）富裕型农户与维持型农户

令农村非正规金融组织的下标为 i。相对于农村正规金融组织而言，农村非正规金融组织具有信息方面的优势，它可以用较小的成本就可以辨别出不同类型的农户，同时由于不受利率上限的限制，对于不同类型的借款者，农村非正规金融组织可以设立不同水平的利率，此外，农村非正规金融组织还可以用较小的监督成本 c_i 来监督借款者的行为，并且监督效果是较为有效的，即边际监督成本 $P'(c_i)$ 是比较大。综合上述几个因素，认为农村非正规金融组织是能够同时向富裕型农户和维持型农户提供贷款的。

对于富裕型农户而言，利率 i_i^{h*} 需要满足的约束条件是：$\dfrac{c_i^* + \gamma}{P^h(i_i^*,\ c_i^*)} <$ $i_i^{h*} < \dfrac{R^h P^h(i_i^*,\ c_i^*) - S^h - w^h}{P^h(i_i^*,\ c_i^*)}$ ；对于维持型农户而言，均衡利率 i_i^{l*} 需要满足的约束条件是：$\dfrac{c_i^* + \gamma}{P^l(i_i^*,\ c_i^*)} < i_i^{l*} < \dfrac{R^l P^l(i_i^*,\ c_i^*) - S^l - w^l}{P^l(i_i^*,\ c_i^*)}$ 。假设不管是富裕型农户还是维持型农户，其所获得的收益 R 和付出的固定成本 S 均相同，且农村非正规金融组织对其付出的监督成本 c_i 也都相等。并且考虑到富裕型农户可选择的经营活动更多，所以他们的机会成本相对会高一点，即 $w^h > w^l$，又因为有 $P^h(i_i,\ c_i) > P^l(i_i,\ c_i)$，所以对于农村非正规金融组织来说，有 $\dfrac{c_i + \gamma}{P^h(i_i,\ c_i)} < \dfrac{c_i + \gamma}{P^l(i_i,\ c_i)}$ ，即 $i_i^h < i_i^l$；而对于农户来说，有

$$\frac{R\,P^{\mathrm{h}}(i_{\mathrm{i}},\,c_{\mathrm{i}})-S-w}{P^{\mathrm{h}}(i_{\mathrm{i}},\,c_{\mathrm{i}})}<\frac{R\,P^{\mathrm{l}}(i_{\mathrm{i}},\,c_{\mathrm{i}})-S-w}{P^{\mathrm{l}}(i_{\mathrm{i}},\,c_{\mathrm{i}})}$$，即 $i_{\mathrm{i}}^{\mathrm{h}}<i_{\mathrm{i}}^{\mathrm{l}}$。所以，农村非正规金融组织可以对富裕型农户索取较低的利率，而维持型农户则自愿接受较高的利率。同时，考虑到农村非正规金融组织的监督成本较低，所以合约达成的空间将进一步扩大。农村非正规金融组织可以在 $i_{\mathrm{i}}^{\mathrm{h}}$，$i_{\mathrm{i}}^{\mathrm{l}}$ 这两个利率水平上达到分离均衡，从而使富裕型农户和维持型农户都可以从农村非正规金融组织得到贷款。

进一步地，我们可以考虑富裕型农户在农村正规金融组织和非正规金融组织之间的选择。若富裕型农户选择正规金融组织（假设农户面对的利率相等），则必须满足：

$$P(i^{\mathrm{h}},\,c_{\mathrm{f}}^{\mathrm{h}})(R-i^{\mathrm{h}})-S-[1-P(i^{\mathrm{h}},\,c_{\mathrm{f}}^{\mathrm{h}})]z>P(i^{\mathrm{h}},\,c_{\mathrm{i}}^{\mathrm{h}})(R-i^{\mathrm{h}})-S$$
$$\Rightarrow[P(i^{\mathrm{h}},\,c_{\mathrm{f}}^{\mathrm{h}})-P(i^{\mathrm{h}},\,c_{\mathrm{i}}^{\mathrm{h}})](R-i^{\mathrm{h}})-[1-P(i^{\mathrm{h}},\,c_{\mathrm{f}}^{\mathrm{h}})]z>0$$
$$\Rightarrow\frac{\partial P}{\partial c}(c_{\mathrm{f}}^{\mathrm{h}}-c_{\mathrm{i}}^{\mathrm{h}})(R-i^{\mathrm{h}})-[1-P(i^{\mathrm{h}},\,c_{\mathrm{f}}^{\mathrm{h}})]z>0 \qquad (4.16)$$

从式（4.16）中可以看出，想要富裕型农户选择农村正规金融组织进行借款，则必须要求正规金融组织必须付出足够大的监督成本或者监督取得的收效足够大，同时要能接受富裕型农户价值很低的贷款抵押品。然而，在满足农村正规金融组织最低利率要求 $i_{\mathrm{f}}^{*}>\dfrac{c_{\mathrm{f}}^{*}+\gamma-[1-P(i_{\mathrm{f}}^{*},\,c_{\mathrm{f}}^{*})]z}{P(i_{\mathrm{f}}^{*},\,c_{\mathrm{f}}^{*})}$ 的情况下，上述条件几乎是不可能得到满足的。因此，富裕型农户选择农村非正规金融组织进行借款就显得更加有利可图，即使非正规金融组织的利率会略微偏高，但这也不会影响到富裕型农户的选择。

综上可见，农村非正规金融组织能够运用信息上的优势，以较小的信息成本分离出富裕型农户和维持型农户，并且通过不同的利率达到分离均衡，同时以其较小的监督成本和较好的监督效果扩大了合约形成的范围。另外，对于富裕型农户而言，当农村正规金融组织要求的抵押品价值较大或者农村正规金融组织付出的监督成本较小时，农户会更趋向于向非正规金融组织借款，即使非正规金融组织要求的利率会略微有点高。

（2）维持型农户和贫困型农户

对于农村的贫困型农户而言，其借款的主要用途就是用于维持最基本的消费性支出，由于他们缺乏劳动能力或其他可以获得收入的途径，所以即使他们侥幸借到钱，也没有能力偿还，因此可以认为他们的还款概率 $P^{\mathrm{p}}(i_{\mathrm{i}},\,c_{\mathrm{i}})$ 接近于0。同时他们没有抵押品，从事其他活动的机会成本 w^{p} 也接近于0，他们的收益仅来源于违约所得的贷款。所以对于贫困型农户而言，式（4.3）的线性规划模型可变为：

$$\max_{i_i,\ c_i}[P^p(i_i,\ c_i)\,i_i-c_i]$$

$$\text{s. t. } P^p(i_i,\ c_i)\,i_i-c_i>\gamma \Rightarrow i_i>\frac{c_i+\gamma}{P^p(i_i,\ c_i)} \qquad (4.17)$$

$$1-S^p>0$$

由上式可见，若农村非正规金融组织向贫困型农户贷款，由于 $P^p(i_i,\ c_i)\to 0^+$，农村非正规金融组织要求的利率 i_i 必然趋近于无限大，这显然是不可能成立的。因此，具有信息优势的农村非正规金融组织根本就不会选择向贫困型农户发放贷款。

通过对农村非正规金融组织的运行模型的推导，我们可以得到以下一些结论：第一，农村非正规金融组织能够运用信息优势和以较小的信息成本分离出富裕型农户和维持型农户，并且可以通过要求不同的利率达到分离均衡，从而使维持型农户和富裕型农户都可以从农村非正规金融组织得到贷款。第二，由于农村非正规金融组织拥有较小的监督成本和较好的监督效果，所以其合约形成的范围被有效扩大。第三，对于富裕型农户，当农村正规金融组织要求的贷款抵押品的价值较大或者是农村正规金融组织付出的监督成本较小时，富裕型农户将更倾向于向非正规金融组织借款，即使农村非正规金融组织要求的利率会略微有点高。第四，由于贫困型农户的还款概率接近于 0，因此具有信息优势的农村非正规金融组织不会选择向贫困型农户发放贷款。

4.3.5　以正规信贷机构与小额信贷机构的放款行为为例

本节从理论上探讨发展中国家正规信贷机构与小额信贷机构的放款行为，其中，关注的焦点是这两类机构是如何凭借其甄别、监督借款者和实施合约的工具来应对各自所面对的信息不对称问题的。这些讨论在增进对正规信贷机构和小额信贷机构贷款行为背后的经济理性的理解的同时，也为后文估计、比较二者的贷款行为进而从贷款技术角度来解释小额信贷如何缓解正规信贷配给提供理论基础[①]。

信息不对称概念已成为理解、解释贷款者行为的一个起点。所谓信息不对称是指，在借贷交易中，借款者对自己的经营状况等情况有比较清楚的认识，而贷款者难以获得这方面的真实信息，他们之间的信息是不对称的。具体而

---

① 这里没有展开讨论信贷配给产生的原因，有关这一方面的讨论可参考 Stglitz 和 Weiss（1981），Townsend（1979）等经典文献。

言，贷款者在签约前后分别面临两类问题：隐藏信息问题和隐藏行动问题。由于这两类问题，价格（利率）将不能使市场出清（Stglitz 和 Weiss，1981）。这是因为，由贷款者操纵的利率通过以下两个途径之一会影响到放款项目的风险程度：（1）影响潜在借款者的风险程度，即当利率升高时，稳妥的借款者自我选择退出信贷市场，借款者的平均风险特征受到削弱，市场里剩下的都是高风险借款者；（2）影响借款者的行动，即利率升高时，借款申请者会选择高风险项目。贷款者一般不会轻易提高利率的原因还在于：当合约签订后，贷款者缺乏证实借款者的行动和努力程度的途径，或者即使可以证实，其成本也是很高的。一旦利率升高，增加的债务责任将会降低借款者的努力程度。而且，由于贷款者无法有效监督借款者的行动，借款者也可能产生"不努力"的动机，最终导致项目收益下滑。此外，合约实施问题从现实来看都是无法避免的，只要存在信息不对称问题并且缺乏足够约束，借款者完全有可能有偿还能力仍拒绝履行合约。因此，在信息不对称的情况下，贷款者都需要积极寻求有效甄别、监督借款者，以及实施合约的工具。

在发展中国家农村信贷市场上，正规信贷机构面对的主要问题是：（1）他们往往缺乏关于其客户特点及活动的私人信息，从而无法对潜在客户实施有效的甄别；（2）他们也无法精确监督客户的贷款使用情况。因此，为了准确评价并有效控制风险，他们会在放款时坚持要求借款者提供贷款抵押。这种选择得到了相关理论的支持。Bester（1985）指出，通过合理设计抵押品可以制定出反映借款者偿债能力的贷款条件，抵押品与利率的组合可以作为一种事前的信号甄别装置来减轻逆向选择。同时，抵押可以提高借款者的努力程度和收益，有助于部分缓解道德风险问题（Ghosh，Mookherjee 和 Ray，1999）。

尽管正规信贷机构做出上述选择是可以理解的，但是，这种提供抵押品的要求及信息不对称将导致贫穷者面临更严重的信贷配给。Barham 等（1996）认为，与富裕借款者相比，贫穷借款者没有什么特点，这反映出获取风险特征的成本与财产呈负相关关系。Barham 等（1996）还为正规信贷机构要求贷款抵押提供了一个直观的理由，即在一个高度不平等的社会内，拥有较多财产的富裕借款者可能更显眼，更容易被正规信贷机构的工作人员所观察和识别。同时，当贷款申请需要支付固定交易成本时，与高财产借款者相比，低财产借款者受到交易成本配给①的概率更高（Barham 等，1996）。此外，在保险市场缺失的情况下，许多缺乏抵押品的贫穷借款者因为害怕失去"珍贵"的抵押品

---

① 交易成本配给是指农户因为贷款需要支付较高交易成本而放弃申请贷款（Guirkinger 和 Boucher，2008）。

（如，耕地）而不会主动申请贷款。由此看来，信息不对称、交易成本以及与抵押相关的风险问题才是农户受到正规信贷约束的症结所在。

在许多研究中，信贷配给与信贷约束两个概念常常被交替使用，但准确地说，它们表达了不同的含义。不同之处在于，信贷配给主要针对贷款者而言，它是由贷款者愿意放贷和能够放贷的金额之间的差距而产生的，其表现形式就是贷款者对贷款进行数额限制；而信贷约束主要针对借款者而言，它是指信贷需求得不到满足的情形。

为解决农户尤其是贫困农户的信贷约束问题，研究者与实践者努力探寻缓解正规信贷配给的组织、制度安排。从上面的分析可知，如果某种信贷机构能够更好地甄别借款申请者的能力与风险特征、能更好地监督借款者的贷款实用活动，那么，它就有可能满足受到正规信贷约束农户的资金需求。小额信贷就是这样一种在实践活动中出现的一种具备上述"优势"的信贷机构。与正规信贷机构相比，小额信贷的"创新"主要体现在其降低交易成本和克服信息不对称问题的贷款技术上，主要包括：同伴选择、同伴监督、动态监督、定期偿还安排和抵押品替代物（Morduch，1999）。上述贷款技术对于因信息问题和抵押品问题而被正规信贷机构排除在外的农户获取信贷服务异常重要。首先，在小额信贷的团体贷款制度下，那些互相比较了解且风险水平相近的借款者将会自动组成联保小组，并将风险较高的潜在借款者排除在小组之外。与正规信贷机构的工作人员相比，贷款小组中的成员更了解其他成员的财产和经营项目，也能更好地评价他们的风险特征和还款能力；与正规信贷机构和其客户之间存在的"匿名"关系相比，借款者的项目管理和还款行为在小组成员之间几乎是"透明"的。另一方面，团体贷款制度实际上把在个体贷款模式下本应由自己承担的风险识别责任转移给了互相之间更加了解的潜在客户群体，这样，在克服信息不对称造成的逆向选择问题的同时也减轻了贷款机构承担的高昂交易成本。其次，在签约之后，小额信贷机构同样面临道德风险问题。对此，团体贷款模式要求联保小组成员彼此承担连带责任，这会促使小组成员积极监督同伴是否进行安全投资和是否努力工作。这种监督是有效的，因为借款者相互之间居住比较近，相互之间比较熟悉。最后，小额信贷通过对道德压力的强化还能有效地处理"不愿还贷问题"。贷款小组的成员大多数都是比较熟悉、关系较好的亲戚、邻居和朋友，成员之间除了参与贷款小组外，还有物质、精神和情感等其他方面的交流，而这些交流都是以互惠原则为基础的。在这种情况下，如果某个成员出现违约的行为，那么他将受到其他成员一致的孤立和排斥。

简而言之，与正规信贷机构相比，小额信贷机构面对的信息问题要"轻微些"，这和它们所处的位置有关，小额信贷机构与借款者的社会网络较近。这些信息优势使小额信贷能在较大程度上克服信息不对称问题，防止逆向选择和道德风险的出现，从而为因缺乏抵押品而被正规信贷机构排除在外的贫困者进入金融市场打开了一扇门[①]。受 Mushinski 和 Pickering（2007）的启发，我们用图 4.9 来概括上述讨论结果。

假定农村信贷市场上存在三类经济主体：正规信贷机构、小额信贷机构和农户。纵轴表示农户受到信贷配给的概率，而横轴表示信贷需求。因为信息不对称与交易成本等问题，正规信贷机构一般会设置一个最低限额 L_{min}。如图所示，对信贷需求超过最低限额 L_{min} 的农户而言，他们可能会受到信贷配给，受信贷配给的概率在 0 和 100% 之间。图 4.9 中的破折线表示：在贷款需求未达到 L_{min} 之前，农户受到信贷配给的概率都为 100%，然后开始下降。

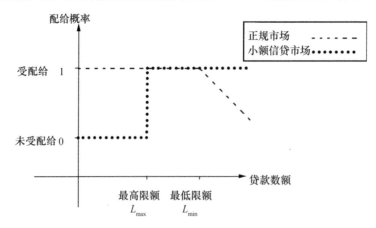

图 4.9　正规信贷市场与小额信贷市场的信贷配给理论示意图

图 4.9 中的破折线并没有考虑小额信贷市场。从理论上看，我们预期小额信贷机构能够缓解信贷配给。当然，如果小额信贷机构提供的贷款完全满足了农户的需求，这个农户就没有受到信贷配给（即，他们受到信贷配给的概率为 0）。但是，我们并不能断定小额信贷机构就一定能够完全解决正规信贷市场的信贷配给。原因是：首先，小额信贷机构的资金主要来自捐赠者，资金供给量毕竟有限；其次，小额信贷的支持者普遍认为，农户的贷款资金量较小[②]，所以应该制定较小贷款数额的信贷产品；最后，也是最重要的，小额信贷机构提

---

① Barham 等（1996）和 Banerjee 等（1994）发现，不同于正规信贷，小额信贷可以动员地方社区资源和知识以获得更多的相关信息来监督借款者，因而可能在较低的成本与风险水平下为受到信贷配给的家庭提供贷款服务。

② 这也是正规信贷机构不愿意向其提供服务的原因之一，因为小金额贷款的单位交易成本高。

供小额度贷款主要是希望通过"分散"贷款来降低贷款风险。上述考虑意味着存在一个最大的贷款数额 L_{max}，该数额就是农户可以从小额信贷机构获得的最大数额[①]。通常，L_{max} 都小于正规贷款者要求的最低限额 L_{min}，即 $L_{max} < L_{min}$。图 4.9 中的圆点线表示了小额信贷市场信贷配给情况。当贷款申请额小于 L_{max}，农户面临信贷配给的概率为 0，因为小额信贷可以满足其贷款需求；在达到 L_{min} 之前，面临信贷配给的概率都是 100%，因为在这一区间，农户贷款需求尚未达到正规贷款的下限，但已超过小额信贷的上限，因此，农户可能受到部分数量配给的概率就很大。

最后指出，因为上述讨论集中于信贷需求小于 L_{min} 的农户，后面的经验分析特别关注信贷需求处于 0 和 L_{min} 之间的农户所面对的正规信贷配给，以及小额信贷机构在多大程度上缓解正规信贷配给。

4.4　农村正规金融与非正规金融的运行效率分析

农村金融作为优化农业资源配置、促进农村经济发展的重要力量，其服务效率的高低直接影响农业现代化的进程。但是，当前我国农村金融服务面临着整体效率不高，发展不平衡等问题，具体表现为农民及农村中小企业贷款难、金融机构覆盖率低、贷款投放量不足、资金外流现象严重等现象。其次，农村金融服务与供给在结构上不匹配。金融机构在经营过程中未能充分考虑农村的实际情况，且缺乏创新意识。因此，农村金融服务难以满足农民的多元化金融需求。农村经济由于其先天的弱质性、信息不对称及风险高等特点，对金融机构的服务也具有特殊要求。农村金融发展与该地区金融生态环境的改善相辅相成，既不能脱离金融赖以存续的环境来谈金融发展，也不能忽视金融发展状态来讨论金融发展水平。因此，在测度各地区农村配置效率时，必须将各地区农村金融生态水平与农村金融发展水平一起纳入考核范围内。为了系统地考察我国农村金融发展状况，本节拟采用数据包络模型，从农村金融资源投入产出的视角来衡量各地区农村金融配置效率。

4.4.1　数据包络模型简介

数据包络方法（DEA）是一种以测度相对效率为基础的目标决策方法，

[①]　早期的小额信贷机构都确定第一贷款的上限为 1 000 元，而所有非政府信贷机构都规定最大贷款规模为 3 000 元（吴国宝，2001，第 67—68 页）。

目前已经成为评价具有相同类型决策单元（DMU）相对效率的有效方法。本节需要评价我国各地区农村金融效率，故应引入数据包络模型对区域之间农村金融资源相对配置效率进行测度。本节认为，农村金融效率的提高包括两个方面，即农村金融生态改善与农村金融发展，而农村金融效率提高的最终目标是农村经济增长与农民收入提高。假设模型有 n 个决策单元 DMU_j（$j = 1, 2, \cdots, n$）。DMU_j 的输入向量为 $\boldsymbol{X} = (x_1, x_2, \cdots, x_n)^{\mathrm{T}}$，输出向量为 $\boldsymbol{Y} = (y_1, y_2, \cdots, y_n)^{\mathrm{T}}$，对于任意决策单元 DMU_j 有基于凸性、锥性、无效性和最小性公理假设，有生产可能集：

$$T = \{(\boldsymbol{X}, \boldsymbol{Y}) / \sum_{j=1}^{n} x_j \lambda_j \leqslant \boldsymbol{X}, \ \sum_{j=1}^{n} y_j \lambda_j \geqslant \boldsymbol{Y}, \ \lambda_j \geqslant 0, \ j = 1, 2, \cdots, n\}$$

$$(4.18)$$

得到的 DEA 模型（$\mathrm{C^2 R}$）如下所示：

$$\begin{cases} \min\{\theta - \varepsilon[\sum_{i=1}^{m} S_i^- + \sum_{r=1}^{s} S_r^+]\} \\ \mathrm{s.t.} \ \sum_{i=1}^{n} x_{ij} \lambda_j + S_r^- = \theta x_{ij0}, \ i \in \{1, 2, \cdots, s\} \\ \sum_{j=1}^{n} y_{rj} \lambda_j - S_r^+ = y_{rj0}, \ r \in \{1, 2, \cdots, s\} \\ \sum_{j=1}^{n} y_{rj} \lambda_j - S_r^+ = y_{rj0}, \ r \in \{1, 2, \cdots, s\} \end{cases}$$

$$(4.19)$$

$$\theta, \lambda_i, S_i^-, S_r^+ \geqslant 0, \ i = 1, 2, \cdots, n$$

对于 DMU_j 仅基于凸性、锥性、无效性的公理假设，有生产可能集：

$$T = \{(\boldsymbol{X}, \boldsymbol{Y}) / \sum_{j=1}^{n} x_j \lambda_j \leqslant \boldsymbol{X}, \ \sum_{j=1}^{n} y_j \lambda_j \geqslant \boldsymbol{Y},$$

$$\sum_{j=1}^{n} \lambda_j = 1, \ \lambda_j \geqslant 0, \ j = 1, 2, \cdots, n\}$$

$$(4.20)$$

可以得到如下 DEA 模型（$\mathrm{C^2 GR^2}$）：

$$\begin{cases} \min\{\theta - \varepsilon [\sum_{i=1}^{m} S_i^- + \sum_{r=1}^{s} S_r^+]\} \\ \text{s. t.} \sum_{j=1}^{n} x_{ij} \lambda_j + S_i^- = \theta x_{ij0}, \ i \in \{1, 2, \cdots, m\} \\ \sum_{j=1}^{n} y_{rj} \lambda_j - S_r^+ = y_{rj0}, \ r \in \{1, 2, \cdots, s\} \\ \sum_{j=1}^{n} \lambda_j = 1 \\ \theta, \lambda_j, S_i^-, S_r^+ \geqslant 0, \ j = 1, 2, \cdots, n \end{cases} \tag{4.21}$$

其中，m 和 s 分别表示投入产出变量个数；x_{ij0} 和 y_{rj0} 表示第 j_0 个 DMU 的第 i 项投入和第 j 项产出；S_r^+ 和 S_i^- 分别表示松弛变量；ε 表示阿基米德无穷小量，在计算中取正的无穷小，如 $\varepsilon = 10^{-6}$。

4.4.2　基于 DEA 的非参数 Malmquist 指数

Malmquist 指数是由瑞典统计学家 Sten Malmquist 提出来的，用来表示两个相邻时期生产率变化的情况。Lindgren 和 Ross（1992）建立了考察两个相邻时期生产率变化的 MPI 指数，将其定义为 Malmquist 全要素生产率指数（Malmquist productivity index，简称 MPI）。Malmquist 指数具有无须事先假设生产函数和可以使用投入、产出不同量纲数据等优点，能够有效避免因生产函数假设错误而产生的偏误（许海平，2010）。因此，本节选择用 Malmquist 指数来衡量农村资源的投入产出效率具有较高的合理性。

本节将 Malmquist 金融效率指数定义为：

$$M_0(y_{t+1}, x_{t+1}, y_t, x_t) = \left[\frac{D_0^t(x_{t+1}, y_{t+1})}{D_0^t(x_t, y_t)} \times \frac{D_0^{t+1}(x_{t+1}, y_{t+1})}{D_0^{t+1}(x_t, y_t)} \right]^{1/2}$$

$$\tag{4.22}$$

其中，(x_{t+1}, y_{t+1}) 和 (x_t, y_t) 分别表示在 $t+1$ 和 t 时期的投入产出向量；$D_0^t(x_t, y_t)$ 和 $D_0^{t+1}(x_{t+1}, y_{t+1})$ 分别表示根据生产点在相同时间段（即 t 和 $t+1$）同前沿技术相比较得到的投入距离函数；$D_0^t(x_{t+1}, y_{t+1})$ 和 $D_0^{t+1}(x_t, y_t)$ 分别是生产点在混合时期同前沿技术相比得到的投入距离函数。同时，Malmquist 指数可以分为两部分，其中第一部分为不变规模报酬假定下的技术效率变化（EFFCH），用来表示从时期 t 到时期 $t+1$ 的每一决策单元对生产可能性边界的追赶情况；第二部分为技术进步指数，它表示技术边界在 t

时期到 $t+1$ 时期的移动情况。技术效率变化（EFFCH）指数又可以分为纯技术效率指数（PECH）和规模效率指数（SECH），分别表示如下：

$$PECH = \frac{D_{\mathrm{VRS}}^{t+1}(x_{t+1}, \ y_{t+1})}{D_{\mathrm{VRS}}^{t}(x_t, \ y_t)} \tag{4.23}$$

$$SECH = \frac{D_{\mathrm{CRS}}^{t+1}(x_{t+1}, \ y_{t+1})/D_{\mathrm{VRS}}^{t+1}(x_{t+1}, \ y_{t+1})}{D_{\mathrm{CRS}}^{t}(x_t, \ y_t)/ \ D_{\mathrm{VRS}}^{t}(x_t, \ y_t)} \tag{4.24}$$

DEA 方法历经长期发展与修正，其理论模型已经比较成熟，但是仍然存在一些理论与使用上的限制。其中，并不是所有的输入输出指标都可以使用 DEA 方法，DEA 方法也必须考虑输入输出指标之间的相关关系与逻辑关系，DEA 方法在输入输出指标的数量上也存在一定限制。为了解决投入产出变量之间的自相关性问题，Friedman 和 Stern（1997）提出了 CCA-DEA 方法，该方法利用多元统计方法中的典型相关方法（canonical correlation analysis）来对生产单元的有效性进行分析以解决 DEA 相关性对效率测度的影响；同时，CCA-DEA 方法结合了多元统计方法和传统 DEA 方法的优点，使用典型相关分析方法提取具有高度相关性的综合变量，再以该综合变量用 DEA 方法进行生产单元有效性分析，解决了传统 DEA 方法对输入输出变量数量限制的问题（郭磊，2005）。因此，本节首先用典型相关分析对农村金融效率指标与农村经济发展指标提取综合变量，再用提取出的综合变量用 DEA 方法测度农村金融配置效率，有效地结合了二者的优点。

4.4.3　农村正规金融效率综合评价体系

由于我国各地区农村经济发展水平不同，区域之间农村金融发展状况也不一致，要准确全面地衡量各地区之间农村金融配置效率，就必须将与金融发展赖以生存的金融生态指标纳入考察之中。金融生态是指对金融的生态特征和规律的系统性抽象，本质反映金融系统内外部各因素之间相互依存、相互制约的有机的价值关系。金融生态与金融发展相辅相成、互利共生。在数据可得性条件下，为了尽可能全面完整地衡量区域之间金融发展状况和金融生态状况。本节建立评价指标体系，如表 4.7 所示。由表 4.7 可知，农村金融效率评价体系由农村金融生态指标（F_1）和农村金融发展指标（F_2）两层一级指标组成。其中，农村金融生态包括农村经济发展水平、农村经济活跃程度、农村产业结构优化水平以及金融制度环境优化四个二级指标；农村金融发展水平包括农村微观金融发展水平、农村宏观金融发展水平以及农村政策性金融发展水平三个二级指标。每个二级指标采用两个或者三个三级指标来替代，使得评价体系更具综合性和合理性。同时，为了使得各项指标之间具有可比性，本节采用的指标均为比率形式。

表 4.7 农村正规金融效率综合评价指标体系

一级指标	二级指标	三级指标	
农村金融生态指标（F_1）	经济发展水平	全国实际 GDP 年度增长率	(x_1)
		资本形成率	(x_2)
	经济活跃程度	农村固定资产投资增长率	(x_3)
		农村消费率	(x_4)
	产业结构优化	乡镇企业增加值/农村产值	(x_5)
		人均农业机械总动力	(x_6)
	金融制度环境	劳动力中高中以上文化占比	(x_7)
		社会保障和就业支出/总财政支出	(x_8)
农村金融发展指标（F_2）	农村微观金融	农村 GDP 增量/农村固定资产投资	(x_9)
		农村 GDP 增量/农业贷款	(x_{10})
	农村宏观金融	农村贷款/农村 GDP	(x_{11})
		农业贷款/农业存款	(x_{12})
		农业贷款/农村人口	(x_{13})
	农村政策性金融	财政农业支出/农村 GDP	(x_{14})
		政策性农业贷款/农业总贷款	(x_{15})

在农村金融生态评价体系中，全国实际 GDP 年度增长率和资本形成率反映了农村金融发展所处外部经济状态，用以替代农村经济发展水平；农村固定资产投资增长率和农村消费率表示农村 GDP 中分别用于投资部分的增长速度和农民消费的部分，用来代表农村经济活跃程度；乡镇企业增加值占农村产值中的比重表示农村经济中副业占比，人均农业机械总动力代表农业机械化程度，这两个指标代表农业产业化和农村现代化程度，用以替代农村经济结构优化程度；社会保障和就业支出占总财政支出比重衡量社会低收入群体保障水平，农村劳动力中高中文化以上劳动力占总量之比代表农村教育水平，用以代表金融发展的制度环境。在金融发展指标体系中，农村 GDP 增量与农村固定资产投资之比和农村 GDP 增量与农业贷款之比用以表示农村资本投入产出效率，代表了农村微观金融发展水平；农村贷款与农村 GDP 之比代表农村金融相关率，农村贷款与农村存款之比反映了农村金融中介将农村储蓄转换为农业贷款的能力，农村人均贷款代表农村平均融资水平，这三个指标用来反映农村宏观金融水平；农业财政支出占农村 GDP 的比重和农业发展银行贷款与农业贷款总额之比可以表明政策性金融服务在农村金融服务中所占比重，表现各地

区政府对农村金融发展的重视程度。本节用去除价格影响因素的农村 GDP 增长率与农民人均纯收入代表农村经济发展状况。

4.4.4　数据来源及处理

为了比较分析 2003 年我国实行农村金融"新政"前后，农村金融效率的变化情况，本节拟采用 1997—2010 年我国 31 省市相关数据进行实证分析。其中，本节采用的数据分别来自历年《中国统计年鉴》《中国农村统计年鉴》《中国金融年鉴》和《中国乡镇企业统计年鉴》等。其中，西藏、陕西等地有个别年份数据缺失，本节采用插值法进行填补。由于农村 GDP 没有准确的统计数据，本节用农林渔牧总产值与乡镇企业增加值之和来替代，商业银行农业存款用农户储蓄替代（注："农户储蓄"为农村合作银行、农村商业银行和农村信用合作社吸收的储蓄存款），农业总贷款用商业银行农业贷款与农村发展银行总贷款之和替代。农村实际 GDP 增长率用以 1997 年为基期的农村 GDP 去除价格因素影响计算得来（GDP 指数），农民实际人均收入增长率用以 1997 年为基期的农民纯收入去除价格影响因素计算（农村 CPI），农村固定资产增长率采用以 1997 年为基期的农村固定资产去除价格因素算得（农村固定资产投资价格指数）。本节首先采用典型相关分析方法分别对农村金融生态指标和农村金融发展指标分别与农村发展产出指标［农村经济增长率（Y_1）、农民人均纯收入（Y_2）（注：该指标均用 CPI 指数去除物价影响，以 1997 年为基期）］进行典型相关分析，提取典型变量作为数据包络方法的投入指标。

由于 DEA 对投入产出指标有严格数量限制，本节采用典型相关分析对指标进行降维处理。研究者一般采用主成分分析或因子分析对指标进行综合处理，但是应用这类方法会使信息量损失较多；而典型相关分析可以在保持信息总量不变条件下，使提取的综合变量之间不具有相关性，并且将原始变量所包含信息分配到这些典型变量上。CCA 是用于研究两组随机变量之间线性结构的多元统计方法，其原理是分别在两组随机变量上利用线性组合来构造具有代表意义的综合变量。在保持变量信息总量不变的前提下，将原始随机变量所包含信息分配到这些典型变量上，通过分析这些典型变量之间的相关关系，来替代对原来两组随机变量之间的相关关系来进行研究。

4.4.5　农村金融效率指标的典型相关分析

本节利用 SPSS 对 31 省市 1997—2010 年农村金融效率指标的算术平均值

与农村经济发展指标进行典型相关分析，实证结果如下所示。

利用 SPSS 19.0 软件，可以对农村金融指标与农村经济发展指标进行典型相关分析。由表 4.8 可知，使用典型相关分析方法对农村金融效率指标提取出两个典型变量，其中，第一典型相关变量相关系数为 0.965，第二典型相关变量相关系数为 0.825。通过对典型相关变量的统计意义检验可知，第一对典型相关变量显著性检验 χ^2 统计量为 80.407，p 值为 0.000，说明第一对典型相关变量显著相关。第二对典型相关变量显著性检验的 χ^2 统计量为 23.999，p 值为 0.046，通过了显著性水平为 0.05 的统计检验，说明第二对典型相关变量显著相关。

表 4.8　农村金融效率指标典型相关变量显著性检验

典型相关变量	相关系数	Wilk's	chi-sq	DF	sig.
1	0.965	0.022	80.407	30.000	0.000
2	0.825	0.319	23.999	14.000	0.046

可见第一对典型相关系数有统计学意义，第二对典型相关系数也具有统计学意义。因此，本节提取两对典型变量。由于原始变量的单位不同，不能直接进行比较，本节采用标准化后的系数构建典型相关模型。提取的输入指标的典型相关变量为 L_1 和 L_2，提取的输出指标的典型相关变量为 M_1 和 M_2。

$$
\begin{aligned}
L_1 = &-0.123 X_1 - 0.023 X_2 - 0.203 X_3 - 0.395 X_4 \\
&-0.209 X_5 - 0.118 X_6 + 0.173 X_7 - 0.264 X_8 \\
&-0.136 X_9 + 0.097 X_{10} - 0.241 X_{11} - 0.095 X_{12} \\
&+0.38 X_{13} - 0.06 X_{14} - 0.067 X_{15}
\end{aligned} \tag{4.25}
$$

$$
\begin{aligned}
L_2 = &-0.153 X_1 + 0.339 X_2 - 0.317 X_3 - 0.402 X_4 \\
&+0.281 X_5 + 0.129 X_6 + 172 X_7 + 0.390 X_8 \\
&+0.174 X_9 + 0.353 X_{10} + 0.101 X_{11} - 0.252 X_{12} \\
&+0.190 X_{13} - 0.882 X_{14} - 0.440 X_{15}
\end{aligned} \tag{4.26}
$$

$$
M_1 = 0.181 Y_1 + 1.117 Y_2 \tag{4.27}
$$

$$
M_2 = 1.381 Y_1 + 0.831 Y_2 \tag{4.28}
$$

由以上公式可知，由典型相关分析方法降维得到综合变量会出现负值，但是 DEA 要求输入输出变量均为正数，所以本节对以上四个指标取指数，将负向指标正向化。其中 $L_1^* = EXP(L_1)$，$L_2^* = EXP(L_2)$；$M_1^* = EXP(M_1)$，$M_2^* = EXP(M_2)$。

表 4.9　典型相关变量的冗余度（redundancy）分析

典型相关变量本身	解释的变量变异比重	相对典型相关变量	解释的变量变异比重
CV1-1	0.624	CV2-1	0.196
CV1-2	0.224	CV2-2	0.055
累积解释比例	0.848	累积解释比例	0.251
CV2-1	0.670	CV1-1	0.210
CV2-2	0.330	CV1-2	0.080
累积解释比例	1	累积解释比例	0.29

　　冗余度分析用来表示两个典型相关系数所能解释的变量变异的比例，可以用来辅助判断需要保留多少个典型相关变量。由表 4.9 可知，第一组典型变量的变异可被自身的典型变量所解释的总比例为 84.8%，其中第一典型变量解释了总变异的 62.4%，第二典型变量解释了总变异的 22.4%；第一组典型变量的变异能被它们的相对典型变量解释 25.1%，可见该组典型变量被其相对典型变量的解释度非常小。第二组典型变量被其自身、相对的典型变量所解释的比例分别为 100% 和 29%，可见第二组典型变量主要被其中第一组典型变量所解释，第二组典型变量的贡献非常小。因此，综上冗余度分析可知，为了保持数据的完整性，应该保留两个典型变量。输入指标 L_1^* 和 L_2^* 以及输出指标 M_1^* 和 M_2^* 解释了原始变量的大部分性质，能够较好地反映农村金融效率指标和农村经济发展指标的数理意义。

4.4.6　基于 DEA-Malmquist 指数的农村金融效率变动分析

　　如上文所述，将处理好的投入产出综合变量导入 DEAP2.0 软件中，可以得到我国 1998—2010 年 Malmquist 金融效率指数的变动及其结构。如表 4.10 所示，我国农村金融效率从 1998 年的 1.027 上升到 2010 年的 1.098，即农村金融效率从 2.7% 上升到 9.8%。1998—2010 年我国农村金融效率累积变动率逐步上升，从 1998 年的 1.027 上升到 2010 年的 1.391，年均增幅为 3.03%。农村金融技术效率累积变动率和农村金融技术进步累积变动率分别从 1998 年的 1.298 和 0.791 上升到 2010 年的 1.684 和 0.825，年平均增幅分别为 3.22% 和 0.3%。因此，我国农村金融效率的提高主要依靠技术效率的提高，而技术进步的提高贡献较小，也就是说主要依靠落后者对"最佳实践者"的"追赶"——"水平效应"，而非来自"最佳实践者"的"最佳实践"——"增长效应"。农村金融效率提高与前沿技术损失并存表明，如果仅靠增加对贫困地区的金融资源的投入，不注重金融创新，创造适合于农民需要的金融产品，必将造成农村金融资源的流失与低效率。

从农村金融效率增长构成和时间变动模式来看，从 1998 年到 2010 年间，我国金融业处在不断深化改革的过程中，各种政策的出台对农村金融效率产生了深远影响。其中，2003 年的"金融新政"和 2006 年的"农村金融新政"作用最为明显。2003 年是金融改革的政策密集期，各种政策不仅涉及范围广，而且力度较大。先有银行考核标准变化，而后有银监会成立、农村金融改革启动、央行 5 号令及 121 文件出台，以及利率改革深化等政策变动。2003 年实行金融"新政"之后，农村金融效率增幅明显增快。2003 年之前，农村金融效率累积变动率年均增长 1.99％，而 2003 年之后，农村金融效率累积变动率年均增长 2.7％，高于金融改革前 0.7 个百分点。为解决农村地区银行业金融机构网点覆盖率低、金融供给不足、竞争不充分等问题，2006 年年末，银监会发布《关于调整放宽农村地区银行业金融机构准入政策更好支持社会主义新农村建设的若干意见》（以下简称《意见》），该《意见》指出，境内外银行资本、产业资本、民间资本都被允许到农村投资、收购、新设银行业金融机构。该《意见》被学界称为"农村金融新政"。2006 年之前，农村金融效率的累积变动率年均增幅为 1.64％，2006 年之后，农村金融效率累积变动率年均增幅为 4.16％，高于"农村金融新政"实施之前 2.5 个百分点。同时，从 1998 到 2010 年，农村金融效率技术进步累积变动率均低于 1，表明农村金融效率边界并没有向前移动，技术进步的"增长效应"不显著，这说明我国农村金融缺乏金融创新，农村金融效率提高主要依靠加大对金融匮乏地区配置资源来实现，没有提高金融资源的利用质量。

表 4.10　1998—2010 年我国 Malmquist 农村金融效率指数及其分解

年　份	技术效率	技术进步	金融效率	技术效率累积变动率	技术进步累积变动率	金融效率累积变动率
1998	1.298	0.791	1.027	1.298	0.791	1.027
1999	1.068	0.924	0.987	1.386	0.731	1.014
2000	1.081	0.916	0.99	1.499	0.669	1.004
2001	0.93	1.095	1.019	1.394	0.733	1.023
2002	1.018	1.038	1.057	1.419	0.761	1.081
2003	0.861	1.211	1.042	1.222	0.922	1.126
2004	1.176	0.928	1.091	1.437	0.855	1.229
2005	1.035	0.897	0.928	1.487	0.767	1.140
2006	0.9	1.128	1.016	1.338	0.865	1.159
2007	1.396	0.783	1.093	1.868	0.678	1.266
2008	0.932	1.031	0.961	1.741	0.699	1.217
2009	1.029	1.011	1.041	1.791	0.706	1.267
2010	0.94	1.168	1.098	1.684	0.825	1.391

从各地区的具体情况来看，中部地区的平均增长幅度最大，平均增幅为
3.13%；东部地区和东北地区的平均增幅次之，分别增长 2.98% 和 2.97%；
西部地区的平均增幅最小，增长 1.93%，低于中部 1.2 个百分点，低于东部
和东北约 1.1 个百分点。究其原因，农业历来是中部地区的优势产业，中部六
省中（除湖北外）有五省的第一产业就业比重高于全国平均水平，其中河南、
湖南均高出近 10 个百分点。目前中部地区的耕地面积为 2 899.16 万公顷，占
全国的 23.8%，其中粮棉油的产量分别占全国的 31.8%、28.4%、44.5%，
中部地区的粮食生产不仅满足了本地区的需要，而且也大量输出到其他地区。
中部地区的农业优势地位为农村金融资源发挥规模效率提供了良好的条件，由
表 4.11 可知，中部地区农村金融规模效率平均增长 5.17%，高于全国平均水
平约 0.5 个百分点，居全国各地区之首。东部地区作为我国最发达地区，农村
金融发展水平最高，该地区的农村金融纯技术效率为 0.997 1，居全国各地区
首位，高于全国平均水平 0.21 个百分点。东部地区各省市农村金融效率平均
提高 2.98%，东北三省农村金融效率平均提升 2.97%，仅次于东部地区。而
西部地区作为我国较落后地区，该地区省份平均金融效率增长 1.9 个百分点，
低于全国平均水平 0.7 个百分点。其中，西部地区的农村金融技术效率提高
3.78 个百分点，而技术进步却下降约 1.2 个百分点，导致农村金融效率低于
全国平均水平。因此，西部地区农村金融缺乏金融创新，金融供给与金融需求
不匹配是制约该地区农村金融效率增长的主要原因。

从我国各省市的情况来看，上海的农村金融效率提升最快，年平均增长
5.6%，青海、山西、云南和黑龙江等地区紧随其后。从金融效率提升较快的
地区来看，其速度主要由农村金融技术效率拉动，而技术进步不仅没有起到拉
动作用，反而抑制了农村金融效率的增长。从农村金融技术效率增长的结构来
看，金融规模效率的贡献最大，而纯技术效率的贡献程度则相对较小。由此可
知，我国农村金融效率提升，主要依靠金融资源的投入的规模效应拉动，金融
资源的利用质量提升较小。在西部省份中，甘肃和四川的农村金融效率不仅没
有增长，反而分别降低了 5.3 和 6.3 个百分点，其技术效率和技术进步均低于
1，表明这些省不仅金融资源投入不足，且金融资源配置水平较低，资源稀缺
与资源不合理配置共同导致了该地区农村金融效率配置低效率。

表 4.11 中国各省市平均 Malmquist 农村金融效率指数及其分解（1998—2010 年）

地区	技术效率	技术进步	纯技术效率	规模效率	金融效率	地区	技术效率	技术进步	纯技术效率	规模效率	金融效率
上海	1.064	0.992	1	1.064	1.056	黑龙江	1.053	0.992	1.004	1.049	1.044
天津	1.056	0.987	1.006	1.05	1.043	吉林	1.038	0.989	0.994	1.044	1.026

续表

地区	技术效率	技术进步	纯技术效率	规模效率	金融效率	地区	技术效率	技术进步	纯技术效率	规模效率	金融效率
浙江	1.049	0.987	1.005	1.044	1.036	辽宁	1.033	0.987	0.991	1.042	1.019
北京	1.044	0.99	1.005	1.039	1.033	东北平均	1.041 3	0.989	0.996	1.045	1.030
河北	1.047	0.987	0.991	1.057	1.033	青海	1.063	0.989	1.006	1.057	1.052
海南	1.04	0.985	0.996	1.044	1.025	云南	1.056	0.991	1.01	1.046	1.047
山东	1.029	0.991	0.99	1.04	1.02	西藏	1.057	0.986	0.993	1.065	1.043
广东	1.034	0.986	0.99	1.045	1.02	新疆	1.059	0.98	1.008	1.051	1.038
江苏	1.033	0.984	0.996	1.037	1.016	宁夏	1.051	0.983	1.002	1.049	1.034
福建	1.031	0.985	0.992	1.039	1.016	重庆	1.046	0.985	0.992	1.054	1.03
东部平均	1.042 7	0.987 4	0.997 1	1.045 9	1.029 8	陕西	1.05	0.981	1.001	1.049	1.03
山西	1.051	0.995	1.002	1.048	1.045	贵州	1.041	0.986	0.992	1.05	1.027
湖南	1.043	0.996	0.989	1.055	1.039	广西	1.04	0.986	0.984	1.056	1.025
湖北	1.044	0.986	0.99	1.054	1.029	内蒙古	1.041	0.981	0.997	1.045	1.022
江西	1.044	0.983	0.993	1.052	1.027	甘肃	0.998	0.949	0.986	1.012	0.947
安徽	1.044	0.982	0.991	1.054	1.025	四川	0.951	0.985	0.967	0.983	0.937
河南	1.046	0.979	0.999	1.047	1.023	西部平均	1.037 8	0.981 8	0.994 8	1.043 1	1.019 3
中部平均	1.045 3	0.986 8	0.994 0	1.051 7	1.031 3	全国平均	1.041	0.985	0.995	1.046	1.026

第5章 农村正规金融与非正规金融
发展的经济增长效应研究

5.1 农村正规金融与非正规金融发展对农村经济
增长的影响机理分析

金融发展是中国经济发展极其重要而显著的一个侧面。金融发展指金融体系的规模或效率得到提高，金融发展理论研究的是金融体系是否具有促进实体经济增长的功能。在影响经济增长的诸多因素中，金融发展一直是国内外研究学者所关注的焦点，然而各种理论关于金融发展与经济增长关系存在着较大的分歧。有学者认为金融发展是刻画经济增长和资本积累最好的指标，如 Hicks（1969）认为英国工业革命的发生主要是金融体系提供的流动性所致（朱闰龙，2004）。更有学者指出金融机构的发展过程，就是促成经济增长的先决条件。例如格力和肖（1955）指出金融中介所能创造出的货币供给额和信贷总额，能加速借贷双方的交易而使得一国的实际经济活动能更蓬勃发展，促进经济增长。也有学者认为金融中介在促进科技创新和经济增长方面是非常重要的。如新古典增长理论（戈德史密斯，1969）认为金融发展与投资有效性之间存在很强的正相关关系，强调金融自由化在增加储蓄和投资方面起着重要作用（麦金农，1973；肖，1973）。新经济增长理论认为通过有效的资本配置可以提高投资有效性，金融机构的产生与成长促进了经济增长［参见 Roubini 和 Sala-I-Martin（1992），Levine（1997）等人的研究］。而与之对立的观点则认为是经济增长导致金融发展，金融发展对经济增长并不重要。例如，以 Lucas（1988）为代表的一些经济学家认为以往的经济学家们过分强调（over-stressed）了金融因素在经济增长中的作用，认为经济发展会创造对金融服务的需求，从而导致金融部门的发展，是经济增长带动金融发展而不是金融发展促进经济增长。

在这些理论研究基础上许多学者从实证的角度考察了金融发展与经济增长

之间的关系。相当多的研究结果证实了金融发展对经济增长的积极影响（戈德史密斯，1969；King 和 Levine，1993；Odedokun，1996；Levine，1997），但是 De Gregorio 和 Guidotti（1995）等一些学者的研究结果显示了金融发展对拉美经济的负面影响。20 世纪 90 年代后期以来，国内学术界一直致力于研究金融发展与经济增长的关系，并证实金融发展对经济增长具有至少是潜在的积极作用（谈儒勇，1999；卢峰和姚洋，2004；中国经济增长与宏观稳定课题组，2007；赵勇和雷达，2010；方文全，2011）。

自从 King 和 Levine（1993）对 80 个国家的跨国研究证实了各国金融发展与经济增长之间存在正相关关系以来，对金融发展与经济增长关系的争论不是减少了，而是增多了。连 Levine（2003）本人也认为难以对现实世界中金融发展必定促进经济增长下定论，他对"金融体系较发达的国家，其增长速度也较快"等一系列实证研究结论"持相当程度的怀疑态度"。

学者们和政策制定者们非常关注金融发展和经济增长关系的研究，试图制定出相应的金融改革政策以更好地推动经济增长。近年来国内这方面的实证研究日渐增多，从这些研究采用的分析方法来看，基本上可以划分为三个阶段：

第一个阶段是线性回归模型阶段。不少学者使用了普通最小二乘回归（OLS）、加权最小二乘回归（WLS）等线性回归方法来研究金融发展与经济增长之间的关系，代表性的成果有谈儒勇（1999），韩廷春（2001），周立、王子明（2002）等人的研究。此类研究方法最主要的缺陷是未考虑时序变量的非平稳情况以及由此而产生的伪回归（spurious regression）问题。

第二个阶段是时间序列计量分析阶段。学者们采用协整模型和误差修正模型来处理非平稳时间序列数据，运用 Granger 因果检验对金融发展与经济增长的关系进行研究，从而有效地解决了伪回归问题。这些研究采用单纯的时间序列数据，较早的研究多采用 1978 年以来的年度数据，由于样本数较少，单位根和协整检验缺乏可靠性，难以得到稳健的结论。因此，赵振全等（2004），康继军等（2005）和范学俊（2006）等人的研究采用了季度数据，一定程度上解决了小样本所可能导致的结论不稳健的问题。由于 1992 年以前中国的季度数据无法获得，因此单纯地应用时间序列数据难以对较长时间范围金融发展与经济增长的关系进行研究，要克服这一缺陷，必须借助更新的计量分析手段。

第三个阶段是面板数据分析阶段。面板数据（panel data 或 longitudinal data）可用来描述一个总体中给定样本在一段时间内的变化情况。Baltagi（2001）指出，面板数据可以克服变量间多重共线性的困扰，提供更高的自由度和更高的估计效率，更好地识别和度量单纯的时间序列数据或横截面数据所不能发现的影响因素，构造和检验更加复杂的模型。就具体的技术处理形式和手段来看，已有的文献已经从固定效应模型等常规面板数据分析方法过渡到广义矩方法的动态面板数据分析方法，例如，沈坤荣、张成（2004）运用 DPD 方法，使用 1978—1998 年间的年度数据对中国 29 个省市金融发展和经济增长的关系进行了研究，研究认为中国的金融发展与经济增长的关系不明显，并推断内生金融深化理论中这二者之间的传导机制不完善。

Kao（1999）的研究指出，在面板数据模型中，如果解释变量有单位根，即数据为非平稳面板时间序列数据，那么 OLS 估计量虽然具有一致性，但 t 统计量的分布却是发散的，因此，基于传统 t 分布对系数的检验也就是错误的，即存在伪回归问题。为了避免动态面板数据模型估计中存在的伪回归问题，面板数据单位根检验理论方法及其应用研究成为非经典计量经济学的重要研究内容之一。面板数据单位根和协整理论是时间序列单位根和协整理论研究的继续与发展，它将横截面和时间序列的信息结合起来，对单位根和协整关系的推断检验更为直接和准确，为非平稳面板时间序列数据的处理提供了有效的计量分析方法（Pedroni，1995、1999；McCoskey 和 Kao，1998；Maddala 和 Wu，1995；Breitung，2000、2005）。

根据金融发展理论，有两类模型可以用来研究金融发展与经济增长的关系，第一类模型建立在传统的新古典单一部门总生产函数框架上，把金融发展视为生产过程的一种"投入"要素：$Y = f(L, K, F, Z)$。其中，Y 表示总产出或者实际 GDP，L 表示劳动力，K 表示资本存量，F 表示金融发展水平，Z 表示总生产过程中的其他投入要素。此类模型的优点是把金融发展水平看作是一种投入要素，并且模型可以扩展到包括其他非传统投入要素（如进出口）。缺点是需要按照基本经济理论尽可能地列出影响经济增长的其他变量作为控制变量，由此分离出金融发展对经济增长的贡献。由于不能说明金融发展影响经济增长的机制，模型可能仅仅反映了金融发展对经济增长的一部分影响。

第二类模型是所谓的"二分法"模型（alternative econometric approaches），或两部门模型。即将所有社会部门分成"非此即彼"的两类，把一个部门的产出作为另一个部门的投入要素，而后用微分法分解出一个部门对其他部门的贡献。Feder（1982）按照这一思路提出了"出口—增长"关系模型，分析了出口部门对国民经济的影响。Odedokun（1996）对模型进行了修正，并将其用于金融发展和经济增长关系的研究。本节基于前人研究成果，回顾和分析金融发展与经济增长之间互动关系的机理机制。

5.1.1　金融发展与经济增长的相互作用机制分析

金融发展与经济增长之间存在着相互联系、相互作用和相互制约的关系。金融机构在现代社会中主要的功能可区分为：①金融机构可提供适当而且适量的支付工具，使社会支付机能更为完整；②金融机构作为储蓄者和投资者的中介，将储蓄存款再贷款给企业用于投资，形成所谓的"生产性资本"；③金融机构将所吸收的资金，做最有效的分配，用于效率最高的投资，使得实际的经济增长率能达到最大。因此，健全的金融体系可以有效地动员社会储蓄并使其迅速转化为投资，从而投入到生产中去，因而对经济发展起促进作用；反过来，随着经济的发展，人民收入水平不断提高，对金融服务的需求也在不断地增长，从而对金融业的发展起刺激作用。

（1）经济发展水平决定金融成长程度

金融是经济发展到一定阶段后出现的产物，金融在经济发展中的作用表现为从低级到高级、从弱到强的过程，伴随着经济发展的不同阶段，呈现出一定的层次性（杨小玲，2009）。现有理论一般采取人均收入水平来衡量一个国家的经济发展水平，而关于收入水平如何影响金融发展及其演变，理论界至今的研究成果不多。Greenwood 和 Javanovic（1990）、Greenwood 和 Smith（1997）、King 和 Levine（1993）等在各自的研究中阐述了由于固定进入费用（或交易成本）的存在，金融中介和金融市场随着人均收入和财富的增长而发展，其所花费的固定运行成本导致了金融市场的内生形成，即在金融市场的形成上存在着"门槛效应"。当经济发展处于早期阶段时，人均收入和人均财富都很低，人们无力支付固定的进入费用，或者即使有能力支付也因为成交量太小、每单位交易所负担的交易成本太高而得不偿失，从而没有利用金融中介机构和金融市场的动机。只有当经济发展到一定水平以后，一部分先富起来的人由于其收入和财富达到了"门槛"的临界值，才会产生利用金融中介机构和金融市场的动机。随着有能力支付参与成本的人数增多，金融交易的次数也增加了，单位交易量所负担的成本也变得更低，金融中介机构和金融市场就相应地发展起来了。最终，当所有人都比较富有，都能够从金融服务中获益时，金融部门的增长速度将不再快于其他经济部门。

（2）金融成长态势影响经济发展

金融对经济作用性质的第一次质变是在 17 世纪初，其标志是新式银行的成立。其中阿姆斯特丹银行银行券的发行与流通是这一质变的转折点，也是金融发展史上一个重要的里程碑。新式银行的成立、银行券的发行和银行把货币资本投向新兴工商业，不但加快了资本主义制度确立的进程，而且使金融对经济的推动作用，从最初的"适应性作用"转变为"主动性作用"，金融地位发生了一次重要质变。金融地位的上升和作用性质的转变以及由此带来的作用力度的迅速增强，促进了18—19世纪工业革命的完成和资本主义企业制度的建立，推动着资本主义经济迅速走向成熟。金融对经济作用性质的第二次质变是在19世纪末和20世纪初，其主要标志是金本位制的解体和金属铸币流通的终结。在二战之前的三四十年间，西方世界虽然经历了一次世界大战和一次大的经济危机，但就经济总体的整个发展过程看，还是以上一世纪未有的速度在发展。在这个过程中，金本位制度逐步走向解体，不兑换信用货币代替金属铸币而广泛流通。从国际支付体系看，这一变化似乎是破坏了原有体系的稳定性，给经济发展造成影响，而实质上，这却是一大进步。金属铸币的流通，黄金与信用货币（银行券）的自由互换虽然在一定程度上保持了支付体系的稳定，但也限制了金融对经济推动作用的发挥。因为在信用货币与黄金自由兑换条件下，金融通过提供廉价货币支持经济发展的空间是有限的。不兑换信用货币的广泛流通为金融通过提供廉价货币最大限度地推动经济发展铺平了道路，使其不再受各国黄金储备数量的制约，信用货币可以在生产潜力允许的条件下先于生产而出现在经济生活中，并带动经济的发展。这一重要转变使金融在经济发展全部推动因素中的重要程度大大提高。金融对经济的推动作用也便从"主动性的"转变为"先导性的"。20世纪70年代，随着国际货币支付体系中美元与黄金的彻底脱钩，完全意义上的信用货币制度被建立起来。在完全的信用货币制度下，货币供给在技术上已无限制，为金融最大限度地推动经济发展解除了最后一道屏障，随着日新月异的金融创新，金融对经济的"先导性作用"更加突显出来。完全的信用货币制度，为金融最大限度地推动经济发展提供了必要条件。但新的问题也会同时产生。以保持良好金融秩序，为金融推动经济发展作用的充分发挥和提高发展效率为目标的金融政策，在国家整个宏观调控体系中的地位大大突出了（王广谦，1997）。

国内外经济学家在探讨金融发展影响经济增长的作用机制时，引用最多的是由Charles Jones所构建的一个内生增长模型——AK模型，基于这个模型可以分析得出金融发展影响经济增长的可能渠道。

假设一个没有政府的封闭经济，只生产一种产品，它可被用于消费或投资，如果被用于投资，每期以一定的比率 δ 折旧，人口规模不变，则总产出是总资本存量的线性函数，为：

$$Y_t = AK_t \tag{5.1}$$

其中，A 表示资本的边际产出率；Y 表示生产总值，K 表示广义上的资本存量（包括人力资本和技术知识等）。

式（5.1）有如下四个方面的假设：

①人口规模不变。

②经济中只生产一种商品，这种商品可以被用于投资和消费。如果用于投资，每期以 δ 比率进行折旧，那么总投资等于：

$$I_t = K_{t+1} - (1-\delta)K_t \qquad (5.2)$$

即：

$$I_t - \delta K_t = K_{t+1} - K_t \qquad (5.3)$$

③经济体是一个没有政府的封闭经济，这意味着资本市场的均衡条件是总储蓄（ S_t ）等于总投资（ I_t ）。

④由于金融系统在将储蓄转化为投资时需要吸收一部分资金，现假设 φ 比率的储蓄能够转化为投资，于是有：

$$\varphi S_t = I_t \qquad (5.4)$$

根据式（5.1）， $t+1$ 期的经济增长率为：

$$g_{t+1} = \frac{Y_{t+1} - Y_t}{Y_t} = \frac{AK_{t+1} - AK_t}{Y_t} = \frac{A(I_t - \delta K_t)}{Y_t} = \frac{AI_t}{Y_t} - \frac{\delta Y_t}{Y_t} = \frac{A\varphi S_t}{Y_t} - \delta$$

$$(5.5)$$

在式（5.5）的基础上，去掉时间下标，则稳定状态下的经济增长率可以表示为：

$$g = \frac{AI}{Y} - \delta = A(\varphi s) - \delta \qquad (5.6)$$

其中， $s = S/Y$ ， s 为总储蓄率。式（5.6）表示金融发展中金融资源配置通过影响储蓄向投资转化的比例 φ 、资本边际产出率 A ，以及储蓄率 s 来影响经济的增长，即可以说金融体系主要是通过提高资本的边际产出率、促进储蓄向投资转化的比例以及提高储蓄率来影响经济增长。

5.1.2　农村金融发展与农村经济增长的相互作用机制分析

农村金融和农村经济作为一国金融体制、经济的重要组成部分，也在很大程度上体现了金融发展与经济增长二者之间的关系。值得注意的是，无论是农村经济对农村金融的作用，还是农村金融对农村经济的作用，总是在宏观经济、金融环境和相应的制度安排下，农村金融和农村经济的交易主体在一定交易环境中进行相应的交易活动的结果。总体上来说，农村经济发展状态决定农村金融发展水平，农村金融贯穿农业生产的各个环节，影响着农村经济的发展，二者是相互促进、相互影响的。

（1）农村经济增长对农村金融发展作用分析

农村经济的发展同样是以发达的商品经济为前提，而发达的商品经济又要求有广泛的信用活动和顺畅的货币流通与之相适应。因此，农村经济发展水平是农村金融发展的基础。这主要表现在以下三个方面。

一是农村经济所有制的性质与形式决定了农村金融的性质与形式，从而也决定了农村货币资金运动中所形成的分配关系与交换关系的性质。农村经济是国民经济的重要组成部分，农业是一个国家的基础产业。世界各国的农业发展有着自身的特点和规定性，不同的农业经济所有制性质产生了相对应的经营方式和信用体系，从而确定了农村金融的服务对象和信用种类（王群琳，2006）。不仅如此，农村金融组织的分配关系也表现为通过信贷收支对社会资金进行分配和再分配，其交换也是伴随着货币流通过程等价进行的。我国农村生产资料的社会主义所有制性质，决定了农村货币资金运动中所形成的分配关系和交换关系的社会主义性质。农村中所有制结构是以公有制为主，合作经济、个体经济和私营经济同时并存的格局，使农村金融的服务对象、信用种类、货币容量等都随之发生变化，出现了农业、工业、商业、交通运输业、服务业以及其他服务对象的金融创新活动。农村金融的质的规定性以及其功能的发挥要依农村金融的性质来确定，从这个意义上讲，农村经济决定着农业和农村金融。

二是农村经济发展水平决定了农村金融规模和范围。农村金融活动的广度和深度受农村经济发展水平的影响是非常明显的。如农村经济的生产结构、产品结构、生产方式、专业化和规模化程度、农业科技含量等，直接规定着农村金融业务的品种、信用手段和信用工具。农村经济越发达，农村金融活动的领域和地域越宽，农村信用体系越完善，支农资金也越活跃；反之，农村生产力落后，农村金融的信贷功能就呆滞，农村信用工具和手段也很单一，其规模和活动范围受到制约。

三是农村经济的发展水平决定了农村金融业务的内容与发展速度。农村经济的供求状况主要通过交换媒介的货币量反映。农村经济越活跃，农村的货币交易也就表现得越频繁，交易中的货币总量会引起农村的储蓄增长，势必使用于支农的信贷资金也更充足。农村经济的发展同时带来了农村居民收入的增加。农村储蓄是否与农村居民收入增长相一致，积累、消费与储蓄是否保持合理比例，对农村信贷资金来源和运用都会产生主要影响（于海，2003）。

（2）农村金融发展对农村经济增长作用分析

理论和经验研究表明，金融市场在经济增长中发挥重要的作用。效率高的金融体制把资本从储户转移到借款人，把资源引向生产性的可赢利的投资项目。投资越是生产性的，经济增长率也就越高（King 和 Levine 1993；Zahler，1993）。效率高的金融市场还可以通过分担风险和促进交易来提高增长。正如斯蒂格利茨（Stiglitz，1994）所描述的："金融市场实际上参与了资源的分配。它们可以被当作是整个经济体制的大脑——决策的重要核心：如果它们失败了，不仅部门利润要比它们成功时低，而且整个经济体制的成绩都要受到损害。"这对于农村金融而言同样适用。

从理论上分析，由于农村金融中介的存在，一方面农村金融的发展使储蓄转变为未来消费变得非常容易；另一方面，利息的存在又使储蓄能够带来增值。虽然农村金融的发展也有促进消费倾向增加的可能，但从总体上来看，农村金融中介可以在一定范围内使储蓄率上升；农村金融的发展还可以促进储蓄向投资的转化，从而促进资本投入量的增加，如果考虑到金融在现代经济中还可以提供超过储蓄量的信用货币投入，这种促进作用还更加明显；农村金融还可以促进劳动投入的增长，表现为农村金融通过资本投入量的增加以吸纳更多的农村剩余劳动力，以及金融领域自身也直接吸纳了就业。库兹涅茨、丹尼森等人在分析新生经济增长要素时认为，金融不仅能促进要素投入量的增加，还能促进要素生产力的提高，因为金融促进了资本的流动，为资源优化配置创造了条件，任何新生经济增长要素，如技术进步、知识进展、资源配置、规模经济，都不可能离开金融而单独起作用。

农村金融的资金调剂作用，影响农村经济的发展，它不但可以影响农村经济的发展速度，也可以影响农村经济发展的产业、行业等结构，最终影响农村经济发展的质量。基于农村金融的功能和作用，其影响农村经济发展主要通过以下五个途径。

一是筹集和分配金融资源，引导农村资金流向。作为储蓄和投资者的中介，金融机构能把剩余资金转移到能够使用这些资金的人手中。通过向众多的储户调动资金，金融机构可以为大规模的投资项目提供资金。农村金融机构可以充分利用点多面广的优势，把零星分散的货币资金通过股金、储蓄等手段集中起来，有效地将农村闲散资金转化为生产资金，分配到生产和流通部门，使这些资金发挥整体效益。这样，农村金融既引导了农村资金流向，又支持了农村经济建设，促进了农村区域化、专业化发展。

二是发挥信贷杠杆作用，支持农村产业结构调整。由于农村金融可以对农村经济活动发挥调控作用，因此，在调整农业部局、加强农村基础设施建设、改善农业生产条件等方面因地制宜地合理安排贷款比例，充分发挥了信贷杠杆的调节作用，推动了农村商品经济的全面发展，推动了农业生产规模的扩大和农村经济结构的调整。任何经济社会中，在储蓄量既定的条件下，投资数量和投资质量取决于储蓄向投资转化的能力和方向。在农村经济发展过程中，金融体系发展程度是影响农村储蓄向投资转化速率与效率的主要因素。

三是为广大农户和农村经济组织发展农业生产提供金融服务。农村金融机构针对农村地区生存发展水平的不平衡，既扶强又助弱。特别是农村贫困地区，农村金融机构构成了它们脱贫致富的有力保障和财力支持，推动农村经济金融化进程，促进农业科技的进步。农村金融体系的发展与完善不仅为技术创新提供了资金支持，而且其突出贡献表现在对科技成果迅速传播和普及并转化为现实的生产力方面。

四是引导农村民间金融借贷，提高农村经济效益。农村金融制度的建立和完善，有利于管理好农村资金，尤其是通过信贷、结算、利率等手段规范农村民间资金的借贷，引导其健康发展。同时农村金融机构通过信贷等活动，可以了解农村经济组织的生产经营情况，帮助其改善管理，调节资金余缺，规范农村经济市场，提高农村经济效益。

五是组织和调节农村货币流通，平衡国家信贷收支。农村金融机构通过吸收存款、发放贷款，一方面控制了农村货币的流通总量，稳定了农村生产资料和生活资料的价格，使货币总量与商品总量保持相对平衡，从而促进农村生产、流通、消费的正常发展；另一方面调节了农村货币流通结构，使货币流通结构与商品流通结构相互协调，同时农村金融机构还以存款准备金、转存款、特种存款、购买国债和金融债券等形式向国家转存大量资金，在平衡国家信贷收支上发挥了主要作用。

5.2 农村正规与非正规金融发展对农村经济增长的实证研究

1966年，美国耶鲁大学经济学家休·帕特里克发表了名为《不发达国家的金融发展和经济增长》的论文。帕特里克认为，在经济增长的起步阶段，金融引导经济增长；当经济进入快速增长阶段，经济变得日益复杂，此时经济中的摩擦会对金融服务产生需求，并刺激金融发展。该论文针对金融发展与经济增长之间的关系提出的两种模式：一是"需求追随"模式，即经济增长是金融发展的动因，金融发展只是完全被动地适应经济增长的要求，现代金融机构的产生、金融资产的提供以及相应的金融服务仅仅是对实体经济活动中参与者，如投资者、储蓄者对需求的反应。二是"供给引导"模式，即金融机构、资产、负债、服务等相关要素的供给存在要早于对金融服务的需求，而金融服务的供给方对经济增长有促进作用。帕特里克还认为，"需求追随"和"供给引导"这两种模式不是相互独立，而是存在交叉现象，同时在经济发展的不同阶段，两模式之间存在一个最优顺序问题。杨彩林等（2014）将该理论拓展到农村金融机构发展问题方面，"需求追随"模式重视农村经济主体的金融服务需求，倡导在相关监管部门的引导下，各类农村金融组织要根据自身的经济实力、地区经济特色及市场情况，经济主体的金融服务需求，明确市场定位、金融服务对象、金融产品的合理创新。"供给引导"模式强调农村金融组织的数量、规模等结构类型的供给要先于金融服务需求，从而带动当地农村经济的发展，引导农村经济主体的储蓄、投资等行为。在本节中，我们将理论拓展到农村金融发展系统与农村经济增长系统相互作用过程中，认为在农村金融发展系统与农村经济增长系统耦合过程中，存在"需求追随"和"供给引导"两种模式（HughT. Patrick，1966）。

从农村金融发展与农村经济增长相互作用分析来看，两个系统之间存在紧密的关联关系；从金融发展支持农村经济增长看，农户和农村企业通过农村金融市场和金融中介进行直接融资和间接融资，使资金流入农村经济领域，引起资本投资和消费增加，市场扩张，劳动力技能水平、科技投入、技术进步率提高，导致农村经济增长提升；从农村经济增长促进金融发展看农村经济增长引起农村收入增加和专业化分工。专业化分工投资效应提高金融资本的存量，导致金融收益增加，专业化分工引起农业结构升级，农村规模经济形成，金融交易扩大，金融成本降低。农村收入引起储蓄增加，使农村金融机构资产规模扩大，金融收益增加。金融资本降低和金融收益增加共同作用，导致农村金融发展。增加农村金融发展系统与农村经济增长系统耦合作用，相互促进，两个系统耦合机理如图5.1所示。

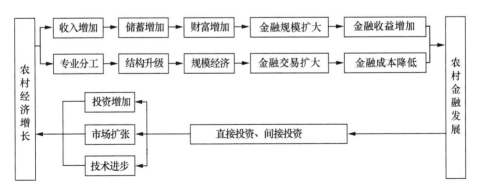

图5.1　农村金融发展系统与农村经济增长系统耦合路径图

因此，本节在研究过程中对农村金融发展与农村经济增长耦合度进行判断时，需要从需求追随和供给领先两个角度出发判断耦合性。"需求追随"强调农村实体经济增长决定农村金融发展，农村经济增长引起市场规模的扩张和以此为基础的分工和交换的发展，以及由分工和交换发展所带来的产品差异的扩大和规模经济的出现。因此处于分工和交换之中的追求规模经济的农村经济主体对农村金融服务的需求，导致农村金融的发展。但这一过程同时使交易成本上升和交易活动的不确定性增加，农村经济增长避免这一问题的阻碍，这样农村金融规模发展、农村金融机构、相关的农村金融服务和农村金融制度变迁等农村金融发展条件才能有效地实现，这一阶段的农村金融发展是滞后于经济增长的。"供给引导"强调农村金融发展系统中农村金融需求由金融供给决定，实现对农村金融发展及农村经济起促进作用，依据休·帕特里克的观点，两者在农村经济发展的不同阶段扮演不同的角色，供给引导型的农村金融发展在农村经济增长的初期处于主导地位，一旦农村经济增长进入成熟阶段，需求跟随型的农村金融发展将逐渐居于主导地位，但供给领先的农村金融发展仍然对经济增长在市场灵活性方面有重要的作用。

5.2.1　研究方法、指标设计数据处理

5.2.1.1　研究方法

本节采用的数据是 2003—2010 年的面板数据，由于时间跨度较小，时间序列中的单位根现象一般不予以考虑，直接进行 Granger 因果关系检验并建立变量之间的回归方程，进而确定自变量与因变量之间的长期关系。

5.2.1.2　指标设计和数据处理

1. 因变量的选取

在衡量农村经济增长的度量指标上，由于目前相关部门还没有农村国民生产总值的统计指标，本节考虑到中国农村经济的实际情况和国内外相关研究的普遍做法，用中国统计年鉴国民生产总值中的第一产业生产总值来衡量。

第一产业增加值（RGDP）。该指标采用各省市第一产业增加值的数据衡量，即产品直接取自自然界的部门（包括种植业、林业、牧业和渔业）在这个清算周期（一般以年计）比上个清算周期的增长值。该数据为 GDP 的重要组成部分，主要为农村经济所贡献。

2. 自变量的选取

本节使用农村正规金融发展指标和农村非正规金融发展指标作为自变量。

章奇（2004）首次在中国提出以银行信贷占国民经济的比重来衡量金融发

展水平，这和 King 和 Levine（1993）提出的衡量金融发展的几项指标是一致的。结合我国的具体情况，本节选取以下两个指标：一是农村正规金融发展规模。农村正规金融总额被定义为，非农户国家预算内资金、非农户国内贷款、非农户利用外资和农户国内贷款之和，本文对这些数据进行进一步的处理，采用农村正规金融与第一产业增加值的比率进行分析研究，用 formal 表示。二是农村非正规金融发展规模。我国正规统计体系中并无非正规金融的相关数据，因此只能用相关数据近似的代表非正规金融。《中国统计年鉴》农村非正规金融相关因素可初步分为两类：农户自筹资金、农户其他资金。农村非正规金融规模被定义为上述两类之和。本节对这些数据进行了进一步的处理，采用农村非正规金融与第一产业增加值的比率进行分析研究，用 informal 表示。

3. 数据来源

本节研究的样本区间为 2003—2010 年，所使用的数据来源于 2004—2011 年《中国统计年鉴》与《中国农村统计年鉴》，每个省、自治区和直辖市的面板数据将被使用以增加数据容量。实证分析将借助于 stata11 来完成。

部分学者发现我国农业劳动力转移对经济增长的贡献率超过了劳动投入增加对经济增长的贡献率，他们认为农村劳动力转移能有效抑制收入差异，长效的农村劳动力转移保障机制是促进农村经济增长和缩小城乡经济增长差距的有效办法（杨宗锦，2011）。此外，黄景章（2005）提出我国农村固定资产投资的增加将显著增加农村经济增长。而财政支农比例则是财政资金用于农村农业的比例，能够体现地方政府对农村农业的投入力度。故此，本节选取下列指标作为控制变量。

（1）财政支农比例（CZZN）。数据处理上采用财政支农资金/财政总资金来衡量。

（2）非农产业就业人数占农村就业人数比例（RSECT）。该指标采用从事非农行业的农村劳动力占农村劳动力的比重来衡量。

（3）农户固定资产投资额比例（INVEST）。数据处理上采用农村固定资产投资总额/农村人口数量来衡量。

上述指标和数据主要来自《新中国 60 年统计资料汇编》以及历年《中国农村统计年鉴》与《中国统计年鉴》。

在数据处理上我们对上述各项指标取其自然对数，这是为了消除数据可能存在的异方差和剧烈波动。

5.2.2 实证分析

1. 模型设定

为了证实农村非正规金融和正规金融发展的规模对农村经济增长的影响效应，本节构建了如下模型：

$$\ln RGDP = \beta_1 \ln formal + \beta_2 \ln informal + \beta_3 \ln CZZN$$
$$+ \beta_4 \ln RSECT + \beta_5 \ln INVEST + \mu_i + \varepsilon \quad (5.7)$$

其中，ε 为随机误差项，μ_i 为个体效应。

2. Granger 因果关系检验

这里用时间序列形式对 Granger 因果检验进行简单介绍。考虑对 y_t 进行 s 期预测的均方误差（MSE）：

$$MSE = \frac{1}{s} \sum_{i=1}^{s} (\hat{y}_{t+i} - y_{t+i})^2 \quad (5.8)$$

对于线性函数，如果有

$$MSE[\hat{E}(y_{t+s} \mid y_t, y_{t-1}, \cdots)]$$
$$= MSE[\hat{E}(y_{t+s} \mid y_t, y_{t-1}, \cdots, x_t, x_{t-1}, \cdots)] \quad (5.9)$$

则可以得出结论：x 不能 Granger 引起 y。上式的等价形式是检验下式

$$y_t = \mu + \alpha_1 y_{t-1} + \cdots + \beta_1 x_{t-1} + \cdots \quad (5.10)$$

如果 x 的系数联合显著则说明 x 能 Granger 引起 y，否则，x 不能 Granger 引起 y。可以通过构造 F 检验或 WALD 检验检验系数显著性。本节格兰杰因果关系检验的具体结果如表 5.1 所示。

表 5.1　非正规金融发展规模与第一产业增加值的 Granger 因果关系检验结果

Granger causality wald tests for panel VAR				
chi2	Equation	Excluded	chi2	df prob>
0.211	ln $RGDP$	ln $INFORMAL$	3.116 3	2
0.211	ln $RGDP$	ALL	3.116 3	2
0.720	ln $INFORMAL$	ln $RGDP$	6.556 2	2
0.720	ln $INFORMAL$	ALL	6.556 2	2

根据表 5.1 的 Granger 因果关系检验结果，可以得出，非正规金融发展规模与第一产业增加值之间不存在双向 Granger 因果关系：非正规金融发展规模不是第一产业增加值变化的原因，第一产业增加值也不是非正规金融发展规模变化的原因。

表 5.2　正规金融发展规模与第一产业增加值的 Granger 因果关系检验结果

Granger causality wald tests for panel VAR				
Equation	Excluded	chi2	df	prob>chi2
ln RGDP	ln FORMAL	28.076	2	0.000
ln RGDP	ALL	28.076	2	0.000
ln FORMAL	ln RGDP	25.03	2	0.000
ln FORMAL	ALL	25.03	2	0.000

根据表 5.2 的 Granger 因果关系检验结果，可以得出，正规金融发展规模与第一产业增加值之间存在双向 Granger 因果关系：正规金融发展规模是第一产业增加值变化的原因，第一产业增加值也同时是正规金融发展规模变化的原因，两者互为因果关系。

表 5.3　财政支农比例与第一产业增加值的 Granger 因果关系检验结果

Granger causality wald tests for panel VAR				
Equation	Excluded	chi2	df	prob>chi2
ln RGDP	ln CZZN	29.282	2	0.000
ln RGDP	ALL	29.282	2	0.000
ln CZZN	ln RGDP	35.462	2	0.000
ln CZZN	ALL	35.462	2	0.000

根据表 5.3 的 Granger 因果关系检验结果，可以得出，财政支农比例与第一产业增加值之间存在双向 Granger 因果关系：财政支农比例是第一产业增加值变化的原因，第一产业增加值也同时是财政支农比例变化的原因，两者互为因果关系。

表 5.4　非农产业就业人数占农村就业人数比例与第一产业增加值的 Granger 因果关系检验结果

Granger causality wald tests for panel VAR				
Equation	Excluded	chi2	df	prob>chi2
ln RGDP	ln RSECT	14.383	2	0.001
ln RGDP	ALL	14.383	2	0.001
ln RSECT	ln RGDP	17.349	2	0.000
ln RSECT	ALL	17.349	2	0.000

根据表 5.4 的 Granger 因果关系检验结果，可以得出，非农产业就业人数占农村就业人数比例与第一产业增加值之间存在双向 Granger 因果关系：非农产业就业人数占农村就业人数比例是第一产业增加值变化的原因，第一产业增加值也同时是非农产业就业人数占农村就业人数比例变化的原因，两者互为因果关系。

表 5.5　农户固定资产投资额比例与第一产业增加值的 Granger 因果关系检验结果

Granger causality wald tests for panel VAR

Equation	Excluded	chi2	df prob>chi2	
ln *RGDP*	ln *INVEST*	1.984 5	2	0.371
ln *RGDP*	ALL	1.984 5	2	0.371
ln *INVEST*	ln *RGDP*	1.535 1	2	0.464
ln *INVEST*	ALL	1.535 1	2	0.464

　　根据表 5.5 的 Granger 因果关系检验结果，可以得出，农户固定资产投资额比例与第一产业增加值之间不存在双向 Granger 因果关系：农户固定资产投资额比例不是第一产业增加值变化的原因，第一产业增加值也不是农户固定资产投资额比例变化的原因。

　　3. 回归分析

　　数据为面板数据，在进行回归分析前，先进行 F 检验和 Hausman 检验，以便确定模型形式。

表 5.6　F 检验表

F（29，204）=28.49	prob>F=0.0000

　　F 检验显示 F=28.49，根据软件计算出的统计量 F 值大于 95% 置信度的临界值。因此，结论为：拒绝原假设，即模型中不同个体的截距相同，真实模型应为混合回归模型，可接受备择假设，也就是模型中不同个体的截距项是不同的，样本数据可建立个体固定效应回归模型。

表 5.7　Hausman 检验表

Test：H₀：difference in coefficients not systematic	
chi2（6）=（b−B）′［（v_b−v_B）^(−1)］（b−B）	
= 116.69	
prob>chi2= 0.0000	

　　下一步则用 Hausman 检验来确定是应建立固定影响模型还是随机影响模型。根据表 5.7 的 Hausman 检验结果，Hausman 检验的卡方统计量，即服从 F 分布的统计量的值为 116.69，所对应的 p 值为 0.0000，小于 0.05。因此，应建立个体固定影响模型。

　　用作回归分析，并考虑农村正规金融发展规模和农村非正规金融发展规模的交互作用（引入 interact 变量），结果如下（括号内为 t 统计量），由上述 F

检验和 Hausman 检验确定回归模型应选择（2）Fe。

表 5.8　模型（5.1）回归结果

	（1）OLS	（2）Fe	（3）Re
ln *informal*	−0.939 ***	−0.424 ***	−0.667 ***
	（−0.031）	（−0.029）	（−0.029）
ln *formal*	−0.006	0.098 ***	0.090 ***
	（−0.025）	（−0.023）	（−0.026）
interact	0.006	0.061 ***	0.063 ***
	（−0.012）	（−0.012）	（−0.013）
ln *CZZN*	−0.043 **	0.069 ***	0.007
	（−0.018）	（−0.014）	（−0.015）
ln *RSECT*	0.136 ***	0.659 ***	0.159 ***
	（−0.028）	（−0.089）	（−0.037）
ln *INVEST*	0.951 ***	0.667 ***	0.917 ***
	（−0.009）	（−0.031）	（−0.013）
_ cons	0.291 ***	3.325 ***	1.065 ***
	（−0.096）	（−0.271）	（−0.12）
N	240	240	240
F	2 510.063	772.004	
chi2			6 686.682
p	0	0	0
r2	0.985	0.958	
r2 _ w		0.958	0.942
r2 _ o		0.904	0.979
r2 _ b		0.907	0.982

从表 5.8 回归分析结果可以看出，该模型的拟合度较好，自变量的变化可以解释因变量变化的 95.8%。

从表 5.8 回归估计结果可以得到，正规金融规模（ln *FORMAL*）、非正规金融与正规金融交换效应（interact）、财政支农比例（ln *CZZN*）、非农产业就业人数占农村就业人数比例（ln *RSECT*）和农户固定资产投资额比例（ln *INVEST*）的估计参数都为正值，并且在 5% 的水平上显著。说明从长期来看，农村正规金融规模的扩大、财政支农比例、非农产业就业人数占农村就业人数比例、农户固定资产投资额比例的增加，都有助于农村 GDP 即第一产业增加值的增长，这与大多数学者的研究结论是一致的。但是与传统观念不同的是农村非正规金融的估计参数在 5% 的水平上显著，但为负值，这说明农村非正规金融规模（ln *INFORMAL*）的扩大对农村 GDP 即第一产业增加值的增加起反向的阻碍作用。

（1）正规金融发展规模（formal）影响结果分析。正规金融发展规模对第一产业增加值具有显著的正向促进作用，正规金融发展规模每增加一个百分点，可使产业结构升级推进提高 0.098 个百分点。其对第一产业增加值具有显著（t 检验）的正向影响。结合之前 Granger 因果关系检验，我们可以得出：中国农村经济（第一产业增加值）的增长，能够增加农村居民的收入，提高农村居民财富水平，进而能够扩大农村正规金融的规模。同时，中国农村正规金融发展和农村正规金融规模的扩大，能够部分地将农村居民储蓄转化为农村各种投资，进而促进农村经济发展。另一方面，我们也发现农村正规金融发展规模对第一产业增加值增加的程度还有待进一步增强，其正向影响明显弱于非农产业就业人数占农村就业人数比例（斜率 0.659）和农户固定资产投资额比例（斜率 0.677）。这一实证检验结果也在一定程度上符合纪森、李宏珑（2007）的实证检验结果，即我国农村正规金融对农村经济增长的作用是十分有限的。

（2）财政支农比例（ln CZZN）、非农产业就业人数占农村就业人数比例（ln RSECT）和农户固定资产投资额比例（ln INVEST）影响结果分析。财政支农比例对第一产业增加值具有显著的正向推动作用，即财政支农比例每增加一个百分点，可使第一产业增加值提高 0.069 个百分点。这是财政资金直接投资于农村农业的比例，充分体现了地方政府对农村工作的重视程度。但是我们发现其正向影响明显弱于非农产业就业人数占农村就业人数比例（斜率 0.659）和农户固定资产投资额比例（斜率 0.677）。胡宗义等（2012）通过实证指出对于提高农村居民收入而言，劳动力转移的作用效果要明显强于非正规金融规模和非正规金融效率。这是由农业与非农产业之间的规模、效率差距决定的。我国农村劳动力占总就业的 40%，但产值仅仅为 GDP 的 15%。农村劳动力转移至少有两个好处：一是为农业规模化、机械化、科技化提供了空间，从而为提高农业劳动生产率提供了机会；二是非农部门的劳动生产率高于农业产业，转移的劳动力的收入水平也将普遍高于农业部门。因此更多的农村劳动力转移将对农村经济发展起较好的促进作用。农村固定资产投资主要由农业设备更新、农村基础设施建设、农业产业结构调整和农村文化和教育提升组成，本身就作为投资、消费等所构成的农村 GDP 重要的一部分，同时能从各个方面提高第一产业的产出，因此农村固定资产投资的增加能显著有效增加农村经济。

（3）农村非正规金融规模（ln INFORMAL）影响结果分析。从计量结果来看，至少在统计关系上，农村非正规金融规模对农村经济（第一产业增加值）的增长具有显著的反向作用，即农村非正规金融规模每增加一个百分点，农村经济（第一产业增加值）反而降低 0.424 个百分点。这与谭燕芝（2009）的研究一致，即农村非正规金融发展却和农民增收起反向作用。钱水土（2011）对此的解释是农村非正规金融由于种种原因导致的配置效率低下阻碍了农民收入增长。而胡宗义等（2012）认为该现象产生的主要原因是农民从非正规金融渠道的贷款主要用于子女教育、建房、农业生产投入和家庭新项目经营，这些基本都为投资，从开始投资到进入投资回报期之间存在或多或少的时滞效应，部分投资如农业生产投入，其时滞效应相对较短，但也需要一年到数年的周期；而另一部分投资，如子女教育，其时滞效应相对较长，将具有更大的不确定性。他们希望据此可以理解短期内非正规金融规模的扩大对农民收入增长和农村经济增长没有正向效应。本文认为：这种统计关系上农村非正规金融规模对农村经济增长（第一产业增加值）起显著的反向作用，或者更准确地来说是农村经济增长（第一产业增加值）对农村非正规金融规模起显著的反向作用的主要原因是：一直以来，中国以其低土地成本、低劳动力成本和较好的产业配套体系为各种产业提供了长足的发展，这种发展很大程度上来源于要素与资源价格的扭曲。近年来，由于改革红利的减少，土地、劳动力、各种原材料价格上涨，使得各种实体经济的利润率越来越薄。当这些领域产生的预期利润率低于其他领域的利润率时，就会导致大量资金游离于实体经济之外，流向其他领域，例如房地产行业，而非正规金融为这些大量资金游动、游离提供了相应的、顺畅的渠道。作为实体经济的重要组成部分的第一产业也不例外，由于较低的预期利润率，众多乡镇企业和农户开始逃离（或者部分逃离）实体经济，这些原来从事第一产业（实体经济）生产活动的个体不再或者减少从事第一产业的活动，他们通过非正规金融转向或转投包括房地产在内的其他行业或者直接追求高利贷的高收益，这造成了农村非正规金融的繁荣即农村非正规金融规模的不断扩大，而这非正规金融的繁荣正是"产业空心化""经济泡沫化"的体现。非正规金融规模不断扩大不是农村经济（第一产业增加值）出现困境的原因，而是一个结果。这与之前的 Granger 因果检验也是符合的，即农村非正规金融发展规模不是农村经济增长的 Granger 原因。还有一些学者认为：非正规金融与正规金融存在平行关系（horizontal），即非正规金融是正规金融的竞争者和替代者，比如说在存款业务上，当然这种竞争和替代关系也体现在贷款业务（姜旭朝，1995）即当农户因信用不足向正规金融申请贷款而遭到拒绝时，农户的贷款需求就外溢到非正规金融市场上（Bell 等，1997；Kochar，1998），或者农户出于正规金融较高的寻租成本考虑，直接寻求非正规金融支持。因此非正规金融的规模与正规金融的规模具有一定的反向关系，而正规金融因为其政策倾向和低利率等特点能够较好地促进农村经济增长，与正规金融具有反向关系的非正规金融与农村经济增长也就具有了反向关系。当然，考虑到回归中正规金融规模与农村经济增长的正向关系斜率仅为 0.098，这种原因造成的反向关系也可能比较微弱。

5.3 农村正规金融与非正规金融发展对农村经济增长的地区差异效应研究

本节运用我国 30 个省市 2004—2010 年间的面板数据，分别建立东部、中部、西部地区农村经济增长与非正规金融发展规模和非正规金融资金配置效率的截面固定影响变截距模型，进行建模分析，确定模型设定形式并进行参数估计，最后对建模结果进行分析解释。

5.3.1 模型设定

本节建立含有总体均值截距项的固定影响变截距模型，形式如下：

$$\ln RGDP_{j,it} = m_j + \beta_{1j}\ln informal_{j,it} + \beta_{2j}\ln formal_{j,it} + \beta_{3j}\ln CZZN_{j,it}$$
$$+ \beta_{4j}\ln RSECT_{j,it} + \beta_{5j}\ln INVEST_{j,it} + \alpha^*_{j,i} + \varepsilon \quad (5.11)$$

其中，$j = 1，2，3$ 分别代表东部、中部和西部；$i = 1，2，\cdots，N_j$，分别表示东、中、西部地区包含的截面个数，其中 $N_1 = 11$，$N_2 = 8$，$N_3 = 11$；t 表示时期，样本数据时期为 2003—2010 年；m_j 表示 j 地区总体均值截距项，$\alpha^*_{j,i}$ 表示截面 i 对相应 j 地区总体均值偏离的截面截距项，即表示截面成员 i 对相应地区 j 总体平均状态的偏离，并且满足 $\sum\limits_i^N \alpha_i^* = 0$。

5.3.2 实证研究

5.3.2.1 变量平稳性检验

本节采用的数据是 2003—2010 年的面板数据，由于时间跨度较小，不再使用 ADF 单位根检验法检验相关变量的平稳性。直接尝试建立变量之间的回归方程，进而确定自变量与因变量之间的长期关系。

5.3.2.2 模型设定形式检验

面板数据模型有三种形式：变系数模型，变截距模型，混合模型。在对面板数据进行估计时，使用的样本数据包含了截面、时期、变量 3 个方向的信息；如果模型形式设定不正确，估计结果将与所要研究分析的经济现实偏离甚远。因此，应检验模型所要估计的参数（截距项和斜率系数）对所有截面是否是一样的，在进行回归分析前，先进行 F 检验和 Hausman 检验，以便确定模型形式。

表 5.9　东部省（市区）F 检验和 Hausman 检验表

F（29，204）＝28.49	prob＞F＝0.0000
Test：H_0：difference in coefficients not systematic chi2（6）＝（b－B）'［（v_b－v_B）^（－1）］（b－B） ＝　　47.14 prob＞chi2＝　　0.0000	

表 5.10　中部省（市区）F 检验和 Hausman 检验表

F（7，50）＝7.65	prob＞F＝0.0000
Test：H_0：difference in coefficients not systematic chi2（6）＝（b－B）'［（v_b－v_B）^（－1）］（b－B） ＝　　29.46 prob＞chi2＝　　0.0000	

表 5.11　西部省（市区）F 检验和 Hausman 检验表

F（10，71）＝11.25	prob＞F＝0.0000
Test：H_0：difference in coefficients not systematic chi2（6）＝（b－B）'［（v_b－v_B）^（－1）］（b－B） ＝　　18.77 prob＞chi2＝　　0.0000	

东、中、西部地区 F 检验分别显示 F＝28.49、7.65、11.25，这些统计量 F 值均大于95％置信度的临界值，结论为应拒绝原假设，即模型中不同个体的截距相同，真实模型为混合回归模型，而应接受备择假设，也就是模型中不同个体的截距项是不同的，样本数据可建立个体固定效应回归模型。

下一步则是 Hausman 检验来确定是应建立固定影响模型还是随机影响模型。根据表 5.9—表 5.11 的 Hausman 检验结果，Hausman 检验的卡方统计量，即服从 F 分布的统计量的值分别为 47.14、29.46、18.77，所对应的 p 值为 0.0000，小于 0.05；因此，应建立截面固定效应模型。

用作回归分析，并考虑农村正规金融发展规模和农村非正规金融发展规模的交互作用（引入 interact 变量），结果如下（括号内为 t 统计量），由上述 F 检验和 Hausman 检验确定回归模型应选择（2）Fe，拟对东部、中部、西部建立易于比较分析的截面固定效应模型。

表 5.12 东部省（市区）回归结果

	（1） OLS	（2） Fe	（3） Re
ln *informl*	−0.877 ***	−0.256 ***	−0.529 ***
	(0.051)	(0.044)	(0.040)
ln *formal*	0.107	0.117 **	0.142 **
	(0.077)	(0.056)	(0.072)
interact	0.060	0.057 **	0.081 **
	(0.036)	(0.028)	(0.032)
ln *CZZN*	−0.095 *	0.178 ***	0.094 **
	(0.053)	(0.032)	(0.040)
ln *RSECT*	0.218	0.994 ***	0.113
	(0.154)	(0.204)	(0.125)
ln *INVEST*	0.948 ***	0.440 ***	0.841 ***
	(0.022)	(0.063)	(0.032)
_cons	0.334	5.116 ***	1.933 ***
	(0.228)	(0.489)	(0.268)
N	88.000	88.000	88.000
F	605.305	180.021	
chi2			1 206.914
p	0.000	0.000	0.000
r2	0.978	0.938	
r2_w		0.938	0.904
r2_o		0.743	0.962
r2_b		0.756	0.964

表 5.13 中部省（市区）回归结果

	（1） OLS	（2） Fe	（3） Re
ln *informl*	−1.025 ***	−0.422 ***	−1.025 ***
	(0.150)	(0.154)	(0.150)
ln *formal*	0.049	0.070	0.049
	(0.084)	(0.078)	(0.084)
interact	0.021	0.042	0.021
	(0.046)	(0.040)	(0.046)
ln *CZZN*	0.000	0.024	0.000
	(0.021)	(0.020)	(0.021)
ln *RSECT*	0.095 *	0.589 ***	0.095 *
	(0.056)	(0.184)	(0.056)

续表

	(1) OLS	(2) Fe	(3) Re
ln INVEST	0.982*** (0.019)	0.708*** (0.061)	0.982*** (0.019)
_ cons	0.081 (0.258)	3.104*** (0.647)	0.081 (0.258)
N	64.000	64.000	64.000
F	699.321	294.403	
chi2			4195.926
p	0.000	0.000	0.000
r2	0.987	0.972	
r2 _ w		0.972	0.953
r2 _ o		0.916	0.987
r2 _ b		0.918	0.999

表 5.14　西部省（市区）回归结果

	(1) OLS	(2) Fe	(3) Re
ln informl	−1.111*** (0.067)	−0.778*** (0.082)	−0.979*** (0.070)
ln formal	−0.097** (0.042)	0.015 (0.048)	0.049 (0.046)
interact	−0.046* (0.023)	0.017 (0.027)	0.014 (0.026)
ln CZZN	−0.040** (0.020)	0.031* (0.017)	0.003 (0.017)
ln RSECT	0.116*** (0.023)	0.329*** (0.089)	0.090** (0.041)
ln INVEST	0.975*** (0.009)	0.826*** (0.036)	0.954*** (0.014)
_ cons	0.133 (0.128)	1.529*** (0.374)	0.222 (0.173)
N	88.000	88.000	88.000
F	3 098.224	682.188	
chi2			6 430.310
p	0.000	0.000	0.000
r2	0.996	0.983	
r2 _ w		0.983	0.980
r2 _ o		0.985	0.995
r2 _ b		0.989	0.997

从表5.12—表5.14可以看出，三个模型拟合度都很好，自变量的变化都可以解释因变量变化的95%以上，且参数估计值均通过了显著性检验。

根据上述将模型形式表示如下：

东部模型：

$$\ln RGDP_{1,it} = 5.116 - 0.256\ln informal_{1,it} + 0.117\ln formal_{1it}$$
$$+ 0.178\ln CZZN_{1,it} + 0.994\ln RSECT_{1,it}$$
$$+ 0.440\ln INVEST_{1,it} + \alpha^*_{1,i} + \varepsilon$$

$$(5.12)$$

中部模型：

$$\ln RGDP_{2,it} = 3.104 - 0.422\ln informal_{2,it} + 0.07\ln formal_{2,it}$$
$$+ 0.024\ln CZZN_{2,it} + 0.589\ln RSECT_{2,it}$$
$$+ 0.708\ln INVEST_{2,it} + \alpha^*_{2,i} + \varepsilon$$

$$(5.13)$$

西部模型：

$$\ln RGDP_{3,it} = 1.529 - 0.778\ln formal_{3,it} + 0.015\ln informal_{3,it}$$
$$+ 0.031\ln CZZN_{3,it} + 0.329\ln RSECT_{3,it}$$
$$+ 0.826\ln INVEST_{3,it} + \alpha^*_{3,i} + \varepsilon$$

$$(5.14)$$

对比分析东、中、西部地区总体情况，可以看出：

(1) 各地区非农产业就业人数占农村就业人数比例均值截距项不同。说明农村劳动力转移因素对各地区农村经济影响程度不同；东部地区影响程度最高，其次是中部，西部最低。一般来说非农部门的劳动生产率高于农业产业，转移的劳动力的收入水平也将普遍高于农业部门。因此更多的农村劳动力转移将对农村经济发展起较好的促进作用。上述模型正好说明了这样一个事实：经济和工业越发达地区，转移的农村劳动力获取的收入水平越高，农业规模化、机械化、科技化效应越明显。

(2) 各地区农户固定资产投资额比例均值截距项不同。说明农户固定资产投资额比例对各地区农村经济增长影响程度不同；西部地区影响程度最高，其次是中部，东部最低。农村固定资产投资主要由农业设备更新、农村基础设施建设、农业产业结构调整和农村文化和教育提升组成。东部地区一般为经济较发达地区，第一产业也较发达，各种农业设备、农村基层设施建设都已比较完善。固定资产投资的边际效应将低于中部和西部地区。

(3) 各地区财政支农比例均值截距项不同。说明财政支农比例对各地区农村经济增长影响程度不同；西部地区影响程度最高，其次是中部，东部最低。该指标类似于农户固定资产投资额指标，基础设施建设比较完善的东部地区该指标的边际效应将低于中部和西部地区。

（4）各地区农村正规金融发展规模斜率系数不同。说明正规金融发展规模对各地区农村经济增长影响程度不同，东部地区正规金融发展规模对农村经济增长的弹性系数最大，其次是中部地区，西部地区弹性系数最小。一般来说，中国农村正规金融发展和农村正规金融规模的扩大，能够将农村居民储蓄转化为农村各种投资，进而促进农村经济发展。上述模型说明了这样一个事实：经济较为发达、市场程度较高的东部地区各种农村正规金融机构在服务农业、服务农村、服务农民效率较高，能够更有效地将农村居民储蓄转化为农村各种投资，进而促进农村经济发展。另一方面也说明，经济欠发达的西部地区和中部地区，由于需要集中精力发展大规模的工业，将资源更加向城市倾斜。于是，相较经济较发达的东部地区，西部和中部地区的农村金融机构储蓄动员功能更加明显，农村金融资源从农村流向城市的现象更加突出。

（5）各地区农村非正规金融发展规模斜率系数估计值为负值。这说明，农村非正规金融规模的扩大，没有正向作用于各地区农村经济的增长，反而起负面作用。我们认为高利贷现象的流行（即非正规金融规模不断扩大）不是（农村）经济出现困境的原因，而是一个结果。中国较长一段时间粗放型经济增长是建立在包括低土地成本、低劳动力成本在内的要素与资源价格的扭曲上的，这种增长是难以持续的，当经济发展到一定程度，土地、劳动力、各种原材料价格上涨，使得各种实体经济的利润率越来越薄。由于较低的预期利润率，众多乡镇企业和农户开始远离（或者部分远离）实体经济和第一产业，他们通过非正规金融转向或转投包括房地产在内的其他行业或者直接追求高利贷的高收益，这造成了农村非正规金融的繁荣，这是"产业空心化"和"经济泡沫化"的体现。中国广大的西部和中部地区，地形多为山地，从事农业生产的成本较高；农业规模化、机械化较难实施，难以实现经济规模；经济作物的种植面积较小，农业产业结构需改进；生产出来的农业产品远离消费市场，运输成本较高；农业产品的渠道和经销商市场化程度较低；农业设备和农村基础设施建设较落后；农村教育水平较低，农业生产科技程度不高。这些都造成了西部和中部地区相较东部地区从事农业的利润率更低，于是这些地区从事农业生产的农户更加容易远离（或者部分远离）实体经济和第一产业，他们更加愿意将有限的资金通过非正规金融转向或转投包括房地产在内的其他行业或者直接追求高利贷的高收益。

除了各地区农村非正规金融发展规模斜率系数估计值为负值，我们还发现这种反作用对西部地区影响程度最高，其次是中部，东部最低，而东部地区为我国经济最为发达地区，中部其次，西部地区最不发达，这一发现恰恰与前文所提到的金融发展与农村经济增长及城乡经济增长差异的 U 形关系是契合的。金融发展与经济发展差距和收入分配的 U 形关系是指在金融发展水平较低的情况下，金融发展会扩大城乡经济增长差距，甚至阻碍农村经济增长；在金融发展程度较高的阶段，金融发展将会对农村经济增长起积极的促进作用；并且，城乡经济发展差距会随着金融发展而缩小。本节研究发现非正规金融的发展对经济增长起反向作用，但是经济越发达、金融发展水平越高的地区这种对经济增长的反向作用越小，对城乡经济增长差距扩大作用也越小，这也在一定程度上说明我国还处于库兹涅茨金融发展的低级阶段，我国农村非正规金融发展水平还需进一步提高。从长期来看，随着农村经济的不断发展，农村非正规金融对农村经济增长将起积极作用，农村非正规金融规模的扩大将能有效促进农村经济增长。

5.4 农村金融机构收缩对农村经济影响的实证研究

1997 年，亚洲金融危机爆发。在目睹了曾经创造"东亚奇迹"的韩国、泰国等东亚、东南亚国家的大银行在金融危机中纷纷破产倒闭之后，中国银行体系对金融危机的抵御能力引起了许多人的质疑。长期以来，四大银行引以为豪的就是遍布全国的营业网点，在全国每个行政县，都有中国工商银行、中国建设银行、中国农业银行和中国银行的县支行。不过，四大银行的网点虽然遍布全国，但长期以来有赢利能力的 95％以上都集中于上海等六个沿海中心城市，遍布中西部广大地区的营业网点虽多，却并不盈利。因此，无论从整个国家的金融体系还是四大银行本身的发展考虑，要增强应对金融风险的抵抗能力，并且具备同外资银行竞争的能力，首要目标就是裁撤过多的亏损网点，抛下包袱轻装上阵。

因此，在 1997 年 11 月召开的第一次中央金融工作会议上便提出了深化金融体制改革的 15 项重大措施。针对国有商业银行，要求按照"经济、高效、精简、合理"的原则，积极稳妥、有计划、有步骤地进行分支机构和营业网点的撤并工作。撤并标准是长期亏损、扭亏无望、无发展潜力。

1998 年 6 月，中国人民银行根据该金融工作会议精神，制定了《关于国有独资商业银行分支机构改革方案》，方案中对四大银行机构的撤并做出了具体要求，指出"按银行的工作人员数量和吸收存款额，人均存款额在 50 万元以下的营业网点全部撤销，50 万到 100 万元的营业网点部分撤销，100 万到 150 万元的营业网点合并。二级分行也要进行大量撤并"。

按照中国人民银行的要求，四大银行在 1999—2002 年间进行了大规模的撤并行动。中国工商银行共撤销了 8 700 个机构，中国银行撤销 2 722 家，中国建设银行撤销 3 601 家，中国农业银行由于网点最多，因此撤销的网点也最多——最多时农行有近 6 万家网点，2002 年后仅余下 4.4 万家。

央行的这一方案，其目的是使国有银行进一步加快改革步伐，降低运营成本，提高运行效率，从而增加国际竞争力。然而，这次改革是否达到了预期效果，又或者带来了意想不到的影响？例如，国有银行大规模的撤并，尤其是对于我国农村地区最重要金融机构的中国农业银行，其机构撤并重点会是那些遍布农村基层村镇和那些处于经济不发达农村地区的分支机构和营业网点，因此这一举措是否会形成农村信贷供给的大量缺口，造成局部农村信贷"真空"，进而制约农村经济发展？该问题引起了国内众多学者的关注，一些学者持乐观的看法。李稻葵（2002）认为在四大银行撤并之后，每个网点平均的顾客人数和资金量会提高，盈利机会增加，而且对当地老百姓的生活影响不是很大。秦池江（2002）认为，在四大银行退出那些贫穷落后地区后，原来受到四大银行网点挤压的农村信用合作社（简称农信社）会尽快担负起为当地经济服务的角色，成为农村金融的主力军。另一些学者则并不这样乐观。徐滇庆（2002）认为目前还没有其他金融机构可以填充这个金融真空，因为制度还没有建立起来之前，民营银行不能仓促成立，而农村信用社制度不健全。马建堂（2002）认为信贷资金向中心城市、优质客户和建设项目集中的趋势十分明显，而中小企业和农民贷款却存在困难。李扬认为，至少目前，四大商业银行的撤并造成了中国县域金融的"真空"。史建平（2002）认为，现在农村金融肯定是真空状态的，农村金融已经远远不能满足农村经济发展的需要。张满红在调查陇南地区国有银行分支机构市场退出的情况后认为，贫困乡镇金融机构的退出给扶贫资金的发放和支农工作带来困难，而且对中小企业信贷支持下降。

党的十八大报告中提出，要全面深化经济体制改革，包括深化金融体制改革，健全促进宏观经济稳定、支持实体经济发展的现代金融体系。而目前，距离这次撤并方案已经过去 15 年之久，为了深入贯彻"十八大"精神，落实金融体制改革举措，我们有必要重新研究其后期对经济的影响，丰富金融发展与经济增长的实证经验，进而度量金融机构收缩的政策效应，为后续的相关工作提供理论依据。

5.4.1 金融机构与经济增长的文献综述

自从银行产生以来，人类就开始思考其在经济中的作用。直到现在，学者们对金融发展与经济增长之间关系的研究也从未间断过。

关于金融发展与经济增长关系的观点历来分两派。一方面，Bagehot（1873）第一个考察了金融在经济发展中的作用，他发现在英国工业化进程中，金融体系通过提供大型工业项目所需资本在经济发展中发挥了关键的作用。Hicks（1969）同样研究了金融在英国工业革命中的作用，他着眼于技术创新和金融体系在工业革命期间作用比较，得出了金融体系对经济增长起到了不亚于技术创新的促进作用。Scumperter（1912）详细地阐述了金融与经济增长之间的关系，他主张功能完善的银行能够甄别和在金融上支持最有可能成功地进行创新的企业家，从而刺激创新，推动经济增长。对于这些主张金融发展能够促进经济增长的理论，Patric（1966）将其称为供给引导型（supply-leading）。另一方面，Patric 将认为金融发展只是经济增长对金融服务需求的被动反映的理论称为需求追随型（demand-following）。如 Robinson（1952）认为对于具有良好的经济体金融中介会为其提供必要的金融支持以维持好的前景，或者说，金融跟着经济走（the economy leads and finance follows）。

在实证方面，Goldsmith（1969）比较研究了长期的发展史和当代 35 个国家的金融机构，其研究结果表明经济快速增长的时期一般都是金融发展速度较快的时期。Mckinnon 和 Shaw（1973）深入阐述了金融发展模型，并提出了"金融抑制"和"金融深化"理论，认为金融自由化是推动金融发展进而推动经济增长的重要动力。King 和 Levine（1993）选取了 4 个衡量金融发展水平的金融中介指标（LLY、BAKY、PRIVATE、PRIVY）和四个经济增长指标（GDP、GK、INV、EFF），运用回归分析研究了金融发展对经济增长影响的渠道，支持了金融发展与经济增长存在显著正相关的结论，并存在因果关系。但是，Rajan 和 Zingales（1998）则质疑这种因果关系：其一，金融发展和经济增长可能是由某种变量共同决定的，比如储蓄倾向。其二，事先的金融发展，可能是因为金融市场预期到了未来的经济增长，因而金融发展只是先行指标而不是原因。Jayaratne 和 Strahan（1996）则首先抓住了美国对分支机构设立的放松这一外生的竞争程度变化事件，得出了银行竞争是经济增长原因的结论。Dehejia 和 Lleras-Muney（2005）用 1900—1940 年的美国数据，分析了银行分支机构设立限制的放开，使得银行分支机构扩张，加速了农业机械化进程，刺激了工业的迅速发展。他们认为，银行分支机构的设立使得银行获得服务的规模经济，可以通过影响竞争而提高银行的效率；在其他条件相同情况下，银行分支机构扩张让贷款变得更为方便，从而影响经济增长。

从 20 世纪 90 年代开始，国内学者也开始了对金融发展与经济增长相互关系的研究，并取得了一些研究成果。王广谦（1997）通过研究金融在经济货币化进程中对经济增长的实际贡献比率，论证了金融效率对经济增长的重要性。谈儒勇（1999）使用了中国金融发展与经济增长的季度数据，运用最小二乘法进行回归分析发现，金融能够显著地拉动经济增长。韩延春（2001）在考虑了技术进步和制度创新因素后，发现金融发展只能在一定程度上促进经济增长。周立、王子明（2002）研究表明金融发展与经济增长存在显著正相关关系，同时，经济发展水平不同在一定程度上是由于金融发展水平不同造成的。史永东、武志和甄红线（2003）基于柯布道格拉斯函数，并运用格兰杰因果关系检验发现我国金融发展与经济增长存在双向因果关系。谈儒勇、叶海景、范坤祥（2006）从银行市场结构的角度，研究了各地银行集中度和经济增长之间的关系。吴晓辉等（2008）基于微观层面针对金融发展的经济增长作用进行了实证研究，得出推进资本自由化可以最终带动整个经济的增长。贾春新、夏武勇、黄张凯（2008）研究了 1998 年商业银行机构改革对经济增长的影响作用，得到东部地区比中西部地区影响程度更明显。杨小玲（2010）通过运用我国 31 个省市 1997—2008 年间的面板数据实证分析了社会资本、金融发展和经济增长三者之间的关系，结果表明社会资本对经济增长有促进作用，而金融发展抑制经济的发展，但二者的互动效应却能够推动经济增长。

通过以上对国外以及国内有关金融发展与经济增长关系相关文献的论述，可以看出，绝大多数学者持金融发展与经济增长正相关的观点，即金融发展能够促进经济增长。随着研究的深入，各种理论模型条件得到放松，实证模型也得到不断改进，从而理论也不断得到完善。但是，由于我国尚处在社会主义初级阶段，金融也在不断改革之中，很多西方的理论并不真正适合我国现实状况。近年来，国内学者以我国区域金融发展与经济增长研究为出发点，进行大量理论与实证研究，其主要体现以中国东、中、西部三大块之间的差异性进行对比研究。而本节则通过借鉴前人理论成果，结合 1998 年国有商业银行改革这一具体金融事件，从全样本、跨时、跨区域三种角度对我国金融机构收缩与经济增长的关系进行实证分析。

5.4.2 农村金融机构收缩对农村经济增长影响的实证分析

5.4.2.1 模型构建及数据选取

（1）模型构建与变量选择

本节通过面板数据模型，考察农村金融机构收缩对农村经济的影响。关于金融发展和经济增长之间的正相关关系，国内外学者做了大量相关研究，但是两者之间的因果关系并未得到学界一致认可，主要是由于缺乏独立于经济增长以外的金融变量。我国农业银行机构的设置是根据国家行政区域划分，而不是按照各省份地区的发达程度，对于 1998 年进行的国有独资商业银行分支机构改革正是独立于经济发展以外的事件。于是，我们可以借助农业银行的机构从扩张到收缩这一改革举措来验证金融发展与经济增长之间的因果关系。

同时，国内外众多研究表明，金融机构对实体经济的影响可能存在两种不同的路径，第一种路径是金融中介通过信贷投放，增加农村贷款将社会储蓄转化为投资，从而提高了社会的投资水平，进而促进经济增长；第二种路径是随着金融机构数量的增加，机构间的竞争也不断加剧，于是迫使各机构改善金融服务，增加信贷渠道，提高运行效率，逐步推动经济增长。对于农村金融机构，其对农村经济增长的影响具体体现在哪一种路径，或者两种路径的共同作用，本节也将对此进行进一步研究。

为了探究上述问题，本节构建以下基本模型：

$$inc_{it} = \beta_0 + \beta_1 num_{it} + \beta_2 loan_{it} + \beta_3 agr_{it} + \beta_4 inv_{it} + \alpha_i + \varepsilon_{it} \quad (5.15)$$

其中，被解释变量 inc 代表农村经济增长，因缺乏对各省农村 GDP 统计数据，而经济增长必然会带动农民人均纯收入的增加，所以这里我们采用各省农村人均纯收入增长率来表示。解释变量 num 代表农村金融机构，属于本节核心解释变量，这里我们使用各省份中国农业银行分支机构（简称农行）的增长率来度量。由于数据可得性方面限制，我们无法将农行设置在农村的分支机构从总体中分离出来，同时考虑到农行业务主要面向广大农村地区，并且本次的撤并改革也大部分发生在县支行及下属网点，其影响也主要在农村地区。因此，用该指标度量农村金融机构的变化具有可行性。解释变量 $loan$ 代表农村贷款，用农业贷款增长率表示。引入该变量后，如果农村金融机构变量系数仍然显著，则表明金融机构是通过第二种路径来影响经济；如果该系数不再显著，则表明金融机构是通过第一种路径即提高投资水平来影响经济增长；同时，如果金融机构和农村贷款两个变量都显著，说明两种路径方式均存在。解释变量 agr 和 inv 为本模型的其他控制变量，分别为地方政府财政支农、农村固定资产投资，并对数据做了增长率形式处理。α_i 表示个体固定效应，β_0 表示常数项，β_m 为各解释变量的系数，ε_{it} 为残差。i 表示省份，$i=1$，2，…，29；t 表示年份，$t=1991$，1992，…，2001；m 表示解释变量，$m=1$，2，3，4。

（2）数据来源及处理

数据主要来自《新中国 60 年统计资料汇编》《中国农村统计年鉴》《中国农业银行统计年鉴》，部分数据来源于各地区统计年鉴。本节采用的是面板数据，数据不包括港澳台地区，1997 年重庆并入四川，并因数据缺乏删除西藏自治区，本节样本共包含 29 个地区。对于个别指标的部分年份的缺失数据，采用插值法补齐，获取了 1990—2001 年原始数据。最后，本节采取了各变量的增长率进行实证，从而截取了 1991—2001 年的数据。

5.4.2.2　实证结果分析与讨论

（1）单位根检验

在进行面板模型分析前，首先应该进行面板单位根检验，判断序列是否平稳。为避免单一方法所带来的偏差，我们对于所有变量均采取 LLC、Fisher-ADF 和 Hadri 三种单位根检验方法进行检验，从而提高结果的可信度。因面板数据单位检验理论比较复杂，上述三种方法检验结果的可信度尚无定论，于是本节借鉴杨兆廷(2009) 的判别方式，即只要任何一种方法检验结果拒绝单位根，则认为该变量属于平稳序列，可以参与回归模型。因本节数据采用增长率形式，一般不会出现单位根情况。下面利用 Eviews7.0 检验结果如表 5.15 所示，表 5.16 显示各变量的统计特征。由表 5.15 的 LLC 检验方法可以看出，各变量均拒绝存在单位根情况，故符合上述分析。

表 5.15　单位根检验结果

	LLC		Fisher-ADF		Hardri	
	统计量	p 值	统计量	p 值	统计量	p 值
inc	−4.202 2	0.000 0	65.049 2	0.244 8	1.435 32	0.075 6
num	−3.820 5	0.000 1	86.658	0.008 7	7.013 31	0.000 0
loan	−17.582	0.000 0	189.787	0.000 0	0.324 65	0.372 7
agr	−15.554	0.000 0	232.901	0.000 0	1.742 44	0.040 7
inv	−8.668 9	0.000 0	135.372	0.000 0	4.439 06	0.000 0

表 5.16　各变量统计特征

	inc	num	loan	agr	inv
均值	0.124 196	−0.009 46	0.191 234	−0.028 24	0.201 805
最大值	0.507 094	0.516 529	2.833 379	1.900 506	1.535 107
最小值	−0.172 7	−0.270 64	−0.748 08	−0.309 65	−0.235 36
标准差	0.113 836	0.088 38	0.337 226	0.161 993	0.235 713
偏度	0.751 462	0.627 581	3.594 971	6.620 087	1.507 799
峰度	3.195 394	7.296 368	28.880 29	73.030 35	6.996 505
观测值	319	319	319	319	319

（2）农村金融机构收缩对农村经济影响的全样本分析

对于全样本的整体性分析，我们这里采用面板混合回归模型，模型估计结果如表 5.17 所示。模型一表示当不考虑农村贷款时，农村金融机构对农村经济增长影响情况。可以看出，农村金融机构变量 *num* 通过了 1% 的显著性水平检验，且系数达到了 0.43，表示农村金融机构增长与农村经济增长正相关，当机构数量增长 1%，农村经济增长提高 0.43%。

表 5.17　全样本面板回归结果

变量	模型一			模型二		
	系数	统计量	p 值	系数	统计量	p 值
inc	0.106 267	14.820 44	0.000 0	0.107 977	13.742 94	0.000 0
num	0.430 738	7.017 162	0.000 0	0.431 506	7.018 303	0.000 0
agr	−0.005 01	−0.132 04	0.895 0	−0.006 15	−0.161 9	0.871 5
inv	0.099 945	4.350 596	0.000 0	0.099 28	4.308 152	0.000 0
loan	—	—	—	−0.008 57	−0.540 96	0.588 9
R-squared		0.229 501			0.230 256	
DW		1.236 420			1.228 269	
F _ stat		31.275 25			23.481 92	
Prob（F _ stat）		0.000 000			0.000 000	

模型二表示加入农村贷款变量 *loan* 的回归结果。从结果可以看出变量 *loan* 的系数为 −0.008 57，然而回归结果并不显著，此时的农村金融机构变量 *num* 系数在 1% 水平上仍然显著为正，而且有所提高。这说明农村金融机构扩

张，竞争加剧并不是通过增加农村贷款来促进经济增长，而是通过改善金融服务，增加信贷渠道，降低融资成本，提高运行效率，从而逐步推动经济增长。即农村金融机构的扩张是通过第二种路径来推动农村经济增长。另外，从控制变量财政支农 agr 的回归结果可以看出，其系数值较小，为负且并不显著，说明 20 世纪 90 年代我国财政在农业方面的投入不足，不能够对农村经济起到实质性的促进作用。而对于控制变量农村固定资产投资 inv，其系数为正且通过 1% 的显著性水平，说明农村固定资产投资与农村经济增长正相关，即农村固定投资比例越高，经济增长速度越快。

（3）农村金融机构收缩对农村经济影响的跨时分析

自成立以来，中国农业银行一直在不断扩张其分支机构，直到 1996 年开始有所下降，1998 年国有商业银行改革举措开始实施，初期机构数量出现反弹，但接下来随着分支机构和营业网点的大量撤并，增长率急剧回落，从图 5.2 可以看出其变化趋势。为了考虑该国有商业银行改革对我国农村经济的影响，本节以 1998 年为分界点，将 1991 年到 2001 年分为前后两个阶段，并引入时期虚拟变量 D，通过对比商业银行改革前后两个阶段对经济增长的影响强度变化，来考察农村金融机构收缩对农村经济的增长的影响。

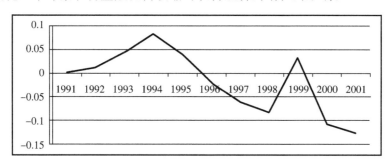

图 5.2　农业银行机构数量增长率变化图

结合以上分析结果，我们构建跨时面板回归模型（5.16），其具体形式为如下：

$$inc_{it} = \beta_0 + \beta_1 num_{it} + \beta_2 loan_{it} + \beta_3 agr_{it} + \beta_4 inv_{it} + \beta_5 D \times num_{it}$$
$$+ \beta_6 D \times loan_{it} + \alpha_i + \varepsilon_{it} \qquad (5.16)$$

其中，虚拟变量 $D = \begin{cases} 0, & t = 1991,\ 1992,\ \cdots,\ 1997, \\ 1, & t = 1998,\ 1999,\ \cdots,\ 2001, \end{cases}$ 其他变量同模型

（5.15），下面使用 Eviews7.0 进行模型估计，结果如表 5.18 中模型三所示。

表 5.18　跨时面板回归结果

变量	模型二			模型三		
	系数	统计量	p 值	系数	统计量	p 值
inc	0.107 977	13.742 94	0.000 0	0.102 71	12.572 22	0.000 0
num	0.431 506	7.018 303	0.000 0	0.576 917	6.468 808	0.000 0
agr	−0.006 15	−0.161 9	0.871 5	−0.025 6	−0.693 99	0.488 2
inv	0.099 28	4.308 152	0.000 0	0.088 594	3.999 631	0.000 1
$loan$	−0.008 57	−0.540 96	0.588 9	0.045 367	2.455 16	0.014 6
$D \times num$	—	—	—	−0.251 91	−1.992 65	0.047 2
$D \times loan$	—	—	—	−0.123 56	−4.665	0.000 0
R-squared		0.230 256			0.286 815	
DW		1.228 269			1.298 172	
F _ stat			23.481 92			20.912 39
Prob （F _ stat）		0.000 000			0.000 000	

　　由表 5.18 结果中的模型三可以得到，金融机构的交叉项系数 β_5 为 −0.252，其通过了 5% 的显著性水平检验，说明 1998 年我国商业银行改革前后，农业银行机构数量对农村经济增长影响强度发生了显著变化。1998 年之前，金融机构对农村经济增长的影响系数 β_1 为 0.577，在 1% 水平上显著，表明此时若机构数量增加 1%，则农村经济增长将提高 57.7%。1998 年之后，金融机构对农村经济增长的影响系数为 β_1 与 β_5 之和，即为 0.325，这说明 1998 年后银行分支机构数量对经济增长的影响发生了变化，这也间接支持了银行分支机构与经济增长正相关的结论，因此农村金融机构收缩对农村经济增长有阻滞作用。对于这一实证结果，我们认为其主要是由于金融服务受到削弱，随着商业银行机构的撤并，金融服务经济的功能在一定区域出现断层。比如当某些山区营业部撤销后业务会划到城区营业部，资金汇划在途时间长，给当地农村居民资金运用带来极大不便。

　　农村贷款的交叉项系数 β_6 为 −0.124，通过了 1% 的显著性水平检验，说明 1998 年商业银行机构撤并使得农村贷款对农村经济增长影响强度也发生了显著变化。1998 年之前，农村贷款对农村经济增长的影响系数 β_2 为 0.045，在 2% 水平上显著为正，说明农村贷款对农民人均收入有促进作用。1998 年之后，β_2 和 β_6 的系数之和为 −0.078，说明农行机构撤并后，农村贷款对经济增长影响出现扭曲，表现为抑制作用。这一结果主要是由于地方经济的信贷支持力度下降，对于相对贫困的农业地区，其工业基础薄弱，财政困难，企业筹集资金困难，而国有商业银行的退出，使得银行贷款难问题更加突出，于是会对当地经济产生一定负面影响。

（4）农村金融机构收缩对农村经济影响的跨区域分析

我国地域辽阔，但是区域经济和金融水平发展不平衡，尤其是农村地区的经济发展的差异更大，中西部明显落后于东部，这种状况可能会对农村金融机构、农村贷款促进农村经济增长的关系产生影响。第一，东部发达地区银行的存款基本都在本地进行，而中西部地区吸收的存款，相当一部分会外流到东部地区，对本地区的信贷投入不足。因此，西部地区农村金融机构的增长，可能会因为金融资源外流的原因，无法对该地区的农村经济增长形成有效影响。第二，虽然东部和西部地区的银行分支机构和基层营业网点都是根据行政区划分建立，是外生的，但西部地区由于经济发展落后，许多农村基层的分支机构业务量小，机构扩张提高银行竞争效率的作用较小。另外，1998 年国有银行改革，银行分支机构削减一般发生在落后的农村地区，被削减的分支机构很多都没有贷款业务。因此，我们推测农村金融分支机构撤并对中西部的影响可能要小于东部。

对于区域的划分，本节采用国家统计局的统计口径，东部地区包括北京、天津、河北、辽宁、上海、江苏、浙江、福建、山东、广东和海南 11 个地区，其他地区属于中西部地区。接下来，我们依据模型（5.16）分别对东部地区和中西部地区进行回归估计，结果如表 5.19 所示。

表 5.19　跨地区面板回归结果

变量	东部地区			中西部地区		
	系数	统计量	p 值	系数	统计量	p 值
inc	0.105 968	8.441 195	0.000 0	0.101 574	8.638 479	0.000 0
num	0.563 288	5.138 742	0.000 0	0.556 943	3.606 608	0.000 4
agr	−0.049 49	−0.740 36	0.460 6	−0.013 81	−0.312 94	0.754 7
inv	0.066 296	2.263 718	0.025 5	0.115 93	3.326 612	0.001 1
$loan$	0.074 37	2.402 843	0.017 9	0.024 356	1.050 444	0.294 8
$D \times num$	−0.398 17	−2.358 31	0.020 1	−0.133 78	−0.684 66	0.494 4
$D \times loan$	−0.227 06	−3.204 94	0.001 8	−0.100 18	−3.362 49	0.000 9
R-squared		0.334 056			0.280 38	
DW		1.091 149			1.456 176	
F _ stat		9.530 944			12.402 99	
Prob（F _ stat）		0.000 000			0.000 000	

从回归结果可以看出，除财政支农（agr）以及中西部地区的农村贷款（loan）和交叉项（D×num）变量系数外，其他变量均能通过 5% 的显著性检验。

在 1991—1997 年期间，农业银行机构处于扩张时期，农业银行机构数量（num）的系数东部地区为 0.563，中西部地区为 0.557，相差并不明显，说明农村银行机构扩张对东部地区经济的拉动作用稍强于中西部地区；农村贷款（loan）的系数东部地区为 0.074，中西部地区为 0.024，说明东部地区依然强于中西部地区。对于这一结果，我们发现其符合以上分析，由于中西部地区经济发展落后于东部地区，农村基层分支机构业务量要小于东部地区，机构扩张对这些机构竞争效率的提高作用有限；由于资本回报率差异，而东部发达地区的银行存贷款基本在本地进行，中西部相当一部分存款反而会流入到东部地区，于是实证结果表现为农村贷款对经济的促进作用东部地区占显著优势。

在 1998—2001 年期间，农业银行大幅收缩分支机构及营业网点，该方案政策的作用可以从农业银行机构数量的交叉项（D×num）和农村贷款的交叉项（D×loan）看出，东部地区所受到的冲击都要大于中西部地区。具体来看，农业银行机构收缩对农村经济影响系数东部地区由 0.563 减弱为 0.165，中西部地区由 0.557 减弱为 0.423。同时，农村贷款的系数东部地区由 0.074 变成负值 -0.153，中西部地区由 0.024 减为 -0.076。按照 1998 年方案要求的标准，农业银行机构撤并的重点一般都在落后的农村地区，由于中西部农村地区经济相对不发达，成为撤并重点地区。并且中西部地区农村经济增长对于农业银行的依赖有限，撤并政策对其影响也并不十分显著，相反东部则出现大幅度下滑。同时，被撤销的分支机构一般运行效率较差，很多没有贷款业务。从总的影响来看，中西部地区要弱于东部地区，从而实证结果验证了前面的假设。

本节围绕 1998 年中国国有商业银行撤并基层机构这次改革，具体考察了中国农业银行撤并基层机构对农村经济的影响。利用面板模型对 29 个省市数据进行了农村金融机构收缩对农村经济增长的全样本、跨时、跨区域实证分析，得出如下结论：

第一，农村金融机构扩张对农村经济增长有实质影响。从全样本实证结果表明，农村金融机构的扩张对农村经济增长有显著的正向作用，且非常稳健，并且在加入农村贷款变量后，其对农村经济增长仍然呈现显著的正向作用。但是，农村贷款也可以促进经济增长，但是效果并不显著。说明农村金融机构扩张，竞争加剧并不是通过增加农村贷款来促进经济增长，而是通过改善金融服务，增加信贷渠道，降低融资成本，提高运行效率，从而逐步推动经济增长。即农村金融机构扩张是通过第二种路径来推动农村经济增长，间接检验了金融对经济影响的因果关系。

第二，农村金融机构收缩抑制了农村经济增长。通过对全国省市数据进行回归分析，结果显示 1998 年以前，农业银行机构扩张对农村经济增长的影响显著正向关系，1998 年后，农业银行机构收缩对农村经济增长的影响作用明显减弱。由于农业银行在农村地区金融市场的重要性，加上其大幅撤并分支机构重点发生在农村地区，使得 1998 年以后农村经济增长过程中对信贷资金的需求得不到满足，抑制了农村经济的发展。另外，国有银行的分支机构在全国的设立是根据行政区划分而来，并非市场化经济发展程度的结果。因此 1998 年的国有银行分支机构改革是一个独立的经济外生变量，通过对农业银行机构从扩张到收缩这一外生变量的变化对经济的影响的实证分析，得出呈现从显著正向到显著减弱甚至到负向的转变，说明农村银行机构的变化对农村经济增长的影响是显著的，进一步验证了金融发展对经济增长的因果关系。

第三，农村金融机构对东部农村经济的影响强于中西部。改革开放以来，我国东部地区利用其区域优势，经济得到快速发展，中西部地区经济发展速度则相对迟缓，于是形成东高西低的地区发展不平衡特征，从而农村金融机构对东部、中西部地区农村经济的边际影响也不同。我们通过跨区域分析，得到的结果与猜想一致，农村金融机构和农村贷款对农村经济增长的影响作用均呈现东部地区显著强于中西部地区。同时，农村银行机构收缩对东部农村地区的影响也超过了中西部地区。主要是由于中西部地区农村经济增长对于农业银行的依赖有限，撤并政策对其影响也并不十分显著，相反东部则出现大幅度下滑。同时，被撤销的分支机构一般运行效率较差，很多没有贷款业务，从总的影响来看，中西部地区要弱于东部地区。

通过以上分析，可以得出金融机构对农村经济增长有着举足轻重的作用。国有银行从自身利益出发，大量撤并基层分支机构是必要的，但政策上应该协调好基层分支机构收缩与农村金融供给的问题，大力发展地方性中小金融机构，避免出现农村金融服务空白，加大农业财政投入，切切实实发挥支农作用。同时，要尽快完善农村金融体系，充分发挥金融机构对经济增长的促进作用，推动农村经济平稳增长。

第6章 农村正规金融与非正规金融的收入效应研究

6.1 金融发展对收入差距影响的机理分析

城乡收入差距属于发展经济学中的一个概念,发展经济学是研究发展中国家经济增长与发展问题的一门学科,城乡收入差距问题则是属于收入分配问题。国外学者对收入分配的研究最初主要沿着两条主线展开:一是围绕生产要素的贡献参与收入分配所形成的收入分配格局,即生产要素的功能性分配展开;二是围绕有关家庭、住户和个人等一系列经济单位的收入分配,即规模性收入分配展开。收入分配理论主要分为三种:库兹涅茨的"现代农业革命"理论,刘易斯的"二元经济结构"理论,舒尔茨的"人力资本"理论。20世纪50年代,收入分配理论的研究中心开始向规模性收入的分配理论转变,并着重研究收入分配差距与经济增长之间的关系。与此同时,西方学者对收入分配理论的研究也逐渐多元化。

6.1.1 城乡收入差距的演化路径及其价值判断

几乎每位该领域的研究者都会对城乡收入差距的现状及其演变轨迹进行基本判断,但由于学者们的研究视角和研究方法不同,可能采用不同的度量标准,而对城乡居民收入差距到底有多大的描述和判断存在一定的分歧。然而,通过研读国内外学者的研究结论可以发现比较一致的看法:城乡收入差距伴随着经济体制改革的深入,经历了"缩小—扩大—再缩小—再扩大"的演变轨迹,虽然个别年度有所不同,但并不影响学者们对城乡居民收入差距演变轨迹的整体判断。

"城乡收入差距到底多大才合理",这个命题是理论界争论的焦点之一。这是因为合理性的判别属于规范性分析的范畴，必须首先界定价值判断标准。到目前为止，学者们对城乡收入差距的价值判断标准既有定性标准又有定量标准。其中定性标准主要包括公平与效率标准、经济增长标准与社会稳定标准，定量标准主要包括基尼系数和城乡收入比等，另外还包括学者们构建的收入分配合理指数以及二元对比系数分解。但是每人各自的价值判断标准不同，因此也会得出不同的研究结果。

6.1.2　城乡收入差距成因分析

关于城乡收入差距产生及其变动原因，学者们从多角度进行了广泛的探讨，其中不仅有理论层面的阐述，也有实证方法的检验。目前学术界公认的导致城乡收入差距的主要原因有城乡二元经济结构，经济发展战略、经济体制改革和城市偏向的经济政策，人力资本差异三个方面。

1. 城乡二元经济结构

美国经济学家库兹涅茨在分析发达国家产业结构变迁的一般趋势后，得出"一个国家走向工业化必须依赖劳动生产率的提高"这一结论。也就是说，农业发展是工业化的条件。发达国家在进入增长阶段之前，经历了长期的农业改造，而许多发展中国家恰恰忽略了这一过程。美国经济学家刘易斯认为，部分资本主义国家的显著特点，就是存在所谓的"二元经济结构"，一是占主导地位的中低阶层，特点是存在普遍的隐性失业和高人口增长率；二是狭义的资本主义部门，增长速度较快。"城乡二元经济结构"理论认为，城市先进的现代工业和农村落后的传统工业在劳动生产率上存在巨大差异，是造成城乡居民收入差距长期存在的主要原因。

2. 经济发展战略、经济体制改革与城市偏向的经济政策

经济发展战略、经济体制改革和城市偏向的经济政策作为一国一个时期对国民经济的整体规划，是密不可分的，同时也是联动发展的。然而，在改革开放三十多年来，我国一直实行城市偏向政策，即重工业化赶超战略及其指导下进行的城乡经济体制改革，特别是具有城市偏向的各种政策安排是城乡收入差距扩大的重要原因。城乡偏向政策为国家实行工业化战略创造了条件，形成城市导向策略通常通过实行"城乡剪刀差"政策，即通过政府扭曲农产品价格和农村生产要素价格，创造不利于农村发展的市场环境，获取农业剩余以补贴工业化。近年来，为了平衡城乡之间的发展差距，政府实行针对"三农"倾斜的"城市反哺农村，工业支撑农业"的政策，对缓和城乡发展二元矛盾起到了积极作用。但是，多年来的发展差异使得城乡收入差距难以弥补，某些地区城乡

差距进一步扩大。

3. 人力资本差异

20 世纪 60 年代，美国经济学家舒尔茨提出了人力资本论。他认为，当时日本、西欧等国家的经济能够重新恢复并保持迅速发展，与这些国家人力资本的保留是密不可分的。劳动力所受到的教育程度和拥有的知识是将外来资本转化为自身资本物质的催化剂。而在缺乏人力资本的地区，经济发展一定会相对落后。舒尔茨的观点在分析"我国城乡收入差距扩大"这个问题上，也具有一定的适用性。具体而言，就是应该提升农村的教育质量以增加农村人口中人力资本的数量，为农村经济增长和农民增收注入新的动力。只有引导高素质人才回到农村创业，才能给农村发展带来足够的人力资本，从而在一定程度上缩减城乡收入差距。

6.1.3 农村金融发展对收入差距的作用机理研究

由于现行的城乡二元金融结构内生于特定的经济体制，我国出现了金融配置城市化倾向以及农村金融资源的外流趋势。农村金融资源溢出必然会通过二元经济结构转换、资本积累以及经济发展等多种途径对城乡居民收入差距产生影响。本节认为金融资源循着"农村金融效率低下—城乡金融二元化发展—信贷配给—信贷逆流—资本收益和劳动工资—城乡收入差距"的路径对城乡收入差距产生影响。

与此同时，收入差距与经济发展阶段有着特殊关联。依据经济增长理论，不同收入阶层的收入变动都随着经济增长趋势波动。经济高涨时，各个阶层收入都上升，经济衰退时，各个阶层收入都下降，但波动幅度不同，这就会引起收入分配周期性变动。工资性收入波动幅度相对较小，而财产性收入波动幅度相对较大。经济往上走时，由于对利润的追逐，投资者对非人力资本投资利息增长速度要求要远远超过劳动者报酬的增长速度，这会引起收入分配恶化和有效需求不足；在经济下滑（或增速放缓）时，由于企业利润大幅回落，企业资产价值下跌又会降低资本利息和折旧成本，加上工资黏性，使得工资下降速度会低于企业利润的下降速度，收入分配差距在经济衰退过程中会逐步改善。因此，收入差距改善或恶化较大程度受到资本（金融资源）的影响。

从上文研究可知，收入分配与经济周期的关联主要通过资本与工资相互作用来实现。工资一般具有刚性，所以主要受资本的影响。在市场经济条件下，资本已经成为影响收入分配的重要因素。但是，受到历史和现实条件的影响，我国农村资本存量十分有限，同时政府对农村金融流量补充也不足。因此，农民缺乏金融支持是导致其在城乡收入分配中处于劣势的根本原因，资源配置结果会通过产业发展本身使得收入分配差距加剧恶化。从现实情况来看，金融配置明显存在偏重城市、忽视农村的现象。目前，农村金融主体农村信用社由于历史包袱沉重，难以独立支撑农村经济发展重任。

从图 6.1 可知，我国城乡金融二元结构导致城乡金融体系分割，金融体系分割会导致金融资源配置扭曲，金融资源配置扭曲会导致城乡二元结构强化和城乡资本积累（包括物质资本和人力资本）差异扩大，将通过劳动边际生产率差异最终造成城乡居民收入差距扩大。

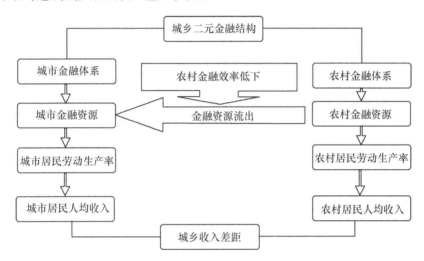

图 6.1　城乡金融效率差异对城乡收入差距影响的路径传导图

6.2　农民收入现实考察

6.2.1　农民收入及构成

按照中共十七届三中全会确定的农村改革发展基本目标，2020 年全国农民人均纯收入比 2008 年翻一番。要实现这一目标，从 2008 年开始到 2020 年，全国农民人均纯收入必须年均增长接近 6%。因此，本节将分析近年来农民收入现状及增长特点。本节我们主要用纯收入这个指标来分析农民收入现状。

6.2.2　我国近年来农民收入增长的现实特点

自改革开放以来，我国农民收入水平有了很大提高，农民人均纯收入从1978年的133.6元提高到2012年的7 916.58元，农民收入的区域差异却有所扩大，收入结构也发生了比较明显的趋势性变化。这些变化突出反映了近年来农民收入增长特点。

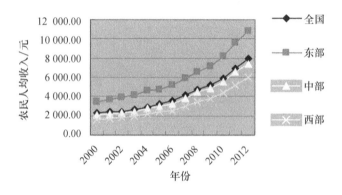

图6.2　2000—2012年我国农民人均纯收入区域差异图

6.2.2.1　我国农民人均纯收入区域差异分析

图6.2显示了我国东、中、西部农民人均收入从2000年到2012年的变动趋势。可以看出三大区域在总量上不断增长，农民的生活水平不断提高，但各区域间的农民人均纯收入的差距也呈扩大趋势。图6.2显示出，东部农民人均纯收入远远高于全国平均的农民人均纯收入，中部地区的人均纯收入略低于全国平均水平，西部地区与全国平均水平有一定的差距。在2000年时，中部地区与西部地区的人均纯收入非常接近，与东部地区有2 000元的人均差距，但随时间推移，差距逐渐平滑扩大。这与三大地区的经济发展形势紧密相连。

本节选取几年的数据，对各地区农民家庭人均纯收入进行排序，以对东部与中西部农民收入的差异进行更直观观察。从表6.1可以看到始终处于收入前几位的省份为：上海、北京、浙江、天津；处于收入较低后几位的有：西藏、青海、陕西、云南。可以看出东部与中西部地区农民收入差距相差非常大。

表 6.1 典型省份农民人均纯收入比较

（单位：元/人）

	年份	2002	2004	2006	2008
	全国平均	2 475.63	2 936.40	3 587.04	4 760.62
高收入组	上海	6 223.55	7 066.33	9 138.65	11 440.26
	北京	5 398.48	6 170.33	8 275.47	10 661.92
	浙江	4 940.36	5 944.06	7 334.81	9 257.93
	天津	4 278.71	5 019.53	6 227.94	7 910.78
低收入组	西藏	1 462.27	1 861.31	2 435.02	3 175.82
	青海	1 668.94	1 957.65	2 358.37	3 061.24
	云南	1 608.64	1 864.19	2 250.46	3 102.60
	陕西	1 596.25	1 866.52	2 260.19	3 136.46

6.2.2.2 农民收入的结构特点分析

本小节通过对全国农民收入来源对比的分析，可以看到 20 世纪 90 年代以来，农民收入总量持续增长，同时，收入来源结构发生了较为显著的趋势性变化。

1. 农民纯收入总的结构分析

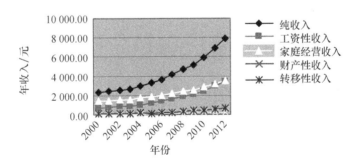

图 6.3 全国农民各项纯收入变动趋势图

图 6.3 显示，整体来看，家庭经营收入和工资性收入是农民收入的主要组成部分，将近占了纯收入的 1/2。图中家庭经营收入反映出农民对农业有着很强的依赖性，但其重要性趋势略有减弱。而工资性收入的比重有所上升，成为农民增收的重要来源。财产性收入和转移性收入所占比重非常小。下面我们通

过计算贡献率对家庭经营收入和工资性收入对农民收入的增长的贡献有更直观的认识。

2. 家庭经营收入结构分析

表 6.2　农业纯收入与非农产业纯收入对比

（单位：元/人）

年份	2000	2003	2004	2005	2006	2007	2008
农业纯收入	1 090.67	1 195	1 398	1 470	1 521	1 745	4 761
非农产业纯收入	1 038.9	1 265	1 346	1 550	1 785	2 045	2 344

从表 6.2 可得出结论：农业纯收入对于农民增收具有不可或缺的基础性作用，但其贡献能力趋于弱化；非农产业纯收入成为农民增收主要来源，增收贡献能力日趋增强。

到 2000 年为止，农民人均收入的增长速度连续 4 年下降，来自农业的纯收入连续 3 年绝对减少。2000 年以后，农民人均农业纯收入占农民人均纯收入的比重不断下降，其增长速度也明显慢于农民人均纯收入的增长速度。

3. 工资性收入分析

表 6.3　打工纯收入占工资性收入的比重

（单位：%）

年份	2003	2004	2005	2006	2007	2008
本地打工纯收入占比	18.28	18.94	20.77	21.60	22.37	23.41
外出务工纯收入占比	37.65	39.88	39.91	40.29	40.79	41.10

农民人均工资性人均纯收入在 2000 年为 702.3 元，占农民人均纯收入的 31.17%；2003—2008 年分别为 919 元、998 元、1 175 元、1 375 元、1 569 元、1 854 元，分别占农民人均纯收入的 35.05%、33.99%、36.10%、38.33%、38.55%、38.94%，逐年有所上升。2003—2008 年农民人均工资性纯收入增加了 935 元，占农民人均纯收入增加量的 43.71%，在各类收入对农民人均收入增长的带动中居于第一。

目前的趋势是：以大中城市为龙头的城镇化对农民就业和增收的带动作用显著强化。2003 年本地与外出务工纯收入占工资性纯收入的比重为 55.93%，2005 年这一比例为 60.68%，2008 年达到 64.51%。近年来，无论是本地打工纯收入，还是外出务工纯收入中，城市化、城市群带动农民收入增长的特征都日趋显著。

4. 财产性收入和转移性收入分析

近年来，农民财产性收入稳定增长，其增长速度略高于农民人均收入的增长。尤其是随着各级财政收入的增长和政府惠农政策力度的加大，转移性收入日益成为农民增收的新亮点。以 2011 年和 2012 年为例，2011 年农民的财产性收入和转移性收入分别为 228.56 元和 563.32 元，分别占农民人均纯收入的3.3％和8.1％。2012 年农民的财产性收入和转移性收入分别为 249 元和686.7 元，分别占农民人均纯收入的 3.1％和8.7％。2012 年与 2011 年财产性收入和转移性收入占比基本持平。2005—2012 年，按当年价格计算，农民的财产性和转移性收入分别年均增加 30％和 61％，均快于农民人均纯收入的增长速度（24％），其中转移性收入的增长速度接近农民人均纯收入的增长速度的 3 倍，一直是农民人均纯收入各组成部分中增长最快的，转移性收入已成为近年来农民增收最为突出的新亮点。

6.3　农村正规金融发展的收入效应研究

金融是经济发展的动力之一，其对经济发展的促进作用是任何因素无法取代的；与此同时，经济的发展也影响着金融的发展，二者相辅相成，互为动力。金融在影响经济发展的同时也给社会发展带来了不容忽视的影响，金融提高了社会交易的便利性，从而促进社会的高效率发展。关于金融的研究一直是国内外的热点，尤其进入新世纪之后，各国各地区的金融发展差异性逐渐扩大，如何加速落后区域的金融发展成为重中之重，特别是发展中国家贫困地区的金融发展一直成为国内外理论界与实务界关注的焦点。农村金融具有其先天的脆弱性，金融环境恶劣、基础设施不足等因素严重阻碍了它的发展，而农村经济的快速崛起要求农村金融提高发展速度，关于农村金融发展的研究也就成为当前经济研究的重点之一。

农村金融发展的影响因素是复杂多样的，从现有研究成果来看，落后的农村金融很大程度上是由于市场失灵；而从经济学上讲，市场失灵的有效解决措施就是政府干预。自 20 世纪 90 年代以来，我国政府针对农村金融开展了一系列的改革措施，同时为深化改革成果，政府相继出台了多项涉农优惠政策；进入新世纪，党的十六届五中全会将农村经济社会的发展问题总结为"三农"问题，将这一现实问题具体理论化，并指出解决"三农"问题是全面建设小康社会的关键。"三农"问题的解决离不开农村金融的发展，农村金融的发展也必须以社会主义新农村建设为中心。党的十七届三中全会、中央农村工作会议和金融工作会议及 2012 年政府工作报告阐明了有关我国农村金融的改革任务。为推进农村金融产品和服务方式创新，探索农村金融服务的新途径和新模式，加大对"三农"支持力度，2012 年中国政府开启了新一轮金融改革。温州、丽水、前海等地先后进行金融改革，这不仅将改善中国金融体系的效率，而且还将为未来我国金融发展提供持续、积极的催化剂。其中，丽水市作为国内首个获批农村金融改革试验区，标志着农村金融改革迈出关键一步。根据公开的《丽水市农村金融改革试点总体方案》可以看出，丽水要建成全国农村金融改革的先行区和金融创新的示范区，重点围绕"八大体系"，包括创新农村金融组织服务体系、丰富农村金融产品体系、强化金融惠农政策体系、健全农村金融市场体系、完善农村金融信用体系、搭建金融服务平台体系、改进农村支付服务体系、优化农村金融生态体系等进行改革。通过实施农村金融改革创新，将在浙江丽水率先完善资本充足、功能健全、服务完善、运行安全的现代农村金融制度，加快建立一个多层次、低成本、广覆盖、适度竞争、商业运作的现代农村金融服务体系。

中央及各地政府不断增加农村金融发展的政策支持，增大了政府干预力度，政府治理能力逐渐提高，这在理论上讲对农村金融市场失灵的解决将是利好的；但农村金融发展与政府治理存在怎样的关系，需要我们进行深入的研究。同时，政府治理力度的提高势必促进农村居民收入的变化，从而改变现有的居民贫富差异状况，这一现状改变的方向及大小值得我们深入探讨。农村金融是农村经济发展的动力之一，农村金融的改变同样会带来农村居民收入状况的改变，进而影响贫富差异；而农村居民贫富差异程度影响着农村经济的发展，进而形成对农村金融发展的影响；二者之间具有怎样的关系以及影响程度如何，都需要我们进行深入分析。

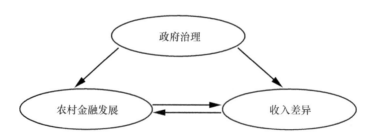

图 6.4　农村金融发展、收入差异、政府治理关系图

大量的理论以及实证研究表明，完善的金融体系能够降低信息搜寻等交易成本，促进居民储蓄，实现金融资本在市场内的有效配置，从而促进经济的可持续发展。农村经济的发展更离不开其金融市场的有序运行，这也就体现了对农村金融发展研究的重要性，其研究目的不外乎通过农村金融的发展促进农民收入的提高、维持农村经济的可持续发展。然而，农民收入的差异性是显而易见的，农村金融的发展与这一差异性有着怎样的关系值得探讨。

国外研究主要是从宏观上把握金融部门的发展对收入分配的影响，由于分配不公必然导致收入的差异，从而间接反映了金融的发展对收入差异的影响。Greenwood 和 Javanovic（1990）通过构建动态模型研究了经济增长、金融发展与收入分配之间的关系，得出金融发展与收入差异之间存在"库兹涅茨效应"的倒"U"形曲线关系。Galor，Oded 和 Zeira（1993）实证研究表明金融市场的完善程度与居民收入差异的改善有着极大的相关性，在金融市场不完善的前提下，金融发展与经济增长均无法缩小居民收入差异。Clarke，Xu 和 Zou（2003）利用面板数据模型从全球角度研究了金融中介机构的发展与收入差异的关系，他们指出经济结构会影响金融发展对收入分配的作用，例如金融的发展使得大量劳动力从传统的农业部门进入到现代产业部门，随着现代产业部门比重的上升，收入差距会逐渐拉大。可见，从国外的研究成果来看，金融的发展对收入差异的缩减没有太大的积极意义。

进入新世纪，国内学者也逐渐展开了金融发展与收入分配关系的研究。潘成夫（2004）从理论上分析了我国金融发展与收入分配之间的关系，金融资产的集中分布体现了收入分配的不公，而金融发展的滞后性扩大了收入分配的差异。杨俊等（2006）对金融发展与全国、城镇、农村以及城乡之间居民收入分配差异进行了研究，结果表明金融的发展显著扩大了全国、农村以及城镇居民的收入差异，但对城镇居民的收入差异影响不显著；而收入分配的不平等对金融发展并没有影响。陈志刚等（2009）从金融发展的规模、结构以及效率三个方面研究了与收入分配的关系，结果表明金融规模的扩张扩大了居民收入的差异，但金融效率的提高明显改善了城乡收入的差异。张文等（2010）认为收入分配的差异很可能来源于经济增长的模式。刘纯彬（2010）专门针对农村金融的发展与农村收入分配之间的关系展开了研究，他们通过误差修正模型得出农村金融规模的扩张在长期内将降低农村收入分配差异，但农村金融效率的提高却扩大了收入差异。可见，国内不同学者对于金融发展与收入差异关系的研究结果也是存在较大的差异，但多数研究对金融发展的描述并不全面，或者仅从某一方面进行了因果关系研究，从而使得研究结论具有一定的片面性。此外，从理论上讲，收入分配的不公平性同样影响着金融的发展，而现有研究较少涉及这一方面。

从现有研究成果来看，政府在金融发展中的作用是不容忽视的，政府治理往往是金融发展的关键，尤其是在落后的农村，金融市场失灵现象严重，其发展必然离不开政府治理力度的提高；然而政府治理是否能够促进金融的发展，至今并没有一个较好的实证研究成果。国内关于政府治理与金融发展关系的研究并不多见，高艳（2007）指出地方政府对金融资源的控制有助于农村金融的发展、提高农村经济发展的收益，但是地方政府的活动也带来了农村金融运行效率低下的问题，因此地方政府在农村金融的控制中应存在一定的合理界限。刘思良等（2010）指出农村金融制度供求的严重失衡阻碍了农村金融的发展，为解决这一问题必然需要政府在制度的供求中发挥干预作用，但应该合理定位政府在推动农村金融发展中的职能。收入分配制度是政府治理的关键内容，因此政府治理也会对居民收入分配的差异性产生影响。王诗卉（2011）指出现阶段我国居民收入差距存在拉大的趋势，而政府行为失当与这一趋势有着极大的相关性，政府在收入分配调节中的缺失、错位与越位都将扩大收入差异。

从现有研究看，金融发展与居民收入差异的关系呈现多样性，不同的学者甚至有着相反的结论，但多数研究均未能全面考察金融的发展，尤其是对农村金融的发展研究有限。在政府治理与农村金融发展以及收入差异的研究上，多数成果停留在基本的理论阐述上，鲜有有效的实证支持。因此，本节从实证角度，着重研究农村金融发展、收入差异与政府治理之间的关系，以弥补以往理论研究的不足，为农村金融发展提供实证依据。

近年来，制度发展和经济增长热点问题之间的联系越来越受到学者们的关注（Acemoglu 等，2005）。法律法规越完善，保护私人产权意识越高且政治越多元化的地区，经济增长更加强劲。而腐败会造成巨大的经济成本（Shleifer 和 Vishny，1993；Mauro，1995）。一些文献发现政府治理对金融市场作用的发挥起着关键作用，尤其在金融抑制普遍存在的发展中国家。政府监管有利于建立有效率的市场，促进竞争，从而促进经济增长。这种增长将通过社会系统持续地提高国民总体生活水平，起到减少贫困的作用。Claessens 和 Laeven（2003）认为政府对私有产权的保护可以提高金融部门的运行效率，加强对私有财产的保护和加强法律制度建设可以创造一个更有利于经济增长和社会公平的外部环境。金融发展对收入分配影响的直接和间接渠道，实际上都受制于该国的政府治理质量。金融体系在为私人提供金融服务时，投资者的权利保护无不受到法律、政府监管等制度因素的影响。金融体系在为企业提供融资机会时，就更有赖于政府治理质量。尤其是当政府致力于提高金融体系的竞争力、公开性和透明性时，金融发展就更有利于资金配置于拥有大量投资机会的中小企业。再者，金融发展通过影响经济增长再作用于收入分配的长期传导机制中，政府治理更是其制度保障。按照 Galor（2005）提出的影响收入差距的信贷机制原理，信贷机制的发达程度会直接影响收入分配情况，信贷机制严重受制于这个经济体的政府治理水平以及行政能力（Shleifer，2007）。当制度建设薄弱的时候，金融系统可能主要服务于能够提供担保的富人，而忽视了贫困阶层。在这种情况下，从长期来看，尽管金融市场的规模和质量提升了，但金融服务还是只是针对富裕阶层，贫困阶层仍然不能通过金融完成对教育的投资或是创立自己的事业，中小企业仍然难以获得与大企业平等的投融资机会。

表 6.4 政府治理对农村金融发展及收入分配的影响机制

直接渠道	广度边界效应 　金融机构数量增加 　金融工具种类增多 　金融服务成本降低 　金融活动风险降低 　消除信贷限制 　金融服务的普及	⇒	金融服务门槛降低，增加贫困阶层资本收入 人力资本效应，普及教育、医疗 促进市场竞争、消除歧视 促进企业家精神的发挥和中小企业的发展
	集约边界效应 　金融服务效率、质量提升	⇒	提高资本收益率 使已拥有金融服务的人群更加富有
间接渠道	促进技术革新、资本积累 优化资源配置 推动产业升级	⇒	总体经济发展 提高国民平均收入水平 增加对不同劳动力的需求
制度因素	政府治理质量	⇒	金融市场的稳定性 金融法律执行程度，对私人产权的保护水平 金融政策的有效性和合理性 金融市场对弱势群体利益的关心程度

6.3.1 指标选择及数据来源

1. 金融发展的三个维度及其关系

金融发展是指金融功能的全面演进，在具体考察上我们可以将其分解为三个维度：深度、宽度与广度。其中，金融深度是指金融资产数量的增加。金融宽度是指金融机构能够将居民储蓄投入到国民经济各个方面的渠道宽度（伍旭川，2005）。但李猛（2008）对金融宽度的定义是人们在经济活动中能够使用更便捷的金融服务，即金融服务的可得性（access of inance）。对金融宽度的这两个定义都较为广泛，其外延涵盖了两个层次，即金融服务方式的宽度和金融服务范围的宽度。因为金融服务方式的增加并不意味着更多的人群可以享受金融服务，以客户理财服务为例，一个经济体的金融创新使得金融衍生工具和理财产品层出不穷，但很有可能是向原来的客户提供了更多的保值增值服务，而理财服务的范围并没有扩大，中低收入人群却严重缺乏理财产品以规避通货膨胀风险。为区分这两个层次，本节引入金融广度的概念以考察金融维度的发展，进而考察金融服务对象的范围尺度，完善金融发展的研究内容。

Greenwood 和 Jovanovic（1990）建立一模型反应金融发展、收入不平等以及经济发展的非线性关系，隐含了三个维度的相互关系。在经济发展的每一个阶段，金融发展提高资本的配置效率，促进经济整体增长，并帮助穷人。但是，金融发展的配置效果跟经济规模有关，因此对穷人的净影响依赖于经济发展水平。在发展的早期阶段，只有富人有金融服务的支付能力，并直接从更完善的金融市场获得利润。在更高的发展阶段，更多的人可获得金融服务，使得金融发展惠及更多的人群。

如果将金融服务向经济领域中的渗透比喻为往一个容具中倒水，容具的体积一定的条件下，容具的底面积决定了盛水的高度。金融宽度与金融广度共同决定了金融容具的基础面积，经济规模一定的前提下，基础面积越小，金融深度越大。金融深度、宽度和广度共同决定了金融因素向经济领域的渗透容积，即为广义的金融发展水平（如图 6.5 中的长方体 A 和 B）。从信贷服务上来看，一般金融深度指标采用对私营部门的国内信贷（D）与 GDP 的比率（D/GDP），体现信贷服务对经济增长的贡献程度。私营部门的信贷规模（D）占其总融资规模（T）的比重，则在一定程度上可以反映信贷服务的融资渠道宽度，即为金融宽度指标（D/T）。金融广度则指私营部门（N）中可获得贷款的企业和个人（N'）所占的百分比（N'/N）或者表示金融资产中非银行资产所占比例的大小。信贷服务对整个经济体的渗透容积就等于金融深度指标、金融宽度指标与金融广度指标的乘积。用公式表示为：

$$v = depth \times width \times coverage = \frac{D}{GDP} \times \frac{D}{T} \times \frac{N'}{N} \tag{6.1}$$

如图 6.5，控制了经济规模和金融发展水平之后，三类指标相互制约。在同一金融广度水平下，较低的金融宽度伴随着较高的金融深度水平；在同一金融宽度水平下，较低的金融广度对应着较高的金融深度。金融服务方式和范围限制了金融服务占经济体的发展规模或者金融深度扩张的速度。

金融深度指标通常采用广义货币供应量 M2 与 GDP 的比率（$M2/GDP$）表示，用以体现货币供应量对经济增长的贡献程度，但对于农村金融深度的研

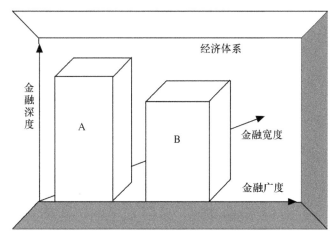

图 6.5　金融发展水平三维示意图

究来说，难以区分农村货币供应量的大小，因此本节运用金融相关比率（FIR）来衡量农村金融发展的深度。该指标由戈德史密斯提出，它的定义是全部金融资产价值与全部实物资产（即国民财富）价值之比，这是衡量金融上层结构相对规模的最广义指标，从我国农村金融现有数据出发，本节采用农村金融机构的存贷款之和与农村国内生产总值之比计算这一指标。金融宽度用私营部门的信贷规模（D）占其总融资规模（T）的比重来衡量，它在一定程度上可以反映信贷服务的融资渠道宽度；具体以乡镇企业贷款余额表示农村私营部门的信贷规模，以农业存款以及农户储蓄余额表示农村金融市场中的总融资规模。在农村金融市场中，金融广度则主要指非银行资产占整个金融市场总资产的比例，其中金融市场资产包括广义货币供应量、债券发行额（包括国债和企业债）、股票筹资额、证券投资基金规模和保费收入，除广义货币供应量之外的资产全部记为非银行资产；在本节的指标选取中，我们主要以农业保险保费收入考察农村非银行资产的大小，但这一指标仅仅反映了部分农村金融市场中的非银行资产，因此本节在农村金融市场总资产的衡量上选取农业保险保费收入以及农户储蓄两个指标，从而在比例上保证了农村金融广度的准确衡量。其中，各指标数据来自中国人民银行调查统计司、中国人民财产保险集团股份有限公司，指标在计算中均进行了无量纲化处理。

图 6.6 给出了 1984 年至 2010 年我国农村金融深度、宽度、广度以及金融综合发展状况走势图。本节将维度分析方法引入到我国农村金融发展的分析中，分别从金融深度、宽度与广度上衡量了我国农村金融发展状况，在此基础上，本节赋予这三个指标相同的权重，进而测算出我国农村金融发展的综合状况。从图 6.6 中可以清晰地看到，我国农村金融发展的协调性较差，农村金融

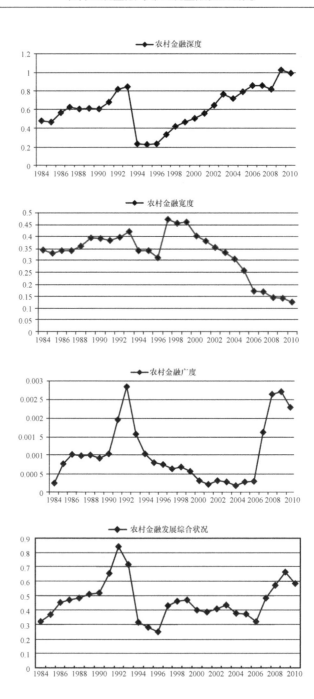

图 6.6 农村金融深度、宽度、广度及综合发展状况

深度相对较大，但农村金融广度与宽度均不乐观，尤其是农村金融广度，其大小基本为零，而且近几年的发展趋势也不是十分的稳定，这从整体上影响了我国农村金融发展的质量；农村金融宽度虽然有着较好的发展状况，但是从其发展趋势上看，进入新世纪农村金融的覆盖面呈现下降趋势；从综合发展上看，我国农村金融可以分为两个明显的阶段，随着农村金融改革的深入，我国农村金融缓慢发展，但近几年的发展状况与 20 世纪 90 年代初期基本一致，这表明我国农村金融的发展仍然十分落后，其发展状况远跟不上经济发展的需求。

2. 我国农村居民的收入差异性

居民收入差异来源于不公平的分配制度，而金融在资源的分配中起着关键的作用。现代金融发展的功能之一就是实现资源的有效配置，因此不完善的金融体系必然导致配置的不合理性，从而造成居民收入的差异性。基尼系数是一个衡量居民收入分配公平的指标，它以洛伦茨曲线为基础，综合考察了居民内部收入分配的差异状况。本节主要研究农村居民收入差异状况与农村金融发展以及政府治理的关系，因此用农村基尼系数衡量收入差异性。在我国经济金融统计中并没有官方给出的农村基尼系数，这一系数的大小基本都是学者通过收集相关数据按照其计算方法计算而得，本节采用的农村基尼系数即为学者田卫民（2012）计算所得。图 6.7 给出了我国 1984 至 2010 年农村基尼系数的走势情况，从图 6.7 中可以看到，近年来我国农村居民的收入差异呈波动性扩大趋势，但基尼系数仍在国际标准红线 0.4 之下，因此我国农村居民之间的收入差异状况并不十分严重。

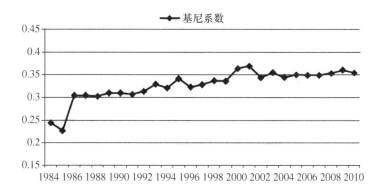

图 6.7 农村基尼系数走势图

3. 我国农村政府治理状况

近年来，关于政府治理的研究越来越多，政府在经济金融中的作用也逐渐受到重视，然而政府治理是一个难以量化的指标，这使得这一部分研究多以理论探讨为主，鲜有出色的实证分析。但从国外研究现状来看，政府治理也拥有多种衡量指标，其中运用较多的有 PRS 集团的"国际风险指南"、自由之家的"公民自由"和"政治权利"指标、世界经济论坛的"全球竞争力报告"、OECD 的"公共治理和管理"指标、世界银行的"政府治理和组织质量"指标以及 Caufmann 等（2009）发布的"全球政府治理（WGI）"指标等。其中，WGI 获得了多数学者的认可，它从六个方面测度了一国的政府治理能力，包括公民参政的权利及义务、政府效率、政治及社会的稳定程度、政府治理质量、法律的健全性以及腐败的控制力。可见，政府治理涵盖公民权利、社会稳定性、政府效率以及法律框架等多个内容，但是以上指标多是对某国政府治理的宏观研究，而对于农村政府治理的衡量则会遇到数据可得性的难题。

政府治理是一种综合能力，从以往研究上看，各学者对政府治理能力的衡量也多通过指标的综合测算而得。政府对农村经济金融的管理主要集中在促进农村经济金融稳定快速发展上，其中包括政府对农村市场建设的资金支持、政府财政支农力度、地方政府管理效率以及辐射范围，本节选取政府支农支出占国家财政支出的比重、开发县及农场政府资金支持比例、政府支出占收入的比例、单位地方政府行政管理费用的经济效用以及平均每万人拥有的村委会个数来衡量以上各个方面，并通过赋予各个指标相同的权重综合计算得到我国政府对农村经济金融管理的治理水平。其中数据来源于中国国家统计局、财政部，指标在进行综合测算之前均进行了无量纲化处理。从图 6.8 可以看到，从 1984 年到 2010 年我国政府对农村发展的治理能力并没有太大的改变，2000 年之前一直处于波动性的调整阶段，但治理水平是上升的；2000 年之后，我国政府对农村的治理能力一度处于下降的阶段，2005年之后这一趋势有所好转，政府对农村的治理水平逐渐提升，这无疑给农村经济金融社会的发展带来了希望，为社会主义新农村的建设提供了保障。

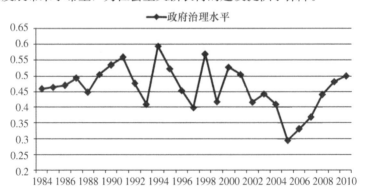

图 6.8　政府治理水平走势图

6.3.2　农村金融发展、收入差异、政府治理的关系研究

1. 数据平稳性检验

在时间序列数据的实证分析中，平稳性往往是一个非常重要的要求，非平稳数据所构建的模型虽然有着较好的模拟结果，但往往不符合实际的经济意义，从而容易造成伪回归的现象，使得原本不相关的两组数据具有较大的相关系数。本节研究中采用了 1984 年至 2010 年的时间序列数据，这就要求我们首先进行数据的平稳性检验。本节分别选取常用的 ADF 和 KPSS 检验方法来检验所用数据的稳定性，检验结果见表 6.5。

表 6.5　单位根检验指标

指标	显著性	ADF 检验		结论	KPSS 检验		结论
		水平值	t 值		水平值	LM-Stat.	
x_1	1%	−4.356 068		非平稳	0.216		非平稳
	5%	−3.595 026	−1.754 092	非平稳	0.146	0.772 021	非平稳
	10%	−3.233 456		非平稳	0.119		非平稳
$\triangle x_1$	1%	−4.374 31		平稳	0.216		平稳
	5%	−3.603 2	−4.700 403	平稳	0.146	0.055 459	平稳
	10%	−3.238 05		平稳	0.119		平稳
x_2	1%	−4.356 07		非平稳	0.216		非平稳
	5%	−3.595 03	−1.250 42	非平稳	0.146	1.917 209	非平稳
	10%	−3.233 46		非平稳	0.119		非平稳
$\triangle x_2$	1%	−4.374 31		平稳	0.216		平稳
	5%	−3.603 2	−5.361 85	平稳	0.146	0.048 381	平稳
	10%	−3.238 05		平稳	0.119		平稳
x_3	1%	−2.660 72		非平稳	0.216		平稳
	5%	−1.955 02	−1.359 55	非平稳	0.146	0.211 716	非平稳
	10%	−1.609 07		非平稳	0.119		非平稳
$\triangle x_3$	1%	−2.660 72		平稳	0.216		平稳
	5%	−1.955 02	−3.559 59	平稳	0.146	0.058 406	平稳
	10%	−1.609 07		平稳	0.119		平稳
x	1%	−4.374 31		非平稳	0.216		非平稳
	5%	−3.603 2	−3.558 09	非平稳	0.146	0.288 783	非平稳
	10%	−3.238 05		平稳	0.119		非平稳
$\triangle x$	1%	−4.416 35		平稳	0.216		平稳
	5%	−3.622 03	−4.426 7	平稳	0.146	0.076 383	平稳
	10%	−3.248 59		平稳	0.119		平稳

续表

指标	显著性	ADF 检验		结论	KPSS 检验		结论
		水平值	t 值		水平值	LM-Stat.	
y	1%	−4.356 07		非平稳	0.216		非平稳
	5%	−3.595 03	−3.444 58	非平稳	0.146	0.397 251	非平稳
	10%	−3.233 46		平稳	0.119		非平稳
$\triangle y$	1%	−4.374 31		平稳	0.216		平稳
	5%	−3.603 2	−7.801 84	平稳	0.146	0.036 024	平稳
	10%	−3.238 05		平稳	0.119		平稳
z	1%	−2.656 915		非平稳	0.216		平稳
	5%	−1.954 414	−1.019 500	非平稳	0.146	0.125 011	平稳
	10%	−1.609 329		非平稳	0.119		非平稳
$\triangle z$	1%	−2.660 720		平稳	0.216		平稳
	5%	−1.955 020	−7.323 837	平稳	0.146	0.041 031	平稳
	10%	−1.609 070		平稳	0.119		平稳

注：△表示指标值的一阶差分。

从本节的检验结果来看，两种检验结果还是存在差异的，尤其是序列 z，ADF 检验认为其水平值是非稳定的，但 KPSS 检验在 1% 和 5% 的显著性水平下都认为其是稳定的；但从各个指标的一阶差分序列上看，两种检验结果完全一致，均认为各序列的一阶差分是平稳的。综合来看，在 5% 的显著性水平下，所有变量的水平值均是非平稳的，而其一阶差分值则是平稳的，因此，本节认为所选指标值均是一阶单整的，即存在一阶单位根。

2. 协整检验

协整检验的方法主要有两种，一是基于回归系数的 Johansen 协整检验，二是基于回归残差的协整检验。其中第二种协整检验方法是 Engle 和 Granger（1987）提出的，他们认为不平稳的序列之间如果存在某一线性关系，则认为因变量能够用自变量进行解释，两者之间存在均衡的关系，而因变量不能被自变量解释的部分组成一个残差序列，如果这一线性均衡关系是稳定的，则该残差序列应该是一个平稳序列。因此，基于回归残差的协整检验方法就是检验线性组合所剩余的残差是否平稳，如果这一残差是平稳的，则认为该线性组合是平稳的，因变量与自变量之间就存在着协整关系。

表 6.6 给出了基于回归残差的协整检验结果。从表 6.6 中可以看到，变量金融深度 x_1 及金融宽度 x_2 和政府治理 z 之间并不存在协整关系，金融发展的三个维度与居民收入差异存在极其稳定的协整关系，居民收入差异、农村金融综合发展状况与政府治理之间同样存在稳定的协整关系，农村金融综合发展与居民收入差异以及金融广度与政府治理之间在 1% 的显著性水平下并不存在

表 6.6　基于回归残差的协整检验

回归残差	显著性	ADF检验 水平值	ADF检验 t值	结论	回归残差	显著性	ADF检验 水平值	ADF检验 t值	结论	回归残差	显著性	ADF检验 水平值	ADF检验 t值	结论
y to x_1	1%	-2.657		平稳	y to x	1%	-2.657		非平稳	x_2 to z	1%	-2.657		非平稳
	5%	-1.954	-2.761	平稳		5%	-1.954	-2.647	平稳		5%	-1.954	-1.152	非平稳
	10%	-1.609		平稳		10%	-1.609		平稳		10%	-1.609		非平稳
y to x_2	1%	-2.661		平稳	y to z	1%	-2.657		平稳	x_3 to z	1%	-2.661		非平稳
	5%	-1.955	-4.789	平稳		5%	-1.954	-2.829	平稳		5%	-1.955	-2.462	平稳
	10%	-1.609		平稳		10%	-1.609		平稳		10%	-1.609		平稳
y to x_3	1%	-2.657		平稳	x_1 to z	1%	-2.657		非平稳	x to z	1%	-2.661		平稳
	5%	-1.954	-2.684	平稳		5%	-1.954	-1.244	非平稳		5%	-1.955	-3.565	平稳
	10%	-1.609		平稳		10%	-1.609		非平稳		10%	-1.609		平稳

协整关系，但在5%的显著性水平下存在稳定的协整关系。

综合来看，农村金融发展的各个维度以及综合发展情况均和居民收入差异存在稳定的协整关系，二者之间相互影响，彼此保持着长期的均衡关系。可见，农村居民收入差异状况的改变离不开农村金融的稳定发展，而农村金融的良性发展必然带来农村经济社会问题的解决，有利于农村社会的稳定发展，从而为建设社会主义现代化新农村打下坚实的基础。

农村金融综合发展状况与政府治理水平有着长期稳定的均衡关系，从长期来看，政府治理必然是农村金融发展的关键力量，农村金融快速稳定的发展离不开政府对金融市场的干预；但金融深度和宽度与政府治理之间并不存在长期均衡关系，显然，金融深度与宽度更多反映的是金融市场的状况，其受金融市场的影响也将远远超过政府的干预，相对于其他方面，金融深度市场已经较为成熟，普遍形成了固定的市场规则，而金融覆盖面的宽广更是受金融供需的牵制，金融需求方必然在金融市场中寻找信贷来源，而金融供给主体也必然在市场中寻找优质客户。总之，从长期来看，金融市场将逐渐趋于规范，政府对其控制力将逐渐下降；但金融广度依然与政府治理存在协整关系，这主要是因为我国农村金融市场中金融产品相对单一，金融创新力不足，金融广度不仅较低而且发展缓慢，这就需要政府的长期关注，从而对金融广度有着长期的影响。

此外，居民收入差异状况与政府的治理能力也存在稳定的协整关系，从长期来看，我国农村金融市场虽然能够得到较好的发展，但是市场的资源分配功能并不是均衡的，而往往表现为富者越富穷者越穷，因此，任由市场发展的结果必然是贫富收入差异的逐渐扩大，这就需要政府长期致力于市场资源的分配调整之中，从而对居民的收入差异形成长期的影响。

3. 误差修正模型（ECM）

（1）金融发展与居民收入差异

基于以上误差修正模型理论，本节构造如式6.1所述的因变量与自变量长期均衡模型，进而估计出短期波动情况下两变量之间的影响关系。表6.7给出了我国农村金融发展的三个维度以及农村金融综合发展状况与居民收入差异的长期均衡模型的估计结果。

表6.7 金融发展与收入差异之间的长期均衡模型

解释变量	金融深度模型	金融宽度模型	金融广度模型	金融综合模型
c	0.078 352 ** (2.641 557)	0.238 06 ** (2.143 561)	0.217 568 ** (2.657 971)	0.201 583 ** (2.244 891)

续表

解释变量	金融深度模型	金融宽度模型	金融广度模型	金融综合模型
y（－1）	0.720 82*** (6.780 337)	0.722 592*** (6.355 766)	0.720 861*** (6.889 527)	0.734 083*** (6.890 93)
x_1	0.137 537 (1.318 083)			
x_1（－1）	0.145 939 (－1.063 81)			
x_2		0.012 969 (0.064 853)		
x_2（－1）		－0.037 9 (－0.179 14)		
x_3			－0.068 89 (－0.532 75)	
x_3（－1）			0.096 271 (0.721 861)	
x				0.057 953 (0.412 75)
x（－1）				－0.024 05 (－0.173 1)
R-squared	0.707 479	0.685 393	0.691 643	0.686 961
F-statistic	17.736 12	15.976 14	16.448 66	16.092 94

注：小括号内为系数估计的 t 统计值。

从估计结果上看，各维度的金融发展并没有对农村居民收入差异形成显著的影响，这表明长期内，金融的发展将外生于居民收入差异。从系数估计的符号上看，金融深度的发展不仅不能改变现有的收入差异状况，而且会进一步恶化这一结果；当期金融宽度的发展同样也扩大了居民之间的收入差异，但滞后一期的金融宽度却能够缩小这一差距；而当期金融广度的扩大则对收入差异的缩小有着积极的意义，但滞后一期的金融广度又扩大了这一差距；最后，从金融发展综合状况上看，虽然滞后一期的金融发展有利于收入差异的缩小，但是当期金融的发展势必会扩大居民收入差异。综合来看，长期金融的发展将会不断扩大农村居民之间的收入差异，这主要是由我国金融市场功能不健全、资源分配不公平所造成的，在功能不健全的体系内扩大金融的发展规模，势必会进一步增加分配的不公平性，从而扩大居民之间的收入差异，形成"富者愈富，穷者愈穷"的困境。这一困境是市场无法解决的，这就需要市场之外的力量促成资源的再分配，完善市场的公平性，从而降低居民之间的收入差异。

此外，我们还可以看到，收入差异存在强烈的滞后影响效应，或者说收入差异具有很强的刚性，是短期内无法进行显著改变的。从各个模型滞后一期的收入差异系数估计上看，上一期的单位差异结果将会有72%遗留给当期。可见，收入差异变动方向的改变将是一个长期艰巨的任务。

在长期均衡模型的估计基础上，我们给出了农村金融发展与收入差异之间短期波动模型的估计结果。其中短期波动包括两部分，一是短期金融发展变动带来的收入差异的波动，二是由误差修正项（ECM）衡量的偏离长期均衡所带来的波动。表6.8给出了各个金融维度下的模型估计结果。

长期内，我国农村金融发展与居民收入差异关系的显著性不大。从表6.8可以看出，各维度金融发展的短期波动对居民收入差异的影响也是不显著的，但从估计系数的符号上看，除金融深度外，其他维度的金融发展在短期内均对居民收入差异的改变有积极的意义。这主要因为金融的发展与居民收入差异的改变都是一个长期的工程，短期内金融的发展并不会给市场中的资源分配造成显著的影响，即使给分配造成的影响是显著的，但分配转换成个人的收入也需要一定的时间，因此短期金融发展并不会给居民收入差异带来显著影响，居民收入差异不会有太大的改变，甚至会出现差异暂时缩小的状况。

从短期波动的误差修正项上看，短期波动将偏离长期均衡拉回的效应是十分显著的，从估计系数上看，当短期内金融的发展与收入差异关系的波动偏离长期均衡时，将会以（−0.732 9）到（−0.656 4）的调整力度将非均衡状态拉回到均衡状态。

表 6.8　金融发展与收入差异之间的短期波动模型

解释变量	金融深度模型	金融宽度模型	金融广度模型	金融综合模型
c	0.033 31 (1.508 929)	0.034 637 (1.603 756)	0.037 884* (1.729 045)	0.036 218 (1.685 007)
D (x_1)	0.100 51 (0.813 406)			
ECM-x_1	−0.656 43*** (−3.310 304)			
D (x_2)		−0.072 438 (−0.415 319)		
ECM-x_2		−0.732 884*** (−3.748 603)		
D (x_3)			−0.047 52 (−0.425 78)	

续表

解释变量	金融深度模型	金融宽度模型	金融广度模型	金融综合模型
ECM-x_3			$-0.689\,05^{***}$ $(-3.617\,397)$	
D (x)				$-0.007\,98$ $(-0.070\,264)$
ECM-x				$-0.702\,74^{***}$ $(-3.641\,92)$
R-squared	0.369 22	0.404 747	0.373 662	0.392 26
F-statistic	6.438 738	7.479 527	6.562 398	7.099 858

注：小括号内为系数估计的 t 统计值。

（2）金融发展与政府治理

我们以金融发展为被解释变量，构建政府治理与农村金融发展关系研究的长期均衡模型，模型估计结果见表 6.9。我们可以看到，从长期来看政府治理对农村金融深度的影响是负面的，且这一影响是显著的，金融深度反映了市场的规模，过度的政府干预会降低市场效率，尤其是在存在寻租行为的背景下，理性人会通过不正当竞争手段获取金融市场资源，进而打乱市场的发展，阻碍金融深度的良性发展；但滞后一期的政府治理还是对金融深度的发展有着积极意义的，这表明政府对市场的管理也是存在一定的滞后期的，但我们还可以看到这一效应并不是显著的。在金融宽度上，政府治理同样存在当期阻碍金融宽度的扩大的效应，但这一影响并不显著，而滞后一期的政府治理对金融宽度的积极影响却是显著的。而金融广度与政府治理的关系却与前两个维度完全相反，当期政府治理有利于金融广度的提升，而滞后一期的政府治理却又阻碍了金融广度的深化。从金融发展的综合状况上看，当期政府治理依然阻碍着农村金融的发展，而滞后一期的政府治理能够带来金融综合发展的提高，但这两个效应均不显著，从两个系数的绝对值上看，政府治理对农村金融发展的作用基本为零。可见，长期内，我国政府治理并不能带来农村金融的良性发展，这与当前政府治理角度的错误是不无相关的，各级政府应抓住农村金融发展中存在的关键问题，通过切实的措施达到解决问题的目的，尤其是在金融广度上，政府应努力促进农村金融产品的创新力度，开发适合农村经济发展需要的金融产品，推动金融市场的发展；同时，政府应减少居民经济运行成本，加大寻租处罚力度，促进市场高效率运行。

表 6.9 金融发展与政府治理之间的长期均衡模型

解释变量	金融深度模型	金融宽度模型	金融广度模型	金融综合模型
c	0.223 287 (1.523 805)	−0.060 36 (−0.737 69)	0.130 196 (1.070 338)	0.132 247 (1.151 176)
滞后一期自回归	0.828 224*** (5.937 841)	0.930 458*** (8.576 908)	0.822 585*** (5.829 604)	0.686 833*** (4.171 863)
z	−0.349 55** (−2.352 978)	−0.087 34 (−0.729 27)	0.019 451 (0.104 753)	−0.172 41 (−0.991 96)
z(−1)	0.141 758 (0.858 474)	0.229 904* (1.894 468)	−0.104 47 (−0.572 48)	0.166 576 (1.003 226)
R-squared	0.694 671	0.831 914	0.623 89	0.459 362
F-statistic	16.684 5	36.295 09	12.164 51	6.230 89

注：小括号内为系数估计的 t 统计值。

表 6.10 金融发展与政府治理之间的短期波动模型

解释变量	金融深度模型	金融宽度模型	金融广度模型	金融综合模型
c	0.027 770 (0.806 047)	−0.023 2 (−0.894 203)	0.022 534 (0.547 524)	0.015 618 (0.394 995)
ECM	−0.026 7 (−0.119 692)	0.146 674 (0.601 422)	0.148 011 (0.671 236)	0.116 83 (0.504 903)
D(z)	−0.287 68** (−2.250 234)	−0.186 5* (−1.728 227)	0.056 809 (0.369 472)	−0.235 04 (−1.591 66)
R-squared	0.187 114	0.121 013	0.023 689	0.106 899
F-statistic	2.532 034	1.514 4	0.266 905	1.316 632

注：小括号内为系数估计的 t 统计值。

从表 6.10 可以看出，我国农村金融发展与政府治理的短期波动效应并不显著，误差修正项的估计结果均不显著，这说明短期内金融发展与政府治理偏离长期均衡的可能性不大。但从模型检验结果上看，四个模型的拟合度不高，短期与长期内，农村金融发展与政府治理将保持稳定的关系。

(3) 政府治理与居民收入差异

我们以居民收入差异为被解释变量构造一阶分布滞后模型，从而考察政府治理与居民收入差异的长期均衡关系，该模型估计结果见式（6.2）。我们可以看到，当期政府治理同样也不利于居民收入差异的缩小，单位政府治理能力的提高将带来 1%的收入差异的扩大，而滞后一期的政府治理却有利于收入差异的缩小。从系数绝对值上看，长期的政府治理对居民收入差异的调整有着积极的作用。收入差异的缩小是一项艰巨的任务，而任由市场的发展必会带来收入差异的逐渐扩大，这就需要政府调节市场中的资源分配，实现市场公平，但政府在这一干预过程中应时刻注意寻租行为的干扰，确保再分配的公平性与公正性。

$$y_t = 0.256\,983 + 0.717\,738 y_{t-1} + 0.017\,355 z_t - 0.073\,502 z_{t-1} + \hat{\mu}_t$$

$$(6.2)$$

$t =$ （2.168 967）　　（6.665 318）　　（0.155 299）　　（−0.659 84）

R-squared＝0.690 474，F-statistic＝16.358 83

$$\Delta y_t = 0.035\,479 - 0.736\,547 ECM_{t-1} + 0.074\,665 \Delta z_t + \hat{\epsilon}_t \qquad (6.3)$$

$t =$ （1.728 332）　　（−4.114 109）　　（0.979 148）

R-squared＝0.442 426，F-statistic＝8.728 311

模型（6.3）给出的是政府治理与收入差异的短期波动模型估计结果。短期内，政府治理的波动依然会带来收入差异的扩大，而波动造成的对均衡结果的偏离将由误差修正项以（−0.736 547）的调整力度进行拉回。短期内的政府治理并不能带来收入差异的改变，其原因有二：一是政府治理的滞后性，二是当前市场制度不完善，政府治理中又存在过多的寻租行为，使得治理效果适得其反。

（4）格兰杰因果检验

从 Granger 检验结果可以看到，居民收入差异能够 Granger 引起金融宽度，政府治理与金融宽度存在双向的 Granger 因果关系，金融广度是政府治理的 Granger 原因，政府治理是农村金融发展综合状况的 Granger 原因。其他变量之间则不存在 Granger 因果关系。可见，金融宽度在所有变量中的活跃度最大，这表明金融宽度的增加将有利于农村经济社会的发展，而现阶段我国农村金融宽度过低，是阻碍经济发展的一个关键短板；金融广度的提高增加了市场中的金融产品，从而增加了寻租成本，有利于促进政府治理能力的发挥；而政府治理又是农村金融发展综合状况的 Granger 原因，这也体现了政府在当今农村金融发展中起着关键性作用，农村金融的良性发展需要政府提供适当的市场干预。

表 6.11　Granger 因果检验

原假设	F-statistic	prob.	结论
y does not Granger cause x_1	1.104 81	0.392 7	接受
x_1 does not Granger cause y	1.162 84	0.368 6	接受

续表

原假设	F-statistic	prob.	结论
y does not Granger cause x_2	14.838 4	0.004 5	拒绝
x_2 does not Granger cause y	1.381 06	0.373 4	接受
y does not Granger cause x_3	0.050 28	0.951 1	接受
x_3 does not Granger cause y	0.648 88	0.533 3	接受
y does not Granger cause x	0.921 35	0.479	接受
x does not Granger cause y	0.941 92	0.468 5	接受
z does not Granger cause y	1.167 91	0.331 3	接受
y does not Granger cause z	0.934 94	0.409 1	接受
z does not Granger cause x_1	1.458 13	0.350 4	接受
x_1 does not Granger cause z	1.609 32	0.310 4	接受
z does not Granger cause x_2	3.750 98	0.031	拒绝
x_2 does not Granger cause z	2.598 42	0.086	拒绝
z does not Granger cause x_3	1.860 44	0.181 5	接受
x_3 does not Granger cause z	3.037 55	0.070 5	拒绝
z does not Granger cause x	3.438 01	0.052 1	拒绝
x does not Granger cause z	1.329 19	0.287 1	接受

无论是发达国家还是发展中国家，收入分配都是社会经济中面临的核心问题，不仅影响到各国的社会稳定，也影响到各国的长期经济增长。以中国为例，近年来政府开始重点关注城乡收入差距等分配问题，将三农问题纳入政策焦点，通过财税等多项政策改革来缓解贫富差距问题。金融发展不仅能够直接影响到个体初始财富水平、接受教育和技术培训的可能性和程度等直接作用于收入分配，也能通过影响经济增长而间接影响收入分配。同样，金融发展是一个系统概念，不仅包括金融规模上的扩张，也包括金融结构上的优化。本节在理论分析的基础上实证研究了农村金融发展、居民收入差异以及政府治理三者之间的关系。在研究角度上，本节从农村金融发展的深度、宽度以及广度入手，分别研究了各个维度的金融发展以及农村金融发展的综合状况与收入差异以及政府治理的关系。在方法上，本节以协整理论检验了变量之间的长期均衡关系，并通过误差修正模型（ECM）具体描述了这一关系，同时考察了变量

之间的短期波动的影响，最后本节通过 Granger 定理检验了变量之间在统计意义上的因果关系。

从协整检验的结果上看，农村金融发展与收入差异、政府治理水平以及收入差异与政府治理之间均存在显著的协整关系。误差修正模型中的长期均衡模型给出了这一关系的具体影响大小及方向，我们可以看到，金融深度、宽度以及金融综合发展状况均造成了收入差异的扩大，尤其是金融深度在当期及滞后一期给收入差异带来的影响都是消极的；金融广度对收入差异的影响虽然是积极的，但是其滞后一期却带来了收入差异的扩大；总体来看，我国农村金融的发展使得市场中资源的分配更加不公平，进一步拉大了居民之间的收入差异。在政府治理与农村金融发展的关系上，政府治理能力的提升阻碍了农村金融深度、宽度以及综合状况的发展，但对金融广度的深化是有意义的，这主要是由当前政府在农村金融发展的治理中力度不足且角度不对造成的，政府应从农村金融产品的创新入手，增加适合农村经济发展的金融产品的供给，同时政府还应增加经纪人寻租的成本，促进市场的有效运行。在政府治理与收入差异的关系上，当期政府治理恶化了收入差异，但滞后一期的政府治理对收入差异的缩小有着积极意义，但从二者综合的角度看，政府治理对收入差异的影响基本为零，造成这一结果的原因：一是政府治理的滞后性过大，二是不健全的市场中寻租现象普遍，使得权利与财富相对集中，从而恶化了收入差异。

6.4　农村正规金融发展的收入效应的空间差异研究

在经济学理论中，效率是指资源达到最优配置的状态。因此，金融资源理论的发展也促进了金融效率理论的不断发展。金融发展理论经历了 30 多年演进，形成了具有代表性的三种理论：麦金农—肖的金融深化论、赫尔曼的金融约束论和白钦先等提出的金融可持续发展理论。但是金融深化论与金融约束论未将金融效率理论完整纳入其考查范围，是不完全的金融发展理论。吴奉刚、陈国伟（2006）认为金融发展的关键在于其配置效率的提高，在于合理开发配置资源，同时注重金融效率整体改善，而不是数量上的粗放型增长。白钦先（2001）认为，金融效率是指金融资源在经济系统以及金融子系统之间配置的协调程度。他认为，金融效率是金融资源质量提高与数量增长的和谐统一，静态与动态增长的统一，宏观与微观的统一。在金融资源观的影响下，王振山（2000）提出了金融效率的另一个定义，他认为"金融效率就是用较低的机会成本和交易成本，将有限的金融资源进行有效配置以实现其最优化使用"。金融效率作为一个综合性极高的宏观指标，研究者一般将其分解成多个可量化的指标进行考察。王广谦（1997）将金融效率分解为宏微观效率和市场效率。叶望龙（1998）将金融效率划分为市场效率、银行效率、非银行机构效率、企业融资效率、宏观市场效率和货币政策效率。周升业（2002）将金融效率划分为三个层次：功能效率、配置效率和管理效率。吴庆田、陈伟（2010）通过建立农村金融生态指标与金融发展指标体系，从理论上剖析了二者的互动关系，运用格兰杰方法证明了二者之间存在相关关系。

虽然学者们在研究金融发展与收入分配的关系时所使用的研究方法和得出的结论不尽相同，但是在主流计量经济学理论中空间事物无关联以及均质性假设的局限，以及普遍使用忽视空间效应的最小二乘法进行回归，使得在实际应用中往往存在模型的设定偏差问题，进而得出的各种结论和推断不够完整、科学，缺乏应有的解释力（吴玉鸣，2006）。新地理经济学理论（Fujita，Krug-amn，2004）和空间计量经济学（Anselin，1988）的发展，为研究农村金融效率和城乡收入差距之间的关系提供了新的研究视角和研究方法。因此，本节将经济变量之间的空间相关性纳入模型的拟合之中，更加具有现实意义，也是对以前文献的补充和进一步发展。

6.4.1　模型构建、指标选择与数据说明

本节考察农村正规金融效率对城乡收入差距的影响，用我国 31 省市 1998—2010 年的相关数据建立空间计量模型。城乡收入差距（gap_{it}）用各地区去除价格因素影响（以 1997 年为基期）的城市居民家庭平均每人全年总收入与农村家庭每人平均全年纯收入之比代替。农村正规金融效率用上文 DEA 模型处理得出的 Malmquist 累积金融效率值（$fnce_{it}$）代替。同时，为了使模型更加全面和完整，将城市化水平（$ubzt_{it}$）、农村劳动力文化水平（$labor_{it}$）、农业结构优化（$strt_{it}$）、农村经济发展程度（$agct_{it}$）、市场化程度（$mkat_{it}$）、财政非农偏向程度（$gvmt_{it}$）作为自变量纳入模型当中。其中，城市化水平用各地区非农人口对人口总数的比重代替，用来表示城市化水平对城乡收入差距的影响；农村劳动力文化水平用农村劳动力中高中以上文化水平的人数所占比重表示，用来表示农村劳动力文化水平变动对城乡收入差距的影响；农村结构优化用乡镇企业产值占农村 GDP（乡镇企业产值与农林渔牧产值之和）的比重代替，用来表示农村产业结构调整对城乡收入差距的影响；农村经济发展水平用第一产业产值与 GDP 的比值表示，用来表示各地区农村经济发展对城乡收入差距的影响；市场化程度用非国有部门和集体企业部门职工人数占总就业

人数的比重表示，用来表示经济市场化对收入差距的影响程度；财政的非农偏向程度用非农财政支出占总财政支出的比重代替，用来表示地方财政偏向城市对城乡收入差距的影响。以上数据分别来自历年《中国农村经济统计年鉴》和《中国统计年鉴》。由于各个变量之间存在一定相关性，为了减弱异方差的影响，本节对城乡收入差距和农村金融效率指标取对数处理。由于各个变量之间存在交叉项，变量之间可能存在多重共线性，本节对各指标进行中心化处理（即平均数为零）来避免多重共线性。

依据空间计量经济学的基本理论可知，空间变量之间的地理空间因素表现形式主要有两种：因变量的滞后项和误差干扰项。在空间回归模型当中，若假设变量之间的空间自相关关系通过因变量的空间滞后项来反映，而忽略随机干扰项的传导作用，则用于分析农村正规金融效率对城乡收入差距影响的空间滞后模型为：

$$\ln(gap_{it}) = \beta_0 + \beta_1 \ln(fnce_{it}) + \beta_3 ubzt_{it} + \beta_4 labor_{it} + \beta_5 strt_{it} +$$
$$\beta_6 agct_{it} + \beta_7 mkat_{it} + \beta_8 gvmt_{it} + \rho \sum_j \omega_{ij} \ln(gap_{it}) + \varepsilon_{it} \qquad (6.4)$$

其中，$[\omega_{ij}]$ 为空间权重矩阵，若地理单元 i 和地理单元 j 邻接，则 ω_{ij} 取 1，若空间单元不邻接，则 ω_{ij} 取 0。$\sum_j \omega_{ij} \ln(gap_{it})$ 表示城乡收入差距对数值的空间滞后变量。ρ 表示空间自回归系数，其估计值表示空间相关性的大小和方向。各个 β 值则分别表示各个变量的影响大小及方向。为了保持数据的相似性，本节对城乡收入差距和农村金融效率取对数处理，分别表示原始变量的变动比率。

若假设空间变量之间的空间自相关关系通过随机干扰项传递，而忽略因变量的空间滞后项的影响，则用于考察农村正规金融效率对城乡收入差距影响空间误差模型为：

$$\ln(gap_{it}) = \beta_0 + \beta_1 \ln(fnce_{it}) + \beta_3 ubzt_{it} + \beta_4 labor_{it} + \beta_5 strt_{it} +$$
$$\beta_6 agct_{it} + \beta_7 mkat_{it} + \beta_8 gvmt_{it} + \lambda \sum_j \omega_{ij} \varepsilon_{it} + \varepsilon_{it} \qquad (6.5)$$

其中，λ 为空间误差自相关系数，表示回归残差之间的空间自相关强度；$\sum_j \omega_{ij} \varepsilon_{it} + \varepsilon_{it}$ 为空间误差滞后项。

若假设变量之间的空间自相关关系通过空间滞后解释变量来反映，而忽略其他因素的影响，在用于考察农村正规金融效率对城乡收入差距的影响的空间杜宾模型为：

$$\ln(gap_{it}) = \beta_0 + \beta_1 \ln(fnce_{it}) + \beta_3 ubzt_{it} + \beta_4 labor_{it} + \beta_5 strt_{it} +$$
$$\beta_6 agct_{it} + \beta_7 mkat_{it} + \beta_8 gvmt_{it} + \beta_9 [W\text{-}\ln(fnce_{it})] +$$

$$\beta_{10}W\text{-}ubzt_{it} + \beta_{11}W\text{-}labor_{it} + \beta_{12}W\text{-}strt_{it} + \beta_{13}W\text{-}agct_{it} +$$
$$\beta_{14}W\text{-}mkat_{it} + \beta_{15}W\text{-}gvmt_{it} + m_{it} \qquad (6.6)$$

其中，$W\text{-}\ln(fnce_{it})$、$W\text{-}ubzt_{it}$、$W\text{-}labor_{it}$、$W\text{-}strt_{it}$、$W\text{-}agct_{it}$、$W\text{-}mkat_{it}$、$W\text{-}gvmt_{it}$ 分别表示各地区农村金融效率变动率、城市化率、农村劳动力文化水平、农业结构优化、对外开放度、市场化程度和财政非农化倾向的空间变量，代表周边地区的各种因素对本地区的影响。

6.4.2 我国城乡收入差距的空间自相关检验

运用我国 1997—2011 年城乡收入相关数据，运用 GeoDa 软件可以得到 Moran'I 指数及其检验结果。由表 6.12 可知，从 1997 年到 2011 年我国城乡收入差距 Moran'I 指数均通过了显著性水平为 0.01 的显著性检验，且指数值均为正数，表明各省市在所考察的年份在空间分布上存在显著的正的空间自相关关系，各地区的城乡收入差距在空间分布上并没有表现出完全随机状态，而是表现出空间相似值之间的空间集聚状态，即城乡收入差距较大的区域倾向于与城乡收入差距较大的区域邻接，城乡收入差距较小的区域倾向于与城乡收入差距较小的区域邻接。因此，从整体上看来，我国城乡收入差距的空间自相关性是客观存在的，在做计量回归时将其假定为随机数据是不合实际的。

表 6.12　1997—2011 年我国各省市城乡收入差距的 Moran'I 指数统计值

年份	Moran'I	p-value	年份	Moran'I	p-value
1997	0.629 1	0.001	2005	0.521 1	0.001
1998	0.614 9	0.001	2006	0.529 1	0.001
1999	0.590 6	0.001	2007	0.568 3	0.001
2000	0.576 8	0.001	2008	0.572 6	0.001
2001	0.623 7	0.001	2009	0.553 2	0.001
2002	0.588 0	0.001	2010	0.559 9	0.001
2003	0.544 7	0.001	2011	0.533 4	0.001
2004	0.537 0	0.001	平均值	0.569 3	0.001

为了进一步揭示我国城乡收入差距的空间分布状态，利用 Moran'I 散点图和 LISA 集聚图对该指标进行局部空间自相关分析。Moran'I 散点图可以用来衡量空间单元与其邻近单元之间的相关程度，通过绘制该图可以将各个区域的城乡收入差距划分为四个象限的集聚模式：若处于第一象限，则表明高城乡收入差距水平的省市被其他高城乡收入差距水平的省市包围；若处于第二象限，

则表明低城乡收入差距水平的省市被高城乡收入差距水平的省市包围；若处于第三象限，则表明低城乡收入差距水平的省市被低城乡收入差距水平的省市包围；若处于第四象限，则表明高城乡收入差距水平的省市被低城乡收入差距水平的省市包围。处于第一、三象限表明观测值之间存在正的空间自相关，处于第二、四象限则表明观测值之间存在负的空间自相关关系，若散点均匀地分布在四个象限之中，则表明观测值不存在空间自相关关系。

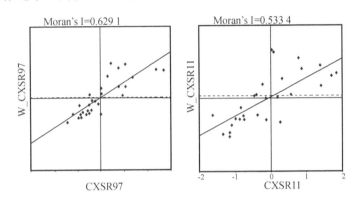

图 6.9 我国 1997 年和 2011 年城乡收入差距的 Moran'l 散点图

运用 GeoDa 软件可以看出，我国城乡收入差距在 1997 年和 2011 年均存在显著的空间自相关性。

从图 6.9 中可以看出，在 1997 年，新疆、甘肃、陕西、青海、西藏、四川、重庆、云南、贵州、宁夏、湖南和海南 12 省市处在第一象限当中，处在该象限中的地区基本涵盖所有西部地区；湖北处在第二象限当中；黑龙江、内蒙古、吉林、辽宁、河北、北京、天津、山东、河南、江苏、安徽、上海、浙江、江西、福建和广东等 19 省市处在第三象限当中，其中包括所有东部地区、东北地区和大多数中部地区。在 2011 年，与 1997 年相比，海南、湖南从第三象限进入第二象限，广东从第三象限进入第一象限，安徽从第一象限进入第四象限。其他省市均与 1997 年保持不变。由此可知，大部分省市的城乡收入差距存在正向空间自相关关系，广大中东部地区处在低城乡收入差距—低空间滞后状态，而西部地区则处于高城乡收入差距—高空间滞后状态。经过多年的发展，我国城乡收入差距的空间地理格局并未发生较大变化，普遍保持西高东低的水平。

为了更加直观地分析各地区城乡收入差距水平，可以绘制城乡收入差距 LISA 图。根据 1997 年城乡收入差距 LISA 图可以得到，1997 年城乡收入差距最高的地区是西藏，其次是云南、贵州和重庆三地区，江浙城乡收入差距最小。根据 2011 年城乡收入差距 LISA 图可以得到，云贵地区和陕甘宁地区的城乡收入差距最高，黑龙江和京津地区的城乡收入差距最低。此外，城乡收入差距水平相似的地区也呈现明显的空间集聚现象，普遍存在西高东低的地理现象。因此，使用忽略变量之间空间自相关的经典计量方法得出来的结果既不符合经典理论对变量的要求，又不符合现实情况对模型的需要。本节采用空间计量方法来衡量农村正规金融效率对城乡收入差距的影响，可使得模型的结果更加准确。

6.4.3 空间计量模型估计结果分析

为了考察在各个时期农村正规金融效率及其他因素对城乡收入差距的影响，对比分析"农村金融新政"实施前后农村金融效率对城乡收入差距的影响，本节拟运用截面数据的空间滞后模型和空间误差模型分别对 1998 年和 2010 年的相关数据进行实证分析。同时，为了准确衡量农村金融效率在长期内对城乡收入差距的影响。本节拟用面板数据空间误差模型、空间滞后模型和空间杜宾模型对 1998—2010 年相关数据进行估计。

1. 基于 1998 年和 2010 年截面数据的实证结果分析

根据 Anselin 提出的判别准则，参照表 6.13 中 1998 年截面数据模型的结果可知，影响城乡收入差距的空间误差模型的 AIC 值和 SC 值均分别小于空间滞后模型的 AIC 值和 SC 值；同时，空间误差模型的拟合优度系数 R-squared 和对数似然值 logL 均高于空间滞后模型的相关值。

表 6.13　考虑邻近影响的 SLM 和 SEM 参数估计结果（1998 年）

变量	空间滞后模型（SLM）				空间误差模型（SEM）			
	系数 α	Std. E	z（value）	p 值	系数 α	Std. E	z（value）	p 值
常数	−0.003 3	0.008 7	−0.381 9	0.702 6	0.017 3	0.053 7	0.322 5	0.747 0
W-$\ln(gap)$	0.841 9	0.082 1	10.261 0	0.000 0				
$\ln(fnce)$	0.063	0.109 3	0.057 68	0.564 0	0.130 3	0.094 2	1.383	0.166 7
$ubzt$	−0.092 1	0.079 6	−1.155 7	0.277 9	−0.145 5	0.075 5	−1.927	0.055
$labor$	−0.428 6	0.253 2	−1.692 4	0.091	−0.274 4	0.320 5	−0.856 1	0.391 9
$strt$	0.016 1	0.087 9	0.182 9	0.854 9	0.134 1	0.108 1	1.240 6	0.214 8
$mkat$	−0.011 8	0.148 5	−0.079 5	0.936 6	0.047 4	0.135 2	0.350 5	0.726 0
$gvmt$	1.067 9	0.599 6	1.781 2	0.074 9	0.751 8	0.517 3	1.453 3	0.146 1

续表

变量	空间滞后模型（SLM）				空间误差模型（SEM）			
	系数 α	Std. E	z（value）	p 值	系数 α	Std. E	z（value）	p 值
$agct$	0.289 9	0.174 3	1.663 8	0.096	0.090 1	0.204 8	0.440 3	0.659 7
LAMBDA					0.929 6	0.044 7	20.787 3	0.000 0
统计检验	值	p 值	DF		值	p 值	DF	
R-squared	0.785 4				0.804 5			
logL	46.473 5				46.470 2			
AIC	−74.875				−76.940 4			
sigma-square	0.002 3				0.002 1			
SC	−61.969 1				−65.468 5			
LR	22.944 5	0.000 0	1		23.009 9	0.000 0	1	

因此，我们认为空间误差模型要优于空间滞后模型，农村金融效率对城乡收入差距影响主要通过变量的随机误差项来传导。从模型结果来看，空间滞后模型和空间误差模型中解释变量的估计值大都不显著，唯有城市化水平在空间误差模型检验中通过了 10% 的显著性检验。同时，在空间滞后模型当中农业发展水平和农村劳动力文化水平也通过了显著性水平为 10% 的显著性检验。空间滞后变量 $W\text{-}\ln(gap)$ 和空间误差系数 LAMBDA 也通过了显著性水平为 5% 的显著性检验。这表明，在农村"金融新政"实施之前，从短期来看，空间因素对城乡收入差距的影响显著，城市化水平和农村劳动力文化水平提升对缩减区域作用明显；而政府财政的城市化偏向和农业在国民经济中的比重的提升会加速城乡收入差距的扩大。

从表 6.14 的 2010 年截面数据估计结果可以看出，空间误差模型的拟合优度系数高于空间滞后模型的拟合优度系数，SEM 模型的 AIC 值和 SC 值均低于 SLM 模型的相应值，这表明空间误差模型要优于空间滞后模型。在农村"金融新政"实施以后，空间滞后变量和空间误差变量的系数均通过了显著性水平为 5% 的显著性检验，这表明在这两种模型当中，空间变量的影响都比较显著，空间因素对城乡收入差距扩大产生了正向促进作用。其中，城市化水平和农村经济发展程度对缩减城乡收入差距均作用明显。从短期来看，城市化使得城乡户籍转换，农民转变为城市居民有利于城乡收入差距的减小；农村经济发展有利于农民收入增长，农民收入增速加快就会促使城乡收入差距减小。同时，空间误差模型中的农村经济结构优化对城乡收入差距的影响也通过了显著性水平为5%的统计检验，这表明随着经济发展与金融改革的深入，推进农业产业化，调整农村经济结构，有利于农民增产增收，有利于缓解城乡收入差距矛盾。农村金融效率、市场化程度与地方财政非农偏向在1998年的截面数据模型和2010年的截面数据模型中均不显著，这表明这些变量在短期内对城乡收入差距的影响并不明显。诸多因素导致了这种现象的发生。首先，农村金融效率、市场化程度和地方财政非农偏向对城乡收入差距的作用路径较长，传导时间较久，在短期内作用不明显；其次，这三个变量对城乡收入差距的影响机理较为复杂，在短期的影响不能完全地显现出来。

表 6.14 考虑邻近影响的 SLM 和 SEM 参数估计结果（2010 年）

变量	空间滞后模型（SLM）				空间误差模型（SEM）			
	系数 α	Std. E	z（value）	p 值	系数 α	Std. E	z（value）	p 值
常数	−0.002 4	0.007 2	−0.337 1	0.736 0	0.035 7	0.035 3	1.011 2	0.311 7
$W\text{-}\ln(gap)$	0.583 6	0.148 2	3.936 3	0.000 1				
$\ln(fnce)$	0.000 9	0.043 6	0.214 6	0.830 1	0.027 5	0.046 8	0.588 2	0.556 4
$ubzt$	−0.403 3	0.113 1	−3.566 0	0.000 4	−0.389 9	0.142 2	−2.742 1	0.006 1
$labor$	0.197 8	0.163 3	1.211 5	0.225 7	0.096 6	0.157 4	0.613 8	0.539 3
$strt$	0.095 7	0.061 9	1.546 0	0.122 1	0.124 3	0.062 0	2.005	0.044 9
$mkat$	−0.008 7	0.099 0	−0.088 4	0.929 6	−0.041 1	0.099 2	−0.414 4	0.678 6
$gvmt$	0.401 2	0.396 2	1.011 2	0.311 9	0.630 1	0.417 1	1.510 1	0.130 9
$agct$	−0.580 2	0.259 5	−2.236	0.025 4	−0.706 8	0.249 5	−2.832 8	0.004 6
LAMBDA					0.843 0	0.085 5	9.864 5	0.000 0
统计检验	值	p 值	DF		值	p 值	DF	
R-squared	0.715 3				0.735 8			
logL	54.952 6				53.961 1			
AIC	−91.905 1				−92.922 9			
sigma-square	0.001 2				0.001 4			
SC	−78.999 2				−80.451 1			
LR	8.400 4	−0.000 0	1		6.418 3	0.011 3	1	

由1998年和2010年农村金融效率对城乡收入差距影响的截面数据空间计量结果分析可知，城市化率、农村产业结构优化与农村经济发展在短期内对缩减城乡收入差距能发挥较为明显的促进作用。其中，城市化率的提升有利于城

乡户籍转化，使农民转变为市民，让农民进城务工，不仅给农民创造了就业机会，也拓宽了农民增收渠道，这对缩减城乡收入差距有积极作用；农村产业结构的优化可以促进农民从事非农劳动，乡镇企业的发展为农民就业增收创造了条件，大幅提高了农民收入。其次，农村劳动力文化水平的提升在 1998 年对城乡收入差距的扩大起到了积极的抑制作用，而在 2010 年农村劳动力文化水平的提升不仅没有缩减城乡收入差距，反而加大了二者之间的差距。这可能是因为，随着城市化进程的深化，农村中的高素质劳动力没有留在农村为农村经济发展做贡献，他们会选择离开农村去往城市发展，致使农村与城市劳动生产率差距进一步扩大。最后，农村经济的发展也可以促进农民收入增长，破解城乡收入差距难题。而农村金融效率、市场化程度和地方财政非农偏向对城乡收入差距的影响在短期内并不明显，要分析该类变量的影响还需从较长的时间内来考察。因此，本节拟用 1998—2010 年的相关数据来考察各影响因素在长期内对城乡收入差距的影响。

2. 基于 1998—2010 年面板数据的实证结果分析

利用 Lesage（1999）编写的 MATLAB 空间计量工具包，可以得出面板数据空间滞后模型、面板数据空间误差模型和面板数据空间杜宾模型的估计结果如表 6.15 和表 6.16 所示。每种面板数据模型结果均分为固定效应模型和随机效应模型，模型的甄选一般采用拉格朗日乘子统计量、对数似然值和豪斯曼检验等。从表 6.15 的估计结果可知，空间自相关系数估计值 W^* dep. var. 和空间误差回归系数估计值 spat. aut. 均通过了 5% 的显著性检验，进一步表明空间因素在我国农村金融效率与城乡收入差距的影响机制中发挥了作用，若使用忽略空间因素影响的经典计量方法对模型进行估计，就会出现明显的假设偏差。综合三种模型的参数估计结果来看，空间杜宾固定效应模型的拟合优度系数和对数似然值均高于其他模型的对应值。因此，选择空间杜宾固定效应模型进行分析。

从模型估计结果来看，空间杜宾模型调整拟合系数为 0.949 2，说明解释变量解释了模型中大部分影响因素，模型拟合良好。空间自相关系数估计值 W^* dep. var. 系数为 0.391 8，p 值为 0，表明空间因素对城乡收入差距影响显著，邻近区域的城乡收入结构会对本地区城乡收入结构产生明显促进作用，即城乡收入差距较大的地区会扩大邻近地区的城乡收入差距，使得城乡收入呈现空间集聚现象。农村金融效率 $\ln(fnce)$ 的系数为 -0.032 947，参数通过了显著性水平为 5% 的检验，农村金融效率的增长率每增加一个单位，城乡收入差距的增长率就会降低 3.29 个百分点，这表明农村金融效率的提高在长期可以降低本地区城乡收入差距。此处也验证了前文截面数据模型中的推测，农村金

表6.15 农村正规金融效率对城乡收入差距影响的SEM和SLM估计结果

变量	面板SEM模型						面板SLM模型					
	固定效应			随机效应			固定效应			随机效应		
	coefficient	t-stat	p	coefficient	t-stat	p	coefficient	t-stat	p	coefficient	t-stat	p
截距				−0.012 671	−0.784 468	0.432 766				−0.001 443	−0.125 220	0.900 349
ln(fince)	−0.034 311	−2.339 006	0.019 335	−0.033 175	−2.169 980	0.030 008	−0.033 368	−2.277 814	0.022 738	−0.033 013	−2.185 992	0.028 816
ubzl	0.065 76	1.785 203	0.074 228	0.012 539	0.340 848	0.733 218	0.074 930	2.145 433	0.031 918	0.034 110	0.994 477	0.319 990
labor	0.164 28	1.764 799	0.077 597	0.029 028	0.313 875	0.753 616	0.163 630	1.844 072	0.065 173	0.046 122	0.536 361	0.591 709
strt	−0.064 629	−2.769 123	0.005 621	−0.050 426	−2.101 765	0.035 574	−0.047 808	−2.045 016	0.040 853	−0.038 325	−1.631 989	0.102 682
mkat	−0.076 813	−2.317 495	0.020 477	−0.080 218	−2.338 014	0.019 386	−0.110 499	−3.350 088	0.000 808	−0.109 288	−3.257 353	0.001 125
grxnt	0.194 969	2.818 047	0.004 832	0.186 464	2.583 496	0.009 780	0.199 654	2.872 716	0.004 070	0.190 763	2.653 401	0.007 969
aget	0.089 238	1.454 195	0.145 892	0.150 925	2.425 173	0.015 301	0.072 651	1.105 673	0.268 868	0.144 479	2.294 688	0.021 751
W*dep. var.				16.492 088	4.688 330	0.000 003	0.439 997	8.007 021	0.000 000	0.503 995	9.755 359	0.000 000
teta										0.097 194	5.589 928	0.000 000
spat. aut.	0.435 968	7.706 617	0.000 000	0.460 125	8.027 571	0.000 000						
R-squared	0.931 4			0.936 5			0.943 4			0.938 7		
log-likelihood	959.187 58			857.368 93			964.017 93			872.526 62		
LR-test	716.675 4			513.038 1			726.336 0			543.353 4		
P	0.000 0			0.000 0			0.000 0			0.000 0		
Hausman test	−28.974 7						−23.101 4					
P	0.000 3						0.003 2					

融效率的提升可以在长期中缩减城乡收入差距发挥积极作用。城市化水平 *ubzt* 的系数为 0.025 769，*p* 值为 0.502 421，没有通过显著性检验，这表明城市化水平在长期内并未改变城乡收入差距的格局。原因如下，城市化水平的提升在长期内会使得收入水平较高的农民进入城市生活，而收入水平较低的农民则仍然无法改变农村户籍，导致农民收入的增长速度低于城市的增长速度，进而扩大了城乡收入差距。农村劳动力文化水平 *labor* 的系数为 0.192 808，*p* 值通过了显著性水平为 10% 的显著性检验，这表明农村劳动力文化水平的提升不仅没有缩减城乡收入差距，反而使得差距增加。究其原因，农村中文化水平较高的劳动力往往拥有较高的收入，这类人群往往会在自己发家致富以后进入城市生活，而文化水平较低和收入较低的农民则无力进入城市生活，由此进入恶性循环，使得城乡收入差距进一步扩大。农村产业结构优化 *strt* 的系数为 −0.022 592，*p* 值未通过显著性检验。这表明农村产业结构优化在长期缩减城乡收入差距的作用不明显，村镇企业发展所得财富并未明显提高农民收入。市场化程度 *mkat* 的系数为 −0.082 701，*p* 值为 0.014 238，通过了显著性水平为 5% 的统计检验，表明市场化程度每提高一个单位，城乡收入差距的增长率就会下降 8.27 个百分点。市场化程度越高，该地区城乡之间的市场禁锢就越少，城乡之间人员的资本流动就会越容易，城乡居民收入差距格局就更加容易打破。地方财政的非农化偏向 *gvmt* 的系数为 0.211 393，*p* 值通过了显著性水平为 5% 的统计检验，表明地方财政偏向城镇每增加一个单位，城乡收入差距的增长率就会增加 0.211。地方财政在城乡之间不均衡分配会使得城乡居民的生活成本差距扩大，城乡之间的基础设施建设、社会扶助救济水平等方面存在较大差距，就会进一步扩大城乡收入差距。从统计数据可知，按较宽口径计算，中央财政用于"三农"支出约占财政支出的 10%。但是如果再考虑土地出让收益的分配，"三农"投入在整个财政支出所占比重是偏低的。农业产值占比 *agct* 的系数为 −0.022 213，未通过显著性检验，表明农业越发达的地区城乡收入差距会越小。

从各个变量的空间变量来看，城市化水平的空间变量 *W-ubzt* 的系数为 0.104，通过了显著性水平为 5% 的统计检验；农村劳动力文化水平 *W-labor* 的系数为 0.792，市场化程度 *W-mkat* 的系数为 −0.268，这两个空间变量都通过了显著性水平为 5% 的统计检验。这说明这三个变量都通过空间集聚效应对城乡收入差距产生了显著影响。其中周边省市的城市化水平提高会显著扩大本地区的城乡收入差距，周边省市农村劳动力文化水平的提高会扩大本地区的城乡收入差距，周边地区市场化程度的提高会缩减本地区城乡收入差距。而周边地区的农村金融效率 *W-ln(fnce)*、农村产业结构优化 *W-strt* 和农村财政非

农偏向 W-$gvmt$ 对本地区城乡收入差距影响并不明显。周边地区城市化水平提升可能会加剧本地区农村富人迁入城市，使得本地区农民平均收入水平降低，进而进一步拉大城乡收入差距；周边省市农村劳动力文化水平提高会加速周边地区的城镇经济发展水平，进而加速本地区农村文化较高的劳动力流向外地，从而造成地区经济发展不平衡，最后可能会拉大本地区城乡收入差距；周边省市市场化程度的增大会加快省域之间和城乡之间人员的资本的流动，进而为缩减城乡收入差距注入动力。

表 6.16　农村正规金融效率对我国城乡收入差距影响 SDM 估计结果

变量	面板 SDM 模型					
	固定效应			随机效应		
	coefficient	t-stat	p	coefficient	t-stat	p
$\ln(fnce)$	−0.032 947	−2.211 710	0.026 987	−0.036 062	−2.442 912	0.014 569
$ubzt$	0.025 769	0.670 685	0.502 421	−0.003 581	−0.098 957	0.921 172
$labor$	0.192 808	1.754 566	0.079 334	0.109 451	1.084 425	0.278 176
$strt$	−0.022 592	−0.916 094	0.359 618	−0.022 304	−0.931 381	0.351 656
$mkat$	−0.082 701	−2.451 206	0.014 238	−0.088 948	−2.693 334	0.007 074
$gvmt$	0.211 393	3.027 073	0.002 469	0.201 020	2.894 620	0.003 796
$agct$	−0.022 213	−0.312 875	0.754 376	0.112 736	1.793 524	0.072 889
W-$\ln(fnce)$	−0.012 161	−0.364 604	0.715 407	−0.046 768	−1.423 103	0.154 706
W-$ubzt$	0.104 181	1.665 797	0.095 754	0.070 525	1.172 507	0.240 994
W-$labor$	0.792 401	3.447 627	0.000 566	0.524 559	2.489 503	0.012 792
W-$strt$	0.087 488	1.607 735	0.107 893	0.103 264	1.960 383	0.049 951
W-$mkat$	−0.268 745	−3.884 735	0.000 102	−0.246 497	−3.675 587	0.000 237
W-$gvmt$	0.086 142	0.499 350	0.617 533	0.035 389	0.207 610	0.835 533
W-$agct$	−0.294 154	−1.991 884	0.046 384	0.128 314	1.063 111	0.287 732
W^* dep. var.	0.391 762	6.762 068	0.000 000	0.429 978	7.666 534	0.000 000
teta				0.092 774	5.587 972	0.000 000
R-squared	0.949 2			0.943 3		
log-likelihood	988.467 13			486.504 58		
Hausman test	−25.235 3					
p	0.021 5					

本节运用空间计量方法对城乡收入差距的空间自相关性进行了检验，得出了我国城乡收入差距的空间分布状态。结果表明：我国城乡收入差距存在显著

的空间自相关性，空间分布存在明显区域集群效应。最后，本节运用空间计量模型对农村金融效率对城乡收入差距的影响进行了实证分析。结果表明：从短期来看，农村金融效率的提高对城乡收入差距的影响不明显，城市化水平提高和农村劳动力文化水平提高对于缩短城乡收入差距作用明显，市场化程度对缩短城乡收入差距随着经济发展水平的提高越来越显著，政府财政非农化投入倾向随着经济发展水平提高对城乡收入差距的影响越来越小，农村经济结构改善对缩短城乡收入差距的影响不明显。从长期来看，农村金融效率的提高、市场化水平的提高和农村经济结构的改善对缩短城乡收入差距作用明显，而城市化水平的提高和农村劳动力文化水平提高对缩短城乡收入差距的影响不明显，地方财政的非农投入倾向会进一步扩大城乡收入差距。不论是短期内还是长期内，空间因素的影响均十分明显。周边区域的农村金融效率、市场化程度和农村经济发展程度的提高均会通过空间溢出效应对本地区缩短城乡收入差距产生积极作用。文章得出的实证结果表明：要控制并改善城乡收入差距进一步扩大的趋势，必须从长期和短期两个层面来进行考虑。同时，必须结合各地区经济发展水平和地理空间优势等因素通盘考虑。农村正规金融效率的提高通过长期资金积累对农民劳动生产率产生影响，农民劳动生产率提高有助于提高农民收入水平，从而有助于缩短城乡收入差距。要从长期改善城乡居民收入差距状态，破解城乡二元经济结构难题，就必须进一步深化农村金融改革，加快农村市场化改革，引导资金和劳动力流入农村，改善农村产业结构。从短期来看，对于经济不发达地区而言，要加快城镇化建设，注重提高农村劳动力技能和文化素质，加快农村产业结构升级转型，促进城乡一体化建设。

从本节实证结果来看，我国农村正规金融效率对城乡收入差距的影响在短期内不明显，而在长期则能显著地缩减城乡收入差距。在短期内，农村劳动力文化水平提高、城市化水平提高和农村经济发展水平提高都能显著地缩减地区城乡收入差距，而农村金融效率提高与市场化程度提高的作用并不明显；而从长期来看，农村正规金融效率提高和市场化程度的提高对缩减城乡收入差距影响最为显著，地方财政非农偏向和农村劳动力文化水平的提高会进一步加剧城乡收入差距。这一结论为我国从长短期制定促进城乡经济协调发展和缩减城乡收入差距的政策建议提供了参考。

6.5　农村非正规金融发展的收入效应研究

当前，国内大部分有关农村非正规金融发展对农民收入差异影响研究都属于理论与政策分析，对于农村非正规金融与农民收入差异的较规范的实证研究文献还极其稀少，并且在已有的实证研究中往往也只采用一个指标来衡量金融发展水平，在考虑农民收入水平时仅仅考虑农民收入的数量差异，没有考虑农民收入的分配差异即贫富差距，鉴于此，本节尝试结合我国农村经济发展的实际情况，在进一步完善衡量我国农村非正规金融发展水平指标的基础上，运用VAR协整模型和脉冲响应函数，分别构建收入增长模型和收入分配模型来探讨农村非正规金融发展的规模、效率对农村内部收入差异的影响。

6.5.1 研究方法、指标设计和数据处理

6.5.1.1 研究方法

农村非正规金融发展与农民收入差异的关系包含三个部分：二者是否存在长期均衡关系，可能存在的长期均衡关系具体如何走向？两者之间的短期动态关系如何？短期动态关系通过怎样的机制实现？就计量分析而言，第一个问题归结为因变量与自变量数据之间是否存在协整关系，如果存在则意味着它们之间存在长期均衡关系，进而可以通过它们之间的回归分析确定具体的走向；后两个问题归结为建立脉冲响应函数分析他们之间的作用效果。

为了避免模型出现伪回归现象，本节利用 ADF 单位根检验法检验相应变量的平稳性。对于存在同阶单整的变量，采用 EG 两步法进行协整检验，即先建立变量之间的回归方程，再检验回归方程的残差是否是平稳的时间序列，进而确定自变量与因变量之间的长期关系。

6.5.1.2 指标设计和数据处理

1. 因变量的选取

在衡量农民内部收入状况的度量指标上，考虑到收入差异既有纵向差异——总体收入差距，也有横向差异——收入分配差距，拟采用农村居民人均纯收入和农村内部基尼系数两个指标来衡量．

（1）农村居民人均纯收入（PIC）。该指标采用中国统计年鉴上的农村居民家庭人均纯收入的数据衡量农村居民人均纯收入，数据处理上，用 1986 年等于 100 的 CPI 进行平减，该指标用来反映农民收入的整体水平。

（2）农村基尼系数（$GENI$）。其中 1986—2007 年数据来源于《中国环境统计年鉴（2007 年）》，2008、2009 两年数据采用程永宏（2006）提供的方法计算得到。该指标用来反映农民收入分配差异状况。

2. 自变量的选取

在农村非正规金融发展的度量指标上，考虑到农村非正规金融发展的实际

情况和金融统计数据的完整性和可靠性，选取农村非正规金融规模指标和农村非正规金融效率指标进行描述。

（1）农村非正规金融发展规模（FINS）。该指标采用全国农村固定观察点调查数据汇编中农户非正规渠道年末借入款余额来衡量，它等于农户年末借入款余额与农户银行、信用社贷款金额之差（农户年末借入款余额＝年初借入款余额＋年内借入款－年内回还借款）。

（2）农村非正规金融资源配置效率（FINE）。该指标采用农业 GDP/非正规金融渠道年末借入款余额来衡量。表示非正规金融渠道每单位贷款所创造的农业 GDP 增加值。由于目前官方还没有农业 GDP 的统计指标，本节结合中国农村经济的实际情况和国内外相关研究的普遍做法，用中国统计年鉴国民生产总值中的第一产业生产总值来衡量。

另外，黄景章（2005）实证得出我国农村固定资产投资每增加 10 亿元可使 1990 年前后的农民人均纯收入分别增加 3.15 元和 2.16 元的结论。胡兵（2005）经过实证发现 1980—2003 年间我国农业劳动力转移对经济增长的平均贡献率超过了劳动投入对经济增长的贡献率。杨宗锦（2011）认为农村劳动力转移能有效抑制收入差距的扩大，建立长效的农村劳动力转移保障机制是缩小农村收入差距的有效途径。基于此考虑，本节选取农村人均固定资产投资和农村劳动力转移作为控制变量。

（1）农村人均固定资产投资（PINV）。数据处理上采用农村固定资产投资总额/农村人口的自然对数来衡量。

（2）农村劳动力转移（LABTR）。该指标采用从事非农行业的农村劳动力占农村劳动力的比重来衡量。

对于上述指标，数据主要来自历年《中国统计年鉴》《中国农村固定观察点调查数据汇编（1986—2009 年）》《中国农村统计年鉴》《新中国 60 年统计资料汇编》。在采用农村固定观察点调查数据时，由于 1992 年和 1994 年的数据缺乏，本节利用前后 2 年的平均值近似替代当年的调查数据，数据处理上，为了消除数据的剧烈波动和有可能存在的异方差，对上述指标取其自然对数，计算全部借助 Eviews6.0 来完成。

6.5.2　实证分析

6.5.2.1　模型设定

（1）收入增长模型：为了证实农村非正规金融发展规模（FINS）、农村非正规金融资源配置效率（FINE）和农村人均固定资产投资（PINV）对农民收入的数量差异——农村居民人均纯收入（PIC）的影响效应，文本构建了如下计量模型：

$$\ln(PIC_t) = \partial_1 \ln(FINS_t) + \partial_2 \ln(FINE_t) + \partial_3 \ln(PINV_t) + \mu_t \qquad (6.7)$$

（2）收入分配模型：为了证实农村非正规金融发展规模（$FINS$）、农村非正规金融资源配置效率（$FINE$）、农村劳动力转移（$LABTR$）对农民收入的分配差异——基尼系数（$GENI$）的影响效应，本节构建了如下计量模型：

$$\ln(GENI_t) = \beta_1 \ln(FINS_t) + \beta_2 \ln(FINE_t) + \beta_3 \ln(LABTR_t) + \mu_t \qquad (6.8)$$

其中，μ 为随机误差项。

6.5.2.2 变量平稳性检验

在进行分析之前，首先需要检验变量序列的平稳性，若非平稳，则检验它们是否为同阶单整序列，进而检验其是否存在协整关系。依据 SIC 信息准则选择趋势项和常数项是否存在及最优滞后阶数，采用不同类型的 ADF 检验分别对上述分组变量以及它们的一阶差分进行平稳性检验，结果如表 6.17。

表 6.17　各序列的单位根检验结果

变量	水平值				一阶差分			
	检验类型 (c, t, k)	ADF	p 值	平稳情况	检验类型 (c, t, k)	ADF	p 值	平稳情况
$\ln(PIC)$	$(c, 0, 3)$	-1.72	0.408 6	不平稳	$(c, 0, 2)$	-3.26	0.031 0	平稳
$\ln(FINS)$	$(c, 0, 1)$	-1.44	0.542 5	不平稳	$(c, 0, 2)$	-3.67	0.017 1	平稳
$\ln(FINE)$	$(c, 0, 1)$	0.04	0.684 3	不平稳	$(c, 0, 0)$	-4.76	0.000 0	平稳
$\ln(GENI)$	$(c, 0, 0)$	-1.70	0.419 6	不平稳	$(c, 0, 0)$	-6.54	0.000 0	平稳
$\ln(PINV)$	$(c, 0, 1)$	0.61	0.986 7	不平稳	$(c, 0, 3)$	-2.71	0.090 2	平稳
$\ln(LABTR)$	$(c, 0, 0)$	-0.52	0.869 6	不平稳	$(c, 0, 2)$	-3.15	0.03	平稳

注：①滞后项由 SIC 准则判定；②检验类型中 c 和 t 分别代表常数项和时间趋势项，k 代表滞后阶数。

结果表明，各个指标变量都是非平稳的，但是它们的一阶差分在 10% 显著性水平下都是平稳的。说明 $\ln(PIC)$、$\ln(FINS)$、$\ln(FINE)$、$\ln(PINV)$、$\ln(GENI)$、$\ln(FINE)$ 和 $\ln(LABTR)$ 都是 I（1）过程。根据协整理论，若变量是同阶单整序列，就可能存在协整关系，因此，进一步检验上述各组变量之间是否存在协整关系。

6.5.2.3 协整关系检验

本节采用 EG 两步法来对模型进行协整分析，首先建立变量之间的回归方程，再检验回归方程的残差序列是否平稳，用 Eviews6.0 做回归分析，并保留残差序列，结果如下（括号内为 t 统计量）：

模型（6.7）回归结果：

$$\ln(PIC) = 0.233\ 7 + 0.634\ 9\ln(FINS) + 0.442\ 7\ln(FINE) + 0.272\ 2\ln(PINV) \tag{6.9}$$

$$(0.732\ 9)(11.646\ 9) \qquad\qquad (5.937\ 4) \qquad\qquad (7.181\ 3)$$

$$R^2 = 0.999\ 0,\ \overline{R^2} = 0.998\ 8,\ F = 6\ 520.391,\ DW = 1.56$$

残差序列为：

$$\hat{\mu}_1 = \ln(PIC) - 1.060\ 2 - 0.623\ 2\ln(FINS) - 0.070\ln(FINE) - 0.276\ 4\ln(PINV) \tag{6.10}$$

模型（6.8）回归结果：

$$\ln(GENI) = 2.884\ 6 + 0.233\ 5\ln(FINS) + 0.281\ 1\ln(FINE) - 0.515\ 5\ln(LABTR) \tag{6.11}$$

$$(23.611\ 3)(6.495\ 2) \qquad\qquad (5.041\ 4) \qquad\qquad (-4.115\ 2)$$

$$R^2 = 0.836\ 2,\ \overline{R^2} = 0.811\ 6,\ F = 34.025\ 3,\ DW = 2.046\ 0$$

残差序列为：

$$\hat{\mu}_2 = \ln(GENI) - 2.884\ 6 - 0.233\ 5\ln(FINS) - 0.281\ 1\ln(FINE) + 0.515\ 5\ln(LABTR) \tag{6.12}$$

从回归分析结果可以看出，两个模型的拟合度都很好，自变量的变化都可以解释因变量变化的 81% 以上，并且都不存在序列相关。对上述模型的残差序列进行协整检验，为了保持合理的自由度而又消除误差项的自相关，综合各数据生成过程的特征，并且根据 SIC 准则确定模型的最大滞后阶数，结果如表6.18、表 6.19 所示。

表 6.18　残差序列 $\hat{\mu}_1$9　稳定性检验		
$\hat{\mu}_1$ 单位根 ADF 统计量	t-统计量	prob.*
	−4.379 071	0.002 4
显著性水平	1%level	−3.752 946	
	5%level	−2.998 064	
	10%level	−2.638 752	

注：* 表示在 1% 的显著性水平下的 p 值。

表 6.19　残差序列 $\hat{\mu}_2$ 稳定性检验		
$\hat{\mu}_2$ 单位根 检验统计量	t-统计量	prob.*
	−4.700 704	0.001 2
显著性水平	1%level	−3.752 946	
	5%level	−2.998 064	
	10%level	−2.638 752	

注：* 表示在 1% 的显著性水平下的 p 值。

检验结果显示，和序列在 10% 的显著性水平下都拒绝原假设，因此可以确定和都为平稳序列，上述结果说明回归方程（6.9）、（6.11）的设定是合理的，回归方程的因变量和自变量之间存在长期稳定的均衡关系。

从模型（6.7）的估计结果可知，非正规金融规模（ln($FINS$)）、非正规金融配置效率（ln($FINE$)）和人均固定资产投资（ln($PINV$)）的估计参数都为正值，并且在 5%［t 分布的 5% 临界值为 $t_{\alpha/2}(n-k-1)=t_{0.025}(20)=2.086$］的水平上显著。说明从长期来看，农村非正规金融规模的扩大、效率的提高和人均固定资产投资的增加，都有助于农民收入的增长，这与大多数学者的研究结论是一致的。非正规金融规模、非正规金融配置效率、人均固定资产投资对农民人均纯收入的弹性系数分别为 0.634 9、0.442 7、0.272 2，即农村非正规金融规模、非正规金融配置效率、人均固定资产投资分别提高 1%，农村人均纯收入将分别增加 63.49%、44.27%、27.22%。

由模型（6.8）的估计结果可知，农村非正规金融规模的扩大、效率的提高在长期也会显著扩大农村居民内部的相对收入差距（两个变量的估计参数分别为：0.233 5 和 0.281 1，且统计显著），而劳动力转移能显著改善农民内部收入分配的不平等程度（估计参数为 -0.515 5，且统计显著）。从影响绝对收入差异（PIC）的因素来看，ln($FINS$) 的系数均显著大于 ln($FINE$) 和 ln($PINV$) 的系数（Wald 检验的概率值都小于 0.01，原假设为系数没有差异），表明非正规金融规模和非正规金融效率的作用效果明显强于农村固定资产投资；从影响收入分配（$GENI$）的因素来看，劳动力转移的作用效果要明显强于非正规金融规模和非正规金融效率（Wald 检验的概率值都小于 0.01，原假设为系数没有差异）。

6.5.2.4 脉冲响应分析

通过以上分析，得出了非正规金融发展分别与农民收入（PIC）和农村基尼系数（GENI）之间的长期均衡关系。为了进一步考察模型中自变量的冲击对因变量变化的短期动态关系，选用 VAR 模型的脉冲响应函数来分析农村居民人均纯收入（PIC）、农村基尼系数（GENI）分别与其影响因素之间的短期动态效应（结果如图 6.10—图 6.15）。图中横轴表示冲击作用的滞后期数，纵轴表示脉冲响应函数值，实线表示脉冲响应函数值随时间的变化路径，虚线表示正负两倍标准差偏离带。

从图 6.10 可以看出，农村非正规金融规模的一个单位正向冲击在未来对农民人均纯收入的影响是负的，并且这种影响有较长的持续作用，在第 4 期达到最大，说明短期内非正规金融对农民增收没能产生预期中的促进作用，反而存在微弱的阻碍作用。农民从非正规金融渠道贷款主要用于建房、子女教育、农业生产投入和家庭新项目经营。从某种程度上都属于投资，从开始投资到进入投资回报期之间存在一定的时滞，因此可以理解短期内非正规金融规模的扩大对农民收入增长没有正向效应。

从图 6.11 可以看出，农村非正规金融规模的配置效率的一个单位正向冲击在未来对农民人均纯收入的影响是正的，并且该影响有较长的持续作用，在第 6 期达到最大，说明农村非正规金融效率的提高对农民收入增长有持续的拉动作用。尽管由于制度限制和政策歧视，农村非正规金融发展效率没有随着农村经济增长发生相应的质的变化，但是非正规金融发展效率对农民收入增长的贡献不论是从短期还是长期来看都不容忽视，进一步说明了农村非正规金融是一种有效的融资安排，在农村正规金融服务"三农"能力薄弱的情况下，政府有必要出台相关措施，引导非正规金融规范发展，以适应农村、农业发展对分散、短期、无抵押担保的现实金融需求。

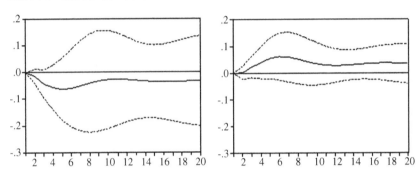

图 6.10　1PIC 对 FINS 的脉冲响应　　图 6.11　PIC 对 FINE 的脉冲响应

从图 6.12 可以看出，农村人均固定资产投资的一个单位正向冲击在未来对农民人均纯收入的影响是正的，该影响一直持续到考察的所有期，在第 5 期达到最大。这种拉升作用的效果要比上述两种因素的效果都要强。农村固定资产投资是通过农村基础设施建设、农业产业结构调整、农村文化和教育提升以及农业设备更新，经过生产和生活部门对农民收入产生作用，因此具有较长的稳定效应。

从图 6.13 可以看出，农村非正规金融规模的一个单位正向冲击在未来对农村基尼系数的影响是负的，在第 2 期达到最大，之后逐渐回落，说明农村非正规金融规模的扩大，会在短期内有效缓解农民内部收入分配的不平等程度。

从图 6.14 可以看出，农村非正规金融配置效率的一个单位正向冲击在短期内给农村基尼系数带来负的影响，这种影响在未来有一定的波动甚至发生正负偏移，但是随着滞后期的加长，这种波动和偏移会变得越来越小。说明在短期内农村非正规金融效率对农民内部收入差距的影响不显著。

从图 6.15 可以看出，当在本期给农村劳动力转移一个单位正冲击后，会在短期内给农村基尼系数带来负的影响，这种影响在未来虽然也有一定的波动

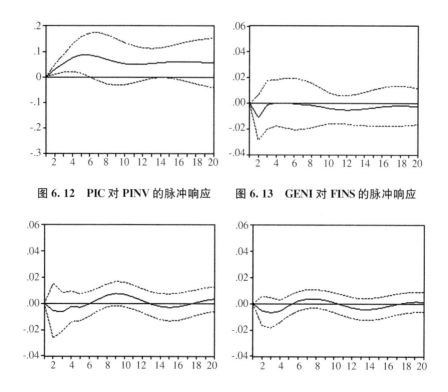

图 6.12　PIC 对 PINV 的脉冲响应　　图 6.13　GENI 对 FINS 的脉冲响应

图 6.14　GENI 对 FINE 的脉冲响应　　图 6.15　GENI 对 LABTR 的脉冲响应

和偏移，但以负响应为主，说明农村劳动力转移在一定程度下能缓解农民内部收入分配的不平等程度。

　　本节利用 1986—2009 年的时间序列数据，从农村非正规金融规模和配置效率两个方面出发，以农民人均纯收入和农村基尼系数为衡量指标，分别构建了收入增长模型和收入分配模型来探讨农村非正规金融发展对农民收入差异的影响。实证结果显示：从长期来看，农村非正规金融规模的扩大、效率的提高能有效促进农民收入的增长；但不能有效缓解农民内部收入的不平等程度。从短期来看，农村非正规金融规模的扩大不能促进农民收入的增长，但在一定程度上能缓解农民内部收入分配差距；农村非正规金融效率的提高能促进农民收入的增长，但是对农民内部收入分配影响不显著。同时研究也表明，增加农村固定资产投入，能显著促进农民收入增长；促进劳动力向非农业生产行业转移，能有效缓解农村内部收入的不平等程度。

　　从影响绝对收入差异（PIC）的因素来看，非正规金融规模和效率的作用效果明显强于农村固定资产投资。说明非正规金融发展是促进农民增收的重要因素，它提高了金融体系融通资金的效率，有助于农民突破自身资金不足的瓶颈约束，获得规模经济效益。

从影响收入分配（GENI）的因素来看，劳动力转移的作用效果要明显强于非正规金融规模和非正规金融效率。农民内部的收入差距很大程度上是农业与非农产业之间的差距。我国农业劳动力在总就业中的比重高达 40%，但创造的农业总产值却仅为 GDP 的 15%，这是农民收入水平低的核心所在。农业剩余劳动力的增加并滞留于农业，将进一步降低农业劳动生产率，进而降低人均农业收入。同时由于我国非农部门劳动生产率要高于农业部门，其收入水平也将普遍高于传统农业部门。因此，随着越来越多的农民由农业部门转移到非农业部门就业并获取收入，必将逐渐降低农村居民内部收入差距。对此，许多专家提出，增加农民收入，化解农村内部收入不平等程度的关键是减少农民在农业部门的就业数量。这既依赖于工业化进程的加快，以不断提高对劳动力的需求，也取决于农村劳动力自身就业竞争力的提高。

6.6　农村非正规金融发展对农民收入的地区差异研究

6.6.1　研究方法、指标设计与数据处理

6.6.1.1　研究方法

本节运用我国 30 个省市 2004—2010 年间的面板数据，分别建立东部、中部、西部地区农民收入与非正规金融发展规模和非正规金融资金配置效率的截面固定影响变截距模型。首先利用 Breitungt，Fisher-ADF，Fisher-PP 单位根检验法检验各变量的平稳性；对于同阶单整变量，运用 Pedroni 协整检验法对自变量及因变量进行协整关系检验；在变量存在协整关系的基础上，进行建模分析，确定模型设定形式并进行参数估计；最后对建模结果进行分析解释。

6.6.1.2　指标设计和数据处理

本节研究主题为农村非正规金融发展对农民收入的影响，而农村非正规金融发展水平包括量、质两方面，分别表现为农村非正规金融发展规模及发展效率，这两方面均为本节研究内容；农民收入水平包括总量水平和结构水平，表现为农民收入增长及农民收入分配差距，本节研究则着重于农民收入量的增长，而不考虑质的差异。

鉴于变量代表性及各变量数据的可获得性，综合上述文献研究变量的选择，本节变量选取如下：

1. 因变量的选取

农村居民人均纯收入（PIC）。该指标采用各省市农村居民人均纯收入的数据衡量，反映各省市农民收入水平。

2. 自变量的选取

（1）农村非正规金融发展规模（FINS）。该指标采用各省市农户固定资产投资资金来源中农户自筹资金及其他资金之和。表示非正规金融渠道所获得的贷款余额。

（2）农村非正规金融资金配置效率（FINE）。该指标采用农业 GDP/非正规金融渠道获得的资金来衡量。表示非正规金融渠道每单位贷款所创造的农业 GDP 增加值。农业 GDP 用各省市第一产业增加值来衡量。

本节数据主要来自《中国农村统计年鉴》。对自变量及因变量取其自然对数，以消除数据剧烈波动所造成的影响及可能存在的异方差和截面相关性。运用 Eviews6.0 进行各项操作分析。

6.6.2 实证分析

6.6.2.1 模型设定

本节建立含有总体均值截距项的固定影响变截距模型，形式如下：

$$\ln(PIC_{j,it}) = m_j + \beta_j \ln(FINS_{j,it}) + \eta_j \ln(FINE_{j,it}) + \alpha^*_{j,i} + \mu_{j,it}$$

$$(6.13)$$

其中，$j=1$，2，3，分别代表东部、中部和西部；$i=1$，2，…，N_j，分别表示东、中、西部地区包含的截面个数，其中 $N_1=11$，$N_2=8$，$N_3=11$；t 表示时期，样本数据时期为 2004—2010 年；m_j 表示 j 地区总体均值截距项；$\alpha^*_{j,i}$ 表示截面 i 对相应 j 地区总体均值偏离的截面截距项，即表示截面成员 i 对相应地区 j 总体平均状态的偏离，并且满足 $\sum_{i}^{N} \alpha^*_i = 0$。

6.6.2.2 变量平稳性检验

首先，对东部地区面板数据进行分析。

根据表 6.20 可知，原序列为非平稳序列，然而各序列一阶差分经检验不存在单位根，故可认为，面板数据序列 $\ln(PIC)$，$\ln(FINS)$，$\ln(FINE)$ 均为一阶单整序列。由协整理论可知，对于非平稳序列进行建模分析有可能出现伪回归；但当各变量为同阶单整时，可能存在协整关系；在存在协整关系的基础上进行建模分析，可以说明变量间存在长期稳定的相关关系；若不存在协整，则不能直接进行建模分析，否则会出现伪回归现象。因此，应对上述一阶单整序列进行协整检验。

变量平稳性检验如下：

表 6.20　变量平稳性检验

检验方法	$\ln(PIC)$	$\ln(FINS)$	$\ln(FINE)$
Breitungt-stat	-0.93（0.17）	0.51（0.69）	1.54（0.94）
Fisher-ADF Chi-square	4.27（1.00）	26.8（0.22）	16.94（0.77）
Fisher-PP Chi-square	11.7（0.96）	51.9（0.00）	35.4（0.04）

结论：综合分析可得 $\ln(PIC)$，$\ln(FINS)$，$\ln(FINE)$ 存在单位根

检验方法	D（$\ln(PIC)$）	D（$\ln(FINS)$）	D（$\ln(FINE)$）
Levin，Lin&Chut	-9.92（0.00）	-9.21（0.00）	-6.44（0.00）
Fisher-ADF Chi-square	51.67（0.00）	49.47（0.00）	35.07（0.03）
Fisher-PP Chi-square	81.65（0.00）	51.2（0.00）	42.75（0.01）

结论：综合分析可得 D（$\ln(PIC)$），D（$\ln(FINS)$），D（$\ln(FINE)$）不存在单位根

注：括号内为检验统计量相应 p 值。

6.6.2.3　协整检验

表 6.21　面板协整检验

变量		面板协整检验水平值			
因变量 $\ln(PIC)$	自变量 $\ln(FINS)$ $\ln(FINE)$	组内统计量	Panelv-Stat 3.42（0.00）	Panelrho-Stat 2.0（0.98）	PanelPP-Stat -8.42（0.00）	PanelADF-Stat -6.61（0.00）
		组间统计量		Grouprho-Stat 3.66（0.99）	GroupPP-Stat -8.53（0.00）	GroupADF-Stat 5.51（0.00）

注：括号内为检验统计量相应 p 值。

根据表 6.21 面板协整检验结果可知，组内及组间 Panelrho 检验统计量无法拒绝变量间不存在协整关系的原假设，但其余五个统计量检验结果相反：拒绝变量间不存在协整关系的原假设。综合分析认为，$\ln(PIC)$，$\ln(FINS)$，$\ln(FINE)$ 变量间存在协整关系。

6.6.2.4　模型设定形式检验

在变量存在协整关系的基础上可以进行建模分析。面板数据模型有三种形式：变系数模型，变截距模型，混合模型。在对面板数据进行估计时，使用的样本数据包含了截面、时期、变量3个方向的信息；如果模型形式设定不正确，估计结果将与所要研究分析的经济现实偏离甚远。因此，应检验模型所要估计的参数（截距项和斜率系数）对所有截面是否是一样的，也即检验样本数

据符合哪种面板数据模型。

表 6.22　模型设定形式检验结果

模型形式原假设	残差平方和	检验统计量值	F 临界值（a＝0.001）	结论
H_1：变系数模型	$S_1＝0.21$			
H_2：变截距模型	$S_2＝0.49$	$F_1＝2.8$	F_1（20，44）＝3.15	接受 H_2
H_3：混合模型	$S_3＝8.6$	$F_2＝56$	F_2（30，44）＝2.39	拒绝 H_3

注：括号内为检验统计量自由度。

表 6.22 检验结果显示，在 0.001 显著性水平下应建立变截距模型。之所以选择 0.001 的显著性水平，主要是为了拒绝建立变系数模型的假设。考虑到在 0.05 显著性水平下并非明显拒绝"变截距"模型的假设，并且在"变系数"模型假设下进行参数估计，估计结果显示部分斜率系数的估计值未通过显著性检验，且系数符号出现与预期相反的情况，再结合本节研究目的，即本节仅从整体角度对比分析东、中、西部地区农村非正规金融发展对农民收入的影响，而并非探究各个截面空间结构差异，故本节选用"变截距"模型进行建模分析。

另本节主要做东、中、西部地区之间的对比分析，且所选样本并非从总体中随机抽取而得到，所以本节选择建立固定影响的变截距模型。

固定影响变截距模型包括截面固定影响的变截距模型和时期固定影响的变截距模型，及截面和时期均包含的固定影响变截距模型。为了进一步检验本节选用的截面固定影响模型是否合理，需做"截面固定影响"的显著性检验。

截面固定影响显著性检验结果如表 6.23 所示。

表 6.23　截面固定影响显著性检验

模型形式原假设	残差平方和	检验统计量值	F 临界值（a＝0.10）
H_0：截面固定影响不显著	$RSS_U＝0.49$	$F_{个体}＝1.75$	F（10，63）＝1.71

其中：不含固定效应的变截距模型残差平方和 $RSS_R＝0.63$

结论：拒绝 H_0，即认为截面固定影响显著

注：括号内为检验统计量自由度。

由表 6.23 检验结果可知，在确定建立变截距模型的基础上，并且在 0.10 的显著性水平下，应拒绝"截面固定影响不显著"的原假设。故分析结论为：截面固定影响的变截距模型是合理的。

综合上述分析，可知模型设定形式正确。对于中部和西部地区面板数据，依据上述步骤逐步进行检验，再结合本节研究主旨，可知对于中部、西部也应

建立易于比较分析的截面固定影响的变截距模型。

6.6.2.5　参数估计

表 6.24　东、中、西部地区截面固定影响变截距模型参数估计结果

估计参数	东部	中部	西部
m（总体均值截距项）	2.37（12.24）*	2.18（7.81）*	2.66（21.34）*
β（ln(FINS) 斜率系数）	1.01（50.74）	0.93（29.87）*	0.90（51.20）*
η（ln(FINE) 斜率系数）	0.91（15.23）*	0.71（8.97）*	0.76（21.93）*
R^2（可决系数）	0.99	0.97	0.98
N（样本容量）	77	56	77

注：括号内数值为估计值对应的 t 统计量，"*"表示在 5% 的显著性水平下拒绝原假设。

从表 6.24 可以看出，三个模型拟合度都很好，自变量都可以解释因变量变化的 95% 以上，且参数估计值均通过了显著性检验。

根据表 6.24 将模型形式表示如下：

东部模型：

$$\ln(PIC_{1,it}) = 2.37 + 1.01\ln(FINS_{1,it}) + 0.91\ln(FINE_{1,it}) + \alpha^*_{1,i} + \mu_{1,it}$$
$$(6.14)$$

中部模型：

$$\ln(PIC_{2,it}) = 2.18 + 0.93\ln(FINS_{2,it}) + 0.71\ln(FINE_{2,it}) + \alpha^*_{2,i} + \mu_{2,it}$$
$$(6.15)$$

西部模型：

$$\ln(PIC_{3,it}) = 2.66 + 0.90\ln(FINS_{3,it}) + 0.76\ln(FINE_{3,it}) + \alpha^*_{3,i} + \mu_{3,it}$$
$$(6.16)$$

对比分析东、中、西部地区总体情况，可以看出：

（1）各地区总体均值截距项不同。说明农村非正规金融发展水平以外的因素对各地区农民平均收入影响程度不同；西部地区影响程度最高，其次是东部，中部最低。

（2）各地区农村非正规金融发展规模斜率系数及非正规金融配置效率系数估计值为正值。说明从长期来看，农村非正规金融规模的扩大、效率的提高，都有助于各地区农民收入的增长。

（3）各地区农村非正规金融发展规模斜率系数不同。说明非正规金融发展规模对农民收入的作用存在地区差异；东部地区非正规金融发展规模对农民收入的弹性系数最大，其次是中部地区，西部地区弹性系数最小。

（4）各地区农村非正规金融资金配置效率系数不同。说明非正规金融资金配置效率对各地区农民收入的影响存在差异；东部地区非正规金融资金配置效率对农民收入的弹性系数最大，其次是西部，中部系数最小。

以下为地区内部各截面偏离该地区总体平均水平的参数估计情况：

表 6.25　东部各截面对东部总体平均影响水平 m_1 的偏离 $\alpha_{1,i}^*$ 估计值

Fixed Effects（Cross）		$m_1 = 2.37$	
地区	$\alpha_{1,i}^*$ 估计值	地区	$\alpha_{1,i}^*$ 估计值
北京 _ BJ——C	2.168 810	江苏 _ JS——C	−0.967 310
天津 _ TJ——C	1.807 335	浙江 _ ZHJ——C	−0.244 522
河北 _ HEB——C	−1.414 086	福建 _ FJ——C	−0.548 916
辽宁 _ LN——C	−0.810 088	山东 _ SHD——C	−1.606 434
上海 _ SH——C	2.496 152	广东 _ GD——C	−1.046 166
海南 _ HAN——C	0.165 226		

表 6.26　中部各截面对中部总体平均影响水平 m_2 的偏离 $\alpha_{2,i}^*$ 估计值

Fixed Effects（Cross）		$m_2 = 2.18$	
地区	$\alpha_{2,i}^*$ 估计值	地区	$\alpha_{2,i}^*$ 估计值
山西 _ SHXM——C	0.845 197	江西 _ JX——C	0.172 028
吉林 _ JL——C	0.416 211	河南 _ HEN——C	−0.819 572
黑龙江 _ HLJ——C	0.182 363	湖北 _ HUB——C	−0.172 375
安徽 _ ANH——C	−0.280 186	湖南 _ HUN——C	−0.343 664

表 6.27　西部各截面对西部总体平均影响水平 m_3 的偏离 $\alpha_{3,i}^*$ 估计值

Fixed Effects（Cross）		$m_3 = 2.66$	
地区	$\alpha_{3,i}^*$ 估计值	地区	$\alpha_{3,i}^*$ 估计值
内蒙古 _ NEG——C	−0.035 541	陕西 _ SHXB——C	−0.330 055
四川 _ SCH——C	−1.054 039	甘肃 _ GS——C	0.003 353
重庆 _ CHQ——C	0.153 482	青海 _ QH——C	1.469 809
广西 _ GX——C	−0.722 460	宁夏 _ NX——C	1.429 525
贵州 _ GZH——C	−0.171 134	新疆 _ XJ——C	−0.129 984
云南 _ YN——C	−0.612 956		

可以看出山东、河北、广东、江苏地区模型以外的因素对农民收入的影响明显低于东部地区平均水平；河南、湖南地区模型以外的因素对农民收入的影响明显低于中部总体平均水平；四川、广西、云南地区模型以外的因素对农民收入的影响明显低于西部地区平均水平。

本节运用 30 个省 2004—2010 年的面板数据，分别建立东、中、西部农民收入关于农村非正规金融发展规模和发展效率的变截距模型，研究分析东、中、西部地区农村非正规金融发展对农民收入的影响。实证结果显示：从长期来看，东、中、西部地区农村非正规金融规模的扩大、效率的提高能有效促进各地区农民收入的增长；其中东部地区非正规金融发展水平对农民增收的促进作用最明显，相关弹性系数均为三地区之首，非正规金融发展规模的弹性系数甚至超过"1"为 1.01；非正规金融资金配置效率的弹性系数也明显高于中、西部地区，可见在农村基础设施较完善的东部地区，非正规金融通过提高农户融通资金的效率，使得农户有能力利用完善的基础设施进行生产活动，从而有效发挥对农民收入的促进作用，甚至产生规模经济效益。

6.7 农村正规金融与非正规金融发展的收入效应研究

国外研究表明金融发展对经济增长和居民收入有很大的促进作用，且其中非正规金融的贡献不容小觑。国内现有的关于农村正规与非正规金融收入效应的研究普遍认为农村正规金融对农民增收支持不力，而农村非正规金融的发展则越发兴旺，在促进农村居民增收的效率上比农村正规金融要高。现有文献大都利用省际面板数据建立面板模型进行分析，忽略了空间自相关因素的存在，这在一定程度上会影响结论的完整性和可靠性。所以本节结合我国农村金融发展的实际，建立空间面板数据模型，对农村正规金融和非正规金融的农村居民收入效应进行了研究。同时，本节还利用面板数据分位数回归方法分析了不同收入水平下农村正规金融和非正规金融对农村居民收入影响的差异。

6.7.1 基于农村正规和非正规金融收入效应的实证研究

6.7.1.1 模型设定

本节将空间因素纳入面板数据模型建立空间面板数据模型对我国农村正规金融和非正规金融发展的农村居民收入效应进行分析。因农村正规金融和非正规金融数据来自农村固定资产投资来源，故不再将固定资产投资作为资本存量引入模型，构建计量经济模型如下：

$$inc = \alpha_0 rf^{\beta_1} irrf^{\beta_2} fsc^{\beta_3} np^{\beta_4} pst^{\beta_5} u \tag{6.17}$$

其中，inc 表示农村居民收入，rf 和 $irrf$ 分别为衡量农村正规金融和非正规发展水平的变量，fsc 表示国家财政支农水平，np 为农村就业人口中非农产业人员所占比例，pst 表示农村农作物种植面积中经济作物种植比例，u 为随机误差项。

将式（6.17）两边取对数得：

$$\ln(inc) = \ln\alpha_0 + \beta_1\ln(rf) + \beta_2\ln(irrf) + \beta_3\ln(fsc) + \beta_4\ln(np) +$$
$$\beta_5\ln(pst) + \ln u \tag{6.18}$$

记 $\alpha = \ln\alpha_0$，$\varepsilon = \ln u$ 得

$$\ln(inc) = \alpha + \beta_1\ln(rf) + \beta_2\ln(irrf) + \beta_3\ln(fsc) + \beta_4\ln(np) +$$
$$\beta_5\ln(pst) + \varepsilon \tag{6.19}$$

接下来我们将空间因素引入模型（6.19）。空间计量模型一般分为两种：空间滞后模型（SLM）和空间误差模型（SEM）。其中空间滞后模型（SLM）中因变量的空间自相关关系是通过因变量的滞后项来反映的，而空间误差模型（SEM）中因变量的空间依赖性则是通过干扰误差项来反映的。模型的表达式分别如下：

$$\ln(inc) = \alpha + \beta_1\ln(rf) + \beta_2\ln(irrf) + \beta_3\ln(fsc) + \beta_4\ln(np) +$$
$$\beta_5\ln(pst) + \rho\sum_j\omega_{ij}\ln(inc) + \varepsilon \tag{6.20}$$

$$\ln(inc) = \alpha + \beta_1\ln(rf) + \beta_2\ln(irrf) + \beta_3\ln(fsc) + \beta_4\ln(np) +$$
$$\beta_5\ln(pst) + \theta\sum_j\omega_{ij}\varepsilon + u \tag{6.21}$$

其中，ω_{ij} 是空间相关矩阵 W 第 i 行第 j 列的元素。若第 i 个省份和第 j 个省份相邻，则 $\omega_{ij}=1$；若不相邻，则 $\omega_{ij}=0$；同时为了消除自身相邻的影响，令 $\omega_{ii}=0$（Millo 等，2012）。式（6.20）为空间滞后模型（SLM）表达式，其中 $\sum_j\omega_{ij}\ln(inc)$ 为空间滞后变量，ρ 为空间自回归参数，其估计值表示各省农村居民收入的空间相关性的大小和方向。式（6.21）为空间误差模型（SEM）表达式，其中 $\sum_j\omega_{ij}\varepsilon$ 为空间滞后误差项，θ 表示空间自相关系数，其估计值表示周边相邻省份农村居民收入的误差冲击对本地农村居民收入的影响强度。

6.7.1.2　数据说明

本节用农村居民人均纯收入来表示农村居民收入水平，记为 inc。国内关

于农村金融的众多研究中，对农村金融的数据主要有两种采集方法。其一是来自《农村固定观察点调查数据》，农村非正规金融发展水平采用农户通过非正规金融渠道的贷款余额来衡量，正规金融则采用农户从银行、信用社贷款的贷款余额来表示（苏静等 2013；杜金向等，2013）。其二是来自《中国固定资产投资统计年鉴》，按照农户和非农户的投资来源，用农村农户投资来源中的国内贷款和农村非农户投资来源中的国家预算内资金、国内贷款以及利用外资四部分之和来衡量农村正规金融发展水平，用农村农户投资来源和农村非农户投资来源中的自筹资金和其他资金之和占第一产业增加值的比值来表示农村非正规金融发展水平（刘海波等，2009；冉光和等，2012；胡宗义等，2012）。通过比较可以看出后者能更全面地衡量农村正规金融和非正规金融的发展水平，故本节选用后者作为农村正规金融和非正规金融的数据。同时为了消除各地区经济发展差异的影响，我们将加总得出的各省农村正规金融（rh）和非正规金融（$unrh$）数据分别与其第一产业增加值（$ngdp$）做比来表示各省的农村正规金融和非正规金融发展水平，分别记为 rf 和 $irrf$。

为了使模型更加全面，根据已有文献的研究，本节引入财政支农水平（fsc）、非农产业劳动力（np）以及农村种植结构（pst）作为控制变量。其中财政支农水平用各省一般预算支出中农林水事务支出所占比例表示，非农产业劳动力用农村就业人口中非农产业人口比重表示，农村农作物种植结构用农村农作物种植面积中经济作物种植比例表示。根据模型需要，同时也为了消除异方差带来的影响，本节对所有变量作对数处理。

本节面板数据包括全国 30 个省份，选用年度为 2003—2010 年，来自 2004—2011 年的《中国固定资产投资统计年鉴》《中国统计年鉴》和《新中国 60 年统计资料汇编》。其中西藏、台湾、澳门和香港数据因缺失较多，不做分析。农村正规金融和非正规金融中个别数据缺失，采用前后两年平均值补齐，各指标的原始数据描述见表 6.28。

表 6.28 各变量的原始数据描述性统计

变量	变量说明	单位	最小值	中位数	最大值	均值	标准差
inc	农村居民人均纯收入	元	1 564.70	3 872.90	13 978.00	4 399.36	2 259.19
$ngdp$	第一产业增加值	亿元	48.47	786.49	3 588.28	926.21	716.93
rh	农村正规金融	亿元	2.66	39.81	682.64	85.43	119.74
$unrh$	农村非正规金融	亿元	12.12	288.41	5 260.40	611.72	836.12
ae	农林水事务支出	亿元	6.890	74.95	489.16	110.74	98.16

续表

变量	变量说明	单位	最小值	中位数	最大值	均值	标准差
te	一般预算总支出	亿元	105.4	1 056.14	5 421.54	1 306.59	957.39
re	乡村就业总人数	万人	169.60	1 396.00	4 914.67	1 701.82	1 248.92
affe	农林牧渔就业人数	万人	34.06	761.06	3 321.24	972.14	726.02
tcp	农作物种植总面积	千公顷	295.01	4 679.41	14 248.69	5 169.77	3 498.06
fcp	粮食作物种植面积	千公顷	141.34	3 094.76	11 454.70	3 500.62	2 577.49

由表 6.28 中的农村人均居民纯收入的最小值、最大值、标准差可以看出农村居民收入水平在全国范围内存在较大的差异；从农村金融数据的均值和中位数可以看出农村非正规金融发展规模远远超过农村正规金融，并且呈现快速增长的趋势，由此可以看出将农村非正规金融从农村金融中单独提取出来纳入模型考量其农村居民收入效应是很有必要的。

6.7.1.3　空间自相关检验

在建立空间面板模型前，为了确定模型的可行性我们通常对模型进行空间自相关检验。空间自相关性分为全局自相关性和局部自相关性，全局空间自相关性描述的是属性在整个区域空间特征；而局部空间自相关性描述的是研究范围内各地区与各自周围邻近地区的同一属性的相关性，能指出存在空间集聚的具体地区，这里的属性在本节中指的是农村人均居民纯收入。本节分别采用 Moran'I 指数、Moran'I 散点图和 LISA 集聚图来判断是否存在全局自相关性和局域自相关性（胡宗义等，2013）。本节全局 Moran'I 指数的计算公式为：

$$\text{Moran'I} = \frac{\sum_{i=1}^{n}\sum_{j=1}^{n}\omega_{ij}(\ln(inc_i) - \overline{\ln(inc)})(\ln(inc_j) - \overline{\ln(inc)})}{S^2\sum_{i=1}^{n}\sum_{j=1}^{n}\omega_{ij}} \tag{6.22}$$

其中，$S^2 = \frac{1}{n}\sum_{j=1}^{n}(\ln(inc_i) - \overline{\ln(inc)})$，$\overline{\ln(inc)} = \frac{1}{n}\sum_{i=1}^{n}\ln(inc_i)$，$\ln(inc_i)$表示第 i 个省份的农村人均居民纯收入，$\ln(inc_i)$ 表示 n 个地区的农村人均居民纯收入的平均值，n 表示地区总数 30。ω_{ij} 是空间权值矩阵，若 i 省份和 j 省份相邻则取 1，不相邻则取 0，对角线上的元素 ω_{ii} 取 0。Moran'I 指数的取值范围是 −1 到 1，若 Moran'I 指数为正数，且其正态统计量 Z 值大于临界值 1.96，或者 p 值小于 0.05，则存在空间正相关性；反之，若 Moran'I 指数为负数，且其正态统计量 Z 值大于临界值 1.96，或者 p 值小于 0.05，则

存在空间负相关性。

本节利用 MATLAB 的空间计量程序包计算得出 Moran'I 指数及其检验结果见表 6.29。

表 6.29　2003—2010 年 Moran'I 指数及其检验结果

年份	2003	2004	2005	2006	2007	2008	2009	2010
Moran'I	0.534 8	0.483 8	0.590 3	0.485 1	0.290 8	0.390 4	0.408 1	0.400 7
p 值	0.000 1	0.000 4	0.000 0	0.000 5	0.163 9	0.014 2	0.004 8	0.005 7

由表 6.29 可知，Moran'I 系数均为正数，并且其 p 值除 2007 年之外均小于 0.05，即都在 5% 水平下通过显著性检验。由此可知，从整体来说，农村人均居民纯收入在地理空间上存在空间正相关性。

为了检验农村人均居民收入是否存在空间极化，接下来我们采用 Moran'I 散点图法来检验空间局部自相关性。首先将 $\ln(inc)$ 序列（30×1）和空间权值矩阵 W（30×30）标准化，然后按年份分别求出 $W^*\ln(inc)$（30×1）[这里的 W 和 $\ln(inc)$ 均为标准化后的数值，下同]，表示标准化后 30 个省份周边相邻省份的农村人均居民纯收入的平均值。以 $W^*\ln(inc)$ 为纵坐标，$\ln(inc)$ 序列为横坐标作散点图，即为 Moran'I 散点图。第一（三）象限的点表示农村居民纯收入高（低）的省份其周边的省份农村居民收入也高（低），即存在空间正自相关性；第二（四）象限的点表示农村居民纯收入低（高）省份其周边的省份农村居民收入高（低），即存在空间负自相关性。如果各省份的点在四个象限的分布呈现随机性，就说明空间自相关性不明显（吴玉鸣等，2008）。图 6.16 为 2010 年的 Moran'I 散点图。

由图 6.16 可以看出 Moran'I 散点图中绝大部分的点都是落在第一、三象限。其中落在第一象限的有上海、北京、浙江、天津、江苏、广东、福建、山东、辽宁、吉林、黑龙江；落在第三象限的有湖北、江西、湖南、内蒙古、河南、安徽、重庆、海南、四川、山西、宁夏、新疆、广西、陕西、云南、青海、贵州、甘肃；落在第二象限的仅有河北；没有省份落在第四象限。这说明我国农村人均居民纯收入存在明显的空间集聚现象，为了使结论更加直观，我们结合 LISA 集聚图进行分析。由 LISA 集聚图可以得出，我国农村居民收入水平存在一定程度的空间极化，其中以江苏、浙江为代表的东部沿海地区农村居民收入形成了明显的高水平集聚区，以新疆、青海、四川为代表的中西部地区形成了明显的低水平集聚区。

综上，由 Moran'I 指数、Moran'I 散点图和 LISA 集聚图得出的结论为我

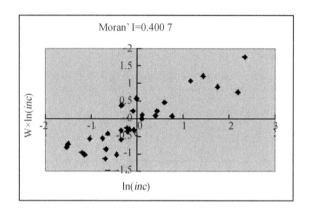

图 6.16　2010 年农村人均居民纯收入的 Moran'I 散点图

们运用空间面板数据模型提供了理论依据。

6.7.1.4　模型估计结果分析

根据模型（6.19）、（6.20）、（6.21），本节利用 MATLAB 空间计量程序包得出传统面板模型 OLS 估计结果和 LM 检验结果如表 6.30，空间面板模型 SLM 和 SEM 估计结果及其检验结果如表 6.31。

表 6.30　传统面板模型 OLS 估计结果

变量	系数	统计量	p 值
截距	9.070	56.953	0.000
$\ln(rf)$	−0.060	−2.045	0.042
$\ln(irrf)$	0.292	5.583	0.000
$\ln(fsc)$	0.096	2.417	0.016
$\ln(np)$	0.475	5.064	0.000
$\ln(pst)$	0.040	0.761	0.447
R^2	—	0.598	—
Durbin-Watson	—	1.284	—
Moran 检验	—	0.584	0.000
LMlag	—	204.301	0.000
Robust LMlag	—	28.784	0.000
LMerror	—	185.334	0.000
Robust LMerror	—	9.818	0.002

由表 6.30 估计结果可以看出传统面板数据模型的 OLS 估计结果不太理

想，Durbin-Watson 和 Moran 检验结果表明模型存在一定的自相关性，这进一步说明了空间面板数据模型的可行性。本节采用 LM 统计量及其稳健形式来检验空间滞后模型（SLM）和空间误差模型（SEM）并甄别模型的好坏。若 LMlag 和 LMerror 都不显著，则选用传统面板数据模型；若 LMlag 显著而 LMerror 不显著则选用空间滞后模型（SLM）；反之若 LMerror 显著而 LMlag 不显著则选用空间误差模型（SEM）；若 LMlag 和 LMerror 都显著，则观察 Robust LMlag 和 Robust LMerror，若 Robust LMlag 比 Robust LMerror 显著，则采用空间滞后模型（SLM）；反之则采用空间误差模型（SEM）（熊灵等，2012）。由表 6.30 中的 LM 检验结果可知 LMlag 和 LMerror 均显著，并且 Robust LMlag 和 Robust LMerror 也显著，Robust LMlag 比 Robust LMerror 略小，相差不大。为了使模型甄别更具说服力，下面本节联合其他指标进行模型选择。

表 6.31　空间滞后模型（SLM）和空间误差模型（SEM）估计结果

变量	空间滞后模型（SLM）		空间误差模型（SEM）	
	固定效应	随机效应	固定效应	随机效应
截距	—	12.718*** (14.794)	—	8.647*** (105.176)
$\ln(rf)$	0.021* (1.646)	0.019 (1.339)	0.012*** (3.247)	0.014*** (3.574)
$\ln(irrf)$	0.172*** (4.685)	0.168*** (4.332)	−0.030*** (−3.006)	−0.019** (−1.837)
$\ln(fsc)$	0.183*** (7.628)	0.204*** (8.008)	0.004 (0.518)	0.002 (0.319)
$\ln(np)$	2.326*** (13.281)	2.210*** (12.884)	0.172*** (3.198)	0.315*** (6.362)
$\ln(pst)$	−0.219*** (−3.449)	−0.244*** (−3.692)	−0.029 (−1.310)	−0.011 (−0.469)
W* dep. var.	0.236*** (2.850)	0.236*** (2.820)	—	—
spat. aut.	—	—	0.974*** (207.029)	0.970*** (181.466)
teta	—	0.061*** (5.485)	—	127.898*** (5.869)

续表

变量	空间滞后模型（SLM）		空间误差模型（SEM）	
	固定效应	随机效应	固定效应	随机效应
R^2	0.953	0.946	0.689	0.997
对数似然值	463.977	517.843	453.345	344.239
Hausman 检验	4.613 (0.594)		−41.149 (0.000)	

注：括号内为 t 统计量和 Hausman 检验的 p 值，*** 表示 1% 显著性程度，** 表示 5% 显著性程度，* 表示 10% 显著性程度。

由表 6.31 估计结果看出 SLM 模型的对数似然值和拟合优度系数均大于 SEM 模型，同时 Hausman 检验结果表明接受原假设，所以这里我们选择 SLM 随机效应模型进行结果分析。由 SLM 随机效应结果可以看出，农村正规金融 $\ln(rf)$ 的系数为 0.018 7，但并不显著，因此不能确定农村正规金融对农村居民收入水平存在显著的促进作用。农村非正规金融 $\ln(irrf)$ 的系数为 0.168，且在 1% 的水平下通过显著性检验，由此可见，农村非正规金融的发展对农村居民收入有明显的促进效应。这与我国的农村金融现状相符合。财政支农水平 $\ln(fsc)$ 的系数为 0.204，与预期的符号相同。说明政府对农村的财政支持能够很好地促进农村居民收入的增加。非农产业就业比例 $\ln(np)$ 的系数为 2.210，这说明农村非农产业就业人口的增加能够在很大程度上提高农村居民收入水平。这是因为农村剩余劳动力由第一产业向第二产业和第三产业的转移能够增加农民工的工资收入，推进城镇化进程。而农村经济作物种植比例 $\ln(pst)$ 的系数为 −0.244，符号与预期的相反，这也从一定程度上说明了 2003 年以来农村经济作物种植产业发展并不理想，政府应当加强支持力度和宏观调控，避免市场供需不平衡的情况，同时调整种植结构，加大高效经济作物种植比例，增加农村居民收入。空间回归相关系数为 0.236，这说明在地理空间上我国农村居民收入存在空间溢出效应。

前文分析结果表明农村正规金融对农村居民收入的促进作用不显著，而农村非正规金融则对农村居民收入有明显的拉动作用。为了进一步研究农村非正规金融在不同农村居民收入水平下的收入效应，下面我们对模型（6.21）采用面板数据分位数回归方法进行分析，参数估计结果如表 6.32。

由表 6.32 的估计结果可以看出，参数估计结果与前文的空间计量模型相近，同时除农村正规金融外，其他参数均通过显著性检验。农村正规金融 $\ln(rf)$ 在不同收入水平下的收入效应不显著，这与前面空间面板数据模型的结果相一致。而农村非正规金融 $\ln(irrf)$ 在 0.1—0.9 的分位数下的系数均为正数，且最高在 10% 的水平下通过显著性检验，由此可见农村非正规金融对农村居民收入的增加具有一定的促进作用。同时比较不同分位数水平下农村非正规金融的系数可以看出其在 0.1—0.3 分位数下呈现很小程度的增长趋势，在 0.3—0.9 分位数下呈现明显的下降趋势。这说明农村非正规金融对收入水平较低和中等的地区具有更强的促进作用，随着农村居民收入水平的增加，农村非正规金融对农村居民收入的促进效应越来越弱。由此可见，农村非正规金融发展不仅能够提高农民收入，而且能在一定程度上缩小贫富差距。国家财政支农水平 $\ln(fsc)$ 的系数在分位数水平上均为正数，且都在 1% 水平上显著。说明国家财政支农在促进农村居民收入增加方面发挥了积极的作用。$\ln(fsc)$ 的系数随着分位数的增加递增，说明随着农村居民收入水平的增加，财政支农对农村居民收入的促进作用越来越强，这将在一定程度上进一步扩大贫富差距。这也同时说明了政府应该适当优化财政支农结构，加强对农村收入水平较低地区的支持。非农产业就业人口比例 $\ln(np)$ 的系数均为正数，且除 0.1 和 0.2 分位数外，均呈现上升趋势。由此可见，随着农村居民收入水平的增加，农村非农产业就业人口比例的增加对农村居民的收入效应越来越强。这里很大一部分原因是居民收入水平较高的地区经济发展水平通常较高，能提供的就业机会较多，农民工能得到的工资性收入往往也较高。由此可见积极拓展农民的就业空间，促进农村剩余劳动力转移，对增加我国农村居民收入具有重要的意义。经济作物种植比例 $\ln(pst)$ 的系数为负数，且在各分位点没有呈现明显的上升或下降趋势。

表 6.32　面板数据分位数回归结果

分位数	截距	$\ln(rf)$	$\ln(irrf)$	$\ln(fsc)$	$\ln(np)$	$\ln(pst)$
0.1	9.491 *** (40.249)	−0.032 (−1.252)	0.151 *** (2.896)	0.186 *** (2.749)	1.262 *** (7.720)	−0.230 ** (−2.219)
0.2	9.582 *** (49.196)	−0.002 0 (−0.097)	0.155 *** (3.110)	0.206 *** (3.572)	1.200 *** (7.270)	−0.262 *** (−3.039)
0.3	9.604 *** (56.383)	0.002 (0.104)	0.160 *** (2.320)	0.206 *** (4.054)	1.189 *** (7.158)	−0.262 *** (−3.135)
0.4	9.633 *** (56.841)	−0.010 (−0.578)	0.156 *** (3.412)	0.210 *** (4.272)	1.209 *** (7.383)	−0.253 *** (−3.112)
0.5	9.731 *** (57.710)	−0.008 (−0.428)	0.144 *** (3.170)	0.227 *** (4.791)	1.244 *** (7.384)	−0.258 *** (−3.290)

续表

分位数	截距	$\ln(rf)$	$\ln(irrf)$	$\ln(fsc)$	$\ln(np)$	$\ln(pst)$
0.6	9.817*** (61.247)	−0.009 (−0.534)	0.142*** (3.146)	0.248*** (5.508)	1.266*** (7.390)	−0.263*** (−3.452)
0.7	9.919*** (65.162)	−0.011 (−0.568)	0.140*** (3.111)	0.267*** (6.274)	1.270*** (7.317)	−0.237*** (−3.341)
0.8	10.058*** (63.622)	0.009 (0.392)	0.113** (2.470)	0.289*** (7.029)	1.297*** (7.315)	−0.241*** (−3.691)
0.9	10.149*** (55.913)	0.019 (0.595)	0.120* (1.954)	0.294*** (5.535)	1.309*** (6.802)	−0.242*** (−3.615)

注：括号内为 t 统计量，* 表示10%显著性程度，** 表示5%显著性程度，*** 表示1%显著性程度。

　　本节运用空间面板数据模型，分析了农村正规金融和非正规金融对农村居民收入的影响，同时将财政支农水平、非农产业就业人口比例和经济作物种植比例作为控制变量引入模型进行分析。然后运用面板数据分位数回归方法分析了不同收入水平下农村正规金融和非正规金融的收入效应，得出结论如下：地理空间上我国农村居民收入存在空间极化现象，空间溢出效应明显；农村正规金融对农村居民收入的增长的促进作用并不显著；农村非正规金融对农村居民收入具有显著的促进作用，并且随着农村居民收入水平的增加，这种促进作用逐渐减弱，可见农村非正规金融在缩小农村贫富差距上发挥了一定的作用；财政支农和非农产业就业人口比例的增加能够提高农村居民收入水平，但是这种促进作用对高收入地区更有利，会在一定程度上扩大了贫富差距；经济作物种植产业有待优化，暂不利于农村居民增收。

6.8　农村小额信贷对农民收入影响的 PSTR 研究

6.8.1　小额信贷演进中的经济思想

　　小额信贷演进中的经济思想分为三个阶段：第一阶段是 20 世纪 50—70 年代，第二阶段是 1980—1995 年，第三阶段是 1996 年至今。

　　小额信贷各阶段的理论和思想都不同，对关键制约因素的认识也在改变。从市场失灵和政府干预，到政府失灵与政策和制度制约，到扶贫的失灵与政策、制度和技术共同制约。从政府追求公平，过渡到市场追求效率，再过渡到政府和市场的共同作用，公平与效率目标共同考虑。

6.8.1.1　为农民提供发展农业生产的贴息贷款

第二次世界大战后，一些原来的殖民地、半殖民地国家取得了民族独立，成为发展中国家。这些国家之间尽管存在许多差异，但在经济上却都面临着一些共同的困难和问题，例如：人民生活贫困、人口压力沉重、失业或就业不足、文化教育和技术水平低下、技术力量奇缺、农业在国民经济中所占比重很大、发展资金短缺、城乡差别巨大，以及在国际贸易中处于不利地位等等。这些国家迫切的愿望是：摆脱贫穷落后的状况，解决面临的种种困难和问题，使经济发展起来。

这一阶段发展中国家的经济发展道路的选择，建立在古典假设基础上，即强调资本积累是增长的发动机。著名的发展经济学家 W. A. 刘易斯、B. H. 莱本斯坦分别得出了如下结论："农民需要的资本远超过他们能够进行的储蓄。""信贷对于一些领域，特别是小农业和小工业的发展，是必不可少的。"

20 世纪 50—60 年代，经济学开出的农业发展信贷政策处方是：政府为农民提供有补贴的、低利率的、用于发展农业生产的项目贷款，实现提高农业生产率和发展农业生产的目标。在这种发展经济理论指导下，低收入发展中国家的政府，常常被赋予直接提供农业信贷的重要责任。建立国家所有的专门的农业发展银行，为本国的农民发展和农业生产提供有补贴的贷款，成为 20 世纪60—70 年代发展中国家信贷扶贫的政策选择。

市场失灵和农民需要低息农业生产贷款，是制定政策中的基本假设。金融市场失灵是由于以下的原因：借贷给穷人相关的高风险，即穷人缺乏担保、小笔贷款造成的高交易成本、农村地区的低人口密度。穷人需要低息农业生产贷款则是基于如下判断：穷人不能进入信贷市场，得不到正规金融服务，导致经济运行中的效率的损失。

然而，观察发展中国家的政府提供贴息农业贷款的结果，往往是引起金融市场效率低下和严重扭曲。

6.8.1.2　为农民提供制度性金融服务

到 20 世纪 70 年代，麦金农和肖提出金融发展和金融深化理论，认为资本形成是经济发展的必要条件，农村金融在经济发展中的作用受到重视。20 世纪 80 年代初，匹斯克提出：应该主要考虑加强制度建设、有效的定位来满足潜在目标客户的需要，创建授予该权利的立法并建立适宜的机构。

这一阶段小额信贷的最大特征是为农民提供制度性金融服务。基本假设是农民需要商业利率的信贷服务和政府失灵。小额信贷机构在为农民提供金融服务的同时，能够持续发展，随着少数成功的项目实现或趋于实现"双赢"的目标。小额信贷持续性被提到空前的高度。

玛格丽特（Marguerite）在《小额信贷的革命》一书中指出了"革命"的标志是：印度尼西亚巴厘商业银行（Bank Dagang Ball，BDB）作为从非正规民间借贷转变为机构性的私人金融机构，提供小额信贷服务具有可营利性，这是持续发展观点的依据。Marguerite 认为"BDB 是第一家提供小额贷款的金融机构，自 1970 年一直是持续不断的和可盈利的，从未得到过补贴，这是小额信贷的起源"。BDB 的前身是非正规的商业性民间借贷，1968 年由一对夫妇用 300 美元作为资本金经营一个很小的二级市场银行为起点。由于他们深知对小笔贷款的需求量大，而且他们能够通过吸收存款为其贷款筹资，通过较大的利差能够与高利贷者竞争，这样银行和客户都从中受益。到 1970 年，银行已经从小笔市场交易中赚到 40 000 美元利润，当年 9 月创始人奥卡斯（Okas）决定成立 BDB，是在巴厘第二个得到许可的私人银行，专门为低收入客户提供可盈利的金融服务。银行提供小额度贷款和吸收存款，发展非常迅速。

6.8.1.3 增加农民进入金融市场的机会

至 20 世纪 90 年代，"小额信贷革命"已有一定的成就，但仍然需要改进创新。"小额信贷革命"的成就被描述为对农民的金融服务，就是帮助农民使他们的储蓄额度足够满足经营、消费、人力、社会和建立资产的需要（Imran Matin，David Hulmeand Stuart Rutherford，1999）。帮助他们应对不利的处境由此减缓贫困。但应对不利处境不一定是为了减缓贫困，而是为了满足农民复杂生计的需要。由此给小额信贷带来的挑战是：提供一系列的金融服务来满足农民复杂生计的需要，而非单纯将客户看作为简单的小农或微型企业主。

这一阶段是小额信贷服务时代，主张以客户需求为基本目标的借贷，强调多元化服务并降低交易成本。它开始关注不同农民生计的差异性及风险策略，从给农民作为生产性投入的贷款，到更广泛地满足家庭投资的各个方面。匹斯克提出：通过创新可以实现从产品定位的借贷到以客户定位借贷的转变，主要创新包括延长期限结构、降低交易成本和精炼价值过程。

6.8.2 农村小额信贷与农民收入的现实考察

6.8.2.1 我国小额信贷发展历程

1. 我国农村正规金融体系改革的回顾

国际小额信贷运动兴起于传统的农村金融政策在发展中国家中的失败。而我国农村正规金融体系的改革促进了我国小额信贷的兴起。改革开放 30 多年以来，我国农村金融体系的发展大致经历了五个发展阶段。

第一阶段是在1994年以前,在这个时间段仅有中国农业银行和由其管辖的农村信用社提供存款和贷款服务。在这一阶段中的中国农业银行实际上承担各种涉及农村金融的业务,包括以个体工商业和乡村工业为目标的贷款、各种政策性的定向贷款安排以及扶贫贴息贷款。

第二阶段:这一阶段为1994—1996年。该时期为农村金融市场中三足鼎立局面形成的时期。该时期中国农业发展银行及其分支机构开始组建,农业银行开始进行商业化导向的改革,《国务院关于农村金融体制改革的决定》要求已经商业化经营的农村信用合作社可以整顿合并组建农村合作银行。

第三阶段:这一阶段为1997—2000年。从1999年起,农村信用社可以从中国人民银行获取低利率的支农再贷款。1999年农村信用社开始发放小额信用贷款,并于2000年开始发放农户联保贷款。实践证明这三种贷款既为许多农村信用社创造了重要的营业收入来源,又为大量农户提供了可得的金融服务。农村信用社逐渐成为正规农村金融体系的主力军。而"按合作制规范"的农村信用社似乎难以独撑大局,农村金融服务的供需矛盾开始显现。

第四阶段:这一阶段为2000—2004年。农村金融机构体系基本维持原有格局,农村信用社成为农村金融改革的重心,农业银行和农业发展银行的改革则陷入停顿。

第五阶段:从2005年开始,为最终建立"多层次的、适度竞争的农村金融市场体系",除了研究如何发挥已有的金融机构的作用、推进农村信用社和邮政储蓄改革外,开始考虑开放农村金融中的利率限制,并引入多种所有制金融机构(包括小额信贷)推动农村金融中保险、支付结算、担保和农产品期货的发展。

我国于2005年在5个试点省开始实施"商业性小额信贷"试点工作。截至当年末,即2005年12月26日,两家完全由民营资本投资的"只贷不存"的商业性小额贷款公司,已经在山西平遥县获准成立。2011年,龙江银行设立了我国第一家社区银行——"小龙人"社区银行,其后多家商业银行跟进,发展势头迅猛,一度成为金融界关注的热点。根据部分银行定期报告数据,兴业银行的社区银行网点达1 080家。平安银行截至2015年来持牌开业的社区银行304家,其中119家管理客户资产过亿,占比趋39%。截至2016年6月末,民生银行持有牌照的社区支行1 605家,社区网点金融资产余额达1 554.36亿元,社区网点客户数达420.95万户。近年来,"社区e银行"在农村"互联网+"行动中表现尤为活跃。

以安徽省农村信用社联合社为例,社区e银行平台上线一年,到2015年年底注册用户达到33万个,商业达到2.8万个,交易额达到8 000多万元。

2. 小额信贷在我国的发展历程

(1) 我国小额信贷发展的开端

通常认为，我国小额信贷始于 1981 年联合国国际农业发展基金（IFAD）在内蒙古 8 旗（县）开展的北方草原与畜牧发展项目。1981 年以来，IFAD 在我国先后实施了 15 个农业开发项目。IFAD 的这 15 个项目公开承诺贷款金额 3.8 亿美元，三分之二用于信贷投放，均属于长期优惠利率的软贷款。其投资集中用于林业、基础设施和排灌系统，用以提高农村低收入农户的营养水平和粮食供给。国际农业发展基金项目开始有了明确的扶贫目标，按规定，向拥有土地少于 0.5 公顷和人均收入低于全区平均水平的贫困农户提供短、中、长期贷款以加强农业基础设施、机械和其他农业收入。国际农业发展基金的小额信贷项目通过农业银行和财政机构实施，多年来它们积累了推动小额信贷发展方面丰富的经验。

1984 年，国际小母牛项目组织（HPI）在我国 4 省开展小额信贷项目。HPI 是一个非营利性、非官方的国际慈善机构，总部设在美国阿肯色州小石城。HPI 通过将募捐来的资金或种畜扶持各地的小农，发展畜牧业以帮助他们摆脱饥饿和贫困。HPI 以"礼品传递"的形式资助中国西部贫困地区的贫困但有创收能力和一定劳动的农户，当符合条件的农户被项目机构确认为帮助对象后（即被赠送一头小母畜后），必须将这头小母畜无偿转赠给另一个贫困农户，当然这个农户要急需母畜又符合条件。如此扩展开来，使受援农户不断增加。受到援助的农户组成小组并由技术人员对他们进行技术培训。同时，小组在成员之间还起监督农户的饲养情况以及相互担保的作用，保证按时向新的受援人转赠小母畜。该项目到 1997 年 4 月总计投资 160 多万美元，受援户 12 000 多户。以后捐赠的实物从单一的小母牛扩大到了羊、猪、兔、蜜蜂等品种。

1986 年，联合国人口基金先后在宁夏、贵州、甘肃、青海、新疆、湖北、陕西、内蒙古、安徽、山西等省和自治区启动小额信贷项目，累计投入 900 万美元。

20 世纪 90 年代后，越来越多的国际组织和机构都开展了各种形式的小额信贷项目。中国香港的乐施会就是其中一个。该组织第一个小额信贷项目是于 1992 年在内地开展的一项农村综合发展项目，包括为农户购买畜种、提供小额信贷、提供防疫兽医服务、改良饲养技术。项目区开始集中在贵州、广西、云南的若干个贫困县，后来又扩大到陕西、甘肃等省的一些贫困县。相关数据统计，五年间乐施会总计贷款 6 000 多户。几乎同时，宣明会在中国开展小额信贷项目。宣明会是一个国际扶贫组织，其扶贫的领域是救灾和灾后重建、孤儿助学、农村综合发展。其在中国的扶贫项目开始于 1988 年，重点的项目区分布于西部贫困地区。宣明会小额信贷项目在识别穷人方面积累了很多经验。

20 世纪末之前在中国开展的小额信贷项目有如下几个特征：第一，几乎全部是在国际机构的推动下和资金支持下开展起来的；第二，只吸纳了小额信贷中的个别做法，如借款人组织小组、分期还款、小组联保等，而不是完整地、全面地引入和借鉴国外成功项目的经验；第三，出于多重目的，如改善妇女状况、救济、救灾，几乎没有一个项目为自己提出持续发展的目标，其中有相当一部分项目是慈善机构开展的。可以说直到 1993 年以前，我国的小额信贷项目，基本上都只是国际援华扶贫项目的一个组成部分或者一种特殊的资金使用方式而已。

（2）我国小额信贷发展的四个阶段

我国最早的具有完整意义的小额信贷始于 1993 年底，是一个非政府组织操作的专业化小额信贷机构，由中国社会科学院农村发展研究所在河北易县组建——易县信贷扶贫合作社（简称"扶贫社"FPC），这标志着我国小额信贷发展的开始。

1）第一阶段

从 1993 年年底到 1996 年 10 月，是我国小额信贷试点的初期阶段。在这一阶段，小额信贷作为一种扶贫理念和独特的信贷技术逐渐传入我国，并主要在国际资金（负有优惠条款和软贷款或者捐赠资金）和技术援助下，由国内的非（半）政府组织操作，以 NGO 形式开始运行。这一阶段的明显特征是：在资金来源方面，主要依靠国际捐助和软贷款，基本上没有政府资金的介入；在技术上，这些 NGO 小额信贷绝大多数借鉴孟加拉国乡村银行传统模式下的"团体联保贷款"形式（group lending），后来也有少数项目采用村镇银行模式（village banking）和个人贷款模式（individual lending）。

从 1993 年中国社科院"扶贫社"试点开始以后的十多年中，我国 NGO 小额信贷项目还有过许多。在"扶贫社"之外，另一个有代表性的 NGO 小额信贷项目，是由联合国开发计划署（UNDP）援助，并由我国商务部国际经济技术交流中心项目办公室从 1995 年开始运行。联合国开发计划署的扶贫项目都为实现这样的目标服务：建立综合的、低成本的和可推广的扶贫模式。

在 20 世纪 90 年代中期，一些国际机构为环境保护目的而开展的援助项目中，也采用了小额信贷方法。其中由国际鹤类基金会、渐进组织和贵州省政府提供资金，1994 年开始的"草海村寨信用基金"，也以其独特的技术管理模式引起了较多关注。以后还有江西省山江湖项目。这些项目都是以恢复生态环境和保护资源为主要目标，考虑到贫困对实现这一目标带来的巨大压力，分配一部分资源帮助贫困农户合理利用资源，或向非农产业转移。村寨信用基金的资金来源为国际机构捐赠款和国内有关部门的配套资金。为运作村寨信用基金，有关地区的村庄成立了村寨基金委员会。关于小额信贷基金的使用，首先是由村民自愿组成 10—15 人小组，选出组长。经过村寨基金委员会审核、批准后，按每个小组成员 200 元拨款，同时要求参加小组的农户集资，作为小组基金，由小组自己制定资金使用办法。在这种小额信贷模式中，小组是信贷工作的基本环节，承担着一些极为重要的职责，如制定小组基金使用办法，包括信贷方式、贷款额、贷款期、利率以及其他一些管理制度。小组高度的自主权和借款户的广泛参与使这种小额信贷模式明显区别于在中国影响最大的孟加拉国乡村银行模式。它十分接近在国外被称为"村镇银行"的小额信贷模式。草海项目的开展表明在中国的小额信贷开始向多元化的形式发展。另外，这段时期还有中国扶贫基金会承办的世界银行小额信贷扶贫项目，于 1996 年开始在陕西安康和四川阆中开展试点工作。

2）第二阶段

从 1996 年 10 月至 2000 年，是我国小额信贷项目的扩展阶段。在这一阶段，为实现千年扶贫攻坚计划和新世纪扶贫任务，借鉴 NGO 小额信贷的技术和经验，我国政府从资金、人力和组织等方面积极推动小额信贷的发展。这一阶段的明显特征是：主要采用孟加拉国乡村银行的传统小组联保模式，以国家财政资金和扶贫贴息贷款为资金来源，我国政府机构和农业银行（中国农业发展银行）主导的"政策性小额信贷扶贫项目"开始发展起来。

1996 年，中央扶贫开发会议提出扶贫资金不仅要到县，而且要到村到户。这是在总结了多年扶贫效益难以落实到真正贫困农户头上的经验教训以后，对扶贫资金使用上的重点调整。但是到村到户工作量大，并且需要完善的金融网络，这些都是银行无力单独完成的，必须找到一种合适的形式和制度。正是在这种背景下，小额信贷被政府采纳，成为一项扶贫政策。1998 年 2 月，国务院"扶贫办"召开的"全国扶贫到户工作座谈会"指出，"从今年开始，凡是没有进行小额信贷试点的省区，要积极进行试点；已进行试点的，要逐步推广；试点并取得成功的，可以稳步在较大的范围内推广"。1998 年 9 月，中共中央、国务院在《做好当前农业和农村工作的通知》中，对小额信贷扶贫提出工作方针："积极试点、认真总结规范，逐步发展推广。"还指出，"总结和推广各种行之有效的扶贫到户经验，重点抓好小额信贷试点和推广"。1998 年 10 月 14 日党的十五届三中全会在《中共中央关于农业和农村工作若干重大问题的决定》中指出，"要总结推广小额信贷扶贫资金到户的有效做法"。1999 年中央扶贫开发工作大会再次强调小额信贷等扶贫的作用，本届会议的有关文件指出，"小额信贷是一种有效的扶贫到户形式，要在总结经验、规范运作的基础上，积极稳妥地推行"。

随着国家扶贫政策的演进，政策性小额信贷扶贫项目在一些有 NGO 小额信贷经验的省（区）如山西、四川、云南、河北、广西、贵州等地区迅速发展起来，国务院扶贫办系统、民政部门、社会保障部门、残疾人联合会、妇联和工会等先后参与其中。这些政策性小额信贷项目，大多数分布在农村地区；但随着国有企业改革提速和城镇中下岗再就业任务日益严重，依托政府再就业基金、工会送温暖基金和妇女网络，由政府部门自行设计和执行，面向下岗失业人员和城镇低收入人口的一些城市小额信贷项目，也在这一时期开始运行。总之，中国这一阶段的小额信贷扶贫已从由政府组织、社会团体，主要利用国外资金进行小范围试验转向了以政府和指定的国家银行操作、以使用国内扶贫资金为主，在较大范围内推广。政府小额信贷项目在管理制度上均以借鉴孟加拉国乡村银行模式为主，大都实行了将借款人组织起来，5 户组成一个小组，若干个小组再组成中心，贷款额小（首次贷款都不超过 1 000 元），贷款期短（大多不超过 1 年），实行整贷零还，贷款不须财产抵押，实行小组联保、中心会议制度以及严格的规章制度等。

3）第三阶段

全面试行推广小额信贷阶段（2000 年—2005 年 6 月）。在促进农业、农村、农民发展的战略背景下，为解决农户贷款难问题，农村商业银行、农村信用社和农村合作银行在人民银行支农再贷款的支持下，开始发放农户联保贷款和小额信用贷款。

这一阶段的特征表现为：我国正规农村金融机构开始大规模介入小额信贷领域（农信社作为农村正规金融机构快速扩展小额信贷试验并成为小额信贷的主力军），而小额信贷目标，也从扶贫领域扩展到为一般农户以及微小企业服务的广阔空间。自此，小额信贷的总量规模也大为扩展。

值得注意的是，我国农村合作金融机构发放的小额信贷与前两个阶段的 NGO 和政策性小额信贷广泛采用的 GB 传统模式存在差异。农户小额信用贷款，使用一户一份的农户贷款证，按照"一次核定，随用随贷，余额控制，周转使用"的管理办法进行，贷款期限一般为 1 年。根据小额信用贷款户占全部农户的比例和农户守信程度，开展评定信用村（镇）活动，对不同信用程度的村镇在发放农户贷款时实行分类管理。关于农户联保贷款，年报贷款模式事实上是对 GB 传统模式的改进。信用社基本原则是"多户联保，按期存款，分期还款"。但对农户小额信用贷款采取的"贷款证—信用村（镇）"管理模式的作用机制，还缺乏严谨的经济学分析和研究文献。

4）第四阶段

探索"商业性小额信贷"的全新阶段（2005年6月以后）。具体表现为，由中国人民银行或者中国银行业监督管理委员会推动，由商业性资金或者正规商业银行投入和经营，我国小额信贷拟在政策性目标和商业性资本之间开辟一条新路，并能在机构可持续性和业务覆盖面两个方面同时获得进展。由此我国小额信贷发展非常迅猛。2007年，我国小额贷款的农户总数有2.26亿户，有贷款需求的农户数有1.23亿户，获得小额信用贷款农户数和联保贷款的农户数为7 819万户，已获得贷款的农户数占农户总数的33%，已获得贷款农户数占有贷款需求农户数的63.6%。2010年，全国针对农户的小额贷款总额达到3 000亿元左右。

近年来，中国政府越来越认识到小额信贷在解决农合和微型企业、中小企业贷款难的问题上的重要性。2004年到2009年的中央一号文件都强调要在有效防范金融风险的前提下支持小额信贷的发展。中国人民银行、中国银行业监督管理委员会及有关部委积极探索建立自负盈亏、商业上可持续发展的小额贷款组织。全国出现了各种类型的商业性小额贷款机构：2007年5月银监会批准邮储银行可开展无抵押贷款，并在陕西、河南等7省开展试点，单一借款人的最高授信额度不得超过50万元；在商业银行开展小额贷款业务方面，2007年8月，银监会出台了《中国银监会关于银行业金融机构大力发展农村小额贷款业务的指导意见》（以下简称《意见》）要求银行业金融机构创新业务品种，大力发展农村小额贷款业务。《意见》扩大了贷款利率自主性。由于我国尚未实行利率市场化，加上银行业金融机构尚无能力建立完善的利率定价机制，因此《意见》明确要求实行贷款利率定价分级授权制度，将利率浮动范围与贷款权限一并授权，给予基层机构一定程度的利率自主权。同时也简化了贷款手续和服务方式，强调了风险控制和外部环境建设。提出建立激励约束机制有效控制风险，尽快规范和完善农户和农村小企业信用档案来解决借贷双方信息不对称问题，从而避免因不完全信息而导致的贷款回收率低下问题。同时，新型农村金融机构迅速发展。截至2012年9月末，全国已组建村镇银行、贷款公司和农村资金互助社等三类新型农村金融机构858家，其中村镇银行799家。据介绍，已开业的村镇银行发展平稳健康。截至2012年6月末，全国已开业村镇银行资产总额为3 190亿元，资本充足率达28.6%；贷款余额1 782亿元，农户和小企业贷款余额分别为600亿元和841亿元；不良贷款率0.2%，拨备覆盖率86%。新型农村金融机构的发展，有效缩小了城乡金融差距，但它仍处于初始建立阶段，无论在业务开展还是经营管理上还很不成熟，在发展的同时也面临着巨大挑战，但在解决农村金融服务问题上是一个重大突破。

（3）目前我国小额信贷现状

国际小额信贷运动的宗旨是：通过金融服务覆盖面、金融创新和机构可持续发展来实现减贫和农村经济增长。首先，小额信贷比正规商业性金融覆盖面要广，小额信贷不仅要实现机构可持续性，还要能惠及低收入人口。小额信贷更注重面向低收入人口和低收入社区。其次，可持续发展是小额信贷区别于补贴性金融的特征，补贴性融资计划往往仅在覆盖面上扩张而不能保证机构可持续发展。小额信贷的核心：要不断进行适当而有效的金融创新，同时实现覆盖面和一定程度的可持续。

自中国社科院农发所的易县"扶贫社"试点算起，我国的小额信贷已经历了 20 多年的探索。但总体而言，我国的小额信贷尚未脱离正规金融的风险管理技术和组织形态，尚未在金融创新这个核心问题上取得令人振奋的成就。

那些 NGO 小额信贷和政府小额信贷，大多数移植了孟加拉国乡村银行的团体贷款模式。但在我国的实践中并未达到国外同类机构的水平，事实上除了少数个别项目以外，绝大多数此类项目都难以实现最低层次的可持续性要求（即操作层面的自负盈亏）。农业银行的小额信贷和正规商业银行的小企业贷款，虽然很短时期内就在总量和覆盖面方面达到了卓越的水平，但是其业务组织形态和风险管理技术，并没有明显地区别于正规金融的传统模式，实际上是在国家补贴和政策的强力推动下迅速扩张的。

就我国当前的小额信贷实践中，成功的经验还不多，诸种形态的小额信贷金融创新还极其少见。往往尝试过的金融创新一方面因为它们没有实现可持续发展要求，另一方面因其规模较小，发挥不了值得重视的实际效果。

如果小额信贷运动的兴起标志着发展中国家农村金融政策从"传统阶段"向"新方法"的更迭和跃进，那么我国小额信贷要想强势兴起并改革传统农村金融领域，还需要各方面的进一步努力。

6.8.3　当下农村小额信贷影响农民收入的机理分析

6.8.3.1　农户生产性贷款的主要来源

农村小额贷款是除了私人无息借款之外的第二个重要贷款来源，占生产性贷款的 50% 以上。

小额信贷的创新，使其在农村提供生产性贷款具有可能性。我们可以得出初步的结论是：农村小额信贷，作为一种开始成为根植于当地农村信贷市场中的一种有效的服务，成为当地农户生产性贷款的主要来源，可以缓解农村信贷市场中生产性贷款的约束，有助于改善农村信贷市场运作效率低下的局面。通过提供生产性贷款，改善初始资源禀赋或者改善生产机会，可以增加农民收入。考虑到小额贷款是农户生产性贷款重要来源，以及小额贷款的主要用途是家庭非农经营。所以可以初步判断农村小额贷款能较大提高农户家庭非农经营收入。

6.8.3.2 改善信贷在农户之间的分配

假设农民面临进入信贷市场的障碍，是农民贫困和收入不平等的原因之一。农村小额信贷则为穷人提供平等的信贷机会，对信贷分配平等做出贡献。

小额贷款对信贷分配平等有贡献程度，通过信贷分配的基尼系数可以观察到：对全部样本和对有借贷余额的样本，小额信贷都有缓解信贷在农户之间分配不平等的作用。

信贷分配的另一个名称，是家庭负债状况的分布。那么，改善信贷在农户之间分配不平等，即意味着改善农户之间负债的不平等。影响农户负债的因素是多重的，可以区分为供给因素和需求因素。供给因素，规定着不同收入家庭进入信贷市场的可能性；需求因素，与农户负债意愿和能力相关。从理论上讲，收入高的家庭负债潜力大，但是，这样的家庭不一定有负债的愿望。而收入低的家庭，又可能面临借债的制约。正在借贷的家庭中，根据负债的意愿，存在主动负债和被动借贷。如果将用于生产经营项目的借贷定义为主动负债，相应地需要平滑消费的借贷可能是被动的。区分主动和被动往往是困难的，例如，投资于子女教育、盖房等负债，则很难判断是主动还是被动负债。根据负债的用途，可以分为生产性负债和非生产性负债。所以，小额信贷对信贷在样本农户之间分配不平等的贡献，是与当地的农村信贷市场结构、经济机会和发展水平相联系的。

6.8.3.3 补充与替代作用的讨论

大多数农户从信贷市场上获得了资金，但借贷的渠道和用途存在差异。农户贷款的用途包括生产性的和非生产性的，非正规借贷的用途主要是非生产性的，而小额信贷主要满足农户生产性贷款需要。

通过分析信贷供给和需求，可初步判断，小额信贷具有补充正规金融服务，以及补充乃至替代非正规借贷的潜力。但是，量化补充和替代的程度，尚需要更多的观察和数据。

6.8.4 基于 PSTR 模型的农村小额信贷对农村收入影响的实证分析

6.8.4.1 数据说明与模型构建

1. 数据来源

本节涉及农村人均纯收入（$rincome$）、农村小额信贷水平（$credit$）、财政支农（$rexp$）、农村金融发展水平（$finance$）和农业 GDP（$rgdp$）五个变量的 2002—2009 年的面板数据。数据来源于《中国统计年鉴》。其中北京、上海、西藏三省的多个指标数据缺失，未包括在研究样本内。

2. 变量的选取与说明

（1）因变量的选取与说明

本节选取农民人均纯收入作为衡量农村居民收入的代理指标，数据来源于历年《中国统计年鉴》，采用 CPI 进行了价格调整。

（2）自变量的选取与说明

本节共涉及一个主要关心变量和三个控制变量，共四个自变量。其中：主要关心变量为农村小额信贷指标，由于宏观层面的农村小额信贷指标不可得，因此，参考张立军、湛泳（2006），李政（2008）等的处理方法，选取农村信用社发放的农业贷款占该省农业 GDP 的比例作为农村小额信贷的指标。由于我国开展农村小额信贷业务的主要金融机构是农村信用社，因此，用该指标替代小额信贷指标具有一定合理性。其中农村信用社发放的农村贷款指标数据来源于历年《中国金融年鉴》，农业 GDP 用各省市第一产业增加值来衡量，数据则来源于国泰安数据库。三个控制变量分别为财政支农、农村金融发展水平和农业 GDP。其中财政支农指标采用财政支出中的农业财政支出占总的财政支出比例表示；农村金融发展水平采用各省农村信用社存贷款总额占 GDP 的比值表示；农业 GDP 来自国泰安数据，采用 CPI 进行了价格调整，基期为 2002 年。其他各指标数据分别来自历年《中国统计年鉴》和国泰安数据库。

3. 计量模型构建

PSTR 模型如下：

$$\ln(rincome_{it}) = \mu_i + \beta_{10}\ln(credit_{it}) + \beta_{20}\ln(rexp_{it}) + \beta_{30}\ln(finance_{it}) + \beta_{40}\ln(rgdp_{it}) + (\beta_{11}\ln(credit_{it}) + \beta_{21}\ln(rexp_{it}) + \beta_{31}\ln(finance_{it}) + \beta_{41}\ln(rgdp_{it}))h(q_{it}; \gamma, c) + \varepsilon_{it}$$

(6.23)

6.8.4.2　参数估计与结果分析

1. 各地区农村居民收入与农村小额信贷时间分布

图 6.17 为我国农村居民收入与农村小额信贷 2002—2009 年的时间分布图，图中纵坐标为农村居民收入（单位：千元），横坐标为农村小额信贷水平。

2. PSTR 模型参数估计

（1）变量的描述性统计与传统计量模型估计结果

表 6.33 给出了本节实证模型所涉及的各变量指标的描述性统计及说明。表中显示，各指标在三大地区存在较大差异，在本节的实证部分将会从不同地区的角度分析农村小额信贷对农村居民收入的影响。

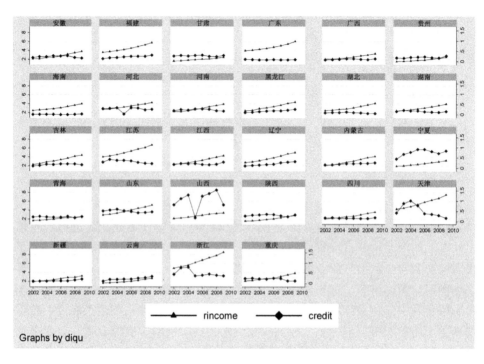

图 6.17　2002—2009 年各地区农民收入与小额信贷时间分布图

表 6.33　各变量描述统计与变量说明

变量名/地区	变量说明	均值	最大值	最小值	标准差	中位数
rincome	农村人均纯收入	3 254.744	8 570.770	1 489.910	1 292.589	2 932.730
credit	农村小额信贷	0.278	1.533	0.008	0.239	0.218
rexp	财政支农	1.667	32.846	0.017	4.502	0.060
finance	农村金融发展水平	2.315	10.522	0.436	1.784	1.667
rgdp	农业 GDP	1 351.157	5 072.86	65.5	961.204	1 178.305
东部	农村人均纯收入	4 523.526	8 570.770	2 423.200	1 361.836	4 253.605
	农村小额信贷	0.294	1.010	0.008	0.215	0.278
	财政支农	0.057	0.114	0.020	0.016	0.055
	农村金融发展水平	2.913	8.930	0.436	2.041	2.365
	农业 GDP	1 788.299	5 072.86	181.1	1 114.62	1 709.975

续表

变量名/地区	变量说明	均值	最大值	最小值	标准差	中位数
中部	农村人均纯收入	3 032.770	4 407.530	2 091.920	630.633	2 946.470
	农村小额信贷	0.289	1.533	0.063	0.323	0.191
	财政支农	0.049	0.099	0.021	0.015	0.048
	农村金融发展水平	2.162	10.522	0.938	2.198	1.465
	农业 GDP	1 547.758	3 922.04	351.6	814.413	1 413.22
西部	农村人均纯收入	2 378.086	4 092.980	1 489.910	578.978	2 252.195
	农村小额信贷	0.256	0.922	0.081	0.178	0.219
	财政支农	4.162	32.846	0.017	6.449	0.123
	农村金融发展水平	1.936	4.468	0.762	0.896	1.656
	农业 GDP	850.512	3 160.88	65.5	658.705	700.03

（2）PSTR 模型参数估计

1）模型设定检验

表 6.34 列出了 PSTR 模型的线性检验、剩余非线性检验以及最优转换变量选择结果。表中结果显示，PSTR 模型并不存在剩余非线性关系并最终选择农村经济发展水平作为本节的转换变量。

表 6.34　线性检验、剩余非线性检验与最优转换变量选择

转换变量	*finance*			*rgdp*		
检验	LM	F	LRT	LM	F	LRT
$H_0: r=0$ vs $H_1: r=1$	40.113	10.471	44.200	26.147	6.343	27.803
$H_0: r=1$ vs $H_1: r=2$	6.252	1.321	6.341	10.143	2.182	10.380
AIC	−5.816			−5.858		
BIC	−5.664			−5.706		

2）PSTR 模型参数估计

①非线性关系初步探讨

表 6.35 为式（6.23）在混合普通最小二乘回归（OLS）、普通面板数据固定效应模型（FE）、普通面板随机效应模型（RE）估计框架下的参数估计结果。表 6.35 中 OLS 模型的估计结果表明，对于本节研究样本数据而言，农村小额信贷对农村居民收入的影响为负，其余两个方法的估计参数也为负，但均

不显著，故不能判定两者之间的负相关是否显著。其余变量，除财政支农估计系数在三个模型中存在差异外，其余控制变量对农村居民收入均有显著正向影响。表 6.36 和表 6.37 为以 2005 年分段的分段估计结果，表 6.36 为 2002—2005 年的估计结果，表 6.37 为 2006—2009 年的估计结果。相比于全样本估计结果而言，表 6.36 中农村小额信贷对农村居民收入的影响仍不显著，但估计系数在三个模型中并不统一，OLS 框架下的估计结果为正，其余两种估计框架下为负。表 6.37 中的估计结果也与全样本估计结果存在差异，这进一步说明农村小额信贷对农村居民收入的影响可能是非线性的。下文将给出 PSTR 模型的估计结果。

表 6.35　全样本传统线性模型估计结果

	(1) OLS	(2) FE	(3) RE
$\ln(credit)$	−0.041 (0.027)	−0.032 (0.032)	−0.016 (0.028)
$\ln(rexp)$	−0.082*** (0.008)	0.005 (0.005)	0.002 (0.004)
$\ln(finance)$	0.249*** (0.035)	0.066*** (0.028)	0.093*** (0.037)
$\ln(rgdp)$	0.129*** (0.022)	0.796*** (0.030)	0.684*** (0.041)
C	6.986*** (0.139)	2.521*** (0.229)	3.317*** (0.348)
N	224	224	224
F	92.529	210.109	
chi2			318.334
r2	0.506	0.904	
r2_w		0.904	0.900

表 6.36　2002—2005 年线性模型估计结果

	(1) OLS	(2) FE	(3) RE
$\ln(credit)$	0.009 (0.034)	−0.016 (0.012)	−0.005 (0.016)
$\ln(rexp)$	−0.095*** (0.009)	−0.001 (0.004)	−0.007* (0.004)
$\ln(finance)$	0.189***	0.017**	0.024**

续表

	(1)	(2)	(3)
	(0.041)	(0.007)	(0.011)
ln($rgdp$)	0.081***	0.593***	0.503***
	(0.031)	(0.027)	(0.032)
C	7.209***	3.855***	4.469***
	(0.203)	(0.181)	(0.251)
N	112	112	112
F	57.587	140.515	
chi2			286.494
r2	0.556	0.904	
r2_w		0.904	0.900

表 6.37　　2006—2009 年线性模型估计结果

	(1) OLS	(2) FE	(3) RE
ln($credit$)	−0.090***	0.033	0.018
	(0.031)	(0.038)	(0.050)
ln($rexp$)	−0.080***	−0.002	−0.039**
	(0.007)	(0.019)	(0.019)
ln($finance$)	0.266***	0.051	0.083
	(0.046)	(0.072)	(0.081)
ln($rgdp$)	0.126***	0.793***	0.469***
	(0.022)	(0.073)	(0.077)
C	7.057***	2.641***	4.835***
	(0.147)	(0.555)	(0.567)
N	112	112	112
F	57.674	45.340	
chi2			54.641
r2	0.532	0.783	
r2_w		0.783	0.750

②PSTR 模型参数估计结果

对于农村小额信贷而言，结果表明农村经济规模较小时，农村小额信贷并不会给农民带来增收效应，而是替代效应。当农村经济越过一定规模时，农村经济跟上来了，规模效应凸显，农户增收途径增加，此时小额信贷能够给农户进一步增收带来可能，从而产生收入效应。由公式 $\eta_{it}^{credit} = \beta_0 + \beta_1 h(rgdp_{it};$

γ，c) 可知，当转换函数 $h(rgdp_{it}$；γ，c) 逐渐增大时，农村小额信贷对农村居民收入的替代效应逐渐减弱，当农村经济规模超过 1 437.988 亿元时，$\beta_{10} + \beta_{11} = 0.017$，小额信贷对农村居民收入产生收入效应，这种变化从动态的角度说明最开始由于农村经济规模不大，小额信贷并未带来收入效应，当农村经济规模逐渐增大时，收入替代效应消失，小额信贷带来的收入效应逐渐显著。

财政支农变量的估计系数为负，但并不显著，说明财政支农政策并未给农户收入增长提供实际帮助。农村金融发展水平对农村居民收入的影响在整个样本研究期内显著为正。对于农村经济发展水平变量而言，农业 GDP 总是会正向拉动农民收入，当农村小额信贷规模较大时，农业 GDP 对农民收入的拉动幅度更大。

本节采用 PSTR 模型研究了农村小额信贷与农村居民收入的非线性关系。本节研究发现：农村小额信贷与农村居民收入之间存在显著的非线性关系，这种非线性关系依农村经济规模变化而变化，当农村经济规模较小时，农村小额信贷给农民带来收入替代效应，当农村经济越过一定规模时，农村经济跟上来了，规模效应凸显，农户增收途径增加，此时小额信贷产生收入效应。此外，我们发现财政支农对农村居民收入影响为负；农村金融发展水平对农村居民收入的影响在整个样本研究期内显著为正，并且随着农村经济规模的扩张，农村金融发展水平对农村居民收入的影响越大，农村经济发展水平对农民收入具有显著的正向拉动作用。

小额信贷对于增加农民收入、推动农村减贫方面有重要作用。但目前我国小额信贷发展存在一些瓶颈：首先，小额信贷机构产权不清晰、治理结构不完善、运行模式单一；其次，宏观环境不利，中央银行为降低金融风险而严格管制小额信贷利率政策，限制了小额信贷利率市场化的运作空间。为推进我国农村小额信贷事业可持续发展，结合本节的研究结论有如下建议：第一，加强管理，通过建立农户信用档案、信用奖惩机制等方式加快建设信用体系，增加贷款额度、拓展贷款范围，同时建立政策性农业保障体系。第二，中央银行可考虑逐步扩大小额信贷的利率浮动空间，实现市场合理定价，并增加对农村信用社的支农再贷款的投放数量、扩大对农户的授信额度，满足农户金融服务需求。第三，加大农村小额信贷的投入力度，促使小额信贷增长率大于门槛值，从而对农民收入具有更大的"增收效应"。

第7章 农村正规金融与非正规金融的减贫效应研究

消除或者减少贫困是人类社会发展的基本要求。长期以来，贫困问题一直都是世界各国，尤其是发展中国家面临的最具挑战性的社会问题之一。随着人类社会发展的不断演进，促进人类发展和减贫政策工具的不断深化，在第二次世界大战之后，尤其是最近 40 年的共同努力下，人类减贫事业取得了辉煌的成就，2015 年全世界处于极端贫困人口已减至 7.02 亿人（世界银行，2015）。中国是国际减贫行动的积极参加者，也是国际减贫事业成就的重大贡献者（联合国，2011；世界银行，2011）。1978 年，中国贫困人口为 77 039 万人，贫困发生率为 97.5％（以 2010 年贫困标准），而到了 2020 年，我国脱贫攻坚战取得了全面胜利，现行标准下 9899 万农村贫困人口全部脱贫，832 个贫困县全部"摘帽"，12.8 万个贫困村全部出列，区域性整体贫困得到根本性解决，全面完成了消除绝对贫困的艰巨任务。党的十八大以来，党中央把脱贫攻坚摆在治国理政的突出位置，把脱贫攻坚作为全面建成小康社会的底线任务，组织开展了声势浩大的脱贫攻坚人民战争。党的十八届五中全会提出"实施脱贫攻坚工程"，明确要求实现 2020 年农村贫困人口全脱贫。为了早日实现共同富裕，全面走向小康生活的中国梦，中国政府积极探讨全方位精准扶贫工具促进减贫脱贫，如产业扶贫、转移就业扶贫、异地扶贫搬迁、教育扶贫、救济式扶贫、生态扶贫和资产收益扶贫等（陆汉文、黄承伟，2016）。同时，中国政府还高度关注农村金融的扶贫问题，特别是 2015 年，中国人民银行与国务院扶贫办在北京共同举办了以"发展普惠金融实施精准扶贫"为主题的扶贫开发金融服务论坛。另外，2016 年国务院特别指出中国要建立一个让每一个贫民都能在自己可承担的成本范围内获取价格合理、便捷安全的金融服务的普惠金融服务和保障体系。可见，农村正规金融与非正规金融发展是贫困减缓的一条重要途径。然而，在此背景下，农村正规金融与非正规金融发展是否能有效减缓中国的贫困状况？如果能，具体是如何实现的？因此，本章从普惠金融视角探讨农村正规金融与非正规金融发展的贫困减缓效应显得极其重要。

7.1 农村正规金融与非正规金融对减贫影响的机理分析

7.1.1 普惠金融作用于贫困减缓的机理分析

普惠金融作为一种以合理的价格向所有群体提供金融服务的贫困减缓工具。"普惠"强调面向所有人普及优惠，不仅仅满足落后地区、农村、中小企业和穷人的金融需求，还服务于除贫困群体之外的其他人。普惠金融作为贫困减缓的工具，为很多发展中国家的贫困减缓工作做出了重要的贡献。国内外学者从不同的角度对普惠金融发展贫困减缓的途径进行了研究。大体来看，普惠金融发展主要通过直接和间接作用机制作用于贫困减缓，如图 7.1 所示。

普惠金融发展的贫困减缓的直接作用机制主要表现在金融机构提供的信贷、储蓄等金融服务上。信贷是最重要的减贫方式，指金融机构以合理的贷款利率将贷款贷给需要融资资金的贫困群体。每笔信贷资金针对不同的贫困群体发挥不同的用途，但最终的目标都是旨在帮助他们告别贫困。第一，针对有好的投资项目但却缺乏投资资金的贫困群体，通过享受信贷服务得到投资资金，解决了投资者融资难题，给予投资者摆脱贫困的机会；第二，针对缺乏教育资金的贫困群体，将信贷得到的资金花在教育上，以提高教育水平，通过学来的知识改变贫穷的命运；第三，针对可治愈但却缺乏医疗费用的生病的贫困群体，将信贷资金用于治疗疾病，提高自身的健康水平，才能有资本有体力去工作挣钱，增加收入，才有摆脱贫困的可能性。另外，金融机构的储蓄服务业务为人们提供了将闲散的资金进行投资的方式。储蓄是一种风险很低的投资方式，人们可以放心地把钱存到银行等金融机构，以获取利息。储蓄金额越多，得到的利息回报也越多，是人们增加财富、摆脱贫困的方式。

普惠金融发展对贫困减缓的间接作用机制有两种，分别是普惠金融的收入分配效应和经济增长效应。首先，普惠金融对收入分配的间接效应主要表现在劳动力市场。普惠金融发展采取不同的资本配置方式会使社会总产出受到影响，进而影响到劳动力市场对员工的需求，最终会影响员工的收入水平，缩小贫困差距。在进行职业选择时，因大多数贫困群体主要集中农村地区，其教育水平不高和缺乏投资理念等，导致大部分贫困群体无法通过投资或者创业去改善生活和提高收入水平，只能通过就业的形式获取收入，达到贫困减缓或者消除贫困的愿望。其次，普惠金融发展的经济增长效应对贫困减缓的作用机制可以描述为：普惠金融发展的信贷服务为缺乏投资资金的理性投资者创造了投资创业的机会，在这个过程中为就业者提供了就业岗位，雇佣者的劳动增加了社会总产出，为投资者创造了财富的可能，雇佣者也从中获得劳动报酬，以此促进了经济的增长。经济的增长使政府获得更多的税收，增加了政府的财政收入。因此，政府可以将财政收入用于支持扶贫项目，积极响应国家号召的精准扶贫政策，帮助贫困地区摆脱贫困，以实现共同富裕的中国梦。

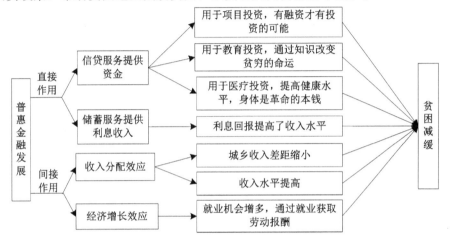

图 7.1　普惠金融发展对贫困减缓的作用机制逻辑图

7.1.2　农村正规金融作用于贫困减缓的机理分析

农村金融作用于农村贫困缓解的直接机制主要是通过穷人对金融服务的参与与可及性来实现。农村金融机构向农村居民提供的信贷、储蓄、结算、融资投资、保险证券、金融信息咨询、风险管理等金融服务及其服务的深度和广度能够影响到农村个体的初始财富水平、接受教育和培训的机会与程度、获取金融服务的机会、改善经济、社会、政治等福利的机会和途径等等，进而对农村贫困产生影响。

农村正规金融服务主要包括信贷、储蓄、融资投资、结算、保险证券和金融信息咨询、风险管理等等。贫困群体对这些金融服务的参与与可获性是农村正规金融发展直接缓减贫困的重要渠道。下面重点就信贷服务、储蓄服务、融资服务和保险服务作用于农村贫困缓减的机制进行分析（苏静，2015）。

7.1.2.1 储蓄服务

储蓄服务是农村正规金融机构的一个主要功能构成，农村正规金融机构通过为各类群体包括贫困群体提供储蓄服务，促进参与者收入的提高，进而促进贫困缓减。

首先，储蓄服务不仅为贫困群体提供了一种安全的资金积累方式，也同时使得贫困群体能够获得一定的利息收入，并降低了资金闲置的机会成本。正规金融机构储蓄服务的保本付息特征注定了其具有明显的保值性和收益性。储蓄存款的流动性没有现金的流动性强，也正是这种隐性约束使得被转化为储蓄存款的现金不被随意消费和使用，而能够用于将来相对较大的预期消费或投资的支付，如教育储蓄、生产性投资、养老储蓄等等，从而帮助参与储蓄的贫困群体实现对家庭财富的合理规划与使用。

其次，储蓄服务可以帮助贫困者在不可意料的收入波动中实现消费平滑，从而帮助贫困者抵御收入不确定性带来的风险，这对于收入低且不稳定的贫困群体来说是非常重要的。

再次，储蓄服务可以提高贫困者应对风险冲击的能力，降低贫困者的脆弱性。一般而言，面临风险冲击时脆弱性往往会导致贫困者财产、人员等各项损失，并引起贫困家庭福利水平的下降甚至生活质量的下滑。储蓄服务使得贫困者在面临冲击时不至于终止正在进行的生产，或者减少食物摄入量，或者出卖牲畜、家产甚至使子女辍学来维持生存，提高了贫困者从冲击中尽快获得恢复的可能性，增加贫困者面临经济、健康、灾害等风险打击的适应能力和自我激励能力，降低由此而导致更深层次贫困的关联性。从而使得贫困者在面临冲击时能够避免陷入脆弱—贫困—更脆弱—更贫困的恶性循环。风险的应对体现了储蓄服务对于贫困者的特殊价值。

此外，储蓄存款是农村正规金融机构借贷资金和投资资金的主要来源之一，储蓄存款的吸收可以创造更多的信贷和融资供给，从而满足范围更广泛的信贷和融资需求，使得部分贫困群体和微小企业能够惠及，进而帮助他们投资于生产性资产或实现小规模融资，实现贫困家庭的自我雇用和微小企业的正常运营，从而提高贫困者的收入水平和微小企业的生存与发展能力。

储蓄服务通过帮助贫困阶层积累资金、平滑消费，增强抵御风险冲击的能力，促进家庭财富的合理规划和使用，降低脆弱性。因此，储蓄服务是正规金融的一种重要的减贫途径。

7.1.2.2 信贷服务

信贷服务是农村金融机构的一个基本而重要的服务构成，为贫困群体提供信贷服务是农村金融缓减贫困的又一重要方式。信贷服务不仅增加了贫困者对原材料、设备、厂房、人力资源和技术等生产性资产的投资机会，也增加了贫困者对如教育、科技、培训等虽存在潜在风险但回报率却相对较高的资产持有，在提高贫困者劳动生产力和预期收入的同时，也能够提高他们的发展能力，增加长期收入，进而帮助他们摆脱贫困。当前，农村正规金融支持下的贴息贷款为农民扩大农业生产和非农创业提供了资金支持，不仅直接降低了农民获得信贷资金的成本，也使得农民的农业生产得以顺利进行，进而带来收入增长和贫困缓减。

同时，信贷服务同样可以帮助贫困者抵御风险和降低脆弱性。抗风险能力弱和脆弱性是贫困的基本特征自然灾害、疾病、价格波动、生态危机等风险冲击不仅将增加非贫困家庭致贫的概率，也将对贫困家庭的福利水平构成威胁，大大增加贫困家庭陷入恶性贫困循环的实际可能性。在缺少储蓄或保险的情况下，信贷虽然不能直接增加贫困者的收入，但是却能够提高遭受冲击的群体应对风险冲击的能力，帮助贫困者防范和缓减风险，保持原有福利水平。

但是，享受农村正规金融机构的信贷服务是存在门槛制约的，实物抵押和担保的缺乏将导致贫困者难以跨越信贷服务的门槛，进而阻碍了贫困者通过信贷缓减贫困的可能和程度。

7.1.2.3　企业融资服务

资金是企业经济活动的主要推动力，企业能否获得稳定的资金来源、保证生产要素组合所需资金的及时、足额筹集，是企业能否实现正常经营和发展的关键。虽然企业融资既可通过外源融资也可通过内源融资来解决，但是几乎对于所有的企业来说，银行信贷始终是其最主要、最重要的资金来源。金融机构为企业提供融资服务，在实现自身盈利的同时促进企业发展与成长，从而有利于创造更多的就业岗位，增加贫困群体的就业机会，拓展贫困群体的就业途径，进而促进贫困者收入增加，有利于贫困缓减。因此，企业融资服务也是缓减贫困的途径之一。

7.1.2.4　保险服务

保险服务的基本功能是保障功能。保险作为一种有可能带来收益也有可能带来损失的互动发展式社会资金，能够提高贫困者在面临突发事件时寻求外界的支持与服务能力，保险服务对财产损失的补偿和对人身危害的给付，能够降低贫困者在生产和生活中因突发事件带来的损失，进而降低他们的脆弱性。保险服务对贫困者的作用与储蓄服务、信贷服务存在相似性。

总之，不同金融服务的侧重点不同，为贫困群体提供金融服务是促进缓贫减困的重要渠道之一。随着农村正规金融的发展，金融服务品种将逐步丰富，金融服务渠道将逐步拓展，金融服务能效将逐步提高，这些都将促进金融服务体系的逐步完善，从而有利于提高贫困群体获得金融服务的机会，并享受金融服务带来的好处，这对于贫困缓减有着重要的意义。

7.1.3 农村非正规金融作用于贫困减缓的机理分析

农村非正规金融作为一种向贫困及中低收入群体提供金融服务的特殊的金融制度安排，为很多发展中国家的减贫工作做出了重要贡献。学者们从多个角度对农村非正规金融减缓贫困的方法和途径进行了深入的探讨。总的来看，农村非正规金融主要通过两种机制作用于贫困缓解，即直接作用机制和间接作用机制。

农村非正规金融对贫困缓解的直接作用机制主要是通过非正规金融部门直接向穷人提供信贷服务和储蓄服务来实现的。信贷服务可以使穷人有能力投资于新技术，并提高受教育水平和健康水平，从而促使他们提高劳动生产率和预期收入，进而摆脱贫困；储蓄服务可以帮助穷人积累资金和平滑消费，抵御收入不稳定带来的风险，进而减缓贫困。Barr（2004）系统地分析了农村非正规金融对减缓贫困的直接作用途径，认为非正规金融服务能够直接增加穷人持续获得资金的机会和途径；同时，穷人依托金融中介将储蓄转化为投资，也带来了显著的减贫效果，这间接增加和改善了穷人获得其他财富的机会和能力。Ghazala 等（2007）研究了小额贷款（非正规）促进贫困缓解的微观机制。他们认为：①小额贷款通过提高其参与者的自信心，强化他们作为自我雇佣个体的特性，使其有信心、有资本投资于规模更大和获利更多的项目，依靠自身的力量获取更多的收益；②通过提高妇女对小额贷款项目的参与程度，帮助她们积累社会资本，从而有利于整个社会的贫困缓解；③促使小额贷款项目参与者之间相互合作与交流，有助于他们最有效地使用贷款并获得最大收益。Burgess 和 Pande（2004）、孙若梅（2006）从农村金融资源稀缺性与选择性的角度，阐释了农村非正规金融对贫困缓解的直接作用机制。他们在研究中假设，农户是一个基本的生产经营单位，农村非正规金融对其生产经营活动的贡献，主要是通过为他们的非农生产和经营活动提供资金来实现的。由于贷款的直接作用是与资产紧密相连的，农户从非正规金融渠道获得的贷款或用于购置新的固定资产、或进行技术改造、或雇佣劳动、或补充流动资金投入等，以赚取收入。由于不同的农户具有不同的初始禀赋，农村非正规金融正是通过与农户的不同初始禀赋相结合，影响他们的生产可能性边界。以农村非正规金融对农户生产经营活动的影响为例，由于农村正规金融的"缺位"和资金约束，农户生产经营活动面临窘境。通过非正规金融市场融资，农户的生产经营活动得以继续进行。在技术不变的情况下，农户将从非正规渠道获取的贷款与原有资本和劳动相结合，实现生产规模的扩大。生产规模的扩大将使农户在细化专业分工、开发和利用副产品以及生产要素购买和产品销售方面拥有更多的优势，甚至出现规模经济。而在规模不变的情况下，农户将从非正规渠道获得的贷款用于技术改造和升级，从而带来劳动和成本的节约，进而增加农户的利润，提高农户的竞争力。这两种情况都将使农户到达或扩展其生产可能性边界，带来收入的持续增长。其内在含义是，农村非正规金融通过放松抵押担保制约、缓解信息不对称、降低客户交易成本等手段为贫困农户提供了平等地进入信贷市场的机会，这种贷款分配的平等为贫困农户收入增长提供了可能。

农村非正规金融对贫困缓解的间接作用机制主要是通过金融发展的增长效应和分配效应来实现的。首先，农村非正规金融作为一种信贷机制和一种金融产品，通过有效率地分配资本，提高物质资本的数量和使用效率，加快技术创新和升级、促进经济增长；经济增长不仅能使穷人分享到福利，还将带动国民收入的显著提高；而国民收入的提高将带动穷人收入成比例地上升，穷人通过经济增长的这种"涓滴效应"间接地从经济增长中获益，贫困发生率也随之降低（Jalilian和 Kirkpatrick，2005；James，2011）。其次，农村非正规金融对收入分配的间接效应主要是通过信贷市场和劳动力市场来实现的。就信贷市场而言，在农村金融市场不完善的条件下，农户初始财富水平决定了其投资决策、职业选择和资本积累。对于具有不同初始财富水平的农户，农村非正规金融缓解贫困的途径也是存在差异的。这种差异体现在如下几个方面：①投资决策。穷人由于没有足够的抵押物以获取正规贷款，转而通过非正规金融市场融资，并形成对自身人力资本的投资，以获得更高收入，缩小与富人的收入差距，从而促进贫困缓解。②职业选择。穷人因初始财富和其他条件约束无法从事创业活动，而相对富裕的农户凭借初始财富和非正规金融市场融资，成为雇主或者小型企业家。穷人为此选择成为雇佣工人，通过获得工资收入缓解自身的贫困状况（Galor 和 Zeira，1993）。③资本积累。农村非正规金融发展推动了中低收入农户的财富积累，使信贷市场资金充裕，利率下降，因而穷人能以较低的利率获取贷款，收入分配状况无形中得到改善。对劳动力市场而言，农村非正规金融发展通过改善资本配置效率，影响社会总产出，这势必会影响到劳动力市场对不同技术水平雇佣工人的需求，进而影响其收入水平。而农村非正规金融发展是扩大抑或缩小收入分配差距，则更多地取决于所增加的是对高技术水平雇佣工人的需求还是对低技术水平雇佣工人的需求（余玲铮、魏下海，2012）。

7.2 贫困的测度

改革开放以来，我国农村反贫困斗争取得重大进展。以官方贫困标准计量，农村绝对贫困人口从 1978 年底的 2.5 亿人减少到 2010 年底的 2 688 万人，年均减少 697.2 万；农村贫困发生率相应地从 1978 年的 30.7% 下降到 2010 年的 2.8%，年均下降 0.87%。然而，新形势下我国农村深层次减贫进程面临诸多瓶颈和制约，其中融资约束问题尤为突出。一方面，政府财政扶贫资金投入有限，且诸多因素牵制和影响了扶贫资金的扶贫效果；另一方面，农村金融市场体制鸿沟凸显，使得农村正规金融与"三农"渐行渐远，"虹吸效应"推动农村资金严重外流（江曙霞，2006；李锐，2007）。近年来推广的小额信贷是促进农村减贫的有力工具，但是由于面临财政不可持续和信贷风险加剧的双重困境，小额信贷也逐渐处于自身改革发展与农村扶贫"顾此失彼"的尴尬境地（李明贤，2010；林万龙，2012）。

表 7.1 中国官方公布的农村贫困线

（单位：元）

时　间	1985	1990	1991	1992	1993	1994	1995	1996	1997	1998	1999
贫困线	206	300	304	317	350	440	530	580	640	635	625
时　间	2000	2001	2002	2003	2004	2005	2006	2007	2008	2009	2010
贫困线	625	630	627	637	668	683	693	785	1 196	1 196	1 274

注：数据来源于《中国农村贫困监测报告 2011》。

在贫困研究中，贫困线的识别是所有贫困分析的起点。因为贫困线选取的差异会导致对中国农村贫困程度的估计发生比较严重的偏差。对中国农村贫困的估计中，最为常用的贫困标准分别是世界银行的"1 天 1 美元"的国际贫困线标准和国家统计局公布的农村绝对贫困线标准。由于中国在 2005 年前没有参加过测算购买力平价的国际比较项目，关于人民币和美元之间的购买力平价标准并无公认统一的数据，不同估计之间的差距非常悬殊（杨俊，2008），因此我们选用国家统计局公布的农村绝对贫困线，尽管有存在低估农村贫困的可能，但相比较而言，更便于贫困的历史、区域的比较以及减贫效果的评估。

同时，贫困测算方法的正确选取是准确测算贫困的关键。参照大多数学者的做法，本节采用 FGT 贫困指数（P_a）来测算农村贫困水平，其连续形式为：

$$P_a = \int_0^z \left[\frac{(z-a)}{z} \right]^a f(x)\,\mathrm{d}x \tag{7.1}$$

其中，x 为农村居民收入，$f(x)$ 是收入分布的密度函数，z 是贫困线。a 为贫困厌恶系数（$a \geq 0$）。当 $a=0$ 时，P_0 表示贫困人口占总人口的比例，即贫困发生率（H），反映贫困发生的广度；当 $a=1$ 时，P_1 为贫困距指数，也称为贫困深度指数（PG），表示贫困人口的收入与贫困线之间的相对距离，即贫困人口之间的相对收入短缺，反映贫困发生的深度；当 $a=2$ 时，P_2 为平方贫困距指数，也称为贫困强度指数（SPG），反映贫困人口之间收入的不平等程度，是贫困广度（H）和贫困深度（PG）的补充。因此，本节结合这三个指标从贫困广度、贫困深度和贫困强度三个维度全面测度我国农村贫困状况。

表 7.2　2003—2008 年各地区农村贫困指数的平均值

（单位：%）

地　区	H	PG	SPG	地　区	H	PG	SPG
河　北	5.62	3.75	1.17	湖　北	8.33	4.43	1.99
山　西	7.19	4.49	2.36	湖　南	9.24	4.26	2.04
内蒙古	6.35	2.56	1.08	广　东	6.97	2.99	1.15
辽　宁	4.63	2.83	1.32	广　西	10.34	4.79	2.20
吉　林	3.14	1.73	1.01	海　南	8.93	3.82	1.38
黑龙江	11.21	6.01	2.96	四　川	8.86	3.97	1.82
江　苏	9.10	5.09	2.87	贵　州	12.30	6.42	2.66
浙　江	5.96	3.35	1.38	云　南	10.89	5.34	2.47
安　徽	10.22	4.96	2.09	陕　西	6.10	3.01	1.16
福　建	6.36	3.73	1.26	甘　肃	21.87	9.02	4.13
江　西	13.14	6.35	2.21	青　海	27.66	12.69	5.71
山　东	5.26	2.83	1.18	宁　夏	26.57	11.97	5.36
河　南	19.94	9.63	3.89	新　疆	10.73	5.35	2.48

计算 FGT 贫困指数的公式是基于参数化洛伦茨曲线转化而来的，包括两种：Beta 模型和 GQ 模型。GQ 模型计算比较简单，但是在贫困线较低时计算的准确性不高，因此本节采用 Beta 模型，利用各地区农村人均收入水平按村

分组的数据测算 2003—2008 年各省市农村的贫困指数，数据来源于《中国农业年鉴》相关各年。在实际计算中，由于《中国农业年鉴》各地区农村人均收入水平按村分组的数据中西藏地区数据不全，而北京、天津、上海三个地区计算到的 H、PG 和 SPG 值均为 0，故本节考察的地区仅包含除上述四个地区之外的 26 个省市（重庆并入四川），限于篇幅，表 7.2 给出了 2003—2008 年各地区农村贫困指数的平均值。

表 7.3　指标数据的描述性统计

（单位：%）

变量	符号	均值	标准差	最大值	最小值
农村贫困广度	H	10.65	8.11	26.52	2.33
农村贫困深度	PG	5.21	3.76	12.64	1.51
农村贫困强度	SPG	2.28	2.13	5.90	1.06

7.3　农村正规金融对贫困减缓影响的实证研究

学术界关于农村金融发展对农村减贫影响的研究主要有以下三种结论：第一种结论认为农村金融发展有助于农村经济增长，提高农民收入，对农村减贫有积极的影响。胡金焱（2008）认为充分发展且有效运作的金融体系可以有效调动社会储蓄，改善资源配置，加快资本积累和技术变革，从而促进经济增长，提高人民收入水平。郑长德（2007）同样认为金融业的发展是实现经济持续增长、改善收入分配、缓解贫困的一个重要决定因素。DFID（2004）通过研究发现金融服务通过以下两个方面对减贫产生影响：一方面，金融部门向低收入者提供信贷服务，使低收入者生产、投资有足够的资金支持，同时也可以提高低收入者的健康和教育水平，从而提高其生产力，使之摆脱贫困；另一方面，金融部门向低收入者提供储蓄服务，帮助低收入者积累资金，从而平滑其消费，降低收入不稳定或者意外情况所带来的风险。第二种结论认为金融发展不一定有利于减贫，甚至有可能产生负效应。受国家城市偏向和工业化发展战略的影响，我国农村资金外流情况比较严重（刘洁，2008），农户的收入往往通过金融机构，特别是正规金融机构外流到城市，而没有服务于农村经济发展（谭燕之，2009），使得我国农村金融供给和需求严重不协调。同时，由于存在信贷分配不平等的问题，使得金融发展所带来的经济增长未使得穷人得到任何好处（杨俊等，2008）。第三种结论认为金融的发展会先恶化然后再改善穷人的收入。贫困地区与之相伴的一般是低金融发展水平，往往使贫困地区容易陷入经济增长低水平均衡的贫困陷阱；反过来经济增长的滞后及由此带来的低收益也会阻碍金融系统的健康发展，而一旦经济增长突破低水平临界值，进入高水平区域，高收入就可以支持更高水平的金融体系，金融体系的完善反哺经济发展，并促进经济向更高水平发展（龙海明、柳沙玲，2008）。当经济落后时，由于金融服务成本承担能力的限制（崔艳娟，2012），导致贫富差距扩大。当经济发展到达临界点时，穷人可以开始承担金融服务成本，从而提高收入，缩小贫困差距，实现减贫效应（Greenwood 和 Jovanovic，1990）。

上述研究从各方面对金融服务的经济增长效应和减贫效应作了较为系统的分析，但大多停留在定性研究阶段，其中少量定量的研究也只是采用时间序列数据模型，数据代表性不强，容易产生小样本偏差。此外，以往研究多是将贫困发生率作为衡量一个地区贫困程度的指标，将金融发展作为一个整体指标，少有对贫困程度和金融发展水平进一步细化。基于此，本节将农村正规金融发展细分为金融规模、金融相关率、金融转换效率；贫困程度指标细分为贫困发生率、贫困深度和贫困强度，运用 PVAR 模型，以我国 26 个省份 1999—2008 年的省级数据为样本，对农村正规金融的减贫效应进行实证研究，从金融的视角，提出缓解农村贫困问题的政策措施，为政府解决贫困问题提供一定的政策参考。

7.3.1　指标设计、研究方法

1. 自变量的选取

考虑指标的代表性和可获得性，将农村正规金融发展细分为农村正规金融规模、农村正规金融相关率、农村正规金融转换效率。葛永波（2010）发现：农村信用社的借贷市场占农村整个正规金融市场将近 80%。因此本节以农村信用合作社借贷款余额作为农村正规金融借贷款余额的代替指标。

（1）农村正规金融规模（FIN）：该指标主要衡量农村正规金融的规模，常用农户存贷款之和表示。本节用农村信用社年度存款余额与贷款余额之和表示，即

$$FIN = RC + RD \tag{7.2}$$

其中，RC 为农村信用社存款余额，RD 为农村信用社贷款余额。

（2）农村正规金融相关率（FIR）：该指标说明农村地区的经济货币化程度，经济货币化比率的差别基本上反映出不同地区的经济发展水平，用它来衡

量农村地区正规金融相对规模，常用某地区的金融资产总额与 GDP 的比值来计算。本节用各省份农村信用社存款与贷款余额之和（*FIN*）与各省份第一产业 GDP 的比值，即

$$FIR = \frac{RC + RD}{RGDP} \tag{7.3}$$

其中，RGDP 为农业 GDP。

（3）农村正规金融转换效率（*EFIN*）：指金融资源的转换效率，用它来衡量农村存款是否转化为农村贷款，考察农村金融机构对储蓄的转化能力，测度农村金融服务是否满足了农村经济的要求。常用贷款与存款比值表示，本节用各地区农村信用社贷款与农村信用社存款的比值表示，即

$$EFIN = \frac{RD}{RC} \tag{7.4}$$

2. 因变量的选取

因变量为贫困，它包括贫困的识别和贫困的加总。贫困的识别指划定一条贫困线。贫困线用来衡量一个人、一个家庭或者一个地区是否处于贫困的状态，贫困线不是固定不变的，我国的贫困线由国务院扶贫办统一划分。本节采用的是我国国务院扶贫办公布的绝对贫困线。确定贫困线之后，根据贫困线对个人、家庭或者地区的贫困程度进行度量，即贫困的加总。1998 年诺贝尔经济奖得主阿马蒂亚·森（Amartya Sen）提出：用预先确定好的、一定的贫困线下的人口（H）作为贫困的标准，理论基础不明确，且忽略了穷人中的贫困程度。即使贫困人口的收入有了显著提高，只要他们的收入没有越过贫困线，就不会对 H 值产生影响。为了弥补这些不足，本节用贫困发生率（*H*）、贫困深度（*PG*）、贫困强度（*SPG*）来衡量一个地区的贫困程度。由于并未公布各个省份的贫困发生率，所以本节运用 *FGT* 贫困指数对各省份的 *H*、*PG*、*SPG* 进行计算。

FGT 指数是有由 Foster、Greer、Thorbecke 三位经济学家在 Amartya Sen 的基础上提出的反映贫困规模、程度、深度的一个指标。它有两个基本的函数：

Lorenz 曲线： $$L = L(p; \pi) \tag{7.5}$$

贫困测量： $$P_a = P\left(\frac{u}{z}, \pi\right) \tag{7.6}$$

其中，p 为贫困人口百分比；u 为人均收入；π 为可估计的洛伦兹曲线的参数向量；z 为贫困线；L 为贫困人口的累计百分比；P 为贫困测量指标。

FGT 的一般表达式为：

$$P_a = \frac{1}{n} \sum_{i=1}^{q} \left(\frac{z-y_i}{z}\right)^a = \int_0^z \left(\frac{z-x}{z}\right)^a f(x)\,\mathrm{d}x, \ \alpha \geqslant 0 \qquad (7.7)$$

其中，y_i 为第 i 个贫困人口的收入水平；x 为家庭消费支出；α 衡量不同贫困人口对指数的敏感性。

贫困发生率（H）：即当 $\alpha = 0$ 时，$P_0 = \frac{q}{n}$，衡量各地区贫困规模。H 是最重要、最直观的贫困指标，反映生活水平处在贫困线之下的人口数。

贫困深度（PG）：也称贫困缺口率。即当 $\alpha = 1$ 时，$FGT(1) = \frac{1}{n}$ $\sum_{i=1}^{q} \frac{z-y_i}{z}$，衡量各地区贫困程度，反映贫困线与贫困人口收入水平间的相对距离。

贫困强度（SPG）：即当 $\alpha = 2$ 时，$FGT(2) = \frac{1}{n} \sum_{i=1}^{q} \left(\frac{z-y_i}{z}\right)^2$，反映贫困人口收入不均的情况。

3. 数据来源

本节选取全国大陆 26 个省市自治区作为研究对象，研究期为 1999—2008 年，其中西藏、宁夏数据缺失而被剔除；北京、天津、上海数据由于数据分组不符合 POVCAL 要求，无法计算出贫困指标而被剔除。本节数据来自历年《中国金融统计年鉴》《中国统计年鉴》《中国农村贫困监测报告》《中国农业年鉴》。计算过程借助 POVCAL、Excel2007 和 stata11 来完成。

4. 模型构建

本节运用面板数据向量自回归方法 PVAR（panel data vector autoregression）对数据进行分析。PVAR 模型是 1988 年由 Newey、Rosen 和 Holtz-Eakin 首次提出，后经学者不断发展和完善，逐渐发展为一种比较成熟的数据分析工具。PVAR 模型是面板数据模型和向量自回归相结合所形成的计量分析方法，不仅继承两者的优点，并在一定程度上降低向量自回归模型的时间序列长度限制的要求，同时还可以观察到样本单位个体差异性对模型参数的影响。PVAR 模型的形式如下：

$$y_{it} = f_i + e_t + \alpha_0 + \sum_{j=1}^{p} \alpha_j y_{i,\,t-j} + \mu_{it} \qquad (7.8)$$

其中，t 代表时间，这里为年度数据；i 代表样本单位，本节各省市自治区为一个样本单位；p 为模型的滞后阶数；α_0 为截距项向量；α_j 为滞后变量的参数矩阵；f_i 为地区效应列向量，反映截面个体差异性；e_t 为时间效应列向量，反映时间变化对截面个体的影响；μ_{it} 为"白噪声"扰动项。

7.3.2 实证研究与结果分析

本节拟研究农村正规金融对农村减贫的影响，主要从以下几个方面分析：一是农村正规金融发展的各个方面，即金融规模、金融相关率及金融转化率与农村减贫的短期动态关系如何？二是金融规模、金融相关率、金融转化率分别对农村金融减贫的贡献度如何？第一个问题实际上就是通过建立面板脉冲响应函数，分析两两之间的短期动态影响。第二个问题是对变量进行方差分解，进一步评价金融发展的不同方面对农村减贫的重要性。

本节建立了三个 PVAR 模型，分别研究农村金融规模、农村金融相关率及农村金融转化率对贫困发生率、贫困深度、贫困强度的影响。脉冲响应实证结果如图 7.2—图 7.4 所示。

从图 7.2 可以看出，农村正规金融规模一个单位的正向冲击对贫困发生率在短时间内的影响为正，但这种影响持续时间较短，在第一期达到最大，第二期之后，这种影响就很微弱。说明农村正规金融规模的扩大在短时间内不仅没能产生促进作用，反而存在微弱的阻碍作用。在当期给农村金融转换效率一个单位的正冲击后，农村贫困发生率会有所上升，在第一期这种正影响就达到最大，到第二期就趋于零，在第二期之后，这种影响变为负，在第六期影响基本趋于零。说明农村正规金融转换效率的提高对农村贫困率在短时间会起阻碍作用，但从长期来看，对农村减贫是起到促进作用的。农村正规金融相关率一个单位的正向冲击在未来对贫困发生率的影响为负，在第四期这种影响达到最大，并且这种影响的持续时间比较长，到第十期才趋于零。说明农村正规金融相关率提高对农村减贫有持续的促进作用。

从图 7.3 可以看出，农村正规金融规模一个单位的正向冲击对农村贫困深度的影响是负的，并在第一期达到最大，第三期趋于零，并在第三期之后有一个负的反弹。说明农村正规金融规模对农村减贫影响大小虽然出现上下波动，但是农村正规金融规模的扩大能有效减缓农村贫困程度，即可以缩小贫困农户收入与贫困线之间的差别。农村正规金融转换效率一个单位的正向冲击在短期内给农村贫困深度带来负的影响，这种影响在未来虽存在一定的波动和偏移，但以负效应为主，说明农村金融转换效率在一定程度上缓解农村贫困。农村正规金融相关率一个单位的正向冲击对农村贫困深度的影响为正，在第五期达到最大，之后逐渐回落，说明农村正规金融相关率的提高没能缓解农村贫困，反而对缓解农村贫困深度有轻微的阻碍作用。

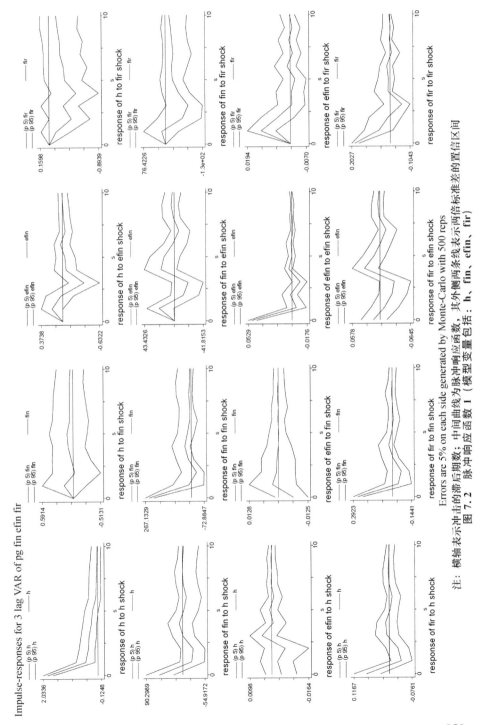

图 7.2　脉冲响应函数 1（模型变量包括：h、fin、efin、fir）

注：横轴表示冲击的滞后期数；中间曲线为脉冲响应函数，其外侧两条线表示两倍标准差的置信区间

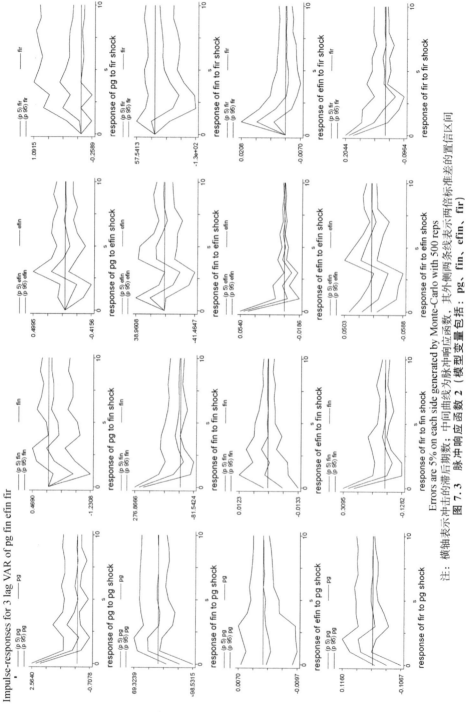

图 7.3　脉冲响应函数 2（模型变量包括：pg、fin、efin、fir）

注：横轴表示冲击的滞后期数；中间曲线为脉冲响应函数，其外侧两条曲线表示两倍标准差的置信区间

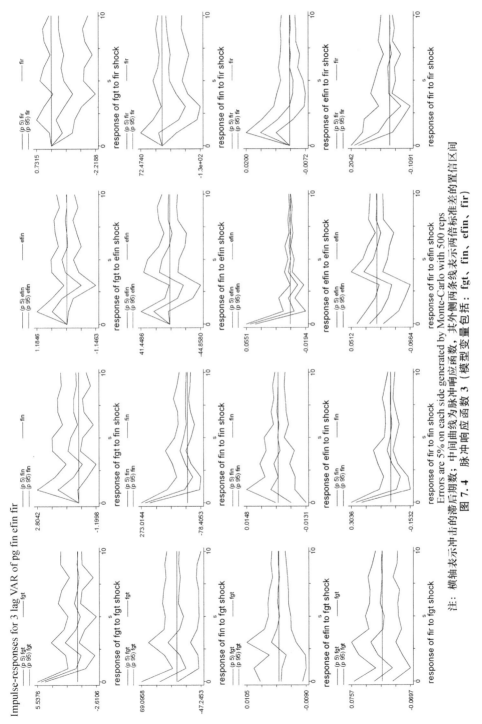

注：横轴表示冲击的滞后期数；中间曲线为脉冲响应函数，其外侧两条线表示两倍标准差的置信区间
图 7.4　脉冲响应函数 3（模型变量包括：fgt、fin、efin、fir）

　　从图7.4可以看出，农村正规金融规模一个单位的正向冲击对农村贫困强度的影响是正向的，在第一期达到最大，并在未来存在一定波动。说明正规金融规模的扩大，并不能缓解农村贫困强度情况，反而对农村贫困强度存在一定的阻碍作用。农村正规金融转换效率一个单位的正向冲击在短期给农村贫困强度带来正的影响，这种影响同样也存在一定的波动和偏移，但是以正效应为主，说明农村正规金融转换效率的提高在一定程度上阻碍了农村贫困强度的改善。农村正规金融相关率一个单位的正向冲击对农村正规金融强度的影响是负向的，在第四期达到最大值，且影响时间较长，说明农村正规金融相关率的提高可以有效缓解农村贫困人口收入不均问题。

　　上述研究结论表明农村正规金融规模、正规金融转换率及正规金融相关率对农村贫困均会产生一定影响。但三者的减贫贡献度究竟有无差异，差异有多大，需要进一步分析。本节针对上面的问题，对农村正规金融规模、正规金融转换率及正规金融相关率的减贫贡献度作出方差分析，实证结果如图7.5—图7.7所示。

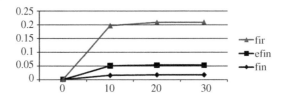

图7.5　fin、efin、fir冲击对h的贡献率

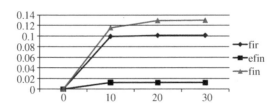

图7.6　fin、efin、fir冲击对pg的贡献率

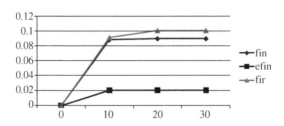

图7.7　fin、efin、fir冲击对SPG的贡献率

从图 7.5、图 7.6、图 7.7 可知，农村正规金融相关率对农村减贫效应是最大的，无论对农村贫困发生率，或者是农村贫困深度，抑或是农村贫困强度，农村正规金融相关率对缓解农村贫困问题的贡献率是最高的。农村正规金融转换效率冲击对农村贫困发生率的贡献略高于农村正规金融规模。而农村正规金融规模冲击对农村贫困深度和强度的贡献率远大于农村正规金融转换率。

从上述研究结论可知，农村正规金融规模的扩大能够改善农村贫困人口收入与贫困线之间的收入差距，但是对农村贫困发生率和贫困强度均有一定的阻碍作用，说明农村正规金融规模的减贫效应是有限的，它无法使贫困人口突破贫困临界值而摆脱贫困，因此单方面扩大规模无法从根本上减缓农村贫困；农村正规金融转换效率能够促进农村贫困发生率的减少，缩小农村贫困人口收入与贫困线之间差距，但是它会扩大农村贫困人口之间的收入差距；而农村正规金融相关率对农村贫困发生率和农村贫困强度有积极的影响，但是对农村贫困深度有一定的阻碍作用。

通过上面的实证研究可以发现，农村正规金融发展可以有效地缓解农村贫困。但是正规金融发展在降低整体贫困发生率、缩小贫困农户收入与贫困线差距等方面产生一定的消极影响。金融发展加剧贫困的原因可从四个角度进行分析：

（1）信贷供给角度

中国农村需求与农村信用合作社改革课题组（2007）发现，在 2001 年到 2004 年间，42% 受访的有借贷需求的农户没有获得正规贷款；35.6% 获得正规贷款的农户认为其获得的贷款低于需求。也就是说，有至少 63% 的农户对我国农村正规信贷的供给感到不满[1]。信贷供给不足有两方面的原因。一方面，我国农户收入不稳定，农户贷款往往数额较小而且比较分散，贫困农户在消费、教育、医疗等方面的贷款存在很大的违约风险，且农业预期收益率远小于其他行业，同时我国农户特别是贫困农户缺少资产作为抵押，同时信用体系建设落后，我国农户缺乏信用记录。正规金融机构对农户放贷机会成本大，风险大，但利润不高，导致正规金融机构不积极也不敢轻易对农户放贷。二是农村国有银行资金外流严重。在 1978—2003 年间，仅通过邮政储蓄和农村信用合作社渠道的农村资金外流达到 9 665.34 亿元[2]。图 7.8 和图 7.9 为农村信用合作社从 1999—2010 年的存贷款余额及金融转换效率。

---

[1]　数据来源于中国农村金融需求与农村信用合作社改革课题组. 中国农村金融现状调查及其政策建议 [J]. 改革，2007（1）.

[2]　数据来源于张立军，湛泳. 中国农村金融发展对城乡收入差距的影响——基于 1978—2004 年数据的检验 [J]. 中央财经大学学报，2006（5）.

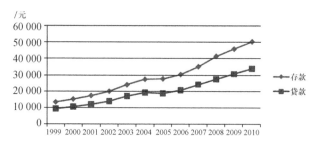

图 7.8　农村信用合作社历年存贷款余额

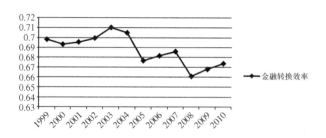

图 7.9　农村信用社历年金融转换效率

　　从图 7.8 可知，农信社存贷款余额整体趋势是不断增大的，说明我国农村正规金融规模不断扩大，但从存贷差额来看，存贷款差逐年增加；从增长率看，贷款增幅明显不如存款。从图 7.9 也可得出同样的结论，虽然金融转换率存在一定波动，但它整体趋势向下降。说明我国正规金融规模的扩大与农村信贷的扩大并不协调，存在很严重的资金外流。这也一定程度上解释了正规金融规模的扩大对农村贫困发生率有消极的阻碍作用。单纯的规模扩大并不代表农户在信贷方面受益。农户特别是贫困农户有"安全第一"的原则，由于具有强烈的生存取向，低收入农户会为避免经济灾难而放弃追求受益最大化（黄宗智，2000）。这就导致在贷款不足的情况下，低收入农户更趋向于储蓄，以避免生活、医疗、教育等风险。当低收入农户将一部分收入用于生活消费，一部分收入用于储蓄来避免风险，又没有其他收入的情况下，他就没有资金进行生产、投资，从而会加速贫困的步伐。

　　（2）信贷需求角度

　　由于农村信贷长期以来处于供给不足状态，造成农户的信贷需求下降。正规金融贷款用途和对象的限定性、贷款手续烦琐，使农户产生正规贷款难以获得的印象，并产生畏难情绪。中国农村需求与农村信用合作社改革课题组（2007）发现：在从未申请过正规贷款的农户中，5.9％的农户认为自己不能满足农信社的担保和抵押要求，17％的农户认为自己没有过硬的关系，11.1％的农户认为自己不懂程序从而放弃从正规金融获得贷款。①

由于农村正规金融机构的宽进严出的政策，农户贷款受到许多限制，低收入农户的金融参与方式主要以银行存款为主，通货膨胀严重时，物价上涨，人民币贬值，可能出现人民币贬值率超过银行存款率，就会出现正规金融规模的扩张只会造成贫困地区更加贫困，从而贫困发生率上升。同时由于非正规金融的灵活性和无门槛性，农户在急需钱又无法从正规金融机构得到贷款的情况下，只能向非正规金融机构进行贷款（金烨，2009），当农户产生建房、医疗、教育等回报周期较长的平滑消费时，会加速贫困的步伐。再者，由于非正规金融机构缺乏监管单位和单位保证，贷款利率完全由市场决定，从而非正规金融贷款很可能有很高利率，而对于有资金困难的农户而言，一方面资金周转很大可能存在问题，另一方面高利率让他们无法负担，从而加速贫困，贫困发生率上升。

（3）信贷分配不均角度

资金支持可以提高低收入者的健康和教育水平，从而提高其生产力，也可以为农户的生产提供资金支持，使之摆脱贫困。有效的信贷服务是有利于减贫的，从之前的实证就可以验证：正规金融转换效率的提高有利于农村贫困发生率的减少，有利于缩小贫困农户与贫困线之间的收入差。但是从上面的实证我们也发现，无论是农村正规金融规模的扩大还是农村正规金融转换效率的提高都对农村贫困强度有消极的阻碍作用，也就是说农村正规金融规模的扩大和转换效率的提高加剧了贫困农户之间的收入不均的情况。其中的原因是什么呢？最主要的是因为信贷分配不均，资源配置不合理，造成部分人获益。产生这种情况的根源主要有以下几个方面：一是农户从正规金融机构进行贷款需要申请，而正规金融机构对农户的贷款需要进行严格的审核和评估，以挑出违约风险小的农户，自身资产越丰厚，抵押资产越多，越有利于贷款；贷款用于生产、投资的农户更利于获得贷款。这就导致越贫困的农户越得不到资金支持来扭转贫困境况，从而导致农户之间收入差距扩大，逐渐形成两极分化。二是研究发现，具有特殊身份的农户比普通农户能获得更多贷款（金烨，2009）。说明正规金融机构的运行机制还存在漏洞，政府为贫困农户提供的低息贷款政策没有完全起到作用，有一部分低息贷款不但没有服务于贫困农户用于改善生活，甚至被一些特殊身份的农户占用。富裕而又有权力的农户在信贷分配的过

---

① 数据来源于中国农村金融需求与农村信用合作社改革课题组．中国农村金融现状调查及其政策建议［J］．改革，2007（1）．

程中通过自己的优势获得了更多、利息更低的贷款，而贫困农户只能通过非正规渠道获得贷款甚至完全得不到资金支持，从而扩大了农户之间的收入差距。

（4）经济发展角度

金融相关率代表一个地区的经济货币化程度，Raymond W. Goldsmith、S. Ghosh、Milton friedman 和 Anna J. Schwartz 等经济学家就 20 世纪 60 年代主要国家经济货币化的比重进行了分析，得出一个结论：经济货币化比率的差别基本上反映了不同国家的经济发展水平。上文实证得出：农村正规金融相关率有利于农村贫困发生率的下降，有利于农村贫困强度的减小，而对贫困深度的降低有消极的阻碍作用。也就是说农村地区经济的发展，货币化程度的增大，有利于贫困发生率减少，且有利于"集体减贫"，不会扩大绝大部分贫困农户之间的收入差距，但会扩大贫困农户的收入与贫困线之间的收入差距。农村地区的经济发展主要依靠农村乡镇企业的发展和农业的发展。而对于贫困农户而言，家中的农产品基本为自给自足，即使有部分多余农产品拿出去贩卖，其比例也是极小的，对经济的带动作用不大。一方面，乡镇企业的发展带动农村就业从而使一部分贫困农户摆脱贫困；另一方面，乡镇企业发展带动其上游产业的发展，产生对农产品的需求，农户可以通过生产投资而摆脱贫困。绝大部分贫困农户可以通过就业、生产、投资摆脱贫困，这就是农村正规金融对贫困发生率和贫困强度产生积极影响的原因。但是还有一部分贫困农户由于自身能力，不符合企业所需要的劳动力要求，比如残疾、年老等，又没有能力种植市场上所需的农产品，使得其收入与贫困线之间的差距扩大。

本节利用 1999—2008 年 26 个省市自治区的面板数据，建立农村正规金融规模、农村正规金融转换效率、农村正规金融相关率指标分别与农村贫困率、农村贫困深度、农村贫困强度的数量模型来探讨我国农村正规金融发展的减贫效应。实证结果显示：农村正规金融发展可以有效地缓解农村贫困，但是正规金融在发展过程由于正规金融需求与供给及分配制度的原因，对减贫的某些方面有消极的阻碍作用。具体来说，农村正规金融规模的扩大能够降低农村贫困人口收入与贫困线之间的收入差距，但是对农村贫困发生率和贫困强度均有一定的阻碍作用。农村正规金融转换效率能够促进农村贫困发生率的减少，缩小农村贫困人口收入与贫困线之间差距，但是它会扩大农村贫困人口之间的收入差距；而农村正规金融相关率对农村贫困发生率和农村贫困强度有积极的影响，但是对农村贫困深度有一定的阻碍作用。同时我们还发现：相较于金融规模与金融转换效率，农村正规金融相关率对缓解农村贫困问题的贡献率是最高的。

由上述分析可知，农村正规金融发展能够有效地缓解农村贫困，但必须从金融需求与供给及分配制度等方面对农村金融进行改革。在规模上，要重点强调金融相对规模的扩大；在效率上，要强调金融转换率的提高，防止农村资金外流，通过高效的资源配置，实现收益最大化；在结构上，要强调农村金融的商业性、开放性、竞争性；在政策上，给予贫困农户更多政策上支持。同时要强调经济增长对减贫效果的重要性。

7.4　农村非正规金融对贫困减缓影响的实证研究

从国内外现有研究成果来看，农村非正规金融对贫困缓解产生影响主要通过两条途径：一是直接途径。农村非正规金融部门向穷人提供信贷服务和储蓄服务，信贷服务可以使穷人有能力投资于新技术以及自身的教育和健康，促进其提高生产能力和预期收入，进而帮助他们摆脱贫困；储蓄服务可以帮助穷人积累资金和平滑消费，抵御收入不稳定带来的风险，进而缓解贫困。Ghazala等（2007）研究指出针对贫困人口的小微金融不仅能提高参与者的自信心，激发参与者作为自我雇佣个体的特性，使其有信心有资本投资于规模更大和获利更多的项目，依靠本身的力量获取更多的收益；而且能提高妇女的参与程度，帮助妇女构建社会资本，从而有利于整个社会的贫困减少；此外，还能促使参与者之间相互合作与交流，有助于参与者最有效地使用贷款并获得最大收益。二是间接途径。农村非正规金融作为一种信贷机制，通过有效率地分配资本，提高物质资本的数量和使用效率，加快技术创新和升级，促进经济增长；经济增长不仅能使穷人分享到福利，还将带动国民收入的显著提高；而国民收入的提高将带动穷人收入成比例地上升，穷人通过经济增长的这种"涓滴效应"间接地从经济增长中获益，贫困发生率也随之降低（Jalilian 和 Kirkpatrick，2005；James，2011）。

综上所述，农村非正规金融对贫困缓解的影响主要取决于直接途径和间接途径的共同作用。那么，中国农村非正规金融发展是否促进了农村贫困缓解呢？在进行实证检验之前，本节提出如下研究假说：

①在农村非正规金融发展较低水平区间内，由于资金来源和服务面有限，农村非正规金融发展对降低农村贫困发生率和贫困深度的效果难以甚至不能显现。随着农村非正规金融发展向较高水平区间迈进，非正规金融中介将进一步发展，非正规借贷门槛进一步降低，融资渠道和服务面均将进一步扩大，被排斥于金融服务对象之外的大部分农村贫困人群，将逐步纳入非正规金融服务范围，并形成对生产和其他创业活动的投资，以此获得更高收入而逐步使得其收

入接近或者跨越贫困线，从而促进贫困广度的下降和贫困深度的降低。

②由于农村非正规金融服务的对象主要是被排除在正规金融服务之外的贫困人群，随着农村非正规金融发展水平的提升，纳入非正规金融服务范围的贫困人口将不断增加，越来越多的贫困人口将享受到非正规金融发展带来的福利。因此，农村非正规金融发展将始终伴随着贫困强度的下降即贫困人口之间收入差距的缩小。

7.4.1 计量模型、变量描述与数据来源

7.4.1.1 计量模型

为了分析各地区农村非正规金融发展与贫困减缓的关系，首先构建如下面板模型：

$$POV_{it} = \beta_{00}NFI_{it} + \sum_{j=1}^{n}\beta_{j0}STR_{j,\,it} + \varepsilon_{it} + \mu_i \qquad (7.9)$$

其中，POV_{it} 为农村贫困水平；NFI_{it} 为农村非正规金融发展水平；$STR_{j,\,it}$ 为其他控制变量，j 表示控制变量的个数。μ_i 为各地区间差异的非观测效应；ε_{it} 为随机扰动项。

由于式（7.9）并没有考虑不同发展水平下非正规金融对农村贫困减缓效应的差异，为考虑随着发展水平的变化，农村非正规金融对贫困减缓的影响可能存在的差异，本节借鉴 Gonázlez 等（2005）关于面板平滑转换模型（panel smooth transition regression model，PSTR）的构建原理，将上述模型扩展为非线性 PSTR 模型：

$$POV_{it} = \beta_{00}NFI_{it} + \sum_{j=1}^{n}\beta_{j0}STR_{j,\,it} + (\beta_{01}NFI_{it} + \sum_{j=1}^{n}\beta_{j1}STR_{j,\,it})$$
$$h_z(q_{it};\,\gamma,\,c) + \varepsilon_{it} + \mu_i \qquad (7.10)$$

其中，$h_z(q_{it};\,\gamma,\,c)$ 为转换函数，为可观测状态转换变量 q_{it} 的连续有界（$0 \leqslant q_{it} \leqslant 1$）函数。本节旨在研究农村非正规金融发展对农村减贫的非线性影响，因此选取农村非正规金融发展水平（NFI_{it}）作为转换变量。γ 为平滑参数也称斜率系数，决定转换的速度；c 为转换发生的位置参数，决定转换发生的位置。对于如何选取 $h_z(q_{it};\,\gamma,\,c)$，GonázlezA 等（2005）给出了如下逻辑函数设定形式：

$$h_z(q_{it};\,\gamma,\,c) = \left[1 + \exp\left(-\gamma\prod_{z=1}^{m}(q_{it} - c_z)\right)\right]^{-1},$$
$$其中，\gamma > 0,\ c_1 < c_2 < \cdots \leqslant c_m \qquad (7.11)$$

式（7.11）中，m 经常取值为 1 或者 2，表示转换函数 $h_z(q_{it};\gamma,c)$ 含有的位置参数的个数。当 $m=1$ 时，转换函数 $h_z(q_{it};\gamma,c)$ 含有一个位置参数：

$$h_1(q_{it};\gamma,c)=\{1+\exp[-\gamma(q_{it}-c)]\}^{-1} \tag{7.12}$$

显然，$\lim\limits_{q_{it}\to-\infty}h_1(q_{it};\gamma,c)=0$ 且 $\lim\limits_{q_{it}\to+\infty}h_1(q_{it};\gamma,c)=1$。当 $h_1(q_{it};\gamma,c)=0$ 时，对应的 PSTR 模型（7.10）退化为式（7.9）形式，表现为低体制（low regime）。当 $h_1(q_{it};\gamma,c)=1$ 时，对应的 PSTR 模型（7.10）退化为一个多元面板回归模型，表现为高体制（high regime），其形式为：

$$POV_{it}=(\beta_{00}+\beta_{01})NFI_{it}+\sum_{j=1}^{n}(\beta_{j0}+\beta_{j1})STR_{j,it}+\varepsilon_{it}+\mu_i \tag{7.13}$$

当 $h_1(q_{it};\gamma,c)$ 在 0—1 之间连续变化时，对应的 PSTR 模型（7.10）就在低体制和高体制之间作连续的非线性结构平滑转换。就本节而言，这种平滑转换的经济意义可表述为：农村非正规金融发展较低水平区间（对应 $h_1(q_{it};\gamma,c)=0$）和较高水平区间（对应 $h_1(q_{it};\gamma,c)=1$）分别对应着两种不同的贫困状态，随着非正规金融水平从较低阶段向较高阶段的发展，农村贫困状态表现出非线性的结构变化。

当 $m=2$ 时，$h_z(q_{it};\gamma,c)$ 含有两个位置参数：

$$h_2(q_{it};\gamma,c_1,c_2)=\{1+\exp[-\gamma(q_{it}-c_1)(q_{it}-c_2)]\}^{-1} \tag{7.14}$$

式（7.14）中，$h_2(q_{it};\gamma,c_1,c_2)$ 关于 $(c_1+c_2)/2$ 对称，并在该点达到最小值，所对应的体制称为中间体制。特别地，若 $q_{it}=c$ 或者 $\gamma\to0$，$h_1(q_{it};\gamma,c)=0.5$ 时，PSTR 模型退化为线性固定效应模型；若 $\gamma\to+\infty$ 时，PSTR 模型退化为 PTR 模型。因此，线性固定效应模型和 PTR 模型都是 PSTR 模型的特殊形式。

在 PSTR 模型（7.10）中，POV_{it} 关于 NFI_{it} 的边际效应可以表示为：

$$e_{it}=\frac{\partial POV_{it}}{\partial NFI_{it}}=\beta_0+\beta_1 h_z(q_{it};\gamma,c);\quad\forall i,\forall t \tag{7.15}$$

由于 $0\leqslant h_z(q_{it};\gamma,c)\leqslant1$，所以 e_{it} 实际上是 β_0 和 β_1 的加权平均值，系数 β_1 为正（负），表示 NFI_{it} 对 POV_{it} 的影响随着转换变量增加而增加（减少）。

需要指出的是，在对 PSTR 模型进行估计之前必须进行检验，判断模型是

---

① 这是因为，若 $q_{it}-c>0$，则 $\lim\limits_{\gamma\to+\infty}-\gamma(q_{it}-c)=-\infty$，即 $\lim\limits_{\gamma\to+\infty}h_1(q_{it};\gamma,c)=1$；若 $q_{it}-c<0$，则 $\lim\limits_{\gamma\to+\infty}-\gamma(q_{it}-c)=+\infty$，即 $\lim\limits_{\gamma\to+\infty}h_1(q_{it};\gamma,c)=0$。此时，PSTR 模型正好拥有两个极限状态，即 PTR 模型。

否存在非线性效应，也即检验是否适合建立 PSTR 模型。一般通过构造渐进等价的 LRT、LM 或 LMF 统计量进行[①]。如果检验拒绝原假设（$H_0: r=0$），则需进一步进行"剩余非线性效应检验"，即检验是否只存在唯一一个转换函数（$H_0: r=1$），还是至少包括两个转换函数（$H_1: r=2$）。在 $r=2$ 的情况下，式（7.10）可以表示为：

$$POV_{it} = \beta_{00} NFI_{it} + \sum_{j=1}^{n} \beta_{j0} STR_{j,\,it} + (\beta_{01} NFI_{it} + \sum_{j=1}^{n} \beta_{j1} STR_{j,\,it}) h_1(q_{it}; \gamma_1, c_1)$$

$$+ (\beta_{02} NFI_{it} + \sum_{j=1}^{n} \beta_{j2} STR_{j,\,it}) h_2(q_{it}; \gamma_2, c_2) + \varepsilon_{it} + \mu_i \qquad (7.16)$$

接下来，如果检验再次拒绝原假设，则继续检验 $H_0: r=2$ 与 $H_1: r=3$，直到不能拒绝原 $H_0: r=r^*$ 为止，此时 $r=r^*$ 则为 PSTR 模型包括的转换函数个数。

7.4.1.2　变量描述与数据来源

1. 因变量

本节采用农村贫困广度指数（H）、贫困深度指数（PG）与贫困强度指数（SPG）三个指标来全面衡量农村贫困程度。贫困广度即贫困发生率，用来衡量贫困人口占农村总人口的比例的大小；贫困深度用来衡量贫困人口的收入与贫困线之间的相对差距的大小；贫困强度用来衡量贫困人口内部收入分配的不平等程度。H、PG 和 SPG 均采用 FGT 贫困指数计算方法，利用农民收入分组数据测算得到[②]。其中，2003—2008 年数据通过《中国农业年鉴》中各地区以村为单位农民人均收入分组的数据计算得到，2009—2010 年的数据通过各省统计年鉴中农村居民家庭收入按不同收入分组的数据整理计算得到。由于北京、天津、上海、西藏统计数据大部分缺失，故本节考察的地区仅包含除上述 4 个省份之外的 26 个省（市）（重庆并入四川）。

2. 自变量与转换变量

实证分析中，农村非正规金融发展水平（NFI）既是转换变量也是自变量。由于数据获取的局限性，参照冉光和和汤芳桦（2012）等学者的做法，用农村农户和非农户投资资金来源中的自筹资金和其他资金之和与农业总产值的比重来表示，数据来源于《中国固定资产投资统计年鉴》。

3. 其他控制变量

选取农村正规金融发展水平（FIC）、农村劳动力就业水平（EMP）、政

[①]　LRT、LM 或 LMF 检验就大样本而言是三者渐进等价的。对于小样本而言，LRT 检验的渐进性最好，其次是 LM 检验，而 LMF 检验有时会拒绝原假设，其小样本性质不尽如人意。

[②]　限于篇幅，贫困指数的具体计算方法和计算步骤在此略去，有需要的读者可以跟作者联系。

府财政支农水平（FCE）、农村固定资产投资水平（INV）、农村居民受教育水平（STU）作为控制变量。其中 FIC 用各省（市）农村农户投资资金中的国内贷款部分与农村非农户投资资金中的国家预算内资金、国内贷款和利用外资部分之和与农业总产值的比值来表示；EMP 用农村就业人数占农村人口总量的比重来表示；FCE 用各省（市）政府预算内财政支农支出/农业总产值来表示。由于统计年鉴中指标体系的变化，本节的财政支农数据 2003—2006 年为农业支出、林业支出和农林水利气象等部门的事业费支出三者之和，2007—2010 年为农林水事务支出；INV 用地区农村固定资产投资总额/农业总产值来表示；STU 用省（市）不识字或者很少识字的农村居民家庭劳动力/农村居民家庭劳动力总量来表示，为逆向指标。上述数据均采用相关价格指数进行了处理，分别来自相关年份《中国固定资产投资统计年鉴》《中国农村统计年鉴》和《中国财政年鉴》。指标数据的描述性统计如表 7.4 所示。实证分析时，为了克服可能存在的异方差和共线性问题，将所有数据进行了对数处理。

表 7.4 指标数据的描述性统计

变 量	符 号	观测值	均 值	标准差	最大值	最小值
农村贫困广度/%	H	208	9.197	5.691	30.055	1.260
农村贫困深度/%	PG	208	1.056	1.645	8.996	0.071
农村贫困强度/%	SPG	208	4.275	2.752	5.058	0.013
农村非正规金融发展水平/%	NFI	208	5.602	18.704	57.035	0.340
农村正规金融发展水平/%	FIC	208	4.725	5.312	31.425	0.306
农村劳动力就业水平/%	EMP	208	29.869	17.201	87.184	4.945
政府财政支农水平/%	FCE	208	9.057	9.310	81.525	1.562
农村固定资产投资水平/%	INV	208	58.764	19.374	98.493	9.992
农村居民受教育水平/%	STU	208	7.428	6.018	31.157	0.070

7.4.2 实证分析及结果解释

7.4.2.1 模型设定与检验

根据上文的分析结果，本节构建如下 3 个 PSTR 模型，拟分别分析不同发展水平下，农村非正规金融对农村贫困广度、贫困深度和贫困强度的影响方向和影响程度。

$$H_{it} = \beta_{00} NFI_{it} + \beta_{10} FIC_{it} + \beta_{20} EMP_{it} + \beta_{30} FCE_{it} + \beta_{40} INV_{it} + \beta_{50} STU_{it}$$
$$+ (\beta_{01} NFI_{it} + \beta_{11} FIC_{it} + \beta_{21} EMP_{it} + \beta_{31} FCE_{it} + \beta_{41} INV_{it}$$
$$+ \beta_{51} STU_{it}) h(NFI_{it}; \gamma, c) + \varepsilon_{it} + \mu_i (0 < H_{it} < 1) \quad (7.17)$$

$$PG_{it} = \beta_{00} NFI_{it} + \beta_{10} FIC_{it} + \beta_{20} EMP_{it} + \beta_{30} FCE_{it} + \beta_{40} INV_{it} + \beta_{50} STU_{it}$$
$$+ (\beta_{01} NFI_{it} + \beta_{11} FIC_{it} + \beta_{21} EMP_{it} + \beta_{31} FCE_{it} + \beta_{41} INV_{it}$$
$$+ \beta_{51} STU_{it}) h(NFI_{it}; \gamma, c) + \varepsilon_{it} + \mu_i (0 < PG_{it} < 1) \quad (7.18)$$

$$SPG_{it} = \beta_{00} NFI_{it} + \beta_{10} FIC_{it} + \beta_{20} EMP_{it} + \beta_{30} FCE_{it} + \beta_{40} INV_{it} + \beta_{50} STU_{it}$$
$$+ (\beta_{01} NFI_{it} + \beta_{11} FIC_{it} + \beta_{21} EMP_{it} + \beta_{31} FCE_{it} + \beta_{41} INV_{it}$$
$$+ \beta_{51} STU_{it}) h(NFI_{it}; \gamma, c) + \varepsilon_{it} + \mu_i (0 < SPG_{it} < 1) \quad (7.19)$$

为了检验模型（7.17）—（7.19）设立的正确性，即检验不同发展水平下农村非正规金融的减贫效应是否具有一致性，借鉴 Hansen（1996）的处理方法，首先在 $\gamma = 0$ 处对模型（7.17）—（7.19）进行一阶泰勒展开，将其转换为普通的线性模型，进而基于似然比检验（likelihood ratio，LR）计算出对应式（7.17）—（7.19）式的 LRT 统计量，如表 7.5 所示。从表 7.5 可知，模型式（7.17）—（7.19）对应的 LRT 统计量分别为 2.891、4.005、1.160，且分别在 5%、1% 和 10% 的显著性水平下拒绝 $r = 0$ 的原假设，表明面板数据具有明显的截面异质性，不同发展水平下农村非正规金融对贫困广度、贫困深度和贫困强度的影响存在明显的非线性特征，验证了模型（7.17）—（7.19）设立的正确性。同时，进一步的检验发现，对应模型在 15% 的水平下均不能拒绝 $r = 1$ 的原假设，表明模型（7.17）—（7.19）均不存在"非线性剩余"，即均只存在一个转换函数，也就意味着均只存在一个位置参数，故取 $r = 1$，$m = 1$。

表 7.5 线性检验与剩余非线性检验

原假设与备择假设	LRT 检验统计量		
	式（7.17）	式（7.18）	式（7.19）
$H_0: r = 0$ vs $H_1: r = 1$	2.891 (0.010)	4.005 (0.001)	1.160 (0.097)
$H_0: r = 1$ vs $H_1: r = 2$	3.750 (0.710)	5.086 (0.533)	3.561 (0.736)

注：括号内为对应的 p 值。

7.4.2.2 参数估计与结果分析

采用 stata9.0 编程得到式（7.17）—（7.19）的估计结果如表 7.6 所示。为了进一步确定模型估计的稳健性和可信度，本节基于样本跨度、宏观波动性、控制变量等 3 个方面对模型的估计结果进行了稳健性分析，且分析结果均不同程度地显示本节的非线性估计结果是稳健和可信的[①]，为此，对表 7.6 的结果作如下解读。

表 7.6 PSTR 模型估计结果

	指标	系数	式（7.17）	式（7.18）	式（7.19）
线性部分参数估计	NFI	β_{00}	0.448* (0.247)	0.611** (0.286)	−0.417* (0.109)
	FIC	β_{10}	0.746** (0.326)	1.151*** (0.381)	0.346* (0.333)
	EMP	β_{20}	−1.870*** (0.709)	−2.378*** (0.887)	−0.348 (0.215)
	FCE	β_{30}	−0.213 (0.340)	−0.467 (0.388)	−0.267 (0.249)
	INV	β_{40}	−0.212 (0.415)	−0.598 (0.525)	0.169 (0.370)
	STU	β_{50}	−0.957* (0.556)	−1.153** (0.604)	0.847* (0.615)
非线性部分参数估计	NFI	β_{01}	−0.748** (0.241)	−0.708** (0.292)	−0.190 (0.203)
	FIC	β_{11}	−0.677* (0.347)	−0.993** (0.410)	0.203 (0.304)
	EMP	β_{21}	1.842*** (0.737)	2.225*** (0.839)	−332 (0.187)
	FCE	β_{31}	−0.311 (0.342)	−0.203 (0.399)	−0.163 (0.349)
	INV	β_{41}	0.353 (0.429)	0.793 (0.578)	−0.402 (0.515)
	STU	β_{51}	1.219*** (0.316)	1.377*** (0.362)	−0.338 (0.278)
位置参数		C	−3.497	−3.497	−0.450
平滑参数		γ	901.945	817.013	11.413

注：* 表示 $p<0.10$，** 表示 $p<0.05$，*** 表示 $p<0.01$，括号内为对应的标准误。

---

① 本书分别将样本时间跨度缩减为 2003—2008 以分析样本时间长度的不同是否对本书主要结论产生影响；由于年度数据可能存在波动性（林毅夫、孙希芳，2008），为了尽量减少这种波动性对模型估计的影响，本书将每两年数据做一次平均，对实证模型进行再估计；此外本书还通过增减控制变量，对模型进行了再估计。限于篇幅，本书只列出了最优模型即式（7.17）—（7.19）的估计结果，有需要的读者可以跟作者联系。

1. 门槛特征分析

从式（7.17）和式（7.18）的估计结果可知：在不同的发展水平上，农村非正规金融对贫困广度、贫困深度的影响均存在明显差异。在门槛值 0.031（$e^{-3.497}=0.031$）之前，农村非正规金融发展对贫困广度和贫困深度的影响均表现为促进（$\beta_{00}>0$），但是越过这一门槛值之后，其对农村贫困广度和贫困深度的影响表现出明显的抑制作用（$\beta_{01}<0$，$\beta_{00}+\beta_{01}<0$），并且抑制效应随着农村非正规金融发展水平的提升而逐渐增强，即贫困广度和贫困深度将随着农村非正规金融发展水平的提高而逐渐降低。此外，模型对应的平滑参数 γ 分别为 901.945 和 817.013，表明模型在门槛值前后转换的速度非常快，趋近于简单的两机制 PTR 模型（见图 7.10、图 7.11）。从式（7.19）的估计结果可以看出：农村非正规金融发展对贫困强度的影响始终表现为抑制（$\beta_{00}<0$，$\beta_{01}<0$），只是在跨过门槛值 $0.637（e^{-0.450}=0.637）$之后，其促进农村贫困强度降低的速度有所提升，但提升的幅度不明显（$\beta_{01}<0$，不显著）。此外，模型对应的平滑参数 γ 值比较小，表明模型在门槛值前后转换的速度比较慢，转换函数呈现平滑渐进变化趋势（见图 7.12）。上述结果很好地验证了本节之前提出的两个假说的正确性。

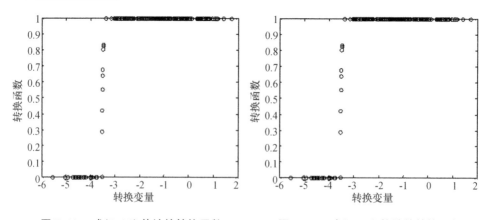

图 7.10　式(7.17)估计的转换函数　　　**图 7.11　式(7.18)估计的转换函数**

从控制变量上看，农村正规金融发展对贫困广度和贫困深度的影响始终表现为促进（$\beta_{00}>0$，$\beta_{00}+\beta_{01}>0$），但是随着农村非正规金融从较低水平区间向较高水平区间发展，这种促进作用得到明显抑制（$\beta_{01}<0$，$0<\beta_{00}+\beta_{01}<\beta_{00}$）；对贫困强度的影响仅线性部分显著，其弹性水平值为 0.346，表明农村正规金融发展进一步加大了农村贫困强度，但其对贫困强度的影响并没有随着农村非正规金融发展水平的提高而发生明显变化。农村劳动力就业水平对贫困

广度和贫困深度的影响始终表现为抑制($\beta_{00} < 0$，$\beta_{00} + \beta_{01} < 0$)，但是随着农村非正规金融发展水平实现对门槛水平的跨越，这种抑制作用将得到削弱($\beta_{00} < \beta_{00} + \beta_{01} < 0$)；而其对贫困强度的影响并不显著。农村居民受教育水平对贫困广度和贫困深度的影响由促进转变为抑制(逆向指标，$\beta_{00} < 0$，$\beta_{00} + \beta_{01} > 0$)，对贫困强度的影响同样不显著。政府财政支农水平和农村固定资产投资水平对三个贫困指数的影响均

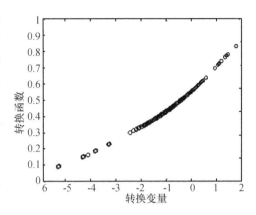

图 7.12　式(7.19) 估计的转换函数

不显著，表明财政农业资金支出和固定资产投资支出的农村减贫效应还有待进一步验证。

2. 地区差异分析

根据上文估计得到的门槛值，分类整理出 2003—2010 年各地区农村非正规金融发展水平的平均值，如表 7.7 所示。表 7.7 显示，2003—2010 年间，所考察的 26 个省域中，有 23 个省域的农村非正规金融发展为各自地区的农村减贫做出了不同程度的贡献，占所考察地区的 88.46%。青海、宁夏、海南 3 个省域农村非正规金融发展水平均处于门槛水平 0.031 的左侧，表明这些省域农村非正规金融发展不但没有有效促进农村减贫，反而使该地区贫困状况进一步恶化；山西、内蒙古等 14 个省域农村非正规金融发展跨过了 0.031 的门槛水平但没有跨过 0.637 的门槛水平，表明这些省域农村非正规金融发展不仅有效促进了农村贫困人口的下降，也促进了贫困人口的收入与贫困线之间相对差距的下降；而河北、辽宁等 9 个省域农村非正规金融发展水平跨过了 0.637 的门槛水平，表明这些省域农村非正规金融发展在促使农村贫困人口和贫困人口的收入与贫困线之间相对差距的下降的同时，也进一步促进了贫困人口之间收入分配差距的缩小。

表 7.7　农村非正规金融发展减贫效应的地区差异

门槛水平	$C < 0.031$	$0.031 \leqslant C < 0.637$	$C \geqslant 0.637$
对应省域	青海、宁夏、海南	山西、内蒙古、吉林、黑龙江、浙江、安徽、福建、湖南、贵州、云南、陕西、甘肃、新疆、广西、	河北、辽宁、江西、山东、河南、湖北、广东、四川、江苏

本节在已有理论和实证研究的基础上，首先提出了"农村非正规金融发展的减贫效应存在非线性特征"的假说，然后基于 Gonázlez 等（2005）提出的面板平滑转换模型（PSTR），利用我国 2003—2010 年的省级面板数据，检验了农村非正规金融发展减贫效应的非线性关系，得到如下基本结论：第一，农村非正规金融发展对农村贫困广度、贫困深度和贫困强度的影响均存在显著的非线性关系。其发生体制转换的门槛水平分别为 0.031 和 0.673。在门槛水平前后，农村非正规金融发展对贫困发生率和贫困深度的影响由促进转变为抑制，并且抑制效应随着农村非正规金融发展水平的提升而逐渐增强。农村非正规金融发展对贫困强度的影响始终表现为抑制，跨过门槛值之后，其促进农村贫困强度降低的速度有所提升，但提升的幅度不明显。第二，农村非正规金融发展减贫效应存在显著的地区差异。考察期间，除青海、宁夏、海南 3 个省域外，其他省域的农村非正规金融发展为各自地区的农村减贫做出了积极贡献，且尤以河北、辽宁等 9 个省域最为明显。第三，农村正规金融发展对农村减贫的影响是负面的，但是这种负面影响随着农村非正规金融发展水平的提高而逐渐减弱；农村居民就业水平和受教育水平的提升有力地促进了农村贫困广度和贫困深度的降低，但是对贫困强度的影响均不明显。

本节的研究结论，为推动我国农村非正规金融发展缓解农村贫困提供了有益的政策启示：首先，有必要进一步放开金融政策中对农村非正规金融发展的约束成分，给予农村非正规金融更明晰的发展定位与政策支持，引导和鼓励农村非正规金融健康发展，充分释放农村非正规金融缓解农村贫困的积极作用。第二，整体推进农村金融深化改革，加快农村金融配套体系建设，构建多元、竞争、普惠型的农村金融扶贫供给模式，推动金融服务面在农村地区的全面拓展，积极挖掘正规金融的扶贫潜力。第三，各地区应关注农村非正规金融发展与农村贫困缓解之间的"门槛效应"，适当根据当地农村非正规金融发展阶段来合理配置其他金融资源，以更加有效地促进本地区农村贫困缓解。第四，鉴于农村劳动力就业水平和教育水平的提升有助于农村贫困缓解，政府应加大对农村地区文化教育的投资力度，并通过各种途径加强对农民的技术和上岗培训，提高农民的就业水平和能力。此外，还要积极谋划与寻求降低农村贫困强度的办法和措施，多方并举促使我国农村深层次减贫进程加快推进。

7.5 农村正规金融与非正规金融对贫困减缓影响的实证研究

中国作为世界上最大的发展中国家，在很长的一段时期内，一直受到贫困问题的困扰。改革开放以来，我国经济发展取得了巨大的成就，农村居民收入水平有了显著提高，农村贫困问题有所改善，但是在全面建设小康社会的进程中，农民贫困减缓问题仍然是三农问题的焦点。农村金融作为农村经济发展的重要因素，在农村扶贫、减贫中起到了不可忽视的作用。王清星（2008）指出现有的扶贫政策，在金融制度安排方面，多基于政府主导的正规金融，但由于正规金融长期以来存在的严重的金融抑制，业务萎缩，信贷资金不足，不仅不能满足农村信贷的需要，反而成为农村资金流出的主要通道，使其在农村贫困减缓方面效率低下。这为农村非正规金融的迅速崛起提供了发展空间，农村正规金融体系在中介功能上正逐渐被非正规金融所代替（姚耀军，2006）。相较于农村正规金融，农村非正规金融不需要繁复的交易手续，交易成本较低，而且能够依靠地缘、亲缘、友缘等关系形成信任基础无须抵押，在交易期限上也更加自由，更加贴近农民的生活，更能满足城镇化进程中农村经济发展和农民增收的需求。2005 年中央财经大学《中国地下金融调查》课题组对浙江省农村非正规金融规模的间接估计显示，通过私人性质的金融机构和企业间的拆借获取资金的比重之和为 38%，这还不包括其他途径的非正规金融部分。国际农业发展基金的研究报告指出，2002—2006 年间，中国农民来自非正规金融机构的贷款大约为来自正规金融机构的 4 倍，可见农村非正规金融的发展规模之大。因此将农村非正规金融从农村金融中分离出来分别研究农村正规金融和非正规金融的贫困减缓效应，对于正确评价农村正规和非正规金融的发展现状，准确把握农村金融体制存在的问题，促进农村贫困减缓，实现全面小康社会具有重要的现实意义。

7.5.1 农村正规金融与非正规金融减贫效应的实证研究（静态视角）

7.5.1.1 面板数据单位根检验

对贫困水平各指数以及正规金融与非正规金融进行单位根检验以确定其平稳性。面板数据的单位根检验与普通的时间序列单位根有所不同，我们对面板数据考虑下面的 AR 过程：

$$y_{it} = \rho_i y_{it-1} + x_{it}\delta_i + u_{it}, \ i = 1, 2, \cdots, N; \ t = 1, 2, \cdots, T_i \qquad (7.20)$$

式中，x_{it} 表示模型中的外生变量向量，包括各界面的固定影响和时间趋势。N 表示截面成员的个数，T_i 表示第 i 个截面成员的观测时期数，参数 ρ_i 为自回归系数，随机误差项 u_{it} 相互满足独立同分布假设。可见，对于式

(7.20) 所表示的 AR 过程，如果 $|\rho_i|<1$，则对应的序列 y_{it} 为平稳序列；如果 $|\rho_i|=1$，则对应的序列 y_{it} 为非平稳序列。根据对 ρ_i 的不同限制，可以将面板数据的单位根检验方法划分为两大类。一类为相同根情形下的单位根检验，这类检验方法假设面板数据中的各截面序列具有相同的单位根过程，即假设式（7.20）中参数满足 $\rho_i=\rho$（$i=1，2，\cdots，N$）。这类检验方法包括 LLC 检验、Breitung 检验和 Hadri 检验；另一类检验为不同跟情形下的单位根检验，这类检验方法允许面板数据中的各截面序列具有不同的单位根过程，即允许参数 ρ 跨截面变化，这类检验包括 Im-pesaran-Skin 检验，Fisher-ADF 检验和 Fisher-PP 检验。

本节由于不考虑不同地区的差异，故采用第一种检验方法。为了确定检验的稳健性，采用 LLC 检验和 Hadri 检验两种方法，检验结果如表 7.8。由表 7.8 可以看出，贫困深度（H）、贫困广度（PG）、贫困强度（SPG）、农村正规金融（rf）、农村非正规金融（$irrf$）序列均在 0.05 的显著性水平下拒绝"存在单位根"的原假设，即均为平稳序列。下面我们通过格兰杰因果检验来进一步分析各变量之间的关系。

表 7.8　面板数据单位根检验结果

变量	LLC 检验	Hadri 检验	结论
H	−27.394（0.000）	7.957（0.000）	平稳
PG	−16.833（0.000）	6.968（0.000）	平稳
SPG	−25.788（0.000）	8.324（0.000）	平稳
rf	−294.606（0.000）	5.136（0.000）	平稳
$irrf$	−2.022（0.022）	7.111（0.000）	平稳

注：括号内为对应的 p 值。

7.5.1.2　面板格兰杰因果检验

我们采用格兰杰因果检验对正规金融、非正规金融和贫困指数的关系进行计量分析。Granger 认为如果变量 X 是另一个变量 Y 的原因，则变量 X 的变化在时间上领先于变量 Y，其实质是检验一个变量的滞后变量是否可以引入到其他变量方程中去。如果一个变量受到其他变量的滞后影响，则称它们具有格兰杰因果关系。这里我们以正规金融和贫困深度指数为例建立一个动态面板模型：

$$H_t = a + \sum \alpha_i H_{t-i} + \sum \beta_j rf_{t-j} + u_t \qquad (7.21)$$

式（7.21）表示贫困深度指数 H 与滞后变量 H_{t-i} 和农村正规金融 rf 的

滞后变量 rf_{t-j} 的线性函数，u_t 为零均值非自相关的随即误差项，α_i，β_j 为系数。判断格兰杰原因的直接方法就是利用 F 检验或者 Wald 检验来进行联合检验。原假设为 H_0：$\beta_j = 0$（$j = 0$，1，…，n），如果其中至少有一个显著不等于 0，则拒绝"农村正规金融不是贫困深度变化的格兰杰原因"的原假设。

根据上述分析，我们分别建立正规金融和贫困深度、正规金融和贫困强度、非正规金融和贫困深度、非正规金融和贫困广度、非正规金融和贫困强度的线性模型如下：

$$PG_t = a + \sum \alpha_i PG_{t-i} + \sum \beta_j rf_{t-j} + u_i \tag{7.22}$$

$$SPG_t = a + \sum \alpha_i SPG_{t-i} + \sum \beta_j rf_{t-j} + u_i \tag{7.23}$$

$$H_t = a + \sum \alpha_i H_{t-i} + \sum \beta_j irrf_{t-j} + u_i \tag{7.24}$$

$$PG_t = a + \sum \alpha_i PG_{t-i} + \sum \beta_j irrf_{t-j} + u_i \tag{7.25}$$

$$SPG_t = a + \sum \alpha_i SPG_{t-i} + \sum \beta_j irrf_{t-j} + u_i \tag{7.26}$$

但是，Granger 因果检验的任何一种检验结果都和滞后阶段的选择有关，并且对处理序列非平稳性的方法选择结果极其敏感。由于前面我们对面板数据进行了单位根检验，结果表明各变量序列都是平稳的，故只对滞后阶数的选择进行分析。在选择滞后阶数时，一方面想使滞后阶数足够大，以便能完整地反映所构造模型的动态特征，但是另一方面，滞后阶数越大，需要估计的参数也就越多，模型的自由度就越少。所以，在进行滞后阶数的选择时要进行综合考虑。这里我们采用 AIC 信息准则确定滞后阶数为 1 和 2。为了增加结果的可信度，我们分别列出了 X 变量在滞后阶数为 1—3 的检验结果，见表 7.9。

由表 7.9 可以看出，在滞后阶数为 1—3 时，接受农村正规金融不是贫困深度、贫困广度的格兰杰原因的概率大都小于 0.05（只有滞后三阶时 0.088 9 略大于 0.05），所以拒绝原假设，认为农村正规金融是贫困深度、贫困广度的格兰杰原因；而接受农村正规金融不是贫困强度的格兰杰原因的概率都大于 0.1，所以不能拒绝原假设，认为农村正规金融不是贫困强度的格兰杰原因；接受贫困深度、贫困广度、贫困强度不是农村正规金融的格兰杰原因的概率均大于 0.05，所以接受原假设，认为贫困水平不是农村正规金融的格兰杰原因；接受农村非正规金融不是贫困深度、贫困广度、贫困强度的格兰杰原因的概率均小于 0.05，所以可以拒绝原假设，认为农村非正规金融是贫困深度、贫困广度、贫困强度的格兰杰原因；而接受贫困深度、贫困广度、贫困强度是农村非正规金融的格兰杰原因的概率都大于 0.1，所以不能拒绝原假设，认为贫困水平不是农村非正规金融的格兰杰原因。即，在滞后阶数为 1—3 时，农村正规金融、非正规金融与贫困水平指数之间存在单向的因果关系。

表 7.9　面板数据格兰杰检验结果

统计量	Wald 统计值	p 值	Wald 统计值	p 值	Wald 统计值	p 值
滞后阶数	1		2		3	
$H \neq \triangleright rf$	0.84	0.656 8	2.72	0.437 6	5.22	0.265 8
$rf \neq \triangleright H$	6.974	0.030 6	7.913	0.047 8	10.326	0.035 3
$PG \neq \triangleright rf$	0.01	0.995 2	0.25	0.969 2	1.50	0.826 9
$rf \neq \triangleright PG$	6.072	0.048 0	9.416	0.024 2	8.072	0.088 9
$SPG \neq \triangleright rf$	0.37	0.832 3	0.30	0.959 5	0.51	0.973 0
$rf \neq \triangleright SPG$	1.82	0.402 5	0.740	0.862 7	1.75	0.782 0
$H \neq \triangleright irrf$	3.29	0.192 7	0.79	0.850 9	1.16	0.885 1
$irrf \neq \triangleright H$	14.602	0.001	12.692	0.005	10.374	0.034 6
$PG \neq \triangleright irrf$	2.55	0.279 6	0.60	0.896 1	1.67	0.795 3
$irrf \neq \triangleright PG$	7.319	0.025 7	10.997	0.011 7	13.544	0.008 9
$SPG \neq \triangleright irrf$	1.86	0.394 7	0.22	0.974 3	0.85	0.931 2
$irrf \neq \triangleright SPG$	5.003	0.081 9	8.523 1	0.036 4	11.471	0.021 8

(左侧竖排：因果关系原假设)

7.5.1.3　面板数据模型估计

1. 模型形式设定

本节我们建立面板数据模型来分析农村正规金融和非正规金融对贫困深度、贫困广度和贫困强度的影响，以贫困广度指数为例，构建如下面板数据模型：

$$H_{it} = \alpha_i + \beta_i rf_{it} + \gamma_i irrf_{it} + u_{it} \tag{7.27}$$

在使用面板数据模型时，根据截距项 α_i 和斜率系数 β_i，γ_i 不同限制的要求，又可将模型分为 3 类：无个体影响的不变系数模型、变截距模型、含有个体影响的变系数模型，其选取的正确与否直接关系着经济模拟的好坏。这里我们使用协方差检验，主要检验以下两个假设：

假设 1：变截距模型，说明各省份间存在个体影响但是无结构变化，截距随个体变化，斜率系数在不同横截面和时间上保持不变，即

$$H_1: \beta_i = \beta, \gamma_i = \gamma, i = 1, 2, \cdots, N$$

假设 2：无个体影响的不变系数模型，说明各省份间既没有个体影响也不存在结构影响，截距和斜率系数在不同横截面和时间上保持不变，即

$$H_2: \alpha_i = \alpha, \beta_i = \beta, \gamma_i = \gamma, i = 1, 2, \cdots, N$$

可见，结果如果不拒绝 H_2，则选用无个体影响的不变系数模型；若拒绝了 H_2 而不拒绝 H_1，则选用变截距模型；若拒绝了 H_2，同时拒绝了 H_1，则

选用变系数模型。

本次假设检验在假设 H_1 下构造的统计量 F_1 是服从自由度为 $((N-1)k$，$N(T-k-1))$ 的 F 分布，即

$$F_1 = \frac{(S_2 - S_1)/[N-1]k}{S_1/(NT - N(k+1))} \sim F[(N-1)k, N(T-k-1)] \tag{7.28}$$

在假设 H_2 下构造的统计量 F_2 是服从自由度为 $((N-1)(k+1)$，$N(T-k-1))$ 的 F 分布，即

$$F_2 = \frac{(S_3 - S_1)/[(N-1)(k+1)]}{S_1/(NT - N(k+1))} \sim F[(N-1)(k+1), N(T-k-1)] \tag{7.29}$$

其中，N 表示个体数，k 表示变量个数，T 表示时点个数，S_1、S_2、S_3 分别表示无个体影响的变系数模型、变截距模型、不变系数模型下的残差。

根据那个面板数据模型估计，得出

$N = 26$，$k = 3$，$T = 6$，$S_1 = 96.558\,9$，$S_2 = 311.588$，$S_3 = 2\,362.483$

计算得出在 5% 的显著性水平下，$F_1 = 1.544 < F(75, 52) = 1.68$，$F_2 = 12.202 > F(100, 52) = 1.64$。因此，对模型形式进行设定检验时拒绝 H_2，接受 H_1，故本节选用变截距模型来研究农村正规金融与非正规金融对农村贫困广度的影响。同理，我们可以构建贫困深度和贫困强度的面板模型如下：

$$PG_{it} = \alpha_i + \beta_1 rf_{it} + \beta_2 irrf_{it} + u_{it} \tag{7.30}$$

$$SPG_{it} = \alpha_i + \beta_1 rf_{it} + \beta_2 irrf_{it} + u_{it} \tag{7.31}$$

同时进行 F 检验得知，模型 (7.30)、(7.31) 均适合选用变截距模型，检验结果见表 7.10。

表 7.10　贫困水平指数模型形式设定 F 检验结果

检验统计量	H	PG	SPG
F_2	12.202 (1.64)	8.258 (1.64)	2.254 (1.64)
F_1	1.544 (1.68)	1.421 (1.68)	0.526 (1.68)

注：统计量 F_1 和 F_2 分别由公式 (7.28)、(7.29) 计算得出，括号内数值为 F 统计量在 5% 显著性水平下的临界值。

2. 模型估计

对于面板模型，固定影响模型将个体影响设定为跨截面变化的常数使得分析过于简单，并且从实践的角度看，在估计固定影响模型时将损失较多的自由度，特别是对"宽而短"的面板数据。但相对于固定影响模型，随机影响模型

也存在明显的不足：在随机影响模型中是假设随机变化的个体影响与模型中的解释变量不相关，而在实际建模过程中这一假设很有可能由于模型中省略了一些变量而不满足，从而导致估计结果出现不一致性。对于如何检验模型中个体影响与解释变量之间是否相关，Hausman（1978）提出了一种严格的统计检验方法——Hausman 检验。先建立随机影响的模型，然后检验该模型是否满足个体影响与解释变量不相关的假设，如果满足就将模型确定为随机影响的形式，反之则将模型确定为固定影响的形式。本节采用 stata11.0 分别在固定效应和随机效应两种情况下进行模型估计，然后采用 Hausman 检验进行模型甄别，估计结果和检验结果见表 7.11、表 7.12、表 7.13。

由表 7.11 可以看出，Hausman 检验统计量为 34.9，p 值为 0.000，拒绝采用随机效应的原假设，采用固定效应模型进行分析。非正规金融的系数为 −2.265，说明非正规金融对降低贫困深度有一定的积极作用。正规金融的系数为 3.556，说明正规金融在一定程度上加大了贫困深度。由表 7.12 可以看出，Hausman 检验统计量为 0.83，p 值为 0.659 0，不能拒绝采用随机效应的原假设，采用随机模型进行分析。非正规金融的系数为 −0.987，说明非正规金融对降低贫困广度有一定的积极作用。正规金融的系数为 0.792 07，说明正规金融在一定程度上加大了贫困广度。由表 7.13 可以看出，Hausman 检验统计量为 0.200，p 值为 0.906 1，不能拒绝采用随机效应的原假设，采用随机模型进行分析。非正规金融的系数为 −0.540 4，说明非正规金融对降低贫困强度有一定的积极作用。正规金融的系数为 0.792 07，但并不显著。

综上所述，农村正规金融会加剧农村贫困深度和贫困广度，而农村非正规金融则在一定程度上能缓解农村贫困。

农村正规金融在农村贫困减缓方面表现出的这种负作用，很大程度上可以归因于农村正规金融服务与农村经济发展以及农村居民生活的脱节。农村正规金融与农村经济的不相适应，导致农村正规金融机构设置不合理，功能发挥不正常。农村正规金融服务部门没有组织成为一个有机的整体，为"三农"服务和新农村建设服务的功能不强，并且成为农村资金流出的主要通道，从而在一定程度上抑制农村经济的发展和农村居民收入的提高。农村正规金融与农村经济发展的不适应主要体现在农村正规金融服务覆盖面和农村资金外流两个方面。国际上，"覆盖面"是指金融机构（在我国主要指的是农信社、农业银行、邮政储蓄等正规金融机构）为农村地区企业和农户提供的贷款、存款、汇兑、结算等金融服务的比例，是评价农村正规金融服务状况的主要指标。根据国务院发展研究中心农村部调查发现，只有 20% 左右的农户能从正规金融机构贷款，25% 左右的农户能从农村信用社获得贷款且均为小额短期贷款，这显然无

表 7.11　贫困深度面板模型估计结果

变量	固定效应			随机效应		
	系数	统计量	p 值	系数	统计量	p 值
常数项	4.983 165	5.67	0.230	5.290 474	4.35	0.000
$irrf$	−2.265 174	−1.21	0.003	−2.970 068	−1.90	0.057
rf	3.555 622	3.00	0.000	3.636 6	3.09	0.002
F		5.76	0.004 0			
Waldchi2					14.03	0.000 9
Hausman 检验					34.90	0.000 0

表 7.12　贫困广度面板模型估计结果

变量	固定效应			随机效应		
	系数	统计量	p 值	系数	统计量	p 值
常数项	1.342 23	4.29	0.000	1.425 914	3.94	0.000
$irrf$	−0.795 140 3	−1.19	0.237	−0.986 645 7	−1.94	0.052
rf	0.772 326 5	1.83	0.070	0.792 07	1.91	0.056
F		2.69	0.071 5			
Waldchi2					7.77	0.020 6
Hausman 检验					0.83	0.659 0

表 7.13　贫困强度面板模型估计结果

变量	固定效应			随机效应		
	系数	统计量	p 值	系数	统计量	p 值
常数项	0.668 391 3	3.66	0.000	0.646 009 7	3.97	0.000
$irrf$	−0.585 562 9	−1.50	0.136	−0.540 359 6	−2.15	0.031
rf	0.205 307 5	0.83	0.406	0.792 07	0.97	0.333
F		1.66	0.194 7			
Waldchi2					5.55	0.062 2
Hausman 检验					0.200	0.906 1

法满足农村经济发展的需求。而在市场化改革进程中，商业银行将金融资源集中于大中城市，县域范围内的营业网点和从业人员大量撤离，同时其他农村金融机构也在收缩网点，这使得农村县域获取正规金融服务的难度加大，部分农村地区甚至出现了金融服务的空白，成为农村正规金融服务的"盲区"。在农村资金外流方面，很多学者认为可以借助农村存贷差来反映，周科（2011）通过对我国农村地区 1978—2009 年的存贷差进行分析发现自 1978 年以来我国农村正规金融机构从农村吸收的存款基本大于发放的贷款，农村资金基本处于外流状态。张杰（2004）认为农村资金外流主要有四种途径：一是通过农村信用合作社网点；二是中国农业银行乡镇营业网点；三是邮政储蓄网点；四是市区城乡信用社。农村资金向大中城市及非农产业的大量外流加剧了农村信贷的不平衡，直接导致农村正规金融在农村经济的发展和农村居民增收方面支持不力，在农村贫困减缓方面甚至表现出的一定程度的负作用。因此，改革和完善农村正规金融制度，强化农村正规金融服务是当前我国发展农业经济，实现农村贫困减缓的必然要求。

相反，农村非正规金融在农村居民贫困减缓方面表现出显著促进作用。农村非正规金融是在农村正规金融无法满足农村经济发展的金融需求的情况下迅速发展起来的，主要以农村民间金融和合作基金会为代表，在一定程度上弥补了农村金融供求不平衡的缺口，为农村经济的发展提供了有利的金融支持（高艳，2007）。与正规金融相比，农村非正规金融主要依靠亲缘、友缘关系，不需要抵押和复杂的手续流程，更能适应农村经济的发展需求。2005 年中央财经大学《中国地下金融调查》课题组对我国农村地下金融规模调查表明，农户通过非正规金融渠道获取的借款占农户全部贷款的比重超过 55%，并且不发达地区对民间借贷的依赖性更强。高艳通过实证分析发现，从促进农民增收的效率来看，农村非正规金融要高于农村正规金融，而在短期内，农村正规金融对农民增收不仅没有促进作用相反还有微弱的阻碍作用。可见，农村非正规金融通过带动农村经济发展，促进农民增收对农村居民贫困减缓做出了不可小觑的贡献。

本节首先对农村正规金融、非正规金融和各农村贫困指数进行面板数据单位根检验，得知序列皆为平稳序列；然后对农村正规金融、非正规金融与农村贫困指数进行面板数据 Granger 因果检验，结论表明农村正规金融、非正规金融与贫困水平指数之间存在单向的因果关系，农村正规金融和非正规金融均是农村贫困水平变化的格兰杰原因；最后文章建立面板数据模型研究农村正规金融和非正规金融的农村居民贫困减缓效应，结论表明，农村正规金融会加剧农村贫困深度和贫困广度，而农村非正规金融则在一定程度上能缓解农村贫困。

7.5.2　农村正规金融与非正规金融减贫效应的实证研究（动态视角）

现有研究大部分属于理论与政策的分析，对于农村非正规金融与农村贫困减少的较规范的实证研究文献还极其稀少，而仅将正规金融与非正规金融纳入统一框架研究两者的减贫效应的文献只有苏静、胡宗义等（2013），他们研究发现农村非正规金融发展对农村贫困发生率、贫困深度和贫困强度都存在门槛效应且农村非正规金融发展的减贫效应地区差异显著，在东部沿海和经济相对发达地区，农村非正规金融发展的减贫效应更加明显。但他们的研究基于静态模型出发研究金融发展与贫困减缓之间的关系，并未从动态角度研究两者之间的关系，因此本节根据 2003—2008 年的省际面板数据，运用面板向量自回归模型（PVAR）研究农村正规金融发展和非正规金融发展对农村减贫的影响，以期为相关研究提供一个新的研究思路和研究方法。

7.5.2.1　数据处理与模型构建

1. 数据说明与贫困指数测度

（1）数据说明

本节共涉及三个变量：贫困指数、农村正规金融和农村非正规金融。其中贫困指数采用 FGT 指数进行测算得到，下一节将会详细介绍。农村正规金融用各省（市）农村农户和非农户投资资金来源中国内贷款金额与农业 GDP 的比重来表示，数据来自《中国固定资产投资统计年鉴》。农村非正规金融采用农村农户和非农户投资资金来源中的自筹资金和其他资金之和与农业增加值的比值来表示，数据来源于《中国固定资产投资统计年鉴》。研究样本的数据的期间跨度为 2003—2008 年[①]。

（2）贫困数据描述

本节采用 Beta 模型，利用各地区农村人均收入水平按村分组的贫困指数，数据来源于相应年份的《中国农业年鉴》。由于《中国农业年鉴》各地区农村人均收入水平按村分组的数据中，北京、天津、上海三个地区低收入组分组收入下线大于相应的贫困县，因此三个地区贫困指数实际无法计算得到，而西藏数据不全，故本节考察的地区仅包含除上述四个地区之外的 26 个省（市），表

[①]　由于《中国农业年鉴》中 2003 年之前和 2009 年之后的统计指标发生了变化，没有给出各省份以村为单位按人均收入水平分组的数据，这一数据的缺失使得各省份的贫困指数无法计算，所以，本文样本的时间跨度为 2003—2008 年。

7.14 为各变量的相关系数表。

表 7.14　变量的相关系数表

	H	PG	SPG	rf	$irrf$
H	1				
PG	0.894 7	1			
SPG	0.727 3	0.909 2	1		
rf	0.160 3	0.087 7	0.029	1	
$irrf$	−0.250 8	−0.250 5	−0.236 1	0.230 6	1

2. 模型构建

本节采用面板数据向量自回归（PVAR）方法研究农村正规金融和非正规金融发展的减贫效应，一方面可以利用向量自回归（VAR）方法识别出农村正规金融和非正规金融对农村贫困的冲击效应，另一方面使用面板数据便于我们在研究中控制个体截面单位的个体异质性。面板数据向量自回归模型（PVAR）研究始于 Chamberlain（1983）基于混合数据情形的讨论，1988 年 Holtz-Eakin 等（2006）研究了一类时变系数的 PVAR，并提出采用 2SLS 估计模型参数。这里我们参照 Love 等（2006）和李捷瑜、王美今（2006）的策略，选择一阶滞后 PVAR 模型作为本节的实证检验模型，一阶滞后的 PVAR 模型形式如下：

$$y_{it} = \Gamma_0 + \mu_i + \sum_{j=1}^{p} \Gamma_j y_{it-j} + \varepsilon_{it} \tag{7.32}$$

其中，$y_{it} = (rf_{it}, irrf_{it}, index_{it})'$，$index$ 为 H、PG 或 SPG，i 代表个体截面单元，t 代表时间跨度，μ_i 为个体固定效应，Γ_0 和 Γ_j 为常数项和滞后内生变量的估计参数，p 为相应的滞后阶数，ε_{it} 为随机扰动项。PVAR 是一个相当灵活的分析框架：首先，PVAR 能把目标变量看成一个内生系统来处理，真实反映变量间的互动关系；正交化脉冲响应函数能分离不同因素对贫困指数的影响程度，同时也是有效的动态分析工具（李捷瑜，王美今（2006））。其次，面板数据可以提供较截面数据或时间序列数据更大的样本容量，既能避免小样本问题，控制个体异质性，提供更多的信息，更大的变异，变量间更弱的共线性，克服一定内生性，更大的自由度以及更高的效率，还可以识别、测量单纯使用截面或时间序列无法估计的影响。

PVAR 的估计步骤如下：

第一步，在面板数据上估计 VAR。首先要消除模型中的固定效应，但此时个体固定效应的消除并不能采用静态面板条件下的组内去均值法消除，因为此时它不能解决个体固定效应与回归元相关造成系数估计有偏的问题，Holtz-Eakin 等（2006）的处理方法是采用前向均值差分的方法消除个体固定效应，即所谓的 Helmert 变换处理数据。Helmert 变换能够克服组内去均值方法存在的序列相关性，还能够保持残差的同方差性。考虑变量 x_{it}，并定义 $\bar{x}_i = \frac{1}{T}\sum_{t=1}^{T} x_{it}$ 为 x_{it} 相对于时间层面上的均值，定义 x_{it}^{H} 为 Helmert 变换后的 x_{it}，我们有：

$$x_{it}^{H} = \sqrt{\frac{T-t}{T-t+1}}\left(x_{it} - \frac{1}{T-t}\sum_{n=t+1}^{T} x_{in}\right) \tag{7.33}$$

仔细观察发现，Helmert 变换后的时期 t 上的数据来自于原始数据对时期 $t+1$ 到 T 时期数据均值的差。

第二步，利用 GMM 估计法估计模型参数。GMM 估计对样本数据分布不做要求，估计结果较为稳健。对模型参数估计完毕后，就是估计脉冲响应函数，它描述某一变量的正交化信息对系统中每一个变量的影响。其中 Cholesky 分解的排列顺序意味着后面变量同期和滞后期都受到前面变量的影响，前面变量只会受到后面变量滞后期的影响（李捷瑜、王美今（2006））。因此，在使用 PVAR 模型时，需要结合所研究问题的实际经济含义及理论依据，对变量的排序做出合理的假设。本节变量的排序为 rf、$irrf$ 和 $index$，这种排序意味着，农村正规金融发展对农村非正规金融发展和贫困指标没有同期响应，农村非正规金融发展对贫困指标没有同期响应，PVAR 系统中变量排序越早越是外生变量，排序越后越是内生变量。这样的排序具有一定的合理性：首先，农村非正规金融发展产生于农村正规金融发展不完善的环境，因此农村非正规金融相对内生；其次，农村正规金融发展和非正规金融发展都是为农民金融需求提供服务，检验其否存在减贫效应（即是否能够减少贫困），使得贫困指数相对内生；最后脉冲响应函数的置信区间采用蒙特卡罗模拟 500 次得到。

7.5.2.2 农村正规金融和非正规金融减贫的动态分析

我们采用 stata11 软件对 PVAR 模型进行了估计，图 7.13 和图 7.14 为对应的脉冲响应函数图，虚线为 95% 置信区间，置信区间采用蒙特卡洛模拟 500 次构造，实线为脉冲响应。横轴为冲击发生的滞后期数（单位：年），纵轴表示贫困指标受冲击的响应。图 7.13 描述的是贫困广度、贫困深度以及贫困强度对农村正规金融发展冲击产生的响应。图 7.14 描述的是贫困广度、贫困深度以及贫困强度对农村非正规金融发展冲击产生的响应。

脉冲效应分析：

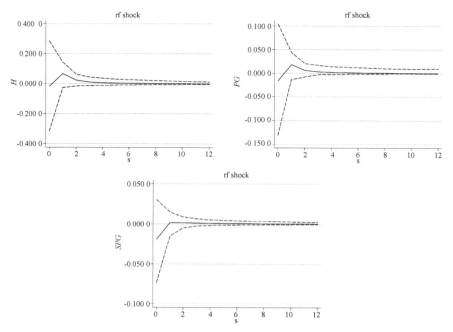

图 7.13　贫困指标对农村正规金融发展冲击的脉冲响应图

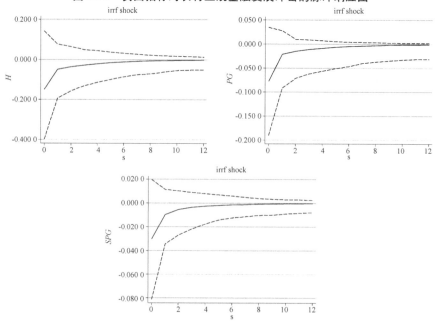

图 7.14　贫困指标对农村非正规金融发展冲击的脉冲响应图

　　首先，图 7.13 显示，一个单位标准差的农村正规金融冲击将导致当期贫困指标减少，但第一期及以后贫困指标的响应值均扩大。各贫困指标的响应路径大致相同，当期均出现负值响应（贫困广度、贫困深度和贫困强度分别为－1.8％、－1.6％和－2％个单位），然后均在第一期的响应迅速转为正且幅度均达到峰值（响应值分别为 6.7％、1.8％和 0.15％个单位），第一期以后贫困指标对农村正规金融发展冲击的响应都为正并在中期内趋于零。贫困指标的响应路径说明，农村正规金融发展会给同期的贫困指标一个负向冲击，起到一定减贫效应，但之后的冲击均表现为正，说明农村正规金融发展只存在同期减贫效应，没有持续减贫效应。贫困广度、贫困深度和贫困强度对农村正规金融发展冲击的累计响应[1]分别为 10.6％、2.1％和－1.3％，说明从长期来看农村正规金融发展的减贫效应并不理想，只存在一定程度缓解农村贫困人口之间的不平等程度（贫困强度累计响应为负）。贫困广度、贫困深度累积效应为正说明农村正规金融发展可能会进一步增加农村贫困人口的绝对数量和加大农村贫困人口的收入短缺程度。从早期的农村金融政策来看，无论是 1986 年政府实施的贴息贷款，还是 20 世纪 90 年代后实行的小额信贷，投向重点都是种植业、养殖业和农产品加工等方面，这种政策在设计和实施上的种种限制使得其在缓解农村长期贫困上效果欠佳（杨俊，2008）。此外，改革开放以来，中国农村存贷款比重不断增大，反映出中国农村越来越多的资金通过正规中介逃离了农村，背离了农村正规金融为农村经济发展服务的政策意图（图 7.15 提供了相应的数据佐证），再加上中国农村正规金融在规模和结构上都存在很大缺陷，与农业的基础性地位很不协调，无法很好地适应中国农村经济的发展，因此很难对农村贫困缓解起到作用（胡燕京，张娜（2006））。

　　图 7.14 显示，一个单位标准差农村非正规金融冲击将导致短期内贫困指标减小。各贫困指标的响应路径也大致相同，均在当期达到最大绝对值的响应值（贫困广度、贫困深度和贫困强度分别为－15％、－7.7％和－3％个单位），到第一期时的响应程度已减少到了同期响应的一半一下，然后负向响应逐渐减小，到第八期以后响应趋于零，说明农村非正规金融发展具有较强的瞬时减贫效应。观察图 7.14 还可以发现，贫困指标对农村非金融发展冲击的响应均为负，即农村非正规金融发展对贫困的累计影响都为负（累计响应效应分别为－34％、－15.4％和－5.8％），说明农村非正规金融的发展具有持续的减贫效

---

　　[1]　通过各期的响应值相加得到。

应，且长期内也表现为减贫效应。市场经济的确立和推进过程中，受政府隐性担保的正规金融机构无法在所有的经济领域全面覆盖其金融服务，造成很多农户并不能从正规金融渠道获得信贷，农村正规金融的"缺位"和资金约束使得农户生产经营活动面临窘境。多年来，我国对农村金融体系的改革从未间断过，但这种强制性制度变迁的效果却差强人意。然而通过非正规金融市场融资，农户的生产经营活动得以继续进行。农村非正规金融通过放松抵押担保制约、缓解信息不对称、降低客户交易成本等手段为贫困农户提供了平等地进入信贷市场的机会，这种贷款分配的平等为贫困农户收入增长提供了可能（苏静，胡宗义等，2013）。同时各响应绝对值大小说明农村非正规金融发展降低农村贫困人口效应大于降低农村贫困人口相对收入短缺和收入不平等程度。农村非正规金融发展的减贫效应主要体现在降低贫困人口比例方面。

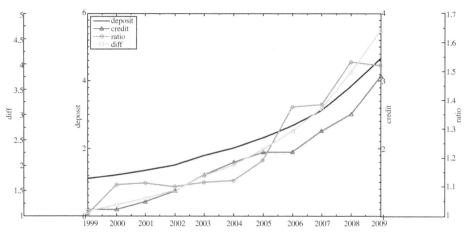

注：deposit 为农村存款，包括农户存款和农业存款；credit 为农村贷款，包括农业贷款和乡镇企业贷款；ratio 表示存贷比，diff 表示存贷差。

图 7.15　农村金融指标变动图

本节采用 PVAR 模型研究了农村正规金融发展和农村非正规金融发展是否存在减贫效应。研究发现，农村正规金融发展存在一定的当期减贫效应，但没有持续减贫效应。具体表现为存在一定程度缓解农村贫困人口之间的不平等程度的效应，但并没有起到降低农村贫困人口的绝对数量和减少农村贫困人口的收入短缺程度作用。农村正规金融发展并未起到很好的减贫效应的原因在于农村信贷在设计和实施上欠佳、资金通过正规中介逃离了农村和农村正规金融发展与农业的基础性地位很不协调导致。相比于农村正规金融发展欠佳的减贫效应，农村非正规金融发展具有持续的减贫效应，且长期内也表现为减贫效应。农村非正规金融发展能够起到减贫效应主要是因为农户在正规金融面临困境时可以通过非正规金融市场融资，使得生产经营活动得以继续进行。同时农村非正规金融通过放松抵押担保制约、缓解信息不对称、降低客户交易成本等手段为贫困农户提供了平等地进入信贷市场的机会，这种贷款分配的平等为贫困农户收入增长提供了可能（苏静、胡宗义等，2013）。

第8章 农村正规金融与非正规金融发展的国际经验比较与借鉴

"他山之石，可以攻玉"。考察国外农村金融市场发展状况，对比并总结国外农村金融市场发展的经验教训，对研究我国农村金融市场的成长机制与模式，无疑具有重要的现实借鉴意义。本章的主要目的是通过国外农村正规金融与非正规金融市场发展的比较，寻求国外农村相应金融市场发展对我国的启示，以便通过其特有的政策或共有的规律，对我国农村金融市场的发展提供启发性的政策建议。国外农村金融市场发展具有重要代表性、典型性的国家很多，如美国、墨西哥、巴西、法国、德国、英国、丹麦等欧美国家，日本、韩国、印度、印度尼西亚、孟加拉国等亚洲国家，以及南非、尼日利亚和乌干达等非洲国家。而本章在可查阅文献的基础上，主要选择美国、法国、德国、日本、韩国、印度和孟加拉国这七个国家的农村正规和非正规金融市场与我国相应的农村金融市场进行比较分析，并对其成功经验进行学习借鉴。

由于各国的农村正规金融与非正规金融机构的分类标准并不统一，因而相似的农村金融机构在各国所属的类别会有所差异。鉴于此，本章对于各国农村金融机构的分类主要参照相关的研究生学位论文，分类结果仅供参考。

8.1 农村正规金融发展的国际经验比较与借鉴

8.1.1 美国——多元复合型的正规金融发展模式

美国虽然只3%的农业人口，却成为世界上最大的粮食生产国和出口国，是世界上农业最发达的国家，这与其完备的农村金融体制和发达的农村金融市场密不可分。美国构建农村金融体制的基本原则是为农业发展提供足够的资金支持。通过政府的补贴、增加农业贷款、提高农业生产社会化来发展农村金融体系，美国农村整体上形成了多层次、全方位的金融体系，保证了其农业现代化及农村发展的资金需求。经过多年的发展和不断的探索和改革,美国现在已经形成了包括以政府为主导的农村政策性金融体系、农村合作金融体系以及农村商业性金融体系在内的多元复合型的正规金融发展模式。多种金融机构形成了一个分工协作、互相配合的农村正规金融体系,较好地满足了美国农业和农村发展的资金需要。

8.1.1.1 农村政策性金融体系

虽然,美国是一个发达的市场经济国家,实行"自由竞争的企业制度",但其农业部门一直受到政府的保护,以政府为主导的农村政策性金融体系对其农业的发展发挥了重要的调节作用。美国联邦政府根据《农业信贷法》建立了较为规范的农村政策性金融体系,该体系主要由四大机构组成,它们分别是农民家计局、商品信贷公司、农村电气化管理局和小企业管理局。政策性金融机构的共同目的是稳定国内商品流通领域的农产品价格,并通过信贷活动调节农业生产规模和发展方向,控制农业发展规模,以实现政府的农业政策目标;同时提高农民收入,办理具有社会公益性的农业项目的投资(如投资于土壤改良、兴修水利、基础设施建设、灾害补贴、小企业发展、农村通信等)。它们的业务主要是利用政府提供的资本金、预算拨款、贷款周转资金和部分借款办理商业金融机构和其他金融机构不愿意提供的政策性贷款(如救济受灾农民,扶持新创业的农民,支持农村社区发展的长期福利贷款以及对农产品提供价格支持的抵押贷款等),为当地农业和农村的发展提供利率低、期限长的资金借贷服务,以弥补农业融资渠道的不足。

在美国的农村政策性金融体系中,农民家计局(Farmer Home Administration)是其政府办理农业信贷的主要机构,由美国农业部直属管辖,与其他农业信贷机构相比,它具有更浓厚的政策性。其宗旨是创立自耕农户、改进农业生产、改善农民生活。它不以营利为目的,只有在借款人无法从商业银行和其他农业信贷机构借到贷款时,农民家计局才给予支持,是政府贯彻实施农业政策的主要工具。农民家计局最早成立于1933年,该局在许多州、县分别设有办事处,20世纪90年代初达1 700多个。农民家计局的主要业务是帮扶新创业的农村企业和低收入农民建立农场、改进技术,解决其资金困难等,主要办理商业银行不愿办理的农民家计、农村建设、农村社区发展和农村工商业贷款,并根据农民家计局贷款计划向农民借款人发放的贷款提供担保。农民家计局的信贷资金主要通过三条途径获得:(1)拨款。美国国会每年都会进行相应的拨款,用于农村社区的三废处理以及补贴低收入农民修缮房屋等。(2)提供担保,动员其他金融机构的信贷资金,这是补充农民家计局信贷资金不足的一个重要来源。《农村开发法案》允许在家计局承担信用担保时,农村贷款发放者必须在农民家计局的信贷指导下，按照计划将贷款提供给贷款申请者，同时对借款人提供财务帮助，并且由农民家计局进行贴息。（3）贷款周转基金。这是获取农业信贷基金的主要来源。农民家计局承保发行债券、建立贷款周转基金，同时由国会定额拨款，弥补贷款的贴息和周转基金可能发生的损失。农民家计局的农业贷款，采取分期偿还的方式，并且根据农民还款能力设置不同的还款条件。在贷款利率方面，农民家计局的承保债券由美国财政发行，成本较市场利率低，一般均有贴息，因此十分受农民欢迎。

商品信贷公司（Commodity Credit Corporation）于 1933 年建立，主要针对农业因自然灾害造成的减产给予适当的补贴，类似于农业生产保险，因此划归农业局，目前是联邦政府的直属机构，其任务是实施价格和收入支持计划，通过对农产品进行价格支持，对农业生产给予补贴；控制农业生产，扩大需求，以调节生产来稳定农业生产者收入，保护农民的利益。换言之，商品信贷公司利用提供贷款和补贴的金融手段来实行国家干预，以期减少供销矛盾，促进供销平衡，增加农场自有资金，缓和农业生产过剩危机。其本质是美国农业部稳定和保护局属下的一个公司组织，商品信贷公司 1 亿美元资本金全部由美国国库拨付，该公司有权借入 200 亿美元以内的款项用作信贷资金。其资金运用主要是提供贷款和支付补贴，对借款人的基本要求是遵守农业部休耕计划和分配面积的农业生产者，具体信贷业务品种有：（1）农产品抵押贷款，即向执行休耕计划的农场提供农产品抵押贷款，额度视抵押产品的品种、数量和贷款率（所抵押产品的单位贷款额）而定。这种贷款又被称为"无追索权贷款"（non-recourse loan），其具有明显的为农民提供价格支持和补贴的特点。（2）灾害补贴。如果农场因自然灾害的原因使主要作物达不到种植面积或达到面积而总产量低于正常产量时，其损失由商品信贷公司给予补贴，补贴额度等于按当年目标价格计算的损失产量的 1/3。（3）差价补贴。如果遵守休耕计划的农业生产者主要作物产量正常，但因市场价格低于目标价格，出现收入损失时，由公司给予差价补贴。差价补贴限额为每一个农场不超过 2 万美元。（4）仓储、干燥和其他处理设备贷款。无论是否参加休耕计划，该公司可为农场购买或建造仓储、烘干以及其他农产品处理设备提供贷款，贷款额度为设备估价的 25%，每一个农场不超过 10 万美元，期限为 8 年，贷款利率取决于政府资金成本，该种贷款被称为"有追索权贷款"。该公司利用金融手段，对农产品销售和生产实行政府干预和调节，以缓和农产品过剩危机，其业务具有明显的政策性，是美国政府十分重要的农村政策性金融工具。

农村电气化管理局为农业部下属机构，成立于 1935 年，任务是对农村电业合作社和农场等借款人发放贷款，用于架设电线、组建农村电网、购置发电设备和发展通信设施等，以达到提高农村电气化水平，促进农村电力、水利等基础设施完善的目标。该局的资金完全由政府提供，后设农村电气化及电话周转基金，资金运用有贷款和担保，贷款期限可达 35 年，利率极为优惠。截至1980 年，该局共贷款 139 亿美元，担保额为 167 亿美元。

而于 1953 年成立的小企业管理局（Small Business Administration, SBA），是美国国会拨款成立的一个独立的政府贷款机构，通过与农民家计局分工协作，负责直接贷款的发放，并参与组织联合贷款，承担相关担保，也管理一些特殊贷款。其贷款利率优惠，期限较长。主要为不能从其他渠道获得充足资金的小企业、农场和农工联合企业发放专业性生产贷款、经济性机会贷款，对水污染的控制贷款以及灾害贷款，对所从事的农产品加工储藏以及为农场提供服务的企业经营进行扶持，以促进和帮助农村小企业的发展，维护小企业的利益。该局总部在美国华盛顿，并在全国各地设有 100 多个分局或地区办事处。该局资金主要来源于国会拨款提供的周转基金和收回的贷款本息等，资金主要用于发放直接贷款、担保贷款和农场经营贷款，具体做法是和银行或其他贷款机构实行联合贷款，或对银行和其他贷款提供保证，承担风险，或直接进行贷款。直接贷款额度不超过 15 万美元；保证贷款额度不超过 50 万美元。在贷款要求上，小企业管理局和农民家计局核准贷款的要求相同，只是当贷款额度高于后者的规定时，才由小企业管理局承担。该局虽与农民家计局在业务上有重复或类似之处，但不如后者更胜任贷款。由于小企业管理局农业贷款用途的限制，因而其数额不多。至于农场经营贷款，该局规定：用于购买土地和建筑物的，期限可长达 20 年；用于购买机械设备和牲畜的，可长达 10 年；用于一般经营开支的，期限不超过 1 年。这些贷款均不得用于购买家用设备和清偿债务。在贷款利率方面，小企业管理局直接贷款部分利率较为优惠；而保证贷款的利率则由有关贷款机构确定，但其利率不得高于小企业管理局规定的最高利率。该局还为小企业提供管理咨询、技术协助等其他非金融方面的服务。美国政府重视支持小企业发展，该局为小企业发展起到了十分重要的支持作用。

自 1989 年以来，美国政策性金融机构对农村的贷款在整个农村信贷市场份额中从 15% 依次下降到 1996 年的 6% 和 2009 年的 2.3%。可见，美国政策性金融机构主要是农村金融市场的引导者、孵化者和培育者，随着市场经济的成熟和农村金融市场环境完善，农村政策性金融机构发展到一定程度后逐渐淡出农村信贷市场。

8.1.1.2　农村合作金融体系

美国农村也构建了比较完善的农村合作金融体系。最初的农村合作金融组织都是由政府领导并出资支持建立起来的，随着国家资金的逐步退出，现在的农村合作金融已成为由农场主所拥有的合作金融机构。目前，美国的农村合作金融体系由联邦中间信贷银行、联邦土地银行以及合作银行三大系统组成。该银行体系采取了不同于商业银行的管理，专门设立了比较健全的农村合作金融管理体系，包括监管机构、行业自律协会、资金融通清算中心和互助保险集团，这四种机构及其附属机构各自独立、职能各异，但目标一致，形成共同的以农村合作金融机构为服务对象的管理服务体系。

联邦中间信贷银行（Federal Intermediate Credit Bank）是美国最重要的农业信用合作系统，该系统由 1923 年美国政府在 12 个信用区建立的 12 家联邦中间信贷银行组成，主要解决农民中短期贷款难的问题。为了弥补农场流通资金的不足，该系统提供的主要贷款是经营贷款，且大部分贷款都以一年为期。而每一家中间信贷银行均下属许多生产信用合作社，合作社实行股权所有制，借款人必须拥有相当于借款额 5%—10% 的合作社股金或参与权证。银行的资金来源，除股金与公积金外，主要依赖于发行短期债券。这些银行设立的初衷是沟通都市工商业金融与农村的农业金融，利用短期债券的发行及向都市金融市场出售农业票据或票据的再贴现，以吸取都市资金用于农村发展，故"Intermediate"的含义是指这些银行处于都市金融与农村金融的中间，作为二者的媒介。中间信贷银行并不直接给农民放款，也不接受普通存款及储蓄存款，只贷款给农民组织的合作社及其他各种农民的营业组织，且以放款给生产信用合作社为主，其放款的主要方式是农业票据贴现。

联邦土地银行系统由 12 个农业信用区的联邦土地银行及其下属的合作社组成，是农场主长期贷款的主要提供者。联邦土地银行实行股份所有制，每个合作社必须向联邦银行土地缴纳本社社员借款总额的 5% 股金，银行股权归全体合作社所有，也间接归全体借款人所有。联邦土地银行只办理长期不动产贷款，主要供农场主购买土地、农机设备和牲畜，抵押、修缮房屋和其他建筑物等，或用于偿还其他债务。贷款对象主要是个体农场主，贷款期限为 5 至 40 年，贷款数额可达农场不动产市场价值的 85%，如果有政府担保可以更高。值得一提的是，联邦土地银行的下属合作社不办理贷款事宜，而由联邦土地银行直接对贷款人发放贷款。联邦土地银行的资本金来源有三，即股金、公积金及发行公债券。每一银行按照政府规定至少要有 75 万美元股金才可开业，并规定其正当合法股东应是农民所组织的联邦土地银行合作社。在创设的初期，农民的合作社无力认缴巨额股金，故大部分股金都是联邦政府认缴的。1947年后，政府所缴的股金已全部退还，这 12 个土地银行完全成了农民的联邦土地银行合作社所共有，政府则退居领导和监督的地位。除股金外，这 12 个土地银行又以各行所收得的抵押土地、股金与公债金为担保品，联合发行公债券，所得资金用于放款。农民如欲向土地银行借款，必须加入当地的联邦土地银行合作社，用他所有的土地或新买得的土地作为抵押，通过合作社向该区内的土地银行申请借贷。凡借款的农民必须用借到款额的 5% 购买合作社的股票，而合作社同时也向该区的土地银行认购同数额的股票，于是借款农民就成了合作社的股东或社员，而联邦土地银行合作社就成为联邦土地银行的股东。

而合作银行系统则是美国专门为合作社添置设备、补充营运资金、购入商品等提供贷款而设立的合作金融系统，由 13 家合作银行组成，包括在 12 个信用区分别设立的合作银行，以及于 1988 年在华盛顿成立的中央合作银行。当年这 13 家银行成立时，联邦政府曾一次拨给中央合作银行资本金 5 000 万美元，12 个区的合作银行各 500 万美元，总共是一亿一千万美元。此后，政府的资本投入数额有增有减，最多时高达一亿七千八百万美元，后来则渐趋减少。此外的资金则大多来自借款，如向联邦中间信贷银行及商业银行借款、发售短期公债券等。合作银行下设的各合作社均以向本区内合作银行借款为原则，但当借款的数额较大，区合作银行难以供给时，亦可以向中央合作银行求借。而中央合作银行则负责贷款给区合作银行，调节各行间的资金余缺。合作银行主要提供四种贷款：短期或季节性经营贷款；用于弥补周转资金不足的中期贷款；用于基础设施建设的长期贷款；以及用于支持农产品出口的出口贷款。合作银行要求，只有真正的农业合作社才有资格向合作银行申请贷款，即申请贷款的合作社 80% 以上的投票权掌握在农业生产者或合作社联盟手中，并实行一人一票制或股份分红不超过 8%。按照规定，合作社获得贷款后，允许利用所获贷款向本社社员提供转信贷服务。

8.1.1.3　农村商业性金融体系

商业性金融体系是美国农村金融市场的重要组成部分，主要提供农业生产性的中、短期贷款。美国的农村商业性金融机构主要包括商业银行和保险公司。

在美国，以联邦储备系统为核心的金融体系中，商业银行处在基础地位，主要职能是发放贷款，特别是中短期贷款，它在商业银行借款总额所占的比重一般在 3/4 以上，主要用来资助机械设备、种畜的购买。其中，短期贷款不超过一年，主要用于资助农村日常生产经营。美国的商业银行是遍布城乡的独立私营机构，除由财政部和州主管部门对其进行依法管理之外，还受到联邦储备系统的控制和监督。美国大部分商业银行，尤其是地方性的商业银行都办理农贷业务，主要金融中心的大银行一般资助从事畜禽和全国范围内的特种作物生产的企业，而各州支行则对大农场或小的农业企业提供金融服务。有调查显示，美国近 90% 的商业银行（如国民银行和州银行）经营农贷业务，尤其是设在小城镇的 4 000 多家商业银行，农业贷款一般占其贷款总额的 50% 以上。商业银行之所以能够在农村开展业务，主要是因为其机构多，接近农民，熟悉农民的信用状况；其次是由于美国农户基本以农场主的形式规模经营，拥有较大数量的财产，能够满足商业银行信用审查的要求。此外，相对完善的制度和较强的竞争能力使得商业银行在农业信贷中一直处于重要的地位。自 1999 年以来，美国商业银行对农业的贷款在整个农村信贷市场份额中从 30% 上升到 2000 年的 45% 再微降到 2009 年的 43.8%。可见，美国发达的农村经济及便利的农场抵押贷款使美国商业银行自愿涉足农业贷款领域。

在农村商业性金融体系中，农业保险是一项重要的内容。自 1938 年《联邦农作物保险法》颁布以来，美国已形成了比较完善的农作物保险体系。现行的农业保险完全由商业保险公司经营和代理，美国政府对商业保险公司予以经营管理费和保险费补贴等方面的支持。其运作主要分为三个层次：一是联邦农作物保险公司，主要负责全国农作物保险的政策制定、经营和管理以及组织各项计划的实施；二是有经营农险资格的私营保险公司，承担了全部直接业务；三是保险代理人和农场查勘检损人员。美国政府对农业保险补贴分为保费补贴和业务费用补贴。此外，政府还承担联邦作物保险公司的各项费用以及保险推广和教育费用。美国农作物保险开办的主要险种有多风险（一切险）农作物保险、团体（区域）风险保险、农作物收入保险和纯商业险种四种类型。

综上所述，美国的农村正规金融体系具有以下几个特点：一是农村金融机构多元化，信贷渠道多样化，在竞争中生存，在分工中互补。作为一个庞大的体系，美国农村金融体系的构成成分较为复杂，但在长期发展和不断竞争过程中，金融机构形成了相对明确的分工，起着互相补充的作用。合作农业信贷系统的建立，打破了商业金融机构早先在农业信贷领域中的独占地位，合作农业信贷系统特别是联邦土地银行在长期贷款中具有明显的优势而后来居上。商业银行作为合作农业信贷系统的主要竞争对手，在中短期农贷方面始终保持着领先地位。在竞争过程中，个人与经销商的贷款所占的比重一直在下降，但以其具有方便灵活的特点，仍是短期农贷的主要供应者。至于政府直接办理的农贷是推行政府农业政策的工具，目的不在参与竞争，主要是随着特定需要的变化，相对地处于辅助地位。二是美国合作农业信贷系统实现了国际农业信用合作的创新。美国的农业信用合作系统是由政府首先提供创办资本，依法自上而下建立起来的。但是，该系统的业务和营运均为借款人自下而上自行管理，并主要依靠发行债券和票据筹集信贷基金；借款人交纳股金与取得成员资格和实际使用贷款联系起来。可见，该系统的合作性质更多地体现在把农民组织起来从金融市场上吸收社会资金，从而迅速扩大了农业信贷资金供给规模。美国农业合作金融发展昭示了政府的重要作用，也揭示了政府合理的治理边界。三是有政府强大的资金和政策扶持。美国农业现代化水平很高，但农业生产的固有特点依旧存在：农业生产风险高、农业投资数额大、期限长、见效慢，这些特性无疑会影响到农业发展的金融需求和满足，由此就决定了农村金融运作需要政府的大力支持。美国在农村信贷的发展初期，为了促进信贷事业的发展，政府给予了大量的拨款。比如美国联邦土地银行最初的股金主要是政府拨款，占总股金的 80%，而政府农贷机构的资金绝大部分来源于财政的拨款或借款。比如商品信贷公司，其基金全部由国库拨付；在金融机构的营运过程中，国会和政府还必须为合作金融和政府农贷机构提供债券的担保、拨付款项以弥补商业银行的农贷收益差和政府农贷机构的政策性亏损。四是健全的组织体系保障了农村资金的相对独立运行。美国农村金融体系是一个多种金融机构组成的复合体，组织体系健全，在其运作过程中，始终围绕如何满足农业发展的信贷需求而进行，基本实现了农村资本的相对独立运行。合作农业信贷系统自成体系，和联邦储备系统及各联邦储备银行之间没有隶属关系，只是受联邦储备系统的宏观调控。各农业信贷区内设立农贷专业银行，各农贷专业银行都是独立经营的实体，在农业信贷管理局的监督管理下自成系统，保证了农贷专业银行的独立性，从而有效地保持了农业资金运行的相对独立性。同时为了防止商业银行出于盈利目的可能将农村资金转移到其他领域的问题，联邦法律规定对部分银行的农业贷款利率提供利率补贴，并相应修订了农贷利率的有关标准，减缓了农贷资金转移的局面。健全的组织制度较好地保证了农村资金用于农村建设和农业发展，并根据农业发展不同阶段的目标，调节农业信贷方向和规模。五是发达的金融市场为农村信贷资金的筹集提供了巨大支持。作为整个金融体系的一个重要组成部分，美国农村金融和金融市场的关系越来越密切：首先，发达的商业金融、保险公司已经成为美国农村金融不可缺少的重要组成部分，是整个农贷体系中一支不可忽视的力量，为农业发展提供了充足的风险保障；其次，农村信贷资金越来越依赖于金融市场，大量资金来源于金融市场，信贷资金大部分来源于国家在金融市场上出售的有价证券。六是完备的法律体系保证了美国农村金融体系的良好运行。市场经济是法治经济，任何经济活动都需要法律的保证和规范，农村金融的运作也不例外。在美国，农村金融的运作具备了完备的法律体系，有专门的法律，比如《联邦农业贷款法案》《农业信用法案》等，但更多的是把农业金融的运作融合到其他的相关法律体系中，从而使农村金融的运作有章可循、有法可依，避免了行政干预和经营管理的不规范、不合理现象。

通过对比我们可以发现，美国的农村金融体系与我国的区别主要表现在以下几个方面：第一，美国的农村金融市场是一个较开放的市场，各类金融机构都可以参与，经营主体较多；第二，美国政策性金融机构多，业务范围广，财政补贴力度大；第三，美国的合作金融"三性"（即组织上的群众性、管理上的民主性和经营上的灵活性）明显；第四，美国政府通过大量的财政补贴和其他市场手段，引导私营保险公司参与多种类、大范围的具体保险业务。总的来说，美国政府通过巨额的财政补贴和完善的农业保险等措施，有效地降低了农村金融机构的交易成本，对美国农业的发展起到积极的作用。值得注意的是，美国的金融监管体制与我国有相似之处，尤其是在监管主体方面，美国实行的是多元监管，而我国则实行分业监管，两者有异曲同工之处。参照美国农村正规金融组织的发展模式，我国发展新型农村金融组织应当注意以下几个方面的内容：

（1）促进三农发展需要发达健全的农村金融体系。美国农村金融体系表明：用于支持农业、农村发展的金融体系至少包括四大部分，即商业金融体系、农村合作金融体系、农村政策性金融体系和农业保险体系。除了各类型金融体系完备外，更为重要的是各机构要定位明确，职责清晰，管理规范，互为补充，互相促进，共同支持农业的发展。

（2）农村金融体系的构建完善需要政府和市场各司其职，各尽其力。美国农村金融体系的构建较好地体现了政府和市场各自的作用，美国商业金融在农村按照市场化方式运作，而美国的政策性金融则充分展现了美国政府对农村金融发展的强有力的支持。在我国农村金融发展改革的过程中，必须对政府和市场各有定位，力求实现政府与市场的有效结合。在经济较为发达的农村地区，政府应该以制定法律和规章制度为主，确保农村各级各类金融主体运作有章可循，通过采取有效的政策激发各类主体的积极性和主动性，而各类机构具体的营运方式则应发挥市场作用，运用市场的竞争机制和优胜劣汰机制来确保最有适应性和最优势的机构盈利。而在"商业金融"失灵地区依然要强调政府主导，充分发挥政府建立的各类政策性金融机构以及各种合作金融组织的功能，采取相对优惠的政策方式正确引导资金向农业和农村流动，对金融发展的不均衡提供修补，以帮助其健康发展。

（3）农村金融体系作用的充分发挥需要完备的法律制度作保障。美国农村金融发展比较完善的原因，首先在于美国从一开始就注重顶层设计，形成了较为规范、有效的法律体系。市场经济的发展需要法律制度的保障，美国通过立法手段支持和保障农村金融机构的发展，效果非常显著。美国《联邦农作物保险法》《联邦信用社法》和《联邦农业贷款法案》等一系列法律的颁布和实施指导了美国农村合作金融的健康发展。要促进我国农村金融健康有序发展，确保各类农村金融机构作用充分发挥，需要逐步完善我国农村金融相关法律法规，引导我国农村金融走上依法健康发展的道路。

（4）农村金融的健康发展需要加快建立农业保险体系和农村金融信贷风险分担机制。美国有相对完善的农村保险体系，这一体系的构建为农村金融机构的健康发展提供了基础保障。而当前，我国农村保险业严重缺失，应该建立适合我国农村实际情况的农村保险体系，政府应从我国农业、保险业的实际情况出发，建立农村信用担保机制和相关组织机构，成立农业担保基金，并引导商业担保机构积极开展农业担保业务，建立农业中小企业、农户信用等级评级机构和农村动产、不动产价值评估机构，改进抵押担保方法，着力解决农户和中小企业贷款担保难和抵押难的问题。

（5）应当加快城市金融的建设步伐，为新型农村金融组织的发展提供示范和带动作用。美国的农村金融组织具有一定的发展基础，是资本在城市地区的投入过剩、急需在农村地区寻找出路的背景下发展起来的。在早期，美国的农村金融并不发达，之后随着城市金融的不断发展壮大，才逐渐向农村地区渗透。某种程度上可以认为，美国当前的农村金融组织是对发达的城市金融组织在农村地区发展的继续，具备在农村地区形成多元化发展模式的基础条件。这一点对于我国新型农村金融组织的借鉴意义体现在我国需要发展城市金融，发挥城市金融对农村金融的辐射和带动作用，为农村金融提供必要的金融支持。

不过，美国因为城乡之间的差别并不是很大，并且是以农场主占主导地位的农业经济国家，政府对支农的金融机构提供各种政策加以保障，所以很多农村金融机构对农业信贷业务十分感兴趣。中国农村与城市之间的差异较大，不管从基础设施还是小农意识都与城市有较大差距，农村经济发展还未完全达到规模化经营。因此，在建立农村金融机构的时候，不能一味地照搬美国模式，要根据中国的实际情况加以区别对待。在农村经济相对比较发达的地区，可以借鉴美国农村金融机构的模式，采用政策性、商业性、合作性的金融机构联合的方式加大对农业经济的发展。而在农村经济发展较为落后的地区，应以政策性的农村金融机构为主导，采用由政府财力直接投入的方式，并建立单独的监管机构，等农村经济发展到一定程度，再考虑建立其他形式的农村金融机构，避免盲目扩张带来的风险。

8.1.2　法国——国家控制型的正规金融发展模式

说完了美洲农业最发达的美国，那么不得不提到欧洲农业最为发达的国家——法国。法国是西欧最大的农业生产国和世界上农产品最大的出口国之一，也是历史上小农经济较为发达、农业在国民经济中长期占有重要地位的国家。全国 3.6％的农业人口生产的农业产值约占国内生产总值的 3.9％。同美国一样，法国也建立了相对完善的农村金融体系，制定了比较完备的农村金融法律制度。法国农村金融市场发展历史悠久，为农业和农村经济的发展做出了重要贡献。其农村正规金融体系主要由法国农业信贷银行、互助信贷联合银行、法国土地信贷银行和大众银行组成。这些银行都是政府所有或受政府控制的，在法国银行体系中占有重要的地位，是法国政府推行农村经济政策和财政金融政策的重要工具。

从法国的这种农村正规金融体系结构来看，其属于典型的国家控制型的金融发展模式。法国的农村正规金融机构都是在政府的主导下建立的，其系统的良好运行也需要当地政府的控制和管理。在法国这些众多的农村正规金融机构中，法国农业信贷银行系统对农村的发展所做出的贡献最大。作为法国农村正规金融体系中的核心机构——法国农业信贷银行是世界上第一家具有现代银行特征的农业政策性银行。该银行于 1894 年成立，主要由 3 150 个地方金库为基层机构、94 个地区金库为中层机构和最高领导机构——全国农业信贷金库所组成的。地方金库和地区金库属互相合作性质。凡从事农业活动的自然人和机构法人均可成为会员。地方金库吸收存款，交付其所属的地区金库使用，并对其会员的贷款申请进行审核，向地区金库提出贷款意见。地区金库利用地方金库交来的存款和全国农业信贷金库提供的资金向会员发放贷款，多余的存款交由全国农业信贷金库统一调拨使用。全国农业信贷金库是官方机构，接受农业部、经济与财政部的双重领导，成为政府与农业信贷组织间联系的桥梁。它参与制定国家农业信贷政策，为政府农业发展政策和计划提供建议。同时，管理、控制和协调各地区金库的业务活动（包括管理各区域金库剩余的资金；通过地区金库发行短期证券和长期债券；为区域金库发放中长期贷款提供资金来源；通过区域金库发放长期贷款；检查各区域金库的业务和账目等），配合贯彻政府关于农业发展的政策和意图。由于地方和地区金库属合作性质，可享受减免税收的待遇，中央金库虽属官方机构，也享有减税的待遇。此外，法国农业信贷银行还具有较强的为农业服务的功能。其主要表现在为环境治理和污水处理而设计特定的农业保险产品和农产品价格保险（类似于农产品的期货交易）等方面的服务功能。其在保险业务运营的模式上以互助合作保险为主，组织没有资本股份，成员之间按照比例支付损失份额。政府对互助合作保险通过发放补贴提供优惠利率贷款和担保、提供再保险、提供特大灾害补偿等方式予以扶持。值得一提的是，法国农业信贷银行在充当农村储蓄银行角色的同时，又发挥了中长期信贷银行的作用，业务经营灵活多样。其业务的扩张过程如下：资助农民发展栽培业→资助农民发展种养业→资助农业合作组织搞农产品、食品加工业→资助农村居民生活、住房、农村建设、旅游区建设→资助中心城镇的中小企业和大中小城市居民住房、消费品→资助农产品出口，国际合作，发展国际信贷业。

法国农业信贷银行信贷资金的来源经历了三个阶段：第一阶段是 1937 年以前，资金来源是股金和根据 1897 年国民议会通过的法令，由法兰西银行赠送的 4 000 万法郎；第二阶段是 1937—1942 年，该阶段为信贷银行的发展存款业务阶段，其除了继续扩大股金外，还运用存款方法吸收农村闲散资金，并逐步发展到吸收非农业者的闲散资金，当时所吸收的存款大约占资金来源的 50%；第三阶段是发行证券阶段。从 1942 年起，由中央银行作担保，农业信贷银行面向农村居民发行 3 年期和 5 年期的债券。1950 年之后，又由国家担保，在金融市场发行 10 年、15 年和加年期的债券。此外，法国农业信贷银行通过参与货币市场活动获得的大量收益，也成为其资金来源的一部分。这样，法国农业信贷银行就逐步形成了三条主要的资金来源渠道，即股金、存款和债券，其中又以存款为主。据 1982 年统计，法国农业信贷银行筹集的资金总额为 4 750 亿法郎，其中成员股金 211 亿元法郎，占总额的 4.5%；储蓄存款 3 876 亿法郎，占总额的 81.6%，债券 662 亿法郎，占总额的 13.9%。因为筹集资金的渠道多、范围广，故信贷资金自给率不断扩大，20 世纪 50 年代初期，信贷资金自给率为 50%；20 世纪 60 年代，信贷资金基本上能自给。20 世纪 70 年代，其资金来源已超过资金运用，1977 年，资金来源大于贷款 600 亿法郎，1982 年，资金来源大于贷款 981 亿法郎。而在贷款投放方面，农业信贷银行的贷款分为：（1）农业生产贷款，包括基建设备贷款、购地贷款和其他贷款，期限为 10—40 年，个别可达 50 年；（2）农产品和粮食加工业贷款；（3）住宅贷款；（4）农村及其他贷款，包括人口在 6.5 万人的中小城市中职工在 500 人以上的中小企业贷款和城乡居民个人生活贷款。在这些用途的贷款中，农业生产贷款占贷款总额的 1/3，住房贷款比例最大，大约占贷款总额的 50%，且增长最快。在该行的发展过程中，其贷款投向严格服务于政策导向，而且会根据不同阶段的政策意图进行适当的业务调整，以更好地服务于国家不同时期的农业发展重点。如 20 世纪 50 年代，法国政府决定加速实现农业机械化，农业信贷银行的中长期贷款就投向农业经营者购置机械设备上；国家要合并小农场，银行就发放购买土地贷款。20 世纪 60 年代，为防止农民外流和年龄老化，政府鼓励 35 岁以下的青年农民经营农业，该行又专门向青年农民发放优惠的中长期贴息贷款，较好地配合了政府政策目标的实现。凡是国家政策和国家发展规划的项目，法国农业信贷银行都给予优先支持，并予以贴息。因此，法国农业信贷银行被认为是为国家政策服务的银行。从 20 世纪 60 年代起，法国政府每年从农业预算中划出一笔专项资金拨给农业信贷银行，作为农业信贷银行发放中长期低息贷款的利息补贴，并且补贴贷款的利息额逐年增加。作为法国唯一一家享受政府贴息的银行，法国农业信贷银行对购买土地的放款，年轻农民贷款期限最长为 25 年，享受贴息期 10 年；一般的农户贷款可达 20 年，贴息 7 年；而扩大经营的农场主享受的贴息期只有 5 年。目前，法国农业信贷银行已经成为法国最大的合作性金融组织，其市场份额已占法国农业信贷的 85%，储蓄总额占银行业的 21%。农业信贷银行 2010 年年报的数据显示，截至 2010 年底，该行拥有总资产 15 935 亿欧元，贷款 4 996 亿欧元，存款 6 717 亿欧元。农业信贷银行利用自身积累的强大实力，在承担农业政策性金融业务的同时，不断拓宽服务领域，调整业务范围，已逐步发展为面向农村的综合性银行，并跻身世界大银行行列。法国农业信贷银行之所以能够取得今天的成就与其最具有特色的"混合治理结构"是分不开的。自成立之日起，法国农业信贷银行的治理结构几经变迁，形成了独具特色的混合治理结构格局：在功能上，集政策性、商业性和合作性于一身；在业务上，既从事零售银行业务，也从事资产管理和私人银行业务，还涉足批发业务（包括资本市场工具交易和股权投资），甚至还经营房地产、咨询和信息产业；在管理机制上，既有合作金融的社员参与决策权，也实行了严格的商业银行纵向管理，甚至经历了总行从国有部门转化为上市公司的转制过程，因而体现了所有权和经营权多样化分配的格局；而在资金控制权上，既参与政府政策性资金（国家贴息贷款）的分配，也实行了"地区行—营业行"的商业银行信贷审批权限分割，还充分保证了社员的申贷权力。

除了法国农业信贷银行，于 1920 年开始设立的互助信贷联合银行是在联合少数农村信贷合作社的基础上，逐渐成立起来的。互助信贷联合银行也属于全国性质，由法国官方控制管理，总部位于巴黎，并在法国国内的其他省开设了分支机构，其业务主要为发放住房、家庭用品等贷款。而法国土地信贷银行则属于股份制银行，建立于 1852 年，但是该行的董事长和副董事长均由国家任命，实际上还是受政府控制的。该银行主要依靠发行各式各样的债券、向国家和其他金融机构进行贷款以及吸收存款等方式作为发放贷款的资金来源。该银行的信贷业务主要有以下三种：一是传统的土地信贷和对地方上的贷款。土地贷款主要是用于购买农业用地、住房和农业生产设备，而对地方上的一些贷款则主要是用于改善城市环境、兴建校舍，而后由国家来进行贴息；二是特别贷款。如法国政府为了鼓励国内进行住房方面的建设，通过国家贴息，利用土地信贷银行对那些建造成本没有超过一定限度的房屋贷款在政策方面的优惠及倾斜；三是其他方面的业务。一种是代理国家进行某些贷款业务的开展，比如向归侨发放一些援助贷款以及替国家向民众发放救济性贷款等；另外一种则是对某些票据进行贴现。与上述三家银行不同的是，创建于1917年3月的大众银行是属于互助合作性质的农村信贷机构。目前已形成大众银行集团，在全国设有分支机构1 797个。该银行的组织机构有两级，一是中央，一是地方。它的地方组织就是地区大众银行。而中央组织有两个：一是大众银行中央金库，它主要负责管理法国各大众银行没有借出的资金和持有的一些国库券，并对货币市场和金融市场进行干预，是整个银行集团的中心机构；另外一个是大众银行同业公会，它存在的目的就是为了掌管集体保证基金和共同资金等业务。大众银行的主要业务是吸收城乡存款，专门为中小企业、自由职业者和会员个人发放短期和中期贷款，它所吸收的存款和发放的贷款各占4家农村信贷银行总额的15%左右。

总之，法国农业信贷银行体系的成功经验是非常值得我国借鉴的。首先，法国农业信贷银行自建行以来，一直以"为农村经济服务，促进农村经济发展"为宗旨。在法国经济发展的各个时期，该行都能密切结合农村实际需要和国家的政策方向，优先支持符合国家政策和国家发展规划的项目，开展业务活动。目前，该行正根据政府的政策和农业发展的趋势，在安置青年农民扩大就业范围和改革农村经济结构方面给予信贷优先的支持，以进一步促进法国农业现代化向纵深发展。其次是其能妥善处理好各级机构之间的关系。法国农业信贷银行为适应其半官半民性质，实行中央集权和地方分权相结合的两级经营管理制度。总部为了协调其与下级行之间的关系，除了运用行政上的权力进行监督外，更主要的是运用经济办法来协调上下级银行的业务关系：在财务上实行总部和省行两级核算，自负盈亏；上下级银行的资金往来实行有偿原则；各省行有权决定自己的收支等。若个别省行由于某种原因出现亏损，总部也只是通过低利率贷款资助或从收益中给予一定的补贴，较好地调动了各省行开展业务经营的积极性。最后，法国农业信贷银行的经营业务灵活多样。其一方面充当着农村储蓄银行的角色，另一方面又起着中长期信贷银行的作用，部分代替了诸如国家信贷银行或土地信贷银行的作用，还开展金融咨询、人寿保险、金融租赁等业务，并日益扩大其服务范围。

此外，法国政府为其农村正规金融机构能够正常开展经营活动创造了良好的外部环境也是值得我国政府借鉴的地方。法国农业虽然比较发达，但与工业、商业等国民经济第二、第三产业相比，仍是获利甚微的部门。农业生产成本高，销售困难，这就造成了一方面需要大量的信贷支持，另一方面经营者承贷能力又弱的局面。为了发挥农村信贷促进农业经济的发展，法国从资金、利率、税收等各个方面为农村金融机构的经营创造了良好的条件：一是在吸收资金方面，允许法国农业信贷银行与其他商业银行一样，可以在乡村和城市吸收各种存款，并为其发行债券提供担保。这不但扩大了信贷资金的来源，还增强了银行的竞争力。二是在资金运用方面，政府对农业信贷银行实行利率补贴，以便银行发放优惠贷款。这样既支持了农业的发展，又可以保证银行的正常盈利。三是在税收方面，法国农业信贷银行的省行以下机构属合作性质，享受减免税收的待遇，总部虽属官办性质，税收也有一定的优待。法国政府自二战之后正式将农业投资列入国家财政预算，通过建设和发展农村基础设施，推动农业的社会性支出（例如对农民的免费医疗、各种社会福利设施）等方式，积极营造良好的农村经济环境，以此大力支持农村金融发展。同时，法国农业信贷银行对符合政府政策要求及国家发展规划的贷款项目，都实行低利率优惠政策，并向农业经营者直接发放贴息贷款，鼓励农业经营者积极向农业投资，而优惠贷款利息与金融市场利率差额部分由政府补贴。

8.1.3 德国——以政策性金融为辅的农村正规金融发展模式

德国是世界最早建立农村金融制度的国家，其农村金融制度的历史已达200多年。作为欧洲第三大农产品生产国和世界第四大农产品出口国，其农业产值虽然只占GDP的1%，但农业贷款占金融机构贷款的比重高达2.5%，几乎所有的金融机构都参与了农业信贷的资金配置活动。德国政府很重视农业和农村的发展，虽然其农村金融主要以信用合作社为主体，但政府也利用政策性金融手段来支持和促进农业的发展，对村镇建设、农村的环境保护和农地合并等进行财政支持。

德国的农村政策性金融机构主要由政府控制，承担政府扶助发展农业的责任，其不以营利为目的，主要为农业合作银行体系的信贷资金配置提供协助，所属金融机构包括农村地产抵押银行、土地银行、农业中央银行、土地改良银行、土地信用银行以及土地抵押信用协会等。其中，较为重要且具有特殊功能的是德国农业地产抵押银行（以下简称"抵押银行"）。抵押银行根据《德意志农业地产抵押银行法》于1949年成立。2003年8月，修订后的《德意志农业地产抵押银行法》明确规定，抵押银行属公法机构，受联邦政府领导，由联邦政府确定经营范围，基本任务是满足农、林、渔及食品行业的信贷需求，为促进农业、农村发展提供资金支持。抵押银行根据联邦法律，在银行业监管机构的监管下开展经营活动，为所有与农业和农村地区有关的项目提供再融资。主要发放中长期贷款，其中 31% 执行优惠利率，并为农业和农村地区提供标准贷款。但抵押银行不直接向借款人贷款，而是通过借款人的主办银行将贷款发放给借款人。在抵押银行业务发展的初期，其资金来源主要是财政资金及一些特别基金，如马歇尔计划基金。1973 年以前它主要对各联邦州公共投资资助的利息提供优惠。自 1973 年起它便失去了通过财政渠道实现再融资的可能性，从这以后它主要通过发行商业票据和金融债券，完全依靠货币市场和资本市场来筹集和融通资金。其业务活动范围也逐渐延伸到了食品行业、农村乡镇和与农业有关的其他领域，利用特别优惠的利息率保证了对农村经济各领域的信贷供给，并逐渐实施了四个特别信贷项目，即种养业特别信贷项目、青年农民特别信贷项目、村镇整治特别信贷项目及区域结构调整特别信贷项目，这些项目的实施为德国农业及农村经济的发展做出了巨大贡献。在实施农村种养业特别信贷项目的过程中，抵押银行是从收益状况出发，在没有财政资金支持的情况下对农村种养业项目实施贷款利率优惠。其支持范围几乎涉及农村企业的所有投资方向，如债务转换（使债务人负债条件更为有利或以新的信贷偿还旧债）、企业设备更新改造等。抵押银行的青年农民特别信贷项目是从 1985 年 3 月开始实施的，其目的在于支持年龄在 40 岁以下、从事农业经营不长于五年的青年农民，以鼓励更多从事农业经营活动的青年从事农村企业经营管理。与农村种养业特别信贷项目相比，该特别信贷项目的信贷条件更为优越，在利息率方面一般比农村种养业特别信贷项目低，而青年农民能够申请的最高信贷额度则一般要比农村种养业特别信贷项目高。并且抵押银行对区域结构调整的支持一直比较重视。有数据显示，1994 年，抵押银行共发放优惠利率特别贷款 14.61 亿马克，其中青年农民特别信贷达 6.29 亿马克，农村种养业特别信贷项目达 3.83 亿马克，区域结构调整特别项目信贷达 3.47 亿马克。而在银行监管方面，抵押银行设立了管理委员会，具体负责银行经营管理事务。同时也设立了咨询委员会，咨询委员会由德国建筑业联合会、拉斐森联合会、食品行业协会、农业部、工会、食品农业消费者保护部、财政部等 7 个部门，及其他银行、贷款机构的专家代表组成。其主要职能为：为管理委员会的经营提供咨询和建议；监督管理委员会的经营；任命管理委员会两名主要成员；审查批准特许业务。

值得注意的是，德国农业地产抵押银行商业化的运作方式具有其独特的优势：首先，抵押银行由于建立了科学的法人治理结构，与政府建立了良好的沟通关系，政府干预被减少到最低程度。其设有监事会，监事会成员包括联邦内阁部长、德国经济界人士、部分城市代表、工会代表、银行协会代表和一些其他协会代表。并与政府共同确定支持的领域和采取什么措施来促进这些领域发展。德国政府包括州政府从来不能强迫抵押银行按照什么条件、根据什么利率发放什么贷款。其次，抵押银行依靠国家信用筹集低成本资金。其充分利用了政府担保手段，在国内外获得了较高的信用评级，穆迪和标准普尔对其长期债务评级为 AAA 和 Aaa，该行发行的债券被国际清算银行列为零风险资产。因此，抵押银行的筹资成本大大低于一般的商业性金融机构，从而使其有能力提供低息贷款。再次，抵押银行采用全面风险管理模式来度量、控制各类风险。其采取的措施主要包括：建立配套的管理信息系统；在全行范围内进行整体资产分类管理；建立行业、区域风险管理机制；引入压力测试系统模式；引入时价评估进行风险测评等等。最后，抵押银行充分利用了自身的优势，实现了可持续发展。其根据自身享有政府担保，信用等级高、筹资成本低的优势，把负债业务作为重点，通过在国外市场发行债券筹集低成本资金，再以再贷款的形式转贷给商业银行，用于支持政策性贷款业务。它的具体做法是：第一步，根据农业和食品工业发展的需要，确定信贷支持的领域，如新农民创业贷款、环境保护和再生能源贷款、保护与巩固农业地区贷款等；第二步，确定并向社会公布申请贷款的基本条件，企业向抵押银行的协作银行提出贷款申请，由协作银行按条件审查和发放贷款，并承担全部贷款风险；第三步，协作银行在取得借款人的担保凭证后，以担保凭证作抵押从抵押银行取得再贷款；最后，抵押银行以其较高的信用等级在国内外市场发行金融债券筹集低成本资金，并以低于筹资成本的利率发放给协作银行，协作银行得到利差收入。

而德国土地银行则成立于 1949 年 6 月 1 日，是为农业和农村地区发展服务的非营利农业开发银行，属于联邦政府直属的公法机构。总部设在法兰克福，接受德国联邦政府的监督以及联邦金融监管局的监管。其前身是于 1923年成立的中央农业再融资机构，成立之初的主要任务是大力发展农业生产，努力消除由战争带来的恶性通货膨胀等问题，其运作方式是农民合作社成员为了获得农业开发所需资金，将自己的土地抵押给合作社，然后由合作社发行土地债券。所以该银行又被称为德国地租银行、土地抵押银行。在 2011 年《环球金融杂志》评选的"全球 50 家最安全的银行"中，其排名第 5 位。目前，该行主要的信贷业务范围是：农村地方政府用于公园、港口、浴场、消防、污水处理、水利、能源、电力、卫生等农村公用事业建设；农、林、牧、渔业的生产及开发；农产品及食品的销售和储藏；农业再生能源和再生资源利用、环境保护，以及动物保护；农业机械设备制造、基础设施改善等国际合作业务。调查显示，2011 年末，全行贷款余额 1 191.8 亿欧元，其中特别贷款余额 625.6

亿欧元，普通贷款余额 181.7 亿欧元，资产证券化贷款 384.5 亿欧元。另外，该行还开办农业投资业务，如农业创新基金、农业推广基金等，其资金主要来源于政府资金、捐赠和利润转增。该行的贷款方式有两种：一是向地方政府直接发放贷款；二是向欧盟各国为农业及农村地区服务的中小银行提供融资，通过这些中小银行面向农业开发企业和农村地区发放中长期贷款，并承担信贷风险。其贷款对象包括农、林、牧、渔业生产者、农业机械制造厂、农业贸易和服务公司以及食品加工业等。该行的贷款按其性质可以划分为特别贷款和普通贷款。特别贷款主要是针对执行农业特别计划项目的贷款，包括对环境保护和可持续发展、可再生能源、村庄整合更新、中小企业、促进农村就业、发展中国家合作、风力发电、农村沼气、农村信息网络推广等项目的贷款。该类贷款以特别优惠的利率发放，属于政策性业务，平均贷款期限为 6.3 年。而普通贷款则按市场利率发放，属于商业性业务，平均贷款期限为 7.1 年。两类业务没有严格的比例限制，从普通贷款中获得的利润用于补贴特别贷款和补充资本金。并且无论哪种贷款，在开办之前都必须经过监管部门审批。有数据显示，2011 年末，该行的基金余额为 9 790 万欧元，其中，当年利润转增 590 万欧元。土地银行不吸收客户存款，在成立之初，其资金来源主要依靠德国政府预算资金和其他公共资金，1993 年后逐渐过渡到完全从市场发行债券来筹集资金。具体的筹资方式包括：经济合作与发展组织国家银行间市场的借款和发行商业票据；参与公开市场交易和欧洲中央银行系统（ESCB）经常性融资；记名债券和票据、无记名债券和票据、期票、其他类型的债券；保险基金、公司养老金等。2011 年末，银行间市场资金占 56%，中央银行借款占 27%，资本金占 14%，保险基金和养老金占 3%。土地银行与德国所有银行一样受银行法的制约，并在联邦金融监管局的监管下运营。其最初的资本金是 1949—1958年由德国农业和林业部门拨给的款项，之后就从每年的未分配利润中转增。2011 年末，该行的资本充足率达 25.7%，核心资本充足率达 16.7%，远远高于监管要求。此外，该行还按照会计准则，根据各类贷款有无抵押及其他担保等风险情况，提取不同的呆账准备金。并且，由于该行是非营利的承担公共使命的机构，所以可以免缴纳企业所得税和贸易税，以补偿政策性特别贷款。

作为中国的农业政策性银行，中国农业发展银行与德国土地银行有很多相似之处，借鉴德国的经验，对农发行的改革具有重要意义。首先，农发行应该合理确定其业务范围及业务分类。确定合理的业务范围和业务分类，将有利于农发行贯彻执行中央有关强农惠农富农的方针政策，更好地发挥农发行的职能作用。针对农村金融需求巨大、金融服务严重不足的状况，借鉴德国土地银行的经验，我国政府应逐步调整农发行的业务范围，凡是在"三农"领域的业务农发行都可以做。而在贷款方式上，除企业法人客户外，应允许农发行对地方政府直接贷款，以加强农村公用事业建设，改善农村生产和生活条件。在业务分类上，要将中央交办的业务和地方政府的贷款全部纳入政策性业务，其他业务则可以划归为自营性业务。同时，根据农业和农村发展需要，农发行应该开办农业基金等投资业务，从而实现政策导向与市场经营的有机结合。其次，农发行应该逐步完善自身的公司治理结构。完善的公司治理结构包括股东大会、董事会、监事会和高级管理层。鉴于农发行属于国有独资的政策性银行，可由财政部代表国家作为出资人行使股东会权力，并且保持现行的外派监事会体制。建议借鉴德国土地银行的做法，设立由国家有关部门负责同志和专家兼职组成的农发行董事会，行使制定重要决策、进行政策协调等职能，且直接对国务院负责。日常经营管理则可实行董事会领导下的行长负责制，促进农发行的健康发展。最后，农发行应该建立优惠的财税补偿和合理的薪酬激励机制。农发行作为专门支农的政策性银行，除政策性贷款业务免印花税外没有其他任何优惠。建议借鉴德国土地银行的做法，免征农发行的营业税和所得税，减免税收用于补充资本金。至于资金来源方面，要开拓国际市场筹资，增强融资能力。而在薪酬激励方面，建议国家根据农发行政策性业务完成情况和经营业绩，建立市场化外部激励约束机制。

除了上述两家银行，下面我们将简单介绍德国其他的农业政策性银行。首先是于1924年成立的农业中央银行。该行是一个具有法人资格的国营银行，其资金主要通过利用公积金和资本金，在金融市场上发行债券筹资和从国外借款的方式获得，主要业务是发放农业长期使用的资金，贷款对象仅限于指定的土地抵押信用机构、经营农户个人信用的机构以及接受政府管理的垦殖机构等，不直接向个人发放贷款。其次是于1861年在撒克逊设立的土地改良银行。它是一个为产业团体、公共团体及个人土地所有者服务的公共信用机关，归产业团体以及公共团体和个人所有。其建行目的是融通土地改良所需要的资金，主要业务是发放与灌溉、排水、水塘、道路、耕地整理和造林等相关的土地改良贷款。贷款对象为个人和联合体，每次贷款限额为抵押财产价值的50%。再次是土地信用银行。其既有联邦政府设立的、州政府设立的，也有区政府设立的，主要业务是对地主及公共团体贷款，也兼营一般银行业务。最后是于1769年创立的土地抵押信用协会，是德国设立最早的农业不动产金融机构，设立的目的是集合那些个人所拥有的一些地产作为担保物，并对会员发放土地抵押贷款，以满足协会内的各会员在从事农业生产时的资金需求。凡是准备以土地作为抵押向协会融资的会员均可向协会申请贷款。其贷款一般指定用于发展生产方面，贷款期限一般均为长期，在50年以内。

　　总之，德国的农村政策性金融体系以德意志农业中央银行为核心，依托农村地产抵押银行、土地银行、土地抵押信用协会等基层政策性金融机构，按照上下层的方式对国内农业和农村的经济发展提供政策性的金融支持。在具体的运作模式上，德意志农业中央银行负责对下层的农村地产抵押银行、土地银行、土地抵押信用协会等涉农金融机构发放贷款，提供金融支持，并在政策方面给予引导。下层涉农金融机构则分别针对产业团体或个人、涉农产业和协会会员提供与农业生产活动相关的信贷支持。

　　最值得一提的是，二战结束之后，德国信贷市场的利率一直处于高位，加之农业自身的弱质性，加大了农业生产的风险。为了降低风险，从 1954 年起，德国政府采取利息补贴政策对农业信贷资金实行支持，鼓励金融机构参与农业信贷资金的发放，补贴范围涵盖所有种养业、农业生产资料、农产品加工、水利设施、土地改良与归整、房屋建筑、农业结构调整、生态农业、环境保护、旅游以及创立新企业等。承受补贴的贷款项目，其期限原则上不短于 8 年，短于 4 年的项目贷款一般不予补贴。并且补贴资金会根据项目的来源或性质的不同而不同，有的是完全来自联邦政府或州政府财政，有的是联邦政府或州政府财政各承担一部分。其补贴的主要方式有：（1）利率限制和利息补贴。主要是限制农村贷款最高利率或降低金融机构农业贷款利率，对参与农业贷款的金融机构实行利息补贴，或减少其存款准备金比例；（2）通过州立银行提供优惠贷款。州立银行为州政府公共性质银行，其主要任务是管理各会员储蓄银行的流动性，协助州政府管理财政专项资金，对政府发生的公共项目提供贷款、贴息及无偿拨款；（3）由土地改良银行等国家政策性金融机构安排长期低息贷款。目前，德国农民收入的 60% 是通过市场销售农产品所得，40% 来自政府补贴。并且，为了支持农业的发展，德国政府还制定了一系列支持农业的法规，如 20 世纪 90 年代初的《托管法》和《农业适应法》。

　　在德国这样一个经济高度发达、市场体系比较完善的国家，建立一个与自身国情相适应的银行体系，与德国政府采取的正确政策是分不开的。政府与市场的边界划分是经济效率，在市场能够有效配置资源的领域，政府不干预；而对于那些"市场失灵"的领域，就不能离开政府的干预。政府干预和市场配置如何协同运作，政府如何运用好金融工具有的放矢地弥补市场资源配置的不足，德国农村政策性银行体系的经验值得我们学习和思考。

　　（1）要从战略高度重视农业发展，维护国家经济安全。考虑中国经济发展，首先应该从战略高度去思考中国经济的发展策略，即中国应该按照"自力更生"的原则，建立一套完整的农业、工业、科学技术生产和研发体系，特别是农业，应该从基本不依赖进口的角度去研究中国农业发展的战略规划。党的十八大报告强调走中国特色农业现代化道路，推动城镇化和农业现代化相互协调，促进工业化、信息化、城镇化、农业现代化同步发展；强调要推动城乡发展一体化，加大强农惠农富农政策力度，加快发展现代农业，增强农业综合生产能力，确保国家粮食安全和重要农产品有效供给，深入推进新农村建设，着力促进农民增收，形成以工促农、以城带乡、工农互惠、城乡一体的新型工农、城乡关系。这体现了国家从战略的角度，重视农业的重要经济作用。

（2）农业政策性金融和政府扶持政策对农业发展不可或缺。政府扶持农业，农业政策性银行的存在与发展是必然的。即使在德国这样的发达国家，农业政策性银行依然存在并发挥着重要作用，德国政府对农业投入大量财政补贴，并对政策性银行进行税收免除。目前，中国在耕地保护、农业生产基础设施建设、优质农产品的研发和推广、农业机械的使用和推广等方面发展水平较低，引进和推广发达国家的生态农业发展经验已刻不容缓。同时，与农业生产相适应的农业生产的组织形式、农业人口出路的安排、农村城镇化建设的实施方案都需要我们深入研究。这些"三农"问题需要政府的干预和作为，通过工业反哺农业、城市反哺农村来推动"三农"经济的发展，缩小农业与工业的差距。参考德国农业发展的经验，政府应大幅度提高对"三农"的投入和直接补贴，并通过政策性银行这个经营和管理平台，提供"三农"发展的融资需求。

（3）明确的法律规定是农业政策性银行有效发展、充分发挥作用的有力保证。德国的政策性银行有专门的法律提供制度保证。中国农业发展银行自1994年成立以来，业务发展经历了3个阶段，但仍存在一些没有统一的认识，影响了稳定经营、可持续发展和职能作用的发挥。这些必须通过立法，对政策性银行的业务范围、经营原则、资金筹措的渠道、风险控制的措施、呆账准备金提取和坏账拨备的比例、所得税的减免等做出规定。

结合中国的现状和参考德国农业银行的做法，笔者认为应坚持以下原则：一是不与商业银行竞争的原则。政策性银行办理的业务首先体现的是国家扶持"三农"的导向，应与政府扶持"三农"的取向一致。办理商业银行不愿意办、没有能力办、"三农"发展中又需要金融支持的业务。二是不以追求利润最大化为原则。德国的经验表明，政策性银行不以利润最大化为目标，保证不亏损是可以实现的。我国政策性银行应该严格执行国家规定的优惠利率，在确保业务经营保本微利的前提下，将自身经营的利润部分惠及"三农"。三是明确政策性银行惠及对象原则。首先应该以中央政府为导向带动地方政府投入，其次要推动带动农民增收的项目，再次要扶持提升"三农"新兴产业发展的项目。四是更高风险防控门槛原则。农业政策性信贷资金的风险控制应该在借鉴金融机构通行的风险防控做法的基础上，由地方政府承担部分风险，防止地方政府吃中央的"大锅饭"。五是按照银行一般经营和管理要求来经营政策性银行的原则。政策性银行要按照银行基本要求进行经营和管理，有别于商业银行的是对象、利率、风险防控措施等，有别于政府直接投入和扶持的是资金使用的有偿性。总之，政策性银行要加强法人治理结构的建设，创新金融产品，改进管理流程，努力提高服务"三农"的水平。

8.1.4　日本——合作金融与政府金融共存的正规金融发展模式

第二次世界大战结束以后，日本面临着人多地少的突出矛盾，为了尽快恢复农业生产，日本政府根据本国的具体情况，制定了一系列的政策措施，积极发展和培育农村金融体系，将大量资金引流向农村，增加农业积累，带动农村经济的发展。经过多年的发展，形成了其独具特色的金融发展模式。其农村正规金融体系是典型的政府扶持下的合作金融模式，主要是由以"农业协同组合"为代表的合作金融和以政府为主导的农业政策性金融两部分构成的，前者为主，后者为辅。两者相辅相成，极大地促进了日本农业的快速发展，对日本实现农业现代化起到了十分重要的作用。

8.1.4.1　农村合作金融体系

1947 年，日本政府依据《农业协同组合法》，在农民自主、自愿的前提下，登记建立了农业协同组合（Japan Agriculture Cooperative，JA，简称农协）。农协的发展历史可追溯到明治维新后出现的由农民和手工业者自发组织的、从事生产资料加工和产品生产的、生产资金相互融通的"同业组合"。农协不以营利为目的，是以"相互扶助的精神为基础，保护并提高农户经营和生活水平，创建更加美好社会"为目标而组建的合作经济组织。其组织系统包括全国农协、道都农协以及基层农协，三级组织之间独立核算，自主经营。它们具有不同的业务范围，既非领导与被领导的关系，又非市场竞争的关系；它们在经济上和职能上互相联系、互相配合，上级组织对下级组织负有提供信息和在资金发生困难时予以支持的责任。具体地，农协先由市、町、村的农民、其他居民和团体入股组成基层农协；然后，基层农协入股参加都、道、府、县各种专门的农协联合会；最后，再由农协联合会入股组成国家级别的农协——"农林中央金库"。其中，基层农协直接与农户发生信贷关系，一方面可以直接吸收农户的存款，另一方面又能够对资金短缺的农户提供贷款。目前，全日本基层农协的金融机构有本店 4 500 多个，支店 11 000 多个，办事处 2 200 个，事务所 4 800 个。而作为农协系统的中层金融机构——"信用农业协同组合联合会"（简称"信农联"），其业务对象为所属会员，通过调节各基层农协间的资金余缺，指导基层农协的金融工作，并将存放款业务的剩余资金上缴农林中央金库，对基层农协和全国农协起着承上启下的作用。其资金主要来源于基层农协的上存资金。农协的剩余资金，应按定期存款的 30%，活期存款的 15% 上存信农联。而其贷款则首先用于支持辖区内的农协资金需要，其次用于支持农林渔业有关企业的资金需要，也可支持某些额度大、期限长、当地农协无力支持的农户贷款。而农协系统中的最高机构，农林中央金库的主要职能包括按照国家法令运营资金，为"信农联"提供信息咨询与工作指导，协调全国"信农联"的资金活动。其资金主要来源于信农联上存的资金和经国家批准发行的农村债券。资金运用主要是支持信农联的资金需要，也向关联企业如化肥、农业机械等大型企业发放贷款。目前，农林中央金库是日本农村第一大金融机构，各地区的农业、林业、渔业组合联合会及其他有关农林水产的团体组织均是农林中央金库的成员。如此一来，日本政府几乎把所有的农民都纳入到了农协组织里，并把所有的农协组织连联在一起，在全国形成一个庞大的组织体系，其范围覆盖了国内所有的农村地区，建立了一套从地方到中央的严密的农协组织系统。据统计，日本目前共有各种全国性联合会 18 个，都道府县联合会 103 个。日本每个村镇都有农协，共有市町村级综合农协 730 个，专门农协 2 231 个。此外，日本农协还设立了专门的信用部，负责会员的存款、贷款、债务担保、票据贴现和国内汇兑交易等业务，不以营利为目的，不要担保，通过信贷杠杆调节和支持国家的农业政策。由于农协信用系统的服务网络完善，再加上其存款利率略高于其他银行，因而能够吸收农户们大量的闲散资金。并且，农协的信用贷款利率通常会低于社会上的其他银行，在一般情况下贷款还不需要担保，即便是资金实力薄弱的农民和小生产者也不例外，因而得到广大农户们的拥护。有调查显示，2012 年日本农协拥有社员人数 983 万户，其中正社员 466.9 万户，准社员 516.5 万户。社员总数较 1960 年增长了 329.8 万户。农协的信用贷款以会员的存款为基础，主要用于农户的借贷、农协经营的周转金以及各项农业发展项目投资。另外，作为联系政府与农民的桥梁，农协还负责为农户办理国家对农业发放的补助金，承担着贯彻实施日本政府保护农业的政策职能。值得一提的是，农协的三级组织共同接受政府的双重监管：一是政府金融监管厅对各种金融机构实施监管；二是全国和地方农村的水产部门配合金融监管厅对农村合作金融机构实施监管。具体监管方式为：农林水产省设有金融科，负责对农林中央金库实施监管；农林水产省在 6 个大区设有农政局，负责对辖区内的信农联实施监管；都、道、府、县的农政部门，负责对辖区内的农村合作金融部门实施监管。总之，农协在日本农村金融体系中处于核心地位，为其农业产业化和现代化的发展提供了良好的资金保障和金融基础。

我们都知道，风险防范是金融系统永恒的主题，因此，为了保证金融体系的稳健运行，为了保护农民的切身利益，日本政府针对农村合作金融体系建立起了包括存款保险、相互援助以及农业信用保证制度三位一体的有效的风险防范机制。其中，存款保险制度的保护对象只限于在农协的存款者，当农协的经营业务出现问题，银行停止兑付存款或宣告破产时，保险机构直接向储户支付保险金。为了强化信用业务，农协组织又设立了与存款保险制度互为补充的相互援助制度。一旦农协出现经营困难，农林中央金库可通过该制度向农协提供一定数量的低息贷款，以帮助其渡过难关。而农业信用保证制度则是目前日本农村信用体系中规模最大、综合性最强的保障制度体系。该制度主要包括债务保证和损失补偿这两项业务。债务保证是指，当贷款人不履行债务时，由保证机构代其偿还金融机构的债务。而损失补偿则是指，当借款人不履行债务时，由第三方对债权人的损失进行赔偿。作为农协信用事业坚强的后盾，这三个制度体系环环相扣，全方位、多途径地支持了日本农村合作金融事业的发展。此外，为了保持合作金融体制的连续性和稳定性，日本政府建立了包括《农业协同组合法》《农林中央金库法》以及《农协财务处理基准令》等在内的一系列法律法规，完善了农村合作金融的法律体系，为农村合作金融体系的稳健运营提供了法律保障。

由此可见，日本的农村合作金融体系具有自己独特的特点，其既充分结合了本国的实际情况，又吸收了欧美农村金融信用合作体系的优点。首先，农协在成立之初便得到了当地政府在政策和财政上的支持，为其发展提供宽松的政策环境和经济环境，是促进其合作金融稳定发展的重要因素。其次，其合作金融体系内的三级组织是相对独立的系统，它们之间除了经济往来之外，并无行政隶属关系，上级组织只会对下级组织进行相关业务指导。再次，该金融系统根据立足基层、方便农户、便于管理的设立原则，将工作重点置于农村基层，使其能够更加便捷地为农村社区和社员服务。此外，其利率和分工机制的设置均以社会利益和集体利益为基本出发点，既照顾会员利益，又兼顾集体利益。最后，为了保护农户的利益，也为了保证农村合作金融体系的稳健运行，其建立了完备的风险防范制度和健全的法律保障制度。

8.1.4.2　政府主导的农村金融体系

除了政府支持的农村合作金融体系，日本的正规金融发展模式还包括以政府为主导的农业政策性金融体系。农业政策性金融机构的主要任务是由政府财政拨款或由地方自治团体筹集地方财政资金，对农林渔业的贷款利息予以补贴。其中，由政府推动或直接办理金融事业的农业政策金融的代表机构是依据《农林渔金融公库法》于 1953 年 4 月成立的"农林渔业金融公库"（简称"农林公库"），其任务主要是按照国家相关政策，对农林渔业提供低利率的贷款，全方位改善农业生产条件，提高农林渔业的生产能力，加快日本的农业现代化进程。政府之所以会独立成立一个这样的专门机构是因为在日本从事农林渔业生产的主要是农户，他们生产和生活所需的资金大都比较分散，而且数额都比较小，再加上该行业本身又具有季节性强、生产周期长、容易受自然灾害影响等特点，一般的金融机构考虑到借款成本和还款风险大都不愿意为农户们提供贷款。为了解决农户们对于资金的需求难的问题，政府才建立了日本唯一一家支持农林渔业发展的农业政策性金融机构——"农林公库"。农林公库受政府财政部管理，实行计划管理体制。日本政府将邮政储蓄吸收的居民存款，通过财务资金运用部的"财政投融资"计划分配给农林公库，这成为农林公库资金的主要来源。目前，日本政府明确的农林公库等农业政策性金融机构重点保障的四种贷款是：（1）农业现代化贷款，主要是向农民和农业生产合作社组织提供购买农业现代化设备和扩大生产设施所需要的资金；（2）农林渔业贷款，为农田水利建设、垦荒、农用设备购置和土地改良等提供政策性贷款；（3）农业改良贷款，对普及农业新技术、农业新部门的发展提供低息贷款；（4）灾害贷款，对遭受暴风雪、地震等农业自然灾害的农民进行帮助，提供低息贷款。除此之外，农林公库还对农户的日常生活开支和对肥料、饲料、农药等农业用品的购买投放短期的专项资金贷款。而且，该公库贷款使用方向在不同时期会有所不同，具有较大的灵活性，能够根据农业发展状况和国家政策不断地调整贷款项目。农林公库的贷款方式主要有两种：一是委托包括农林中央金库、信用金库、信用农协和信用鱼协等金融机构代办，并付给一定的委托费；二是农户直接贷款。其中，委托贷款占全部贷款的 57%，是主要的贷款方式。农林公库的贷款业务与政府各阶段的农业政策紧密联系，贷款利率会因贷款种类和工程性质的不同而有不同的规定，其贷款的平均年利率要比一般商业性贷款利率低 2%—3%。贷款期限有 15 个档次，最短的为 1 年，最长的有 30 年。其中，农业现代化贷款期限一般为 10—13 年。随着日本的农业由传统走向现代，农产品逐渐市场化并由国内走向国外的过程中，农林公库开始把资金用于转向支持发展态势良好的畜牧业、水果业等的发展，通过"定农产品加工资金""强化农业经营基础资金"等的信贷支持，大力扶持农业金融的发展，增强农业竞争力和可持续发展的能力。2008 年，日本政府依据《日本政策金融公库法》对其政策性金融体系进行改革，于 2008 年 10 月 1 日成立了株式会社日本政策金融公库（JAC），统合了原有的国民生活金融公库（NLFC）、农林渔业金融公库（AFC）、中小企业金融公库（JASME）、国际协力银行（JBIC）的国际金融部分，并于 2012 年再次统合了冲绳振兴开发金融公库（ODFC）。改革后，日本政策金融公库成为日本唯一的政策性金融机构，原有的农林渔业金融公库就演变成为日本政策金融公库的农林水产事业部。截至 2009 年 3 月底，日本政策金融公库下辖 152 个支店，其中 48 个支店设有农林水产事业部门，即除冲绳未设和北海道设有 3 个外，其他的都、道、府、县各设 1 个。

综上所述，日本农村正规金融发展模式的突出特征是合作金融与政策金融的完美结合，是典型的政府主导型的农村金融发展模式。其发展所取得的成功，与政府的支持是分不开的。政府不但在农协成立之初就直接出资资助，对农林中央金库投资了 20 亿日元，还制定了优惠的政策，降低贷款利息，并在财政和税收上给予适当的补贴，特别是对农业政策性金融的财政补贴。其农村合作金融与政策性金融相互补充，政策性金融通过委托合作金融组织贯彻国家的农业政策，完成业务，而合作金融无法进入的领域则由政策性金融来实现。这样的农村正规金融发展模式为我国农村正规金融的发展提供了宝贵的经验借鉴：首先，日本历届政府十分注重农村金融法制的稳定性和连续性，具有健全的农村金融法律体系，为农村金融的稳健运营提供了法律保证。而我国在农村金融体系建设的过程中，法律法规不健全，对各项支农行为缺乏法律层面的约束，导致一些打着扶农助农口号的金融机构并没有真正支持"三农"，而是把分支机构纷纷从农村撤出，将农村吸收的资金投向更高收益的地方和人群。所以，我国应加快农村金融相关法律的制定，给农村金融发展提供法律支持。其次，在日本，政府不但提供利差补贴、税收优惠等政策，还直接出资支持农村合作金融机构的建设和发展，从而保证了农村合作金融机构体系的正常运行。而我国政府的支持力度不够，农村资金还大量通过金融渠道流失，资金的缺乏导致一些合作金融机构无法有效运行，好的支持农业发展的政策无法实施。鉴于此，我国政府应为农村合作金融的发展提供指导、支持和服务，以及宽松的政策环境和经济环境。再次，在日本，不同性质的农村金融机构的职责十分清晰，而且各机构互相配合，各司其职。但是我国农业发展银行业务发展覆盖面狭窄，很少涉及农业生产领域，政策性金融机构的职能并没有充分发挥，市场失灵的地方仍然无法通过政策性金融机构来予以补充。最后，日本的农村合作金融系统建立了由信用合作组织共同出资的农村存款保险制度、临时性资金调剂的相互援助制度、农村信用保证保险制度，直接或间接保障了存款人、金融机构的利益，防止了信用危机的发生和扩大，整个体系环环相扣，保证了合作金融安全、稳健运行。类似地，我国新型农村金融组织的发展也需要政府建立起有针对性的保障机制，为各类新型农村金融机构制定具体的风险防范措施和相应的法律法规，以监管制度建设为中心构建相应的监管体系和以组建专项基金的形式来填补金融机构的资金缺口。

8.1.5 韩国——以农业协会联盟为主的正规金融发展模式

南北战争结束之后，韩国政府为了摆脱贫困将其战略目标定位于尽早实现工业化，因而，当时全国的人力、物力和财力都集中用来发展工业。但是，由于其过度重视了国家的工业发展，使得其农业发展水平在很大程度上受到了限制。到 20 世纪 60 年代末，城乡经济发展失调的问题日益凸显，农村的经济发展没有得到足够的重视致使其生产力低下，服务体系不健全，农业和农村结构性矛盾突出，城乡收入差距不断扩大，再加上农民的收入增长缓慢，使得大量的农民都离开了农村。到 20 世纪 70 年代，韩国的农业发展越发滞后，其工农业的发展比例也越来越不平衡，以致农村社会动荡不安，俨然成为制约国家经济发展和危害社会安定的重要因素。不过，这个问题很快受到了当地政府和有关专家学者以及社会各界的广泛关注和重视。为了解决工农业发展不平衡，农村经济日渐凋敝的难题，从 1970 年 4 月起，韩国政府开始提倡以"勤奋、自助、合作"为宗旨的乡村建设运动，从此"新村运动"便拉开了历史帷幕。通过"新村运动"，韩国仅用 30 年时间就走完了西方国家接近百年的工业化道路，使得其农业现代化和农村城市化也走上了正轨，其经济的飞速发展被世人赞为"汉江奇迹"。在"新村运动"发展初期，政府主要通过对新村项目开发和工程建设等公共基础设施进行投资，改善农村居民居住环境和提高村民生活质量来调动农民建设新农村的积极性，以此来提高农民收入，缩小城乡差距。而在"新村运动"的发展中期，政府则主要致力于发展农产品加工业、畜牧业等特色农业，其中最具特色的便是加强了农协组织和农村保险业这样的正规金融机构的建设，为后来农村经济的发展提供了物质基础。在"新村运动"开展以前，由于农村金融业尚未完备，一般的城镇银行和商业银行担心农民们不能按时还款都不愿意将资金贷款给农民，为了维持生活和生产的需要，农民们只能向高利贷这种私人借贷组织借取资金。有调查显示，1965 年农民们过度依赖以当地高利贷为主的非正规金融机构，其依存度高达 73%，而对于由农业协会联盟、地方银行、城镇银行、信用组合及农村金库等机构组合而成的正规金融机构的依存度仅为 27%。然而，在"新村运动"兴起后，到 1981 年，农民们对于私人高利贷组织的依赖程度大大减少，而对于上述正规金融机构的依存度一路攀升至 73%，有力地推动了农村金融业的发展。而在"新村运动"的后期，政府则退居幕后，只通过制定规划，对农业各项建设进行协调，以及提供物资、技术和服务，运用税收等手段保证农村和农业能在有利的环境下发展。

"新村运动"开展以来，韩国的农村金融业得到了迅猛的发展，其中，农业协会联盟（the National Agricultural Cooperative Federation，NACF，简称农协）扮演着十分重要的角色。韩国农业协会联盟创办于 1961 年，是在韩国农业银行和原农业协同组织合并的基础上建立起来的，是一个自上而下由政府的推动与支持层层建立、代表农民切身利益的互助合作组织。协会的宗旨是提高农民的经济和社会地位、提高农业生产力水平，建设高收入的福利农村，实现国民经济的均衡发展。最初的组织结构为三层：中央会—市、郡（县）组合—里、洞（镇、村）。下层组织由中央会自上而下逐步创建，任命各级的第一负责人。早期的韩国农协有 2 万多个基层组合，每个组合的成员平均为 105 户，作用主要是受政府委托供应化肥。自 1969 年起，农协重组基层组合，将互助信用制度和生活用品连锁供应体系自上而下引入基层，将基层组合建设成为综合农协。目前的农协组织结构分上下两层：上层为农协中央会，下层为设在乡镇的基层农协，并整体采用"一元化的综合农协体制经营"。到 20 世纪 70 年代，农协就已经初具规模了，其服务的主要领域包括金融、保险、协同贸易、农产品的加工、流通和供销、农业技术交流，以及技术生活指导培训。在农协的众多部门中负责农村金融业的是信用事业部门，所开办的与农村金融有关的业务包括中央会的银行业务、相互金融业务、信托证券业务、保险业和国际金融业务。其中，中央会主要负责调配农业开发所需的资金；相互金融业务则主要为以农民组成成员为对象的会员们提供农业生产及日常生活所需的资金；而通过开展信托证券业务，可以提高农民的收入，并将信托事业资金及其他事业资金灵活应用于各种有价证券，开展高效金融商品的交易，以扩大经营范围；保险业则是在农民会员发生意外事故时，为其今后稳定的生活提供保障；最后是国际金融业务，其功能主要是帮助农民适应频繁的对外经济活动，以保证农村金融业的发展能与国际接轨。除此之外，农协还从事农业指导、生产资料供应、农产品的销售和加工等业务，但信贷业务仍然是其最主要的业务。截至 2010 年年底，韩国农协有 1 171 个基层组合，囊括了 2 447 765 个农民组合员，几乎覆盖了全体农民。韩国农协系统的工作网络遍布全国，大小机构共有 5 663 个。其中，中央会在市、郡（县）设立了 160 个办事处，办事处下设的一级和次级网点分别为 691 个和 298 个；基层会员组合 1 171 个，下设网点共 3 237 个。截至 2010 年底，韩国农协的总资产为 286.97 兆亿韩元，税后利润为 7 047.27 亿韩元。

金融服务事业是韩国农协三大业务板块之一。农协的金融事业分为两个部分：一是农协银行，其以城市为中心，向下延伸建立分支机构。1961 年，韩国农业银行并入韩国农协，农协互助金融服务在政府支持下迅速发展。农协银行的金融服务与商业银行并无两样，提供一站式、多样化金融服务。农协银行不仅为农业提供全方位流动资金贷款服务，还以累积资金支持农产品销售，使消费者和农民同时受益，因此农协银行在韩国被看作公共事业机构。与其他大银行不同，农协金融没有外资持股，因此自称"纯民族资本银行"。同时，农协银行也是唯一将营业网点布置到农村地区和偏远地区的金融机构。二是农协合作机制的"相互金融"，以基层农协为重心。2010 年末相互金融存款余额195 万亿韩元，贷款余额 134 万亿韩元，存贷比 68.7%，农村资金过剩。当地运用不了的资金，由中央会相互金融部运营。因此，2010 年末中央会相互金融资产有 65 万亿韩元。相互金融在农村几乎一统天下，其金融机构还为不务农的普通居民提供服务。此外，农协金融业务还包括商业银行业务和共济保险业务两部分。商业银行业务遵守韩国银行法，从事零售银行、批发银行和投资银行业务，国际业务、信用卡、信托和相互金融业务；共济保险业务遵循《农协法》，从事人身险、财产险及政府委托经营的农产品灾害保险业务。在过去的几十年里，农协通过开办各种金融业，实施和参与各种项目工程，提高了农民的收入，为农村的建设提供了物资保障，有力地推动了韩国农业和农村经济的发展，因而被国民们称为"国民的生命库"。

　　而韩国的农业政策性金融机构主要包括农协中的中央会以及于 1962 年成立的渔业合作社中央联合会。后者的融资对象为渔民和相关企业，同时还担任政府和其他金融机构的代理人，其资金主要来源于中央银行、政府借款，以及公众存款等。而农协中央会的资金来源则更加广泛，除了公众存款、政府和中央银行借款之外，中央会还可以发行由政府担保的信贷债券，可以在金融市场上筹集资金，甚至还可以向其他国内外金融机构贷款。利用筹集到的资金，农协的信贷部可以向农民会员提供低于其他商业银行利率的贷款，同时还能为与农业相关的工程项目提供资金融通，这不仅支持了农业和农村的建设，还提高了农业生产力，促进了韩国农业的可持续发展。并且，韩国的农业政策性银行贷款种类繁多、范围较广、期限结构也比较齐全。其中，农业生产经营贷款期限为 1 年以下，农产品价格安定基金贷款期限为 1—3 年，财政农业中期资金贷款期限为 10—20 年。此外，韩国农业政策性贷款的利率也十分优惠，比起同期商业性贷款利率 12.5% 的水平，一般的农业政策性贷款年利率的范围在5%—8%。最低的利率是财政农业中期贷款利率，仅为 3%。

　　总的看来，韩国以农业协会联盟为主的正规金融发展模式是一种农村合作金融的模式，其主要由政府提供资金支持和政策引导，由农民自身组织起来，按照"自助、互利"的原则进行互助生产和联合销售。这种模式以资金互助为载体，将信用合作、生产合作和购销合作融为一体，使农民的组织程度得到了提高，同时也提高了农民在市场中的竞争力和谈判力。这是值得我们借鉴的地方。并且，韩国政府通过农协银行对其农业生产发展提供全方位的信贷支持，重点介入农产品的流通环节。鉴于此，我国首先应该着重发挥农业发展银行的支农功能，通过国家财政专项拨款、建立农业基金等多种形式来充实农发行的资金来源，扩大农发行的业务范围，充分发挥政策性金融的支农作用。同时要兼顾统筹安排财政支农资金与农发行信贷计划，使农发行的资金与政府的财政支农资金共同支持农业的发展。其次，韩国农协银行遍布韩国所有农村，存款总额已经超过韩国最大的商业银行，韩国农民不为贷款发愁。而在我国现行的金融体制下，分散的家庭小农户难以通过合法途径取得生产经营所需资金。这主要是因为银行需要通过经营资本来获取高利润，而面向小农户的贷款通常存在数额小、经营成本高、信息不对称、监管难度大等问题。因此，建立以农户为主体、生产为基础、资金为内容的合作金融组织是我国农村金融发展的客观要求和必然趋势。我国应该加快传统的农村信用合作社的改革，增加合作因素，变"官办"为"民办"，密切联系农民，增强其市场竞争力。同时，积极推动农民互助金融合作组织的发展。此外，政府还应该大力支持农村各类专业合作组织的发展，加快和促进新型农产品流通体系的建设。不过，韩国农协在迅速发展的过程中仍然存在一些问题。例如，农协所负责的金融业带有明显的行业特点和专业特征，并不能完全发挥农村政策性金融机构的作用。此外，农协要如何在进一步扩大自身规模的同时与其他农村正规金融机构（如地方银行、城镇银行、信用组合及农村金库等）建立公平竞争和优势互补的关系也是值得我们进一步思考的问题。

8.1.6　印度——多层次型的正规金融发展模式

作为一个以农业为主的发展中国家，印度 80% 的人口以农业为生，因而，农业的发展水平在很大程度上决定了该国国民经济的发展。为了更好地适应农业发展的需求，印度建立了几乎覆盖整个农村地区的正规金融体系。该体系具有鲜明的多层次性，各金融机构之间分工明确，相互合作，共同为发展本国的农业经济贡献力量。这一金融体系主要包括由印度储备银行、国家农业和农村发展银行、印度商业银行、地区农村银行组成的银行系统及由邦合作银行和土地开发银行组成的农村信用合作体系。其中，印度储备银行成立于 1935 年，是印度的中央银行，负责控制和协调全国的农村金融活动，同时承担监管职责。其设有专门的农业信贷部，但不直接向农民贷款，而是通过邦合作银行、邦商业银行或邦政府机构向农民贷款。自 1954 年实行农村信贷一体化规划后，印度储备银行才开始积极参加农村信贷活动，并发挥领导作用。而于 1982 年设立的农业和农村开发银行是一家政策性银行，作为印度农村政策性金融体系的核心部门——印度国家农业和农村开发银行（以下简称"开发银行"）由印度政府和印度储备银行共同组建，为印度储备银行和印度政府所有，行使政策性金融体系领导作用。该行的主要职能是协调各层级涉农金融机构活动，为他们融通资金提供服务，并监督和检查涉农信贷机构的金融行为。具体地，开发银行会向土地开发银行、从事农村信贷工作的商业银行、邦合作银行和地区农村银行等信用合作机构提供拆借贷款服务。相对而言，开发银行很少直接开展涉农信贷业务，一般只为较大的农业基本建设项目贷款，如土地开发、推广使用农业机械等，且贷款期限多为中长期。其主要通过管理和支持其他金融机构的涉农金融活动来实现金融支持和金融管理的功能。当时，开发银行共在全印设立了 25 个分行，并在 234 个地区一级的行政区域设有办事处。而印度的商业银行则创办于城市。1955 年，印度最大的商业银行——印度帝国银行国有化（改组后叫印度国家银行）后，才开始开展农业信贷业务。通过 1969 年和 1976 年两次国有化改造，印度的商业银行几乎都收归国有，这大大便利了国家的控制、利用和管理，两次改造形成了一个遍布全国城乡的银行网。商业银行国有化改造之后立即推行面向大众的政策，重点面向农村和偏僻地区，推行灵活多样的业务方针，大力支持中小企业、家庭手工业和农业。按照印度储备银行的规定，商业银行只有在没有银行的农村开设 4 家分支行，才能在大城市和其他有银行的地区开设 1 家分行。到 2002 年底，商业银行的分支机构已从 1969 年的 8 200 家发展到 64 500 家，而且这些新增的分支机构有一半以上分布在农村，这就为广大农村和边远地区的农业经济发展提供了大量迫切需要的资金。此外，印度政府为了满足农村地区穷人的专门需要，为了解决农村地区商业银行网点少、农村金融服务不足的问题于 1975 年底根据颁布的关于建立地区农村银行的法令创立了地区农村银行。每个地区农村银行均由一家商业银行主办，核准资本为 1 000 万卢比，其资金主要来源于中央政府（缴纳注册资本金的 50%）、邦政府（认缴 35%）、主办商业银行（认缴 15%）。除此之外，其还可以通过发行债券来筹措资金。根据印度储备银行的规定，地区农村银行仅限于在一个邦的特定区域内开展金融活动，其贷款对象也仅限于小农场主、农民、手工业者和小企业主，为其生产经营活动提供低息或者免息贷款支持。除了生产信贷外，地区农村银行也提供一些消费类的信贷服务。

　　除了上述银行体系，信用合作体系在印度农村正规金融体系中也占据着重要地位。印度的信用合作事业起步于 20 世纪初，目前印度 90％的农村地区都建立了信用合作社，50％以上的农业人口都加入了信用社。印度的信用合作体系由邦合作银行和土地开发银行组成。其中，邦合作银行是收入较低的人们为解决自己的经济问题，在权力平等的基础上组织建立的。其下面管辖着中心合作银行，中心合作银行下面又管辖着初级信用社。不属于中心合作银行管辖的初级信用社由邦合作银行直接管理。初级信用社是乡村级的初级信贷组织，规模较小，按规定 10 个人以上即可以组织信用合作社，但必须向政府注册登记。信用社只向社员收取少量的入社费，发放短期和中期贷款，同时兼营购买生产资料、加工、生产和销售等业务。信用社的最高权力机关是社员大会，具体管理由社员大会选举产生的执行委员会负责。其资金来源主要由社员股金、储蓄基金、储蓄存款、政府或其他部门的贷款组成。中心合作银行是一定区域内的初级信用社的联合机构，主要职能是向初级信用社发放贷款，适当平衡所辖区域内信用社的资金流动，在初级信用社和邦合作银行之间起桥梁作用，同时也发挥一般银行的支付功能。邦合作银行是信用合作组织的最高级机关，也是提供中、短期贷款的合作金融机构。它从印度储备银行取得贷款，向中心合作银行提供资金，在没有中心合作银行的地区，则直接向初级信用社提供资金，并监督其活动。相对而言，土地开发银行则主要负责发放长期贷款，包括邦土地开发银行和县（区）初级土地开发银行两级。土地开发银行主要提供购买价值较高的农业设备、改良土地、偿还旧债和赎回抵押出去土地的贷款，其发行的债券由各邦政府担保，由合作银行、商业银行、印度国家银行和印度储备银行认购。目前，印度境内有超过 2 000 家土地开发银行，它们为印度农村经济的发展提供了源源不断的金融支持。总的看来，与商业银行和区域农村银行相比，合作社银行网点多、覆盖面广，它在印度农村的金融分支机构是商业银行和区域农村银行的 2 倍，比商业银行和区域农村银行的客户之和还多。但是合作金融机构分布不均，其主要分布在印度的西南部，东北部则很少。

多种正规的农业金融机构对印度农业和农村的资金支持，有效地解决了其农业与农村发展所急需的资金问题，同时也有力地削弱了印度农村中的高利贷势力。1988—1989 年度，私人贷款占农民贷款总额的 42.6％，比 1951 年下降了 50.2 个百分点，其原来的绝对优势已不复存在，而各类金融机构贷款则占农民贷款总额的 57.4％。进入 20 世纪 80 年代以后，印度的农村正规金融体系相对稳定了下来，印度的农村金融获得了快速的发展。截至 2006 年年底，印度银行业在农村的分支机构数量多达 57 369 个，比 1969 年增加了 11 倍。

总而言之，印度的农村正规金融服务体系健全完善，结构较为合理，政策性金融、商业金融和合作金融之间既有明确分工，又相互竞争与合作，具有较为突出的特点和优势：一是政策性金融定位合理，充分发挥兼具财政性融资、商业性金融和部分金融监管的特殊功能。二是重视发挥国有大商业银行在支农服务中的作用。在各项政策引导下，印度主要国有商业银行都很强调支农服务工作，并利用其先进的管理经验和技术优势，提升了农村金融服务的整体水平。三是成立了服务于特定地区、特定人群和特殊领域且功能明确的专业银行（包括地区农村银行和土地开发银行）。四是实行了农村金融的"领头银行"计划。这一计划规定，每一地区必须有一个领头银行负责优先发展行业尤其是农业金融开发工作，对国家规定的优先发展行业提供金融支持。五是农村金融覆盖度高。据统计，印度商业银行在农村和准城市地区设立了 32 662 家分支机构，基层农业信贷协会达到 92 682 家，有超过 2 000 家的土地开发银行分支机构。值得一提的是，多达 14 136 家的地区农村银行分支机构主要建立在农村信贷机构稀少的地区，平均每 1 700—21 000 个农户就有一家农村银行的分支机构为之提供金融服务，其金融覆盖度之高是世界罕见的。印度的农村正规金融体系较好地满足了其农村金融市场中不同层次的需求。1986 年的一份印度农村信贷调查的数据显示，在所有被调查的农民中，只有 2.9% 的农民由于当地缺乏银行分支机构而没能获得正式渠道的贷款支持。

对比印度农村正规金融体系支持其农业和农村发展的经验，我国目前还存在以下问题：第一，从机构组成的角度看，中国农村金融机构对农村发展的保障支持力度比印度弱；第二，从立法角度看，中国的农村金融立法现状严重滞后；第三，从信贷资金供给的角度看，中国农村金融资金供给不足；第四，商业银行及政策性金融的作用在农村没有得到有效的发挥；第五，中国农村金融组织的可持续发展能力不强；第六，中国农村金融发展环境不佳；第七，中国农业金融机构涉农贷款虽然逐年增加，但投入效率有待提高。对比中印两国的农村正规金融服务，中国的农村正规金融发展至少可以在以下几个方面借鉴印度的经验：

（1）完善农村金融的政策和立法支持。由于农村地区经济发展水平和农村信用环境的影响，各类金融机构主动在农村开展金融服务，设立金融机构比较困难，因此，要想推动农村金融发展，在业务发展的初期必须充分发挥政府宏观调控的作用，引导商业银行发展农村金融服务。并且，印度农村金融服务立法时间之早，立法内容之详尽，标准和手段之明确，是值得农业大国和城市化程度低的发展中国家学习和借鉴的。例如，其在《印度储备银行法案》《国家农业农村发展银行法案》《地区农村银行法案》等法律文献中，都对金融机构在农村金融地区设立机构网点、提供农村金融服务、贷款流程管理、内部结构设置、风险预警等作出规定和要求，使其更好地为农村服务，从而减少违规事件的发生，实现农村金融的健康发展。当前，在建设社会主义新农村的大背景下，我国政府应加大对农村金融服务的宏观调控力度，加快研究和制定符合我国实际的加大农村金融投入的法律法规，引导商业银行扩大农村金融的服务领域。

（2）形成相对完善、多层次、多元化的农村正规金融体系。印度的农村正规金融服务体系包括政策性银行、开发银行、商业银行和农业保险，形成了互补、竞争关系，共同为农业发展提供全方位、多层次的金融服务。目前，我国大部分农村地区经济发展水平较低，分散的小农户经营模式使得农村信贷需求规模小，自然风险和市场风险较高，而在农村经济发展水平较高的地区，三农信贷需求资金旺盛。因此，农村经济发展的层次性需要我们在建立农村金融服务体系上，要有层次，分地区，分类别推进不同性质的农村金融机构的建立和发展。借鉴印度经验，首先要充分发挥政府政策性金融的作用，对政策性金融机构赋予更多的功能。此外，要进一步完善农村合作金融体系以及农村商业性金融体系，因地制宜切实发挥不同性质农村金融机构支农助农的积极性，最终构建起较为多层次、多元化的农村金融服务体系。

（3）以信贷保险的形式对农村贷款运营的风险提供保障。农业生产周期长，容易受自然环境的影响，且其具有弱质性，风险较大，所以贷款的可偿还性难免会受到影响。为此印度专门成立了存款保险和信贷保险公司，为向农业提供贷款的正规金融机构提供贷款保险，这样既降低了金融机构的风险，又保障了农村的金融需求。中国也应该从立法到政策扶持的角度考虑农村贷款保险市场的建立和完善。

（4）发展创新性、特色化的金融产品和服务。印度农村金融服务品种繁多，适应农民、农户及农村经济发展的要求，极大地提高了金融产品的利用率及回报率。由于我国地域广阔，各地农村经济发展水平不一，东部沿海发达地区的农村已进入城乡一体化建设阶段，产业结构的进一步优化产生了对各种形式的金融产品的需求，商业金融应按照现实需求不断创新，在金融市场上发挥其应有作用，同时鼓励并规范非正规金融的发展。相比之下，在西部贫困地区还有许多农村金融空白区域和农村贫困人口需要得到符合他们需求的金融产品和服务。而我国的农村金融市场产品陈旧，包括一些新型农村金融机构也大都沿袭旧的信贷模式，贫困农户得到金融机构贷款的难度也比较大。因此，各类金融机构在农村金融市场的发展必须充分考虑不同发展程度地区的农户需求的特点，创造新的符合各类农村地区的、不断发展变化的金融产品和服务方式。

8.2 农村非正规金融发展的国际经验比较与借鉴

8.2.1 美国——以信用合作社为主要形式的非正规金融发展模式

从美国农村金融的发展情况来看，其国内正规金融体系已经很完善，但非正规金融仍有存在的基础和发展的空间，其资金和交易量所占比例虽远不及正规金融，但其绝对量却在持续增长。据统计，在 2.5 亿多的美国人口中，超过 7 500 万人没有银行账户，这部分人很难从银行等正规融资渠道获得贷款，有些人即便持有银行账户也难以获得银行贷款。因而，对非正规金融机构的融资需求仍然存在。总体来看，美国的农村非正规金融机构种类、数量繁多，广泛分布于城乡之间。信用合作社、地方性商业银行和储蓄贷款协会是其中最常见的三种形式。据统计，美国大约有 11 500 多家信用社，2 500 多家储蓄贷款协会，500 多家互助储蓄银行，其中为地方和小企业服务的金融机构大约有三万多家，此类小型信贷服务机构约占全部信贷金融机构的 75%。有数据显示，来自民间个人及其他金融机构的借贷占到了美国农业贷款的 20% 以上。

信用合作社是美国最基本的农村非正规金融组织的形式。与欧洲相比，美国的信用合作社发展较晚。从 20 世纪 30 年代开始，社会的中下层阶级在政府支持下，按照自愿、平等、互利的原则，在社区内结成了合作性质的信用社。经过几十年的发展，这类组织已有了相当大的规模。美国的信用社分布非常广泛，散布在各个社区之中。截止到 2003 年，美国的信用社有 9 369 个，其中在联邦政府注册的有 5 776 个，在各州政府注册的有 3 593 个，共有会员 7 600 万人；全国信用社资产总额 4 110 亿美元，各项存款 3 600 亿美元，各项贷款 2 530 亿美元，资本充足率平均在 11.5% 以上。这些合作性质的信用社大多不以营利为目的，实行自主经营和会员民主管理，在促进社区发展、会员富裕和社会和谐等方面起到了积极的作用。目前，这类组织主要有三种存在形式：一是职业信用合作社，职业信用社的会员是同一企业或同一行业的雇员，职业信用社占全国信用社总数的 78%；二是社团信用合作社，社团信用社是由宗教或专业团体的成员组成，占信用社总数的 16%；三是居住区信用合作社，该信用社是由居住在同一农村地区的居民所组成的，占信用社总数的 6%。美国的信用社不仅在农村设置，在城市各社区、企业、军队，甚至学校都可以设置，其会员一般局限于本区域内的中低收入阶层，自愿入会者只要填一份入会表，交5元股金，即可成为信用社的会员，享有存贷款、获利分红和选举的权利。近年来，信用社体系的总体资产增长率有所下降，但其合作性本质仍然坚持不变，以成员利益为主，存贷利差小于商业性金融机构。

美国信用合作社的管理机构由监管机构和行业自律组织构成。最初，美国的信用社都是由各州独立批准设立和监管的，自1934年《联邦信用社法》经国会通过以后，信用社被纳入了联邦的监管体系中。由于当时的通货总监和联邦储备委员会都不愿意监管信用社，故最终由农业信贷管理局承担监管责任。此后的几年内，监管机构先后换了几次，分别包括联邦存款保险公司、联邦安全局以及健康、教育和福利部。直至1970年全国信用社监管局成立，信用社才有了一个较稳定的全国性监管机构。全国信用社监管局是独立于中央银行之外的专门对联邦注册的信用社实施监管的机构。监管局的经费来源主要是向信用社收取的监管费和存款保险基金的投资收入。全国信用社监管局还负责管理和运用信用社存款保险基金。根据美国《联邦信用社法》规定，所有在联邦注册的信用社必须参加该基金，在州注册的信用社也可自愿参加，现在全美已有98%的信用社参加了存款保险。而目前对美国信用社有影响力的行业自律机构主要有两个，一个是总部设在华盛顿的联邦信用社全国协会（the National Association of Federal Credit Union，NAFCU），代表联邦信用社的利益；另一个是总部设在阿灵顿的全美信用社协会（the National Association of State Credit Union，NASCU）。20世纪初，一位名叫爱德华的商人慈善家在波士顿组织了全国信用社扩展局，这就是后来的"全国信用社协会"。而美国信用社协会则是在1934年成立的，截至2010年有信用社、州协会、信合保险集团、资金调剂清算中心等会员10 201家（李文仁，2010）。它的主要职能是：维护信用社的合法权益；协调信用社与监管局及政府有关部门的关系；游说国会，促进有利于信用社法案的通过；对有关信用社的政策进行研究和推行，并为信用社提供业务、法律、信息、咨询、培训、宣传等方面的服务；参加政府会议等。并且，美国在50个州都设立了州信用社协会，主要职能是协调与州监管局及州政府的关系，游说州议会，维护信用社的利益，并为州内信用社提供农村合作金融制度研究信息、法律、电脑咨询、教育培训、宣传服务和业务经营、人事管理方面的指导。此外，美国还有由监管部门组建的两个全国性的信用社协会，一个是供联邦注册的信用社自愿参加的全国性信用社行业协会，另一个是供州政府注册的信用社自愿参加的全国性信用社行业协会。这两个协会在各州设有机构，入会的信用社比较少，其职能主要是向国会游说，维护本会信用社会员的利益。此外，于1935年成立的美国信合保险集团的主要任务是为信用社及其会员提供各种保险，如贷款保护险、伤残险、忠诚险、财产险、储蓄寿险等。目前，该集团已为信用社会员提供 300 多个保险品种，全美 90％以上的信用社及会员都购买了该集团的保险。该集团为美国信用社的发展起到了重要的风险保障和损失补偿作用，也在一定程度上促进了世界合作金融事业的发展。另外，美国还设有专门的信用社资金调剂和清算系统，是由一家中央和 37 家州信用社资金调剂清算中心组成的批发式的资金中介组织。

美国的信用社体系至今仍然坚持合作原则，在传统的合作制基础上经营，这与其政府的扶持有着必然的联系。但随着美国金融市场的日益发达，信用社的业务与商业银行的业务已经基本趋同，同时还享受着政府所给予的优惠政策。美国以法律形式明确规定对信用社的优惠政策：一是建立信用社存款保险，免征各种税赋；二是信用社不交存款准备金；三是信用社可以参照市场利率自主决定存贷款利率。由于各州有立法权，所以法律数量比较多，信用社可依据农村合作金融制度的相关法律成立和经营。1934 年通过《联邦信用社法》之后，各州都陆续颁布了关于信用社的法案，这些法案尽管有一定的区别，但其在宗旨、合作理念和政府的扶持等方面基本上都是一致的。

除了信用合作社，目前，美国非正规金融机构的另一成员——地方性商业银行有 9 000 家之多，大约占美国银行数量的 60％，这类银行规模较小，具有独立性，属于私人商业银行性质，主要服务于当地农民。除此之外，美国还有一些合作银行和带有合作性质的储蓄贷款协会或储蓄银行。最有名的合作银行是国民合作银行（NCB）。该银行由美国国会特许授权建立，联邦政府给予资助。国民合作银行在 1981 年被"私有化"为完全的合作性质，由当时的 1 800 位顾客所拥有。截至 2000 年底，NCB 拥有存款总额 1.5 亿美元，总资产 1.7 亿美元。NCB 在美国各地设有许多分支机构，面向城乡中低收入群体开办金融业务。美国的储蓄贷款协会（Savings and Loans Association）是由希伯来免息贷款协会（Hebrew Free Societies）和信贷协会逐渐演变而来的，带有明显的轮转储蓄性质。最初的储蓄贷款协会基本上是以人际关系网络为依托成立的，成员彼此之间较为熟悉，信息也比较充分，这有利于相互监督，极大地提高了金融交易成功率，降低了违约率。在数量众多的储蓄贷款协会中，以互助形式存在和运作的占到了总数的七成以上，其他的大多采取股份制形式。通常来说，互助性质的金融机构不得通过招募外来股份来吸收和增加资金。因而，20 世纪 70 年代以后，一些互助性质的储贷协会或储蓄银行在存款账户管理体制发生变革和寻求快速扩张的背景下，纷纷改制为股份性质。与信用社一样，储贷协会或储蓄银行有的在联邦政府注册，有的在州政府注册，有的参加了联邦存款保险体系，有的选择了其他保险机构或未参加任何存款保险。

从以上对美国信用合作社的叙述可以看出，美国信用合作社的发展是符合市场经济发展和运行的一般规律的，对于我国当前正在进行的农村信用社的改革具有十分重要的借鉴意义。第一，要坚定不移地按照合作制的原则对我国信用社进行规范改造。坚持信用社的"社员入股、民主管理、主要为社员服务"的合作制原则，是我国办好信用社的根本保证。发达国家有合作金融，我们作为发展中国家，更要使信用社恢复合作制的本来面目。目前存在的不规范问题是多年来管理体制不顺、管理方法不当造成的，并不足以证明合作制不适合中国国情，通过深化改革，我国合作金融的发展前景将更加广阔。第二，政府应加大对信用社的政策扶持及优惠力度。由于农业是弱质产业，加上农村经济的特殊性，农村信用社的发展必须得到政府的扶持及优惠政策。美国对其信用社发展的扶持与优惠力度是很大的，比如建立了独立于商业银行的监管系统和信用社保险机制，始终如一地推行对信用社的免税待遇，以层级联合为基础构建稳健的资金清算体系，切实保障信用社的自主经营权利等。这些措施都极大地促进了美国信用合作社的发展。我国在这方面做得还不够，比如对农村信用社的税收过重，对信用社业务经营的行政干预过多，对农业资金投入的力度不够，再加上重视工业、轻视农业等原因，极大地限制了农业和农村的发展，也严重束缚了农村信用社的发展。第三，要尽快建立存款保险制度。存款保险制度是目前世界各国为保证存款人利益、维护社会稳定的一种重要制度。虽然提取保险金的比例各不相同，使用的方法和保付的限额也不尽一致，但基本作用是一致的。根据我国的情况，先提取保险费，用于保证存款支付；再提取保险基金，用于信用社系统的救助，这样两步走的模式是比较合适的。值得庆幸的是，目前此项工作已征求了有关部门的意见，正在顺利进行之中。第四，应建立一套完善的、符合国情的内部管理制度。美国信用合作社采取多级法人制度，各级都有自主经营权和独立的法人资格，各级法人都是由各自的成员入股，形成了一套独立的经营管理制度，主要包括社员代表大会制度、监事会制度、理事会制度、控股制度、民主管理制度、审计监督制度等。我国农村信用社虽也建有"三会"等管理制度，但由于多方面原因，大多流于形式，法人治理结构不健全，民主管理并不能得到真正的贯彻执行。这是目前信用社改革的一个重点和难点。第五，要尽快出台关于合作金融的法律法规。我国信用社的发展虽已有 40 多年的历史，但目前仍没有出台《合作金融法》，因此，抓紧立法是当务之急。为便于《合作金融法》的设立，可先考虑制定《合作金融管理条例》。《合作金融管理条例》可在原有"两个规定"（即《信用社管理规定》《信用联社管理规定》）的基础上，增加保险基金、行业协会等条目，等条件成熟再予以立法。最后，要抓紧建立行业协会。行业协会是行业进行自律以及自我维护权益的重要社团组织。在我国，建立信用社全国性的行业协会及地区性的行业协会条件已基本具备。目前，中国信用合作协会已开始筹建，年内省级协会也基本可以建起来。综上所述，为了促进我国农村信用社的可持续发展，政府应该坚持合作制的原则，通过政策扶持尽快建立存款保险制度，帮助信用社完善其内部管理制度，制定出关于合作金融的法律法规，并利用行业协会加强对信用社的监督和约束。

8.2.2　法国——半官半民式的合作金融发展模式

在历史上，法国的小农经济较为发达，农业在国民经济中长期占有重要地位。20世纪90年代中期，法国从事农业的人口占全社会的4.7%，农业占国内生产总值的3.9%，这两个指标都高于许多其他的发达国家。自20世纪20年代起，法国农业信贷和信用合作事业便得到了广泛的发展，并逐渐形成了多个合作金融机构同时并存的局面，在促进法国农业现代化的过程中，发挥了重要作用。法国之所以能够拥有发达的农村合作金融体系，是农村商品经济发展和农业资本集中的结果。

法国的农村合作金融体系即法国农业信贷互助银行系统具有独特的多层次性，各层次在法律上互相独立，具有上官下民、半官半民、官办为主的特点，是一种典型的互助合作银行体制，其体系由法国农业信贷银行总行、省农业信贷互助银行和地方农业信贷互助银行三个层次组成，是在民间信用合作组织的基础上，在政府的支持下，自下而上逐级建立起来的。法国农业信贷银行总行是会计独立的官方金融机构，是法国农业信贷银行的法人总代表，也是最高管理机构，由国家农业部和财政部双重领导。省农业信贷互助银行和地方农业信贷互助银行都是群众性的合作组织。作为基层民间组织，其资金来源于社员的自愿投入，且其经营管理严格按信用合作的原则进行。这种混合体制一方面体现合作性质，便于吸引广大的中小储户参与，另一方面又利于政府对合作金融或农业信贷活动的规范和调节，发挥有关金融机构的专业化经营优势。

具体来看，位于法国农业信贷互助银行系统基层的是地方农业信贷互助银行，其在初创时称为农业信贷合作社，属于典型的民间信用合作组织。地方农业信贷互助银行主要按照行政的区划建立，一般不跨区设立，以保护社员经济利益为宗旨。其社员由个人成员和集体成员两部分组成：农民和从事农产品加工的小农场主和雇员是银行的基本成员；集体成员又分为私法集团和公法成员，具体包括为农业、林业生产供应物资、服务或为农产品商品化服务的集团，公私农业整体利益机构，以及在实施农业建设与乡村建设范围内的地方组织。初建时，参加的社员需缴纳 100 法郎的股金，以后改为按借款最高总额的 1%—2% 缴纳股金（但对青年农民实行优惠，只需缴纳 1%）。归还借款时，不退还股金，但再借款时，只要不超过过去的最高借款额，就可以不再缴纳股金。目前，全法国共有地方农业信贷互助银行 3 028 个，社员人数已超过农业人口总数达到 360 多万人。在社员的进入程序方面，该行采取股金和社员的最高贷款额度相联系的办法，且社员进入后便可享有选举权、被选举权、贷款权和股金分红权（可通过股金的形式参与银行的分红）。社员有入社和退出的自由，退出时社员可以得到银行退还的股金。由于股金与最高借款额相联系，随着贷款业务的发展，银行的股金逐年增加。地方农业信贷互助银行的最高权力机构是董事会，董事会主席通常由市政负责人担任，董事会成员由股东（代表）大会选举产生，每届任期一年，不发工资，有时按照实际情况给予一定额度的交通补助。在内部管理方面，社员不论缴纳股金额度的大小，均实行一人一票制度，通过社员选举的董事会对银行的业务进行管理，其业务主要包括吸收和管理活期存款及储蓄资金，并向社员发放贷款。

贷款委员会由董事会主席、副主席等 5 人组成，每周召开一次会议，专门讨论和审批贷款。贷款的发放实行双重贷款审核制，客户经理和营业所主任分别有 10 万欧元和 20 万欧元的贷款审批权，经理和主任审批后再交由贷款委员会审核，直到两个审核都通过后才能由营业所发放贷款。而对于无权批准的信贷申请，贷款委员会则会将其推荐给省农业信贷互助银行决定。地方农业信贷互助银行体现了互助合作、服务农民的特色，通过集体的力量为农民服务、保护农民的利益。正是由于它具有较完备的合作化实质，并为社员提供融资服务，因而得到了法国农户的普遍认可。

省农业信贷互助银行于 1920 年设立，是按照行政区划设立的省级单位，由法国各省的地方农业信贷互助银行联合组建，是较高层次的合作金融机构，也属于合作性质的民间组织，并作为省内地方农业信贷互助银行的法人代表，目前共有 94 家。省农业信贷互助银行的大股东是地方农业信贷互助银行，其持股比例达到总股数的三分之二以上。但是，省农业信贷互助银行仍然是地方农业信贷互助银行和基层营业所的管理机构，负责协调省辖基层农业信贷互助银行的业务，分配管理信贷资金，通过把从法兰西银行获得的优惠利率贷款划拨给各地方机构，并对各地方机构的资金余缺进行指导。同时，省农业信贷互助银行还可以办理存贷款、信用卡、转账、投资等业务。其在中央农业信贷银行的领导下，依照法律和准则，以合作经济组织的方式进行活动，在机构设置、人员选配、业务经营、利率调整和财务管理等方面，有较多的自主权。在具体的内部管理方面，该行严格遵照合作经济组织的原则。而在内部的组织构成方面,其最高决策机构——董事会是由从地方农业信贷互助银行的董事会成员中选举出来的人员组成的,主要负责内部管理和相关业务活动。该行董事会由 15 人组成,设有主席和副主席各 1 人。董事会每年召开一次年会,在年会上审查财务,总结工作,改选三分之一的董事会成员(连选可以连任)。而该行的行政执行机构——领导委员会则是由省行经理、副经理和行内分设的职能局长等人组成的,其成员必须经过董事会的同意,经理、副经理还需经总部任命。领导委员会主要负责管理全省农业信贷互助银行的日常行政事务及业务活动,领导全省营业所和省直属营业部,编制和执行省行财务预算,任命营业所正、副所长。除此之外,省行还设立专门审批贷款的信贷委员会,作为省行专门审查贷款的权力机构,由董事会正、副主席和正、副总经理组成。该委员会每周召开一次会议,专门审查经过信贷局审查后所提供的贷款申请。

另外,还有在省农业信贷互助银行直接领导下开展业务的营业所。营业所已遍及法国城乡,形成了一个星罗棋布的服务网络。营业所的业务范围主要有:吸收存款,代发债券、证券,代保管贵重金属和有价证券,办理票据结算,发放各种贷款等。营业所的经费在省行的预算内开支,在财务上不独立核算。

综上所述,法国农业信贷互助银行体系的主要特点表现在以下几方面:第一,在组成上采取了官方与民间相结合的方式,基层民间金融的特点表现比较明显,较高的级次则与官方联系紧密。这种结构方式有利于发挥地方银行的自主性,同时也有利于国家通过行政手段自上而下地对整个银行体系进行控制和管理,有利于将国家的宏观管理和金融政策与农业政策的贯彻结合起来。第二,体系内部职责和业务层次分明,有着各自的组织特色和内部管理体系,组织形式相对独立,自主经营,自负盈亏。体系内部各层次机构均为独立核算单位,各层次的业务经营范围划分明确,其业务关系均用经济手段进行处理。第三,从对社员的管理到对内部经营决策的形成,坚持民主平等的建制原则,内部管理制度健全,服务社员的宗旨明确。地方和省级农业信贷互助银行虽以公司制形式组建,但在其最高权力机构——股东代表大会的决策中,股东无论出资多少,均只享有一票表决权。并且该体系坚持为社员服务的原则,下级机构选代表参与上级机构的管理,各种管理机构如董事会、贷款委员会都有定期的会议制度和活动内容,真正履行职责。第四,具有独特的贷款审批制度。其特点主要体现在以下几个方面:首先,设立了专门的贷款审批机构。在总部、省行和基层都设有信贷委员会,专门负责贷款审批,除小额贷款可以由职能部门直接批准外,其他贷款都要经过各级信贷委员会讨论共同决定。其次,各部门的贷款审批责任明确。信贷员接到贷款申请后,要从事实、安全等方面严格审查，而且需要对审查事实负责；信贷部门在信贷员初审的基础上进行复审，之后再由信贷职能部门的负责人做出最后的决策。最后，明确划分贷款审批期限。凡短期贷款超过130万法郎、中长期贷款超过250万法郎的，均需要报风险委员会和总部贷款委员会审批。第五，基层合作社的董事会成员不拿工资，防范道德风险。基层合作社董事会成员不拿工资，既有利于体现农村合作金融民主管理和非营利性的本质特征，也有利于防止董事会成员为追求自身利益的最大化而做出损害其他社员利益的行为。

总的看来，法国半官半民式的合作金融体系有效地将政府主导和信用合作民营化结合在一起，成为现代合作金融领域中独特而又成功的一种信用合作组织模式，对我国农村合作金融体系的建设具有重要的借鉴意义。

首先，法国的农村信用合作金融体系的组织结构中可以容纳政府参与。法国最初创办信用合作组织的出发点是为当时的农业信贷金融机构提供更多的资金支持，后来借鉴了德国信用合作的经验，创建了地方信用合作组织，并通过这些组织分配法兰西银行的低息贷款。在此基础上，法国政府成立了专门管理农业信贷和信用合作金融机构的官方部门。从历史发展来看，虽然官办的信用合作组织在法国有失败的先例，但法国对其"官办"的思路从未放弃，甚至在逐渐强化，根本原因在于国家战略的需要。进入21世纪以后，企业民营化是大势所趋，法国开始在基层和中间层放开，官方逐步退出信用合作组织的股权，这不仅提高了其经营活力和民间入股的积极性，而且有效地提升了政府管控信用合作组织的效率。当前，法国农业信贷互助银行总行严格控制着省行和地方行的经营，在管理上实行中央集权，在经营上分权，实践上行之有效。这也间接证明了信用合作不一定完全民营化才能成功。

其次，政府重在扶持，而不是干预基层农业信贷互助银行。法国政府给予基层农业信贷互助银行诸多优惠，包括法兰西银行贷款、国家贴息贷款等，并通过农业信贷互助银行总行落实国家对农业信贷方面的优惠政策。在监管和领导基层农业信贷互助银行的过程中，总行重视上下级银行之间的关系协调，较少运用行政命令，较多使用经济手段，着力理顺上下级银行的业务关系。因此，法国政府对农村信用合作金融体系的参与是领导加服务的性质，而不是纯粹的政府干预，为其健康发展提供了政策保证。

再次，合作精神是法国农村信用合作金融体系可持续发展的重要保证。法国农业信贷互助银行体系与商业银行体系有较大差异，它的股权分散、规模有限，同时还承担着服务社员的责任。因此相对于商业银行，农业信贷互助银行系统是弱势群体的联盟。法国信用合作组织虽然官办色彩浓厚，但仍坚持较完整的合作精神，例如在人事方面，除了按规定由省行或总行任命的职位外，其他职位基本上以一人一票的原则经选举后产生；在民主监督方面，各种机构责权对等，能切实履行监督职责，避免流于形式；在贷款审核方面，除特别情况由营业所按规定审批外，一般贷款须经贷款评审委员会审核，贷款评审委员会的主要成员是当地农户，对贷户情况较了解，这就有效地减轻了信息不对称的影响。因此，合作精神的实质性存在使法国农业信贷互助银行体系的经营更加稳健。

8.2.3 德国——金字塔形的合作金融发展模式

德国是欧洲农业信用合作的发源地，19 世纪中叶，雷发巽（Raiffeisen）第一次把合作经济原则贯彻于农村金融领域，组建了世界上第一家农村合作金融组织。1889 年德国就有了合作社立法，1895 年组建了德国中央合作银行，并建立了德国合作社协会。自 1980 年以来，德国信用合作部门占农村信贷市场的份额一直都在三分之一以上，1998 年上升到了 43.39%，居所有金融机构之首。

德国农村非正规金融体系的发展模式主要是由三个层次构成的金字塔合作金融模式。该体系 2004 年的信贷资产总额为 3.7 万亿欧元，占农村信贷市场总额的 44% 左右，是德国农村信贷资金最重要的提供者。位于金字塔最底层的是地方性的基层信用合作社，第二层是地区性的合作银行，第三层是全国性的中央管理机构，即德意志中央合作银行（属于信贷合作联合会）。各级信用合作组织和合作银行都是依法注册、独立核算、自主经营的经济实体；且都是具有独立法人资格的金融机构，无隶属关系。其中，基层信用合作社数量最多，合作社的规模一般都比较小（一般在 160 人左右，以 1—3 个村为业务区域），由农民、城市居民、个体私营企业、合作社企业和其他中小企业入股组成，归入股股东所有。基层信用社的业务主要是传统的存贷款业务。二战后，又相继开展了结算、信用卡、证券、代理业务以及代办保险等业务，服务对象主要是股东，现在也向其他客户提供服务。其资金主要来源于小工厂主、手工业者、雇员、自由职业者的小额储蓄，其中大部分资金用来为小农、手工业者、小商贩提供小额贷款，剩余部分则贷给上级机构。目前，德国有 2 500 多家地方信用合作社，以及 18 700 个分支机构及营业网点。

值得一提的是，基层信用合作社主要包括两大类，一类是雷发巽农村信用合作社，另一类是手工业信用合作社，通常称为舒尔茨信用合作社或大众银行。这两部分都是按照罗虚戴尔原则建立的，但又有自己的特点。

（1）雷发巽农村信用合作社创立之初的特点：①社员多是农民，入社必须经过严格审查，具备高尚品德的人方可入社；②合作社范围较小，多数以教区为范围；③实行无限责任；④社员不缴纳股金；⑤盈余不分红，都留作公积金，合作社解散时，将公积金捐赠给其他合作社或用于举办公益事业；⑥社员的贷款用途严格限于农业生产；⑦兼营多种业务；⑧信用合作社联合组织对基层有较大的支配权；⑨管理人员和监督人员必须无报酬地工作；⑩带有浓厚的宗教色彩。雷发巽农村信用合作社在发展的过程中根据信用合作运动的客观要求，不断地进行调整；用有限责任制替代了无限责任制；其业务范围也不断扩大，不仅发放农业贷款，也发放工商业贷款；并由社员不缴纳股金变为社员象征性地缴纳少许股金。

（2）舒尔茨信用合作社的特点：①社员以城市中的小工商业者、职工、薪资生活者为主，城郊居民也可参加；②社员必须缴纳股金，而且每股金额较高；③采取有限责任制；④专营信用业务，可吸收非社员存款；⑤贷款以短期信用为主，并注重票据贴现与抵押放款；⑥盈余除一部分留作公积金外，大部分用作股金分红；⑦信用社规模较大，平均每社有近千社员，有些还设立分社；⑧信用社独立经营，反对联合组织的中央集权制；⑨信用社为纯业务组织，拒绝政府的扶助。

位于金字塔中间层次的地区性合作银行有三家，分别是 GZB 银行、SGZ 银行和 WSZ 银行，它们由基层信用合作社入股组成（也有一部分吸收外来股份）。地区合作银行主要是为基层信用社提供存放闲置资金的场所，并充当基层行与中央金库或其他融资机构的中介。其运用现代化手段处理来自基层信用合作社的地区内结算业务，并支持基层信用社开展证券业务和国际业务，包括投资咨询、证券保管及对外业务咨询等。其资金来源由股金、公积金、存款、中央金库、向其他银行借款等构成，但绝大部分资金来源于基层合作银行。

而中央合作银行，即德意志合作银行，是德国信用合作金融体系的最高机构，被赋予全面拓展各项业务的权力，以便对全国合作金融体系作进一步协调。但是，其对基层合作银行和地区合作银行没有直接的行政管理职能，只是为合作银行系统提供资金融通、支付结算、信息咨询、员工培训、金融产品开发，以及证券、保险、担保、租赁等各种金融服务。此外，其还受中央银行的委托，负责对全国信用合作机构进行审计和监督，开展同其他国家政府及机构的国际业务往来。为了适应合作体系内客户开拓国际市场的需要，中央合作银行在一些重要的国际金融中心设立了分支机构，如纽约、新加坡、香港、东京、伦敦等地都有其分行或代表处。这些机构增加了中央合作银行的国际金融服务范围，为合作银行体系提供了全面的服务。中央合作银行的大部分资金由地区性合作银行提供，除此之外，还包括从公私银行及保险公司借入的长期资金、发行长期债券所筹集的资金。其中，该行发放的长期贷款期限一般为4—10年，年利率为5%—5.7%，主要用于改善农业结构、促进农业机械化、改良土地等；短期贷款则主要用于购买肥料、储藏农产品等。2005年，地方信用合作社通过地区合作银行采用间接入股和直接入股等方式拥有中央合作银行78.6%的股份，持股总金额为22.63亿欧元；而其他一些合作性质的非金融企业持有中央合作银行的股份占比为7.5%。而法国政府为了表示对合作银行的支持，也参有一定的股份（根据《德国合作银行法》，政府最高可参股25%）。目前，德国中央合作银行已成为一个由农村合作金融和城市合作金融联合组成的庞大体系，在世界银行排名中位居前50位。

在资金融通方面，德国主要依赖合作银行体系调剂或借入资金。如地方信用合作社将内部富余的资金上存到地区合作银行，这一比例一般为70%左右，而地区合作银行则要将其4%的存款上存到中央合作银行。此外，该信用合作体系主要采用两种方式来进行资金融通：一是中央合作银行向地方信用合作社提供再融资业务，当地方信用合作社资金匮乏时，可快速足额地从地区合作银行或中央合作银行借到资金；二是中央合作银行能参加地方信用合作社的贷款项目，倘若项目贷款金额过大，地方信用合作社承担不了时，中央合作银行将积极参与。并且，合作银行体系中的成员均有自己的结算系统，地方信用合作社全都加入了全国合作银行系统结算网络，系统内的结算业务通过系统联行进行清算，跨系统的结算业务则通过联邦中央银行的支付系统进行清算。

如今，德国已形成了比较完善的合作金融组织网络体系，遍布城市和乡村，并且建立了合理的合作金融管理体制。德国对合作银行的管理依据《德国合作银行法》，实行民主管理。地方信用合作社和地区合作银行的管理决策机构是社员代表大会，社员享有平等的表决权，监事会由社员选举产生，其执行机构为理事会，经理由理事会聘任。中央合作银行的社员代表大会与一般股份公司的股东代表大会没有什么本质的区别。其理事会的人选包括各方面人士，且主要负责人的任用要经政府同意。其监管机构主要是由联邦金融监察局和联邦中央银行负责。但由于联邦金融监察局未设分支机构，所以只能对合作银行进行非现场监督。具体的监管任务则是由合作审计协会完成的。合作社必须加入一个合作审计协会，由该协会对合作社的机构、资产及业务活动定期进行审计监督。

德国的合作社等农村金融机构每年都要接受行业审计协会的检查，不能通过者将会受到相应的处罚。德国农村金融组织和审计协会有一支强大的审计队伍，在全国联合会，大约有100多万名专业审计人员，其任务就是对农村金融机构进行审计和检查，其中，主要的精力是对合作银行进行审计。联合会和协会虽然是农村金融行业的自律组织，不是政府部门，但其职能是受政府有关部门的委托，依法进行审计的。对农村金融机构的审计是在联邦金融监察局的委托下进行的，审计依据《商业银行法》和《合作社法》，审计内容既包括对贷款、资产负债情况以及收益等业务情况的审查，也包括对农村金融机构的日常经营管理状况（如主要管理人员的管理能力、经营行为、规章执行情况等）进行审查。而一旦发现问题，审计协会有一定的处置权和建议权。总的看来，法国严格的审计制度保证了其农村金融机构的依法经营和健康发展。

此外，德国全国信用合作联盟（BVR）也是合作银行体系的行业自律组织，地方信用合作社、地区合作银行、中央合作银行以及一些专业性的合作金融公司都是信用合作联盟的会员，并按照有关规定向合作联盟缴纳会费。合作联盟的主要职责是向会员提供信息、咨询、培训等服务，负责建立和管理合作银行系统的安全保卫工作，帮助合作银行搞好宣传工作和处理公共关系，协调、沟通合作银行与立法机关、联邦管理部门、其他官方机构及民众之间的关系，并负责管理合作银行按照一定比例信贷资产缴纳的、用于弥补合作银行资金缺口的信贷保证基金。同时，为了更好地管理和监督国内合作金融机构的运营情况，信用合作联盟还与生产合作联盟、消费合作联盟共同组成了德国全国合作社联合会（DGRV）。

从上面的分析可以看出，德国的信用合作体系主要有以下几个特点：

第一，持之以恒的合作制原则和为社员服务的宗旨。近一百年以来，尽管德国经济体制及相应银行体制发生了较大的变动，但农村合作银行始终坚持合作制原则和为农村社员服务的宗旨。合作银行内部自成体系的三个层次之间，基于最根本的股东与客户的关系，始终将满足客户的需求视为合作社存在及服务的根本，而中央合作银行也将合作体系的发展当作主要任务。

第二，采用自下而上入股、提供自上而下服务的合作银行体系。德国农村合作银行体系各层次间是自下而上地持股，即下一层合作银行持有上一层合作银行的股份；自上而下地服务，上层合作金融组织服务于下层组织，三个层次之间只是经济杠杆调节的合作关系，而不是管理与被管理的行政关系，它们都是自主经营、自主管理的独立法人。同时，整个合作银行体系又因自下而上入股和自上而下服务的关系实现了功能的联合，可以在相对独立的经营中通过功能上的相辅相成，实现合作银行整体优势的良好发挥。

第三，组织层次分工明确。德国信用合作体系具有鲜明的分工协作特色。地方信用合作社分布密集、网点众多，保证了其能够为社员提供快捷、实用的金融产品。地区合作银行则大量从事高风险、高收益的大宗金融产品和国际外汇收支、商业保险等业务，拓展信用合作体系的经营范围和影响，使信用合作体系能够与其他商业银行展开公平竞争，巩固其长期发展。而中央合作银行则专注于信用合作体系发展规划和体系内的业务协调，保证了信用合作体系对外的主体性和对内的统一性。

第四，业务经营的商业性和专业化。德意志合作银行体系的金融业务不享有政策的优惠，经营完全商业化。其金融业务和其他商业银行没有任何区别，除了开展传统的存贷款业务之外，还开展信用卡业务。并且，其基层信用合作社和地区合作银行可以经营股票、债券和投资基金业务以及为顾客代保管业务、代理业务和代保险业务。为了迎合市场的需求，合作银行体系进一步扩展了其服务对象的范围，从合作银行的社员扩展到了社员外的其他客户。并且，其业务也逐渐从多目标、多元化转向了专业化、单一化。随着金融业竞争的日益加剧，德国合作银行体系代办的商贸业务的成本逐渐增加，效率也随之下降。为了提高经营效率，德国合作银行体系不再经营商贸业务，成为专营金融业务的合作金融机构。

第五，健全的资金融通和资金清算系统。德国合作银行体系具有健全的资金融通和清算系统，能够很好地实现资金的上存和下融。首先，地方合作银行将多余资金按一定比例上存上级合作银行（区域合作银行），同样地，区域合作银行也按此方式以一定比例将多余资金上存给中央合作银行。其次，中央合作银行对区域合作银行提供再融资服务，同时，区域合作银行也对存在资金流通困难的基层合作银行提供再融资支持。最后，德国合作银行体系有广泛的结算网络，是欧洲进行直接转账最为广泛的国家，系统内的结算业务通过系统联行进行清算，跨系统的结算业务则通过联邦中央银行的支付系统进行清算。

第六，完善的风险控制制度，健全的监管和自律组织。德国合作银行体系建立了完善的风险控制制度。首先，其建立了信用保证制度。该制度规定：发放大额长期贷款，需要提供各种有价证券和不动产作为抵押；短期小额流动资金贷款，则通过向保险公司投保的形式解决风险分摊问题。其次，建立了存款保险制度，通过保证基金进行风险控制，帮助成员银行渡过经济困难，保证银行债权人的安全。最后，建立了贷款保险制度。制度规定每一年每个信用社按照风险资产的一定比例（一般是5％）存入特别专项基金，即贷款担保基金，以帮助出现危机的信用合作社。当其成员出现难以独立承担的较大危机时，由该基金全额补偿。而在监管方面，德国合作银行由联邦金融监察局及联邦中央银行负责监管，监管的主要依据是《银行法》《商业银行法》和《合作银行法》三个基本法。联邦金融监察局在地方未设分支机构，对合作银行的监管只是非现场监管，对合作银行的现场监管和流动性监管及监管数据和信息的获得主要依靠合作社审计联合会和联邦中央银行及其分行。而由三级合作银行参与的行业自律组织——德国全国信用合作联盟的主要职责是向会员提供信息服务、协调处理公共关系等。

综上所述，德国的合作银行体系组织体系完整，层次分明，既相互独立又发挥了联合优势，充分体现上一层机构为下一层机构提供服务，基层合作银行坚持为社员服务的原则；各层次机构都有健全的民主管理组织和严格的管理制度，可确保决策的民主化、科学化；健全的资金融通和资金清算系统，保证了合作银行体系资金的流动性和效益性；严密的审计监督系统、行业自律组织和风险防范与保护系统，保证了合作银行在规范的基础上不断发展。

德国农村非正规金融组织中独具特色的农村合作性金融机构的发展模式及其为促进农业经济发展所做出的贡献，对于我国新型农村金融组织当中带有合作性质的金融机构具有一定的借鉴意义，具体体现在如下四个方面：

第一，我国的新型农村金融组织除了在横向上形成完备的金融组织体系之外，还应在纵向上形成上下级金融机构之间的指导和协作关系，即中国人民银行应该新增针对新型农村金融组织的指导和协助职能。德国合作性金融机构中有一个中央合作银行，其中心任务是致力于促进整个国家的合作金融组织的可持续发展，对其他的合作金融机构发挥了一定的支撑作用。由于中央合作银行没有对地区合作银行和地方信用合作社的监督管理权，在地区合作银行和地方信用合作社出现资金问题时，只能为其提供融资、帮助结算等服务，并且基层、地区、中央三个层次的合作金融机构之间并不存在行政隶属关系，而是存在着真正意义上的相互协作、相互支持的关系。参考德国合作性金融机构的发展模式，我国新型农村金融组织也应当有一个中央机构来发挥宏观上的指导作用。事实上，我国新型农村金融组织的上级机构是中国人民银行及其各个支行，而中国人民银行并没有具体的指导性规定，大部分指导意见都出自中国银保监会。因此，中国人民银行应当担负起为新型农村金融组织的发展提供宏观指导意见的职责，从而促进该组织同其他金融机构间的协调发展。

第二，我国新型农村金融组织应当在基层地区广泛设立分支机构，从而产生促进自身发展的规模经济效应。德国合作性金融机构的发展规模较大、分支机构较多，其资产总量在全国银行总资产中的比例达到了20%以上，而且这些分支机构在结构设置上层次清晰，从最高层次的德国中央合作银行到最低层次的德国地方信用合作社，按照机构数量划归层次，呈现出一个典型的"金字塔"形结构，且越是基层，合作金融机构的分支数量越多。一般认为，当某类产业发展到一定规模时，就会产生规模经济效应，从而带来平均成本的下降和平均收益的上升，金融产业也是如此。我国的新型农村金融机构主要设在基层地区，因而可以参考德国合作性金融机构的发展模式，增加处于基层地区的机构数量，以便能够产生一定的规模经济效应。

第三，我国的新型农村金融组织可以适当允许农户参与金融机构的信贷决策，在具体操作中可以采取吸收当地农户入股的形式。德国在农村金融的发展初期，由于基础条件不够、实力不强等因素，资金来源上除了向其他金融机构借贷之外，还需要从当地农民那里获得一部分属于农民的自有资金。如此一来，农民就有了参与影响合作金融机构信贷决策的权利，进而影响其存贷利率，使之朝着对自己有利的方向变动。对于我国新型农村金融组织来说，也可以参照这种模式，在发展初期可以适当吸收当地农民的入股资金。然而，值得注意的是，农民不能拥有对新型农村金融机构的管理权，也不能凭借自身所持有的股份分享合作金融机构的营业利润，农民所持有的股份只能影响金融机构盈利收入的使用途径，享受金融机构的优惠信贷服务。

第四，我国的新型农村金融组织可以通过行业管理实现行业监管和自律。信用合作组织具有较高的经营风险，必须配备较严密的监管体系才能保证其健康发展。在现有的监管主体中，政府是必不可少的，但政府的监管主要是制定规则和宏观调控，带有一定的指导性，而不是对具体的业务进行监管。就管理效率来看，"他律"不如"自律"，"外部人监管"不如"体系内监管"。在具体业务操作规范和风险防范方面，政府监管不能涉及且监管缺乏效率的地方，有必要由行业管理组织实施现场监管。德国的行业自律和监管体系比较完善，包含自律体系、清算系统和审计系统，充分体现了事前、事中、事后三阶段的全面监管原则，这也是值得我国借鉴的。

8.2.4　日本——以"Mujin"为主要形式的非正规金融发展模式

作为一个具有良好信用意识的国家，日本除了其完善的正规金融体系外，其非正规金融的发展也具有相当的规模。当地非正规金融的主要形式是 Mujin（可翻译成"无尽"），相当于我国的互助会。Mujin 起源于佛教，经由印度、中国、韩国传播到了日本。在日本的历史记载中，Mujin 一词最早出现在 1255 年的日本东部，当时是指典当融资。关于 Mujin 的第一份系统文献来自日本银行 1913 年的一份报告，报告中指出，Mujin 是一个帮助那些不幸遭受疾病、火灾和其他灾害的人的组织。其会员定期交纳会金，第一笔会金会给处于困难中的会员，而不是交给中签的会员使用。因为这种慈善精神来源于宗教信仰，因此这种互助的方法通常只在有着共同信仰的同村人之间使用。后来寺院开始成为 Mujin 的发起人，并借用这种方法来帮助穷人。随着组织规模的扩张，Mujin 渐渐从暂时运转的慈善组织转变成了永久性的商业组织。在室町时代（1338—1467 年），当商业贷款人不能向低收入人群提供足够贷款时，Mujin 便会贡献出一定金额向资金需求者提供贷款。很长一段时期内，Mujin 在为当地的中小企业和家庭提供资金方面充当了重要的经济角色。经过数百年的发展，Mujin 成为农村居民中非常流行的融资机构，性质也有所改变。总的看来，Mujin 具有以下特点：一是其服务对象为低收入阶层和中小企业主以及临时资金需求者等，这是正规金融忽视的群体；二是其成员取得会款后并不解散，而是多次不断轮转，故其又被称为轮转储蓄和信贷协会；三是其创办者大都以有经济实力的企业家为主。

日本政府历来对 Mujin 这一非正规金融形式很重视，制订了详尽的法律法规予以引导。早在 1915 年，日本金融当局和日本银行就认真研究评估了 Mujin 的利弊，并出台了专门的法律——*Mujin Finance Law*（《Mujin 金融法》）对其进行规范。根据这一法案，Mujin 的人数不得超过 100 人，存续期不得超过 5 年，每人每期缴纳的会金不得超过 1 万日元。根据该法律的有关规定，大多数 Mujin 合并组建成为联合股份公司的形式，并且在注册时必须有15 000 日元的注册资本金。对资本金的要求使得 Mujin 的组织者必须采取更加诚实和高效的运作模式，从而大大削弱了部分人利用 Mujin 进行诈骗的动机。到了二战时期，日本整体的经济和金融市场均处于混乱之中，出现了许多比Mujin 更趋健全的小型金融公司，该类公司被称为“互助无尽”。互助无尽的迅速流行，促使政府对《Mujin 金融法》进行了修正，将其适用范围扩大至这一新的金融形式。但是，随着战后日本经济的飞速发展，修正后的《Mujin 金融法》的相关条款的局限性表现得越来越明显。例如，其贷款被限定在一定的区域内，且在大额度资金投资方面的限制也较为严格。因而，国家 Mujin 协会要求政府起草新的法律法规以促进互助无尽转变为中小规模的银行。1951 年 5月，日本政府通过了《互助银行法案》（*Mutual Bank Act*）。到了 1956 年，互助无尽已经基本转变成互助性银行。互助银行的业务范围包括：（1）根据合同接受会员交纳的会金，并在合同有效期之前把会员交纳的会金按照一定的方式返还给会员，即 Mujin 的业务活动；（2）吸纳存款和定期存款；（3）发放贷款，办理票据贴现业务。目前日本共有 69 家互助银行，主要为实行股份公司制度的中小企业提供服务。至 20 世纪 80 年代初期，互助银行合并成一般性的商业银行逐渐成为一种趋势。在这样的趋势下，日本当时的金融监管当局改变了原本对互助银行的态度，意识到应当把互助银行转变为商业银行的必要性。因而在 1989 年和 1990 年这两年间，通过金融监管当局和民间力量的共同努力，日本的互助银行基本都转化为了一般意义上的商业银行，进而最终实现了从非正规金融向正规金融的演变。

除了 Mujin，目前日本仍然存在着大量的非正规金融机构，如信用组合和信用金库等。其中，信用组合强调自律，政府对其监管较松，并允许其组建全国性的信用联合会，以便在更大的范围内进行资金调剂。而信用金库则是由城市信用合作社改组而成的会员制非正规金融机构，其业务对象主要是会员企业。这些非正规金融机构的普遍特点是具有很强的地方性和互助合作性质，其贷款对象以当地的中小企业会员为主，对于会员的资金需求给予优先满足。目前，这些非正规金融机构和中小企业形成了较为稳定的融资网络体系。作为一种民间自发的组织，政府一般不予以管理。但随着这些组织的商业性质越来越突显，互助性质逐渐削弱，具备了银行的一些特征，如利用会员缴纳的会金向非会员发放贷款。一旦这些组织具备了涉众性，其风险便会相对提高，因而对其加以规范势在必行。也就是在这种情况下，日本金融当局和央行开始主动介入，通过立法来引导其规范化运作。对于非正规金融组织的立法大体上包括《投资顾问法》《关于取缔接受出资、收存款及利息等的法律》（简称《出资法》）和《贷款业法》。

综上所述，我们不难看出，日本农村非正规金融机构最大的特点就是以法律法规作为保障，法律法规在机构的运营中扮演了决定性的角色，每个非正规金融形式的发展都是一部法律的演变历程。日本 Mujin 发展的每一阶段都离不开法制建设，《Mujin 金融法》的实施是 Mujin 向正规金融体系演变的重要标志，也是非正规金融走向正规金融的标志。其对 Mujin 的成员数量和期限等都做了详细规定，保证了 Mujin 在形式上是对于正规金融的有利补充。并且，日本政府出台的《农林渔业团体职员互助会法》对日本农协的非营利性民间法人组织的性质做出了相关约束，不仅对金融的规模和形式进行了全面的界定，还具体规定了其主要业务内容及有关监督管理方式，这对于完善该非正规金融机构的发展历程具有重要的作用。总体而言，日本农村非正规金融的大量存在和蓬勃发展与政府的积极引导和严格的监管政策是分不开的，而这些非正规金融机构反过来又在支持当地农业和中小企业的发展方面发挥了重要的作用，这为我国农村非正规金融的发展提供了很好的经验借鉴。

8.2.5 孟加拉国——以格莱珉乡村银行为典范的非正规金融发展模式

作为世界上最贫穷的国家之一的孟加拉国，其经济基础薄弱，全国大约

85％的人口都生活在农村，国民经济主要依靠农业。因此，要改善国家的经济发展状况，首先要大力发展农业。但是，由于其政府无法对农业发展提供足够的资金支持，所以只能依靠发展农村金融来扶持农业经济的发展。孟加拉国的金融环境特点较为突出，其正规金融体系由中央银行、国有和私人商业银行、外资商业银行和国有专业化银行构成，而非正规金融机构则主要包括乡村银行和非政府微型金融组织（MFO）。在孟加拉国，作为农村非正规金融机构的乡村银行和微型金融组织的覆盖率比正规金融要大得多。根据世界银行 1996 年的一次调查，乡村银行和微型金融组织共为 25％的家庭提供了金融服务，而该国的正规金融则只占到了 5％。并且，孟加拉国农村金融组织的发展模式非常特别，遵循的是一条以各个区域农村的低收入农户或者困难农户为信贷对象，且在信贷数额上主要以发放小额信贷为主的发展道路。孟加拉国的小额信贷在农村地区发挥了巨大的作用，甚至取得了正规金融都很难达到的高度，在一定程度上弥补了金融供给的不足，丰富了孟加拉国贫民的融资途径和方法。孟加拉国不仅是小额信贷的发源地，也是小额信贷运作最成功的国家。目前，孟加拉国的小额信贷由两个专业性机构：格莱珉乡村银行（Grameen Bank，简称 GB，也称孟加拉国乡村银行）和孟加拉国农村发展委员会（BRDB）；一个批发性机构——农村就业支持基金会（PKSF）；三个兼营性非政府组织（NGO）：农村进步委员会（BRAC）、社会进步协会（ASA）和普罗西卡（Proshika）；两个基金项目：政府及国有商业银行小额信贷项目；以及一个托拉斯组织——孟加拉国乡村托拉斯等五大板块、九大部分组成。其中，格莱珉乡村银行是该体系的核心和基础；农村发展委员会是政府的专门性小额信贷机构，主要开展与国内外合作的各种项目，通过提供金融和技术支持来推动农村发展，内容包括信贷、培训、计划生育、卫生、教育等；农村就业支持基金会又称批发性小额信贷机构，主要向符合条件的非政府、半政府和政府机构、自愿机构和团体、地方政府提供金融支持并协助加强机构建设，以实现提高营运水平、改善穷人生活的目标；农村进步委员会的服务内容比较广泛，其在全国各地区都有贷款业务，还贷率达 99％以上；社会进步协会在 1992 年开始小额信贷项目后，发展迅速，资产质量较好；普罗西卡的主要项目有渔业、畜牧业、灌溉、卫生、营养、生态农业、建房等；而乡村托拉斯则主要提供小额信贷业务培训和技术支持、资金帮助等服务。下面我们将详细介绍孟加拉国小额信贷体系的核心机构——格莱珉乡村银行。

　　在孟加拉国的农村经济极为落后的背景下，穆罕默德·尤努斯为帮助贫苦农民，于 1976 年开始推行小额信贷试验，并于 1983 年正式成立了专营小额信贷的格莱珉乡村银行（以下简称"乡村银行"）。其作为大力推广农村小额信贷业务，帮助穷人改善经济条件的先行者，迅速脱颖而出，积累了诸多颇为成功的经验，被誉为全球规模最大、效益最好的扶贫项目模式。这种模式在国际社会被广为推崇，还被多个国家和地区所效仿，全世界有超过1亿贫困人群从中受益。在运作模式上，乡村银行采取自愿基础上的农户自主式经营方式。作为一种成熟的扶贫金融模式，它主要有以下特点：

（1）以穷人为主要贷款对象，为其提供免担保贷款为主体的综合服务。小额贷款提供的是小额短期贷款，信用额度小，贷款对象瞄准最贫困的农户，并以贫困家庭中的妇女作为主要目标客户。乡村银行规定，贷款对象必须是极贫户，享受贷款的条件必须是拥有不超过0.5英亩土地的人。即使是无地农户，其家庭拥有的财产总值也不能超过1英亩土地的同等价值。同时，乡村银行强调其贷款对象主要为农村贫困的妇女。这是因为，贫困的妇女相对于男性来说，具有更强烈的通过努力和辛勤劳动摆脱家庭贫困的愿望，这在客观上也会提高整个家庭和其子女的福利水平。并且，考虑到贷款对象通常无力提供有效的担保和抵押，所以该行的贷款是无须抵押和担保的。因此，为了提高贷款的偿还率，乡村银行开展了各种综合服务项目：如吸收存款、办理保险、选择发展项目、进行教育与技术咨询等，以强化和提高贷款人的还贷意识和还款能力。

（2）资金来源多元化，有效保持持续经营。乡村银行的资金主要通过两种渠道筹集：一是国际组织及其他方面的资金支持；二是成员储蓄。其成立初期，主要由国际社会和国际农业发展银行和基金组织提供资金。在此期间，有1 600万美元的直接捐赠、8 100万美元的软贷款和4 700万美元的权益投资形成的间接补贴，以及所有者追加的2 700万美元的贷款损失准备金。但是，从1996年开始，乡村银行为了实现持续经营，不再吸收公众存款，而是完全依靠自身的市场化运作获得资金，并开始进入到稳定发展阶段。乡村银行虽未吸收公众储蓄，但要求借款者每周必须交纳小组基金，并允许贷款客户持有银行股份，目前其94%的股权由借款人持有。同时，贷款客户存款的迅速增加也促进了乡村银行的可持续发展。此外，乡村银行积极实行市场化利率，进行商业化操作，对其从根本上妥善解决贫困问题起到了很大的促进作用。

（3）严密的层级组织结构，确保了农民之间的相互监督和约束。乡村银行有严密的层级组织结构。乡村贷款中心和借款5人小组是乡村银行运行的基础，也是其成功运作的关键之处。按其规定，村中每5位穷人自愿组成一个贷款小组，再由若干个贷款小组组成一个贷款中心。小组贷款采用"2＋2＋1"的贷款次序，即优先贷款给5人小组中最贫穷的两人，然后贷给另外两人，最后贷给小组长。在建制上，除总行外，各地设立分行，每个分行下又有10—15

个支行。支行是乡村银行的基层组织，每个支行有 6—7 名工作人员、2—3 个培训人员、1 个会计和 1 个经理。每个支行又管理 120—150 个乡村贷款中心，支行在财务上是自主经营、自负盈亏的。此外，乡村银行还通过中心会议保持业务过程的透明度。乡村贷款中心定期召开会议，集中商议放款和还贷事宜。同时，其还对农民进行集体培训，这样便于成员之间互相监督，并增进成员之间的合作关系。并且，银行的工作人员与 5 人小组组长以及贷款中心的负责人会定期会面，以帮助其解决问题。这种模式拥有严密的组织结构，能够层层控制，相互约束的运行机制能够形成有效的制度保障，既减少了经营管理的环节，又能有效节约银行的运营和监督成本。值得一提的是，乡村银行通过这样一套合理的制度设计，实现了 98.9％的高还款率，确保了贷款的使用效益。

（4）提供了与国情相适应的小额贷款制度。乡村银行发放的小额贷款期限一般为一年，成员进行分期等额还款，即实行"整贷零还"制度。一般按 50 周进行分期，即将本金和利息加总后除以 50，每周偿还应付额的 2％，但不得一次性提前还清贷款，并在一年之内将贷款全部还清。借款人必须在还清上一笔贷款的条件下，才能申请新的贷款。因为孟加拉国的贫困人口较多，小额信贷的运作模式必须与这一国情特点相适应，因而其贷款的额度较小，且其贷款利率也会根据不同的贷款对象而有所不同。贷款人虽然付出了较高的利息成本，但也获得了很多的信贷机会。乡村银行的贷款全部用于周期短见效快的生产活动，特别是粮食生产之外的小型项目，从而确保了分期付款方案的有效实施。这一方面提高了政府发放小额信贷的积极性，另一方面也可提高农民的信贷获得性。

（5）政府的积极参与，为小额信贷提供政策扶持。政府的扶持政策对小额信贷的可持续发展尤为重要。实践证明，制定出有前瞻性的经济、财政和税收政策是小额信贷发展壮大不可或缺的因素。乡村银行从成立起始终与政府保持着良好的关系，这使得政府不仅在对待小额信贷模式的态度上是宽容的，而且在其发展的各方面均给予了保护和扶持。例如，孟加拉国政府为乡村银行提供了许多便利条件，包括以低利率向其提供资金支持；允许其以非政府组织的形式从事金融活动；减免银行经营的税费等。

此外，市场化的高利率政策是乡村银行的一个重要特点和持续发展的基础。传统的扶贫基金通常用补贴的方法，以较低的利率借出，这往往会导致寻租行为，真正的穷人会被拒之门外。乡村银行则反其道而行之，采取了高于一般商业贷款的高息政策。实践证明，这是乡村银行得以成功的关键之一。从需求方面来看，高息固然会加重借贷人的负担，但对贫困户来说，他们根本没有条件从商业银行或其他金融机构中取得贷款，所以年利率为 50％甚至 100％的高利贷往往是他们借贷的唯一来源。鉴于他们的高机会成本，贫困户可能并不认为乡村银行的利率是不可接受的。再者，对于借贷者来说，他的成本基本限于直接支付的利息，乡村银行无须财产抵押，且上门送款和收款，这样就大大地减少了借贷者的间接成本。且乡村银行所提供的技术培训与指导以及小组成员之间的相互帮助又是通常的商业贷款所没有的，这些技术培训和组内帮助大大地减少了项目投资的风险，从而加强了借款者的还债能力。而从供给方面来看，高息政策使乡村银行能够盈利，从而吸引了较高素质的工作人员，使其逐渐减少了对低息融资的依赖。最近，乡村银行第一次以接近市场利率的方式成功地向国内商业银行发行了 65 亿塔卡（约 1.64 亿美元）的债券。这意味着乡村银行已逐渐自立于金融市场中，通过商业行为来维持与扩大它的业务范围。最后，高息政策还能使乡村银行付出较高的存款利率，通过吸收商业存款来扩大它的贷款能力。

不过，好景不长，1998 年孟加拉国遭遇了历史罕见的大水灾，全国 2/3 的地区被淹没，客户还款率下降到 80%。针对此次事件，2001 年，乡村银行从内部挖掘原因，改革了其原有的营运模式，开发了新的产品，制定了新的激励机制，形成了第二代乡村银行模式。与第一代模式相比，其主要进行了以下几方面的调整：第一，贷款期限安排更为灵活。在"基本贷款"的基础上，增加了"灵活贷款"这一创新安排。如果借贷客户不能按时偿还"基本贷款"，就转入"灵活贷款"，而不是被取消借款资格。所谓"灵活贷款"，其实就是在借贷双方协商的基础上，变更"基本贷款"的条款，比如延长贷款期限（不再局限于 1 年）、减少分期还款频次（如将每周还款改为每两周还款）等。使贷款条款更符合借款人的经济现实，减轻还贷压力，增强借款人的还款信心和意愿，从而减少不良贷款的实际发生。起初，"基本贷款"的借款人能很方便地循环使用并且提升自己的信用额度，而在转入"灵活贷款"后，虽然借款人申请新贷款时会受到一些苛刻的限制性条款的约束，但是一旦"灵活贷款"如期偿还，借款人便可申请转回"基本贷款"。第二，借款人的借款基础从联保小组转移到了个人。不再要求小组提取 5% 的风险基金，取消了小组成员间的联保关系，取消"2+2+1"的贷款次序安排，小组成员可同时获得贷款，小组被削弱为一个议事和相互监督的组织。第三，强化借款人个人的财务管理。乡村银行要求每个借款人开设个人账户、特别账户和养老账户，将贷款的 5% 作为强制储蓄，均分为两份，分别存入个人账户和特别账户，同时要求借款人每周在个人账户中进行小额存款。个人账户的资金可随时提取，特别账户资金用于购买乡村银行股金，不能提取，但享受分红。所有借贷金额达到 8 000 塔卡（约 138 美元）以上的客户，每个月都要在养老金账户中存入 50 塔卡，客户达到退休年龄后分期返还。此外，乡村银行将对储蓄资金按照高于市场的利率支付利息。以上安排提高了借款人的储蓄意识和银行的财务积累，一方面为乡村银行创造了资金来源，另一方面也降低了借款人的财务风险。第四，改革准备金制度。在传统模式下，乡村银行坚持采用宽松的准备金政策，只对逾期 2 年以上的贷款提取 100％的准备金，而对于逾期未超 1 年的，不计提准备金。而"第二代模式"则将上述政策改为：对拖欠首次还款达到 10 周，或贷款逾期超过 6 个月的借款人，将其借款自动转为"灵活贷款"，并按欠款本息的 60％—100％计提准备金。第五，对营业所和工作人员实行星级表彰制度。乡村银行制定了五个方面的星级达标规定，包括小组成员 6 岁以上子女都上学，并完成 5 年教育，成员连续 5 年都超过了贫困线等，突出了银行的社会责任。第六，实行黄金客户成员制度。乡村银行对连续 7 年保持 100％还贷水平的客户给予黄金客户身份，并可以获得较高信贷额度等优惠。

经过 30 多年的发展，截至 2009 年 3 月，乡村银行已经发展成为拥有 2 548 个分行、142 103 个中心、1 224 173 个小组的农村非正规金融机构，累计发放贷款 78 亿美元，服务的村庄可达 84 096 个，占全国村庄总数的 97％，有近 780 万会员（其中 97％为妇女）。其中，有 400 万借款人及其家庭因此而成功脱贫。除了创办当年及 1991、1992 年两个水灾特别严重的年份外，乡村银行一直保持着持续盈利的记录，还款率高达 98.89％，累计还款率达到 97.94％，实现了扶贫和财务可持续的双重目标。

相对于乡村银行，孟加拉国农村非正规金融体系中的另一个成员——非政府微型金融组织（MFO）是一种民间自发的金融安排形式，它的灵活性很强，可以根据成员的需求来迅速转变服务类型。其主要特点是：（1）以流动资本借贷为主，贷款规模小、期限短；（2）制定还款的时间表，借款者必须定期归还一部分欠款，以保持对借款者的紧密联系及近况追踪；（3）采用循环贷款的模式激励借款者及时还款；（4）为保证实际利率为正，贷款利率比较高，一般要高于其他放贷人的利率；（5）还款率高，在 95％以上；（6）信贷管理员效率很高，平均每个管理员要管理 75 到 100 个贷款小组，或 200 至 500 名个体借款人。据估计，孟加拉国大约有 1 000 多家微型金融组织，它们都提供贷款，其中一部分也吸收存款或提供非金融服务。微型金融组织大多不吸收存款，但孟加拉国大型的金融联合组织 Palli Karma Sahayak 基金会（PKSF）会为其提供贷款、资金援助以及技术支持。微型金融组织发放贷款的方式也是采用乡村银行的小组贷款。当然，根据微型金融组织的特点，乡村银行也可归类为微型金融组织。

我国与孟加拉国同属发展中国家，农业人口占绝大多数，而农业人口中的低收入农户又占有很大的比重，与孟加拉国有着类似之处。因此，学习和借鉴该国小额信贷的发展模式及其相应的发展经验，将有助于在"十二五"时期以至今后，探索我国新型农村非正规金融组织的新发展模式。首先，我国政府应该全面倡导普惠金融建设标准及理念。具体地，政府可以通过引入国际普惠金融体系建设标准，把具有可持续发展潜力的小额信贷纳入正规金融体系，把农村低收入人口纳入农村金融服务范围，使他们能够享受到经济增长所带来的福利改善。此外，还可以通过政策引导，鼓励各类提供金融服务的金融机构和组织关注并开拓低端金融市场，在向包括穷人在内的所有人都平等地提供金融服务的同时，培育新的利润增长点。金融机构做好小额信贷业务，不但能够帮助农村低收入人群脱贫致富，而且也能够在促进社会和谐、践行社会责任方面树立良好的社会形象。其次，从孟加拉国小额信贷的发展我们可以看到，小额信贷项目并非完全的政府行为，亦非完全的市场行为。作为具有扶贫和助农功能的非正规金融组织，它在一定程度上依靠捐助机构或国家优惠政策，特别是在项目的初期阶段。但随着其自身的不断发展，要实现自身的经济持续性，就必须要充分利用市场机制，建立自己持续性的目标、资金来源和盈利手段，而非完全依靠政府支持。从长远发展来看，以金融机构或非政府组织为主体，以金融市场规则为基础，独立运行的模式才是更为持续和长久、更有生命力的小额信贷模式。除此之外，建立健全的小额信贷法律保障体系对农村小额信贷的发展也是十分必要的。制定专门的《小额信贷法》，用法律的形式将小额信贷开展的目的、形式、利率实施办法、贷款与还款方式等内容确定下来，为小额信贷市场健康持久发展提供法律保障。同时，把小额贷款公司、其他非政府组织小额信贷机构纳入法律框架之内，明确其合法地位和身份定位，可以促使其依法经营。还可以通过立法进一步明确小额信贷的监管部门和责任，并成立隶属于银监会的相对独立的小额信贷监管机构，专门行使小额信贷监管职责。

但是，由于我国的国情、制度和金融环境等各方面的情况与孟加拉国仍存在较大差异，因此，在借鉴其格莱珉乡村银行的成功经验时还要着重考量我国的具体情况。例如，就我国农村金融的现状来看，新型农村金融组织还不能完全实现无抵押的担保，相对于孟加拉国乡村银行以5人作为一个小组，形成贷款的联保组织来说，我国的农业人口众多，究竟采取多少人一个小组难以确定，而且乡村银行将担保责任完全推给农民，由农民来为自己的借款担保，在我国现实生活中缺乏可行性。此外，如果乡村银行的这种无抵押贷款方式在我国农村地区全面推广，可能会带来大范围的金融风险，使得无抵押的贷款变成无负担的贷款，造成贷款容易而回收却很困难的局面。因此，乡村银行的这种无抵押贷款和联保方式只能作为一种供我国参考的抵押担保方式。另外，我国的新型农村金融组织应当确立一种较高的贷款利率，但是这种利率不能过高。孟加拉国乡村银行提供了高于商业性金融机构的利率，然而高利率是以提供无抵押等金融服务为基础支撑的。由于我国新型农村金融机构还不能针对所有农户都实现无抵押的贷款，自然也就难以将贷款利率制定得过高。从可行性的角度看，在我国，农村居民人均收入普遍低于城市居民，如果制定过高的贷款利率，就会使得大批农户无法承受高额的贷款利息，从而选择放弃贷款。因此，过高的贷款利率对于新型农村金融组织来说是不可行的。虽然贷款利率不能制定得过高，却也不能将贷款利率确立在低于商业性金融机构的范围。具体来说，贷款利率可以制定得比商业性金融机构高一些，这样做至少有两点好处。一是较高的利率可以避免低利率带来的消极影响。乡村银行的发展模式在以前曾经有过低利率政策的实践，然而效果并不理想，表现在较低的贷款利率诱发了金融机构的寻租行为，导致了急需资金的中等收入和低收入农户无法享受到低利率带来的低利息优惠。而我国的新型农村金融组织在发展过程中，要想避免各类金融机构寻租行为的发生，一种可行的方案就是制定较高的贷款利率。二是较高的利率有利于新型农村金融组织吸引一批职业化的金融业人才。在存款利率变动幅度较小的情况下，较高的贷款利率意味着较高的贷款利息收入和较高的金融业利润，利用较高的利润为引进金融业人才承担较高的工资支付成本，使得新型农村金融机构有能力支付给金融业人才较高的工资，同时配合以激励机制和约束机制，从而增强金融业人才服务于各类新型农村金融机构的动力，进而提升整个组织的金融服务质量。

8.2.6 印度——以"MFI"为主要形式的非正规金融发展模式

作为世界上发展最快的国家之一的印度，其农村金融业存在着明显的二元性，即按西方经营管理方式经营的现代化银行（印度储备银行、印度国家农业和农村开发银行等）以及按印度传统方式经营信贷业务的本土钱庄或本土银行。印度作为农业大国，政府长期在农村地区实行信贷指导政策。政府干预银行的正常经营，要求其在农村开设分支机构，命令其实行信贷配额并以低于市场利率的利率提供贷款，贷款本金和利息不能收回时只有免除等。这些干预措施削弱了印度农村金融体系的发展实力，使之既没有很好地实现金融中介的功能，也没有促进农业和农村的可持续发展。这导致了部分农村信贷需求者从正规金融机构无法获得有效的金融需求，从而使得这些从正规金融市场溢出的金融需求求助于农村领域中的许多非正规金融机构。据印度中央银行的调查显示，自20世纪50年代到20世纪80年代，尽管印度政府做了大量的努力工作以增加农村正规信贷供给，这一工作虽然使得非正规金融供给从1951—1952年的93%降到1980—1981年的43%，但其平均供给仍高达70%。并且，由世界银行于1995年和1997年分别在印度5个省选取5个村庄的抽样调查发现，在这期间，农村非正规借贷占农户总借贷份额的78%，而正规金融借贷仅占22%。其中，贫困农户向非正规金融机构借款的比例高达93%，仅有25%的贫困农户声称他们曾经使用过正规金融资金。值得注意的是，在印度独立以来的50多年中，尽管政府在农村信贷方面做出了诸多努力，但其农村非正规金融机构的活动不但没有被消除，反而超过了农村正规金融机构的活动能力。

印度政府在向农村扩张正规金融机构失败之后，开始对农村的非正规金融活动进行利用、引导和管理。1992年，政府开始逐步取消指导性信贷，加快了金融体系自由化的进程。在此过程中，印度的小额信贷机构（microfinance institutions，MFI）得到了大规模的发展。印度小额信贷机构的经营特征主要有：（1）一些小额信贷机构专门为穷人服务，对穷人进行零售贷款，并对为穷人提供服务的非政府机构（non-governmental organizations，NGOs）提供批发贷款；（2）成立了一些组织给非政府机构和非银行机构提供批发资金；（3）政府通过国家农业开发和发展银行将自助组织（self-help groups，SHGs）和银行机构联系起来。自助组织的作用很明显，据估计，加入该组织前，户均年净收入为47美元，加入后，户均年净收入为105美元，翻了一番。据印度的国家农业开发和发展银行报道，截至2001年3月31日，全印已经有26万多个自助组织（包括四百万个家庭）和银行实现了联结，并希望该联结在2008年能覆盖一百万自助组织，涵盖一亿的农村贫穷人口。在这些特点中，由政府支持的"自助小组—银行联结"项目是印度农村非正规金融最大的特色。自助组织是由自助团体10—20名成员组成的非正式小组，成员具有相似的背景，也面临相似的困难。这些成员首先要组成资金互助小组，在小组内部成员之间进行相互融资，同时在银行开设账户。在小组成立六个月后，符合条件的就可以以小组的名义获得银行贷款，小组再将银行贷款转贷给小组成员。有时，小额贷款机构会在银行和互助小组之间充当存贷的中介。通过这样的方式，就实现了非正规金融（小组融资）和正规金融（银行信贷）的融合。在"自助小组—银行联结"项目中，印度的国家农业和农村开发银行充当了出谋划策的角色，并且为参与银行或小额贷款机构提供再融资以及相关的业务培训，但并不介入具体操作过程。印度的中央银行作为监管者，也不对项目进行行政干预，仅仅提供一个合作框架，由非政府组织出面，直接与非正规贷款人开展业务。

显然，小额贷款机构是印度"自助小组—银行联结"项目的核心，并且大多数小额贷款机构都是非政府组织，其资金主要来源于银行贷款、国家农业开发和发展银行贷款以及社会捐赠。值得一提的是，尽管小额贷款机构对互助小组提供的贷款年利率达到28%—32%，但是，因为手续简便、上门服务和更贴身的产品设计，仍然受到草根阶级的青睐。

近年来，印度的小额贷款机构发展非常迅速，该国的信贷市场已成为世界上最大的小额贷款市场之一。从2005年到2009年，印度的小额贷款总额从2.52亿美元增加到了25亿美元，扩张幅度接近10倍。截至2010年8月，在印度注册的小额贷款公司超过3 000家，贷款总额近50亿美元，借款客户达到2 800万，比2010年初增加105%。值得注意的是，小额贷款机构作为以减贫为主要目标同时兼顾自身财务平衡的机构，在很长一段时期内都是盈亏平衡或亏损经营的，只有5%—10%的机构能保持微利。但是最近几年，由于部分小额贷款机构过分追求商业化和盈利回报，加之监管的缺失，出现了对客户信用审查不严甚至多个小额贷款机构对同一客户重复放贷的情形，使得客户的负债远远超过了其收入水平和偿还能力。最终在2010年在小额信贷最繁荣的印度南部的安得拉邦酿成了"小额贷款危机"。危机发生后，大批客户拒绝还贷，而银行和投资人也因避免风险而减少对小额贷款机构的资金投入，使得大量小额贷款机构陷入困境，引发了全世界的关注。

除了小额贷款机构，印度的非正规金融机构还包括未经注册的金融公司、非职业放贷者、各种各样的租赁公司、投资公司、ROSCA等。从以上分析可以看出，印度的非正规金融机构具有以下几个特点：第一，社会资源的全方位支持。在其非正规金融演进的过程中，国家农业和农村开发银行、36 000个银行机构和合作机构均提供储蓄和贷款服务，3 100个有经验的政府和非政府机构、印度储备银行、各级地方政府都参与了"自助组织—银行联结"项目。整个过程涉及政府机构和非政府机构、银行和非银行机构、正规金融机构和非正规金融机构。第二，非政府组织的积极推动。在将自助组织与银行联结在一起的过程中，印度的做法并不是政府出面直接与私人机构合作，而是通过非政府组织，如利用MRDA（Mysore Resettlement and Development Agency）作为中间人，将银行作为合伙人的形式，把非正规私人贷款中介与正规金融机构进行融合。第三，金融监管机构的指导性管理。印度政策性银行——国家农业和农村开发银行在非正规金融演进的过程中充当了出谋划策的角色，对银行进行再融资，但并不直接介入具体的操作过程。印度的中央银行——储备银行作为监管机构，一直对非正规金融活动很关注，并掌握了一些统计资料，以衡量农村信贷的进展程度。政府监管这些组织的理念包括：提高成员行为的安全性；

减少违约事件发生的可能性；组织者必须有经营执照并缴存一定的保证金；ROSCA 的运转时间最多不能超过 60 个月等。但这些措施并没有取得理想的效果，许多组织者逐渐将他们的行为转向地下，而不是努力提高组织的稳定性。

与印度已形成了世界上规模最大、发展速度最快的小额信贷市场相比，中国的小额信贷发展尚处于初级阶段，无论是小额信贷的市场规模还是小额信贷对穷人和低收入群体的覆盖面，中国的小额信贷还有很大的发展空间。因此，吸取印度小额信贷发展的经验和信贷危机的教训，对于我国小额信贷的健康发展以及实现其可持续地为低收入群体服务具有重要的现实意义。从印度小额信贷的发展历程和发展现状中我们可以看到，印度农村的小额信贷体系是十分完善的，已经从纯粹的小额信贷发展成了微型金融，表现在：各类微型金融业务都存在，包括存款、贷款、汇兑、小额保险；各种层次的小额信贷机构都存在，包括不接受监管的非政府组织、接受监管的非政府组织、接受监管的非银行金融机构，发展出小额金融业务线的商业银行等。而目前我国农村的小额信贷体系是非常不完善的，公益性小额信贷机构做的是小额信贷业务却没有合法的身份和地位，而具有合法身份的小额贷款公司却不愿意做农村的小额贷款业务。因此，我国政府应该出台相关政策或暂行规定，推动公益性小额贷款业务的发展。具体来说，国家可以从财政或专项扶贫资金中拨出一定的资金，作为公益性小额信贷机构的铺底循环基金；或由愿意承担社会责任的银行为公益性小额信贷机构提供批发信贷资金，政府进行补偿性贴息，以解决目前一些合格的公益性小额信贷机构严重缺少资金来源的问题，从而形成良性竞争环境，避免商业性小额贷款因逐利而累积风险。并且，我国应该借鉴印度政府通过与一系列扶贫计划相结合而有效地构建小额信贷服务体系，将我国反贫困政策取向由补贴型向可持续型转变，从政府行为向银行—自助组织—贫困家庭成员相结合的市场行为转变，大力构建小额信贷机构体系，提高小额贷款的效率，协调政府扶贫行为和小额贷款机构间的商业关系行为，构建全面而系统性的小额信贷体系。其次，印度政府的"自助小组—银行联结"项目中，非政府组织对自助小组的培育和扶持起了非常重要的作用，其扮演的角色绝对不容忽视。在我国，非政府组织同样也做出了很大贡献，但是我国的非政府组织还是太少，且缺乏真正的独立性，其受政府的影响较大，很多非政府组织的负责人都是由政府任命的，这难免会使得非政府组织的行为会因为受到当地政府的较大影响而不能充分发挥其应有的作用。因此，我国应该尽快明确非政府组织的法律地位，以充分发挥其在小额信贷领域的作用。最后，印度小额信贷根据需求主体的不同需求层次开发、创新了许多金融产品，包括不同的期限、利率、额度及担保方式等等，这是从需求角度对市场细分的结果，满足了不同的目标群体的需求，这方面也值得我国借鉴。

值得注意的是，虽然印度小额信贷的发展取得了较大成功，但也避免不了信贷危机的发生。印度之所以发生小额信贷危机，其主要原因在于小额贷款机构的贷款利率过高，高额的投资回报导致大量逐利资金涌入，而急速增长和过于集中的小额信贷机构形成了恶性竞争的局面。为了争夺客户，一些小额信贷机构不管借款人的还款能力，也不顾贷款的社会效益，最终酿成了大规模的违约风险。鉴于我国目前小额贷款机构的发展态势，政府可以从以下几点开始着手改善我国的小额信贷环境，避免信贷危机的发生：

（1）加强对商业性资金进入的监管，防止系统风险发生。首先，政府可以对商业资金的准入设定限制，避免这些逐利资金的过多涌入；其次，政府可以对小额信贷公司的资金来源做出规定，规定商业资金的比例不得超过一定的额度，这样就避免了小额信贷的过度商业化；最后，对已经进入的商业资金要合理利用，保证其为小额信贷公司提供资金来源的同时又不会过度增长。

（2）降低成本，利率要适中。第一，政府应当出台相应的政策和法规，对小额信贷的利率做出相应规定，避免过高利率的出现。第二，小额信贷机构自身要制定可持续发展的目标，避免由于追求眼前的高利润而破坏自身的发展前景。第三，我国的小额信贷水平与国际上其他国家相比并不高，因此需要政府给予一定的补贴，这样既能实现小额信贷的扶贫目标，又能保证小额信贷公司获得相应的利润以持续经营。

（3）避免小额信贷过快向商业化发展。就我国小额信贷业的综合情况来看，应当谨慎过渡，使得公益性小额信贷和商业性小额信贷均衡发展。首先，政府应当提供更多政策支持公益性小额信贷的发展。其次，要加强发展方向引导。最后，从我国目前的情况来看，应当充分发展公益性小额信贷，这不仅符合小额信贷发展的初衷，也符合我国的具体国情。当小额信贷在我国发展成熟了，再集中进行商业化转型。这样，成熟的市场条件才会对小额信贷的商业化产生积极影响，而不是形成混乱的局面。

（4）加强对小额信贷机构的监管。我国地方政府一定要对小额信贷机构和组织的合法性进行监管，以防止信贷危机的发生。具体地，对于中央政府来说，一方面，应当在全国范围内建立健全的征信体系，在放贷之前就加强对放贷者的信用审查，以防止违约事件的发生，降低违约风险。另一方面，中央政府应当出台行之有效的法律法规，以保证小额信贷机构的平稳运行。有了法律的保障，才能从法律上约束小额信贷机构和组织的行为，才能保证中央政府的协调和监管手段能够有效地实施。

第9章　普惠型农村正规金融与非正规金融协调发展的政策建议

　　随着世界各国金融体制改革的逐步深入，国内外金融界和学术界越来越关注农村金融问题。加快农村金融改革、重构农村金融体系已成为当前解决"三农"问题的紧迫任务，而建立良好的农村金融体系是解决"三农"问题的有力保障。农村金融体系发展与建设是一个系统性课题，有着丰富的内涵和较高的理论政策价值。研究和探讨农村金融发展问题，具有重要的现实意义。从实践来看，由于我国农村金融问题错综复杂，各种矛盾互相交织：有历史遗留的问题，也有新生的问题；有市场的问题，也有制度的问题；有自身的问题，也有社会的问题……总体上来看，我国金融市场，尤其是农村金融市场，市场化不足，竞争不充分，活力不强。农民的贷款，包括中小企业的贷款，经营的风险高，成本比较大，效益相对比较差。针对以上问题，国家始终坚持不懈地推进农村金融的改革和创新，党的十八届三中全会明确提出要发展普惠金融，让金融改革与发展成果更多更好地惠及所有地区、所有人群。普惠金融也称包容性金融，其核心是有效、全方位地为社会所有阶层和群体提供金融服务，尤其是那些被传统金融忽视的农村地区、城乡贫困群体、微小企业。普惠金融为弱势群体提供了一种与其他客户平等享受金融服务的权利，普惠金融能够有效地帮助贫困群体脱贫，普惠金融体系是构建和谐社会的重要推动力。目前在广大农村地区针对农民、农户提供的小额信贷应当被视为普惠金融的一部分。普惠金融对促进城乡一体化发展具有重要意义，也为农村正规金融与非正规金融协调发展带来了新的机遇。

　　首先，发展普惠金融能够有效推动农村金融体系建设。农村金融是我国金融体系最薄弱的环节。截至 2012 年底，我国仍有 1 686 个金融机构空白乡镇。2014 年初，我国城市地区金融机构网点平均服务面积不超过 8.7 平方公里，而一些西部地区县域网点的服务面积超过 205 平方公里。县域地区平均的存贷比为 57.6% 左右，比城市地区要低 17.2 个百分点。而到 2020 年底，我国基本上实现了全面消除金融机构空白乡镇，在具有条件的行政村推动实现基础金融服务"村村通"。截至 2020 年末，全国乡镇银行业金融机构覆盖率为 97.13%，全国行政村基础金融服务覆盖率为 99.97%；金融机构空白乡镇从 2009 年 10 月的 2 945 个减少至 2020 年的 892 个，实现乡镇金融机构和乡镇基础金融服务双覆盖的省（直辖市、自治区）从 2009 年 10 月的 9 个增加至 2020 年的 21 个（中国人民银行农村金融服务研究小组，2021）。发展普惠金融能够加快农村金融体系建设，有效提高农村金融服务覆盖的广度和深度。

其次，发展普惠金融能够帮助国家惠农政策延伸服务触角。国家的各项惠农政策如何落到实处始终是一个难题。以新农保项目为例，新农保资金归集、划拨、管理、转移续接、发放的各个环节都需要相应的金融支持，如何安全便捷地把养老金发放到农民手里关系到惠农政策的成败。发展普惠金融，完善农村金融体系能够让农民不再需要长途跋涉到城市网点领取养老金，真正将惠农政策落到实处。

最后，发展普惠金融能够有效推动农村经济发展。截至 2021 年底，我国第一产业经济增加值达到 8.31 万亿元，比 2004 年增长了 300%，农村居民人均可支配收入达到 18 931 元，比 2004 年增长了 544.8%。各地政府加快农村市场和流通体系的建设，农村地区交易活动越来越频繁，规模越来越大，支付结算等基础金融服务的要求也越来越高，这对发展普惠金融提出了更高的要求。正因为如此，党的十八届三中全会将发展普惠金融纳入国家重要战略规划，并提出了总体部署和明确要求。构建中国普惠型农村正规金融与非正规金融协调发展体系是一项复杂的工程，可以从以下几方面入手。

1. 加强农村金融服务设施的建设，增强农村金融硬件条件

农村金融的发展不是一蹴而就的，它的发展是一个缓慢、曲折的过程，我们只有慢慢改观当前金融发展的状况才能一步步实现农村金融排斥的全面消除。首先，增加农村金融服务机构，如增加农村信用社从业人员数，增加农信社贷款额度，大力发展农业发展银行对农村经济的支持，增进邮政储蓄银行的贷款功能，加强城市反哺农村，减少农村资金的大量转移。其次，强化小额贷款公司贷款制度，完善相关法律法规。小额贷款公司在农村金融中扮演着重要的角色，完善贷款公司的制度体系，减少各种贷款环节的费用，提高农村资金利用率。

2. 提高农村金融资源配置效率，建立农村资金回流机制

金融机构的趋利性使其降低农村金融市场的供给，从而造成农村金融荒漠化，农村信贷资金大量外流和金融资源在城乡之间不合理配置不利于小康社会的建设，不利于农业和农村经济的可持续发展，不利于城乡经济结构的协调发展。农业信贷资金投入不足、农民"贷款难"、农村中小企业融资难、农村资

金供求矛盾突出等问题都与资金外流有关系。这需要政府能够激励金融机构增加农村金融供给。要建立以工促农、以城带乡的长效机制，必须深化农村金融体制改革，加快建立农村资金回流机制，依法规范农村资金的外流及回流，从根本上解决金融资源配置的不合理问题，以满足农村经济发展所需的多样化金融服务需求。促进工农、城乡的协调发展，需要建立和完善"三农"信贷投入机制，协调金融资源在城乡的合理配置，增加对"三农"的金融资源配给，建立与农村生产要素优化配置相适应的政策安排和金融制度。各大商业银行以及新型金融机构作为辅助的普惠性金融供给体系，尤其是增加政策性银行对农村金融的支持，并通过相关政策优惠扶持农信社以及其他金融机构对农村金融的供给；组建新型金融机构的前提应当是拥有完善的法律法规以及有保障的监管措施，因此相关部门应该尽快成立专门的农村金融的监管部门以及出台相应的监管措施，小额贷款公司等新型金融机构在农村金融中扮演着重要的角色，监管部门需要完善其制度体系，减少各种贷款环节的费用，提高农村资金利用率；针对邮政储蓄银行，应该转变其以往"抽血机"的职能，阻止农村资金的外流，增加城市反哺农村力度。

3. 加快推进农村信贷产品创新

目前我国农村金融服务类型单一。现阶段最常见的农村金融服务就是贷款，而像保险、期货、期权等金融工具稀少。随着农村金融需求不断发生变化，适应"三农"需要的信贷产品的品种和数量也在不断改变，农村金融产品和服务方式创新的重要意义更加凸显。继续根据各地特色开展包括集体林权抵押贷款、大型农机具抵押贷款、"信贷＋保险"产品、中小企业集合票据和"惠农卡"等在内的金融产品和服务方式创新。对于较为成熟的创新品种可以在一定范围内推广。不断完善创新机制，加强涉农信贷风险管理，因地制宜、灵活多样地创新信用模式和扩大贷款抵押担保物范围。探索适合农村需要的金融中介服务，发挥金融中介连通需求和供给的积极作用。

发展信贷、证券、保险、期货、担保分工配合、相辅相成的农村金融市场体系，加强金融的风险管理功能。改变目前农村金融市场以银行类信贷为主的间接融资模式，扩展直接融资所占比重，探索中小企业集合发债、集合票据、上市等资本市场融资渠道。加快发展农产品期货市场，对已上市的农产品期货品种做深做细，完善市场品种结构，充分发挥期货市场价格发现作用，分散农产品生产销售过程中的市场风险。不断完善农业保险体系，创新农业保险品种，探索建立农村信贷与农业保险相结合的银保互动机制。进一步完善农村地区的信贷市场、保险市场、证券期货市场，形成信贷市场、保险市场和证券期货市场相互配合的农业风险管理体系。

4. 加快建立多层次、多样化、适度竞争的农村金融服务体系

通过信贷优惠政策刺激商业银行重返农村金融市场。政府需要成立相应的第三方金融机构信贷评估机构，该机构通过一系列指标客观评测各大金融机构的业务经营状况，进而根据这一评测结果分配优惠政策；在评估体系中，其中一个重要的指标就是金融机构在农村的信贷情况，信贷业务较多的金融机构评测结果将较优良，进而能够获得更优的政策支持；通过这一评估体系的刺激，为追求优惠政策的金融机构肯定需要加大农村金融的供给，进而促进农村金融发展。

进一步放宽市场准入条件，建立适度竞争的农村金融市场。在总结经验的基础上，放宽农村金融组织准入政策，适当降低设立门槛和监管标准，鼓励社会资本和民间资本发起或参与设立新型农村金融机构。保持县（市）独立法人地位总体稳定，在撤并了县域法人的地区要及时补充相应的法人机构，防止农村地区出现金融服务空白。引导小额贷款公司规范有序发展，强化地方政府监管职责。

5. 多管齐下，增加金融宽度

农村信贷歧视的表征是农村金融服务的覆盖面过窄，因为农村信贷资源的相对有限，加之其中一部分通过各种方式从农村中流出，"三农"的信贷可得性问题依旧突出。只有农村中的经营大户、拥有良好前景的产业化项目的那些企业或个人，才有机会获得资金支持，从而会好上加好。而另外一些生活相对窘迫、农业相对歉收、没有机会开办企业或在企业中谋职的人群被市场化运作的金融机构排斥，没有机会接近金融，也就没有机会通过外力来改变生存状况，进而越来越弱势。这种局面会给当地带来很多社会问题。

农村中的弱势群体由于收入低、单笔业务金额小，金融机构出于成本和风险考虑，自然不太情愿与之发生业务关系。因此，实现信贷公平，主要责任应该落在立法部门和行政部门身上。

具体来说，首先，立法部门可以考虑尽快将《信贷公平法》的起草提上议事日程。通过立法，强制规定，在农村经营的金融机构，必须将一定比例的存款投向本地，而不能移向别处。《信贷公平法》可进一步规定，对于借款申请人不能因为其民族、年龄、性别、身份、政治面貌等的不同而区别对待，以消除或减轻农村中存在的信贷歧视。为了促使各类金融机构"关怀"弱势群体，立法机构可考虑对现行的税法进行修订，如设置一定的标准对个人和企业进行分类，在金融机构对低标准的个人和企业开展业务（特别是信贷业务）时，减免其营业税和所得税。

此外，有必要通过制度设计让地方政府有充分的激励去监督、考核金融机

427

构在当地的贷款力度和覆盖面。上级政府在对地方政府的政绩进行考核时，应考虑纳入当地"金融宽度"（覆盖人群越广，说明金融宽度越高）指标。对于眼下的农村地区而言，提高金融宽度要比提高金融深度更加迫切和重要。新一轮的金融改革应着重围绕如何提高农村地区的金融宽度，比如使得当地更多的家庭有机会从银行等金融机构获得贷款，使更多的农村中小企业能够从当地金融机构获得包括贷款在内的各种金融服务。

尽管金融机构对弱势群体开展业务存在成本劣势，但是由于税收减免和财政补贴等的存在，其营利性并未受到实质性影响。一种理想的境界是，金融机构对于向谁发放信贷持无所谓态度；无论是对于高收入人群，还是对于低收入人群，无论是对于拥有好项目的企业，还是对于拥有一般项目的企业，金融机构不会对于他们进行"业务"上的歧视，但在他们中间会存在数量和价格上的差异（获得的贷款额度不一样，贷款利率也可能不一样）。只有切入这一点，农村金融改革才算是一场成功的改革，才能"切中要害"。

6. 优化农村中小金融机构服务工作

加强发展战略监管，督促优化农村地区网点功能，引导探索创新有效的支农服务商业模式，显著增强"三农"金融服务功能和竞争能力。

第一，持续增加涉农信贷投放。越是加快工业化、城镇化进程，越要巩固和加强农业基础地位。随着人口总量增长、城镇化人口比重上升和工业用途拓展，农产品需求刚性增长，供求进入紧平衡阶段。各农村中小金融机构要进一步提高思想认识，强化社会责任，在注重防范金融风险的前提下，加大涉农信贷投放，确保涉农信贷支持力度不减弱，涉农信贷投放增速不低于其他各项贷款平均增速。

第二，深入开展"三农"需求导向的金融创新。一是加强市场细分，加快制定面向"三农"、面向"小企业"、面向"地方经济"的差异化发展战略，把市场细分到具体行业、具体产业。二是加强客户细分，鼓励按照传统小规模经营农户、专业化规模经营农户、专业合作社、农村中小企业、农村小城镇和基础设施建设等划分标准，建立客户信息数据库，为业务发展提供支撑。三是加强产品细分，结合农村信贷规模小、需求急、季节性强和缺乏抵押担保的特点，开发批量化与特色化的金融产品。四是加强渠道建设，要毫不放松地深入推进金融服务全覆盖工作，把重点调整到拾遗补阙、增强功能、提高服务覆盖面和有效性上，各项工作要经得起历史和广大农民群众的检验。五是加强营销队伍和激励约束机制建设，探索招收大学生村官充实农贷营销队伍，给予涉农业务必要的内部资源倾斜政策，合理设定风险容忍度，健全涉农业务目标责任考评机制和激励机制，适当加大涉农不良贷款处置回收的奖励力度。六是继续鼓励结合实际大力探索抵押担保创新。通过上述综合措施，为全面开展农业供应链金融业务打好基础。

第三，科学培育新型农村金融机构。实践表明，村镇银行是三类新型农村金融机构中生命力最强的机构，批量化培育则是克服农村金融市场缺陷的有效应对方式。这是对发起人和农村金融市场健康发展负责的科学态度。今后，要以批量化培育为重点，大力培育发展村镇银行。具体来讲，就是实施"四个不批，四个优先支持"。"四个不批"，就是对没有明确的农村金融市场发展战略规划的不批、对没有专业的农村金融市场调查的不批、对没有翔实的成本收益分析的不批、对没有全面的风险评估的不批。"四个优先支持"，就是要优先支持有明晰的农村金融市场发展战略的发起人、优先支持批量化组建新型农村金融机构的发起人、优先支持已经成功探索出农村金融商业运作模式的发起人、优先支持自愿到中西部地区设立机构的发起人。要科学引导银行业金融机构对金融市场细分的市场准入导向和自身发展定位作出准确判断，避免超越自身经营管理能力盲目参与组建村镇银行。

第四，加强农村金融服务评价和正向激励政策体系建设。要加快研究出台县域农村金融机构支农服务评价办法，建立多维度考核机制和分层次社会通报机制，推动地方政府完善扶持政策，引导县域机构显著增加农村地区信贷投放。进一步推动财税部门出台地市及以上农村金融机构营业税政策，推动出台重庆和成都农商行享受地震灾区农信社所得税减免政策，积极协调有关部门有序取消住房公积金、社保资金、财政性资金不得存放农村合作金融机构的歧视性政策，帮助增强农村中小金融机构的支农资金实力。

7. 强化农村教育水平，增加金融知识在农村的普及

教育决定一个地区思想的转变，我国农村现有传统小农思想的改变必然要求教育数量与质量的提高。教育的普及可以促使小农思想的转变，这就为金融知识的传播打下基础，这就需要金融知识的下乡服务。

8. 增加各级政府对农村金融的重视程度

我国新型农村金融供给体系建设必须放弃国家强力主导的陈旧观念，以综合金融的视野统筹考虑，充分调动包括农民和民间资本在内的一切资本的积极性，变政府主导为政府引导、变严格管制为有效监管、变国有控制为多元竞争，充分依靠市场机制，创造商业金融、合作金融、政策金融、国有资本以及民营资本充分竞争的政策环境，改变政府主导农村金融体系改革发展的单一模式，探索自上而下引导、自下而上主导的多元化发展道路。各地政府应根据自身农村金融发展状况以及各地区不同的习俗特征推动农村金融发展，尤其是金融发展落后地区应当学习先进地区的改革经验，采取有效的农村金融发展措

施，促进农村金融三维均衡发展。

9. 营造良好的金融环境，促进农村金融生态与农村金融效率共同提升

首先，必须建立健全风险保障机制。与富足地区不同，贫困地区的风险保障机制需要更多政策支持。可以采取政策性农业保险公司的形式，承办农村种植业和养殖业中的巨灾保险，以及农村的财险和寿险业务，从而降低涉农贷款风险。其次，应该建立互助合作保险组织及农业再保险机制，作为农业政策性保险的必要补充。除此之外，政府还应建立贷款损失补偿机制，在贷款发生违约时，由政府实施贷款风险补偿，在遭受重大自然灾害时可实施财政紧急援助政策。

基于当前中国农村金融市场的现状、中国农村金融发展模式的选择以及未来中国农村金融改革的目标，我们认为在具体执行的过程中，应当注重从以下几个方面改善和转变当前中国农村非正规金融的发展现状。

1. 农村非正规金融立法与监管

对农村非正规金融监管关键要先立法，使农村非正规金融合法合规合理运行。目前，中国农村非正规金融除了合同法之外，一些对农村非正规金融问题相关司法的简单规定和刑法设立了金融机构罪、非法吸收存款罪等规定，尚没有与农村非正规金融相关的其他法律法规。总而言之，并没有对农村非正规金融形成系统规范的法律法规体系。要从立法上使农村非正规金融合法化。从法律上对农村非正规金融进行合理分类，什么样的农村非正规金融是合法的，什么样的农村非正规金融是法律禁止的，应明确加以规定。台湾地区 1999 年通过"民法"，以法律的形式，对合会的合同条款、竞标程序、第一个会员的权利和义务等作出了详细的规定。对此，大陆可借鉴其先进经验，对农村非正规金融机构组织的准入门槛、业务范围、组织形式及贷款利率在法律上做出明确规定，同时限定交易主体权利和义务，明确由此导致的纠纷、违约责任以及解决方式。同时，明确农村非正规金融的监督机制，包括监管职责、监督的范围、许可的要求等，确保农村非正规金融按照法案而行。

实施监管法律法规还需要改进和完善监督体系。首先，明确对农村非正规金融制度的细则和方式的监督。对农村非正规金融的范围进行规范，建立农村非正规金融的监管理念、监管目标、监管模式和监管标准。对有共同需求的自由借贷的农村经济主体之间、农村私人贷款和农村非正规金融中介融资标准和法规要求进行区分。明确合理的非正规金融和非法的非正规金融界限，分类监管不同形式和本质的农村非正规金融。坚决禁止农村非正规金融组织从事洗钱、非法集资、高利贷和其他非法活动。其次，实施多元化的监管。政府要发挥主导原则，由政府设立专门的监管机构、监管网络，实现对农村非正规金融

资本流动及利率变化的动态监测。行业自我监管组织的建立，对发挥行业协会作用，加强协调与合作交流，维护农村的非正规金融正常经营，形成良好的竞争秩序，促进中国农村地区非正规金融健康发展有着重大意义。

对农村非正规金融进行立法规范和监督，并非要打压农村地下金融的发展，而是有序地扶持和规范其发展的方向和道路。事实上，支持农村地下金融信贷对中国中小企业、微型企业和民营经济起到了推动作用。地下金融的灵活性，可以提高经营效率和促进金融创新，应该通过立法，合法化其业务的一部分。发展地下金融合法业务，引入竞争机制到金融体系中，使农村金融的供给主体更加丰富，支持正规金融无法或不愿意发展的区域。部分业务合法化的这些地下金融，有利于政府建立监管制度，加强国民经济宏观调控。2008 年，银监会和央行发布指导意见开展小额信贷公司试点，确定了小额信贷公司的法律合法地位，为中小企业的融资提供了方便。农村地区的地下金融范围往往有一定的区域，区域信息优势表现在客户信息方面十分详细，所以信用机制更加灵活。基于地下金融信用法制化，可降低准入的门槛，引导地下金融转变为小额贷款公司，从而对农村信贷供给主体加以丰富，还可以引导农村地区地下金融转变为村镇银行和社区银行，为中小企业提供新融资渠道，为社会资金开辟新投资领域有一定帮助，也让监管部门更容易规范和指导地下金融。

2. 非正规金融的利率管制与放松

高利率是农村地下金融发展的最重要因素之一。目前中国农村经济较快发展，农民收入增加，农民有获取金融资产回报的需求。在实地调查中发现，一部分农民愿意出借手中的钱以赚取利息。农村地下金融以高回报吸引这些资金，地下金融组织以比银行的利率高几倍的利率吸引这些金融资源。农村非正规金融具有相当大的比例是亲戚朋友邻居间有息或无息贷款，双方几乎没有合同，只有口头协议。没有合同贷款容易产生纠纷，不能保证贷款的合法利益，所以应该鼓励农村合作信用标准化、契约化。当贷款主体纠纷不能私了时，可以在中国现行法律的基础上处理，保护借贷的合法利益。同时，农村信贷合同可以使主要贷款利率以书面形式确定，明确符合国家的法定范围的利率区间，打压高利贷，保护合法贷款权益和借贷双方的利益。因此中国应加强农村金融产品的创新，鼓励多种农村金融机构参与农村金融服务，从而对农村传统的高利贷金融体系形成冲击，减少农户的高利率信贷行为，同时政府部门应该注重对农村高利贷市场的管控。

对于农村金融市场中的高利率需要进行打压，而对于一些低利率金融产品应当给予一定的生存空间。高风险要求有高溢价，因为农村非正规金融保障制度灵活无担保，其经营风险较高，所以资本回报率要求较高。如果把农村非正规金融纳入监管制度，目前低利率和有限利率浮动空间无法弥补农村非正规金融高风险和高成本。所以应给利率管制一定的放松区间，允许农村非正规金融经营利率挂钩风险，以弥补高风险可能带来的损失。进一步放宽农村非正规金融的利率限制，以吸引更多民间资本进入农村，满足农村地区的信贷需求，摆脱金融抑制。

为了配合对利率市场的调整，政策执行者也应调整外汇政策，以更有效地支持农村信贷市场的完善。第一，要对外汇管制逐步放松。由于中国的外汇储备高，可以逐步调整企业结算制度，减少外汇结算，降低企业成本，同时放松对外国企业购买的限制，以满足企业的外汇需求。同时简化对个人因私购汇的审批手续，满足人们对外汇的正常需求。减少银行的外汇手续费率，降低企业及个人的用汇成本。第二，加强外资审查。审查外国投资和其他来源外汇资金的性质，阻止国际热钱通过地下钱庄流入中国。

3. 规范民间金融，打击金融犯罪

农村地下金融犯罪猖獗的主要原因是其涉及面广、破坏性强且难以调查取证。地下金融组织利用国内外金融机构的漏洞洗钱、合法化非法收入，协助资金不通过金融系统顺利出入境，在中国沿海地区的地下钱庄成为一种典型犯罪。地下金融的诈骗、洗钱、外汇黑市、毒品、走私、腐败等层出不穷的有组织犯罪活动，必须坚决打击和整治。

第一，坚决打击地下金融犯罪，取缔违法犯罪的地下钱庄。第二，充分利用各种媒体加强宣传，解释地下金融的危害，使投资者了解非法集资、洗钱和其他地下金融犯罪。同时要建立地下金融举报制度，鼓励群众积极举报地下金融。第三，加强金融机构反洗钱工作。《中华人民共和国反洗钱法》的颁布，明确规定银行、证券、保险和其他金融机构都有反洗钱义务，金融机构要加强对大额和可疑交易监测并及时报警。只有机构和民众同心协力共同治理，方能从每一个环节上遏制地下金融"漂白"非法所得的违法行为。

参考文献

[1] 习近平. 决胜全面建成小康社会 夺取新时代中国特色社会主义伟大胜利：在中国共产党第十九次全国代表大会上的报告 [M]. 北京：人民出版社，2017.

[2] 胡锦涛. 坚定不移沿着中国特色社会主义道路前进，为全面建成小康社会而奋斗：在中国共产党第十八次全国代表大会上的报告 [M]. 北京：人民出版社，2012.

[3] 胡锦涛. 高举中国特色社会主义伟大旗帜为夺取全面建设小康社会新胜利而奋斗：在中国共产党第十七次全国代表大会上的报告 [M]. 北京：人民出版社、外文出版社，2009.

[4] 习近平. 关于《中共中央关于全面深化改革若干重大问题的决定》的说明 [J]. 求是，2013（22）：19-27.

[5] 本书编写组. 党的十九大报告辅导读本 [M]. 北京：人民出版社，2017.

[6] 刘云山. 《中共中央关于全面深化改革若干重大问题的决定》辅导读本 [M]. 北京：人民出版社，2013.

[7] Abate G T，Rashid S，Borzaga C，et al. Rural finance and agricultural technology adoption in Ethiopia：Does the institutional design of lending organizations matter？ [J]. World Development，2016，84：235-253.

[8] Acemoglu D，Johnson S，Robinson A. Institutions as a fundamental cause of long-run growth [J]. Handbook of Economic Growth，2005，1（1）：385-472.

[9] Adams D W，Fichett D. Informal finance in low income countries [M]. Boulder：Westview Press，1992.

[10] Aghion P，Bolton P. A theory of trickle-down growth and development [J]. Review of Economic Studies，1997（2）：151-172.

[11] Agnelloa L，Mallick S K，Sousad R M. Financial reforms and income inequality [J]. Economics Letters，2012，116（3）：583-587.

[12] Akhter S，Daly K J. Finance and poverty：Evidence from fixed effect vector decomposition [J]. Emerging Markets Review，2009，10（3）：191-206.

[13] Akhter S，Daly K J. Finance and poverty：Evidence from fixed effect vector decomposition [J]. Emerging Markets Review，2009，10（3）：191-206.

[14] Allen F，Carletti E，Cull R，et al. Resolving the African Financial Development Gap：

cross-country comparisons and a within-country study of Kenya [R]. NBER Working Paper, No. 18013 Issued in April, 2012.

[15] Allen F, Qian M, Xie J. Understanding informal financing [J]. Journal of Financial Intermediation, 2019, 39: 19-33.

[16] Allen F, Santomero A M. What do financial intermediaries do [J]. Journal of Banking and Finance, 2001, 25: 194-271.

[17] Anacleti K, Kashuliza. Perception and role of informal rural finance in developing countries: the example of Tanzania [J]. Journal of Rural Studies, 1993, 9 (2): 163-173.

[18] Anders Isaksson. The importance of informal finance in Kenyan manufacturing [R]. The United Nations, Industrial Development Organization Working paper, No. 5, 2002.

[19] Ang J B. Financial development, liberalization and technological deepening [J]. European Economic Review, 2011, 55 (5): 688-701.

[20] Angelos A, Ekaterini P, Chris T. Do financial systems converge [J]. Review of International Economics, 2011, 19 (1): 122 - 136.

[21] Banerjee A V, Duflo E. The economic lives of the poor [J]. Journal of Economic Perspectives, 2007, 21 (1): 141 - 167.

[22] Banker R D, Charnes A, Cooper W W Some models for estimating technical and scale inefficiencies in data envelopment analysis [J]. Management Science, 1984, 30 (9): 1078-1092.

[23] Barry P J, Stanton B F. Major ideas in the history of agricultural finance and farm management [R]. Cornell University, Department of Applied Economics and Management, Working Papers 14750, 2003.

[24] Baydas M M, Bahloul Z, Adams D W. Informal finance in Egypt: "Banks" within banks [J]. World Development, 1995, 23 (4): 651-661.

[25] Beck T, Asli D K, Levine R. Finance, inequality, and poverty: Cross-country evidence [R]. NBER Working Paper, w10979, 2004.

[26] Beck T, Demirguc-Kunt A, Peria M S. Reaching out: Access to and use of banking services across countries [R]. World Bank Policy Research Working Paper Series 3754, 2005.

[27] Beck T, Demirguc-Kunt A, Levine R. SMEs, growth and poverty: Cross-country evidence [J]. Journal of Economic Growth, 2005, 10 (3): 199-229.

[28] Bruno A, Bernard C J. Can financial infrastructures foster economic development? [J]. Journal of Development Economics, 2001, 64: 481-498.

[29] Bruno G, De Bonis R, Silvestrin A. Do financial systems converge? ——New evidence from household financial assets in selected OECD countries [J]. Journal of Comparative Economics, 2012, 40 (1): 141-155.

[30] Burgess R, Pande R. Do rural banks matter? Evidence from the Indian social banking experiment [J]. The American Economic Review, 2005, 95 (3): 780-795.

[31] Calvin Miller. Examining design and innovations in rural finance for addressing current and future challenges: Twelve key challenges in rural finance [R]. FAO Rural Finance Workshop: SEEP Pre-Event October 26, 2004.

[32] Cameron R. Banking and economic development [M]. New York: Oxford University Press, 1972.

[33] Cameron R. Banking in the early stages of industrialization [M]. New York: Oxford University Press, 1967.

[34] Caves D W, Christensen L R Diewert W. The economic theory of index numbers and the measurement of input, output and productivity [J]. Econometrica, 1982, 50 (6): 1393-1414.

[35] Charnes A, Cooper W W, Rhodes E. Measuring the efficiency of decision making units [J]. European Journal of Operattional Research, 1978, 2 (6): 429-444.

[36] Che J, Qian Y. Institutional environment, community government, and corporate governance: Understanding China's township-village enterprises [J]. The Journal of Law, Economics, and Organization, 1998, 14 (1): 1-23.

[37] Claessens S, Laeven L. Financial development, property rights, and growth [J]. The Journal of Finance, 2003, 58 (6): 2401-2436.

[38] Claessens S, Perotti E C. Finance and inequlity: Channels and evidence [J]. Journal of Comparative Economics, 2007, 35 (4): 748-773.

[39] Coleman J S. Social capital in the creation of human capital [J]. American Journal of Sociology, 1988, 94: S95-S120.

[40] Demirguc-Kunt A, Levine, R. Finance and inequality: Theory and evidence [J]. Annual Review of Financial Economics, 2009, 71 (1): 287-318.

[41] Doitchinova J, Kanchev I, Miteva A. The Lessons from the development and problems of production cooperative in bulgarian agriculture [R]. The 47th Annual Conference of the GEWISOLA (German Association of Agricultural Economists) and The 17th Annual Conference of the OGA (Austrian Association of Agricultural Economists), 2007.

[42] Dong-Hyeon Kim, Shu-Chin Lin. Nonlinearity in the financial development income inequality nexus [J]. Journal of Comparative Economics, 2011, 39 (3): 310-325.

[43] Duong P B, Izumida Y. Rural development finance in vietnam: A microeconometric analysis of household surveys [J]. World Development, 2002, 30 (2): 319-335

[44] Engle R F, Granger C W J. Co-integration and error correction: Representation, estimation, and testing [J]. Econometrica, 1987, 55 (2): 253-276.

[45] Flory J A. Formal finance and informal safety nets of the poor: Evidence from a savings

field experiment [J]. Journal of Development Economics, 2018, 135: 517-533.

[46] Friedman M, Schwartz A. A monetary history of the United States [M]. Princeton: Princeton University Press, 1963.

[47] Galor O, Zeira J. Income distribution and macroeconomics [J]. The Review of Economic Studies, 1993, 60 (1): 35-52.

[48] Genevieve Boyreau-Debray. Financial intermediation and growth: Chinese style [R]. World Bank Policy Research Working Paper, 2004.

[49] George C, Xu L C, Zou H. Finance and income inequality: Test of alternative theories [R]. World Bank Policy Research Working Paper 2984, 2003.

[50] Gerschenkron A. Economic backwardness in historical perspective: A book of essays [M]. Cambridge: Harvard University Press, 1962.

[51] Ghate P. Informal finance: Some findings from Asia [M]. Manila: Asian Development Bank & Oxford University Press, 1992.

[52] Ghazala M. Credit layering in informal financial markets [J]. Journal of Development Economics, 2007, 84 (2): 715-730.

[53] Gimet C, Lagoarde-Segot T. A closer look at financial development and income distribution [J]. Journal of Banking & Finance, 2011, 35 (7): 1698-1713.

[54] Goldsmith R W. Financial structure and development [M]. New Haven: Yale University Press, 1969.

[55] González A, Teräsvirta T, Dijk D. Panel smooth transition regression models [R]. SSE/EFI Working Paper Series in Economics and Finance, 2005.

[56] Greenwood J, Jovanovic B. Financial development, growth, and the distribution of income [J]. The Journal of Political Economy, 1990, 98 (5): 1076-1107.

[57] Greenwood J, Jovanovic B. Financial development, growth, and the distribution of income [J]. Journal of Political Economy, 1990, 98 (5): 1076 - 1107.

[58] Gregorio J D, Guidotti P E. Financial development and economic growth [J]. World Development, 1995, 23 (3): 433-448.

[59] Guibin Zhang. The choice of formal or informal finance: Evidence from Chengdu, China [J]. China Economic Review, 2008, 19 (4): 659-678.

[60] Gurley J, Shaw E S. Financial aspects of economic development [J]. American Economic Review, 1955, 45 (4): 515-538.

[61] Hansen B E. Inference when a nuisance parameter is not identified under the null hypothesis [J]. Econometrica, 1996, 64 (2): 413-430.

[62] Hayami Y. Development economics: from the poverty to wealth of nation [M]. Oxford: Clarendon Press, 1997.

[63] Hicks J. A theory of economic history [M]. Oxford: Clarendon Press, 1969.

[64] Holtz-Eakin D, Newey W, Rosen H S. Estimating vector autoregressions with panel

data [J]. Econometrica, 1988, 56 (6): 1371-1395.

[65] Honohan P. Household financial assets in the process of development [R]. World Bank Policy Research Working Paper No. 3965, 2006.

[66] Honohan P. Financial development, growth and poverty: how close are the links? [R]. World Bank Policy Research Working Paper 3203, 2004.

[67] Hölzl H. Convergence of financial systems: towards an evolutionary perspective [J]. Journal of Institutional Economics, 2006, 2 (1): 67-90.

[68] IFAD. Rural financial services in China [R]. Thematic Study, Volume I – Main Report, Report No. 1147-CN Rev.

[69] Imai K S, Gaiha R, Thapa G, ee al. Microfinance and poverty: A macro perspective [J]. World Development, 2012, 40 (8): 1675-1689.

[70] Jalilian H, Kirkpatrick C. Does financial development contribute to poverty reduction? [J]. Journal of Development Studies, 2005, 41 (4): 636-656.

[71] James B. Financial development, liberalization and technological deepening [J]. European Economic Review, 2011, 55 (5): 688-701.

[72] Jeanneney S G, Kpodar K. Financial development and poverty reduction: Can there be a benefit without a cost?   [J]. The Journal of Development Studies, 2011, 47 (1): 143-163.

[73] Jeanneney S G, Kpodar K. Financial development and poverty reduction: Can there be a benefit without a cost?   [J]. The Journal of Development Studies, 2011, 47 (1): 143-163.

[74] Jia X, Heidhues F, Zeller M. Credit rationing of rural households in China [J]. Agricultural Finance Review, 2010, 70 (1): 37-54.

[75] Khoi P D, Gan C, Nartea G V, et al. Formal and informal rural credit in the Mekong River Delta of Vietnam: Interaction and accessibility [J]. Journal of Asian Economics, 2013, 26: 1-13.

[76] Kim D-H, Lin S-C. Nonlinearity in the financial development – income inequality nexus [J]. Journal of Comparative Economics, 2011, 39 (3): 310-325.

[77] King R G, Levine R. Capital fundamentalism, economic development and economic growth [J]. Carnegie-Rochester Conference Series on Public Policy, 1994, 40 (1): 259-292.

[78] King R G, Levine R. Finance, entrepreneurship, and growth: Theory and evidence [J]. Journal of Monetary Economics, 1993b, 32 (3): 513-542.

[79] King R G, Levine R. Financial intermediation and economic development [C]. Mayer C, Vives X. Financial intermediation in the construction of Europe [R]. London: Centre for Economic Policy Research, 1993 (c): 156-189.

[80] King R G, Levine R. Finance and growth: Schumpeter might be right [J]. Quarterly

Journal of Economics, 1993a, 108 (3): 717-738.

[81] Kropp E W. Linking self-help groups and banks in developing countries [R]. Asian and Pacific Rejional Agricultural Credit Association, 1989.

[82] Landes D S. The unbound Prometheus: Technological change and industrial development in Western Europe from 1750 to the present [M]. London: Cambridge University Press, 1969.

[83] Levine R. Finance and growth: Theory and evidence [J]. Handbook of Economic Growth, 2005, 1 (1): 865-934.

[84] Levine R. Financial development and economic growth: Views and agenda [J]. Journal of Economic Literature, 1997, 35 (2): 688-726.

[85] Levine R. Financial development and economic growth: Views and Agenda [R]. IMF working paper, 1996.

[86] Li L. Financial inclusion and poverty: The role of relative income [J]. China Economic Review, 2018, 52: 165-191.

[87] Love I, Zicchino L. Financial development and dynamic investment behavior: Evidence from panel VAR [J]. The Quarterly Review of Economics and Finance, 2006, 46 (2): 190-210.

[88] Lucas R E. On the mechanics of economic development [J]. Journal of Monetary Economics, 1988, 22 (1): 3-42.

[89] Luintel K B, Khan M, Arestis P, et al. Financial structure and economic growth [J]. Journal of Development Economics, 2008, 86 (1): 181-200.

[90] Mansuri G. Credit layering in informal financial markets [J]. Journal of Development Economics, 2007, 84 (2): 715-730.

[91] Matsuyama K. Endogenous inequality [J]. Review of Economic Studies, 2000 (2): 743-759.

[92] Maurer N, Haher, S. Related lending and economic performance: Evidence from Mexico [J]. Journal of Economic History, 2007, 67 (3): 551-581.

[93] Mauro P. Corruption and growth [J]. The Quarterly Journal of Economics, 1995, 110 (3): 681-712.

[94] McKinnon, Ronald I. Money and capital in economic development [M]. Washington D C: Brookings Institute, 1973.

[95] McKinnon, Ronald I. The order of economic liberalization: Financial control in the transition to a market economy [M]. Baltimore and London: The Johns Hopkins University Press, 1991.

[96] Meyer R L, Nagarajan G. Rural financial markets in Asia: Flagships and failures [C]. The mini-symposium on building financial markets in developing countries for tomorrow's agriculture: Status, reforms and innovations, Berlin, Germany, 2000.

[97] Mookerjee R, Kalipioni P. Availability of financial services and income inequality: The evidence from many countries [J]. Emerging Markets Review, 2010, 11 (4): 404-418.

[98] Mookherjee D, Ray D. Persistent inequality [J]. The Review of Economic Studies, 2003 (2): 369-393.

[99] Moyes R T. Technical assistance for rural finance in central Asia [R]. Manila: Asian Development Bank, 2002.

[100] Murinde V, Agung J, Mullineux A. Patterns of corporate financing and financial system convergence in Europe [J]. Review of International Economics, 2004, 12 (4): 693-705.

[101] Mushtaq R, Bruneau C. Microfinance, financial inclusion and ICT: Implications for poverty and inequality [J]. Technology in Society, 2019, 59: 101-154.

[102] Nicholas M, Odhiambo. Financial deepening and poverty reduction in Zambia: An empirical investigation [J]. International Journal of Social Economics, 2010, 37 (1): 41-53.

[103] Obstfeld M. Risk-taking, global diversification, and growth [J]. American Economic Review, 1994, 84 (5): 1310-1329.

[104] Odhiambo N M. Is financial development a spur to poverty reduction? Kenya's experience [J]. Journal of Economic Studies, 2010, 37 (3): 343-353.

[105] Odhiambo N M. Finance-growth-poverty nexus in South Africa: a dynamic causality linkage [J]. Journal of Socio-Economics, 2009, 38 (2): 320-325.

[106] Ordóñez P. Financial development and poverty: A panel data analysis [J]. Universidad Icesi School of Management and Economics Research Paper, 2012, 76 (31): 1-45.

[107] Pagano M. Financial markets and growth: An overview [J]. European Economic Review, 1993, 37: 613-622.

[108] Patrick H. Financial development and economic growth in underdeveloped countries [J]. Economic Development Cultural Change, 1966, 14 (2): 174-189.

[109] Patrick H T. Financial development and economic growth in underdeveloped countries [J]. Economic Development and Cultural Change, 1966, 14 (2): 174-189.

[110] Ravallion M, Chen S. China's (uneven) progress against poverty [J]. Journal of Development Economics, 2007, 82 (1): 1-42.

[111] Roubini N, Sala-i-Martin X. Financial repression and economic growth [J]. Journal of Development Economics, 1992, 39 (1): 5-30.

[112] Schumpeter J A. The theory of economic development: An inquiry into profits, capital, credit, interest and the business cycle [M]. Cambridge: Harvard University Press, 1912.

[113] Shaw E S. Financial deepening in economic development [M]. New York: Oxford University Press, 1973.

[114] Shleifer A, Vishny R W. Corruption [J]. The Quarterly Journal of Economics, 1993, 108 (3): 599-617.

[115] Shleifer A. State versus private ownership [J]. Journal of Economic Perspectives, 1998, 12 (4): 133-150.

[116] Stiglitz J E, Weiss A. Credit rationing in markets with imperfect information [J]. American Economic Review, 1981, 17: 393-410.

[117] Suan L, Yao Y. The Effectiveness of law, financial development and economic growth in an economy of financial repression: Evidence from China [J]. World Development, 2009, 4 (37): 763-777.

[118] Townsend R M, Ueda K. Financial deepening, inequality, and growth: A Model-based quantitative evaluation [J]. Review of Economic Studies, 2006 (1): 251-293.

[119] Tsai K S. Imperfect substitutes: The local political economy of informal finance and microfinance in rural China and India [J]. World Development, 2004, 32 (9): 1487-1507.

[120] Uddin G S, Shahbaz M, Arouri M, et al. Financial development and poverty reduction nexus: A cointegration and causality analysis in Bangladesh [J]. Economic Modelling, 2014, 36 (0): 405-412.

[121] Von Pischke J D, Adams D W, Donald G. Rural financial market in developing countries [M]. Baltimore and London: The Johns Hopkins University Press, 1987.

[122] 麦金农. 经济发展中的货币与资本 [M]. 北京: 中国金融出版社, 1990.

[123] 肖. 经济发展中的金融深化 [M]. 上海: 上海三联书店, 1993.

[124] 白钦先. 金融结构、金融功能演进与金融发展理论的研究历程 [J]. 经济评论, 2005 (03): 39-45.

[125] 陈俭. 中国农村信用社研究 (1951—2010) [M]. 北京: 北京大学出版社, 2016.

[126] 陈雨露, 马勇. 大金融论纲 [M]. 北京: 中国人民大学出版社, 2013.

[127] 陈雨露, 马勇. 中国农村金融论纲 [M]. 北京: 中国金融出版社, 2010.

[128] 崔艳娟, 孙刚. 金融发展是贫困减缓的原因吗? ——来自中国的证据 [J]. 金融研究, 2012 (11): 116-127.

[129] 邓路, 谢志华, 李思飞. 民间金融、制度环境与地区经济增长 [J]. 管理世界, 2014 (03): 31-40.

[130] 丁志国, 赵晶, 赵宣凯, 等. 我国城乡收入差距的库兹涅茨效应识别与农村金融政策应对路径选择 [J]. 金融研究, 2011 (07): 142-151.

[131] 范学俊. 金融体系与经济增长: 来自中国的实证检验 [J]. 金融研究, 2006 (03): 57-66.

[132] 傅昌銮. 农村中小金融机构创新与双重绩效研究 [M]. 北京: 中国社会科学出版社, 2019.

[133] 顾海峰, 蔡四平. 民间非正规金融的内生、演变及规范 [J]. 开放导报, 2013 (05):

109-112.

[134] 郭沛. 中国农村非正规金融规模估算 [J]. 中国农村观察, 2004 (02): 21-25.

[135] 韩廷春. 金融发展与经济增长: 基于中国的实证分析 [J]. 经济科学, 2001 (03): 31-40.

[136] 何广文. 从农村居民资金借贷行为看农村金融抑制与金融深化 [J]. 中国农村经济, 1999 (10): 42-48.

[137] 洪正. 新型农村金融机构改革可行吗? ——基于监督效率视角的分析 [J]. 经济研究, 2011, 46 (02): 44-58.

[138] 胡金焱, 张博. 民间金融、产业发展与经济增长——基于中国省际面板数据的实证分析 [J]. 中国工业经济, 2013 (08): 18-30.

[139] 胡士华. 非正规金融在完善农村金融体系中的功能及机制研究 [M]. 北京: 中国农业出版社, 2012.

[140] 胡宗义, 陈俊, 唐李伟. 我国农村非正规金融发展收敛性的空间计量研究 [J]. 统计与决策, 2014 (17): 123-126.

[141] 胡宗义, 李鹏. 农村正规与非正规金融对城乡收入差距影响的空间计量分析——基于我国 31 省市面板数据的实证分析 [J]. 当代经济科学, 2013, 35 (02): 71-78.

[142] 胡宗义, 刘灿, 刘亦文. 农村正规金融和非正规金融发展的农村居民收入效应研究 [J]. 经济地理, 2014, 34 (12): 147-152.

[143] 胡宗义, 刘亦文, 袁亮. 农村金融发展、政府治理与收入不平等 [J]. 山西财经大学学报, 2013, 35 (08): 31-41.

[144] 胡宗义, 刘亦文. 金融非均衡发展与城乡收入差距的库兹涅茨效应研究——基于中国县域截面数据的实证分析 [J]. 统计研究, 2010, 27 (05): 25-31.

[145] 胡宗义, 马文丽, 刘亦文. 农村非正规金融发展对地区农民收入差异影响分析 [J]. 统计与决策, 2016 (16): 86-89.

[146] 胡宗义, 苏静. 金融"新政"视角下农村非正规金融发展水平收敛性研究 [J]. 经济与管理研究, 2012 (12): 102-109.

[147] 胡宗义, 唐李伟, 苏静. 农村正规金融与非正规金融的减贫效应——基于 PVAR 模型的经验分析 [J]. 统计与信息论坛, 2014, 29 (11): 52-58.

[148] 胡宗义, 袁亮, 刘亦文. 我国农村金融发展收敛性研究 [J]. 湖南师范大学社会科学学报, 2012, 41 (06): 88-92.

[149] 胡宗义, 张俊, 唐李伟. 农村正规金融发展的减贫效应——基于 PVAR 模型的经验验证 [J]. 现代财经 (天津财经大学学报), 2014, 34 (08): 67-78.

[150] 江春. 金融改革和金融发展: 理论与实践的回顾与反思 [M]. 北京: 人民出版社, 2012.

[151] 姜旭朝, 丁昌锋. 民间金融理论分析: 范畴、比较与制度变迁 [J]. 金融研究, 2004 (08): 100-111.

[152] 姜旭朝, 丁昌锋. 民间金融理论与实践 [J]. 经济学动态, 2004 (12): 74-77.

[153] 金鹏辉. 中国农村金融三十年改革发展的内在逻辑——以农村信用社改革为例 [J]. 金融研究, 2008 (10): 71-77.

[154] 金雪军, 田霖. 我国区域金融成长差异的态势: 1978—2003 年 [J]. 经济理论与经济管理, 2004 (08): 24-30.

[155] 李成友, 孙涛. 渠道信贷约束、非正规金融与农户福利水平 [J]. 改革, 2018 (10): 90-101.

[156] 李丹红. 农村民间金融发展现状与重点改革政策 [J]. 金融研究, 2000 (05): 118-125.

[157] 李建军. 未观测金融与经济运行——基于金融经济统计视角的未观测金融规模及其对货币经济运行影响研究 [M]. 北京: 中国金融出版社, 2008.

[158] 李健, 卫平. 民间金融和全要素生产率增长 [J]. 南开经济研究, 2015 (05): 74-91.

[159] 李明贤, 周孟亮. 我国小额信贷公司的扩张与目标偏移研究 [J]. 农业经济问题, 2010, 31 (12): 58-64.

[160] 李伟毅, 胡士华. 农村民间金融: 变迁路径与政府的行为选择 [J]. 农业经济问题, 2004 (11): 28-31.

[161] 李祎雯, 张兵. 非正规金融对农村家庭创业的影响机制研究 [J]. 经济科学, 2016 (02): 93-105.

[162] 林万龙, 杨丛丛. 贫困农户能有效利用扶贫型小额信贷服务吗？——对四川省仪陇县贫困村互助资金试点的案例分析 [J]. 中国农村经济, 2012 (02): 35-45.

[163] 林毅夫, 孙希芳. 信息、非正规金融与中小企业融资 [J]. 经济研究, 2005 (07): 35-44.

[164] 刘丹, 王翌秋, 沈晖. 农村正规金融与非正规金融的相互关系及其区域变动 [J]. 农村经济, 2017 (06): 86-93.

[165] 刘玲玲, 杨思群, 姜朋. 清华经管学院中国农村金融发展研究报告完结篇 (2006—2010) [M]. 北京: 清华大学出版社, 2010.

[166] 刘荣茂, 陈丹临. 江苏省农户贷款可获得性影响因素分析——基于正规金融与非正规金融对比分析的视角 [J]. 东南大学学报 (哲学社会科学版), 2014, 16 (01): 61-67.

[167] 刘小玄, 周晓艳. 金融资源与实体经济之间配置关系的检验——兼论经济结构失衡的原因 [J]. 金融研究, 2011 (02): 57-70.

[168] 卢峰, 姚洋. 金融压抑下的法治、金融发展和经济增长 [J]. 中国社会科学, 2004 (01): 42-55.

[169] 鲁晓东. 金融资源错配阻碍了中国的经济增长吗 [J]. 金融研究, 2008 (04): 55-68.

[170] 鲁钊阳, 李树. 农村正规与非正规金融发展对区域产业结构升级的影响 [J]. 财经研究, 2015, 41 (09): 53-64.

[171] 米运生, 陈勋, 杨天健, 等. 关联博弈、声誉积累与新创企业的破茧成蝶: 观察民间金融经济功能的新视角 [J]. 中国工业经济, 2018 (08): 155-173.

[172] 牛晓冬，罗剑朝. 新型农村金融机构支农：信贷可得性、满意度与福利效应 [M]. 北京：社会科学文献出版社，2018

[173] 潘士远，罗德明. 民间金融与经济发展 [J]. 金融研究，2006（04）：134-141.

[174] 彭芳春，耿康顺. 中国民间金融与正规金融的交互作用研究 [J]. 广东金融学院学报，2011，26（01）：110-119.

[175] 彭俞超. 金融功能观视角下的金融结构与经济增长——来自1989—2011年的国际经验 [J]. 金融研究，2015（01）：32-49.

[176] 钱水土，陆会. 农村非正规金融的发展与农户融资行为研究——基于温州农村地区的调查分析 [J]. 金融研究，2008（10）：174-186.

[177] 钱雪松，陈琳琳，金芳吉. 非正规金融研究：评述与展望 [J]. 华中科技大学学报（社会科学版），2018，32（04）：102-109.

[178] 冉光和，汤芳桦. 我国非正规金融发展与城乡居民收入差距——基于省级动态面板数据模型的实证研究 [J]. 经济问题探索，2012（01）：185-190.

[179] 冉光和. 农村金融资源开发机理与风险控制 [M]. 北京：中国社会科学出版社，2011.

[180] 邵传林，赵明霄，王莹莹. 农村非正规金融的兴起逻辑、现实困局与合法化难题 [J]. 经济体制改革，2012（06）：88-92.

[181] 邵传林. 制度变迁下的中国农村非正规金融研究：自农户视角观察 [D]. 西安：西北大学，2011.

[182] 邵传林. 农村非正规金融的微观机理与政策测度：国外文献评述 [J]. 经济评论，2011（04）：150-160.

[183] 邵传林. 农户偏好农村非正规金融的动因：理论模型与经验证据 [J]. 上海经济研究，2012，24（02）：77-84.

[184] 沈军，白钦先. 金融结构、金融功能与金融效率——一个基于系统科学的新视角 [J]. 财贸经济，2006（01）：23-28.

[185] 宋坤. 中国农村非正规金融和正规金融的合作模式 [J]. 中南财经政法大学学报，2016（04）：66-75.

[186] 苏静，胡宗义，唐李伟，等. 农村非正规金融发展减贫效应的门槛特征与地区差异——基于面板平滑转换模型的分析 [J]. 中国农村经济，2013（07）：58-71.

[187] 苏静，胡宗义，唐李伟. 农村非正规金融发展的减贫效应非线性研究：基于PSTR模型的分析 [J]. 农业技术经济，2014（01）：81-90.

[188] 苏静，胡宗义，肖攀. 中国农村金融发展的多维减贫效应非线性研究：基于面板平滑转换模型的分析 [J]. 金融经济学研究，2014，29（04）：86-96.

[189] 粟芳，方蕾. 中国农村金融排斥的区域差异：供给不足还是需求不足？——银行、保险和互联网金融的比较分析 [J]. 管理世界，2016（09）：70-83.

[190] 孙同全，董翀，陈方，等. 中国农户家庭资产负债表与农村普惠金融建设 [M]. 北京：中国社会科学出版社，2017.

[191] 孙玉奎，冯乾. 我国农村金融发展与农民收入差距关系研究——基于农村正规金融与非正规金融整体的视角 [J]. 农业技术经济，2014（11）：65-74.

[192] 谈儒勇. 金融发展与经济增长：文献综述及对中国的启示 [J]. 当代财经，2004（12）：42-47.

[193] 谈儒勇. 中国金融发展和经济增长关系的实证研究 [J]. 经济研究，1999（10）：53-61.

[194] 谭燕芝，张子豪. 社会网络、非正规金融与农户多维贫困 [J]. 财经研究，2017，43（03）：43-56.

[195] 唐旭. 中国金融机构改革：理论、路径与构想 [M]. 北京：中国金融出版社，2008.

[196] 王定祥. 农村金融市场成长论 [M]. 北京：科学出版社，2011.

[197] 王芳. 我国农村金融需求与农村金融制度：一个理论框架 [J]. 金融研究，2005（04）：89-98.

[198] 王广谦. 现代经济发展中的金融因素及金融贡献度 [J]. 经济研究，1996（05）：58-64.

[199] 王汉杰，温涛，韩佳丽. 贫困地区农村金融减贫的产业结构门槛效应 [J]. 财经科学，2018（09）：26-37.

[200] 王劲屹. 农村金融发展、资本存量提升与农村经济增长 [J]. 数量经济技术经济研究，2018，35（02）：64-81.

[201] 王克强，蒋涛，刘红梅，等. 中国农村金融机构效率研究——基于上市农商行与村镇银行对比视角 [J]. 农业技术经济，2018（09）：20-29.

[202] 王曙光，邓一婷. 民间金融扩张的内在机理、演进路径与未来趋势研究 [J]. 金融研究，2007（06）：69-79.

[203] 王维强，于振玫. 城乡三元金融结构与民间金融制度研究 [J]. 财经研究，2003（04）：35-41.

[204] 王相敏，张慧一. 民间金融、非正规金融、地下金融：概念比较与分析 [J]. 东北师范大学学报（哲学社会科学版），2009（06）：66-68.

[205] 王小华，温涛，王定祥. 县域农村金融抑制与农民收入内部不平等 [J]. 经济科学，2014（02）：44-54.

[206] 王志强，孙刚. 中国金融发展规模、结构、效率与经济增长关系的经验分析 [J]. 管理世界，2003（07）：13-20.

[207] 魏源. 中国农村民间借贷市场研究 [M]. 北京：经济管理出版社，2013.

[208] 温涛. 农村金融可持续发展的服务创新与动态竞争战略研究 [M]. 北京：北京师范大学出版社，2014.

[209] 温涛. 农民收入超常规增长的要素配置与战略协同研究 [M]. 北京：科学出版社，2018.

[210] 徐璋勇，郭梅亮. 转型时期农村非正规金融生成逻辑的理论分析——兼对农村二元金融结构现象的解释 [J]. 经济学家，2008（05）：68-76.

[211] 杨俊，王燕，张宗益. 中国金融发展与贫困减少的经验分析 [J]. 世界经济，2008 (08)：62-76.

[212] 杨农，匡桦. 非正规金融：根源、运行及演进 [M]. 北京：北京师范大学出版社，2012.

[213] 杨农，匡桦. 隐性约束、有限理性与非正规金融的扩张边界 [J]. 国际金融研究，2013 (06)：88-96.

[214] 杨小玲. 中国农村金融改革的制度变迁 [M]. 北京：中国金融出版社，2011.

[215] 杨兆廷，马彦丽. 农村金融供给与需求协调发展 [M]. 北京：中国金融出版社，2013.

[216] 杨子荣，张鹏杨. 金融结构、产业结构与经济增长——基于新结构金融学视角的实证检验 [J]. 经济学（季刊），2018，17 (02)：847-872.

[217] 姚耀军，陈德付. 中国农村非正规金融的兴起：理论及其实证研究 [J]. 中国农村经济，2005 (08)：45-51.

[218] 姚耀军. 非正规金融发展的区域差异及其经济增长效应 [J]. 财经研究，2009，35 (12)：129-139.

[219] 姚耀军. 中国农村金融发展水平及其金融结构分析 [J]. 中国软科学，2004 (11)：36-41.

[220] 姚耀军. 中国农村金融发展与经济增长关系的实证分析 [J]. 经济科学，2004 (05)：24-31.

[221] 叶志强，陈习定，张顺明. 金融发展能减少城乡收入差距吗？——来自中国的证据 [J]. 金融研究，2011 (02)：42-56.

[222] 殷浩栋，汪三贵，王彩玲. 农户非正规金融信贷与正规金融信贷的替代效应——基于资本禀赋和交易成本的再审视 [J]. 经济与管理研究，2017，38 (09)：64-73.

[223] 殷俊华. 金融缺口、非正规金融与农村金融制度改革——沈阳农村民间借贷研究 [J]. 金融研究，2006 (08)：103-110.

[224] 苑德军. 民间金融的外延、特征与优势 [J]. 经济与管理研究，2007 (01)：45-49.

[225] 张兵，翁辰. 农村金融发展的减贫效应——空间溢出和门槛特征 [J]. 农业技术经济，2015 (09)：37-47.

[226] 张兵，张宁. 农村非正规金融是否提高了农户的信贷可获性？——基于江苏 1202 户农户的调查 [J]. 中国农村经济，2012 (10)：58-68.

[227] 张博，胡金焱，马驰骋. 从钱庄到小额贷款公司：中国民间金融发展的历史持续性 [J]. 经济学（季刊），2018，17 (04)：1383-1408.

[228] 张成思，刘贯春. 经济增长进程中金融结构的边际效应演化分析 [J]. 经济研究，2015，50 (12)：84-99.

[229] 张成思，刘贯春. 最优金融结构的存在性、动态特征及经济增长效应 [J]. 管理世界，2016 (01)：66-77.

[230] 张成思，张步昙. 中国实业投资率下降之谜：经济金融化视角 [J]. 经济研究，

2016, 51 (12): 32-46.

[231] 张承惠, 潘光伟. 中国农村金融报告: 2017—2018 [M]. 北京: 中国发展出版社, 2019

[232] 张建波. 中国农村金融供给状况及制度创新 [M]. 北京: 经济科学出版社, 2016.

[233] 张杰. 金融分析的制度范式: 制度金融学导论 [M]. 北京: 中国人民大学出版社, 2017.

[234] 张杰. 中国农村金融制度: 结构、变迁与政策 [M]. 北京: 中国人民大学出版社, 2003.

[235] 张杰. 中国农村金融制度调整的绩效: 金融需求视角 [M]. 北京: 中国人民大学出版社, 2007.

[236] 张梦缘, 宋坤, 谌希, 等. 农村非正规金融发展的多维减贫效应研究——基于门槛面板数据的实证分析 [J]. 金融发展研究, 2017 (04): 80-85.

[237] 张宁. 农村非正规金融的收入效应及其发展模式研究 [D]. 南京: 南京农业大学, 2013.

[238] 中国经济增长与宏观稳定课题组, 张平, 刘霞辉, 等. 金融发展与经济增长: 从动员性扩张向市场配置的转变 [J]. 经济研究, 2007 (04): 4-17.

[239] 中国人民银行阜阳市中心支行课题组. 转型中的融资便利: 非正规金融的比较优势及经济效应——基于经济欠发达地区民间融资问题的实证研究 [J]. 金融研究, 2005 (12): 152-160.

[240] 中国人民银行农村金融服务研究小组. 中国农村金融服务报告 2018 [M]. 北京: 中国金融出版社, 2019.

[241] 周立, 胡鞍钢. 中国金融发展的地区差距状况分析 (1978—1999) [J]. 清华大学学报 (哲学社会科学版), 2002 (02): 60-74.

[242] 周立, 李萌, 陈莎, 等. 金融排斥、金融排异与农村金融普惠 [M]. 北京: 中国农业出版社, 2016.

[243] 周立. 金融发展促进经济增长的理论综述 [J]. 经济学动态, 2003 (09): 68-73.

[244] 周强, 张全红. 农村非正规金融对多维资产贫困的减贫效应研究——基于 CFPS 微观家庭调查数据的分析 [J]. 中南财经政法大学学报, 2019 (04): 46-57.

[245] 朱元倩, 袁平. 小额信贷为非正规金融"正名"的可行性及其模式探讨 [J]. 贵州财经学院学报, 2007 (03): 72-75.

[246] 杨明婉, 张乐柱, 颜梁柱. 基于家庭禀赋视角的农户家庭非正规金融借贷行为研究 [J]. 金融经济学研究, 2018, 33 (05): 105-116.

[247] 董晓林, 徐虹. 我国农村金融排斥影响因素的实证分析——基于县域金融机构网点分布的视角 [J]. 金融研究, 2012 (09): 115-126.

[248] 中国共产党第十八届中央委员会. 中共中央关于全面深化改革若干重大问题的决定 (2013 年 11 月 12 日中国共产党第十八届中央委员会第三次全体会议通过) [J]. 求是, 2013 (22): 3-18.

［249］周立，王子明. 中国各地区金融发展与经济增长实证分析：1978—2000［J］. 金融研究，2002（10）：1-13.

［250］李涛，徐翔，孙硕. 普惠金融与经济增长［J］. 金融研究，2016（04）：1-16.

［251］丁骋骋. 区域性民间金融风潮：中国式金融危机简史（1883—2015）［J］. 财经理论与实践，2016，37（03）：2-9.

［252］韩廷春. 金融发展与经济增长：经验模型与政策分析［J］. 世界经济，2001（06）：3-9.

［253］林毅夫，章奇，刘明兴. 金融结构与经济增长：以制造业为例［J］. 世界经济，2003（01）：3-21.

［254］彭俞超，黄志刚. 经济"脱实向虚"的成因与治理：理解十九大金融体制改革［J］. 世界经济，2018，41（09）：3-25.

［255］杜晓山. 农村金融体系框架、农村信用社改革和小额信贷［J］. 中国农村经济，2002（08）：4-9.

［256］丁志国，张洋，高启然. 基于区域经济差异的影响农村经济发展的农村金融因素识别［J］. 中国农村经济，2014（03）：4-13.

［257］龚强，张一林，林毅夫. 产业结构、风险特性与最优金融结构［J］. 经济研究，2014，49（04）：4-16.

［258］江曙霞，严玉华. 中国农村民间信用缓解贫困的有效性分析［J］. 财经研究，2006（10）：4-16.

［259］李扬. "金融服务实体经济"辨［J］. 经济研究，2017，52（06）：4-16.

［260］林毅夫，孙希芳，姜烨. 经济发展中的最优金融结构理论初探［J］. 经济研究，2009，44（08）：4-17.

［261］李树，于文超. 农村金融多样性对农民创业影响的作用机制研究［J］. 财经研究，2018，44（01）：4-19.

后 记

　　2008 年一次外出钓鱼的偶然机会，我和我的导师胡宗义教授畅聊了当时科研前沿领域和团队研究重心，我们一致认为非正规金融研究是一个很好的研究创意，其具有重要的理论价值和现实意义。之后，我和胡宗义教授以及团队的部分硕士生、博士生开启了相关研究。

　　本书最早成稿于 2013 年，并以此申报了 2014 年国家社科基金后期资助项目。2015 年，我和胡宗义教授撰写的专著《中国农村金融三维均衡发展研究》获得第三届金融图书"金羊奖"，极大地鼓舞了我们写作的热情。2016 年，由于我的工作出现了较大变动，导致本书出版工作迟迟没有取得进展。令人欣慰的是，在本书责任编辑、湖南大学出版社总编室主任陈建华老师的大力推动下，本书终于要和读者们见面了。

　　全书由湖南大学金融与统计学院的胡宗义教授和湖南工商大学资源环境学院的刘亦文副教授进行总体设计和主体内容撰写，胡宗义教授团队的唐李伟博士、苏静博士、陈俊博士、陈亮博士、李鹏硕士、袁亮硕士、刘灿硕士等也参与了本书部分内容的写作，最后由刘亦文副教授和胡宗义教授完成整部书稿的审定和修改。需要解释的是，由于本书成稿较早，书中数据、研究方法、参考文献相对较为陈旧，作者在修改过程中尽量予以了更新。同时，囿于我国农村非正规金融发展规模测度方法和数据来源局限，本书所使用数据大部分停留在2010 年。

　　本书得以顺利出版，要特别感谢本书责任编辑陈建华老师的辛勤付出，她为本书的出版付出了大量辛勤的劳动，她的关爱和支持使我们信心倍增。特别感谢湖南工商大学国际商学院院长张漾滨教授、蔡宏宇教授，以及湖南省地方金融监督管理局党组书记、局长张世平给予的鼓励和提供的无私帮助，在此谨致以诚挚的谢意！

　　本书系国家社科基金"精准扶贫视域下生态扶贫机制创新与效果评估研究"（17BJY131）、湖南省发展和改革委员会创新研发项目（湘发改投资〔2019〕875 号）的阶段性成果，本书的出版得到上述项目的资助。

刘亦文

2021 年 5 月